박영사

R | E | S | E | A | R | C | H | E | T | H | I | C | S

학문 후속세대를 위한

연구윤리

김도균 · 김미경 · 김옥주 · 박성호
박재학 · 박중신 · 서이종 · 석승혁
이건수 · 이준웅 · 전주홍 · 조은희
조진호 · 홍성욱

책을 내면서

우리나라 대학이나 연구현장에서 연구윤리가 중요한 화두가 되고 있다. 서구의 과학을 수입하고 따라가는 시대를 지나 이제 선진적인 과학적 연구와 탈추격적 기술개발의 기반을 이룩하는 현 시점에서 국제적으로 통용가능한 보편적인 연구윤리를 확립하지 않을 수 없게 되었다. 아무리 세계적인 연구성과를 낸다 할지라도 가장 기초적인 연구윤리를 지키지 않으면 인정받을 수 없기 때문이다.

이러한 배경에서 우리나라 차세대 연구자인 대학원생을 교육하고 지도하는 일은 그 어느 때보다 중요하다. 특히 연구절차와 내용을 지노함에 있이서 연구윤리를 기초로 책임 있는 연구수행(responsible conduct of research)은 그 핵심이다. 책임 있는 연구수행을 위한 대학원생 지도를 위해서는 선진적인 연구윤리의 주요 주제와 쟁점을 소개하고 연구현장에 응용할 수 있는 표준적인 교과서가 필수적이며 이에 통합적인 연구윤리 단행본 "학문후속세대를 위한 연구윤리"가 2011년 5월 기획되었다.

황우석 사건 이후 서울대학교는 연구자를 위한 연구윤리 교육의 필요성을 절감하였다. 그에 따라 학부과정에서 뿐만 아니라 학문후속세대를 가장 많이 양성하는 서울대학교로서 특히 학문후속세대인 대학원생을 위한 연구윤리 교과목을 2008년 개설하였으며 다양한 관련 주제를 전문하는 교수님들의 공동강의로 진행하였다. 생명윤리의 여러 주제뿐만 아니라 협동윤리, 데이터 관리와 연구노트, 표절과 지적소유권 등에 이르기까지 통합적으로 가르쳐야 하기 때문이었다. 2009년부터 주임교수를 맡으면서 연구윤리 교육의 취지를 공유하고 전문분야에서 강의가 가능한 교수를 선정하는 일도 중요하였지만 동시에 연구윤리 교육의 체계성과 일관성을 유지하는 일이나 학습에 대한 평가 등 많은 과제에 직면하게 되었다. 미국 등 선진국에서 발전된 연구윤리의 주요 지침을 적용하여 가르치다 보니, 우리나라 법 현실과 괴리되는 점도 많아 논란이 많았고 또 다수의 사례가 선진국의 사례다 보니 우리나라 연구현장에 맞지 않은 것은 한둘이 아니었다. 따라서 차세대 연구자인 대학원생들이 연구현장에서 스스로 윤리적 성찰을 할 수 있기 위해서는, 연구윤리 관련 선진국 법적 혹은 국제적 가이드라인을 이해하고 이를 연구윤리와 관련된 우리나라 법규에 맞게 새롭게 적용하지 않으면 안 되었으며 또 우리 연구현장에서의 다양한 사례를 발굴하여 연구윤리 교육 현장에 적용하는 것이 필요하였다. 이러한 필요성에서 우리나라 연구현장의 현실에 맞는 "학문후속세대를 위한 연구윤리" 교과서를 만들어내는 것이 무엇보다 중요하였다. 특히 연구윤리는 한 분이 전담할 수 없는 다양한 주제를 포괄하고 있어 공동강의로 운영하다 보니, 여러 교수들이 연구윤리에 대한 상이한 이해를 기초로 난이도의 편차가 상이하고 또 개인적인 사정으로 강의진이 자주 바뀌고 학생들에게 과목개설 취지에 상응하게 일관성 있게 교육할 필요성 또한 중요하였다.

그러한 취지에서 한국연구재단에 연구윤리 사업의 일환으로 지원을 받고 부족한 재원은 서울대 연구처에서 지원받아 "학문후속세대를 위한 연구윤리" 교과서 작성 사업을 하게 되었다. 2011년 7~8월에 통합적 연구윤리 교과목의 예상목차에 따라 강의경험이 많은 교수들을 중심으로 집필진을 선정하고 9월에 초고 집필을 의뢰하게 되었다. 2012년 5월 25일 초고를 받아 중간발표를 통해서 학계의 여러 전문가들의 의견을 수렴할 수 있는 공개세미나를 개최하였다. 그동안 가르치면서 고민하였던 사항을 기초로 완성된 초고를 공개세미나에서 발표하여 우리 학계의 전문가들과의 토론과 대화를 통해서 다듬어 단행본의 질을 높일 수 있었다. 10월부터는 최종원고를 우리나라 관련 사례의 선정과 평가문항의 개발과 더불어 편집에 들어가 2013년 9월 새학기에 맞춰 집합적인 결실인 이 단행본을 출간하게 되었다.

학문후속세대를 위한 연구윤리는 여러 전문가들의 공동의 성과물이다. 제1부 "연구윤리란 무엇인가"는 "1장 연구윤리, 왜 문제인가(서이종 교수)", "2장 연구부정행위(김도균 교수)", "3장 인간대상 연구윤리(박중신 교수)", "4장 이해상충과 공정한 연구행위(홍성욱 교수)"로 구성되어 있으며 제2부 "연구설계, 연구진행, 연구윤리"에서는 "5장 인체시료 및 유전자 연구윤리(김미경 교수)", "6장 인간행동 연구윤리 및 개인정보 보호윤리(서이종 교수)", "7장 취약한 피험자 연구윤리(김옥주 교수)", "8장 동물실험윤리(박재학 교수)", "9장 생물안전(석승혁 교수)",

"10장 연구데이터 관리 및 연구노트(전주홍 교수)", "11장 대학원 연구생활 및 협동연구윤리(조은희 교수)"로 구성되어 있다. 제3부 "연구결과 발표와 연구윤리"에서는 "12장 연구결과의 심사와 발표 관련 윤리(이건수 교수)", "13장 표절에 대한 이해와 대처방법(이준웅 교수)", "14장 연구출판물과 지적재산권(박성호 교수)"로 구성되며 제4부 "연구윤리 교육과 행정"에서는 "15장 연구윤리 교육과 행정(조진호 박사)"으로 구성되었다.

부록에는 연구윤리를 심도있게 이해하는 데 필요한 중요한 참고자료로서 국내외 주요 가이드라인과 법, 지침을 수록하였다. 부록 1에 국제적 가이드라인으로서 뉘른베르그 강령, 보편적 인권선언, 헬싱키 선언, 벨몬트 보고서를 수록하였으며, 부록 2에는 국내적 법률과 지침으로서 생명윤리 및 안전에 관한 법률, 동물보호법, 개인정보 보호법, 학술진흥법과 서울대학교 연구윤리지침을 수록하였다.

바쁘신 와중에도 그동안 강의를 토대로 집필에 온 정성을 쏟아주신 집필진과 초고를 읽고 수준 높은 연구성과를 내는 네 도와주신 전문가들에게 감사드린다. 또한 학문후속세대인 대학원생을 위한 연구윤리의 중요한 단행본을 출간하는 데 지원을 해준 한국연구재단과 서울대학교 연구처에 다시 한 번 감사드린다. 또한 사례선정과 원고편집과정에서 수고해준 조진호 박사, 손준우 조교, 김수종 조교에게도 감사드린다. 이 연구성과는 서울대학교 뿐만 아니라 전국의 학문후속세대인 대학원생들이 우리나라 연구현장에서 연구를 윤리적으로 수행하는 것이 무엇이고 어떻게 해야 하는지를 교육하는 데 중요한 지침이 될 것이라 의심치 않는다.

2013년 7월

연구책임자

서울대학교 사회학과 교수 서 이 종

차 례

제1부 연구윤리란 무엇인가

제1장 연구윤리, 왜 문제인가 (서이종 교수)

제2장 연구부정행위 (김도균 교수)

제3장 인간대상 연구윤리 (박중신 교수)

제4장 이해상충과 공정한 연구행위 (홍성욱 교수)

제2부 연구설계, 연구진행, 연구윤리

제5장 인체시료 및 유전자 연구윤리 (김미경 교수)

第6장 인간행동 연구윤리 및 개인정보 보호윤리 (서이종 교수)

第7장 취약한 피험자 연구윤리 (김옥수 교수)

第8장 동물실험윤리 (박재학 교수)

제9장 생물안전 (석승혁 교수)

제10장 연구데이터 관리 및 연구노트 (전주홍 교수)

제11장 대학원 연구생활 및 협동연구윤리 (조은희 교수)

第3部 연구결과 발표와 연구윤리

제12장 연구결과의 심사와 발표 관련 윤리 (이건수 교수)

제13장 표절에 대한 이해와 대처방법: 진정성과 본원성 개념을 중심으로 (이준웅 교수)

제14장 연구출판물과 지적재산권 (박성호 교수)

제4부 연구윤리교육과 행정

제15장 연구윤리교육과 행정 (조진호 박사)

부록 1 세계의 주요 가이드라인

부록 2　국내의 관련법

제 1 부

연구윤리란 무엇인가

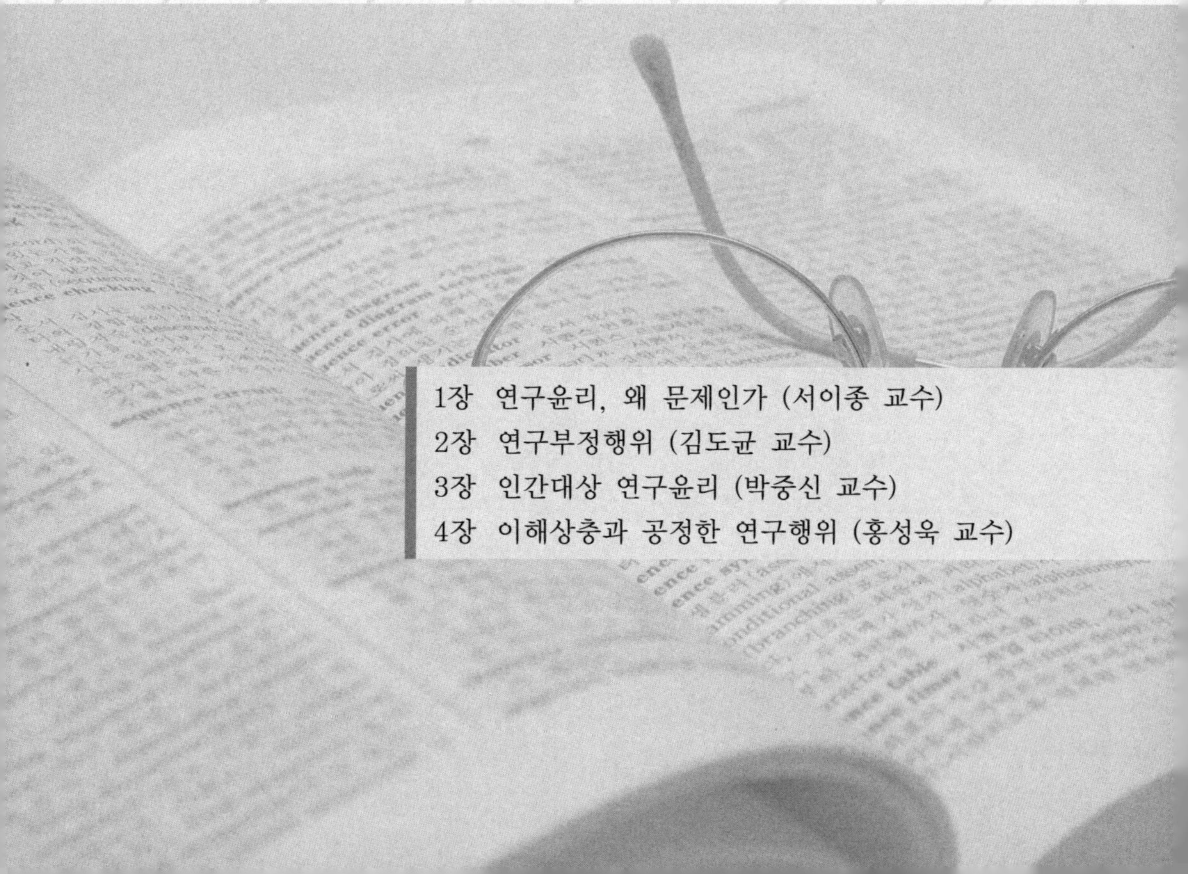

제 1 장 연구윤리, 왜 문제인가

서 이 종
(서울대학교 사회학과)

1. 들어가는 말: 연구윤리 교육과 학문후속세대

우리 사회는 과학기술분야를 비롯하여 연구규모가 증가하고 국제적 연구능력이 향상되면서 2000년에 들어 '연구윤리(research ethics)'에 대한 논의가 이루어졌다. 우리보다 학문의 선진국인 미국에서는 1980년대 들어 연구윤리가 중요해지고 법적 고소의 대상이 되는 등 사회적 책임에 대해 훨씬 더 진지한 논의가 이루어졌었다.

이렇듯 연구윤리가 중시되는 배경에는 연구자, 과학자의 길이 더 이상 특권적 지위에 있는 소수 연구자들의 개인적 책임윤리로 간주하기 어려운 현실 변화가 자리하고 있다. 무엇보다도 연구자, 과학자의 수가 급증하고 있는 것이다. 예일 대학의 데렉 드 솔라 프라이스(Derek de Solla Price) 교수가 이미 1960년대 지금까지 존재하는 모든 과학자의 80% 이상이 현재 과학자로 연구활동을 하고 있다고 지적할 정도로(de Solla Price, 1963), 연구분야도 다양해지고 연구자집단이 기하급수적으로 팽창하고 있다. 연구자 집단의 증가는 단순히 양적 증가를 의미하는 것이 아니라 그만큼 학문공동체 내에서 지적 경쟁과 승인경쟁이 치열해지고 있다는 사실을 말해준다. 또한 산업계에서도 과학자, 연구자의 과학적 발견과 기술적 발명이 부가가치 생산에 결정적인 시대가 되고 있으며 이에 따라 기업 내 연구소의 규모가 팽창하고 채용되는 연구자의 수 또한 현저하게 증가하고 있다. 마이크로프로세서의 강자인 인텔이 NEC 등 후발주자의 등장을 전방위 특허공세로 막았듯이, 최근에는 스마트폰의 강자인 애플이 전방위적 특허공세를 취하고 있다. 이렇듯 21세기 기업 간 경쟁은 각 기업의 연구자들의 과학적 연구성과나 기술적 발명성과에 달려 있다 해도 과언이 아니다.

이러한 경향은 기업간 경쟁을 넘어 국가간 경쟁으로 확대되고 있다. 때문에 각 나라는 자신의 연구역량을 강화하기 위하여 다양한 연구생태계(research ecology) 혹은 국가혁신시스템(national innovation system)을 만들어내고 있다(Lundvall, 1992; Nelson, 1993). 이제 대학은 더 이상 교육중심 대학이 아니라 연구중심 대학으로 탈바꿈하고 있다. 근대 대학에서 교육을 위한 연구(research)기능이 추가된 이래 20세기 중반 이후 연구중심 대학으로 급변하고 있다. 그에 따라 대학 교수는 교육자로서의 역할보다 연구자로서의 역할이 중시되고 있다. 더 이상 학생을 잘 가르치는 것보다, 얼마나 많은 양질의 연구결과를 생산해내는지 그리고 얼마나 국제적으로 인용빈도가 높은 논문을 써내는지 하는 것으로 평가받는 연구자의 역할이 중시되고 있다. 이러한 경향은 단순히 몇몇 대규모 연구중심 대학에 한정되지 않는다. 대학의 교수와 정부연구소나 민간기업연구소의 연구원은 현실적인 커다란 차이가 있음에도 불구하고 그러한 연구경쟁에서 점차 비슷한 길을 가고 있는 듯 보인다. 연구자는 대학에 있든 연구소에 있든 더욱 좋은 세계적인 연구성과를 위해서 경쟁시스템에 내몰리고 있기 때문이다. 그럼에도 불구하고 대학의 교수는 정부나 민간기업의 연구소 연구원에 비해 상대적으로 많은 자율성이 주어진다. 연구소의 연구원에 비해 직접적인 내용적 규제를 받지 않기 때문이다. 어떤 주제의 연구를 하든 SCI논문이나 학진등재지 논문을 가능한 많이 쓰면 되고 좀 더 인용빈도가 높은 파급효과가 큰 논문을 쓰면 되는 것이다.

이러한 연구생태계의 거대한 변화 속에서 과학자, 연구자의 길은 이제 특권적 지위에 있는 소수의 개인적인 자발적 윤리나 책임의식에 의해 맡길 수 없는 시대가 되었다. 연구윤리를 어기는 경우, 개인의 도덕성과 평판 하락이나 지위 상실이라는 개인적 비용뿐만 아니라 학문공동체에서 불필요한 실험을 반복하여 시간과 자원을 낭비할 뿐만 아니라 학문공동체 전체의 평판 하락, 신뢰 위기 그리고 특허권 관련 국제적 갈등 등 엄청난 사회적 비용을 치루게 되기 때문이다. 황우석 사태라는 커다란 사태를 겪으면서 선진국에서 보이는 과학사기나 연구부정행위(scientific misconduct) 등이 어떠한 결과를 초래하는지 여실히 목지할 수 있었다. 이제 대학 교수든 정부연구소나 민간기업연구소의 연구자든 연구자의 길에는 그에 상응하는 윤리적 · 법적 · 사회적 책임(ethical, legal, social Responsibility)[1]이 따른다는 시대적 변화를 목도하게 된 것이다.

연구윤리는 연구부정행위로만 한정될 수 없다. 책임있는 연구수행(respon-sible conduct of research)을 위해서 연구실 내부의 협력, 연구결과의 홍보 뿐만 아니라 동물실험윤리, 인간연구대상자 보호윤리 등 통합적으로 이해되어야 한다.

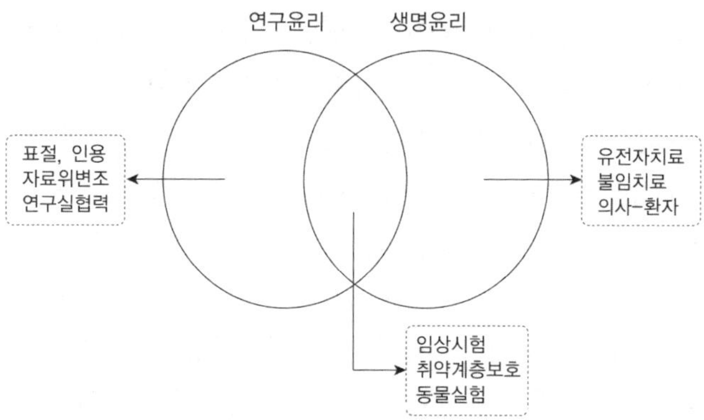

특히 학문후속세대를 위한 연구윤리는 책임있는 연구수행(responsible conduct of research)을 위한 '지도(mentoring)'와 긴밀히 맞물려 있다(Fisher et al., 2009). 미국 학생들처럼 우리나라 많은 학생들이 대리출석을 포함하여 '인터넷 자료 짜깁기', '논문이나 책의 출처 없이 아이디어 도용(표절)', '실험/실습 결과 보고에서 데이터를 실제와 달리 변형(변조)'하는 것을 경험하였다고 보고되었다(하정옥, 2009). 인터넷 자료를 짜깁기 하여 레포트를 작성하는 경우가 응답자의 80% 이상에 이르며, 그 다음으로는 인문사회계열 학생들은 표절을, 이공계 학생들은 데이터 변조를 주로 경험을 한 것으로 나타났다. 생명윤리에 대해서도 마찬가지이다. 동물실험이나 임상시험의 절차와 취약계층에 대한 보호의 원칙에 대한 이해가 매우 낮다. 이러한 교육풍토에서 책임있는 연구수행을 위한 학생지도는 무엇보다도 연구과정에서 지켜야 할 윤리적 내용을 통합적으로 이해하고 이를 교육하는 것을 그 핵심으로 하지 않을 수 없다.

---

1) 특히 생명공학 등 새로운 과학기술의 발전에 따라 윤리적 · 법적 · 사회적 함의(ELSI: Ethical, Legal, Social Issues)에 대한 관심이 늘어났다.

2. 연구자의 길과 연구윤리

연구자의 윤리적 · 법적 · 사회적 책임은 지식인이나 교육자의 그것과 다르다. 첫째, 연구자는 '지식인'과 다르다. 근대사회 이후 프랑스 드레퓌스 사건은 프랑스 사회의 지식인의 윤리적 · 사회적 책임을 일깨우고 20세기 들어 제국주의 전쟁 하에서 선진국 지식인의 윤리적 · 사회적 책임, 그리고 식민지 지식인의 윤리적 · 사회적 책임 등은 지식인의 배반이라는 단어와 함께 20세기 지식인 사회의 주요 담론이 되었다. 우리나라에서도 전통사회의 유교적 지식인의 윤리적 · 사회적 책임뿐만 아니라 근대의 좌절과 함께 식민지시대 지식인의 윤리적 · 사회적 책임도 지식인에게 커다란 짐으로 무겁게 짓눌러 때론 지식인의 양심으로 홀홀단신 독립운동에 뛰어들기도 하였다. 4.19때 교수들의 데모행진이나 군사독재 시절 학생들의 시위를 지지하다가 교정에서 쫓겨난 교수들의 아픔은 익히 아는 지식인의 윤리적 · 사회적 책임의 전형이다. 지금도 안철수 현상에 대해 지식인의 정치참여에 대한 여러 가지 설왕설래가 이루어지고 있다.

하지만 연구자는 지식인이지만 연구자의 윤리적 · 사회적 책임은 결코 지식이 특권적으로 점유되어 그 사회적 특권을 오로지하기 때문에 지녀야 하는 20세기 초중반까지의 지식인의 윤리적 · 사회적 책임과는 다르다. 연구자의 윤리적 · 사회적 책임은 연구자라는 독특한 지식창조행위자로서 또는 전문직업집단으로서 요구되는 윤리적 · 법적 · 사회적 책임이라는 것이다. 특히 연구자의 윤리적 · 사회적 책임은 연구활동에 참여하는 연구자 수가 점차 증가하고 연구규모가 커지면서 다양한 인적 · 물적 자원을 조직화해서 여러 연구자들이 공동으로 합심하여 연구해야 하는 조직적 활동에서 요구되는 윤리적 · 사회적 책임이다.

둘째, 연구자는 '교육자'와 다르다. 교육자의 윤리적 · 사회적 책임은 가르침의 대상인 학생과의 비대칭적 관계에서 연유한다. 서구에서보다 동아시아의 유교적 사회에서는 스승이라는 고유한 단어가 있다. 제자는 스승의 그림자도 밟지 않는다고 할 정도로 스승과 제자의 관계는 유교사회의 핵심적 사회원리인 왕과 신하나 부모와 자녀 사이 관계에 비유되었다. 스승은 제자에게 부모와 같은 지위를 얻는다는 것이다. 그래서 교육자의 윤리적 · 사회적 책임은 제자에게 단순히 자신의 지식을 잘 전달하고 교육하는 것뿐만 아니라 제자에게 삶의 표범으로서 제자의 삶과 정신을 통째로 가르치는 훈육하는 것과 관련되어 있다. 그래서 교육자의 윤리적·사회적 책임은 일상인들의 윤리보다 훨씬 더 엄격한 잣대와 기준으로 평가하고 신부와 목사와 같은 고귀한 성품과 품성을 요구하는 것이다.

하지만 연구자는 대학 교수의 경우 상당부분 교육자와 겸하고 있지만 실제 교육자와 전혀 다른 역할을 요구하고 또한 본질적으로 개인의 높은 품성을 요구하는 교육자의 책임과는 전혀 다른 책임이 요구된다. 교육자는 가르치는 학생과의 관계에서 그 책임을 생각해야 하는 데 반해 연구자는 연구의 주제, 연구의 대상, 연구의 과정과 절차, 연구결과의 공표와 토론 그리고 출판 등과 관련된 대단히 전문적인 절차적 윤리(procedural ethics)의 성격을 지닌다.

그런 의미에서 가장 유사한 개념은 과학적 연구를 수행하는 데 요구되는 윤리라는 의미에서 과학윤리(scientific Ethics)이다. 확실히 과학은 연구일반보다 좁고 논리적 추론과 가설정립 그리고 실험설계와 자료수집, 논증과 해석, 실험결과의 공표 등에 이르기까지 엄밀한 절차가 정해져 있다. 하지만 연구에는 엄밀한 과학적 연구에서 벗어나는 정책연구(policy studies)도 포함되어 있는 등 현대사회에서 정책연구의 위상이 날로 높아지고 있는 상황에서 사실상 과학과 동일시하기 어려운 점이 많다. 물론 정책연구 또한 정책과학(policy science)라는 틀 속에서 이루어지기도 하지만 사실 그렇게 좁게 한정하기 어려운 연구가 많기 때문이다.

이러한 특수한 연구과정을 전문적으로 직업적으로 수행해내는 집단인 연구자의 길에서 요구되는 윤리적·법적·사회적 책임은 우리 사회에서 전혀 새로운 것이다. 어느 기업이 박사급 연구원을 대거 채용해서 기업연구소를 만들면서 이들 R&D인력을 관리하는 행정전문요원으로 숙련노동자나 사무직노동자를 관리하는 인사관리인력을 전보시켰다. 매일 아침 9시에 출근했는지 여부를 구내전화로 확인하고 6시에 퇴근여부를 확인하고 주어진 연구과제를 얼마나 수행했는지를 매일 보고하도록 하고 있다. 이것이 지식생산이나 지식창조를 핵심가치로 하는 우리의 연구 현장의 현실이다. 연구자라는 새로운 전문집단, 직업집단이 수적으로 경제사회적으로 중요해졌음에도 불구하고 어떻게 조직화해야 하는지, 어떻게 지원해야 하는지, 어떻게 보상되어야 하는지 많은 새로운 과제 앞에 놓여 있는 것처럼, 특권적 소수집단이 아닌 다수의 전문직업집단인 연구자들 스스로 자신들이 어떠한 윤리와 책임의식을 지켜야 하는지 하는 새로운 과제 앞에 놓여 있다. 그러한 최소한의 윤리나 책임의식을 지키지 않을 경우 발생하는 연구자의 개인적 처벌 뿐만 아니라 사회적 악영향, 궁극적으로 세계적인 학문공동체의 붕괴 등을 심각하게 고려하지 않으면 안 되기 때문이다.

3. 연구윤리의 발생배경과 역사

연구윤리는 제2차 세계대전 이후 발전되었다. 가장 먼저 문제가 된 것은 전쟁 중에 수행된 생체실험에 대한 윤리적 문제제기에서부터였다. 인간연구대상자(human research subject)를 보호하는 생명윤리는 이미 제2차 세계대전 중 잔인한 생체실험의 역사적 경험을 기초로 1946년 뉘른베르그 강령(Nuremberg code)나 1963년 헬싱키선언 등을 통해 발전되어 왔다(서이종 등, 2012).

1) 뉘른베르그 강령

뉘른베르그 강령은 제2차 세계대전의 전후처리과정에서 전쟁포로를 포함한 민간인 강제수용자들을 대상으로 한 생체실험에 나찌 독일의사들이 집단적으로 개입되었다는 사실에서부터 시작되었다. 나찌 독일의 뉘른베르그 전범재판에서 전쟁 중에 벌어진 다수의 생체실험에 깊이 개입된 의사들을 대상으로 하는 특별재판을 열게 되었다. 잘 알려진 아우슈비츠수용소의 독가스 시험뿐만 아니라 말라리아, 발진티프스 등 유행성 전염병 실험 그리고 고도실험, 동사시험 등에 이르기까지 생체실험을 실시하고 인체를 해부하였다. 이러한 생체실험에 깊이 관여하여 기소된 23명의 나찌 독일의사들에 대한 특별재판과정에서 많은 나찌 의사들은 당시 국제적으로 보편화된 어떤 가이드라인도 없었다고 항변하였다. 때문에 뉘른베르그 전범재판소는 히포크라테스 선서로부터 시작하여 당시 의료사회에서 인지되고 있던 비공식적 생명윤리를 처벌의 근거로 제시할 필요가 있었고 그런 과정에서 연구대상자를 연구에서 참여시킬 때 지켜야 할 원칙으로서 뉘른베르그 강령을 정립하게 되었다.

뉘른베르그 강령은 무엇보다도 첫째, 연구대상자의 참여절차로서 자발적 동의 원칙을 제1원칙으로 분명히 천명하였다. 나찌 독일의 생체실험에 유태인을 포함하여 많은 강제수용자들을 강제적으로 동원한 전범의 죄는, 연구대상자는 “동의를 할 수 있는 법적 능력이 있어야” 하며 “자유롭게 선택할 수 있는 권한

이 주어진 상태이어야 한다"는 점이다. 때문에 "어떠한 폭력, 사기, 속임, 협박, 술책의 요소가 개입되지 않고 배후의 압박이나 강제가 존재하지 않아야" 하며 자발적 동의를 해치는 이러한 술책의 비윤리성은 당시 아무리 강조되어도 지나치지 않았다. 특히 뉘른베르그 강령은 자발적 동의를 위하여 "이해와 분명한 지식에 근거한 결정을 할 수 있도록 충분한 지식과 주관적 요소들에 대한 이해를 제공하여야 한다"는 점도 분명히 하였다. 사실상 뉘른베르그 강령의 자발적 동의는 충분히 숙지된 동의(informed consent)원칙의 주요 내용을 포함하고 있다. "실험의 성격, 기간, 목적, 실험방법 및 수단, 예상되는 불편 및 위험, 실험에 참가함으로써 올 수 있는 건강 및 개인에게 올 영향에 대해 알려야 한다"고 보다 구체적으로 명시하였다.

둘째, 뉘른베르그 강령은 과학적으로 유의미한 결과를 얻을 수 없는 "불필요한 연구"를 해서는 안 된다는 점을 두 번째 원칙으로 명시하였다. 연구대상자를 연구에 참여시키는 연구는 반드시 "사회의 선을 위하여 다른 방법이나 수단으로는 얻을 수 없는 가치있는 결과를 낼만한 것이어야" 하며 인간대상연구는 가능하면 동물실험을 먼저 하여야 하고 "질병의 자연경과 혹은 연구 중인 여러 가지 문제에 대한 지식", 즉 기존연구의 충분한 리뷰를 통해서 계획되어야 한다.

셋째, 뉘른베르그 강령은 연구자는 위험을 최소화해야 한다는 점을 세 번째 원칙으로 명시하였다. "불필요한 모든 신체적, 정신적 고통과 상해를 피하도록" 해야 하며 "손상과 장애, 사망 등 매우 적은 가능성까지 대비해서 피험자를 보호하기 위한 적절한 준비와 적합한 설비를 갖추어야 한다"고 명시하였다. 연구는 "과학적으로 자격을 갖춘 사람만이 수행하여야" 하고 연구자는 "실험의 모든 단계에서 최고의 기술과 주의를 기울여야 한다"고 연구자의 책임을 강조하였다. 이러한 연구자의 책임은 특히 "사망이나 불구를 초래할 것이라고 예견할 만한 이유가 있는 실험의 경우에는 의료진 자신도 피험자로 참여하는 경우를 제외하고는 시행되어서는 안 된다"고 명시하였다. 끝으로 뉘른베르그 강령은 오늘날 위험과 혜택의 비교라는 생명윤리 및 연구대상자 보호윤리 심의의 중요한 원칙도 천명하였다. "실험에서 무릅써야 할 위험의 정도가 그 실험으로 해결될 수 있는 문제의 인도주의적 중요성보다 커서는 안 된다"고 하였다.

2) 인권의 보편적 선언(Universal Declaration of Human Rights)

인권의 보편적 선언은 뉘른베르크 강령과 더불어 두 차례의 세계대전을 거치면서 전쟁의 잔악성을 목도하고 전후 새로 구성된 국제연합(UN)은 지구공동체의 우리들이 지켜야 할 보편적인 인권을 선언하였다. 이러한 세계인권선언은 사회과학 및 행동과학의 연구대상자 보호윤리의 중요한 국제적 지침이 되었다.

국제연합은 1948년 회원국의 만장일치로 인간의 존엄성과 가치를 침해하고 인류의 양심을 짓밟은 행위를 규탄하고 지구공동체의 우리들이 보편적으로 지켜야 할 인권을 선언하였다. 무엇보다도 인간의 존엄성과 가치존중 등 보편적인 인권의 원칙을 천명하였다. 제1조에 "모든 사람은 태어날 때부터 자유롭고, 존엄성과 권리에 있어서 평등하다"고 명시하면서 제2조에 "인종, 피부색, 성, 언어, 종교, 정치적 또는 그 밖의 견해, 민족적 또는 사회적 출신, 재산, 출생, 기타의 지위 등에 따른 어떠한 종류의 차별"도 이루어져서는 안 된다고 밝혔다. 뿐만 아니라 보편적인 인권의 범위, 즉 남녀평등권, 교육권, 노동권, 건강권, 문화향유권에 이르기까지 보편적인 인권을 주창하였다. 특히 국제연합의 모든 회원국은 이러한 인권을 지키도록 하는 의무가 있다는 점도 분명히 선언하였다. 이러한 세계인권선언은 연구대상자 보호윤리에도 중요한 영향을 미쳤다. 첫째, 기본적 인권 개념을 통해서 인간의 존엄성과 가치의 존중을 재확인하였다. 특히 어느 누구도 고문, 폭력, 강제 등을 강요받지 않은 권리가 있다는 점 또한 천명하면서 향후 자발적인 동의의 원칙에 중요한 근거를 제공하였다. 둘째, 인간의 기본권리와 함께 모든 인간은 평등하다는 사실을 재확인하였다. 더불어 민족, 성, 종교, 정치 등에 따라 차별받지 않을 권리도 천명하였다. 이는 연구대상자의 차별받지 않은 정의원칙에 중요한 근거를 제공하였다. 셋째, 모든 인간은 생명권과 신체의 자유와 안전을 누릴 권리가 있으며 또한 건강과 인류의 산물로부터 혜택을 받을 수 있는 권리 그리고 문화향유권 등을 천명하였다. 이러한 선언은 악행금지와 선행의 원칙에 중요한 근거를 제공하였다.

3) 헬싱키 선언(Helsinki Declaration)

세계의사협회(World Medical Association)의 헬싱키 선언 또한 중요한 국제적 가이드라인이다. 뉘른베르크 강령이 전쟁이라는 특수한 환경 속에서 발생한 생체실험으로부터 정립되었기 때문에 많은 여타 국가의 의사들이나 의생명연구자들은 인간대상연구 일반에서 뉘른베르그 강령의 중요한 생명윤리원칙에 대해 주목하지 않았다. 뉘른베르그 특별재판부조차 뉘른베르그 강령을 국제적 가이드라인으로 적극 제시하지 않았으며 미국에서 의료행위의 생명윤리에 관심이 있는 전문가조차 뉘른베르그 강령을 언급하지 않을 정도였다. 반면 세계인권선언은 보편적인 인권을 선언한 것이지 과학적 연구라는 특수한 환경에서의 인간연구대상자의 권익과 참여절차에 대해 언급한 것은 아니었다.

이러한 상황에서 1964년 헬싱키에서 열린 제18차 세계의학대회에서 발표한 헬싱키 선언은 생명윤리 및 연구대상자 보호윤리를 본격적으로 공식화한 선언으로서 이후 커다란 영향을 미쳤다. 헬싱키 선언은 치료나 의학적 연구에서 의사가 지켜야 할 의료윤리를 정립하여 선언한 것이다. 의사는 "인류의 건강을 증진시키고 보호하는 것"이 의무이며 "오직 환자의 이익만을 고려하여야 한다"고 명시하면서 "의학의 발전은 궁극적으로 인체를 이용한 실험에 일부분 그 근거를 두고" 있기 때문에 의학적 연구에서도 의료윤리를 지켜야 함을 천명하였다. "의학연구는 전 인류에 대한 존중심을 증진시키고 인류의 건강과 권리를 보호한다는 윤리기준에 적합해야 한다"고 명시하였다. 특히 "일부 실험군은 위험에 노출될 수 있으므로 특별한 보호조치가 필요하다"고 하였다. 이러한 전반적인 의사의 의무를 기초로 의생명연구에서 생명윤리 혹은 연구대상자 보호윤리를 제시하였다.

첫째, 헬싱키 선언은 의학적 연구에서 연구자인 의사의 자세를 분명히 천명하였다. 의사는 "의학연구에 있어서 피험자의 생명, 건강, 사생활, 존엄성을 보호하는 것"이라고 분명히 하였다. 때문에 인간대상연구에서는 "일반적으로 공인된 과학적 원칙에 따라야 하고 과학문헌과 그외 관련된 정보를 통한 충분한 지식이 바탕이 되어야 하며 적절한 실험실적, 그리고 가능한 경우 동물실험 결과가 근거가 되어야 한다" 또한 "자기 자신의 안전을 지키기 위한 피험자의 권리는 존중되어야" 하며 "피험자의 사생활을 지키고 개인정보의 비밀을 보장하여야 한다" 뿐만 아니라 "시험으로 오는 육체적 · 정신적 충격과 인격에 미치는 영향을 줄이기 위한 모든 주의가 기울여져야 한다"고 명시하였다. 때문에 "그 위험성이 적절히 검토되고 충분히 관리될 수 있다고 확신할 때에만 시험에 착수되어야 한다"고 하였다.

둘째, 헬싱키 선언은 뉘른베르그 강령에서 명시된 '충분히 숙지된 동의'원칙을 보다 구체적으로 발전시켰다는 점에 큰 의의가 있다. 충분히 숙지된 동의원칙은 뉘른베르그 강령에서 자발적인 동의로 명시화되었으며 강제적이고 폭력적인 방법으로 연구에 동원되어서는 안 된다는 것이었다. 이러한 자발성은 헬싱키 선언에서도 "피험자는 반드시 지원자이어야 한다"고 재차 명시되었다. 충분히 숙지된 동의를 위하여 피험자에게 "시험에 참여됨을 알려야" 하며 법적 능력이 있어야 함을 밝혔다. "피험자가 법적 금치산자이거나 육체적 또는 정신적 무능력자로 직접 동의를 얻을 수 없을 때, 또는 미성년자일 때는 법에 따라 그 권한을 대행할 수 있는 친족의 동의를 얻어야 한다"고 하였다. 특히 "미성년자의 경우처럼 법적 능력이 없는 것으로 간주되나 사실상 시험참여 의사를 밝힐 수 있는 경우 시험자는 법적 권한을 대행할 수 있는 친족의 동의와 더불어 본인의 동의도 함께 얻어야 한다"고 하였다.

셋째, 헬싱키 선언은 가장 중요한 원칙으로 위험과 혜택의 비교 고려를 제시하였다. "의학연구에 있어서 피험자의 복지에 대한 고려가 과학적 · 사회적인 면의 이익보다 우선시되어야 한다"고 명시하였다. 때문에 만약 "잠재적 이익보다 위험이 더 크다고 판단되거나 긍정적이고 이익이 되는 결과에 대한 결정적 증거가 없을 경우 그 시험을 중단해야 한다"고 밝혔다.

마지막으로 헬싱키 선언은 의학적 연구에서 기관생명윤리위원회의 사전심의의 필요성과 그 절차를 제시하였다는 점에서 특징이 있다. "인체를 이용한 각 실험과정의 계획과 실행은 연구계획서에 분명히 문서화되어야 한다"는 점, "임상시험 계획서는 독립적인 임상시험 심사위원회에 제출되어" 사전심의를 받아야 한다는 점, "독립적인 위원회는 임상시험이 수행되는 나라의 법과 규제사항을 따라야 하며 실험이 진행되는 과정을 조사할 권리가 있다"는 점, "시험자는 모든 심각한 이상반응에 대해 보고할 의무가 있다"는 점, 시험자의 이해갈등상황에 대해서도 보고해야 한다는 점을 밝히고 있다.

4) 벨몬트 보고서(Belmont Report)

벨몬트 보고서는 오늘날 인간대상연구에서 생명윤리 및 연구대상자 보호윤리의 원칙주의적 기본문건이다. 벨몬트 보고서는 무엇보다 헬싱키 선언과 달리, 도입부에서부터 치료와 연구를 분명히 구별하고 치료와 구별되는 연구의 특수성을 문제제기하면서 그에 해당하는 생명윤리 및 연구대상자 보호윤리 원칙을 제시하고 있다. 특히 여기서 주목되어야 할 점은 벨몬트 보고서는 미국에서 의생명분야 뿐만 아니라 행동과학에서 잇따른 추문을 배경으로 행동과학분야를 아우르는 인간대상연구에서의 보편적인 생명윤리 혹은 연구대상자 보호윤리를 정립한 결과라는 점이다. 미국에서 1970년대에 들어 터스키기 매독연구뿐만 아니라 의생명분야 및 사회과학 및 행동과학분야에서 행동실험의 추문들이 잇따랐기 때문이다.

그런 의미에서 벨몬트 보고서는 최초로 사회과학 및 행동과학의 인간대상연구를 아우르는 연구대상자 보호윤리의 윤리적 원칙을 제시한 문건이다. 즉, 1972년에 공론화된 미국 터스키기 매독연구의 특별위원회(ad hoc committee)의 조사결과에 기초하여 연구과정에서 지켜야 할 생명윤리 및 연구대상자 보호윤리를 정립하는 것이었지만 사실 당시 심리학분야의 행동실험 추문이 잇따르면서 1979년 의생명연구뿐만 아니라 사회과학 및 행동과학의 인간대상연구에서도 직접적으로 해당되는 연구대상자 보호윤리 원칙을 정립하기 위한 미국 '의생명 및 행동연구에서의 연구대상자보호를 위한 국가위원회'[2)]에 의해 작성되었다.

1972년 미국 공중보건원(PHS)에서 미국의 앨라바마주 터스키기 지역의 가난한 흑인남성을 대상으로 30년간 아무런 동의도 받지 않고 이루어지던 터스키기 매독연구가 언론에 공표되었다. 이 지역의 가난한 흑인남성에게서 만성매독질환이 광범위하게 존재하여 매독통제시범사업 후 미국 공중보건원 성병분과는 1932년 흑인남성 중 만성매독질환자 400명과 대조군 200명을 대상으로 치료받지 않은 매독질환에 대한 연구사업을 계획하였다. 하지만 연구사업에 대해 어떠한 정보도 주지 않고 동의도 받는 않은 상태에서 검사를 하고 부검을 실시하였으며 페니실린 발명 후에는 이들 흑인의 치료기회를 박탈하는 등 죽을 때까지 관찰하는 비윤리적 연구를 지속하였다. 이러한 사실이 1972년 언론에 공표되면서 당시 여성이나 흑인 등 취약계층의 인권이 사회적으로 활발히 논의되던 사회상황에서 미국 사회에 커다란 충격을 주었다(서이종, 2009).

터스키기 매독연구가 사회여론화되고 있을 때 행동과학분야의 추문들도 잇따라 발생하였다. 1973년 스탠포드 대학의 감옥연구는 필립 짐바르도(Philip

2) National Committee for the Protection of Human Subjects of Biomedical and Behavioral Research.

Zimbardo)와 그의 동료들에 의해 수행된 감옥 시뮬레이션 연구로서, 감옥에서의 간수와 죄수의 역할수행이 연구대상자들에게 미치는 영향을 연구하는 것이었다. 이 연구자들은 스탠포드 대학교 빌딩 지하실에 가짜 감옥을 만들어 연구에 지원한 남학생들에게 죄수와 간수의 역할을 흉내내게 하였다. 연구대상자들은 가상의 상황에 사로잡혀 자신이 맡은 역할에 동화되고 몰입되어 역할수행과 진짜 정체성 사이에서 혼란을 겪기 시작하였다. 이러한 예상치 못한 부작용으로 인하여 당초 연구기간인 2주를 채우지 못하고 6일 만에 중지되었다. 이 연구계획의 주된 비판은 피해를 예측하는 데 있어서의 어려움을 제쳐두고라도, 연구대상자들에게 가해지는 정신적·사회적 피해에 대해 충분히 고려하지 못했다는 사실이다.

1974년에는 심리학자 스탠리 밀그램(Stanley Miligram)이 행한 권위에의 복종에 대한 행동실험인 소위 밀그램 연구의 추문이 뒤따랐다. 그는 교수자와 학습자의 외관을 띠고 교수자의 역할을 하는 연구대상자들에게 매우 위험한 전기충격을 학습자에게 가하도록 하였다. 실제로 전기충격이 가해지는 것은 아니었지만, 이러한 사실을 말해주지 않고 진행되었기 때문에 연구대상자에게는 매우 스트레스를 주는 갈등상황이 전개되었다. 그들은 전기충격을 가하라는 연구자의 말에 복종해야 하는가 아니면 실험을 지속하길 거부하여야 하는가 하는 갈등상황에서 분명한 스트레스를 받았다. 실제로 한 연구대상자는 연구참여를 중지시킬 정도로 발작을 일으키기도 하였다. 이 실험은 심각한 심리적 갈등 등 잠재적인 피해로부터 연구대상자를 보호하지 않았기 때문에 강력하게 비난받았다. 이후에도 1976년 공중화장실 등 공공장소에서 동성애자들이 만나서 거래하는 과정을 동의 없이 관찰하여 연구한 험프리(L. Humphreys)의 연구도 그런 비윤리적 연구의 대열에 끼어들었다. 이러한 행동과학분야의 잇따른 추문은 사회과학 및 행동과학에서도 연구대상자 보호윤리와 규제의 필요성에서 예외가 아님을 말해주었다.

이러한 사회상황에서 의생명 및 행동과학의 연구대상자 보호를 위한 국가위원회는 1979년 의생명분야 뿐만 아니라 행동과학분야의 인간대상연구에서 생명윤리 혹은 연구대상자 보호의 보편적인 윤리원칙을 정립하여 발표하였다. 벨몬트 보고서는 현재 미국 연방 규제가 근거하고 있는 원칙주의적 패러다임을 잘 보여주고 있으며 이후 국제적인 가이드라인의 기초가 되었다. 그 주요 윤리적 원칙은 인간존중(respect for persons), 선행(beneficence), 정의(justice)이다.

벨몬트 보고서는 무엇보다도 첫 번째 원칙으로서 포괄적인 의미에서 인간존중(respect for persons)을 내세웠다. 인간존중은 연구대상자의 자율적인 존재로서 인간의 존엄성과 제반 이해관계 및 권리를 존중하는 것을 의미한다. 인간존중 원칙은 연구참여과정에서 개개인의 이해관계와 권리를 넘어선 어떠한 국가적·민족적 혹은 집단적 요구나 필요를 인정하지 않는다는 점을 분명히 하고 있다. 이러한 개인주의적 원칙은 특수한 문화적 정체성을 가진 집단의 존중조차 부정하고 소속 개인으로 환원한다는 점에서 비판되기도 하지만 동시에 불가침의 권리와 이해관계를 가진 개인의 자율적 결정을 연구대상자 보호윤리의 기초로서 분명히 하였다는 점에 큰 의의가 있다. 즉, 연구참여는 연구대상자 개인의 자율적인 결정에 기초하여야 한다는 것이다. "자율적인 인간은 자의적으로 자신의 목적을 숙고할 능력 그리고 그 방향으로 행동할 능력이 있는 개인이다"고 명시하고 있다. 이러한 자율적인 인간에 대한 존중의 가치 선언을 통해서 벨몬트 보고서는 뉘른베르그 강령 이후 발전되어 오던 '충분히 숙지된 동의(informed consent)원칙'을 더욱 분명히 정립하였다. 숙지된 동의원칙은 뉘른베르그 강령에서 제1원칙으로 선언된 자발적인 동의나 헬싱키 선언에서 강조된 숙지된 동의원칙을 이후 인간연구대상자 보호윤리의 가장 기본적인 원칙으로 정립하였다.

벨몬트 보고서는 연구대상자에게 악행을 행해서는 안 되며 선행을 해야 한다는 선행(beneficence)의 원칙을 두 번째 원칙으로 하였다. "해를 입히지 말라"는 히포크라테스 선언을 기반으로 헬싱키 선언의 "위험과 혜택의 비교 고려"를 원칙으로 발전시켰다. 즉, 연구대상자에게 불필요한 위험을 가해서는 안 되며 다른 대안이 없는 불가피한 경우 가능한 한 가해지는 위험을 최소화하여야 한다. 또한 연구수행과정에서 연구대상자가 위험에 노출될 경우 안전대책 등 그 위험을 최소화하여야 한다. 따라서 선행의 원칙에 따라 잠재적인 위험보다 혜택이 클 때 연구되어야 한다. 이러한 선행의 원칙을 기초로 위험과 이득의 평가를 구체화시켰다.

정의(justice)의 원칙은 연구대상자의 선정과 배분과정에서 차별하지 않은 것이다. 이 원칙은 나찌의 유대인이나 집시집단의 생체실험, 미국의 흑인대상 터스키기 매독연구에 대한 비판에서 직접적으로 연유하였다. "누가 연구에서 생기는 이득을 누리고 누가 그 부담을 감당해야 하는가" 하는 점에서 부당하게 특정 개인이나 집단 그리고 특정 계층을 차별해서는 안 된다는 뜻이다.

벨몬트 보고서의 이러한 3가지 원칙은 이후 사회과학 및 행동과학의 인간연구대상자 보호를 위한 가장 중요한 원칙으로 발전되었다. 즉, 벨몬트 보고서에서 천명된 충분히 숙지된 동의(informed consent)원칙은 1981년 미국 의사협회 법률분과에서 제1원칙으로 천명하였고 1982년 의학, 의생명 및 행동과학연구의 윤리문제연구 미국 대통령 자문위원회(US president' commission for the study of ethical problem in medicine, biomedical and behavioral research) 최종 결과 보고서에 명시되었다. 벨몬트 보고서는 이후 보건복지부(DHHS) 가이드라인과 식품의약청(FDA) 가이드라인으로 이후 1991년 common rule로 발전되었다.

5) 생명윤리 국제적 가이드라인

뉘른베르그 강령, 보편적 인권선언문, 헬싱키 선언 등으로 발전하던 연구대상자 보호윤리는 벨몬트 보고서를 통해서 3가지 주요 원칙을 기초로 하여 정립되었다. 하지만 이러한 연구대상자 보호원칙은 다분히 미국과 유럽 등 서구의 개인주의적 가치와 문화를 배경으로 한 것이었다. 이러한 점에서 비서구국가들의 다소 공동체주의적(communitarian)인 가치와 문화전통과 배치되는 면이 많았고 비서구국가들에게 현실과 상이한 윤리적 원칙이었다. 숙지된 고지원칙도 개인주의가 발달하고 개인적 권익의식이 높은 서구에서는 실현가능하지만 다수의 비서구국가에서는 집단주의적 사회문화와 사회권력 관계로 현실성이 떨어진다는 점에서 윤리적 제국주의라고 비판되었다. 하지만 선진국 학자들은 비서구국가들의 집단주의적 사회문화 때문에 연구대상자의 자기결정권리를 부정하는 것이 아니라면 개인주의적 가치에 기초한 보편적 윤리원칙의 정립과 그 구체적인 적용과는 구별되어야 한다고 비판하면서 국제사회에서는 비서구국가들의 고민들을 반영하여 연구대상자 보호윤리를 국제적 가이드라인으로 발전시키고자 노력하였다. 윤리적으로 첨예한 의생명분야에서 연구대상자 보호윤리는 뉘른베르그 강령, 헬싱키 선언, 그리고 벨몬트 보고서를 기초로 하여 1980년 국제적으로 세계보건기구(World Health Organization)에서 후원한 국제회의를 통해 세계보건기구의 '인간실험의 국제적 윤리 가이드라인 초안'을 작성하였다. 1981년에는 국제의학조직 평의회(Council for International Organizations of Medical Sciences, CIOMS)에 의해 소위 CIOMS 가이드라인을 발전시켰다. 하지만 이에 대한 개발도상국 학자들의 비판과 더 높은 문화적 감수성(cultural sensitivity)에 대한 요구는 1992년 CIOMS 가이드라인의 개정 때에도 반복되었다. CIOMS 가이드라인은 WHO 등 국제기구에서도 이를 표준적 가이드라인으로 받아들이면서 다국가 공동임상시험이나 국제적 공동연구가 날로 늘어나는 현실에서 국가간 상이한 윤리적 기준과 절차를 표준화하는 국제적 생명윤리 가이드라인이 되고 있다. 반면 사회과학 및 행동과학분야에서도 날로 증가되는 국제적 지역연구를 위하여 1994년 사회변동 및 사회발전에 대한 정책학적 연구자들이 주도되어 UNESCO 가이드라인을 만들었다. 연구자들의 정직과 책임을 강조하고 "각 지역의 관습, 기준, 법"에 대한 이해의 필요성을 강조하였다. 즉, 해당 "집단과 장소의 문화에 친숙해야 하며 존중해야 한다"고 명시하였다. 특히 연구대상자의 복지, 존엄 및 프라이버시, 이익은 항상 보호되어야 한다고 선언하였다.

인간대상연구는 과학의 발전에 따라 임상실험에서처럼 인간조직이나 검체를 채취하여 연구하는 의생명분야 연구도 있고 사회과학분야에서 행동실험이나 참여관찰에서처럼 인위적으로 혹은 자연스럽게 이루어진 인간의 행동을 직접 관찰하는 경우도 있으며 설문조사처럼 정보를 제공받기도 하고 크고 작은 규모의 개인정보를 다루기도 한다. 하지만 특징적인 것은 이러한 다양한 방법론들을 복합적으로 사용하는 복합적 연구분야가 늘고 있다는 점에서 최근 생명윤리분야의 발전이 기대된다.

6) 연구윤리 위반사건

생명윤리 및 인간연구대상자 보호윤리의 발전뿐만 아니라 연구과정에서 지켜야 할 연구윤리 전반에 대한 문제제기도 이루어졌다. 벨몬트 보고서가 발표되던 비슷한 시기에 대규모 연구부정사건이 발생하였다. 1974년 흰쥐의 이식된 피부조각에 검은색을 칠해 마치 아무런 면역거부반응 없이 검은쥐의 피부를 흰쥐에 이식한 것처럼 속여 저널에 투고한 윌리엄 섬머린(William Summerlin) 사건이 발생했으며 1981년에는 하바드 대학과 에모리 대학에 근무하면서 100편이 넘는 논문에서 많은 데이터를 날조한 것으로 밝혀진 존 다시(John Darsee) 사건은 당시 과학계뿐만 아니라 사회적으로 커다란 파장을 일으켰다.

이들 사건을 계기로 미국은 의회 차원에서 연구부정행위에 대한 경각심을 갖고 1985년 연구부정행위 사례를 다루는 절차와 정부의 역할을 규율하는 '보건연구부속법(Health Research Extension Act)'을 제정하였다. 그 법에 따라 관련 기관이 연구부정사건을 조사하고 그 결과를 장관에게 보고하도록 하였다. 1986년에는 국립보건원(National Institute of Health)의 연구비 지원 및 계약에 대한 지침을 마련하여 연구부정행위에 대한 제보를 접수하고 이를 조사하는 역할을 맡게 되었다. 이 지침은 연구부정행위를 "연구의 제안, 수행, 보고에서의 위조, 변조, 표절 및 기타 과학자 사회에서 통상적으로 받아들여지는 행위에서 심각하게 벗어난 행위"로 규정하여 공표하였다. 1987년 국립과학재단(National Science Foundation)이 국립보건원의 기준을 받아들여 연구부정행위를 정의하였다(홍성욱, 2011, 69). 1989년에는 국립보건원에 과학진실성국(Office of Scientific Integrity)을 두고 미국 보건복지부(Department of Health & Human Services) 산하에 과학진실성심의국(Office of Scientific Integrity Review)을 두어 날로 치열해지는 연구환경에서 투명하고 정직한 연구절차를 감독하는 역할을 수행하였다. 이들 부서는 1992년 5월에 통합되어 연구진실성국(Office of Research Integrity)으로 발전되었으며 식품의약국(Food & Drug Administration)을 제외한 모든 공중보건원(Public Health Services) 산하기관의 연구진실성 업무를 감독하게 되었다. 연구자들은 과학사기(scientific fraud)보다는 과학적 혹은 연구부정행위(scientific or research misconduct)로 개념화하기를 원하며 이에 저항하였다.

이러한 정부의 감독조직의 체계화에도 불구하고 이후에도 연구부정사건이 끊이지 않았다. 1990년 유전자 치료 및 암연구분야에서 수십편의 논문을 조작한 허만-브라하(Herrmann-Brach) 사건이 독일에서 발생하였으며 1995년에는 자궁외 임신 5주된 배아를 자궁에 이식하여 정상출산했다고 조작 발표한 말콤 피어스(Malcolm Pearce) 사건, 2002년에는 나노과학분야에서 20여편의 논문을 조작한 얀 헨드릭 쇤(Jan Hendrik Schön) 사건이 연달아 발생하였다.[3] 그 결과

3) 이후에도 수많은 연구부정행위가 발생하였다. 의생명분야에서 에밀 압더할덴(Emil Abderhalden)의 "defensive enzymes" 사건, Elias Alsabti 스캔들, 데이비드 볼티모어(David Baltimore)와 테레자 이마니쉬-캐리(the Thereza Imanishi-Kari) 사건, 쟈크 벤베니스티(Jacques Benveniste) 사건, 스테펜 브로우닝(Stephen E. Breuning) 사건, 잉게 차자(Inge Czaja) 사건, 황우석 사건, 윌리엄 맥브라이드(William McBride) 사건이 잇달았으며 그 외에도 물리학분야에서 빅토르 니노브(Victor Ninov)의 superheavy element 사건, 화학분야에서 레오 파퀘트(Leo A. Paquette) 사건이 있었으며 지리학분야에서 쟈크 데브라트(Jacques Deprat) 사건, 고고학분야에서 쉬니치 후지무라 사건, 인류학분야에서 찰스 도슨(Charles Dawson)의 Piltdown man 사건, 그리고 심리학분야에서도 브루노 베텔하임(Bruno Bettelheim) 사

2005년 미국은 연구자의 자율규제 주장에도 불구하고 연구부정행위를 규율하는 〈연구부정행위방지법〉을 제정하여 법적 제재의 근거를 마련하였다.

4. 연구윤리의 주요 내용

연구자의 길에서 연구자들이 지켜야 할 책임은 윤리적 책임이다. 이는 우리의 과학적 연구행위가 주어지는 보편적인 성격에 부합하는 보편적·윤리적 책임으로 연구자집단이 과학적 연구를 조직적으로 수행하는 과정에서 지켜야 하는 전문직업집단의 책임이다. 연구를 시작하고 설계하는 과정에서부터 연구의 진행과정 그리고 연구결과의 발표에 이르기까지 연구전반에서 정직성과 진실성 그리고 책임이 요구된다. 또한 개인적 윤리의식이나 책임의식과 구별된다. 즉, 어떤 연구자는 개인적으로 높은 윤리의식을 가질 수 있는 반면에 다른 연구자는 전혀 그렇지 않을 수 있다.

1) 연구의 시작과 연구설계에서의 연구윤리

가장 중요한 첫 번째 윤리적 책임은 '과연 내가 과학적 연구를 할 자격이 있는가' 라는 질문과 관련된다. 그런 질문은 연구자로서 자신의 자질과 전문지식에 대한 성찰로 이어진다. 관련 연구를 한 번도 수행한 적이 없는 비전문가인 연구자가 상당한 연구비를 사용하고 연구대상자에게 폐를 끼치고도 유의미한 연구결과를 내놓을 수 없다면 그 연구는 비윤리적이다. 또 특정연구를 하는 데 그 연구를 수행해서 얻는 과학적 대가보다 더 큰 조직적·경제적·사회적 이해관계가 있는 이해갈등(conflict of interest) 상황의 연구자가 객관적으로 수행될 수 있느냐 하는 것도 윤리적 문제이다. 자신이 상당한 주식지분을 가지고 있는 회사의 연구를 수주한 경우, 부인이 사장으로 있는 회사의 연구를 수주하는 경우, 소속 대학이 법률전문대학원을 인가받기 위해서 결정과 관련된 기관의 연구를 수주하는 경우 등이 이에 해당된다.

둘째, 연구대상에 대한 윤리적 책임이 있다. 연구대상은 인간, 동물, 물질 등 다양하게 사용되고 있기 때문에 연구대상별로 인간을 대상으로 하는 경우 생명윤리(bioethics), 동물을 대상으로 하는 경우 동물보호윤리(animal protection ethics)

건, 크릴 버트(Cyril Burt) 사건 등이 있었다.

등 특별한 윤리적 고려가 필요하다.

인간대상연구에서는 무엇보다도 연구에 참여하는 사람들을 얼마나 존중하며 그들이 자발적으로 참여하느냐 생각해야 하고 또 가능하면 해악을 끼치지 않으며 정보를 투명하게 공개하는지 생각해야 한다. 일반시민들의 연구자들에 대한 신뢰를 악용해서 연구욕심을 챙기고 있지는 않는지 말이다. 생명윤리는 연구설계 및 계획서 심사를 통해서 이루어진다. 연구자가 과연 적절한 규모의 사람을 참여시키고 있는지, 아님 다음 연구를 위해서 혹은 과학적 · 통계적 실력 없이 무리하게 많은 수의 사람을 수고롭게 참여시키고 있지는 않는지 심사한다. 가장 윤리적으로 문제인 경우는 건강에 무리가 가는 혈액이나 조직을 채취하거나 강간당한 적이 있느냐 혹은 이혼, 사별 등 심리적으로 괴롭히는 설문조사, 개인의 사적인 은밀한 행위를 온전히 촬영하고 분석하는 행위, 건강정보 등 민감한 개인정보를 대규모로 수집해서 익명화하지 않고 분석하는 행위 등이다.

동물(animal)을 대상으로 연구하는 경우도 마찬가지이다. 가능하면 (척추)동물을 사용하지 않고도 실험할 수 있는 연구가 윤리적이며 가능하면 적은 개체수의 동물을 대상으로 실험하는 것이 윤리적이다. 그리고 불가피한 동물실험의 경우, 연구설계를 개선하여 사용되는 동물 개체 수를 줄이거나 동물에게 주어지는 통증, 고통, 상해 및 치사를 줄이는 것이 윤리적이다. 더 나아가 과연 그런 동물실험이 과학적으로 타당한지 그리고 이미 다른 실험실에서 이루어진 과학적 결과를 얻기 위해 중복실험을 하고 있지 않은지도 윤리적 검토대상이다.

2) 연구절차 및 과정에서의 연구윤리

셋째는 연구절차에 대한 윤리적 책임이다. 즉, 실제 연구절차를 수행함에 있어 지켜야 할 윤리적 책임으로 구체적으로 다음과 같다.

ⓐ **연구실 혹은 실험실에서의 협동(cooperation)과정**: 현대사회에서 연구현장은 지역적으로 여러 나라에서 그리고 조직적으로 다양한 조직에서 온 다양한 연구자들의 협업을 통해서 이루어진다. 협업과정에서 특정 연구자 혹은 대학원생 등 연구과정생들을 차별하거나 부당하게 대해서는 안 된다. 협동은 특히 실험실을 책임지는 지도교수나 책임연구자의 역할이 크다. 때론 리더십이 필요할 때도 있지만 연구에 참여하는 여러 동료 및 학생들

에게 선입견을 버리고 개방적 의식 하에서 공정하게 소통하여야 한다.

ⓑ **연구노트**(research note)**의 작성**: 하루하루의 실험 진행과정을 기록하고 과정상에서 벌어진 일, 문제로 부각되는 일, 의심시 되는 결과 등 실험실의 연구과정을 연구노트에 투명하게 기록하는 일은 윤리적으로 대단히 중요한 기본행위이다. 실험노트가 결과적으로 특허출원에도 중요한 자료가 된다는 사실 뿐만 아니라 그렇게 연구과정을 기록함으로써 자료조작이나 위조 등 연구진실성(research integrity) 문제를 예방할 수 있기 때문이다.

ⓒ **연구자료의 조작**(fabrication)**이나 변조**(falsification): 윤리적으로 연구진실성을 해치는 매우 중대한 연구부정행위에 속한다. 연구를 진행함에 있어서 연구과정에서 발생한 자료를 변조(맛사지)하거나 10번의 실험을 6번이라고 심소봉대하거나 심지어는 적극적으로 조작하는 행위를 말한다. 미국에서는 연구자료의 조작과 위조 그리고 표절을 FFP로 강조하고 있지만 책임있는 연구수행(responsible conduct of research)을 위한 연구진실성 문제가 그 부분에 한정되지 않는다(이상욱, 2011).

3) 연구결과의 공표와 연구윤리

넷째로 연구결과의 공표 및 출판에 대한 윤리적 책임이 있다. 연구과정을 윤리적으로 수행하고 나면 이제 연구결과를 논문의 형태로 작성하여 학회에 발표하고 또 학회지에 투고하여 출판하는 행위에 관련된 윤리적 책임이다.

ⓐ 표절(plagiarism)도 연구진실성을 해하는 중요한 비윤리적 행위이다. 타인의 아이디어를 인용없이 자신의 아이디어인 것처럼 표기하는 행위는 타인의 아이디어를 훔친 행위에 해당되며 이는 지적소유권이라는 법적 책임과도 연결된다. 물론 과학적 연구작업은 사실 수많은 기존연구를 매개로 더 나은 연구결과를 생산하는 과정이기 때문에 타인의 아이디어 위에 자신의 아이디어를 내놓는 행위이다. 문제는 자신의 아이디어가 어디까지 타인의 아이디어고 어디까지가 자신의 아이디어인지를 분명히 밝히지 않으면 세계적 규모로 팽창하고 있는 과학적 행위 자체를 무너뜨리는 중대한 행위가 될 수 있다. 특히 최근에는 타인의 아디이어뿐만 아니라 자신의 아이디어도 자신의 여러 논문 사이에서 분명히 밝혀야 한다는 주장

이 제기되고 있다. 자신의 아이디어이지만 다른 논문에서 주요한 것으로 사용하였을 경우 새로운 논문에서 인용표기 없이 또 새로운 아이디어인 것처럼 표기하는 경우도 비윤리적이라는 것이다. 경쟁과 승진 등의 압력으로 논문 편수가 중요해지고 있어 그만큼 이중게재, 중복게재가 늘어나서 발생하는 문제라고 생각한다.

ⓑ 저자권리(authorship)를 배분함에 있어서 공정하게 공로를 배분하는 것이 필요하다. 연구가 중요한 아이디어를 제공한 연구자를 저자배분에서 제외하거나 연구에 직접 참여하지 않은 연구자를 여러 사회적 관계 등을 이유로 등재하는 것은 비윤리적이다. 또한 그 연구의 주요 아이디어를 제공하고 연구를 책임진 사람을 제2저자로 위치짓고 지도교수나 연구소 책임자라고 해서 제1저자로 등록하는 경우도 마찬가지이다. 황우석 사태 이후 젊은 대학원생들의 가장 큰 불만사항은 이러한 공로배분에서의 비윤리적 행위였다.

ⓒ 연구결과의 과장홍보도 비윤리적이다. 모든 논문은 결론에서 자신의 연구성과가 갖는 함의를 적고 있다. 이때 연구자들은 가능하면 자신의 연구성과의 함의의 중요성과 파급효과를 부풀리고자 하는 유혹을 떨쳐버리기 어렵다. 가능하면 양심적이고 공정하게 자신의 연구결과 함의를 적어야 한다. 부당하게 부풀리고 과장하여 많은 동료 연구자들에게 많은 시간과 자원을 낭비하는 부당한 길로 호도할 수 있기 때문이다. 특히 연구결과를 언론에 공표할 때는 과장홍보에 주의해야 한다. 연구기관마다 경쟁환경에서 기관의 연구업적을 적극적으로 홍보하고자 언론에 보도하는 경향이 강해지고 있는 지금, 이러한 과장홍보는 비윤리적 행위의 대표적인 예가 되고 있다.

다섯째 그 외에도 연구자로서 타인의 논문을 심사할 때, 채용 및 승진 등의 심사를 위해서 타인의 논문을 평가할 때, 혹은 타 기관에 학문적으로 조언할 때 공정하고 객관적인 자세로 임해야 한다.

5. 연구윤리의 법제화와 사회적 책임으로의 확장

연구자의 길에서 우리 연구자들이 지켜야 할 법적 책임이다. 논리적으로는 윤리적 책임 중에서 반드시 지켜야 할 윤리적 책임이 법적 책임이라 할 수 있다. 하지만 실제 법적 책임은 현행 법률체계와 관련되기 때문에 반드시 그러한 논리적 귀결이 올바른 것은 아니다. 왜냐하면 윤리적 책임은 국제적으로 보편적인 가치와 규범에 기초하지만 법적 책임은 각 나라마다 법률체계에 따라 상이하기 때문이다. 국제적으로 보편적인 가치와 규범이 각 나라의 고유한 가치와 규범과 충돌할 수 있다는 사실이 법적 책임에 반영되어 있다. 따라서 연구자의 보편적인 윤리가 법률체계에 지속적으로 반영되기도 하고 동시에 법률체계와 그 근거인 각 나라의 지역적 가치와 규범에 따라 연구자의 보편적인 윤리가 수정되기도 한다.

이러한 유동성에도 불구하고, 법적 책임은 윤리적·도덕적 비난이 되는 윤리적 책임과 달리 연구자에게 특정한 법석 갈징을 통하여 신분변화나 구속 등의 강제력이 행사된다는 점이 특징이다. 가장 빈번한 것은 자신의 사회적 지위에서 해고되는 것이며 더 나아가 사회적으로는 영원히 연구활동을 다시 할 수 없는, 연구자로서 지위를 박탈당한다는 것이다. 심지어는 경제적으로 많은 벌금을 물기도 하고 물리적으로 감옥에 구속되기도 한다.

1) 학술진흥법과 시행령

연구자들의 법적 책임은 우리 연구자들의 연구환경을 지배하는 현행 법률체계에서 연유한다. 첫째, 법적 책임으로 연구재단의 연구비지원연구에 대해서는 〈학술진흥법〉이 있다. 교육과학기술부에서 주관하는 법률로 2012년 7월 21일 공표되어 시행되고 있다. 우리나라만큼 정부연구비를 독점적으로 배분하는 연구재단을 가진 나라는 흔치 않음에도 불구하고 연구재단의 연구비지원연구가 연구윤리를 위반하였을 경우 해당되는 법적 체계는 없었다. 학술진흥법은 기본적으로 학술적 연구를 지원하는 법률이지만 동법 제15조에 연구윤리의 확보조항이 신설되어 그동안 자율규제의 영역인 연구윤리의 법적 근거를 마련하였다는 점에서 커다란 의의가 있다. 동법의 제15조 연구윤리의 확보는 직접적으로 연구과제에서 빈번하게 나타나는 표절과 자료의 위조 및 변조 등 연구윤리 위반에 대한 법적 근거이다. 해당 학술진흥법에서 언급하는 연구윤리에는 표절과 위변조 이외에 인간대상연구의 연구대상자 보호가 포함되어 있는지 모호하다. 중요한 것은 학술진흥법을 통해서 학술연구를 지원하고 감독하는 한국연구재단의 연구비 관리지침에 연구윤리 항목이 포함될 수 있는 법적 근거가 마련되었다는 사실이며 또 대학 등 연구기관의 연구윤리지침의 법적 근거가 마련되었다는 것은 사실이다. 지금까지 각 연구기관의 연구윤리지침은 의생명분야를 제외하고는 법적 근거가 없는 자율적인 윤리 가이드라인이었기 때문이다.

2) 생명윤리 및 안전에 관한 법률

둘째, 인간대상연구에 대해서는 〈생명윤리 및 안전에 관한 법률〉이 있다. 생명윤리 및 안전에 관한 법률은 유전자 연구와 줄기세포 논란에 기초하여 2005년 최초 입법이 이루어진 이래 여러 차례의 개정안을 거쳐 다듬어지다가 2011년 전부개정안이 상정되어 2012년 2월 1일 공표되었다. 2012년 공표된 생명윤리 및 안전에 관한 법률의 전부개정안은 기존의 법률 규제범위를 확장하고 기관생명윤리위원회의 심의의 질을 높이는 활성화 방안을 포함하고 있다. 구체적으로 전부개정안은 그 규제범위를 유전자나 줄기세포 등에 특화된 기존의 생명윤리 및 안전에 관한 법률의 규제범위를 모든 인체유래의 조직 및 검체로 확장하고 사회과학 및 행동과학 연구를 포함한 모든 인간대상연구로 확장하였다. 뿐만 아니라 기관생명윤리위원회의 운영 및 감독을 강화하여 모든 기관생명윤리위원회는 등록하여야 하며 등록하지 않는 경우 소정의 벌칙이 부과된다. 또한 기관생명윤리위원회의 운영을 지속적으로 평가하여 심의의 질을 높이도록 하였다. 하지만 생명윤리 및 안전에 관한 법률의 규제범위는 원칙적으로 모든 인간대상연구이지만 시행령에 따라 적용범위가 상당히 자의적으로 한정되어 있다. 적용범위와 비적용 범위 사이의 기준, 심의면제의 범위와 기준, 심의범위와 관련된 IRB의 권한과 역할 등이 불분명하기 때문이다.

또한 2012년 2월 1일 공표된 생명윤리 및 안전에 관한 법률 전부개정안은 그 자체가 사회과학 및 행동과학 연구의 인간연구대상자 보호를 그 목적으로 하고 있을 뿐만 아니라 관련 기관윤리위원회의 등록과 미등록시 법칙사항을 포함하고 있어 사회과학 및 행동과학의 인간연구대상자 보호를 실질적으로 법률적으로 강화하고 있음을 알 수 있다. 동 법률은 시행을 1년간 유예하여 실제

2013년 2월 2일부터 본격 시행되었는데, 시행에 앞서 인간대상연구를 수행하는 모든 대학 및 연구기관에 기관생명윤리위원회 설치를 의무화하며 설치하지 않은 기관에는 벌칙을 부가하도록 하였다. 물론 공용생명윤리위원회를 이용하는 경우도 가능하기 때문에 인간대상연구의 규모가 소규모인 대학과 연구기관은 예외라 할 수 있다. 기관생명윤리위원회의 설치뿐만 아니라 평가가 의무화되기 때문에 질 높은 운영을 위하여 기관생명윤리위원회의 운영과 관련된 국제적 가이드라인 및 관련 법률 등에 대한 폭넓은 지식에 기초한 운영절차 확립과 더불어 자질 있는 위원장과 위원들의 충원과 교육 등이 필요하다. 덧붙여 사회과학 및 행동과학분야에서 모든 인간대상연구를 수행하는 연구자에게 연구대상자 보호윤리의 필요성을 인지시키고 더불어 기관생명윤리위원회의 사전 검토 절차를 고지하는 것이 필요하다.

임상시험과 의약품생동성실험의 경우에는 식품의약품안전청의 〈임상연구지침〉에 의해 규율된다.

3) 개인정보보호법

셋째, 개인정보 관련 연구에 대해서는 〈개인정보보호법〉이 있다. 개인정보보호법은 2011년 3월 29일 제정되어 다양한 영역의 개인정보 보호를 위한 기본법으로 입법되어 동년 9월 30일부터 시행된 법이다. 개인정보 보호와 관련된 기존의 법률은 공공부분에서 공공기관 개인정보보호에 관한 법률, 신용부분에서는 신용정보의 이용 및 보호에 관한 법률, 정보기술영역에서는 정보화 촉진 및 정보보호 등에 관한 법률 등의 개인정보를 각각 상이하게 보호하는 법체계였으나 3가지 영역 이외에서 개인정보를 보호하지 못하는 법률 사각지대를 해속하고 동시에 이들 3가지 법률을 하나의 보편적 원칙과 절차 속에서 통합하여 보호될 수 있는 법률체계를 만들 필요성에 따라 입법되었다. 이러한 필요성은 특히 인터넷 등 정보기술의 발달과 의생명공학의 발달에 따라 공공기관 뿐만 아니라 민간기업에서 개인정보 수집이 광범위하고 조직적으로 남용됨으로써 개인정보를 보호하는 통합 법률의 필요성이 증대하였다.

이러한 취지에 따라 무엇보다도 첫째, 개인정보 보호의 범위와 그 원칙을 분명히 하였다. 개인정보란 직접적인 개인식별정보 뿐만 아니라 다른 정보와 쉽게 결합하여 특정 개인을 알아볼 수 있는 정보를 개인정보라 명시하였으며 그 보호원칙으로서 목적에 따른 최소 수집, 목적 이외의 사용금지, 정확성과 최신성 유지, 안전관리 및 정보주체의 권리보장, 익명처리 및 기타 신뢰성 유지를 제시하였다. 둘째, 개인정보 주체의 권리를 보다 분명히 하여 정보를 제공받을 권리와 동의 등 선택권, 열람권, 정정/삭제요구권, 피해보상청구권으로 명시하였다. 셋째, 개인정보 수집 주체의 개인정보 보호책임과 의무를 보다 강화하였다. 개인정보 보호책임자 지정, 보유한 개인정보 파일등록, 영향평가, 유출방지 대책 수립, 유출시 통지 등을 의무화하였다. 이러한 입법 취지는 학술적인 연구영역에서 개인정보 수집 및 관리책임을 강화하고 있는 바, 학술연구에서 개인정보의 범위와 수집절차, 관리방식 등을 규정하고 있다.

이러한 개인정보보호법은 법개정의 취지가 행정정보, 신용정보, 그리고 온라인정보를 통합관리하는 것이기 때문에 규제범위에 사회/행동과학적 연구를 포함하여 학술적인 연구를 위한 개인정보 수집 및 관리가 포함된다. 하지만 개인정보보호법의 규제수준이 정부나 기업의 개인정보의 수집 및 관리 규제를 염두에 두어 상당히 높은 수준이기 때문에 개인정보보호법의 모든 규제수준이 학술연구에 적용되는지는 아직 판례가 없어 불분명하다. 학술연구자가 개인정보보호법에서 규정한 개인정보의 수집 및 관리 주체로서 의무를 모두 져야 하는지 혹은 학술연구에서도 개인정보보호법에서 규정한 개인정보 주체의 권리 및 보호과정을 모두 지켜야 하는지가 불분명하기 때문이다.

4) 실험동물보호법과 동물보호법

넷째, 동물대상연구에 대해서는 〈실험동물보호법〉과 〈동물보호법〉이 있다. 실험동물보호법은 영장류나 척추동물을 대상으로 실험하는 경우 지켜야 할 연구절차를 규율하고 있으며 동물실험 관련 윤리적 심사위원회를 두도록 하고 있다. 넓은 의미에서 동물보호법도 동물실험과 관련한 동물보호원칙을 기술하고 있다.

5) 연구윤리지침

다섯째, 그 외에도 각 기관의 〈연구윤리지침〉이 있다. 모든 연구기관은 황우석 사태 이후 과학기술부, 지금은 교육과학기술부에 의해서 연구윤리지침을 제정토록 권장되어 지침을 시행하고 있으며 학술진흥법이 그 법적 근거로 작용하게 될 것이다. 서울대학교의 경우 2005년 10월 연구윤리지침을 제정하여 2009년 개정하여 시행하고 있다. 인간대상연구, 동물연구, 표절, 자료 위/변조, 저자배분, 출판 등 연구활동 전반에 걸쳐 규율하고 있다. 연구윤리지침을 어겼을 시 서울대학교의 경우 연구진실성위원회, 생명윤리위원회, 동물실험윤리위원회 등에서 진상조사를 착수하여 그 결과에 따라 처벌하게 되어 있다.

6. 연구자의 사회적 책임과 연구윤리

연구자의 길에서 우리 연구자들이 지켜야 할 책임은 사회적 책임이다. 사회적 책임은 연구현장에서 연구대상, 연구절차, 연구공표 등 직접적인 윤리적 책임이나 그러한 윤리적 책임을 법제화한 법적 책임과 달리, 연구자의 연구활동이 함께 살아가는 우리 사회에 미치는 파급효과 및 영향과 관련된 책임이다.

연구자는 연구를 업으로 하는 전문직업집단이지만 동시에 우리 사회의 사회성원의 일원으로 남북의 이념적 분단사회, 유교문화의 유제, 가족주의적 집단문화 등 이러한 사회적 특징이 연구자가 연구를 함에 있어서 고의적으로 무시하거나 어길 경우 사회적 비난에 직면할 수 있다.

연구자의 사회적 책임은 이 뿐만 아니라 윤리적으로 아직 정립되어 있지 않는 사항이나 법적으로 아직 명시되지 않은 사항이 문제가 될 때 사회적 책임이 부각된다. 황우석 사태에서 보듯이, 배아줄기세포의 연구에 대해서 아직 윤리적으로 논쟁 중이고 법적으로는 아무런 규제가 없는 상태이다. 하지만 사회적으로 배아의 생명성에 대해 많은 비판적 여론이 있고 그에 대해 책임있는 자세가 요구된다. 그러한 것은 배아줄기세포 연구 뿐만 아니라 우리의 연구현장의 다양한 주제에 비추어 언제든지 발생할 수 있다.

연구자의 사회적 책임은 특히 윤리적·법적 책임이 상당히 명시되어 있음에도 불구하고 사회적으로 여전히 소수 혹은 다수 집단의 비난여론에 직면할 수 있다는 점에서도 유래한다. 배아줄기세포가 아무리 윤리적으로 법적으로 문제가 없다고 하여도 기독교적 생명관에 따라 비난받을 수 있다.

연구자의 사회적 책임은 연구자 스스로 사회성원의 일원으로서 특히 연구현장의 전문가로서 관련 연구의 책임성 있는 발언을 할 때 두드러진다. 연구현장의 실체가 아직 들어나지 않는 초기의 연구나 기업 등 연구비지원기관의 요구에 따라 일정기간 혹은 상당기간 실체를 밝히지 않아야 하는 연구이지만 사회적으로 많은 물의 혹은 부정적 영향을 일으킬 수 있는 연구일 경우 진실한 의견표시 및 조언 등 관련 연구자로서 사회적 책임을 지녀야 한다. 특히 사회적으로 책임있는 연구자들은 단체를 만들어 일반시민들을 대상으로 연구성과의 반사회적인 이용에 대한 경각심을 일깨우고 올바른 정책시행을 권고하는 시민단체활동을 하기도 한다.

연구자의 윤리적 · 법적 · 사회적 책임은 과학기술분야나 인문사회분야 등에서 새로운 연구성과를 기초로 날로 글로벌하게 복합적으로 혁신될 21세기 지식정보사회에서 우리 연구자들이 지켜야 할 덕목이며 우리 사회가 선진사회로 나아가는 길의 중요한 윤리적 기초이다.

◆ 연 / 습 / 문 / 제 ◆

1. 연구윤리에서 해당사항이 가장 적은 진술은?
   ① 연구윤리는 연구설계에서 필요한 윤리이다.
   ② 연구윤리는 연구과정에서 필요한 윤리이다.
   ③ 연구윤리는 연구결과 출판에서 필요한 윤리이다.
   ④ 연구윤리는 연구결과를 평가할 때 필요한 윤리이다.

2. 황우석 사건에서 위반이 이루어지지 않는 연구윤리는?
   ① 표절　　② 데이터 변조
   ③ 데이터 조작　　④ 피험자 보호 위반

3. 미국에서 연구윤리의 절차와 정부 역할을 법제화한 〈보건연구부속법〉이 제정되고 과학윤리국이 설립되게 된 직접적인 계기에 가장 가까운 사건은 다음 중 어느 것인가?
   ① 윌리엄 설머린(William Summerlin) 사건
   ② 존 다시(John Darsee) 사건
   ③ 말콤 피어스(Malcolm Pearce) 사건
   ④ 얀 헨드릭 쇤(Jan Hendrik Schoen) 사건

4. 뉘른베르그 강령의 제1원칙은 무엇인가?

정　답			
1. ④	2. ①	3. ②	4. 자발적 동의의 원칙

참고문헌

서이종, 2009, “미국 터스키기 매독연구의 생명윤리 논란과 그 영향”, 『사회와 역사』 83, pp. 187－221.

서이종 외, 2012, 『사회과학/행동과학 인간대상연구의 윤리적 심의를 위한 표준지침 결과보고서』, 대한임상시험심사위원회(KAIRB) 보고서.

이상욱, 2011, “과학연구와 과학연구윤리”, 이상욱 · 조은희 편, 『과학윤리특강: 과학자를 위한 윤리가이드』, 사이언스북스, pp. 15－40.

이인재, 2012, “연구윤리, 왜 필요한가?”, 『대한피부미용학회지』 10(2), pp. 195－204.

이현숙, 2012, “왜 ‘연구윤리’인가?”, 한국학술단체총연합회, 2012년 연구윤리포럼 ‘학문후속세대를 위한 연구윤리 문화정착’, 2012. 11. 12.

홍성욱, 2011, “연구윤리의 사회적 맥락”, 이상욱 · 조은희 편, 『과학윤리특강: 과학자를 위한 윤리가이드』, 사이언스북스, pp. 15－40.

Becker, H. S., 1967, “Whose Side Are We On?”, *Social Problems* 14, pp. 239－248.

Childress, J. F. et. al. (eds.), 2005, *Belmont Revisited: Ethical Principles for Research with Human Subjects*, Washington, D.C.: Georgetown University Press.

de Solla Price, D. 1963, *Little Science Big Science*, New York: Columbia University Press.

Jones, J. H., 1981, Bad Blood: *The Tuskegee Syphilis Experiment*, New York: The Free Press.

King, Nancy M. et. al. (ed.), 1999, *Beyond Regulations: Ethics in Human Subjects Research*, Chapel Hill: The University of North Carolina Press.

Lundvall, B. A. (ed.), 1992, *National Systems of Innovation: Towards a Theory of Innovation and Interactive Learning*, London/New York: Pinter.

Mertens, D. M. and P. E. Ginsberg (eds.), 2009, *The Handbook of Social Research Ethics*, London: Sage.

Nelson, R. (ed.), 1993, *National Innovation Systems: A Comparative Analysis*, New York/Oxford: Oxford University Press.

Oliver, P., 2010, *The Student's Guide to Research Ethics* 2nd Edition, London: Open University Press.

Reverby, S. M. (ed.), 2000, *Tuskegee's Truth: Rethinking the Tuskegee Syphilis Study*, Chapel Hill: University of North Carolina Press.

Shamoo, A. E. and D. B. Resnik, 2009, *Responsible Conduct of Research*, 2nd Edition, USA: Oxford University Press.

제 2 장 연구부정행위

김 도 균
(서울대학교 법학전문대학원)

1. 연구환경의 변화와 연구부정행위

종래 교육기관으로서의 대학의 역할을 강조하던 데서 연구기관으로서의 역할을 더 중시하는 쪽으로 바뀌면서 대학에 속한 연구자들은 연구부정행위의 유혹에 더 쉽게 노출되게 되었다. 연구프로젝트 중심으로 연구체제가 재편되고 SCI(Science Citation Index)급 논문들을 더 중시하고 그러한 업적물에 대한 인센티브가 강화되면서 성과주의와 경쟁원리가 대학사회를 지배하게 되자 연구자들은 연구부정행위를 해서라도 낙오되지 않아야 한다는 절박한 상황에 몰리게 된 것이다. 물론 예전부터 연구부정행위는 있어 왔으나, 광범위하게 일상적으로 연구부정행위가 이루어지게 되는 것은 연구환경이 질적으로 전환되면서이다.[1)]

연구부정행위가 일상적으로 광범위하게 행해지게 된 것은 미소 군비경쟁이 격화되기 시작하면서 군수산업계를 비롯한 산학협동이 강화되던 1960년대부터라는 것이 일반적인 평가이다. 종전에는 연구부정행위를 개인적인 연구윤리 위반행위로 파악하였다면 최근에는 연구윤리 위반행위의 구조적 성격에 주목하고 있다. 과학자들의 연구를 둘러싼 사회·경제적 환경에서 연구윤리 위반행위의 원인을 찾고자 한다는 것이다.

미국에서 연구부정행위에 대한 인식이 제고되면서 연구윤리의 확립을 위한

1) 이에 대해서는 『진실을 배반한 과학자들』(브로드·웨이드, 2007) 참고, 이 책은 연구부정의 역사와 사례들을 상세하게 분석하고, 연구부정의 환경, 연구부정의 유형, 연구부정행위에 대한 학문공동체의 대응 등에 대하여 체계적으로 소개하고 있다.

노력이 필요하다는 문제의식이 생겨나게 된 것은 1980년대 초반 미국 학계에서 연구부정행위 사례가 만연되어 있다는 사실이 보고되고 난 이후이다. 이후 학계, 의회, 행정부가 공동으로 노력하여 연구윤리와 연구부정행위에 대한 규정들을 제정하기에 이르렀다. 유럽 또한 연구부정행위 사건들이 확인되면서 연구윤리를 확립하려는 시도를 하게 된다.[2)]

연구환경의 질적 변화에 함께 등장하게 마련인 구조적인 연구윤리 위반행위는 한국 학계에서도 나타난다. 한국 사회의 연구자들도 본격적으로 1990년대부터 서구와 유사한 환경에 놓이게 되었다는 것이다(김환석, 2007). 특히 '황우석 교수 사태'를 비롯한 일련의 사태를 거치면서 한국 사회에서도 연구부정행위에 대한 인식이 제고되었고, 국가적 차원에서 연구윤리확보를 위한 조치를 취하기에 이르렀다. 2006년도 이후 국내에서 연구윤리에 대한 관심이 높아졌다는 것은 〈연구윤리소개〉(교육과학부, 2006), 〈실천연구윤리〉(과학기술부, 2007), 〈연구윤리확보를 위한 지침해설서〉(과학기술부 2007), 〈연구윤리확보를 위한 지침〉(2007. 2. 8. 과학기술부 훈령 제236호) 등 일련의 조치들이 행해지기 시작하는 데서도 확인할 수 있다. 교육과학기술부 훈령 제218호 〈연구윤리확보를 위한 지침〉(2011. 6. 2.)은 그동안 논의되었던 내용들을 총망라하여 연구윤리수행을 위한 규정들을 담고 있다.

2. 연구부정행위의 정의와 유형

연구진행과정에 따라 지켜져야 하는 연구윤리규범이 있고, 이것들을 위반할 때 우리는 그러한 행위를 연구부정행위라고 부른다. 〈주제선정－연구수행－결과보고－성과활용〉의 각 단계마다 적용되는 연구윤리규범이 있고 이를 위반할 때 가해지는 제재의 방식도 다르다. 흔히 우리가 연구부정행위라고 할 때에는 연구수행 단계와 연구결과보고 단계에서의 연구윤리규범 위반행위를 일컫는다(과학기술부, 2007).

---

2) 미국에서의 연구부정행위 규제에 대한 노력은 "책임있는 연구수행과 연구부정행위: 미국 사례를 중심으로"(김옥주, 2006) 참조, 유럽의 경우에 대해서는 "'바람직한 연구실천'과 과학연구 부정행위"(이상욱, 2006) 참조, 이 두 논문은 "연구윤리확립을 위한 정부정책방안 연구"(연구책임자: 강원대 윤리교육과 신중섭 교수)를 위한 연구윤리정책위원회에서 2006. 6. 5. 발표된 자료이다.

1) 연구부정행위의 정의

가장 넓게 표현하자면, 연구부정행위(research misconduct)란 학문적 연구에서 마땅히 지켜야 할 연구윤리의 규범을 위반하는 행위를 말한다. 그렇다면 어떤 행위들이 연구윤리를 위반한 연구부정행위에 해당하는 것일까? 영국 학자 찰스 배비지(Charles Babbage)는 자신의 저서 〈Reflections on the Decline of Science in England〉(1830)에서 당대에 행해지고 있는 연구부정행위 유형을 속임(hoax), 날조(forging), 깍아내기(trimming), 가공(cooking)으로 분류한 바 있다.(브로드 · 웨이드, Op. cit., 42) 먼저 '속임'은 언젠가는 밝혀질 것이라는 것을 알면서도 데이터를 위조하는 행위로서, 속는 상대방을 웃음거리로 만드는 데 목적이 있다. '날조'는 영원히 밝혀지지 않을 것이라고 생각하고 의도적으로 데이터를 허위로 만들어낸다는 점에서 '속임'과 차이가 나며 가장 심각한 부정행위이다. '깍아내기'는 관찰한 결과가 평균값과 너무 차이가 날 때 원자료의 평균값은 그냥 둔 채 표준편차를 줄여서 결과가 더 그럴듯하게 보이려는 행위를 말한다. 마지막으로 '가공'은 평범한 관찰을 정확도가 가장 높은 특성과 형태로 만드는 조작하는 행위로서 관찰횟수를 늘려서 그 중에서 자신의 가설에 합치하거나 합치에 가까운 결과만을 선별하여 자신의 주장을 지지하는 데이터만을 고르는 것이다(최훈 · 신중섭, 2007, 108).

미국 행정부의 과학기술정책국은 서구에서 전통적으로 받아들여 온 기준들을 사용하여 연구부정행위의 유형을 '연구계획, 수행 혹은 심사, 또는 연구 결과 보고에 있어서 위조(fabrication), 변조(falsification), 표절(plagiarism) 행위'로 좁혀 분류하면서 각각의 연구부정행위를 다음과 같이 풀이하고 있다(최훈 · 신중섭, Op. cit., 109).[3]

---

3) 미국은 1986년 연구부정행위를 '위조, 변조, 표절, 학문공동체에서 통상적으로 용인되는 정도를 심각하게 벗어난 행위(fabrication, falsification, plagiarism or other practices that se-riously deviate from those that are commonly accepted within the scientific community)'로 정의하였는데, 우리나라는 이 정의를 따른 것이다. '통상적으로 용인되는 정도를 심각하게 벗어난 행위'란 기준이 지나치게 불명확한 개념을 채택하고 있다는 비판이 계속해서 제기되자, 미 백악관 과학기술정책국(Office of Science and Technology Policy, OSTP)은 연구부정행위를 위조, 변조, 표절에 국한하는 내용의 연방 가이드라인을 2000년에 발표하였고 이후 ORI, NSF를 비롯한 모든 미국 연방기구에서의 연구부정행위는 위조, 변조, 표절로 한정되었다(한국연구재단, 2011, p. 146).

ⓐ **위조**: 있지 않은 데이터, 결과기록, 보고를 제출하는 행위
ⓑ **변조**: 연구자료나 장비 혹은 과정을 조작하거나 데이터 또는 결과를 바꾸거나 생략하여 연구기록이 정확하게 표현되지 않도록 하는 행위
ⓒ **표절**: 다른 사람의 아이디어, 연구과정, 결과 혹은 표현을 적절한 출처를 명시하지 않고 도용하는 행위(Ibid., 109)

이 세 가지는 대표적인 연구부정행위로서 연구부정행위의 핵심사례이다. 우리나라에서 현재 받아들여지고 있는 연구부정행위의 범주는 이 세 가지 행위 이외에도 연구결과의 보고와 발표단계, 그리고 연구부정행위의 조사과정에서 이루어지는 부당한 행위들도 포함하고 있다.

연구부정행위를 연구사기행위(research fraud)로 표현해야 한다는 의견도 있을 수 있다. 이러한 주장이 미국에서 제기된 바 있었는데, 미국 국립과학아카데미의 〈과학적 책임과 윤리강령위원회〉는 사기는 법률적인 속성을 갖는 개념이라는 점을 들어 반대하였다. 사기에 대한 법적인 해석에 따르면, 사기에 해당하려면 의도적인 기망이 있었다는 점뿐만 아니라 피해자에게 구체적인 재산상의 손해도 발생했음을 입증해야 한다. 그러나 연구행위에 부정이 있었다고 하더라도 구체적인 피해자를 특정하기도 어렵고 재산상의 손해가 발생했음을 입증하기도 힘들다. 이러한 점들을 고려하여 연구사기행위라는 표현보다는 연구부정행위라는 용어가 더 적절하다는 데 의견이 수렴되었다(Ibid., 109-110).

2) 연구부정행위의 요건: 고의와 중대한 과실

연구부정행위란 용어는 통상적으로 인정되는 연구윤리규범을 위반하는 행위들을 일반적으로 지칭하는 느슨한 개념이 아니다. 우리가 어떤 행위가 연구부정행위에 해당하는지를 판단할 때 원용하는 일반적 기준으로 다음과 같은 것들을 들 수 있다.

〈연구부정행위에 대한 판단기준〉(한국연구재단, Op. cit., 159-160)
ⓐ 연구부정행위에 해당하는 것을 알면서도 저지른 행위인가, 모르는 상태에서의 실수인가?
ⓑ 행위의 목적이 무엇이었는가?

ⓒ 과학자집단에서 판단할 때 연구부정행위에 해당됨을 충분히 알 수 있었거나 그 결과가 연구부정행위에 해당될 것임을 알 수 있었는데도 연구자로서 이에 충분한 주의를 기울이지 않고 저지른 행위인가?

이 일반적 판단기준에서 주목할 점은 연구부정을 저지르려는 의도를 가지고 있는지 여부가 연구부정행위 판단에 결정적인가라는 것이다. 즉, 고의가 있느냐 없느냐가 연구부정행위 판별에 핵심요소냐는 것이다. 가령 미국의 연구윤리 전문가 중의 한 사람인 폴 프리드먼(Paul Friedman)은 고의성을 강조하여 위조, 변조, 표절을 설명하려 한다. 그에 따르면, '위조'는 "있지 않은 결과를 만들어 내거나 하지도 않은 실험을 의도적으로 꾸며대는 것을 포함하는 행위"이고, '변조'란 "실험방법에서 데이터 분석까지 실험의 여러 측면들 중 일부를 의도적으로 조작해 그 결과가 정당한 절차를 거쳤을 때 나오는 것과 달라지도록 만드는 행위"를 말한다. 그리고 '표절'은 "다른 이의 말이나 아이디어 등을 자신의 것으로 속여 넘기려는 의도를 가지고 이를 이용하는 행위"이다 따라서 연구부정행위에는 당연히 고의적인 허위 진술이 포함되어 있다고 보는 것이다. 비유하자면, 형법상 사기죄에서 타인을 의도적으로 속이려는 기망의 의사가 있는지 여부를 사기죄 판단의 핵심요소로 보듯이 연구부정행위에서도 위조, 변조, 표절의 고의가 있는지 여부를 중요하게 보자는 주장이다. 형법상 사기죄에서 기망행위란 '고의(故意)로 남을 속여 착오(錯誤)에 빠지게 하는 위법행위'라고 정의되듯이 연구부정행위를 판단할 때에도 타인을 속이려는 의사가 있었느냐를 핵심적인 기준으로 보자는 견해이다.[4)]

4) 이 점에 착안하여 프리드먼은 다음과 같이 설명한다. "연구에서의 사기(기만)행위는 속이려는 의도를 가진 고의적인 허위 진술을 포함한다. 이는 누군가가 실제로 그 속임수를 믿어 그 결과, 손해를 보았는지 여부와는 무관하게 성립한다는 점에서 통상적인 사기행위(fraud)에 대한 법적 정의와는 부분적으로 다르다. 과학에서는 속임수를 쓰려는 시도를 했다는 사실 자체만으로도 충분히 나쁜 짓으로 간주된다. 그런 사례들에서 아마도 과학 그 자체가 손상을 입게 될 것이기 때문이다. 법률가들은 만약 '연구에서의 사기행위(기만행위, research fraud)'라는 용어를 사용하면 이런 의미의 차이 때문에 법정에서 (통상적인 사기행위와) 혼동이 빚어질 수 있다고 연방기구들을 설득했다. 이후 미연방 규제기구들은 '과학에서의 부정행위(scientific misconduct)', 나중에는 '연구에서의 부정행위(research misconduct)'라는 용어를 받아들였다(프리드먼(Paul J. Friedman), 2001, "연구윤리서설", 유네스코한국위원회, 『과학연구윤리』 당대, pp. 274－275)." 이 내용은 최훈 · 신중섭(Op. cit.)에서 재인용한 것임). 미국 ORI가 '연구사기'로 고발한 사건들이 실제 재심과정에서 '의도성'을 입증하지 못해 패소한 경우가 많았기 때문에 이런 상황을 고려하여 ORI는 의도성을 입증하지 않아도

그러나 우리가 통상 연구부정행위라고 판단하는 것들 중에는 명백한 고의는 없지만 데이터에 대한 선택과 변형이 존재하는 경우나 고의적이지는 않지만 실수 또는 부주의에 의해서 데이터 변형이 생기는 경우, 또는 고의성이 있는지 없는지 판단하기 힘든 경우들이 있다. 그런데 연구자들이 속한 연구환경에서 이런 경우가 대부분이다.[5)]

이러한 점들을 고려하여 〈서울대학교 연구윤리규정〉(2008. 6. 24. 제정, 2010. 7. 16. 개정) 제11조(연구부정행위) 규정은 연구부정행위를 "고의 또는 중대한 과실(연구자로서의 통상의 주의의무를 현저히 위반한 경우를 의미한다)로 연구의 제안·수행·보고·발표 등 전 과정에서 연구데이터 또는 연구자료를 허위로 만들거나 기록 또는 보고하는 행위, 연구데이터를 임의로 변경·추가·누락함으로써 연구자료를 조작하는 행위, 타인의 연구성과, 연구 아이디어, 연구데이터 및 문장을 마치 자신의 것처럼 사용하는 행위"로 정의하였다. 연구부정행위 여부를 판단할 때 연구윤리를 위반하겠다는 고의뿐만 아니라 연구자로서 마땅히 가져야 할 주의의무를 현저하게 소홀히 하여 연구윤리를 위반하게 되는 결과를 낳은 중대한 과실이 있는지도 중요한 판단기준으로 삼겠다는 의지를 표명한 것이다.

물론 '중대한 과실'이 있는지를 판별하는 기준으로서 연구자라면 마땅히 가져야 할 '연구자로서의 통상의 의무'가 무엇인지, 그리고 '현저히 위반한 경우'가 어떤 것인지를 더욱 구체화하여야 할 과제가 있기는 하지만, 연구부정행위 판단기준으로 명백한 의도나 고의를 넘어서 주의의무의 소홀이라는 '중대한 과실'도 포함되었다는 점은 연구부정행위 판단에 있어서 큰 발전이라고 하겠다.

이와 같이 보면 연구부정행위란 개념은, 명백한 의도를 가지고서 고의로(intentionally) 또는 부정행위를 저지르겠다는 의도는 없을지 모르지만 위반된다는 사실은 명백하게 알면서도(knowingly) 또는 위반될지도 모른다고 생각은 하면서도 이에 충분한 주의를 기울이지 않고 위반 여부에 개의치 않은 채(recklessly), 연구공동체에서 받아들여지고 있는 정직하고 책임 있는 연구윤리를 심각하게 위반하는 행위를 특별하게 지칭하는 명확한 개념이다.

되는 '연구부정행위'라는 용어를 사용하게 되었다는 점에 대해서도 최훈·신중섭(2007)의 p. 108 참조.

5) 최훈·신중섭(Op. cit.), p. 110 이하 참조.

3) 연구부정행위의 유형

연구윤리위반행위에 대한 인식이 제고되면서 심도 깊은 논의를 거쳐 2007년에 제정되고 2011년 개정된 교육과학기술부의 「연구윤리확보를 위한 지침」(이하 〈연구윤리지침〉)은 연구부정행위를 연구개발의 제안, 연구개발의 수행, 연구개발 결과의 보고 및 발표 등에서 행하여진 위조, 변조, 표절 이외의 연구윤리위반행위도 포함시켰다. 위조, 변조, 표절 등 연구진실성을 직접적으로 저해하는 행위 이외에 부당한 논문저자 표시, 부정행위 조사방해 및 제보자에 대한 위해 등 연구진실성 확립 노력을 저해하는 행위도 연구부정행위로 규정한 것이다. 교육과학기술부의 〈연구윤리지침〉 제4조에 따르면, '연구부정행위' 개념은 아래의 연구윤리위반행위들로 구성된다.

ⓐ 위조(fabrication)
ⓑ 변조(falsification)
ⓒ 표절(plagiarism)
ⓓ 부당한 논문저자 표시
ⓔ 연구부정행위 의혹에 대한 조사를 고의로 방해하거나 제보자에게 위해를 가하는 행위
ⓕ 그외 학문공동체에서 통상적으로 용인되는 범위를 심각하게 벗어나는 행위

이 규정에 따르면, 연구부정행위는 크게 두 영역으로 나눌 수 있다. 하나는 직접적으로 연구윤리와 관련된 부정행위로서 위조, 변조, 표절, 부당한 논문저자 표시, 연구성과의 이중게재와 같이 학문공동체에서 통상적으로 용인되는 범위를 벗어난 행위들의 영역이다. 다른 하나는 연구진실성을 확립하려는 노력을 저해하는 행위들의 영역으로서 연구부정행위 의혹의 '조사에 대한 방해'와 '제보자에 대한 위해'가 대표적인 경우이다.

위의 연구윤리위반행위 중 위조, 변조, 표절은 가장 심각한 연구부정행위에 해당되는 것이 분명하지만 나머지 연구윤리위반행위들의 경우에는 일률적으로 연구부정행위로 추정하기보다는 해당 행위의 정도에 따라 연구부정행위에 해당되는지 아니면 연구부적절행위에 해당되는지를 판단하는 더 나을 것이다.

(1) 위조(fabrication)

교육과학부 〈연구윤리지침〉 제4조는 '위조'를 "존재하지 않는 데이터 또는 연구결과 등을 허위로 만들어내는 행위"로 정의하고 있다. 이와 유사하게 〈서울대학교 연구윤리규정〉 제11조 제1호도 "연구데이터 또는 연구자료를 허위로 만들거나 기록 또는 보고하는 행위"를 연구부정행위로 본다. 존재하지도 않는 데이터를 의도적으로 날조하여 타인을 속이기 위한 연구부정행위인 위조의 예를 들자면 다음과 같다(과학기술부, Op. cit.).

ⓐ **사회과학분야:** 인터뷰를 하지도 않았으면서 가상의 주제에 대한 설문지를 완성하여 연구결과를 허위로 날조하는 행위
ⓑ **생명과학분야:** 한 번도 수행한 적도 없으면서 과학실험 연구자료를 날조하는 행위
ⓒ 실제로 수행한 과학실험으로 얻은 연구자료의 통계학적 유효성을 추가하기 위하여 허구의 연구자료를 첨가하는 행위
ⓓ 임상연구에서 연구계획서에 합치한다는 점을 보여주기 위하여 연구기록에 임상정보를 허위로 삽입하는 행위

대표적인 사례가 '황우석 교수 사태'이다. 서울대학교 진상조사위원회 보고서에 따르면, 〈Science〉에 논문을 제출할 시점에는 일부 줄기세포주만 존재하고 나머지 세포주는 줄기세포주로의 특성을 확인하는 실험을 할 수 있을 정도로 진행되지 않은 상태였으므로, 해당 논문에서 보고된 데이터 및 그림은 구체적 실험결과 없이 조작되었다. 이렇게 본다면 그러한 행위는 위조에 명백하게 해당하는 연구부정행위이다.

(2) 변조(falsification)

교육과학부 〈연구윤리지침〉 제4조는 '변조'를 "연구재료, 장비, 과정 등을 인위적으로 조작하거나 데이터를 임의로 변형, 삭제함으로써 연구내용 또는 결과를 왜곡하는 행위"로 정의하고 있다. 연구를 시행하여 얻은 연구자료를 선택적으로 변경하거나 연구자료의 통계분석에서 불확실한 것을 마치 확실한 것처럼

그릇되게 설명하는 행위, 과학적 또는 통계학적 검증 없이 일치 하지 않는 연구자료들을 선택적으로 생략, 삭제, 은폐하는 행위들이 변조에 해당하는데, 구체적인 예를 들면 다음과 같다(과학기술부, Op. cit.).

ⓐ 연구자료를 변경하여 자료들의 상이함을 수정하는 것
ⓑ 연구기록에서 연구날짜나 실험과정을 변경하는 것
ⓒ 통계분석 결과를 그릇되게 설명하는 것
ⓓ 실험에 사용된 실험방법을 그릇되게 설명하는 것
ⓔ 대상 환자의 수 등을 일부러 틀리게 언급하는 것
ⓕ 연구대상이나 방법을 일부러 틀리게 설명하는 것
ⓖ 연구범위에 대하여 그릇되게 언급하는 것
ⓗ 임상연구에서 피험자의 기록을 다른 피험자의 기록으로 바꾸는 것
ⓘ 임상연구에서 피험자가 검사를 위해 방문한 날짜와 결과를 변경하는 것
ⓙ 질병발생이나 재발을 정확하게 예측할 수 있음을 보여주기 위하여 혈액검사의 특정한 결과를 변경하는 것
ⓚ 혈액채취날짜를 변경하는 것

이러한 변조행위를 예방하거나 변조의혹에 대처하기 위하여 연구노트의 작성이 중요하다는 점을 인식하고 연구노트 작성에 만전을 기하는 것이 필요하다.

(3) 표절(plagiarism)

교육과학부 〈연구윤리지침〉 제4조는 '표절'을 "타인의 아이디어, 연구내용, 결과 등을 적절한 인용 없이 사용하는 행위"로 정의한다. 〈서울대학교 연구윤리지침〉 제11조 제3호는 "타인의 연구성과, 연구 아이디어, 연구데이터 및 문장을 마치 자신의 것처럼 사용하는 행위"를 연구부정행위로 규정하면서 타인이 수행한 연구성과의 사용과 관련된 중대한 연구윤리위반행위로서의 연구부정행위를 구체화하고 있다. 이에 따르면, 연구자는 연구문헌과 연구계획서를 작성할 때 자기 연구의 독자성을 유지하는 범위에서 정확한 출처표시나 인용표시를 할 경우, 타인의 연구 아이디어, 연구데이터 및 문장을 부분적으로 사용할 수 있다. 그러나 다음의 행위는 연구부정행위에 해당된다.

〈서울대학교 연구윤리지침〉 제11조

"고의 또는 연구상 중대한 과실(연구자로서의 통상의 주의의무를 현저히 위반한 경우를 의미한다)로 연구의 제안 · 수행 · 보고 · 발표 등 전 과정에서 다음 행위를 한 연구자는 연구부정행위의 책임을 진다."

3. 제7조 제2항 또는 제3항을 위반하여 타인의 연구성과, 연구 아이디어, 연구 데이터 및 문장을 마치 자신의 것처럼 사용하는 행위

〈서울대학교 연구윤리지침〉 제7조(타인의 연구성과 사용)

② 연구자는 연구문헌 · 연구계획서를 작성함에 있어 이미 발표(연구계획서, 학술지게재 심사용 논문 등과 같이 출간되지 아니한 경우도 포함한다)되거나 출간된 타인의 연구성과를 그대로 또는 다른 형태로 변형하여 자신의 연구성과인 것처럼 사용하여서는 아니 된다.

③ 연구자는 연구문헌 · 연구계획서를 작성함에 있어 자신의 연구의 독자성을 해하지 않는 범위 내에서 타인의 연구 아이디어, 연구 데이터 및 문장을 부분적으로 사용할 수 있다. 다만, 이 경우에는 정확한 출처표시 또는 인용표시를 하여야 하고, 다음 각 호의 행위를 하여서는 아니 된다.

제1호: "타인의 연구 아이디어 및 연구 데이터의 전부 또는 일부를 서술방식을 달리하여 마치 자신의 연구성과인 것처럼 표현하는 행위"

제2호: "타인의 저술 문장을 마치 자신의 문장인 것처럼 사용하는 행위(타인의 2개 이상의 문장을 인용표시 없이 그대로 사용한 경우에는 이에 해당하는 것으로 추정하고 전공분야의 특성과 해당 학계의 의견을 고려하여 최종적으로 판정)

제3호: "단어의 첨삭, 동의어 대체 등의 변형을 통하여 타인의 저술을 발췌하고 조합하여 마치 자신의 연구성과인 것처럼 사용하는 행위(다만 발췌와 조합에 있어 소재의 선택 또는 배열에 창작성이 인정되고 정확한 출처표시 또는 인용표시가 되어 있는 경우는 제외)

그러나 〈서울대학교 연구윤리지침〉 제7조 제5항에 따르면, 이미 발표된 타인의 연구성과가 이미 교과서나 그에 준하는 서적, 또는 공개적으로 출간된 데이터 파일에 게재되어 일반적 지식으로 통용되는 경우에는 그 연구성과의 전부 또는 일부를 출처표시나 인용표시 없이 사용할 수 있다.

(4) 부당한 논문저자 표시

교육과학부 〈연구윤리지침〉 제4조는 '부당한 논문저자 표시'를 "연구내용 또는 결과에 대하여 과학적 · 기술적 공헌 또는 기여를 한 사람에 대하여 정당한 이유 없이 논문저자 자격을 부여하지 않거나, 과학적 · 기술적 공헌 또는 기여를 하지 않은 자에게 감사의 표시 또는 예우 등을 이유로 논문저자 자격을 부여하는 행위"로 정의하고 연구부정행위에 해당된다고 본다. 연구부정행위 의혹에 대한 본조사가 행해질 때 '부당한 논문저자 표시' 의혹과 관련해서 기여를 전혀 하지 않은 사람이 논문저자에 포함된 경우나 기여를 하였는데도 논문저자에 포함되지 않은 경우에는 본조사 대상이지만, 기여도가 20%인 공동연구자에 대하여 연구책임자가 그 기여도를 40%로 책정하거나 그 반대인 경우에는 예비조사 단계에서 기각되어 본조사 대상이 되지 않는다.

그러나 〈서울대학교 연구윤리지침〉 제12조 제2항 7호는 교육과학부 〈연구윤리지침〉과는 달리 부당한 논문저자 표시를 연구부적절행위로 분류하고 있다. 이에 대해서는 연구부적절행위 편에서 상술하기로 한다.

(5) 연구윤리를 확립하려는 노력을 심각하게 방해하는 행위

교육과학부 〈연구윤리지침〉 제4조에 의하면, "본인 또는 타인의 연구부정행위 의혹에 대한 조사를 고의로 방해하거나 제보자에게 위해를 가하는 행위"도 연구부정행위에 해당된다.

(6) 학문공동체에서 통상적으로 용인되는 범위를 심각하게 벗어나는 행위

이에 대해서는 명확한 기준이 제시되고 있지 않으나 대체로 이중게재를 그 대표적인 행위로 보고 있다(한국연구재단, Op. cit., 148). 이중게재행위는 우리 연구문화에서 가장 심각하게 만연한 부정행위로 간주되기 때문이다. 우리나라에서의 연구윤리 현황에 각종 조사결과는 가장 심각한 연구부정행위 유형이 표절과 이중게재임을 보여주고 있다(Ibid., 149). 표절이 연구부정행위임은 분명하지만 이중게재가 표절과 동등한 정도의 연구윤리위반행위인지는 따져보아야 할 것이다.

4) 연구부적절행위(research misbehavior)

연구부정행위와 구별되는 연구윤리위반행위로서 '연구부적절행위'가 있다. 바람직하지 못한 연구윤리위반행위이기는 하지만 연구부정행위에는 해당되지 않는 위반행위들을 일컫는다. 〈서울대학교 연구윤리지침〉 제12조는 '연구부적절행위'라는 표제 아래 다음과 같은 행위들을 연구부적절행위로 분류하고 있다.

(1) 중대하지 않은 과실로 인하여 위조, 변조, 표절에 해당하는 결과를 낳은 연구윤리위반행위

① 연구상 중대하지 아니한 과실로 인하여 연구의 제안·수행·보고·발표 등 전 과정에서 제11조 각 호[위조, 변조, 표절]의 어느 하나의 행위를 한 연구자는 연구부적절행위의 책임을 진다.

연구부정행위가 고의와 중대한 과실로 인한 위조, 변조, 표절이라면, 중대하지 아니한 과실로 인한 위조, 변조, 표절 행위는 연구부적절행위에 해당된다는 것이다.

(2) 왜곡행위

연구부정행위에 비해 연구윤리를 위반한 정도가 중대하지는 않으나 편견에 사로잡힌 연구, 부주의한 데이터 관리, 빈약한 연구설계 등이 이에 해당된다. 개정 전의 〈서울대학교 연구윤리지침〉(2008. 6. 24.)은 연구부적절행위를 연구데이터의 '왜곡'으로 표현하면서 다음과 같이 정의하고 있었다.

(왜곡): ① 왜곡이라 함은 학문의 발전보다 개인적인 이익을 위하여 고의적으로 연구데이터의 일부를 과장하거나 축소하여 진실하지 않은 결론에 도달하게 하는 행위로 연구부적절행위에 해당된다. ② 연구데이터가 정확하더라도 연구자 개인의 이익을 위하여 고의적으로 연구결과를 왜곡하는 행위는 연구부적절행위에 해당된다.

개정된 〈서울대학교 연구윤리지침〉 제12조 제2항은 이를 좀 더 명확하게 하여 다음과 같이 규정하고 있다.

> ② 고의 또는 중대한 연구상 과실로 다음 각 호의 어느 하나의 행위를 한 연구자는 연구부적절행위의 책임을 진다.
> 1. 연구데이터를 과장, 축소 또는 왜곡하여 해석함으로써 진실하지 아니한 연구결과를 도출하는 행위

종전 '왜곡'으로 정의된 연구윤리위반행위의 경우 고의나 중대한 연구상의 과실이 있다면 연구부적절행위로 판단한다는 것이다. 이 규정은 종전의 내용에 고의와 중대한 과실이라는 요건을 부가하여 연구부적절행위의 성립요건을 명확하게 한 것으로 적절한 지침이라고 여겨진다.

(3) 타인의 연구성과 이용과 관련된 연구부적절행위

교육과학기술부의 〈연구윤리지침〉과 비교해 볼 때 개정된 〈서울대학교 연구윤리지침〉 제12조는 타인의 연구성과를 이용하는 것과 관련해서 세분화된 판단지침을 제공하고 있다. 종전의 연구부정행위 규정들에 따르면 일률적으로 '표절'로 판정될 연구윤리위반행위를 연구부정행위에 해당할 표절행위와 연구부적절행위로에 해당할 행위로 구분하고 있다는 점이 주목할 만하다.

> 제12조 ② 고의 또는 중대한 연구상 과실로 다음 행위를 한 연구자는 연구부적절행위의 책임을 진다.
> 2. 타인의 연구 아이디어, 연구데이터 및 문장을 정확한 출처표시 또는 인용표시 없이 사용하는 행위로서 제11조 제3호 "타인의 연구성과, 연구 아이디어, 연구데이터 및 문장을 마치 자신의 것처럼 사용하는 행위"에 해당하지 않는 경우
> 3. 제7조 제4항 "정확한 출처표시 또는 인용표시를 한 경우에도 연구의 독자성을 해할 정도로 타인의 연구성과 또는 그 재구성에 의존하여서는 아니 된다."을 위반하여 연구의 독자성을 해할 정도로 타인의 아이디어, 연구데이터 및 문장에 의존하는 행위(출처표시 또는 인용표시 여부를 불문한다)

여기서 "타인의 연구 아이디어, 연구데이터 및 문장을 정확한 출처표시 또는 인용표시 없이 사용하는 행위로서 제11조 제3호 "타인의 연구성과, 연구 아이

디어, 연구데이터 및 문장을 마치 자신의 것처럼 사용하는 행위"에 해당하지 않는 경우는 어떠한 것이 있을까? 이 규정은 타인의 연구 아이디어, 연구데이터 및 문장을 정확한 출처표시 또는 인용표시 없이 사용하고는 있으나 타인의 것임을 나타내는 표현들이 있다면 연구부정행위인 '표절'에는 해당하지 않는다는 내용을 담고 있다. 반면 정확한 출처표시나 인용표시 없이 마치 자신의 아이디어나 연구데이터 또는 문장인 것처럼 사용하면 명백하게 연구부정행위인 '표절'에 해당된다는 것이다. 여전히 애매한 점이 있기는 하나 세분화된 기준을 제시한 것은 적절한 조치라고 여겨진다.

또한 위 규정은 "정확한 출처표시 또는 인용표시를 한 경우에도 연구의 독자성을 해할 정도로 타인의 연구성과 또는 그 재구성에 의존하여서는 아니 된다."는 연구윤리규범을 위반하여 연구의 독자성을 해할 정도로 타인의 아이디어, 연구데이터 및 문장에 의존하는 행위의 경우 출처표시 또는 인용표시 여부를 불문하고 연구부적절행위로 보고 있다. '연구의 독자성을 해할 정도로'라는 기준이 불명확하기는 하지만 구체적 사실관계에 따라 연구부적절행위를 판단하는 데 유용한 규정이라고 생각된다.

(4) 자신의 연구성과 사용과 관련된 연구부적절행위

교육과학기술부 〈연구윤리지침〉은 '학문공동체에서 통상적으로 용인되는 범위를 심각하게 벗어나는 행위'도 연구부정행위에 해당할 수 있음을 규정하고 있다. 그리고 통상 일반적으로 이중게재(또는 '자기 표절')를 연구부정행위로 보고 있다. 그런데 〈서울대학교 연구윤리지침〉 제12조 제2항 제4호에서 6호는 이러한 행위를 연구부적절행위로 분류하고 있다.

> **제12조** ② 고의 또는 중대한 연구상 과실로 다음 행위를 한 연구자는 연구부적절행위의 책임을 진다.
>
> 4. 제8조 제1항 "연구자는 연구문헌을 작성함에 있어 원칙적으로 자신의 연구 아이디어, 연구데이터 및 문장을 사용하여야 하고, 이전에 발표한 적이 없는 연구 결과물을 담아야 한다."을 위반하여 이미 게재·출간된 자신의 연구 아이디어, 연구데이터 및 문장을 마치 당해 연구에서 처음 발표하는 것처럼 사용하는 행위

5. 제8조 제2항 "연구자는 연구문헌을 작성함에 있어 당해 연구의 독자성을 해하지 않는 범위 내에서 이미 게재 · 출간된 자신의 연구결과물을 부분적으로 사용할 수 있다. 다만, 연구데이터는 정확한 출처표시와 함께 사용하여야 하며, 당해 연구에서 처음 발표하는 것처럼 제시해서는 아니 된다. 과거에 작성한 논문에서 최소한 한 단락 이상, 또는 5개 이상의 문장을 연속적으로 재사용하는 경우에는 정확한 출처와 인용표시를 하여야 한다."을 위반하여 연구의 독자성을 해할 정도로 이미 게재 · 출간된 자신의 연구 아이디어, 연구데이터 및 문장에 의존하는 행위(출처표시 또는 인용표시 여부를 불문한다)
6. 이미 게재 · 출간된 자신의 논문 · 저서 · 보고서의 전부 또는 일부를 정확한 출처표시 및 인용표시 없이 동일 언어 또는 다른 언어로 중복하여 게재 · 출간하는 행위 "연구 데이터나 문장이 일부 다르더라도 전체적으로 동일성이 인정되는 경우에도 또한 같다."

이와 같이 자기의 연구성과를 이중으로 사용하는 연구윤리위반행위는 연구부적절행위에 해당한다. 그런데 〈서울대학교 연구윤리지침〉 제9조는 '중복게재 · 출간의 제한'이라는 표제 아래 중복게재와 중복출간을 금지하는 일반적 원칙규정과 함께 이를 허용하는 예외규정도 두고 있다.

제9조 (중복게재·출간의 제한)
[원칙규정:] "① 연구자는 이미 게재 · 출간된 자신의 논문이나 저서의 전부 또는 일부를 정확한 출처표시 및 인용표시 없이 동일 언어 또는 다른 언어로 중복하여 게재 · 출간하여서는 아니 된다. 연구데이터나 문장이 일부 다르더라도 전체적으로 동일성이 인정되는 경우에도 또한 같다."
[예외규정:] ② 제1항의 규정에도 불구하고, 연구자는 다음 각 호의 어느 하나의 경우에 해당하는 게재 · 출간을 할 수 있다. 다만, 제1호부터 제6호까지의 경우에는 정확한 출처표시 또는 인용표시를 하는 것을 원칙으로 한다. 다만, 전공분야의 특성과 해당 학계의 의견을 고려하여 예외를 인정할 수 있다.
1. 학위논문의 전부 또는 일부를 별개의 논문 또는 저서로 게재 · 출간하는 경우
2. 연구용역 보고서의 전부 또는 일부를 논문 또는 저서로 게재 · 출간하는 경우
3. 이미 게재된 논문들을 모아 저서로 출간하는 경우
4. 동일한 논문이나 저서의 전부 또는 일부를 동일 또는 다른 언어로 게재 · 출

간하면서 해당 저작권자의 동의를 얻은 경우

5. 학술지에 짧은 서간논문(letter, brief communication 등)을 게재한 후 이를 긴 논문으로 바꾸어 게재·출간하거나, 연구데이터, 해석 또는 자세한 연구수행과정의 정보 등을 추가하여 게재·출간하는 경우
6. 이미 게재·출간된 논문 및 저서의 전부 또는 일부가 저자의 승인 하에 다른 편저자에 의해 선택, 편집되어 선집(anthology)의 형태로 출간되거나, 학술지의 특집호에 게재되는 경우
7. 이미 게재·출간된 논문 또는 저서의 내용 전부 또는 일부를 교양서, 대중잡지 등 비학술용(非學術用) 출판물에 쉽게 풀어 써서 게재·출간하는 경우
8. 그 밖에 위 각 호에 준하는 게재·출간으로서 학문적 진실성에 위반되지 아니하는 경우

이러한 예외규정들은 학계의 관행을 고려한 것으로 보이고 적절한 것으로 여겨지나 차후 학계 내부의 논쟁을 통하여 일반적 지침으로 자리매겨질 수 있을지 주목된다.

(5) 부당한 논문저자 표시

교육과학기술부 〈연구윤리지침〉은 부당한 논문저자 표시를 연구부정행위로 분류하고 있으나 〈서울대학교 연구윤리지침〉 제12조 제2항 제7호는 연구부적절행위로 보고 있는데 그 규정을 자세히 보면 다음과 같다.

제12조 ② 고의 또는 중대한 연구상 과실로 다음 행위를 한 연구자는 연구부적절행위의 책임을 진다.

7. 제10조 제2항 "연구자는 연구의 계획, 개념정립, 수행, 결과분석 및 연구결과의 작성에 현저하게 기여한 연구자들을 반드시 저자 또는 발표자로 표시하여야 한다." 또는 제5항 "연구의 계획, 수행, 개념정립, 결과분석 및 연구결과의 작성에 기여한 바가 없는 사람을 감사의 표시 또는 예우 등의 이유로 저자 또는 발표자로 포함시켜서는 아니 된다."에 위반하여 연구에 직접적으로 기여한 바가 없는 자를 공저자에 포함시키거나 직접적으로 기여한 자를 공저자에서 고의적으로 배제하는 행위

연구의 계획, 수행, 개념정립, 결과분석 및 연구결과의 작성에 기여한 바가 없는 사람을 감사의 표시 또는 예우 등의 이유로 공저자에 포함시키거나, 직접적으로 기여한 자를 공저자에서 고의적으로 배제하는 행위는 연구부정행위가 아니라 연구부적절행위로 분류하는 조치는 적절하다고 본다. 그 까닭은 부당한 논문저자 표시는 위조, 변조, 표절과 같은 연구윤리위반행위의 정도만큼 그 위반의 질과 정도가 심하지 않기 때문이다. 죄질과 형벌 사이에는 비례성이 있어야 한다는 근대 형법의 대원칙을 고려한다면, 부당한 논문저자 표시행위를 연구부절절행위로 분류하는 것으로 적절하다.

(6) 연구부정행위를 묵인, 방조 또는 은폐하는 행위

황우석 교수 사태에 연루된 논문의 공동저자 중 한 명이었던 섀튼(Schatten) 교수의 행위와 관련하여 피츠버그 대학의 진상조사보고서(2006)는 다음과 같이 판단하고 있다.

> "교신저자로서의 섀튼 교수의 행위는 피츠버그 대학이 규정한 좁은 의미의 연구부정행위는 아니지만 연구부적절행위에는 해당한다(While this failure would not strictly constitute research misconduct as narrowly defined by University of Pittsburgh policies, it would be an example of research misbehavior)."[6)]

〈서울대학교 연구윤리지침〉 제12조 제2항 제8호에 따르면, 이러한 행위는 "제11조에서 규정하는 연구부정행위를 묵인, 방조 또는 은폐하는 행위"에 해당되어 연구부적절행위로 분류될 것이다. 연구부정행위의 의도를 가지고서 적극적으로 가담한 경우에는 연구부정행위를 공동으로 저지른 것이지만, 알면서도 모른 체하거나 내버려두거나 그 행위 사실을 숨긴 공동연구자들의 행위는 연구부적절행위에 해당된다.

---

6) University of Pittsburgh, "Summary Investigative Report on Allegations of Possible Scientific Misconduct on the Part of Gerald P. Schatten,"(2006. 2. 8), 한국연구재단(Op. cit., 150)에서 재인용.

3. 연구부정행위의 조사와 처리절차

연구부정행위에 대한 일차적 조사책임과 권한은 해당 연구자가 소속된 연구기관에 있다. 연구부정행위에 대한 검증절차는 예비조사, 본조사, 판정의 단계로 진행된다. 서울대학교의 경우 연구부정행위 처리절차를 보면 다음과 같다.

ⓐ 연구처에 연구부정행위 제보
ⓑ 연구진실성위원회 안건 회부
ⓒ 예비조사
ⓓ 본조사
ⓔ 판정
ⓕ 후속조치

연구부정행위 검증절차기간은 최대 7개월까지 가능하다. 제보의 접수를 받은 날로부터 30일 이내에 연구진실성위원회에서 예비조사에 착수하고, 예비조사에서 판정까지는 6개월 이내에 이루어져야 한다. 예비조사 후 본조사 여부를 결정하는데, 본조사가 불필요하다고 판단될 경우 10일 이내에 제보자에게 통보하여야 한다. 본조사 후 판정이 내려지고 나면 이의신청기간은 30일 이내이다.

1) 연구부정행위의 제보와 제보자의 보호

제보자는 구술, 서면, 전화, 전자우편 등 가능한 모든 방법으로 제보할 수 있으며, 실명으로 제보함을 원칙으로 한다. 단 익명의 제보라고 하더라도 서면 또는 전자우편으로 연구과제명 또는 논문명, 구체적인 부정행위의 내용과 증거를 포함하여 제보한 경우 연구기관 및 연구지원기관은 이를 실명제보에 준하여 처리하여야 한다.

제보자는 연구부정행위를 제보할 경우 구체성과 명확성 요건을 충족하여야 한다. 관련 증거를 제출할 필요는 없으나 누가, 언제, 어떤 연구(논문)에서, 어떤 부정행위를 어떤 방식으로 저질렀는지에 대한 구체적 사항을 제보하여야 한다. 연구부정행위 주체 및 관련자의 소속과 실명, 부정행위가 저질러진 해당 연구과제명이나 논문명 및 결과물, 부정행위의 내용 및 일시가 명확하고도 구체적으로 제시되어야 한다. 그 예는 다음과 같다.[7]

ⓐ 모대학 00학부 P교수가 2006년 7월 중순 자신의 실험실에서 세포분화 관련 유전자군의 데이터베이스 구축과제를 수행하던 중 일부 데이터를 임의로 변조하였음
ⓑ 모대학 00학부 Y교수가 2005. 3. 20. XX 학술지에 게재한 '000' 논문은 U대학교 M교수의 xxx 논문을 표절한 것임

제보자의 신원정보공개는 절대 금지되므로, 신원정보를 노출한 기관은 과실로 인한 경우에도 그 책임을 진다. 또한 제보를 이유로 한 불이익처분은 절대 금지되며, 제보 후 제보자의 지위에 변동이 있다면 불이익이 가해진 것으로 추정된다. 또한 제보자에 대하여 위해를 가하는 행위는 연구부정행위에 해당되어 제재를 받는나.

2) 예비조사

제보내용(연구부정행위 혐의)에 대한 본조사가 필요한지 여부를 판단하는 절차로서 조사요건을 심사하는 단계이다. 신고접수일로부터 30일 이내에 착수하여야 하며 예비조사기구의 형태는 연구기관이 자율적으로 정한다. 예비조사에서는 신고된 내용이 연구부정행위에 해당되는지, 제보내용이 구체성과 명확성 요건을 충족하는지를 심사한다. 가령 "K교수가 남의 논문을 표절한 사실이 있다"는 제보는 그 요건을 충족하지 못하는 제보이다. 종래 검증시효도 심사를 하였으나 2011년 개정된 교육과학기술부의 〈연구윤리지침〉에서는 삭제되었다. 따라서 연구부정행위의 소멸시효는 없다. 언제라고 신고가 들어오면 조사대상이 될 수 있다는 것이다.

예비조사의 결과, 피조사자가 혐의를 모두 인정한 경우에는 본조사 절차를 거치지 않고 바로 판정을 내릴 수 있다. 증거자료에 대한 중대한 훼손 또는 멸실 가능성이 있다고 판단되는 경우 조사위원회 구성 이전에도 해당 연구기관장의 승인을 얻어 증거자료 보전을 위한 조치를 취할 수 있다. 예비조사에서 본조

7) 이 예들은 과학기술부(2007) 참조.

사를 실시하지 않는 것으로 결정한 경우, 그 구체적 사유를 결정일로부터 10일 이내에 제보자에게 문서로 통보하여야 한다. 익명제보의 경우에는 통보의 의무가 없다. 제보자가 예비조사 결과에 불복하는 경우 통보를 받을 날로부터 30일 이내에 연구지원기관에 이의를 제기할 수 있다.

3) 본조사와 피조사자의 명예 및 권리보호

본조사는 연구부정행위 혐의에 대한 사실 여부를 입증하기 위한 절차로서, 규정에 따라 조사위원회의를 구성하여 조사를 진행하여야 한다. 조사위원회는 제보자와 피조사자에게 의견진술의 공정한 기회를 주어야 하며, 본조사 결과에 대해서도 이의제기 및 변론의 기회를 주어야 한다. 물론 당사자에게 그 기회를 주었는데도 응답이 없다면 이의가 없는 것으로 본다. 본조사 결과에 대한 제보자와 피조사자의 이의제기 또는 변론내용과 그에 대한 처리절차는 조사결과 보고서에 포함되어야 한다.

피조사자의 범위는 부정행위의 혐의가 있는 자, 적극적 · 소극적으로 가담한 혐의가 있는 자, 해당 조사대상 연구과제의 공동연구자 또는 논문저자로 등록된 자, 그 연구에 참여하지 않았더라도 부정행위조사를 방해한 자이다. 같은 연구실에는 있었으나 해당 연구에 참여하지 않는 자는 참고인으로 필요한 경우 진술을 해야 한다.

피조사자의 연구부정행위 혐의가 사실로 판정되기 전까지는 그 혐의사실이 외부로 공개되어서는 안 된다. 또한 의견진술, 이의제기, 평등한 변론기회, 사전고지 등 절차적 권리도 피조사자에게 보장되어야 한다.

본조사에서는 인터뷰, 전문가 자문, 자료검토, 조사결과에 대한 이의제기와 변론을 거쳐 최종조사의 결론을 내리게 된다. 판정은 연구부정행위 혐의가 사실인지를 최종 확정하는 단계이며 임의번복은 불가능하다. 재조사를 통해서만 결과의 번복이 가능할 뿐이다.

4) 입증책임과 입증의 기준

연구부정행위 혐의에 대한 입증책임은 일단 조사위원회에 있다. 그러나 피조사자가 조사위원회에서 요구한 자료를 고의로 은폐하거나 파기한 경우 또는 제출을 거부하는 경우에는 요구된 자료의 진실성(연구부정행위를 저지르지 않았음)

을 입증할 모든 책임이 피조사자에게로 돌아가게 된다.

연구부정행위의 조사에서는 각 측이 제출한 증거를 판단하는 기준(입증기준)은 무엇일까? 입증의 기준이란 어느 정도의 확신이 있을 때 혐의를 확정할 수 있는가에 대한 증거판단의 기준을 말한다. 영미법체계에서는 입증기준으로 ⓐ 합리적 의심의 여지가 없는 입증(proof beyond a reasonable doubt), ⓑ 분명하고 확신할 만한 증거(clear and convincing evidence), ⓒ 증거의 상대적 우위(preponderance of evidence) 세 가지가 적용된다. '합리적 의심의 여지가 없는 입증'은 가장 엄격한 기준으로 유죄로 판정하기 위해서는 조금의 의혹도 없어야 한다는 형사소송에서의 판단기준이며, '증거의 상대적 우위'는 양측의 주장을 비교하여 상대적으로 더 설득력이 있는 측의 증거를 인정한다는 민사소송에서의 기준이다. 미국에서 연구부정행위의 입증기준으로는 '증거의 상대적 우위' 원칙이 적용되고 있고 우리나라에서도 마찬가지이다. 조사위원회가 제출한 증거들과 피조사자가 제출한 증거들을 비교하여 조금이라도 더 신빙성을 갖는 증거가 검증과정에서 유리한 지위를 갖는다는 것이다. 이는 사실관계에 대한 입증책임은 조사위원회에 있지만, 입증의 판단에 있어서는 조사위원회의 입증책임이 훨씬 완화된다는 점을 나타내는 것이다. 조사위원회의 의혹제기와 증거제시에 대하여 피조사자가 제대로 반대증거를 제시하지 못할 경우 연구부정행위의 혐의가 그만큼 더 짙어진다는 것을 의미한다(한국연구재단, Op. cit., 168).

5) 후속조치

본조사 결과 연구부정행위 혐의가 사실로 판정되면 그에 대한 후속조치가 취해진다. 연구계약의 해약과 연구비 회수, 연구비 집행 중지, 연구현장 조사, 연구부정행위 관련자에 대한 징계 요구, 국가연구개발사업 참여 제한과 같은 후속조치들이 취해진다.

◆ 연 / 습 / 문 / 제 ◆

1. 연구부적절행위란?

2. 위조란?

3. 변조란?

4. 다음 중 표절로 보기 어려운 것은?
   ① 타인의 논문에서 아이디어를 얻어 글을 작성했으면서도 출처를 표시하지 않은 경우
   ② 타인의 글에 있는 2~3개의 문단을 요약하여 내 방식으로 글을 썼으면서도 출처를 표시하지 않는 경우
   ③ 확립된 사실과 같이 많은 사람들이 자유롭게 공유하는 일반적인 지식을 출처를 표시하지 않고 사용한 경우
   ④ 자신의 이전 저작물의 일부 내용을 이후의 새로운 저작물에 활용했으면서도 출처표시를 하지 않고 사용한 경우

정 답
1~3. 본문 참조 4. ③

참고문헌

과학기술부, 2007, 『연구윤리 확보를 위한 지침 해설서』, 과학기술부.

김옥주, 2006, "책임있는 연구수행과 연구부정행위: 미국 사례를 중심으로", 『"연구윤리 확립을 위한 정부정책 방안 연구"를 위한 연구윤리정책위원회』 발표자료, 2006. 06. 05.

김환석, 2007, "과학부정행위의 구조적 원인", 『과학기술학연구』 7(2), pp. 1－22.

브로드(William Broad) · 웨이드(Nicholas Wade), 2007, 『진실을 배반한 과학자들: 되풀이되는 연구부정과 '자기점증'이라는 환상』, 김동광 역, 미래 M & B.

이상욱, 2006, "바람직한 연구실천과 과학연구부정행위", 『"연구윤리 확립을 위한 정부정책 방안 연구"를 위한 연구윤리정책위원회』 발표자료, 2006. 06. 05.

최훈 · 신중섭, 2007, "연구부정 행위와 연구규범", 『과학철학』 10(2), pp. 103－128.

한국연구재단, 2011, 『연구윤리의 이해와 실천』, 교육과학기술부.

제 3 장 인간대상 연구윤리

박 중 신
(서울대학교 의과대학 산부인과학교실)

연구윤리는 크게 인간대상 연구윤리(human subjects research ethics)와 연구진실성(research integrity)의 주제로 나눌 수 있다. 인간대상의 연구는 문자 그대로 인간을 피험자로 하는 연구를 의미한다. 의학뿐만 아니라 사회과학이나 인문학 분야의 다양한 연구에서 인간이나 동물을 대상으로 실험이나 검사를 하게 된다. 이때 적절한 절차와 원칙을 지키는 것이 중요한데 이는 피험자의 안전과 직결되는 문제이기 때문이다. 인간을 대상으로 할 때는 충분한 정보에 의거한 동의를 받아야 하고 필요한 경우에는 소요경비를 지불해야 할 때도 있다. 그러나 연구현장에서 이와 같은 원칙들을 충분히 고려하기가 쉽지 않다. 본 장에서는 인간대상 연구윤리의 역사적 배경과 발전과정 및 연구윤리 관련 국제지침과 법률, 인간대상연구에서 대두될 수 있는 주요 주제별 연구윤리에 대해서 다루고자 한다.

1. 인간대상 연구윤리의 역사적 배경 및 발전과정

2004년 한국 사회를 휩쓸고 지나간 황우석 교수 사건을 통해 연구윤리에 관한 한국 의료계의 현주소를 적나라하게 알게 되었고 연구윤리 부재의 심각성을 인지하여 이 문제에 대한 큰 교훈을 얻은 바 있다. 그러나 그 사건은 연구부정이라는 문제에 대해서만 초점이 모아져 연구진실성이라는 연구윤리의 한 가지 면만을 강조하게 되었다. 따라서 사회적 관심은 연구성과의 진위 여부에만 머무르게 되었고 근본적으로 재검토되고 재평가되어야 했던 인간대상 연구윤리의 문제는 사람들의 관심 밖으로 밀려나게 되었다. 특히 국제사회가 황우석 교수 사태를 한국 연구윤리에 관한 시스템의 부재로 지적하였던 데에 반하여 국내 학계와 언론은 한 개인의 도덕성의 문제로 치부하는 근본적인 인식의 차이를 보여 주었다.

인간을 대상으로 하는 연구에서 가장 중요한 주제는 '피험자 및 환자의 보호'와 관련된 문제이다. 서구에서는 이미 수십 년 전부터 매우 중요한 주제로 논의가 되어왔다. 사실 연구윤리는 연구윤리 추문(scandal)으로부터 발전되었다고 해도 과언이 아니다. 의학 및 과학이 발전함에 따라 인체 관련 실험이 증가하였으나 이와 관련된 규정이나 지침이 이를 뒷받침하지 못하면서 비윤리적 연구도 함께 증가하게 되었다.

18세기 이전에는 진료와 연구의 개념 구분이 모호한 시기였다. 19세기에 임상의학이 발전하면서 주로 대규모 병원에서 진료와 연구를 동시에 수행하였다. 당시에는 사회경제적 지위가 낮은 환자들이 입원환자의 대부분을 차지하였으며 또한 연구윤리에 대한 인식이 낮거나 거의 없어서 환자의 동의 없이 인체실험 및 부검이 가능하였다. 1896년 파스퇴르 연구소에서 근무한 경력이 있었던 이탈리아 세균학자 주세페 사나렐리(Guiseppe Sanarelli)는 피험자의 동의 없이 황열병(yellow fever)의 원인물질로 의심되는 추출물을 다섯 명에게 주입하고 이에 대한 자연경과를 관찰 후 보고하였다. 이중 3명은 사망하였는데 그의 연구결과가 당시 주목을 받기는 하였지만 곧 실험방법의 비윤리성으로 인해 비난을 받게 되었다.

이후 인간을 대상으로 하는 실험연구가 적당한 조건, 즉 연구자가 연구진실성을 확보하고 피험자의 동의를 받은 후에 연구를 수행한다면 인체실험이 정당화될 수 있다는 사회적 합의를 이끌어낸 중요한 연구가 있었다. 1900년 10월 27일 뉴욕 타임즈에는 "모기가 황열병균을 옮긴다(Mosquito carries yellow fever germ)"는 기사가 제1면 헤드라인을 장식했다(New York Times, 1900). 미 육군 군의관이었던 월터 리드(Walter Reed)는 당시 쿠바에 주둔하고 있던 미군에서 황열병이 유행하자 조사위원회의 위원장으로 파견되었다. 그는 황열병의 원인을 규명하기 위해 22명의 군인자원자와 함께 임상시험에 착수했고 그 결과가 대서특필되었다. 리드의 방법은 몇 가지 점에서 이전의 의학연구방법과는 달리 인간대상 연구윤리 발전의 이정표가 될 만한 획기적인 것이었다. 그는 참여자들에게 연구로 인해 생길 수 있는 위험에 대해서 알려 주었고 또한 실험참여자에게 100달러를, 만약 황열병에 걸리게 되면 200달러를 주고 진료를 받을 수 있도록 해 주겠다는 계약을 하였다. 실험은 자발적 참여, 즉 피험자의 동의 하에 하는 것을 원칙으로 하였고 문서화된 동의서를 받았다. 실제로 실험 도중 의사이자 연구자였던 제시 레저(Jesse Lazear)는 황열병균을 가진 모기에게 물리는 실험을 스스로에게 하다가 사망하기도 하였다(Reed, 1902).

인간을 대상으로 하는 연구 및 연구윤리와 관련하여 역사적으로 가장 큰 전환점은 바로 제2차 세계대전이다. 과거의 전쟁과 달라진 점은 전쟁에 참여했던 미국, 독일, 일본 등이 전쟁수행에 필요한 의학지식 및 기술을 얻기 위해 의학연구를 전쟁의 중요한 수단으로 간주하고 적극적으로 지원하였다는 것이다. 이러한 분위기 속에서 인체실험은 보다 더 조직적이고 대규모로 수행되었다. 그 결과 인류역사상 가장 비극적인 인체실험이 자행되었다. 제2차 세계대전이 끝나고 나치 독일의 20명의 의사와 3명의 과학자가 전범재판을 받았는데, 재판과정에서 밝혀진 의학실험의 잔인함에 전 세계가 놀라게 되었다. 당시 자행되었던 실험으로는 가장 잔인했던 멩겔레(Josef Mengele)의 쌍둥이 실험, 고도 비행연구(저압력 실험), 냉동실험, 말라리아 실험, 머스타드 가스실험, 설파닐아마이드 실험, 티푸스 실험, 불임시도 실험 등이 있었다. 헝가리 출신의 유태인 의사 니슬리 미클로시(Nyiszli Miklos)는 법의학과 독일어를 공부한 덕분에 그의 조수가 되어 훗날 멩겔레의 생체실험에 대한 기록을 남겼다. 그의 기록에 의하면, '죽음의 천사(angel of death)'라고도 불렸던 멩겔레는 과학적 가치가 모호한 실험도 많이 했는데 특히 아이들 눈에 염색약을 주사해 눈 색깔을 바꾸는 실험, 마취 없는 늑골 적출 등과 같은 잔인한 외과실험 등을 자행하였고 사망한 피험자의 안구를 수집품으로 보관하였다고 한다. 그중 가장 악명 높았던 쌍둥이 실험 중에서는 세 쌍의 쌍둥이들의 눈 색깔이 달라서 이를 흥미로워 하여 이들을 죽인 다음 안구를 적출하여 '전쟁물질 – 긴급'이라고 적은 뒤 베를린의 카이저 빌헬름 연구소에 보낸 것도 있었다. 그리고 쌍둥이 중 하나에게 세균을 주입하여 사망하면 나머지 쌍둥이도 죽여서 각각 부검하여 적출된 장기들을 비교하는 실험도 하였다. 인위적으로 샴쌍둥이로 만들거나 요도를 대장에 연결하는 수술을 하는 등 극도로 잔인한 외과실험들을 자행하였다. 멩겔레는 피험자들을 인간으로 존중하지 않고 단지 실험재료로만 대하였고, 그 결과 대부분의 피험자들이 잔인하게 고문당하거나 사망하였다. 당시 피고였던 독일 의사들은 그들이 단지 명령에 따랐을 뿐이며, 그러한 실험은 전시 상황에서 어쩔 수 없는 것이고 다른 나라에서도 이와 유사한 실험을 했다고 항변하였다. 또한 인체실험과 관련된 논문 60여 개를 인용하면서 이전의 많은 연구에서도 피험자들의 자발적 동의를 얻지 않았고 심각한 결과를 피험자들에게 끼쳤다고 주장하였다. 또한 의학실험에 있어 보편적으로 받아들여지는 원리가 없다고 주장하였다. 뉘른베르그 전범재판의 재판부는 이 점에 대해 특히 고심하였고 피고들의 유죄를 인정하면서 의학연구에서 보편적으로 받아들여질 만한 원칙을 천명하였는데 그것이 바로 뉘른베르그 강령이었다. 뉘른베르그 강령의 첫 번째 기본 원칙은 다음과 같다. '실험대상이 되는 사람의 자발적 동의는 절대 필수적이다(The voluntary consent of the human subject is absolutely essential) (The Nuremberg Code, 1996).' 뉘른베르그 강령에서 인간을 대상으로 한 의학연구에 있어서 가장 핵심적인 원칙은 바로 '충분한 설명에 근거한 피험자의 자발적 동의'였다. 이 강령의 의의는 의학연구에 있어서 허용 가능한 원칙을 처음으로 국제적 수준에서 제정, 공표한 가이드라인이라는 데 있다. 이 원칙들은 이후에 나온 거의 모든 가이드라인의 기초가 되었다. 그러나 뉘른베르그 강령의 역사적 중요성에도 불구하고 많은 의학 및 생명과학 연구자들은 이 강령을 부도덕하고 범죄적인 나치 의사와 과학자들의 문제로 받아들여 일반적인 인체실험 관련 연구에서 보편적으로 적용되어야 할 원칙으로 생각하지 않았다. 또한 이 강령은 연구자 개인이 연구를 하는 데 있어 모든 윤리적 고려를 다 할 수 있어야 함을 전제로 하여 연구자의 행위를 심의하는 방법을 제시하지 않았다는 비판에 놓이게 되었다. 이러한 한계로 인해 제2차 세계대전 이후에도 서방 선진국에서는 여전히 비윤리적인 연구가 수행되고 있었다. 그 대표적인 것이 입원환자에게 알리지 않고 플루토늄을 주입한 원자력에너지위원회의 실험과 1963년 입원환자에게 연구목적을 알리지 않고 피험자의 동의 없이 간암세포를 주입한 후 임상경과를 관찰했던 부르클린 유태인 만성질환병원의 연구였다(Katz, Capron and Glass, 1972). 1966년 하바드 의과대학 교수 헨리 비처(Henry K. Beecher)는 'Ethics and Clinical Research'라는 주제의 논문을 발표하여 연구윤리를 심각하게 위반하여 피험자에게 알리지 않고 위해를 주었던 의학연구 22개를 폭로하여 사회적으로 큰 반향을 불러 일으켰다(Beecher, 1966). 이 논문에서 그는 부르클린 유태인 만성질환병원의 연구를 포함하여 뉴욕 수용시설의 아동 및 장애아에게 간염을 전파시킨 윌부룩(Willbrook) 연구 등을 폭로하였다.

인간을 대상으로 하는 의학연구가 윤리적으로 수행되기 위해서는 연구자 개인의 판단과 양심에 맡겨져서는 안 되며 제도적으로 심의하고 치료와 연구를 엄격히 구분하여야 한다는 사회적 합의를 도출해 낸 중요한 사건이 있었다. 1932년부터 1972년까지 40년간 미국 남부 알라바마 주 터스키기(Tuskegee)에 거주하는 매독에 걸린 흑인남성 412명을 대상으로 미국 공중보건국(Public Health Service, PHS)은 연구를 수행하였다. 연구의 목적은 치료하지 않은 매독의 자연경과와 이것이 일상생활에 미치는 영향을 알고자 하는 것이었고 1936년부터 1973년까지 정기적으로 의학저널에 몇 편의 논문이 출판되었다. 연구 도중인 1943년 매독의 표준치료제로 페니실린이 개발되었음에도 이를 피험자들에게 알리지 않았을 뿐만 아니라 지역병원과 보건소에도 대상자들을 치료하지 못하도록 수차례 조치를 취하였다. 이러한 의도적인 비치료실험(non-therapeutic experiment)은 한 개인에 의해 폭로되어 세상에 알려지기까지 계속되었다. 당시 미 공중보건국 성병조사담당이었던 피터 벅스턴(Peter Buxtun)은 이 연구의 문제점을 제기하였지만 묵살당했고 1972년 언론을 통해 이 문제를 폭로하였다. 1973년 마침내 미국 사회를 경악시킨 비윤리적인 연구가 중단되었고, 생존한 환자들은 그제서야 치료를 받기 시작했다. 곧 미국 상원은 청문회를 개최하였고 정부에 대한 배신감으로 미국 정부를 상대로 소송을 건 흑인 환자들과 가족들은 9백만 달러의 보상을 받게 되었다. 특히 청문회를 통해 인간을 대상으로 하는 의학연구는 연구자 개인의 분별력에만 맡겨져서는 안 된다는 합의가 이루어졌다. 1974년 미 의회는 국가연구법(National Research Act)을 제정하고 '생의학 및 행동학 연구에서의 피험자 보호를 위한 국가위원회(National Commission for the Protection of Human Subjects of Biomedical and Behavioral Research)'의 설립을 승인하였으며, 국가위원회로 하여금 인간을 대상으로 하는 연구에 있어 기본적인 윤리원칙을 정의하고 또한 연구가 그러한 원칙들에 의해 잘 수행되고 있는지를 보장할 수 있는 지침서를 만들도록 하였다. 그 결과 1979년 국가위원회는 '벨몬트 보고서(Belmont Report)'를 발간하였다. 벨몬트 보고서는 인간을 대상으로 하는 연구에 있어 세 가지 기본윤리원칙들을 제시하였는데, 여기에는 '인간존중(Respect for person)', '선행(Beneficience)', '정의(Justice)'를 포함하고 있다.

이 보고서는 모든 인간대상연구를 수행하는 연구자라면 필수적으로 읽어야 하는 지침서가 되었다(National commission for the Protection of Human Subjects of Biomedical and Behavioral Research, 1979).

2. 국제지침 및 법률

제2차 세계대전 이후 인간을 대상으로 하는 연구에 있어 여러 국제 선언과 강령들이 나름의 역사적 배경을 가지고 발전되었다. 이와 관련하여 중요한 국제 지침으로는 뉘른베르그 강령(Nuremberg Code, 1946), 헬싱키 선언(Declaration of Helsinki, 1964), 벨몬트 보고서(Belmont Report, 1979), CIOMS 윤리지침(1982), ICH－GCP 가이드라인(1996) 등이 있다.

1) 뉘른베르그 강령(Nuremberg Code)

뉘른베르그 강령은 제2차 세계대전 직후인 1946년 23명의 나치 독일군 의사 및 과학자에 대한 전범재판의 재판부가 피험자의 동의 없이 인체실험을 수행하고 그 과정에서 연구대상자들에게 비윤리적인 행위를 자행하여 위해를 가하고 심지어 사망에 이르게 한 데 대해 피고인들에게 유죄판결을 내리면서 다시는 이러한 비윤리적이고 비극적인 인체실험이 발생하지 않도록 하기 위해 제시한 강령이다. 이 강령의 첫 번째 항목은 '실험대상이 되는 사람의 자발적 동의는 절대 필수적이다(The voluntary consent of the human subject is absolutely essential)'라는 것이다. 이를 통해서 볼 때, 뉘른베르그 강령이 강조하는 첫 번째 원칙은 '충분한 설명에 근거한 피험자의 자발적 동의'이다. 이에 대한 부가적인 설명으로 연구대상자가 동의할 수 있는 법적 능력이 있어야 하고, 강압에 의하지 않은 자발적 동의가 가능한 환경에 있어야 하며 실험에 참여함으로써 야기될 수 있는 모든 이득과 손해에 대해 고지받아야 함을 제시하였다. 이 외에도 과학자의 자질, 피험자의 복지증진 등에 관한 내용이 명시되어 있다. 이 강령의 의의는 세계 최초로 국제적 수준의 가이드라인이 제시되었다는 데에 있다. 또한 연구자 개인의 양심과 판단에 맡겨지는 것이 아닌 '허용 가능한 의학실험'의 원칙을 정하고 준수하는 일이 중요한 문제로 부각되는 계기가 되었다. 이 강령은 이후에 나온 거의 모든 가이드라인의 기초가 되었다고 해도 과언이 아니다.

2) 헬싱키 선언(Declaration of Helsinki)

세계의사협회(World Medical Association, WMA)는 뉘른베르그 강령의 약점을 보완하고 생명의료연구와 관련하여 의료진에게 지침이 되는 권고사항을 담아 1964년 '헬싱키 선언'을 제정하였다(World Medical Association, 1997). 이후 2008년 10월 대한민국 서울에서 제6차 개정이 이루어지기까지 필요에 의해 추가 및 개정이 이루어지고 있다. 헬싱키 선언과 뉘른베르그 강령을 비교하였을 때 가장 큰 차이점은 소아 및 정신질환자 등과 같이 법적으로 제대로 된 동의를 할 수 없는 취약한 피험자 계층에 대해 법적 대리인의 동의가 가능하도록 한 점이다. 헬싱키 선언은 원래 정식 명칭이 '인간을 대상으로 하는 의학연구에 대한 윤리적 원칙'으로 이 분야 연구자들을 위한 현실적인 지침으로 받아들여지고 있다.

3) 벨몬트 보고서(Belmont Report)

미국 정부에 의해 40년간 자행된 비윤리적인 터스키기 매독연구가 폭로되자 미국 의회는 국가연구법(National Research Act)을 제정하고 국가위원회를 승인하여 인간을 대상으로 하는 모든 연구에 있어 기본적인 윤리원칙을 만들고 그러한 원칙들에 의해 연구가 잘 수행되고 있는지를 보장할 수 있는 지침서를 만들도록 하였다. 이러한 국가위원회의 활동결과로 인간 피험자 보호를 위한 윤리원칙과 지침을 만들었는데 그 결과 벨몬트 보고서가 출간되었다. 이 보고서는 치료와 연구의 구분, 세 가지 기본윤리원칙 제시, 그리고 이 원칙들의 적용에 관한 내용을 포함하고 있다. 보고서는 치료와 연구를 반드시 구분해야 하며 어떤 행위 및 활동에 연구의 요소가 조금이라도 있다면 그것은 피험자의 보호를 위해 검토대상이 되어야 한다는 것을 기본적인 규칙으로 제시하고 있다. 또한 이 보고서는 세 가지 기본원칙과 이의 적용에 대한 내용을 담고 있다. 세 가지 기본원칙으로는 인간존중, 선행, 정의를 제시하였다. 인간존중의 원칙은 철학자 임마누엘 칸트(Immanuel Kant, 1724~1804)의 글에서 인용한 것으로 연구의 대상이 되는 인간은 자율적 존재로 대우받아야 하고 자율성이 제한된 사람들은 추가적인 보호를 받아야 한다는 것이다. 이 원칙을 인간을 대상으로 하는 연구에 적용한다면 '충분한 설명에 근거한 동의(informed consent)'를 받아야 한다는 것이다. 선행의 원칙은 위험을 최소화하고 이득을 최대화함을 의미한다. 즉, 연구를 통해서 얻는 이득이 위험을 상회할 때만 연구가 허용되어야 하며, 이를 토대로 한 최선의 연구계획을 요구하였다. 정의의 원칙은 연구에서 파생하는 부담과 혜택이 동등하게 분배될 수 있도록 연구디자인을 설계하고 다양한 사회계층으로부터 골고루 피험자를 선정해야 한다는 것이다.

4) CIOMS(Council for International Organizations of Medical Sciences) 윤리지침

국제의학기구협회라고도 불리우는 CIOMS는 WHO 산하 단체로 1982년 인간을 대상으로 하는 생명의학연구에 대한 국제윤리지침을 제안하였다. 1993년 첫 개정판을 출간한 후 2002년 1월 개정작업을 거쳐 21개 항목으로 발표되었다. 이전의 가이드라인과 비교하였을 때 사회경제적 및 정치적 요소들에 대해 더 많이 고려하여 주로 개발도상국 내의 연구에 초점을 맞춰 원칙과 지침을 제시하고 있다.

5) ICH-GCP 가이드라인

ICH－GCP는 1996년 ICH(International Conference on Harmonisation of technical requirements for registration of pharmaceuticals for human use)에 의해 제정된 임상시험 가이드라인이다. 주로 다국적 임상시험시 의약품의 승인, 품질, 안전성 및 효능을 시험하는 관련 규정을 통일하고자 하는 목적으로 제정되었다. 다국적 제약회사들은 임상시험 의뢰시 GCP(Good Clinical Practice)를 준수할 것을 요청하게 된다. 우리나라도 이러한 국제적 기준에 맞추기 위해 KGCP를 마련하여 수차례 개정하였고 이를 통해 국제적 신뢰성을 확보하기 위해 노력하고 있다.

3. 윤리적 인간대상연구의 필수 조건

2000년 엠마누엘 등은 미국 의사협회지(JAMA)에 '무엇이 임상연구를 윤리적으로 만드는가?(What Makes Clinical Research Ethical?)' 라는 특별기고를 통해 윤리적 임상연구가 갖추어야 할 7가지 필수요건에 대해 기술하였다(Emanuel, Wendler and Grady, 2000). 저자들이 제시한 7가지 조건에는, 사회적 또는 과학적 가치(value), 과학적 정당성(scientific validity), 공정한 피험자 선정(fair subject selection), 유리한 위험 - 이득 비율(favorable risk - benefit ratio), 독립적 심의(independent review), 충분한 설명에 근거한 동의(informed consent), 피험자에 대한 존중(Respect for potential and enrolled subjects)이 포함되었다. 이 외에도 연구의 종류에 따른 세부적인 연구윤리 주제들이 있다. 본 단락에서는 연구진실성의 문제를 제외한 인간대상 연구윤리 관련 세부주제들에 대해 선별적으로 기술하고자 한다.

1) 충분한 설명에 근거한 동의(informed consent)

충분한 설명에 근거한 동의의 목적은 피험자 개개인이 임상연구에 참여할 지의 여부를 스스로 결정하도록 하는 데 있다. 피험자는 자신의 가치관, 이해관계, 선호도 등에 따라 임상연구 참여 여부를 스스로가 결정할 수 있어야 한다. 충분한 설명에 근거한 동의가 성립하기 위해서는 피험자는 연구의 목적, 방법, 위험성, 이득, 그리고 연구에 참여하지 않았을 경우 다른 대안적 치료 등에 대해 충분한 정보를 제공받아야 한다. 그리고 이러한 내용들을 충분히 이해한 후 자발적으로 임상연구에 참여할 지를 결정해야 한다. 뉘른베르그 강령과 벨몬트 보고서에서도 이러한 원칙을 기본이 되는 핵심원칙으로 천명한 바 있다. 뉘른베르그 강령의 첫 번째 기본원칙은 '실험대상이 되는 사람의 자발적인 동의는 절대 필수적이다'라는 것이다. 벨몬트 보고서의 세 가지 기본원칙 중 첫 번째는 '인간존중'의 원칙이다. 이 원칙은 모든 인간을 자율성을 가진 존재로 대우해야 하고 이러한 자율성이 부족한 인간은 보호받아야 한다는 것이다. 자율성 존중의 의미는 자율성을 가진 인간의 의견과 선택이 방해 받지 않도록 존중하는 것이다. 그러나 이 보고서는 모든 인간이 자기결정능력을 가지고 있지 못하기 때문에 미성년자와 무능력자에 대해서는 보호할 것을 명시하고 있다. 예를 들어 두부 손상이나 뇌졸중으로 인해 의식이 없는 환자나 심한 알츠하이머병을 앓고 있는 경우, 이러한 비자율적인 인간에 대한 존중은 연구에의 참여가 이들의 이해 및 가치와 일치할 경우에만 인정된다. 응급 상황에서는 자율성이 현저히 저하된 피험자의 법정대리인을 확인하고 그들로부터 충분한 설명에 근거한 동의를 받을 수가 없다. 이러한 경우에는 엄격한 가이드라인에 의해 임상연구가 수행된다면 이러한 동의를 받지 않고도 연구를 계속 진행할 수 있을 것이다(Office of the

Secretary, 1996). 2008년 개정된 헬싱키 선언의 제29항에서는 "육체적으로나 정신적으로 동의를 할 수 없는 피험자, 예를 들면 의식이 없는 환자를 대상으로 하는 연구는 동의를 할 수 없게 하는 육체적이거나 정신적인 상황이 그 연구집단의 필연적 특성일 때만 수행할 수 있다. 이런 상황에서 의사는 법정대리인으로부터 동의를 구하여야 한다. 법정대리인과 접촉할 수 없지만 연구를 지체해선 안 된다면, 동의를 할 수 없는 상태에 있는 피험자를 대상으로 하는 구체적인 이유가 연구계획서에 명시되어 있고 연구윤리위원회가 그 연구를 승인한 경우에만 동의 없이도 연구를 수행할 수 있다. 그리고 연구에 계속 참여한다는 동의를 피험자나 법정대리인으로부터 가능한 한 빨리 받아야 한다고 선언하고 있다(세계의사회, 2010). 최근 이슈가 되고 있는 줄기세포 치료와 관련해서는 피험자의 자율성 존중에 있어 연구자 또는 치료자들이 부정확하거나 왜곡된 정보를 제공한다는 사실이 문제점으로 지적되고 있다. 줄기세포 치료를 시행하고 있는 병원들의 웹사이트에는 치료에 따른 위험을 축소하고 있고 학술논문에 근거한 자료를 제시하는 경우도 드물었고 임상사례나 짤막한 일화를 근거로 들고 있었다. 그리고 검증 단계에 있는 줄기세포 치료가 연구의 일환이며 위험성이 있을 수 있다는 내용은 언급하지 않는 경우가 있었다. 이런 내용을 본 환자들은 마치 줄기세포 치료가 안전하고 치료성적이 우수한 것처럼 인식하게 되는데 이러한 연구자의 태도가 환자의 자율성을 침해하고 있다고 볼 수 있는 것이다(Kim, 2009).

헬싱키 선언을 포함한 여러 가이드라인에서는 가능한 한 '충분한 설명에 근거한 동의'를 문서로 받도록 하고 있다. 만약 문서에 의한 동의를 얻지 못했을 경우에라도 동의내용을 공식적으로 문서화하고 증인에 의해 증명해 놓도록 권유하고 있다.

동의를 얻는 과정에서 문서화된 정보에 반드시 포함되어야 할 내용이 있다. 첫 번째로는 해당 연구가 치료가 아닌 임상시험이라는 사실을 명시하고 임상시험의 목적이 무엇인지도 명시하여야 한다. 예견되는 위험, 이득에 대해서도 기술되어야 하고 피험자에게 도움이 될 다른 대안적인 치료법에 대해서도 기술해야 한다. 피험자의 신원에 대해 비밀이 보장되며 연구결과가 출판될 경우에도 피험자의 신원이 밝혀지지 않을 것임을 기록하여야 한다. 연구와 관련하여 피험자에게 손상이 발생한 경우 보상 및 치료의 여부와 만약 치료가 주어진다면 어떠한 치료가 가능하고 어디서 정보를 얻을 수 있는지에 대한 내용이 포함되어야 한다. 끝으로 연구 도중 언제라도 피험자가 이익에 대한 손실 없이 연구에의 참여를 포기할 수 있다는 내용 또한 기술되어 있어야 한다.

2) 공정한 피험자 선정과 모집(fair subject selection and recruitment)

피험자의 선정 및 모집은 공정하게 이루어져야 한다. 선정(selection)의 과정은 연구에 어떠한 대상 집단이 적합한지를 결정하는 단계이며 모집(recruitment)의 과정은 적합한 집단이 결정되었다면, 대상 집단 내에서 능동적으로 개개의 피험자를 모으는 과정이라고 할 수 있다. 피험자를 선정할 때에는 몇 가지 고려해야 할 사항이 있다.

첫째, 연구와 무관한 다른 인자가 아닌 오로지 과학적 목표에 부합하는 포함 및 배제기준을 결정하고 피험자를 어떤 방법으로 모집할지에 대한 전략을 수립해야 한다. 적절한 사유 없이 특정 피험자 집단을 배제하는 것은 불공정하다고 할 수 있다. 반면 해당 연구 프로토콜의 요구사항을 충족시킬 수 없을 것으로 예상되는 피험자는 배제해야 한다. 예를 들어 정기적인 클리닉 방문일정을 지킬 수 없는 피험자, 다른 사람들보다 더 높은 위험에 노출될 것으로 예상되는 경우는 처음부터 배제해야 할 것이다. 과거에는 단지 편리(convenient)하다는 이유로 위험을 수반하지만 연구를 통해 잠재적인 이득을 제공받기 어려운 집단을 선정하기도 했다.

둘째, 피험자 선정이 전체 연구의 위험－이득에 영향을 줄 수 있다는 사실을 명심해야 한다. 즉, 과학적 목표를 가장 잘 달성할 수 있는 피험자 선정과 함께 연구에 따른 위험을 최소화하고 이득은 극대화할 수 있는 피험자 집단이 선정되어야 한다는 것이다. 예를 들면, 신장기능이 저하되어 있는 피험자는 신장으로 배설되는 약물에 대한 제2상 시험으로부터는 배제함으로써 위험을 최소화할 수 있다. 그리고 HIV(human immunodeficiency virus) 신약치료제에 대한 임상시험을 할 때에는 혈중 CD4 수치가 낮은 피험자군을 연구에 참여시키게 되면 피험자 집단의 이익을 극대화 할 수 있을 것이다. 최근에는 여성, 소수인종 및 소아들을 임상연구에 더 많이 참여시키도록 하고 있는데 이것은 연구의 결과물을 통해 얻어지는 혜택이 가능한 한 많은 집단에 돌아갈 수 있도록 하기 위함이다. 그렇다고 하여 소아 집단을 임상연구의 모든 단계에 참여시켜야 한다는 의미는 아니다. 이러한 경우에 성인에서 해당 약물의 안정성이 평가된 이후 그 다음 단계부터 소아를 참여시키는 것이 적절할 것이다.

셋째, 피험자를 모집하는 과정에서도 취약한 피험자 집단을 보호해야 한다. 여러 가지 이유로 인해 진정한 의미에서의 자발적 동의를 하기 어려운 피험자를 취약한 피험자라고 한다. 소아, 소수인종, 노인, 정신질환자, 의식저하자 등이 여기에 포함된다. 앞서 언급한 바와 같이 취약한 피험자 집단을 무조건 연구참여에서 배제하게 되면 의학연구의 결과로 주어지는 혜택을 공정하게 누리지 못하게 된다. 역사적으로 볼 때 뉘른베르그 강령에서는 법적 동의능력이 없거나 이해력이 떨어지는 피험자의 연구참여를 불허하였다. 그 결과 윤리적 위험성에 대한 염려로 인해 소아에 대한 연구가 위축되었다. 미국의 경우 1960년대 이후 소아에 약물을 투여하는 임상시험이 거의 시행되지 않았다. 이는 결과적으로 취약한 피험자 집단에 피해를 주게 되었는데, 소아시기에 발생하는 많은 질병을 연구할 기회가 사라지게 되었고 소아에 적절한 약물의 종류 및 용량을 결정하기가 어렵게 되어 많은 유용한 약물들을 소아에서는 사용하지 못하게 되었다. 이후 미국에서는 1990년대 후반부터 소아의 임상시험 참여를 권장하기에 이르렀고 뉘른베르그 강령 이후의 후속 강령 및 여러 가이드라인에서 IRB의 독립적인 심의와 감독 하에 법적 대리인의 동의와 소아의 승낙(assent)의 조건이 충족된다면 소아의 임상시험 참여가 가능하다고 규정하고 있다. 그렇지만 최소한의 조건이 충족되더라도 취약한 피험자 집단이 보호받기 위해서는 소아를 잘 이해하고 소아 집단에 대한 전문적 식견이 있는 숙련된 연구자가 참여해야 하고 연구의 시작 단계부터 연구의 위험을 제거 또는 최소화할 수 있도록 연구계획을 주의 깊게 세우는 연구자의 세심함이 요구된다. 소아의 신체적 특징 뿐만 아니라 이들 집단의 심리적 및 정서적 측면을 고려하여 불안과 불편을 최소화 하려는 노력을 기울여야 한다. 예를 들어 연구와 관련된 장비 및 기구만을 구비하는 것이 아니라 소아의 연령대에 맞는 놀이기구, 장난감 및 음식 등을 구비하는 것도 중요한 요건이다. 임상시험의 과정에서도 매번 채혈을 하여 소아에 고통과 공포를 주지 않고 한 번 거치된 정맥 카테터를 통해 채혈을 함으로써 반복적인 정맥 천자를 피하는 배려를 해야 한다. 정신과 환자의 경우 성인이라고 하더라도 충분한 설명에 근거한 동의를 얻는데 있어 질병에 따라 판단능력의 기복을 보이는 경우, 판단능력이 한정되어 있는 경우, 극단적으로는 판단능력을 아예 상실한 경우 등을 고려해야 한다. 따라서 소아, 정신과 환자 등 여러 취약한 피험자

집단을 의학연구에 참여시키기 위해서는 각 집단 특이적인 모든 고려사항을 연구자가 세심하게 살피고 여러 위원회의 권고사항과 가이드라인을 숙지하여 윤리적인 연구가 진행되도록 노력해야만 할 것이다.

네 번째로 피험자 모집과정에서 고려할 사항은 피험자가 '치료와의 혼동(therapeutic misconception)'을 하지 않도록 유의해야 한다. 치료와의 혼동은 피험자가 연구에 참여하는 것을 치료라고 착각하는 것을 의미한다. 특히 효과적인 치료법이 없는 난치병이나 불치병에 걸린 환자가 피험자인 경우 이러한 경향은 더욱 강하다. 연구자나 의사가 충분한 설명을 구두로 하고 동의서에도 명시하였음에도 불구하고 치료와 혼동을 하게 되는 경우가 흔히 발생한다. 때로는 연구자가 이를 조장하는 경우도 있다. 최신의 치료법 또는 신약 등의 단어를 광고문구나 동의서에 삽입함으로써 환자의 입장에서는 연구에 참여해야만 가장 유망한 치료를 받게 되는 것으로 오해할 수 있다. 실제로 한 연구자는 특정 연구에서 약 70%나 되는 피험자가 치료와의 혼동을 겪었다고 보고하였다(Appelbaum, 2002). 연구의 종류나 내용에 따라서 차이가 있을 수 있겠으나 예상되는 것보다 훨씬 많은 빈도로 임상시험에 참여하는 피험자들이 치료와의 혼동을 경험하게 된다. 연구자의 입장에서는 치료와의 혼동을 하는 환자인 피험자들이 연구에의 참여도가 높기 때문에 피험자 모집인원에 대한 압박을 받는 연구자나 의사가 무의식 또는 의식적으로 이러한 치료와의 혼동을 조장할 유혹을 받게 되는 것도 문제점으로 지적할 수 있다. 환자의 입장에서는 연구에 참여하는 것을 치료라고 착각함으로써 표준적인 치료를 받을 기회를 박탈당하게 된다. 치료와의 혼동문제를 해결하기 위해서는 연구자는 물론이고, IRB 또한 의학연구를 심의하는 과정에서 피험자를 모집하는 과정과 동의서 내용 등을 면밀히 검토하여 치료와의 혼동을 조장할 수 있는 문구나 내용에 대해 확인 및 지적해야 한다.

다섯 번째 고려사항은 금전적 문제에 대한 고려이다. 현재 대부분의 가이드라인에서는 피험자를 모집하는 광고에 '무료치료'를 강조하거나 약속하지 않도록 하고 있고 연구참여에 대한 금전적 지급이 있다는 단순한 언급 외에 구체적인 지불액수를 강조하는 것을 금지하고 있다. 그 이유는 재정적 압박 하에 있는 피험자에게 강요가 될 수 있기 때문이다. 그리고 소개비나 보너스 명목으로 피험자를 연구자에게 소개하거나 피험자 모집이 성공적으로 잘 이루어진 대가로 주어지는 금전적 보상은 모두 불법이다. 그러나 연구에 참여함으로써 피험자가 위험을 감수해야 하기 때문에 피험자에 대한 금전적 보상은 필요하다. 구체적인 금전적 보상의 수준에 대해서는 논란이 있다. 따라서 IRB는 금전적 보상 수준의 적절성과 재정적 압박 하에 있는 피험자를 유인할 가능성 등에 대해 면밀히 검토 및 심의하여야 한다.

3) 독립적 심사(independent review)

연구자는 본질적으로 여러 이해관계에 직면하게 된다. 수준 높은 연구를 수행하는 것을 목적으로 하면서도 신속하게 연구를 완료해야 하고 피험자를 보호해야 하며 자신의 경력을 향상시켜야 한다. 이러한 다양한 이해관계가 때로는 서로 충돌하게 되고 이로 인해 부지불식간에 연구디자인, 연구결과에 대한 분석, 연구수행과정 등에 있어 연구자의 판단을 왜곡시킬 위험이 발생하게 된다. 또한 연구자가 신속하게 연구를 종결하기 위해 의심스러운 연구방법을 도입한다든지 적절한 피험자 집단을 선정하지 않고 쉽게 모집할 수 있는 피험자들을 선정할 수도 있다. 임상연구에 있어 이러한 이해관계의 잠재적 충돌을 최소화하기 위해 연구자 그룹에 소속되지 않은 심사자에 의한 독립적인 심사가 필요하다. 최소한의 위험 또는 위험이 없는 일부 의학연구에 있어 독립적 심사가 면제될 수 있지만 거의 모든 실험적 의학연구는 독립적 심사를 받아야 한다. 독립적 심사를 통해 피험자가 연구에 참여하게 되었을 때 윤리적인 처우를 받게 될 것이고 참여하는 연구는 윤리적으로 계획되고, 위험-이득에 있어 유리한 연구라는 확신을 얻게 되는 것이다. 미국에서는 터스키기 매독연구 사건을 계기로 1974년 벨몬트 보고서가 출간되고 IRB(institutional review board) 시스템이 확립되어 독립적 심사과정이 필수적이 되었다. KGCP 제2조 제21항은 IRB(임상시험심사위원회)를 계획서 또는 변경계획서, 피험자로부터 서면동의를 얻기 위해 사용하는 방법이나 제공되는 정보를 검토하고 지속적으로 이를 확인함으로써 임상시험에 참여하는 피험자의 권리, 안전, 복지를 보호하기 위해 시험기관 내에 독립적으로 설치한 상설위원회로 정의하고 있다. IRB의 역할은 연구 계획에 대한 사전 승인 뿐만 아니라 연구수행과정의 지속심의 및 감독까지 포함하며 IRB의 주된 임무는 피험자의 보호이다. 상기의 목적을 달성하기 위해서 IRB가 심사내용에 반드시 포함하여야 할 사항은 위험-이득의 평가이다. 해당 임상시험의 목적이 가치가 있는지, 시험의 방법이 과학적·윤리적으로 타당한지, 동의서의 내용과 임상시험의 과정이 벨몬트 보고서에 따른 윤리원칙을 잘 준수하고 있는지 등을 심사하고 이를 토대로 승인 여부를 결정하여야 한다. 위험－이득 평가에는 피험자가 임상시험에 참여함으로써 발생하게 되는 위험－이득을 평가하고, 위험을 최소화하였는지, 이득을 고려하였을 때 위험의 수준이 적절한지도 IRB가 심사하여야 할 구체적인 내용이다. IRB가 구체적으로 검토하여야 할 서류들은 연구계획서 특히 연구디자인 및 연구방법, 자료수집, 분석, 보관에 관한 계획, 임상시험책임자 및 연구자들의 자격에 관한 심사, 피험자 동의서, 증례기록지 등이다. IRB는 승인요청된 연구계획서를 면밀히 검토하여 만약 연구수행의 가치가 모호하거나 연구수행의 타당성을 입증할 자료가 불충분하다고 판단될 때, 심각한 윤리적 및 과학적 타당성의 문제가 제기되는 연구에 대해서는 반려(disapproval)하기도 한다. 또한 이미 승인된 연구라 할지라도 임상시험의 중지 및 진행보류 결정을 내릴 수 있다. IRB 구성은 최소 5인 이상으로 구성하되 종교인 또는 변호사와 같은 비과학계 위원이 반드시 1인 이상, 임상시험을 진행하는 기관의 소속이 아닌 위원이 반드시 1인 이상 포함되어야 하며 모든 위원을 여성 또는 남성위원만으로 구성하지 않아야 한다고 규정하고 있다. 보통 IRB의 승인 유효기간은 1년을 넘지 않도록 규정하고 있으며 수년 동안 수행되는 연구의 경우 매년 재승인을 받아야 한다. 신규과제의 심사에는 정규심사와 신속심사가 있다. 피험자에게 최소한의 위험 이하의 위험이 예상되며 규정에 의해 신속심사의 몇 가지 범주를 만족하였을 때에는 따로 소집회의를 생략하고 1~2명의 위원에 의해 신속심사하기도 한다.

4) 피험자에 대한 존중(respect for potential and enrolled subjects)

피험자가 임상시험 동의서 양식에 서명을 하고 연구에 참여할 때에만 임상연구에 대한 윤리적 조건들이 적용되어서는 안 된다. 실제 임상연구에 참여하지 않은 잠재적 피험자이거나 심지어는 연구참여를 거부하였을 경우에도 지속적으로 존중받아야 한다. 실제 연구에 참여한 피험자 뿐만 아니라 잠재적 피험자에 대해서도 상당한 양의 정보가 수집된다. 이러한 잠재적 피험자에 대해서도 그들의 연구참여 여부에 무관하게 철저한 비밀유지의 원칙에 따라 그들의 정보가 다루어져야만 한다. 만약 연구가 그들의 이해에 부합하지 못하여서 피험자가 더 이상 연구에의 참여를 거부하고자 한다면 아무런 불이익 없이 피험자가 연구참여를 중단할 수 있도록 해야 한다. 그리고 연구 도중에라도 중재적 치료의 효과나 피험자의 질환에 대한 새로운 정보가 나왔다면 이러한 새로운 정보를 피험자에게 제공함으로써 피험자에 대한 존중의 원리를 실현할 수 있다. 연구 도중에 밝혀진 새로운 사실로 인해 추가적인 위험이나 이득으로 연구 동의서 내용이 수정된다면 이미 이전에 연구에 참여했던 피험자에게도 이러한 사실을 알려야만 한다. 피험자가 연구에 참여하는 기간 뿐만 아니라 연구참여가 종료된 이후라도 피험자의 안전과 복지는 지속적으로 주의 깊게 관리되어야 한다. 만약 피험자에게 이상 반응이 발생하였다면 즉시 적절한 치료를 받게 해야 하고 필요하다면 연구참여를 중단시켜야 한다.

5) 역학연구 및 관찰연구의 윤리적 고려사항

관찰연구는 개인의 정보에 근거하고 있기 때문에 사생활 보호와 비밀유지가 중요한 윤리적 문제로 대두된다. 이러한 원칙이 지켜지지 않아 만약 민감한 개인의 정보가 유출되었을 경우 피험자가 위험에 노출될 수 있다. 만약 피험자의 정보 또는 피험자로부터 얻은 시료를 수집할 당시 이를 연구목적으로 사용할 의도가 있었다면 반드시 동의서를 받아야 한다. 코호트 연구나 환자-대조군 연구와 같이 정보나 시료를 수집할 당시에는 어떤 정보를 어떠한 방법으로 사용하고 어떠한 목적으로 이용할지에 대한 구체적인 내용을 알 수 없는 경우가 있기 때문에 충분한 설명에 근거한 동의를 받기에 한계가 있을 수 있다. 그러나 이러한 경우에라도 예상되는 모든 상황에 대해 가능한 최대한의 설명을 동의서에 명시하도록 노력해야 한다. 동의서에는 개인의 어떤 정보를 수집하는지, 정보의 유출을 예방할 보호장치는 무엇인지, 개개인을 구별할 수 있는 정보는 출판되지 않고 집단으로 기록되거나 발표된다는 사실, 연구결과로 얻어지는 정보가 피험자에게 고지되는지 여부 등을 반드시 포함하여야 한다. 유전물질을 이용한 연구에서 동의의 문제가 국제사회에서 이슈가 되어 왔는데 우리나라에서는 생명윤리 및 안전에 관한 법률이 발효되어 반드시 법정동의서를 받도록 되어 있다. 관찰연구에서도 IRB의 심의가 중요하다. 특정한 조건이 충족되었을 때에는 IRB의 심사면제를 받을 수 있지만 피험자 식별이 가능하거나 피험자를 위험에 빠뜨릴 수 있는 민감한 정보를 수집하는 연구의 경우 반드시 IRB의 심사대상이 된다.

6) 실험적 임상연구의 윤리적 고려사항

실험연구는 관찰연구와는 달리 연구자가 중재 및 인위적 조작을 피험자에게 가하는 연구로 이러한 측면에 있어서 관찰연구보다 위험성이 크다고 할 수 있다. 따라서 가설을 검증하기 위해 무작위 배정과 눈가림법 및 위약사용의 문제가 중요한 윤리적 문제로 대두된다. '과학적인 연구가 곧 윤리적'이라는 주장이 있다. 연구목적을 달성할 수 없도록 잘못 계획된 연구에 피험자들을 참여시켜 이들을 위험에 노출시키는 것은 비윤리적이다. 이를 위해 명확한 연구목적을 세워야 한다. 또한 연구방법이 연구목적을 명확하게 증명할 수 있도록 계획되어야 하는데, 만약 연구대상 수를 적절하게 선정하지 않아 결론을 내릴 수 없는 연구에 피험자를 참여시켰다면 이는 비윤리적이라 할 수 있다. 반대로 필요 이상으로 많은 환자를 연구에 참여시키는 것 또한 비윤리적이다. 실험연구에서 무작위 배정은 윤리적 측면과 과학적 측면 모두에서 중요하다. 윤리적 측면에 있어 모든 피험자에게 피해와 이이익 발생가능성을 동등하게 하여 형평성을 보장한다는 의미가 있다. 임상시험에 사용하는 약물이나 치료법이 대조군에 비해 우수하거나 열등하다는 것이 이미 알려져 있다면 어느 한 그룹이 다른 그룹에 비해 기존의 치료보다 우수 또는 열등한 치료를 받게 되므로 이러한 실험연구는 비윤리적인 연구로 계획 단계에서 중지되어야 한다. 위약의 경우 기존의 치료법 중 위약보다 우수한 치료법이 이미 알려져 있다면 위약을 사용해서는 안 된다. 따라서 연구를 시작하는 시점에서 효과가 입증된 치료법이 존재하지 않고 논란이 있을 경우에만 위약사용이 정당화 될 수 있다. 또한 연구 도중 중간분석을 통해 치료적 이득이 입증되었을 때에는 피험자를 계속 위약군에 두는 것은 비윤리적이며 안전성에 문제가 있음이 발견되었을 때 피험자를 계속 실험군에 두는 것 또한 비윤리적이라 할 수 있다. 그리고 중간분석을 통해 밝혀진 사실에 근거하여 연구지속 또는 중지 여부에 대해서는 반드시 IRB의 독립적 심사를 통해 이루어져야 한다. 실험연구에서 취약한 피험자 집단을 어떻게 보호할지가 중요한 윤리적 문제로 대두된다. 어린 소아의 경우 충분한 설명에 근거한 동의 대신에 법정대리인의 동의와 소아의 승낙(assent)이 필요하다. 청소년의 경우는 이러한 원칙을 그대로 적용할 수 없다. 연구주제에 따라 부모의 동의가 적절치 않을 수가 있기 때문이다. 청소년을 대상으로 성경험, 약물남용, 임신중절 여부 등 민감한 정보를 조사하는 연구에 있어 부모의 동의를 요구하였을 때 피험자를 보호하는 측면에 있어 윤리적 문제를 야기하고 과학적으로 연구결과의 정확성에 지장을 초래하게 된다. 정신질환자의 경우 질환의 종류 및 중증도에 따라 자발적 동의가 어려운 경우가 많다. 연구책임자의 지도 하에 있는 학생이나 피고용인의 경우도 취약한 피험자로 진정한 의미의 자발적 동의가 아닌 외부의 압박에 의해 연구참여를 강요받을 수 있는 집단에 속한다. IRB는 이러한 요소가 해당 연구에 있는지 면밀히 검토하여야 하고 만약 이러한 경우 연구를 승인하지 않아야 한다. 노인층 또한 취약한 피험자 집단에 속한다. 이들은 인지기능 저하 및 기억감퇴 등으로 인해 충분한 설명에 근거한 동의를 받는데 있어 윤리적 문제가 야기될 소지가 있다. 연구자는 취약한 피험자 집단의 특성에 맞게 이들을 배려하여 설명을 하고 고령자에게는 쉽고 글자체가 큰 동의서를 받는 것도 도움이 될 것이다.

◆ 연 / 습 / 문 / 제 ◆

1. 인체실험에 있어서 처음으로 제정된 국제수준의 가이드라인은?
   ① 벨몬트 보고서
   ② 뉘른베르그 강령
   ③ 헬싱키 선언
   ④ 생명윤리 및 안전에 관한 법률

2. 벨몬트 보고서의 3가지 원칙은 ?

3. 소아동의과정에 대한 설명으로 올바르지 않은 것은?
   ① 부모의 허가와 소아대상자의 승낙이 필요하다.
   ② 12세 이상은 동의과정에 전부 참여할 수 있어야 한다.
   ③ 부모의 허락이 있어도 아동이 거부하면 강제로 연구에 참여시킬 수 없다.
   ④ 7세 이상은 글을 읽을 수 있기 때문에 문서화된 동의양식이 필요하다.

4. 인간을 대상으로 하는 실험연구에서 핵심적인 윤리적 고려사항은?

정 답
1. ②
2. 인간에 대한 존중(respect for persion)의 원칙 선행(beneficience)의 원칙 정의(justice)의 원칙
3. ④
4. 위험 – 이익 평가

참고문헌

세계의사회, "세계의사회 헬싱키 선언 – 서울 개정본: 인간대상 의학연구 윤리원칙", 2010, Journal of Korean Medical Association 53, pp. 739–742.

Appelbaum, P. S., "Calrifying the ethics of clinical research: a path toward avoiding the therapeutic misconception", Am J Bioeth 2002(2), pp. 22–23.

Beecher H. K., 1966, "Ehics and Clinical Research", New England Journal of Medicine 274, pp. 1354–1360.

Emanuel, E. J., Wendler D. and Grady C., 2000, "What Makes Clinical Research Ethical?", Journal of American Medical Association 283, pp. 2701–2711.

Katz J., Capron A. M. and Glass E. S., 1972, 『Experimentation with Human Beings』, New York: Russell Sage Foundation.

Kim, OJ, 2009, "Ethical Issues in Stem Cell Therapy", Journal of the Korean Medical Association 52, pp. 395–404.

National Commission for the Protection of Human Subjects of Biomedical and Behavioral Research, 1979, The Belmont Report, Washington DC: US Government Printing Office.

New York Times, "Mosquito carries yellow fever germ", Oct. 27. 1900, p. 1.

Office of the Secretary, 1996, Protection of human subjects: informed consent and waiver of informed consent requirements in certain emergency re–search: Final rules 61, Federal Register, pp. 51498–51533.

Reed W., 1902, "Recent researches concerning the etiology, propagation, and prevention of yellow fever, by the United States Army Commission", Journal of Hygiene 2, pp. 101–119.

The Nuremberg Code, 1996, Journal of American Medical Association 276, p. 1691.

World Medical Association, 1997, Declaration of Helsinki, Journal of American Medical Association 277, pp. 925–926.

제 4 장 이해상충(conflict of interest)과 공정한 연구행위*

홍 성 욱

(서울대학교 자연과학대학 생명과학부)

1. 서 론

2011년 8월 23일, 미국 국립보건연구원(National Institute of Health, NIH)은 오랫동안 논의해왔던 재정적 이해상충(financial conflict of interest)[1]의 규정을 공표했다. 공표 1년 전인 2010년에 이 새 규정의 초안을 공표했고, 이에 대한 의견을 수렴해서 최종안을 만들었던 것이다. 이 안에 의하면 NIH의 연구비를 받는 연구자는 5,000달러 이상의 금전이 관여되는 모든 재정적 이해상충에 대해서 자신의 소속기관에 의무적으로 신고하게 되어 있고, 이 기관은 이러한 정보가 요청될 때에 이를 대중에게 공개하도록 되어 있었다.[2] NIH는 1995년에 제정된 옛 규정에서는 이러한 의무조항이 취약했으며, 재정적 이해상충의 기준도 10,000달러였다는 점에 비추어보면 이 새로운 규정이 매우 진일보한 것이라고 자평했다. 그렇지만 비판자들은 원래의 초안(2010)에서는 연구기관들이 재정적

---

* 이 글은 과학기술정책연구원에서 출간된 『과학기술과 공정성』(2011)에 실린 것을 편집자의 허락을 받아 재수록한 것이다. 이 장에서는 부록과 연습문제, 그리고 최근의 사례에 대한 논의를 하나 더 추가했다.

1) 'conflict of interest'의 합의된 번역은 아직 존재하지 않는다. 연구자들은 이를 이해상충, 이해충돌, 이해갈등, 이익상충, 이익갈등 등의 다양한 용어로 번역한다. 여기서는 'interest'를 득실(得失)의 의미를 가진 것으로 해석해서 이를 '이해'로, 'conflict'는 이런 이해가 모순관계에 있다는 점을 강조하기 위해 상충으로 번역했다. 〈이해충돌방지법〉과 같은 용어에서 보듯이 우리나라 정부에서는 이해충돌이란 단어를 사용하고 있으며, 의약계에서는 이해상충이란 용어가 일반적으로 사용된다.

2) http://www.nih.gov/news/health/aug2011/od-23.htm

이해상충에 대한 모든 정보를 웹사이트에 공개하도록 되어 있었다고 하면서 의무적 공개에서 정보요청이 있을 때 한해서 정보를 제공하는 것으로 후퇴한 데에는 제약회사와 같은 로비스트의 압력이 있었다고 주장했다.[3)]

이와 같은 비판에도 불구하고 NIH의 새 규정이 이해상충과 관련된 더 엄격한 규제를 도입했다는 데에는 이의가 있을 수 없다. 이해상충에 대한 인식이 우리보다 훨씬 더 앞서있는 미국에서조차 이에 대한 본격적인 논의가 시작된 것은 불과 10여년 정도 밖에는 되지 못한다. 이는 1999년에 미국에서 한 임상 피험자가 사망한 사건에서 시작된다(Murphy, 2004; 김옥주 · 최은경, 2006). 이 불행한 사건의 당사자인 제시 겔신저(Jesse Gelsinger)는 유전적 간질환인 오르니틴 트랜스카바밀레이즈(ornithine transcarbamylase) 결핍을 앓고 있었지만 쾌활한 삶을 살던 18세의 소년이었다. 그는 유전자 치료의 발전을 위해서 자발적으로 임상 시험에 참가했다. 임상연구자들은 오르니틴 트랜스카바밀레이즈 결핍을 치료할 수 있는 유전자를 벡터인 아데노바이러스에 넣고 이를 겔신저에게 주입했다. 그러나 아데노바이러스를 주입받은 후 4일 만에 겔신저는 아데노바이러스 벡터로 인한 면역과민반응을 보이며 사망했다. 이 사건을 조사한 미국 식품의약품안정청은 실험수행자가 연구수행원칙을 지키지 않았다고 결론지었다. 겔신저의 암모니아 수치는 피험자 선발기준에 따르면 적합하지 않은, 즉 연구를 수행하기에는 너무 높은 것이었으며, 또한 심각한 부작용 사례와 비슷한 치료로 인한 사망 사례가 피험자 동의서에 고지되지 않는 등 피험자에게 충분한 정보가 제공되지 않았던 것이다.

사건 자체는 법정공방으로까지 이어지지 않고 대학측이 부모에게 보상하는 것으로 비교적 조용히 매듭지어졌다. 그러나 이 사건은 이해상충의 위험성을 극적으로 보여주며 소수의 윤리학자들뿐 아니라 과학자들, 임상연구자들, 나아가 일반시민들까지도 이해상충의 문제를 더 이상 좌시하고 있을 수만은 없다는 긴박함을 안겨 주었다. 이 사건으로 인해 이 임상시험과 관련된 행위자들의 복잡한 이해관계가 적나라하게 드러나게 된 것이다. 임상시험을 시행한 곳은 펜실베이니아 대학의 인간유전자치료 연구소였고, 당시 연구소의 책임자는 제임스 윌슨(James M. Wilson)이었다. 그 무렵 윌슨은 임상시험 의뢰자 회사인 제노보

3) Brian Vastag, "NIH finalizes financial conflict of interest rules", *Washington Post*(24 August, 2011). 자세한 비교는 이 글의 부록 참조.

(Genovo)사를 설립했는데, 제노보사는 이 시험에 쓰인 유전자 치환 아데노바이러스를 제작한 회사였다. 게다가 이 회사는 인간유전자치료 연구소에 연구재정을 후원하고 있었는데, 후원은 보통 자금을 제공하거나, 피험자 부모의 동의와 승낙을 얻어주는 방식으로 이루어졌다. 또한 펜실베이니아 대학 역시 이 연구로부터 나오는 이익의 배당금을 받기로 되어 있었다. 한편 인간유전자치료 연구소는 윌슨이 피험자를 등록하는 문제에 관해 충고를 받는 생명윤리센터에 재정적인 후원을 했다. 결국 이 임상시험에 관련된 연구책임자, 연구소, 연구소가 속한 대학, 연구에 필수적인 벡터를 만든 회사, 게다가 피험자를 보호해야 할 생명윤리센터 모두가 재정적인 이해관계로 얽혀 있었던 것이다.[4)]

이후 외국에서는 이해상충에 대한 인식이 고조되었지만, 또다시 이해상충을 위반한 사례들이 속속 들어나기 시작했다. 많은 사례가 있지만 가장 최근의 사례는 제약회사 바이엘(Bayer)의 베스트셀러 피임약 야즈 & 야스민(Yaz and Yasmin)의 미 식약청(FDA) 심사과정에서 발생한 이해상충의 스캔들이다. *British Medical Journal*에 발표된 한 연구는 이 약이 혈전형성작용을 일으켜서 심각한 건강 문제를 일으킬 수 있다는 사실이 밝혔고, 그 결과 수천명의 여성이 바이엘을 상대로 소송을 제기했다. 이에 FDA는 이 약을 재심사했고, 그 결과는 판매에 문제가 없는 것으로 나왔다고 발표했다. 그런데 이런 발표 뒤에 FDA가 구성한 자문위원들 중 3명이 바이엘사와 재정적 이해관계에 있다는 사실이 밝혀졌고, 더 나아가서 FDA가 이를 알고도 묵인한 것도 드러났다. FDA는 자체적으로 재정적 이해상충에 대한 규정을 가지고 있지만, 특정 전문가가 꼭 필요할 경우에는 이런 이해상충이 있어도 그의 전문가 견해를 들을 수 있다는 예외 규정을 가지고 있었던 것이다. 문제는 이 예외 규정이 매우 주관적이고 자의적으로 사용될 수 있다는 것이었다.

겔신저의 죽음과 같은 사건은 없었지만 2006년에는 우리나라에서도 재정적 이해상충과 관련된 심각한 사건이 발생한 적이 있다(연합뉴스, 2007. 1. 31). 복제약은 그 효능을 검증하는 생물학적 동등성 시험("생동성 시험")을 거치는데, 당시에 이것이 일부 조작되어 왔다는 사실이 드러났다. 그런데 그때까지 생동성 시험은 제약회사가 시험기관에 품목당 일정 비용을 지불하고 자신들이 만든 복제약의 약효를 검사하는 방식으로 이루어져 왔는데, 제약회사와 시험기관 사이

4) http://www.fda.gov/fdac/features/2000/500_gene.html

에 얽혀있는 직접적인 재정적 이해관계가 얽혀있었고, 그 결과 검사의 조작이라는 상황을 낳았던 것이다. 이는 국민들의 건강에 큰 위협이 되었음은 물론이다. 2006년 한 해 이러한 파문이 일고 몇몇 회사가 시장에서 퇴출당하는 등 큰 혼란이 있었음에도 이와 관련한 이해상충의 문제는 심각하게 다뤄지지 못했다. 그 결과 2007년 초 대한의사협회가 일부 복제약의 약효에 또 다시 의문을 제기하는 결과를 발표하는 사건이 반복되었다.

우리 사회를 큰 혼란에 빠뜨렸던 "황우석 사태"에서도 이해상충의 상황이 있었다. 검찰과 여러 심의위원회의 조사에 따르면 황우석 사태는 "특허권을 취득하고 줄기세포의 조속한 실용화"를 과도하게 추구하는 과정에서 벌어진 사건이었다(서울중앙지방검찰청, 2006; 보건복지부, 2006). 이 과정에서 데이터 조작을 비롯한 과학부정행위의 문제도 심각했지만 이해상충의 문제도 있었다. 황우석 박사는 자신의 여학생이나 불임 피험자에게 실험을 위해 난자를 기증하라고 은연중에 요구를 했는데, 이러한 요구는 그 학생이나 피험자들이 쉽게 거절할 수 없는 것이었다. 황우석 박사와 그 주변인들은 교수나 의사의 권위를 가지고 연구원이나 환자를 난자기증자의 위치로 몰아넣었는데, 기증자의 입장에서 보면 연구에만 열중하고 치료를 받는 기본적인 이해와 교수나 의사의 편의를 들어줌으로써 더 나은 배려를 받을 수 있다는 이해가 충돌하는 상황에 직면했던 것이다. 그 와중에 연구결과를 조작하는 등의 부정행위가 개입됐으며 엄청난 재원이 편중되고 소모되었다.

이해상충과 관련된 문제는 최근에 들어 종종 언론의 소재가 되고 있다. 건국대학교 송명근 교수는 심장수술을 위한 카바(Carvar)수술이라는 새로운 기법을 개발하고 도입해서 큰 화제와 논란을 낳았다. 그는 특히 수술 사례를 공개하는데 투명하지 못하다는 비판을 받았고, 새로운 수술기법에 반대하는 의사들은 이러한 기술이 불필요하다고 주장해 왔다. 이런 와중에서 그가 카바수술에서 사용되는 '윤상성형고리' 등을 제작하고 판매하는 (주)사이언시티사의 주식을 17% 가지고 있는 것이 밝혀졌고, 송교수는 이후 자신의 사재 200억원을 사회에 환원하겠다고 공표했다. 의료업계 종사자들은 이러한 문제와 관련해서 새로운 기술은 항상 성공 위험이 뒤따르기 때문에 이에 대해 투자를 하려는 사람이 드문 상황에서 의사들 자신이 이에 투자할 수밖에 없다는 현실을 지적한다. 그렇지만 이 문제에 대해 자문요청을 받았던 대한민국의학한림원은 "이는 송교수가 '이해관계의 충돌'이라는 전문가윤리에 대한 개념이 부족하거나 '200억원 사회환원' 발표로 '이해관계의 충돌'에서 면제되는 것으로 잘못 알고 발표한 것으로 판단한다"는 입장을 밝혔다. 한림원은 또 "의학 또는 의료관계 정책연구 등에서는 논문 저자 또는 정책관련 위원회 위원이 '이해관계의 충돌'이 있는지 사전에 면밀히 검토하고 특히 관련 회사의 주식을 보유하거나 과다한 자문료를 받은 사실 등이 있는 전문가는 연구자 또는 위원이 되지 않도록 사전에 배제하는 검정과정이 '이해관계의 충돌'윤리의 핵심"이라고 덧붙였다.[5)]

이 외에도 식약청 수사로 세간의 주목을 받은 항암치료제 넥시아를 개발한 최동철 강동경희대한방병원 교수도 넥시아의 양방치료제 AZINX75의 개발을 맡고 있는 (주)에이지아이의 공동대표를 맡고 있으며, 인슐린펌프를 개발한 최수봉 건국대 교수도 이 펌프를 제조하는 (주)수일개발의 대표이사를 맡았었다. 이처럼 대학과 산업, 과학연구와 산업적 활동이 밀접한 관계를 맺게 된 지식 기반 사회로 돌입하면서 이해상충의 문제는 더 이상 간과할 수 없는 화급한 문제가 되었다. 이런 상황에서 산업생산력과 과학연구의 선순환을 형성하고 이를 위한 최상의 조건을 창출하기 위해서는 서로에 대한 신뢰를 확보하고 적절한 지원 메커니즘을 구축하는 일이 무엇보다 중요하다. 이해상충은 이러한 과정에서 반드시 해결해야 할 문제이다. 더욱이 과학연구에서 발생하는 이해상충의 문제를 처리하는 한 사회의 능력은, 체제 정당성을 확보한 안정적인 민주사회의 지표이기도 하다.

이하에서는 이해상충이 구체적으로 왜 문제가 되고 과학연구와 시민들의 삶에 어떤 악영향을 주는지, 그와 같은 이해상충은 어떻게 정의될 수 있는지, 그리고 이해상충으로 인한 폐해를 막기 위해서는 어떤 규제책을 마련해야 할 것인지를 논의한다. 우선 2.에서는 이해상충을 간략히 정의해보고 이해상충이 어떤 역사적 과정을 거쳐 중요한 문제로 제기되게 되었는지를 살펴본다. 이를 바탕으로 3.에서는 이해상충을 좀 더 엄밀하게 정의하고 분류하여 의무상충(conflict of commitment), 연구윤리와 같은 여타의 쟁점과의 관련성 및 차이점을 살펴볼 것이다. 다음으로 4.에서는 국내 연구자들이 가지고 있는 이해상충에 대

5) "'이해관계의 충돌' 정착돼야 보편성 인정 – 의학한림원, 2일 '카바수술' 논란 관련 입장 표명" 『의협신문』(2011년 3월 2일). 보건복지부는 카바수술에 대해서 우호적이었는데, 최근에는 이것이 국회를 통한 로비의 결과가 아닌가 라는 의혹이 제기되기도 했다. "복지부, 카바수술 왜 감싸나 논란"(2012년 8월 13일), http://www.kormedi.com/news/article/1204220_ 2892.html

한 인식을 알아 본 뒤, 이어지는 5.와 6.에서는 이해상충의 문제에 현명하게 대처하기 위한 적절한 대응방안과 규제책을 구체적인 역사적 사례와 함께 검토하겠다. 7.에서는 이해상충에 대한 규제 가이드라인의 핵심을 제시할 것이다.

2. 이해상충이 왜 문제가 되는가?

1) 이해상충(conflict of interest)

일반적으로 이해상충은 한 개인이 자신의 지위를 이용하여 개인의 경제적 이익과 같은 사적 이익을 추구하는 다양한 종류의 행위나 행동을 의미하는 법적인 용어이다. 그러나 이러한 정의는 구체적인 맥락에서 다소 애매함을 내포할 뿐만 아니라 연구윤리와 같이 과학연구와 관련해서 제기될 수 있는 중요한 쟁점까지 조명해 주지는 못한다. 그런 점에서 우리는 과학연구의 맥락에서 이해상충을 다음과 같이 좀 더 분명하게 정의하고자 한다.

> 이해상충이란, 연구의 타당성이나 환자의 치료와 같은 일차적 이해(primary interest)에 관한 전문적 판단이 재정적 이득과 같은 이차적 이해(secondary interest)에 의해 부당하게 영향을 받는 일련의 조건을 의미한다(Thompson, 1993).

톰슨의 정의에서 일차적 이해(primary interest)는 과학자, 임상연구자, 혹은 교사들의 전문적 직분(duties)에 의해 결정된다. 여기서 가장 중요한 대목은 과학자, 임상연구자 혹은 교사들이 전문적인 결정을 내리는 과정에서 그들의 전문적 직분이 가장 우선적인 일차적 고려사항이 되어야 한다는 점이다. 한편, 이차적 이해(secondary interest)는 과학자, 임상연구자, 교사의 일차적인 전문적 직분은 아니지만 그들이 추구할 수는 있는 이해를 일컫는다. 여기에는 재정적 이해에서부터 개인의 명성, 승진에 대한 욕망, 앎에 대한 호기심 등이 모두 포함된다(Thompson, 1993).

요컨대 이러한 이차적 이해가 일차적 이해를 잠식할 때 이해상충의 상황이 연출되며, 그 결과 연구의 진실성, 환자의 건강과 복지, 학생들의 교육권이 침해될 여지가 생길 수 있다. 이러한 이해상충이 심각할 경우 대학의 순수연구의 객관성이 훼손되며, 병원에서는 겔신저 사건처럼 인명까지 앗아가는 상황이 벌어질 수도 있다. 특히 병원에서 의사-환자의 관계는 전통적으로 서로에 대한 믿음이 바탕에 깔린 '신뢰관계(fiduciary relationship)'였는데, 여기에 시장에서의 교환관계를 근간으로 하는 기업의 이해가 개입되면서 이해상충의 상황이 빈번해지고 있는 것이다.

2) 이해상충 논의의 배경

이해상충이란 문제가 본격적인 주목을 끌기 시작한 것은 1980년대 의학문헌들에서였다. 이러한 연구자들이 특히 문제로 삼은 것은, 제약회사들이 의사들에게 제공하는 혜택과 그로 인한 반대급부, 병원과 제약회사 및 관련 이해당사자들의 제휴, 기업에서 후원을 받아 진행되는 연구, 환자를 피실험자로 삼은 연구 등이었고, 주된 쟁점은 이러한 현상들이 환자의 건강과 복지를 해칠 수 있다는 것을 중심으로 형성되어 있었다(Thompson, 1993; Topol and Blumenthal, 2005). 더욱이 이해상충이 수면 위로 부상하여 실제로 문제가 된 경우도 있었다.

이런 경우가 앞에서 언급한 겔신저의 죽음과 함께 사람들의 경각심을 불러일으키기는 했지만, 이것이 1980년대로 접어들어 갑작스럽게 터져 나온 사건은 아니었다. 과학과 산업, 과학과 정부의 연계는 기실 좀 더 오랜 연원을 갖고 있는 것이다. 과학의 규모가 급격히 팽창한 것은 제2차 세계대전 이후였다. 이처럼 과학의 규모가 기하급수적으로 팽창함으로써 과학연구에 필요한 비용 역시 엄청나게 증가했다. 그 결과 오늘날 미국에서만 50만 명이 넘는 과학자들과 2백만 명이 넘는 지원인력이 과학연구에 참여하고 있으며 이들이 사용하는 연구개발비는 연간 2천억 달러에 육박한다. 특히 "아카데미에 속한 연구자들 중 23~28%가 기업으로부터 재정지원을 받고 있고, 43%는 각종 선물, 임의로 사용할 수 있는 재정지원, 사례금, 컨설팅 요금 등을 받은 적이 있으며 연구지원을 해주는 기업에 개인적인 재정적 이해관계를 갖고 있는 이들도 3분의 1이나 된다(MacKenzie and Cronstein, 2006)"고 한다.

과학에 들어가는 비용이 커질수록 그 비용을 회수하려는 노력 역시 증가할 수밖에 없다. 1980년, 미국에서 특허 및 상표에 관한 법률 개정안인 베이-돌 법안(Bayh-Dole Act)이 통과된 것은 이러한 노력을 상징적으로 보여주는 사건이었다. 이 법안으로 인해 공적 자금을 지원받아 진행된 연구라 하더라도 관련 연구자가 그 연구를 통해 획득한 특허나 지적 재산권을 소유할 수 있게 된 것이다. 이어 1986년에는 연방기술이전법(Federal Technology Transfer Act)이 통과되어 아카데미의 과학연구와 기업, 산업의 연계가 더욱 강화되었다. 정부와 대학 당국은 과학자들로 하여금 대학과 산업이 연계된 각종 벤처기업에 참여하고 새로운 과학기술을 상업화할 것을 독려하기 시작하였다.

우리나라의 경우도 정부가 지출하는 연구개발 예산이 2007년에 10조원을 넘어섰고, 정부 R&D 투자는 세계 8위가 되었다. 그렇지만 정부 R&D 예산은 국가 전체 R&D 비용의 약 25%에 지나지 않는다. 나머지 75%는 민간기업이 지출하고 있다. 정부는 대학에 산학협력을 강조하고 있으며, 미국의 베이-돌 법안을 벤치마킹해서 기술이전촉진법(2002)과 산업교육진흥법(2003)을 만들었다. 지금 우리나라의 연구환경은 미국이 연구대학을 추진하면서 경쟁적인 연구환경을 조성했던 1980~1990년대의 상황과 흡사하다(홍성욱, 2006). 특히 생명과학분야는 다른 분야보다 산학협력의 추세가 강하며, 앞으로도 더 많은 연구자들이 기업과의 산학협력이나 기업의 연구비를 수령할 것이 예상되고 있기 때문에 재정적 이해상충에 대한 고려가 중요하다고 볼 수 있다.

3) 이해상충과 신뢰성

현대사회에서는 과학연구가 안정적으로 이루어지기 위해서 과학연구에 대한 시민사회의 신뢰가 절대적이다. 심각한 문제는 이처럼 과학이 점차 산업과 자본에 종속되고, 겔신저처럼 목숨을 잃는 등 각종 사건이 터져 나오면서 과학연구에 대한 시민들의 신뢰감 자체가 붕괴하기 시작했다는 것이다. 오늘날 시민들은 과학자들이 당연히 개인적인 재정적 이해관계를 가지고 있을 것이라 생각하며 그에 따라 그들이 주장하는 과학에 대해서도 의심의 눈초리를 보내곤 한다. 환자들과 환자의 가족들은 대개 의사와 임상연구자들의 권고를 따르면서도 그들이 특정한 이해집단이라고 생각한다. 황우석 사태에서도 분명해졌듯 오늘날 과학적 성취는 신뢰의 문제를 고려하지 않고 평가되기 힘든 상황이 되었으며, 이 사건 이후 각처에서 과학연구의 신뢰성에 대한 총체적인 자성의 목소리가 제기되기도 했다.

이해상충에 신뢰성의 문제가 핵심적인 요소로 개입한다는 사실은 이해상충에 대한 규제를 과학의 자율성에 대한 침해로 간주하는 생각의 오류를 깨닫게 해준다. 4.에서 자세히 논의하겠지만 이해상충에 대한 규제책을 강구하는 중요한 이유 중 하나는 연구자들을 처음부터 "잠정적인 문제의 소지자"로 의심해서가 아니라 과학연구에 대한 의구심을 가능한 한 잠재우고 그 공적 신뢰성을 확보하려는 의도인 것이다. 연구자들은 이해상충이 객관성을 침해할 수 있다는 것을 '이해상충이 내 논문의 객관성을 침해했다'고 받아들이고 이에 동의하지 않는 경향이 있다. 그렇지만 중요한 것은 그렇게 보이는 것이 과학에 대한 신뢰를 잠식한다는 것이다. 미국에서 담배의 간접흡연을 연구한 여러 연구자들이 간접흡연이 건강에 나쁘다는 환경보호국의 주장을 반박한 적이 있었다. 이들은 모두 담배회사로부터 연구비를 지원받았는데, 문제는 이들 중 일부만이 이러한 사실을 공개했고, 결과적으로 이 연구결과를 접한 시민들은 연구자들이 담배회사로부터 돈을 받아서 자신들의 연구결과를 왜곡했다고 판단했다.[6] 연구자들이 높은 객관성의 기준을 준수했다고 하더라도 그것이 연구자들의 생각만큼 인정되지 못했던 것이다.

나아가 이해상충을 규제해야 한다고 주장하는 이들은 과학자들이 경제적 이해를 비롯한 다양한 이차적 이해를 추구하는 것 그 자체를 부적절하게 간주하지도 않는다. 즉, 이차적 이해가 그 자체로 적법하지 않은 활동은 아니며, 심지어 행위자들의 연구의욕을 돋우기 위해 바람직한 것일 수도 있다는 것임을 인정한다. 규제의 목적은 과학자들에게서 경제적 이득이나 여타의 개인적 욕망을 제거하는 데 있는 것이 아니라 이차적 이해관계가 전문적 결정과 관련된 일차적 이해를 지배하는 것을 방지하는 데 있으며, 나아가 그렇게 "보여질 가능성의 여지를 줄이자"는 데 있다.

그렇다면 구체적으로 어떤 상황에서 이해상충의 여지가 있어 과학에 대한 신뢰성이 침해될 가능성이 커질까? 반스와 플로렌치오의 연구에 근거하여 추론해 보면 대체로 다음과 같은 네 가지 상황에서 이해상충이 첨예해지고 신뢰성이 침해될 가능성이 커진다고 판단할 수 있다(Barnes and Florencio, 2002). 첫째, 이차적 이해의 가치가 크면 클수록, 둘째, 전문적 판단이 더욱더 전문적이 됨에 따라 세심한 감독이 어려워질수록, 셋째, 의사결정과정이 불투명할수록, 넷째, 관여자들(예컨대 기업과 연구자) 사이에 오래 지속된 관계가 유지될수록 이해상충의 정도가 심해진다는 것이다. 그러므로 이해상충에 대한 규제는 이러한 상황을 고

6) http://ethics.ucsd.edu/UC/topics/conflicts.htm

려하여 과학에 대한 신뢰성을 확보할 수 있는 방향으로 마련되어야 할 것이다.

3. 이해상충이란 무엇인가?

1) 이차적 이해에 따른 이해상충의 구분과 정의

톰슨의 정의에서 일차적 이해는 상당히 구체적으로 결정될 수 있다. 앞에서도 언급하였듯 일차적 이해는 전문적 직분에 의해 결정되므로 과학자라면 연구의 진실성이, 임상연구자라면 환자의 건강과 복지가, 교육자라면 교육이 최우선적인 일차적 이해가 될 것이다. 의과대학에서 생명과학연구를 하고 교수의 경우에는 이러한 세 가지 이해를 모두 가지고 있으며, 기초 생명과학 연구자들은 연구와 교육의 의무를 안고 있다. 이러한 문제도 사회적 · 문화적 맥락에 따라 변할 수 있지만 특정 시대에 국한할 경우 일차적 이해는 이차적 이해에 비해 큰 논란의 여지없이 결정될 수 있다.

반면에 이차적 이해는 일차적 이해에 비해서 상대적으로 모호하다. 그 이유는 무엇보다 그 종류가 상당히 다양하다는 것에 기인한다. 그럼에도 우리는 우선 이차적 이해를 재정적 이해와 비재정적 이해로 구분해 볼 수 있다. 여기에는 크게 두 가지 이유가 있다. 우선 이해상충을 유발할 수 있는 이차적 이해가 상당수 재정적 이해라는 경험적 근거가 있다. 재정적 이해를 비재정적 이해와 구분하여 살펴보는 또 다른 이유는 재정적 이해상충의 경우 상대적으로 객관적 검증이 가능하다는 점에 있다.

이제 톰슨의 정의를 바탕으로 재정적 이해상충과 비재정적 이해상충을 정의해보자.

ⓐ 재정적 이해상충: 연구의 타당성이나 환자의 치료와 같은 일차적 이해에 관한 전문적 판단이 재정적 이득이라는 이차적 이해에 의해 부당하게 영향을 받는 일련의 조건을 의미한다.

ⓑ 비재정적 이해상충: 연구의 타당성이나 환자의 치료와 같은 일차적 이해에 관한 전문적 판단이 재정적 이득 이외의 이차적 이해에 의해 부당하게 영향을 받는 일련의 조건을 의미한다.

한편 개인의 과학적 이해가 다른 연구자들이나 그가 속한 기관의 연구방향 및 성과보다 우선시될 때면, "과학상의 이해상충(scientific conflict of interest)"이 발생할 수 있다. 과학자들은 연구자원 배분에 영향을 미치는 의사결정과정에 참여하여 정당하지 못한 영향력을 행사할 수 있으며, 개인적 이해관계에 이로운 방향으로 동료평가제도를 이용할 수도 있다. 편집진 역시 우선권 등의 이득을 위해 경쟁자들이 거둔 연구성과의 출판을 보류할 수 있다. 이러한 과학상의 이해상충은 경쟁적인 연구환경이 만들어내는 결과라고 볼 수 있는데, 경쟁체제의 공정성을 유지하기 위해서는 이러한 상충의 상황을 피하는 것이 요청된다.

2) 과학연구에 대한 신뢰성에 따른 이해상충의 구분과 정의

톰슨의 정의는 복잡한 이해상충의 문제를 더욱 명확하게 파악하게 해주지만, 상대적으로 오늘날 이해상충과 관련해 첨예하게 제기되고 있는 문제라 할 과학연구에 대한 신뢰성 문제를 다루는 데는 다소 미흡한 것이 사실이다. 이를 위해 우리는 이해상충을 또 다른 방식으로 분석할 필요가 있다. 과학연구에 대한 신뢰성에서 핵심적인 문제는 사람들의 '인식'이다. 즉, 과연 일차적 이해가 이차적 이해에 의해 부당한 영향을 받았는가라는 '사실'의 문제뿐 아니라 부당하게 영향을 받은 것처럼 보인다는 '의심' 역시 중요한 문제라는 것이다. 이러한 문제가 중요한 이유는 이러한 인식을 바탕으로 과학에 대한 지원이 이뤄지기 때문이다. 그러므로 오늘날과 같이 과학에 대한 막대한 지원을 사회 전체로부터 얻어내야 하는 상황에서 시민들로부터 과학연구에 대한 '신뢰성'을 확보하려는 노력 역시 중요한 일일 수밖에 없는 것이다.

여기서 우리는 과학연구에 대한 신뢰성을 염두에 두고 이해상충을 좀 더 섬세하게 정의한 레스닉을 참고할 수 있다. 레스닉은 이해상충이 실제로 상충의 상황이 벌어질 때 뿐 아니라 그렇게 보이는 상황도 중요하다는 점에 주목하여 이해상충을 다음과 같이 재정의한 바 있다(Resnik, 1998).

> 우리는 어떤 연구자가 다음과 같은 상황에 처할 경우 이해상충에 처했다고 정의한다. (1) 다른 과학자 혹은 일반인들 중 누군가가 그에게 자신들에게 유리한 방향으로 전문적 판단을 내리길 요구하고 있고, (2) 그가 그러한 상황에서 적절

한 판단을 내리지 못하거나, 과학자/연구자로서 자신의 책임을 충실히 수행하지 못하도록 저해하는 경향이 있는(tending) 이해관계를 가지고 있을 경우

이렇게 이해상충을 재정의하고 나면 우리는 이해상충의 종류를 실질적 이해상충, 잠재적 이해상충, 겉보기 이해상충으로 세분화해 볼 수 있다. 레스닉에 따르면 이는 다음과 같이 정의할 수 있다.

ⓐ 실질적(real) 이해상충: 실제로 이차적 이해가 일차적 이해에 부당하게 영향을 줄 경향이 있는(tending) 경우
ⓑ 잠재적(potential) 이해상충: 이차적 이해가 일차적 이해에 부당하게 영향을 줄 수도 있는(could) 경우
ⓒ 겉보기(apparent) 이해상충: 이차적 이해가 일차적 이해에 부당하게 영향을 주는 것처럼 외부인들에게 여겨지는(appear to outside observers) 경우

이상의 세 가지 이해상충이 분명하게 구분되지 않을 수도 있지만, 우리는 좀 더 현명한 판단을 내리고 더 적절한 대응방안을 마련하게 위해 이러한 구분을 해둘 필요가 있다. 예컨대 실질적 이해상충과 잠재적 이해상충은 절대적으로 다른 범주라기보다는 정도의 문제일 수 있다. "영향을 줄 경향이 있다"는 말과 "영향을 줄 수도 있다"는 말은 사실 구체적 맥락을 떠나서는 분명히 구분하여 말하기 힘들기 때문이다. 그렇다 하더라도 둘은 구분하는 것이 좋다. 잠재적이었던 이해상충은 상황이 바뀌면 실질적인 이해상충으로 변할 수 있다.

한편 겉보기 이해상충은 과학연구라는 것이 그 연구자나 기관이 속해 있는 과학자 사회 혹은 전체 사회 속에서 이뤄진다는 점에서 중요하게 고려해야 하는 것이다. 그러나 겉보기 이해상충과 잠재적 이해상충을 어떻게 구분할 수 있는가? 이 문제는 그리 복잡하지 않다. 왜냐하면 "모든 잠재적 이해상충이 겉보기 이해상충인 것은 아니지만, 모든 겉보기 이해상충은 잠재적 이해상충"이라 할 수 있기 때문이다(Resnik, 1998). 겉보기 이해상충은 외부의 사람들이 어떻게 생각하는가와 관련된 것이므로 만약 사람들이 문제의 소지가 없다고 본다면 비록 잠재적 이해상충이나 실질적 이해상충의 상황에 처한 경우라 하더라도 겉보기 이해상충은 존재하지 않을 수 있다.

3) 행위자에 따른 이해상충의 구분과 정의

지금까지 논의한 이해상충의 구분과 정의는 이해상충의 당사자가 개인에 국한된 것이었다. 그러나 오늘날 이해상충의 상황에 처하는 행위자는 과학자 개인에 한정되지 않는다. 특히 산업과 정부, 대학의 밀접한 관계가 더욱 고도로 제도화됨에 따라 개인 이외의 행위자에 주목할 필요성은 더욱 커지고 있다. 이 때문에 이해상충을 논하는 연구자들은 '기관의 이해상충(institutional conflict of interest)'을 따로 분리하여 논의하곤 한다. '기관의 이해상충'은 간략히 말해 연구기관이나 병원이 지적 재산권이나 어떤 회사의 주식을 보유하고 있는 경우처럼 기관 수준에서 이해상충 상황이 벌어지는 경우를 가리킨다. 요컨대 우리는 이해상충에 처한 행위자에 따라 개인적 이해상충과 기관의 이해상충을 구분해 볼 수 있다. 상술한 논의가 모두 연구자 개인의 이해상충에 관한 것이었으므로 이하에서는 기관의 이해상충에 관해서 살펴보기로 하겠다.

우선 우리는 앞서 언급한 바 있는 톰슨의 정의에 기대 기관의 이해상충을 다음과 같이 정의할 수 있다.

> 기관의 이해상충이란, 연구의 타당성이나 환자의 치료, 교육과 같은 기관의 일차적 이해(primary interest)에 관한 전문적 판단이 재정적 이득과 같은 이차적 이해(secondary interest)에 의해 부당하게 영향을 받는 일련의 조건을 의미한다.

이처럼 기관의 이해상충과 개인의 이해상충을 구별해야 하는 이유는 무엇일까? 개인의 이해상충과 기관의 이해상충을 구분하는 가장 중요한 이유는 연구자 개인과 그 연구자가 속한 기관의 이해가 반드시 일치하는 것은 아니라는 데 있다(Macrina, 1995). 예컨대 과학자 개인은 특정 기업과 특허 관련 협약을 맺으면서 더욱 포괄적인 자문협정이나 연구 및 개발 자금지원을 추구할 수 있으나 그가 속한 기관은 그러한 협약이나 협정에 제약을 가할 수 있다. 또한 대학이나 연구소가 특정 기업에게 연구성과에 대한 배타적 권리를 부여하는 계약을 맺고 있다면, 이는 그 기관에 속한 연구자들로 하여금 필요 이상의 시간을 해당 기업과 관련된 연구에 종사하게 하거나, 심지어 그 기업의 이익에 배치되는 연구결과일 경우 발표에 제약을 받거나 그러한 결과를 발표할 시 불이익을 받는 상황도 연출될 수 있다.

기관의 이해상충과 개인의 이해상충 사이에는 분명한 차이가 있다. 그 차이를 더욱 분명하게 정리해 보면 다음의 세 가지를 지적할 수 있다(Emanuel and Steiner, 1995). 첫째, 연구자가 특정 기업에 이해관계를 가지고 있고 그 기업으로부터 자금지원을 받는 연구를 수행하고 있으나, 그가 속한 기관이 그로부터 얻는 수익은 그의 연구결과나 성과와 무관할 경우가 있다. 예컨대 대학의 교수는 대학이 생각하는 한도 이상의 시간을 그 기업과 관련한 연구에 투여할 수 있다. 둘째, 위와 반대로 기관이 직접적인 이해관계를 가지고 있을 경우에는, 연구자에게 필요 이상의 시간을 해당 업무에 투여할 것을 종용할 수 있다. 셋째, 개인의 이해상충에 관해서는 아주 엄격한 잣대를 적용하면서, 기관의 이해상충에 관해서는 상대적으로 관용적인 태도를 보일 수 있다. 마지막 사항은 앞에서 논의한 겉보기 이해상충과 관련된 문제인데, 일반 시민들이 연구지원금을 끌어오려는 기관의 노력을 연구자 개인의 노력에 비해 상대적으로 덜 이기적인 행동이라고 생각하는 까닭에 발생하는 차이라 할 수 있다.

4) 이해상충과 관련된 여타의 쟁점들

(1) 이해상충과 연구윤리

이해상충은 중요한 윤리적 문제를 일으키기도 한다. 왜냐하면 특정한 이해관계가 연구자들이 연구자로서 지켜야 할 연구윤리상의 책임을 다하지 못하도록 방해할 수 있기 때문이다. 그러나 이해상충이 비록 전문적 판단에 심대하게 부정적 영향을 미칠 수 있는 상황이거나, 심지어 실질적인 이해상충이 벌어진 상황이라 하더라도 그것이 곧바로 과학적 기만(scientific fraud) 또는 과학부정행위(scientific misconduct)를 의미하지는 않는다. 요컨대 이해상충은 부정행위나 기만을 저지르게 할 '잠재적' 위험 요소인 것이다.

이와 관련된 문제로 개인의 양심으로 인한 윤리적 문제도 있다(Macrina, 1995). 이 문제는 개인의 신념이 전문적 의사결정에 있어 다른 고려사항들에 비해 지나치게 큰 비중을 차지할 경우 발생한다. 가령 낙태와 태아조직을 사용한 실험을 혐오하는 연구자라면 그와 관련된 연구지원서나 논문에 공정하지 못한 태도를 보일 수 있다. 동물을 이용한 실험에 반대하는 경우도 유사한 경우라 할 수 있다. 그러나 이들 문제는 분명 윤리적 문제와 관련되어 있음에도 공인되지 않은 개인적인 양심으로 인해 그와 양립 불가능하지는 않은 또 다른 윤리적 의무를 준수하지 않은 것이므로 이해상충에 해당된다 할 수 있다.

(2) 이해상충과 연구편향 및 과학적 부정행위

이해상충은 실험의 목적, 디자인, 방법론, 그리고 출판, 동료평가제도, 임상실험, 실험대상의 선택과 채택, 자원배분, 재정지원 등의 방식을 통해 실제 연구에 영향을 미칠 수 있다(Shamoo and Resnik, 2003; Macrina, 1995). 사람들은 흔히 이러한 영향을 이해상충이 과학적 객관성에 심대한 영향을 미치는 문제로 간주하고 그에 따라 이해상충의 문제를 과학적 기만(fraud)과 부정행위(misconduct)와 연결해왔다. 예컨대 재정지원을 얻으려는 압박감으로 인해 과학자는 연구비 지원서나 논문의 데이터를 날조하거나 위조할 수 있다. 황우석 사태 역시 이해상충이 과학적 부정행위로까지 비화한 사건이라 할 수 있다. 또한 연구자들은 정부나 재정지원기관의 자원배분과 관련한 의사결정과정에 참여할 수 있으며, 개인적 이익에 부합하는 형태로 동료평가제도를 이용할 수도 있다. 한편 자신이 도움을 받은 연구의 출처를 명시적으로 밝히지 않는 경우도 적지 않다.

이해상충과 부정행위나 기만이 같은 것은 아니지만, 이해상충이 편향(bias)을 낳을 수 있다는 것을 인식하는 것은 매우 중요하다. 칼슘 정맥 길항약(calcium channel antagonists)의 안정성을 분석한 논문에 대한 연구는, 이 약에 대해서 비판적인 평가를 내린 논문의 43%가 기업의 연구비 지원을 받았던 데에 반해서, 이 약이 해가 없다던가 아니면 안전하다고 결론을 내린 논문들의 경우에는 각각 67%, 100% 기업의 지원을 받았음을 보여주고 있다.[7] 왜 이러한 편향이 생기는 것일까? 요즘은 연구를 하는 데 경비가 많이 소요하기 때문에 연구자들은 기업과 같은 곳에서 지원을 받을 수 있는 연구주제를 택하는 쪽으로 쏠릴 수 있다. 연구자들은 실험을 설계할 때 현상의 본질적인 메커니즘을 규명하는 쪽보다 시장에서 주목을 받는 결과를 내는 쪽으로 실험을 디자인하려는 유혹을 받을 수 있고, 임상실험을 할 때에도 의도하지 않는 편향이 개입될 수 있다. 연구자들은 이러한 의도하지 않은 연구의 편향을 잘 인식하지 못하고 또 인식할 경우

7) http://ethics.ucsd.edu/UC/topics/conflicts.htm

에도 이를 용인할 만 하다고 생각하곤 하는데, 이러한 이유에서 이와 같은 의도하지 않은 편향은 의도한 과학부정행위만큼이나, 심지어 어떤 경우에는 과학부정행위보다 더 나쁜 결과를 가져올 수도 있다.[8)]

(3) 이해상충과 의무상충

사람들은 의무상충(conflict of commitment)과 이해상충 역시 종종 혼동하곤 한다. 그러나 둘 역시 구분된다. 이해상충은 이차적 이해가 일차적 이해를 침해하고 위협하는 경우이지만, 의무상충은 일차적 이해들 (즉 의무들) 사이에서 일어나는 것이기 때문이다. 예컨대 대학에 소속된 교원들은 학생들에 대한 교육 이외에도 여러 형태의 직무를 수행해야 할 의무를 가지므로, 이들 사이의 상충이 문제시될 수 있다. 샤무와 레스닉은 의무상충을 다음과 같은 세 가지로 구분한다(Shamoo and Resnik, 2003).

ⓐ **역할상충**(role conflict of commitment): 의사나 연구자가 가지고 있는 두 가지 역할 사이의 충돌이다. 이것은 주로 시간의 문제로서 의사나 연구자가 두 가지 역할을 모두 수행할 수 있는 시간이 부족할 경우에 발생한다.

ⓑ **구조적 상충**(structural conflict of commitment): 이는 과학의 사회적 구조로부터 기인한 것이다. 대학의 보상체계(reward system)를 예로 들 수 있는데, 대학의 보상체계가 연구와 교육을 똑같은 기준으로 평가한다고 하면서 실제로 연구에 더 큰 비중을 두고 있는 경우, 교수들은 교육보다 연구에 치중할 가능성이 많아진다.

ⓒ **지적 차원의 상충**(intellectual conflict of commitment): 이는 발견을 위한 열정이나 발견에 대한 확신이 주의 깊은 방법론이나 판단과 상충을 일으키는 경우이다. 예를 들어 새로운 발견 때문에 흥분한 과학자가 발견에 대한 제대로 된 입증절차를 거지치 않고 이를 출판하는 것이 해당한다.

따라서 의무상충은 주로 시간과 노력의 배분 혹은 관리 문제와 연관이 있다. 가령 연구자가 수업을 준비할 것인가, 아니면 자신의 논문을 마무리할 것인가? 물론 때로는 의무상충이 이해상충으로 귀결되기도 한다. 예컨대 대학에 소속된

---

8) http://ethics.ucsd.edu/courses/integrity/assignments/conflicts.html

과학자가 너무 많은 시간이 소요되는 자문에 관여함으로써 더 이상 자신의 전문적인 책임이나 계약상의 책임을 충족시키지 못할 수도 있다. 그럼에도 의무상충과 이해상충은 구분되며, 여기서도 이해상충과 의무상충은 '잠재적' 수준에서 연결되어 있다.

4. 국내 자연과학, 약학, 수의학 연구자들의 이해상충 인식

이해상충과 관련해서 주로 문제가 되는 전문가 집단은 제약회사와 밀접한 관련을 맺으면서 임상실험을 하는 의사들이다. 우리나라 의사들을 대상으로 한 설문조사는 아직 없으며, "리베이트"에 대한 여러 가지 논란을 볼 때 설문조사를 실시한다고 객관적인 설문이 가능할 지도 의문이다. 의사에 대한 설문조사는 없지만 다른 전공의 연구자들에 대해서는 적은 규모의 설문조사가 있다. 저자는 2007년에 120명의 이해상충에 대한 국내 연구자들의 인식 현황을 조사하기 위해서 생명과학, 약학, 수의학을 전공하는 교수들을 대상으로 2007년 8~10월 사이에 설문조사를 실시했다. 설문에 응한 연구자들의 대부분은 대학 교수(89%)로 나이는 30대가 13%, 40대가 53%, 50대 이상이 34%를 차지했다. 설문은 총 120명의 연구자들에게 배포되었는데, 이 중 설문에 응해준 연구자는 총 39명이었다. 설문에 응한 사람들의 대부분은 서울대, 연대, KAIST 등 국내 주요 대학과 연구기관에 소속되어 있었다(홍성욱, 2007).

우선 이해상충을 잘 알고 있는가에 대한 질문에 대해서는 39명 중 18명(46%)이 이를 잘 알고 있다고 대답했으며, 15명(38%)은 이를 들어본 적이 있다고 했고, 6명(16%)은 이를 전혀 모른다고 대답했다. 절반에 가까운 응답자들이 이해상충을 잘 알고 있다는 것은 고무적이지만, 16%가 이를 전혀 들어본 적이 없다고 답한 것을 보면 이해상충에 대한 인식의 고취가 필요하다고 할 수 있다. 실제 이해상충에 접해 본 경험을 묻는 문항에 대해서는 33%에 해당하는 13명만이 거의 없다고 대답했으며, 그런 경험이 있다고 대답한 사람이 67%였다. 이 중 아주 많다거나, 많다고 대답한 사람도 12명(31%)에 이르렀다.

연구자가 경험한 이해상충의 종류에 대해서는 (복수 응답을 포함한) 총 53개의 대답 중에 승진이나 실적 관련 이해상충이 18건으로 가장 많았으며, 명예나 공중의 인정 관련 이해상충이 16건(30%), 재정적 이해상충이 14건(26.5%) 순이었다. 친인척 관련 이해상충은 4건(7.5%)에 불과했고, 정치적 이해상충은 1건이었다. 설문에 답한 연구자들에게 비재정적 이해상충은 모두 39건(73.5%)이었던 반면에, 재정적 이해상충은 14건(26.5%)이었다. 우리나라의 경우 재정적 이해상충만이 아니라 비재정적 이해상충에도 관심을 두어야 하는 이유를 여기에서도 발견할 수 있다.[9)]

이해상충이 연구에 악영향을 주는가에 대한 질문에 대해서는 총 37건의 대답 중에 그렇다가 24건(65%), 보통이다가 9건(24%), 아니다가 4건(11%)이었다. 이해상충이 연구에 나쁜 영향을 준다는 대답이 그렇지 않다는 대답에 비해서 6배 가까이 높은 것을 볼 수 있다. 이해상충이 어떤 악영향을 주는가를 묻는 질문에 대해서는 연구의 자율성이 침해된다는 답이 65건 중에 26건(40%)으로 압도적으로 많았다. 과학의 신뢰가 무너진다는 답이 다음인 14건(21.5%), 동료연구자들에 대한 신뢰가 무너진다는 것이 13건, 연구의 상업화에 대한 우려가 12건이었다. 연구의 자율성이 침해된다는 것은 연구가 상업적인 목적을 위주로 흘러가며, 현상에 대한 근본적인 해답보다는 상업화할 수 있는 결과를 내는 쪽으로 연구의 방향이 바뀔 수 있다는 우려를 표현한다.

다음으로 연구자의 이해상충 현황을 물어본 질문들에 대한 답을 살펴보자. 기업의 연구비 지원 상황에 대해서는 39명의 응답자 중 절반이 조금 넘는 20명이 지원을 받은 적이 있다는 답을, 19명이 지원을 받은 적이 없다고 답했다. 대학의 생명과학분야 연구자의 50%는 기업연구비를 지원받았다는 현황을 보여준다. 연구비를 지원한 기업이 연구결과에 불만을 표시하거나 논문 출판을 저지한 경험에 대해서는 총 응답자 21명 중 6명(28.6%)이 그런 적이 있다는 답을, 15명(71.4%)이 그런 적이 별로 없거나 한 번도 없다고 답했다. 간섭이 없었다는 답이 그 반대의 경우보다 월등하게 많지만, 1/3가량의 연구자들이 연구 출판에 대해서 기업의 간섭을 경험했다는 것은 상당히 심각한 수치라고 볼 수 있다. 기업의 간섭을 경험한 대부분의 연구자들은 출판을 잠시 보류했다고 대답했다. 선진국의 사례를 보면, 생명과학연구의 상업화가 가속화되면서 이러한 문제는 더 심각해질 것으로 예상할 수 있다.

연구자의 벤처활동과 관련해서 설문에 응한 38명 중 31.6%에 해당하는 12명은 실제로 벤처활동을 해본 경험이 있다고 대답했으며, 26명은 그렇지 않다고

9) 이는 2007년 8월 17일에 있었던 복지부 연구자 워크숍에서도 지적된 부분이었다.

대답했다. 생명과학 연구자의 1/3 정도가 벤처기업과 관련이 있었거나 관련이 있음을 보여주고 있다. 대학에서의 순수연구의 경계가 이미 많이 무너졌음을 보여주며, 이러한 경향도 앞으로 계속 가속화될 전망이다. 벤처활동의 가장 큰 문제로는 전체 응답건수 42건 중 16건(38%)이 연구의 상업화 문제를, 11건(26.2%)이 연구진실성 침해를 들고 있다. 이는 연구가 상업화 되면서 연구의 객관성이 침식당할 우려가 있음을 잘 보여준다. 이를 방지하기 위한 방법으로는 이해관계를 공개하는 방법이 대다수의 응답을 차지했으며(65%), 대학 내에 중재기관을 만들어 이를 이용한다는 답은 22.5%에 불과했다. 이해관계의 공개는 이해상충을 해결하는 데 있어서 일반적으로 널리 받아들여지고 있는 방법이지만,[10] 우리나라의 연구기관은 이에 관련된 가이드라인을 만들지 않았다는 문제가 있다. 공개의 방법은, 누가 누구에게 무엇을 어떻게 공개하는가라는 원칙이 먼저 설정되어야 한다.

연구비 지원기관 종사자가 연구실에 학생으로 온 경험을 묻는 질문에 대해서는 5%의 응답자만이 이러한 경험이 있나고 답했으며, 친인척을 아르바이트 학생이나 연구원으로 고용한 경험에 대해서는 8.3%가 있다고 답을 했다. 친인척의 회사와 물품거래를 한 경험이 있다고 답한 연구자는 아무도 없었다. 이러한 문제는 대부분의 연구자들에게는 경험하지 못한 문제임을 드러낸다. 부분적으로 그러한 이유 때문에 이러한 문제에 대한 해결책은 여러 가지 항목에 골고루 분포된 편이나, 대부분 논의와 대화를 통해서 문제의 해결점을 찾겠다는 답이 우세했다. 다른 이해상충에 비해서 이러한 종류의 이해상충은 당사자나 실험실 구성원의 합의를 통해서 해결하겠다는 입장이 강했다.

연구비를 지원하는 기업의 명예이사나 자문위원을 맡은 경험에 대해서는 10%의 응답자가 그렇다고, 주식을 소유한 경험에 대해서는 5%의 응답자가 그렇다고 대답했다. 기업연구비를 받는 사람 중에 10% 미만의 소수의 연구자가 기업과의 직접적인 재정적 이해관계에 얽혀있다고 볼 수 있다. 이는 높지 않은 수치이지만, 무시할 수 있는 정도는 아니다. 명예이사나 자문위원은 연구비의 규모에 따라 수용할 수도 있다는 답이 중재기관을 활용한다는 답과 그 비율이 같았지만(각 36.8%), 주식 소유는 연구와 주식 중에 한 가지를 택해야 한다는 답이 공개해야 한다는 답이나 중재기관 활용과 그 비율이 같았다(각 27.8%). 국내

10) 이 보고서의 5.와 6.을 참조하라.

연구자들은 명예이사나 자문위원 보다는 주식의 소유가 더 밀접한 재정적 이해관계에 있다고 생각하는 경향을 보여주고 있다.

마지막으로 이해상충에 대한 규제에 대해서는 가이드라인을 만들어 규제해야 한다는 답이 전체 40건 중 15건(37.5%), 중재기관을 설치하여 운용한다는 것이 11건(27.5%), 개인에게 맡겨 두어야 한다는 답이 8건(20%), 의무적으로 공개해야 한다는 답이 6건이었다(15%). 연구자들은 가이드라인 제정의 필요성을 강하게 느끼고 있었으며, 연구기관 내에 이러한 문제를 중재해 줄 기관의 필요성도 느끼고 있었다. 반면에 20%의 연구자들이 이해상충의 문제를 개인의 판단과 선택에 맡겨야 된다고 답한 것을 보면, 아직도 국내 연구자들 사이에는 이해상충이 개인의 판단에 따라서 최선의 방향을 찾을 수 있는 문제라고 생각하는 경향도 상당히 존재함을 알 수 있다.

전체적으로 보아서 연구자들은 이해상충을 잘 이해하고 있지만, 이에 대한 교육과 인지가 필요한 측면을 보여주고 있다. 국내 연구자들이 겪는 이해상충은 비재정적 이해상충이 다수이다. 연구자들이 연구비를 지원하는 기업과 직접적인 재정적 관계로 얽혀있는 경우는 많지 않지만, 대학의 상업화와 벤처기업의 육성으로 인해서 재정적 이해상충의 비율도 증가한다. 특히 재정적 이해상충은 연구자들에게 연구의 객관성이나 자율성을 침해하는 요소로 비추어진다. 연구자들은 이해상충의 가이드라인이 제정되어 이와 관련된 문제를 자율적으로 규제할 수 있게 되기를 바라고 있으며, 대학과 같은 연구기관에 이를 담당하는 부서나 조직이 필요하다고 생각하고 있다.

5. 이해상충을 어떻게 규제할 것인가?

1) 규제의 목적

흔히 이해상충을 규제하려는 시도에 대한 비판들이 존재한다(Thompson, 1993). 이해상충을 규제하는 것에 대한 가장 흔한 비판은 소수의 비윤리적인 의사와 연구자의 비행을 빌미로 윤리적인 의사와 연구자까지 불공정하게 비난하고 처벌하게 된다는 것이다. 이들에 따르면 이해상충을 규제하려는 시도는 근본적으로 산업과 아무런 재정적 이해관계도 가지지 않은 과학자들의 진실성에 심각한 모욕을 줄 수도 있다는 것이다.

그러나 이해상충의 규제를 비판하는 사람들의 주장은 이해상충에 대한 규제 규칙의 기본적 목적을 오해한 것에서 기인한다(Thompson, 1993; Shamoo and Resnik, 2003). 이해상충을 규제하는 첫 번째 목적은 **전문적 판단의 진실성을 보존하는 것**이다. 과학적 연구에서 발생하는 이해상충을 처리하는 능력은 합리적인 공적 신뢰와 규정을 준수하려는 사람들의 의지를 공히 갖춘 안정적인 민주사회에 대한 지표이다.

이해상충을 규제하는 두 번째 목적은 **전문적 판단의 신뢰성을 보존하는 것**이다. 이해상충을 규제하는 것은 연구의 결과가 개인적인 이해에 의해 영향을 받아 부정적인 결과를 가져올 가능성을 최소화시키기 위한 것이다. 따라서 이해상충에 관한 규제는 환자, 동료, 일반 시민들이 과학적 연구를 더욱 신뢰할 수 있게 만들어줄 수 있으며, 이들의 신뢰를 얻는 것은 결국 연구자들의 연구활동에도 긍정적인 효과가 있다.

2) 규제의 정도와 수준

역사적으로 이해상충에 대한 통제는 더 적은 통제에서 더 광범위한 통제로, 개인의 자유재량에서 집단적인 규제로 이행해 왔다. 상충이 격해짐에 따라 더 광범위한 형태의 통제가 정당화되어 온 것이다(Shamoo and Resnik, 2003).

ⓐ **개인적 수준**: 상충을 피하게 하고, 상충이 발생했을 때 그것을 현명하게 처리할 수 있도록 개별 의사나 학자들의 양심에 의존하는 방안은 가장 강제성이 적은 방안이다. 그러나 이는 커다란 조직이나 현대적인 의학과 의학연구행위에 특징적인 비인격적인 만남이나 원거리 관계에서는 적절할 것 같지 않다. 그럼에도 우리는 다음과 같은 사안을 고려할 것을 주문할 수 있을 것이다. 즉 "산업과 관련한 일을 담당하게 된 과학자들은 다른 형태의 대가보다는 '<u>연구의 신뢰성에</u> 덜 영향을 주는' 대가를 받아야 한다. 봉급과 컨설팅 수수료는 수용할 수 있겠지만, 주식이나 스톡옵션, 여타의 직접적인 재정적 인센티브는 피해야 한다"(Resnik, 1998).

ⓑ **집단적 수준**(전문학회, 학술지): 관련 전문 직종에서 <u>스스로</u> 규제하는 방안은 상충을 피하는 것에 있어 개인적 재량에 맡기는 것보다 훨씬 더 안정적이다.

이러한 방안은 정부의 규제와 비교하자면, 전문적 실행에 관해 알고 있고, 직접적으로 관심을 가지고 있는 이들을 포함한다는 이점을 지닌다. 규제규칙은 진료소와 연구실의 특수한 환경을 잘 아는 사람들과 관련 직종의 진정성을 보전하는 데 직접적인 이해관계를 가진 사람들에 의해 작성될 때 더 높은 현실적합성을 가지게 된다.

ⓒ **국가적 수준**(정부, 규제위원회): 정부 규제의 주요한 이점은, 그것이 규제규칙을 만들고 실시하는 데 더 많은 사람들을 포괄하고, 그럼으로써 직종 그 자체에서 발생하는 이해상충의 문제를 줄여준다는 것이다. 그리고 중요한 단점으로는, 일반적으로 법적 절차에 특징적인 획일성(uniformity) 및 과정상의 복잡성을 들 수 있다. 이들은 발생할 수 있는 다양한 상충의 양상에 규제규칙을 적용하는 것에 어려움을 낳았고, 심지어 위법행위를 예방하거나 처벌할 수 있는 확률을 줄일 수도 있다.

특정 시점에서 이해상충을 규제하기 위해서는 적절한 사정 기준이 필요하다. 대개 이해상충은 다음과 같은 기준에 의해 평가할 수 있으며(Thompson, 1993), 그에 따라 그 규제안 역시 이러한 사정 기준에 맞추어 조정되어야 한다.[11)]

ⓐ **영향의 정도나 그 가능성**: 이해상충의 영향과 가능성의 크기가 어느 정도인지를 평가하는 기준은 전문적 판단이 이차적 이해에 의해 영향을 받거나 그렇게 보일 가능성이다. 일반적으로 이차적 이해의 가치가 클수록 그로부터 영향을 받을 가능성도 커진다고 가정할 수 있다.

ⓑ **초래할 피해의 정도**: 전문적 판단에 미친 영향이나 영향을 받은 것처럼 보이는 것이 초래할 피해와 잘못의 심각성이 어느 정도인지를 평가할 때는 이해상충으로 인해 침해받을 수 있는 일차적 이해의 가치를 고려해야 한다. 이러한 영향에는 환자나 연구에 대한 직접적인 피해가능성 뿐 아니라 의사나 연구자의 판단에 대한 신뢰의 상실로 인해 발생할 간접적인 피해 역시 포함된다.

이 두 가지 요소 이외에도 고려해야 할 조건은 (1) 이해상충을 통제 · 조정할 수 있는 정도와 (2) 이해상충을 금지시켰을 때 나타날 수 있는 피해의 정도가

11) 이에 관한 자세한 내용은 7.을 참조하라.

있다. 일반 논문의 출판은 리뷰 논문이나 사설(editorial) 보다 독자나 전문가가 평가하기가 용이하다. 이 경우, 전자가 후자보다 통제의 정도가 더 크다고 볼 수 있다. 또 이해상충을 금지시켰을 때 나타나는 피해의 정도가 그렇지 않았을 때 사회 전반에 가져올 수 있는 이득에 비해서 어느 정도인가도 고려의 대상이 되어야 한다.

3) 규제의 종류와 제도적 장치

이해상충을 규제할 수 있는 방안에는 어떤 것이 있을까? 대개의 연구자들은 다양한 방안을 추천하고 있다. 이를 분류해 보면 크게 공개와 공개 이외의 규제안으로 나눠볼 수 있다(Thompson, 1993; Shamoo and Resnik, 2003).

가. 공 개

이해상충을 다루는 책임이 개별 의사와 연구자들에게 귀속되든지, 아니면 직종이나 정부에 귀속되든지 간에, 가장 일반적으로 통용되는 처방은 공개(disclosure)이다. 공개는 다소간 공개적일 수 있는데, 동료나 병원 혹은 선강관리기관(Health Maintenance Organizations) 관리자들, 전문적 위원회, 국가위원회, 혹은 일반적인 공중에게까지 정보가 제공될 수 있다.

공개의 이점은 영향을 받을 수 있는 사람들이나 그로 인해 위험을 평가할 더 나은 위치에 놓이게 될 사람들에게 그들이 스스로 결정하기 위해 필요로 하는 정보를 제공해 준다는 것이다. 반면, 공개의 단점은 정보를 받는 이들이 그것을 어떻게 해석해야 할지 모르거나, 어떤 경우에도 그 상황에서라면 합리적인 대안적 행위를 마련하지 못할 수 있다는 것이다. 그렇지만 장기적으로 보았을 때 이러한 단점 보다는 공개의 장점이 더 뚜렷하다. 이해상충의 상황을 덮어두고 이것이 나중에 문제가 되었을 때 수습하는 것 보다는, 이해상충의 상황을 밝히고 연구기관, 연구비 지원기관, 학술지, 동료연구자들이 이를 인식하고 이러한 이해상충의 상황에 대해서 어떻게 대응할지를 준비하게 하는 것이 장기적으로 보아서 과학연구에 대한 신뢰를 쌓는 데 도움이 되기 때문이다.

공개가 가지는 실질적인 문제는 그것이 강제조건이 되기 힘들다는 것이다. 이러한 문제 때문에 이해상충의 상황이나 그 예상되는 폐해가 심각한 경우에는 공개 이외의 규제가 필요한 것이다.

나. 기타 규제수단

공개 이외의 여러 가지 방안을 대체로 엄중함이 증대되는 순으로 말해보자면, 첫째는 의사들을 이차적 이해로부터 고립시키는 일종의 백지위임(blind trust)과 같은 중재(mediation)이며, 둘째는 의사나 연구자로 하여금 그들이 상당한 이차적 이해를 기자고 있는 사안을 피할 수 있게 해주는 것으로 사법적 기피신청과 유사한 불개입(abstention)이다. 셋째는 이차적 이해를 완전히 제거하는 박탈(divestiture)이다. 마지막으로 넷째는 의사나 연구자로 하여금 그들이 상당한 이차적 이해를 가지고 있는 분야에 영구적으로 관여하지 못하게 하는 금지(prohibition)가 있다.

다. 기관의 이해상충에 대한 규제

기관에 대해서도 개인의 이해상충에 대한 규제수단을 상당부분 그대로 적용할 수 있다. 기본적으로 공개는 대개의 경우에 추천되는 규제책이다. 연구자는 그저 그가 처해 있는 개인적 이해상충 뿐 아니라 그가 속한 기관의 이해상충 역시 공개할 필요가 있다(Johns, Barnes, Florencio, 2003). 그러나 기관의 경우 이러한 규제안만으로는 충분하지 않은 경우가 많다. 이를 위해 내부 모니터링과 외부 모니터링이 중요한 규제안으로 제시되고 있다(Emanuel and Steiner, 1995).

그러나 내부 모니터링은 이해당사자인 기관 내부에서 이뤄진다는 한계를 가지고 있어 겉보기 이해상충을 일으킬 수도 있다. 이로 인해 해당 기관과 이해관계를 갖고 있지 않은 위원회나 기관이 모니터링을 실시하는 외부 모니터링이 대안으로 제시되고 있다. 외부 모니터링을 하게 되는 위원회는 독자성을 유지해야 함은 물론 일정한 영향력을 행사할 수 있는 권한도 가지고 있을 필요가 있다.

라. 이해상충 해결을 위한 제도적 방안

현실에서 이러한 규제수단을 적용할 때는 다양한 맥락을 고려해야 한다. 예컨대 매우 중대한 사안의 경우 이차적 이해관계를 가진 이가 그 문제에 관여할 자격을 완전히 박탈하거나 금지할 수도 있지만, 그렇지 않은 경우라면 적절한 기준을 마련하여 가부를 결정할 수 있다. 그리고 그러한 기준은 여러 행위자들의 협의 하에 결정되고, 조정되어야 한다. 대학이나 연구기관의 경우 이러한 협의와 조정을 담당하는 기구나 제도적인 장치를 설립하는 것이 중요하다.

6. 이해상충을 어떻게 규제해 왔는가?

우리의 경우 이해상충과 관련한 심각한 사건이 있었으나, 이를 규제할 수 있는 정책은 거의 전무한 상황이다. 따라서 해외의 사례들을 참고할 수밖에 없다. 미국의 경우 재정적 이해상충에 대한 규제는 1980년대에 들어서 본격적으로 논의되기 시작했다. 연구자들이 기업 등과 맺고 있는 재정적 이해관계가 연구의 객관성에 부정적인 영향을 미칠 수 있다는 우려가 확산되자 80년대 초부터 전문 학술지에서는 이에 대한 규제정책을 마련하기 시작했다. 그렇지만 2001년에 이루어진 한 조사에 의하면 의학 학술지 논문들이 관련된 이해상충을 보고하기 시작한 것은 1999년에 이르러서였다(Napanikolaou et al., 2001). 이는 겔신저 사건이 발발한 시점이기도 했다. 이후 본격적으로 시작된 전문 학술지의 재정적 이해상충에 대한 규제정책에 관한 논의는 지금까지도 이어지고 있으며, 어떤 방식의 규제가 적절할 것인가라는 문제를 비롯하여 규제정책 자체의 효용성 및 정당성 문제도 함께 논의되고 있다.

재정적 이해상충에 대한 규제정책은 전문 학술지 뿐 아니라 연구기관에서도 필요했다. 연구기관에 속한 연구자들이 기업이나 타 기관들과 맺는 재정적 이해관계가 연구의 객관성 뿐 아니라 연구기관의 이해와도 충돌할 수 있다는 인식이 확산된 것이다. 이하에서는 미국의 의학 학술지(medical journal)와 NIH의 규제정책이 어떻게 변해왔으며, 현재는 어떤 규제정책이 시행되고 있는지를 살펴볼 것이다.

1) 재정적 이해상충에 관한 의학 학술지의 규제

1984년에 *New England Journal of Medicine*(이하 *N Engl J Med*)의 편집장이었던 렐만(A. S. Relman)은 "이해상충 다루기(Dealing with Conflict of Interest)"라는 제목의 글을 이 학회지에 발표했다(Relman, 1984). 이 글에서 그는 새로운 생의학적 발견이 상업과 점점 밀접한 연관을 맺고 있으며, 이러한 과학적 별견의 상업적 이용은 점점 더 복잡해지고 이와 더불어 문제점도 더욱 커져가고 있다고 말하며 이와 관련한 여러 구체적인 가능성들을 언급했다. 렐만은 연구자들의 연구성과를 발표하는 의학 학술지는 이러한 부정적인 가능성에 대처를 해야 할 필요가 있다고 말하며, 이를 위해서 의학 학술지에 출판을 원하는 연구자들은 자신들이 받은 자금의 출처를 모두 밝혀야 한다고 주장했다.

렐만은 1990년에도 이와 유사한 글을 발표했는데, 이 글에서는 연구논문과 리뷰논문을 구분하고, 중요성이 간과되어 왔던 리뷰논문에 대한 규제정책을 강화할 필요가 있음을 주장했다(Relman, 1990). 그에 따르면, 구체적인 데이터가 결여되어 있는 리뷰논문을 읽는 독자는 저자의 그 논문을 보통 객관적이라고 생각하는데, 실제로는 리뷰논문에도 저자의 판단이 개입되어 있다. 리뷰논문의 저자가 재정적 이해상충에 관련되어 있을 경우 그 객관성을 더욱 의심할 수밖에 없는 것이다. 렐만은 이러한 문제는 재정적 이해로부터 자유로운 리뷰저자를 선별하는 방법으로만 해결할 수 없다고 주장했다. 그러나 리뷰저자들은 해당 분야에서 가장 우수한 연구자인 경우가 많기 때문에 리뷰논문의 이해상충을 피하기 위한 강력한 정책이 어떤 경우에는 가장 우수한 전문가를 배제하는 결과를 낳을 가능성도 있다. 하지만 그럼에도 불구하고 렐만은 독자들의 신뢰를 얻기 위해서는 리뷰논문에 대한 강력한 정책이 필요하다고 주장했다.

렐만이 주장한 이러한 강력한 규제정책은 몇 년 뒤에 로쓰맨(K. J. Rothman)에 의해 비판을 받았다(Rothman, 1993). 로쓰맨은 "이해상충: 과학에서의 새로운 매카시즘(Conflict of Interest: The New Mccarthyism in Science)"이라는 제목의 글을 1993년 학술지 JAMA에 발표했다. 그는 여기서 논문 저자의 재정적 이해관계를 공개하려는 의학 학술지의 정책은 새로운 윤리적 문제를 야기한다고 주장했다. 재정적 이해상충 자체가 불법이 아님에도 불구하고, 재정적 이해상충을 가졌다고 낙인찍힌 과학자는 편향된 연구를 할 가능성이 높다고 인식되기 때문에 과학적 담론의 객관성을 증진시키기 보다는 오히려 침해할 가능성이 높다는 것이다. 그에 따르면, 연구의 객관성을 보장하기 위해 중요한 것은 재정적 이해상충을 공개하고 이해상충의 상황을 억제하는 것이 아니라 연구결과에 대한 자유로운 소통을 보장하는 것이다.

의학 학술지의 규제정책에 대한 이와 같은 본질적인 비판에도 불구하고 오늘날의 많은 의학 학술지들은 연구자들의 재정적 이해관계를 공개하는 정책을 확대시키고 있다. 2006년에 발표된 스미스의 논문과 쿠퍼 등의 논문은 전문 학술지의 규제정책에 대한 최근의 현황을 잘 보여준다. "이해상충: 어떻게 돈이 객관성을 침식하는가(Conflicts of Interest: How Money Clouds Objectivity)"는 제목으로 2006년 *Journal of the Royal Society of Medicine*에 발표된 스미스의 논문은 의학 학술지의 규제정책에 대한 최근의 현황을 보여주는 동시에 나름의 방향성을 제시하고 있다(Smith, 2006). 그는 통계자료를 이용하여 오늘날의 의학계에서 이해상충은 일상적인 현상임을 보여주었다.

그러나 이해상충은 연구자들뿐만 아니라 학술지의 편집자들에게도 중요한 영향을 미친다. 학술지의 편집자가 직면해 있는 주요한 이해상충은 세 가지로 구분해 볼 수 있다. 첫째는 논문의 재출판(reprint) 문제이다. 제약회사들은 자신들에게 유리한 연구논문의 재출판을 위해 종종 많은 금액을 학술지에 기부하곤 하는데, 그들은 이를 마케팅 등에 이용하려고 하는 것이다. 실제로 제약회사 등이 기부하는 재출판 비용은 많은 학술지들의 주요 수입원 중 하나이기 때문에 학술지의 재출판 비용을 기부 받을 것인가, 그렇지 않을 것인가를 결정하는 것은 학술지 편집자에게 있어 쉽게 무시할 수 있는 문제가 아니다. 둘째는 광고(advertising)의 문제이다. 대부분의 학술지에 있어 광고는 주요 수입원이다. 광고주는 특정 연구에 반대하여 광고를 철회하거나 철회하겠다고 위협하기도 하며, 실제로 이러한 위협은 학술지의 존폐를 결정지을 수 있는 수준에 이르기도 한다. 학술지 편집자로서 광고주의 이러한 위협에 대처하는 것 역시 무척 어려운 일이다. 마지막은 사업(business)으로, 학술지의 편집자에게 있어 학술지의 편집과 재정확보 사이에는 지속적인 긴장이 있다. 편집과 재정확보 사이의 충돌은 학술지와 편집자가 처한 실제적인 문제이며, 해결되어야만 하는 문제이나, 역시 편집자가 감당하기에 어려운 일이다.

그렇다면 연구자와 학술지 편집자가 처해있는 이해상충에는 어떻게 대응해야 하는 것일까? 이러한 상황에서 재정적 이해상충에 대한 보다 일반적인 정책은 공개이다. 오늘날 대부분의 학술지는 저자의 재정적 이해상충을 공개하는 방향으로 나아가고 있다. 그렇지만 자신들이 이해상충의 영향을 받고 있다고 생각하는 연구자들은 드물고, 자칫하면 이러한 공개가 자신들의 신뢰성에 오점을 남길 수도 있다고 생각하기 때문에 실제로 이해상충을 공개하는 연구자들은 드물다. 따라서 연구자들이 자신들이 처한 이해상충을 공개하도록 유도하기 위한 여러 방안들이 고안될 필요가 있다.

한편, 2006년 *Journal of General Internal Medicine*에 쿠퍼 등의 저자들이 발표한 논문은 생의학 학술지들의 이해상충 정책의 특성에 대한 통계적인 분석을 하고 있다(Cooper et al., 2006). 이들의 조사에 따르면, 조사에 응답한 대부분의 학술지가 논문 저자의 이해상충에 대한 규제정책을 가지고 있었고 절반 이상이 이를 공개하고 있으나, 이해상충에 기반하여 논문의 게제를 엄격히 제한하는 학술지는 매우 적었다. 또한 동료평가(peer review, 전문가심사)를 담당하는 저자와 학술지 편집자의 이해상충에 관한 정책을 가지고 있거나 이를 공개하는 학술지는 상대적으로 적었다. 하지만 연구자의 이해상충 못지않게 동료평가 저자와 학술지 편집자의 이해상충에 관한 정책도 매우 중요하다. 앞서서도 언급한 바 있지만 학술지의 재정적 지원에 있어 광고나 재출판 비용 등의 경로를 이용한 기업의 지원이 절대적이기 때문에 학술지의 신뢰도를 높이기 위해서는 학술지 편집자의 이해상충을 다룰 수 있는 정책이 반드시 필요하다. 또 경쟁적 이해관계에 있는 동료연구자들이 비슷한 연구를 하는 다른 사람의 연구를 객관적으로 평가하도록 하는 정책도 마련되어야 한다.

이상에서 살펴본 바를 정리해 보면 이해상충을 규제하기 위한 의학 학술지의 정책은 다음과 같은 방향으로 나아가고 있다고 볼 수 있다. 첫째, 연구자의 이해상충을 공개하는 것이 '새로운 매카시즘'일 될 수 있다는 본질적인 비판에도 불구하고 오늘날 대부분의 학술지들은 연구자의 이해상충이 정책적으로 다루어져야 할 것임에 동의하고 있다. 둘째, 이해상충에 대한 학술지의 규제 강도는 '공개' 수준으로 수렴되어 가고 있다. 이해상충을 가진 연구자의 논문 게재를 엄격히 제한하는 등의 강한 규제는 점점 지양되고 있으며, 완화된 규제를 통해 연구자들이 자신들이 처해있는 이해상충을 자연스럽게 공개하도록 유도하고 있다. 셋째, 정책의 적용대상의 범위가 넓어지고 있다. 규제정책이 처음에 논의될 당시에는 논문 저자의 이해상충만이 정책의 대상이 되었으나 이는 학술지의 편집자와 동료평가 저자 등으로 점차 넓어지고 있다.

2) 재정적 이해상충에 관한 미국 국립보건원(NIH)의 규제정책

1995년 이전까지는 이해상충에 관한 NIH 정책이 매우 엄격했다. NIH의 엄격한 규제는 1995년 NIH의 국장이 된 바머스(Harold Varmus)에 의해 완화되었다. 바머스는 비교적 적은 NIH 급료를 스스로 보충하라는 목적으로 중진연구원들의 외부 활동 제약을 없앴고, 이는 NIH 연구원들과 산업체가 서로 협력하게 되는 중요한 계기가 되었다. 그러나 NIH 연구원들의 외부 활동이 급격히 증가함에 따라 NIH와 외부의 지원으로 행해지는 NIH 연구의 신뢰성에 문제가 생기기 시작했다. 결국 2003년 겨울 로스엔젤레스 타임즈에 NIH의 많은 중진연구원들이 제약회사와 깊은 재정적 이해관계를 맺고 있었다는 것이 밝혀지면서 NIH 연구원들의 재정적 이해상충이 심각한 수준에 이르렀음이 드러났다(Steinbrook, 2004).

이를 계기로 이해상충에 대한 NIH의 규제는 다시 강화되었다. 이해상충을 보다 효율적으로 통제하기 위한 NIH의 새로운 잠정적 최종 윤리규정이 2005년 2월 1일에 공포되었고 이틀 뒤 새로운 이해상충 정책이 Federal Register에 출판되었다. 이 규정에 따르면 NIH의 모든 연구원들은 유 · 무료를 불문하고 어떠한 컨설팅도 해줄 수 없고, 중진연구원들은 제약회사와 스톡옵션도 맺을 수도 없으며 현재 소유하고 있는 스톡도 다시 팔아야 했다. 게다가 NIH의 연구원들은 노벨상과 같은 주요 권위 있는 상을 제외하고는 외부로부터 상도 받을 수 없었다.

이러한 엄격한 규정에 대해 NIH 연구원들이 반발한 것은 당연했다. 그들은 NIH의 이러한 규제가 소수의 잘못은 저지른 사람들 때문에 모두에게 벌을 내리는 셈이라고 주장했다. 172명의 NIH 연구원들은 외부 컨설팅 금지에 대한 규정에 반발하고 나섰으며, 저항그룹을 조직하고 변호사를 고용하여 새로운 규제정책에 조직적으로 그리고 법적으로 대응하기 시작했다. 이들은 법적인 대응을 하는 동시에 협상을 시도했고, NIH는 이들과의 협상을 받아들였다. NIH는 일년 이내에 잠정 결정된 최종 규정의 영향을 평가하고, 다양한 인사들로부터 잠정 결정된 최종 규정에 대한 코멘트를 리뷰하기로 결정함으로써 이 규정이 수정될 수 있는 길을 열어 놓았다.

NIH의 새로운 규제정책은 외부적으로도 논란의 대상이 되었다. 우선 미 의회는 NIH가 새로운 규제정책을 마련하지 못하면 예산을 삭감할 수도 있다고 경고하여, NIH가 엄격한 규제정책을 마련하도록 압력을 가했다. 그러나 미국실험생물학학회연합(Federation of American Societies for Experimental Biology, FASEB)의 의장인 킨케이드(Paul Kincade)는 NIH 연구원들의 외부 활동 금지는 커다란 손실이라고 지적하였으며, 하워드 휴즈 의학연구소의 소장인 케치(Thomas Cech)도 새로운 규제정책은 NIH의 연구가 실제 치료에 적용되는 것을 침해할 우려가 있다고 지적하면서 의학은 상업화를 요구하는 게 당연하며 그것은 부끄러워 할 것이 아니라고 말했다(Kaiser, 2005).

골드(Jennifer L. Gold)는 2006년 *The Journal of Law, Medicine & Ethics*에 발표한 논문에서 NIH의 새로운 규제정책에 수정이 필요함을 주장했다(Gold,

2006). 그녀는 연구원이 단지 제약회사의 스톡을 가지고 있다고 해서 그 자체가 윤리적 문제가 되는 것이 아니며, 연구원이 특정 회사와 관련된 일을 하고 있는 것이 아니라면 이해상충이라고 보기 어렵다고 말하면서 새로운 정책을 완화시킬 필요가 있음을 주장했다.

2006년 미국실험생물학학회연합(FASEB)이 발표한 14개 항목의 이해상충 가이드라인은 NIH의 가이드라인처럼 구체적인 대신에 원칙적인 상황의 인식의 중요성을 강조하고 있다. FASEB의 가이드라인은 다음의 세 가지 목적을 가지고 있다. 그것은 첫 번째로, 학문적 연구자가 산학관계에서 직면하는 잠재적 어려움을 숙지하도록 돕고, 두 번째로는 연구자가 자신이 속한 기관과 교류하며 이러한 난관을 다룰 수 있는 방법을 고무하고, 세 번째로는 연구편향(research bias)을 경계하는 데 이용될 자발적인 표준을 장려하고 투명성과 책임을 배양한다는 것이다(Brockway and Frucht, 2006). 2007년에도 미국실험생물학학회연합은 NIH의 엄격한 가이드라인이 대학의 과학자들에게도 적용되는 것을 우려하는 성명을 발표했고, 대학은 2001년에 제정된 '미국의과대학연합(AAMC)'의 임상실험 가이드라인을 통일해서 채택해야 한다고 강조했다(Kaiser, 2007).

NIH의 더 엄격한 가이드라인을 놓고 논쟁이 벌어지던 시점에 심각한 정도로 이해상충 원칙을 어긴 사건들이 연이어 발생했다. 2008년 초에 씬씨내티 대학교의 의사 멜리사 델벨로(Melissa P. DelBello)는 2005년부터 2007년까지 8개의 제약회사로부터 100,000달러를 받았다고 신고했지만, 실제로는 이 기간 동안에 하나의 제약회사로부터 238,000달러를 받았음이 드러났다. 스탠포드 대학교의 알랜 쇄츠버그(Alan Schatzberg)는 제약회사의 주식을 480만 달러어치를 가지고 있는 것이 밝혀졌고, 하버드 대학교의 한 의대 교수도 160만 달러의 소득을 줄여서 신고했음이 밝혀졌다. 그렇지만 이 모든 사건들 중에서 가장 충격적이었던 것은 수백편의 논문을 쓰고 Neuropsychopharmacology라는 학술지의 편집장을 역임한 에모리 대학교의 찰스 네머로프(Charles Nemeroff) 박사가 제약회사인 글락소스미스클라인(GlaxoSmithKline)사로부터 2000년부터 2007년 동안 매년 10,000달러 정도를 받았다고 신고했지만, 실제로는 280만 달러를 받은 것으로 드러난 사건이었다.[12] 이러한 사건 이후에 미국 과학아카데미의 자매기관인 의

12) Gardiner Harris, "Top Psychiatrist Didn't Report Drug Makers' Pay", *New York Times*(3 October, 2008) available at http://www.nytimes.com/2008/10/04/health/policy/04drug.html

학원(Institute of Medicine)이 재정적 이해상충 문제에 대해서 자체 조사를 했고, 그 결과 재정적 이해상충이 "과학연구의 진정성(integrity)을 위협하는" 수준에 이르렀다고 결론지었다.[13)]

이러한 상황에서 NIH는 2010년에 NIH의 연구비를 받은 연구자들이 5,000달러가 넘는 재정적 이해상충의 상황에 직면할 경우에 이의 신고를 의무화하고, 각 연구기관은 이를 웹사이트에 공개해야 한다는 규정초안을 만들었던 것이다.[14)] 이러한 의무공개조항은 이전에는 생각하기도 힘들었던 강력한 조항이었고, 정부의 세금의 사용에 대한 납세자들의 알 권리를 충족시킨다는 점에서 시민운동 단체들에 의해서 환영받았다. 그렇지만 과학자들과 제약회사들은 이러한 공개가 불필요하게 연구를 저해하는 결과를 낳을 수 있다고 비판했고, 서론에서 보았듯이 2011년 8월에 확정된 개정 가이드라인은 정보공개의 요청이 있을 때 연구기관이 이를 개별적으로 통보한다는 식으로 공개에 대한 조항이 축소되었던 것이다.

7. 이해상충 가이드라인 제정을 위한 시심

이해상충 가이드라인의 가장 중요한 목적 중 하나는 의사나 연구자로 하여금 자신이 이해상충 상황에 처해있는지를 확인할 수 있는 구체적인 기준을 마련하는 것이다. 연구기관이나 대학에 속한 대부분의 연구자들은 가이드라인에 명시된 기준들을 보고 자신의 상황을 적절히 판단하여 이해상충을 피할 수 있는 현명한 결정을 내릴 것이다.

하지만 모든 종류의 이해상충이 연구자 개인의 판단과 의지로만 해결될 수 있는 것은 아니다. 연구자가 산업계와 관계를 맺고 있을 때, 어떤 종류 혹은 어떤 정도의 관계가 이해상충 상황을 초래할 수 있는지를 명확히 구분하는 것은 거의 불가능하다. 따라서 이해상충의 소지가 약간이라도 있을 경우 연구자가 자신의 상황을 기관 혹은 기관의 이해상충위원회 등에 공개하여, 이에 관한 책임을 기관에 넘김으로써 연구자 개인이 이러한 책임과 부담감으로부터 벗어날 수

13) [Institute of Medicine], Conflict of Interest in Medical Research, Education, and Practice (21 April, 2009) at http://www.iom.edu/Reports/2009/Conflict-of-Interest-in-Medical-Research-Education-and-Practice.aspx

14) http://www.nytimes.com/2010/05/21/health/21brfs-MOREDISCLOSU_BRF.html?partner=rss&emc=rss

있도록 하는 제도적 절차를 마련하는 것도 가이드라인의 중요한 목적이라 할 수 있다.

이러한 목적을 가지는 이해상충 가이드라인은 각 기관의 상황에 맞게 독자적으로 만들어져야 한다. 하나의 이해상충 가이드라인이 모든 연구기관과 대학 및 학술지의 이해상충 상황을 포괄할 수는 없기 때문이다. 따라서 이 장에서는 하나의 완성된 가이드라인이 아니라, 각 기관들이 각자의 상황에 맞게 가이드라인을 만들 때 일반적으로 고려해야 할 사항들에 관한 정보를 제공해줌으로써 이해상충 가이드라인을 만드는 데 실제적인 도움을 주고자 한다.

1) 재정적 이해상충에 관련된 사항들

산업계와 관계를 맺고 있는 의사나 연구자는 대부분의 경우 어떤 형태로든 산업계와 재정적 이해관계를 가지기 마련이다. 따라서 이해상충 가이드라인은 연구자와 산업계가 맺을 수 있는 여러 종류의 이해관계를 명시하고, 이를 이해상충을 일으킬 수 있는 가능성의 정도에 따라 금지해야 할 것, 그 허용 여부를 심사나 승인을 통해 결정할 것, 심사나 승인 없이 허용 가능한 것 등으로 분류할 필요가 있다.

일반적으로 재정적 이해상충의 평가 기준은 두 가지로 구분해 볼 수 있다. 첫째는 재정적 이해가 연구자에게 영향을 줄 수 있는 정도나 가능성의 크기이다. 이는 통상 재정적 이해가 클수록, 관계가 오랫동안 지속되었거나 가까울수록, 재정을 사용할 수 있는 연구자의 자유재량의 정도가 클수록 커진다고 볼 수 있다. 둘째는 재정적 이해관계가 이해상충을 일으켰을 때 초래할 수 있는 피해의 정도이다. 이는 통상 연구결과의 규모가 클수록, 의사 혹은 연구자의 책임이 제한되어 있을수록 커진다고 볼 수 있다. 재정적 이해상충에 관한 가이드라인은 이러한 일반적인 기준을 참고하여 각 기관의 특징과 상황에 맞게 개별적으로 만들어져야 한다.

NIH의 이해상충 가이드라인은 재정적 이해관계에 관련해 다음과 같은 규정을 마련해 놓고 있다. 먼저 NIH는 중진급 직원과 일반 직원을 명시적으로 구분하고, 이들에게 차별적인 기준을 적용한다. 다시 말해서 중진급 직원에게는 보다 엄격한 기준을 적용하는데, 이는 높은 권한을 가질수록 재정에 대한 자유재량이 커지며 책임을 가지는 연구의 규모가 크기 때문에 보다 쉽게 그리고 큰 이해상충 상황에 노출될 수 있기 때문이다.

각 기관이 처할 수 있는 재정적 이해관계는 기관의 특성 및 처해있는 상황에 따라 매우 다양하다. 그러므로 이해상충 가이드라인을 만드는 데 있어, 각 기관은 발생할 수 있는 재정적 이해관계를 그것의 특성 및 그것이 미칠 수 있는 영향력의 정도 등을 고려하여, 가능한 한 구체적으로 정리하는 것이 필요하다. 그리고 이를 바탕으로 이해상충을 일으킬 수 있는 가능성과 이해상충으로 생길 수 있는 피해의 크기에 따라 금지되어야 할 것, 심사를 통해 승인 여부를 결정해야 할 것, 적절한 감시 하에 허용되어야 할 것, 그리고 통상적으로 허용될 수 있는 것 등으로 구분하는 것이 좋다.

2) 비재정적 이해상충에 관련된 사항들

연구소나 대학 등에 소속된 연구자들이 산업계와 관계를 맺을 때, 대부분 재정적인 이해관계로 얽혀 있으며, 따라서 이로부터 발생하는 대부분의 이해상충이 재정적인 이해관계와 연관되어 있는 것이 사실이다. 하지만 모든 이해상충이 재정적 이해상충인 것은 아니다. 3.에서 언급한 바 있듯이, 우리는 일차적 이해를 훼손하는 연구자의 이차적 이해가 비재정적인 경우, 예를 들어 개인의 명성, 승진에 대한 욕망, 지적 호기심, 친인척 선호 경향 등이 연구의 진실성 및 신뢰성을 해치는 경우를 생각해 볼 수 있다. 물론 이러한 비재정적 이해상충은 재정적 이해상충에 비해 객관적으로 포착되기 어려우며, 따라서 통제하거나 조절하기가 쉽지 않다. 그럼에도 불구하고 이해상충 가이드라인에는 비재정적 이해상충 상황을 판단하고 이에 대해 적절히 대응할 수 있는 아이디어가 포함되어야 한다.

하버드 의과대학의 이해상충 가이드라인은 이해상충의 유형을 의무상충(conflict of commitment)과 이해상충(conflict of interest)으로 구분하고 있다. 여기서 전자는 외부 활동에 의해 교수의 일차적 책무가 침해받게 되는 비재정적 이해상충을, 후자는 재정적 이해상충을 의미한다. 이 가이드라인은 의무상충에 대해, 의과대학의 풀타임 직원에 대해 대학 및 병원에서의 교육, 연구, 행정적 책임, 환자 돌보기 등의 전문적 작업에 일차적으로 헌신할 것을 요구하며, 그 밖의 외부 활동에 전체 전문적 노력의 20% 이상을 사용할 수 없고 일주일에 한 가지 일 이상의 작업량을 초과할 수 없도록 규정하고 있다.

재정적 이해상충이 비교적 객관적으로 포착하고 다루기 쉬운 반면, 비재정적 이해상충은 연구자 스스로가 공개하지 않는 한, 많은 경우 객관적으로 포착하고 조절·통제하기 어려운 것이 사실이다. 하지만 대부분의 연구자들은 자신들의 연구를 수행하는 데 있어 정직하며, 연구자 자신에 의한 자기통제 과정은 대부분의 경우 효율적이므로, 이해상충 가이드라인은 연구자 스스로가 자신이 처할 수 있는 혹은 처해있는 비재정적 이해상충 상황을 인식하게 하는 데 도움을 줄 수 있는 적절한 기준을 제시하는 것만으로도 의의가 있을 것이다.

3) 제도적 절차 및 이해상충위원회와 관련된 사항들

연구자 개인의 정직성과 성실성을 보증할 수 있다고 하더라고 모든 경우의 이해상충이 연구자 개인의 판단과 의지로만 해결될 수 있는 것은 아니다. 따라서 이해상충 가이드라인에는 이러한 제도적 절차 및 이해상충위원회를 구성과 활동에 관한 규정 등이 포함되어야 한다.

외국, 특히 미국의 주요 연구기관이나 대학은 대부분의 경우에 충돌을 일으킬 소지가 있는 이해관계를 연구자 자신이 기관 및 이해상충위원회에 공개하도록 하는 공개양식을 마련하고 있다. 미국 보스턴 의과대학은 교수 및 연구자들이 제출한 공개서를 심사하고 이해상충의 존재 여부를 결정하고 적절한 조치를 마련하는 이해상충자문위원회의 규정을 이해상충 가이드라인에 포함시키고 있다. 보스턴 의과대학이 발표한 이해상충자문위원회 규정에 따르면, 이해상충자문위원회의 역할은 크게 세 가지로 구분된다.

첫째, 연구자가 제출한 공개서 및 추가정보를 심사하고 이를 바탕으로 이해상충이 존재하는지의 여부를 결정한다. 이때 위원회는 “재정적 이해의 크기와 연구와의 상관 정도, 연구가 이해에 직간접적으로 미치는 영향의 범위, 연구자가 관리하는 연구 프로그램이 이해에 의해 받는 영향 범위, 연구계획에 내포되어 있는 인간 피험자의 위험 정도” 등을 고려하여 판단을 내려야 한다. 심사결과 이해상충이 존재한다고 판단했을 경우, 위원회는 이해상충을 관리, 축소, 제거하기 위한 제약 및 제한조치들을 고려해야 한다.

둘째, 위원회는 결정의 내용과 결정의 배경 및 이해상충을 관리하기 위한 조치의 내용 등을 교무처장에게 보고해야 한다. 교무처장은 해당 연구자와 그의 학장으로부터 받은 답변서를 다시 위원회에게 보내고 위원회는 이를 참조하여 최종 검토한 후 보고서를 교무처장에게 제출한다. 교무처장은 위원회의 보고서와 해당 연구자와 학장의 답변서를 심사한 후, 위원회의 결정 및 권고안을 승인하거나 거부 혹은 수정하여 이를 결정하고, 이 결정을 위원회, 해당 연구자 혹은 학장, 기관윤리심의위원회, 후원 프로그램 사무국, 연구 행정국 등에 전달한다.

셋째, 교무처장이 이해상충을 관리, 축소, 제거하기 위한 일련의 조치를 부과하는 결정을 내렸다면, 위원회는 이러한 결정에 의거하여 해당 연구자 혹은 학장이 이러한 조치를 준수하는지 감독하게 된다. 이때 만약 이러한 조치가 제대로 준수되지 않았다면, 위원회는 신속히 교정작업을 통해 이를 해결해야 하며, 교정작업이 실패할 경우 이를 교무처장에게 보고해야 한다. 교무처장은 부과된 조치를 준수하지 않은 해당 연구자에게 제재조치를 가할 수 있다.

이러한 과정에서 중요한 것은 연구자가 제출한 공개서를 포함한 모든 정보는 기밀로 다루어져야 한다는 것이다. 기관 내에서 연구자의 이해상충을 다루기 위한 제도적 절차나 이해상충위원회의 일차적 역할은 연구자가 처해있는 이해상충을 밝혀내고 이를 제재하는 것이 아니라, 연구자가 이해상충에 대한 불안감 없이 연구에 전념할 수 있는 환경을 만들어주고, 혹시라도 이해상충으로 인한 불이익을 당하지 않도록 이를 사전에 예방하는 데 있다.

4) 이해상충에 대한 교육에 관련된 사항들

연구활동에 있어 이해상충이 심각한 문제가 될 수 있다는 인식이 연구자들 사이에 널리 확산된 것은 외국의 경우에도 그리 오랜 일이 아니다. 우리나라의 경우는 2005년 황우석 사태를 겪으면서 연구윤리에 대한 연구자들의 관심과 이해가 높아진 것이 사실이지만 이해상충에 대한 인식은 아직도 거의 전무한 상황이다. 또한 연구기관 및 대학과 산업계의 관계가 점점 복잡하고 다양해짐에 따라서 이해상충 상황도 점점 복잡해 질 것으로 예상된다. 이에 따라 이해상충 가이드라인도 지속적으로 변화하게 될 것이므로 연구자들에게 이를 정기적으로 교육시킬 필요가 있다. 따라서 연구자들을 대상으로 하는 정기적인 이해상충 교육에 관한 규정이 이해상충 가이드라인이 포함될 필요가 있다. 규정내용에는 교육을 담당하는 주체와 교육대상, 교육내용, 그리고 교육시기와 장소 등 비교적 구체적인 사항들이 포함될 수 있다.

우리는 지금까지 이해상충 가이드라인을 만들 때 일반적으로 고려해야 할 사항들에 대해서 살펴보았다. 여기에서 제공한 정보는 최소한의 것이지 결코 충분한 것이 아니다. 이해상충 가이드라인을 제정하는 각 기관은 여기서 제공한 기초적인 정보를 바탕으로 기관의 특성에 따라 보다 세부적인 규정들을 만들어야 할 것이다.

8. 결 론

과학연구는 점점 더 산업체와 자본, 정부의 영향을 받고 있다. 특히 생명과학 분야의 과학연구는 기업이나 산업체의 이해와 밀접히 연관되어 있고, 이러한 연관은 이후 더 강화될 것임이 분명하다. 1960년대 이후 미국에서는 대학이 산업체와 관련을 맺기 시작하면서 이를 비판하는 사람들이 '산학복합체(academy-industrial complex)'라는 말을 사용하기 시작했는데, 요즘은 '의-산복합체(medical-industrial complex)'라는 말이 자주 사용된다. 또 연구환경이 더욱 글로벌화되면서 경쟁이 심해지고 있는 것도 사실이다. 이러한 상황에서 거의 대부분의 연구는 이해상충의 상황을 내포하고 있고 그것들 중 다수는 피하기 힘들다.

이해상충과 관련된 정책의 목표는 연구행위에서의 책임과 자유로운 연구 사이에서 모종의 균형을 맞추는 것이다. 한편으로는, 이해상충과 관련한 규제규칙들이 객관성, 진실성, 그리고 연구의 신뢰성을 확보할 수 있게 해주기 때문에 책임감을 진전시키는 규칙을 유지하는 것은 매우 중요한 일이라 할 수 있다. 이는 연구자들이 불필요한 논쟁이나 비판에 직면하는 것을 막아줌으로써 연구 그 자체에도 적지 않은 도움을 줄 수 있다. 반면 과도하고 너무 엄격한 규칙은, 과학적 창조성과 혁신을 방해하고 재정적 보상을 깎아내림으로써 혹은 연구에 대한 재정지원을 차단함으로써, 연구를 방해할 수도 있다. 과학자들이나 연구자들이 그 자체로 위법적이지 않은 연구의 동인을 가지는 것이 나쁘거나 비윤리적인 것은 아니기 때문이다.

우선 중요한 것은 이해상충의 문제가 중요하다는 것을 연구자나 연구기관이 인식하는 것이다. 물론 누차 강조했지만 이해상충 그 자체가 연구부정행위는 아니다. 그렇지만 이해상충의 상황이 심각할수록 연구가 편향될 가능성이 무척 높아진다는 점을 인식해야 하며, 종종 이러한 편향은 의도적인 연구부정행위보다 더 큰 해악을 우리 사회에 가져올 수 있다. 또 연구자 개개인이 객관성의 기준을 지킨다는 차원을 넘어서, 시민사회가 연구를 어떻게 인지하는가를 생각하는 것도 이해상충에 있어서 중요한 점이다. 큰 이해관계가 얽혀 있을 경우에, 사람들은 객관적인 연구가 행해질 것이라고 쉽게 믿지 않는다는 것이다. 결국 과학의 진실성은 이해상충을 어떻게 운영하고 규제하는가에 달려있다.

이해상충은 그 정도의 심각함에 있어 아주 다양한 분포를 나타낸다. 그 스펙트럼은 가볍고 하찮은 것에서 비윤리적이고 범죄적인 부정행위에 이르기까지 넓게 퍼져있다. 그럼에도 불구하고 우리나라에서는 이에 대한 인식이 미미했었다. 늦었지만 2011년 8월 19일에 있었던 '의료인-제약산업 관계 윤리지침에 관한 1차 공청회'에서는 환자이익 우선의 원칙, 이해상충 관리의 원칙, 의사-제약산업체의 관계설정의 원칙이 제시됐다는 점은 환영할 만하다. 이 공청회에서는 의료윤리학회가 그 동안의 연구를 기반으로 이해상충 관리의 원칙과 관련해서 "의료기관은 기관 내부에서 이해상충이 발생할 가능성을 인식하고 기관 수준과 의사 개인 수준에서 이해상충이 가능성을 관리할 기제를 마련하고 고시해야 한다"고 원칙을 확인했으며, "의사 개인은 해당 기관의 정책을 따르고 필요한 경우 자문을 받아야 한다"고 권고했다. 그러나 이에 대해서 논평을 맡았던 신현호 변호사는 윤리학회에서 제안한 3대 원칙이 의사중심주의, 권위주의의 색채를 띄고 있다고 주장하면서 이보다 환자주권주의, 자기부담원칙, 공개주의 원칙이 포함돼야 한다고 강조했다. 이해상충과 관련해서 항상 문제가 되는 의사들의 리베이트는 수많은 비슷한 약 중에서 의사가 선택을 할 수 있다는 제도적 권력 때문에 가능한 것이기 때문에, 신변호사는 "사회적 합의가 전제되면 생물학적 동등성에서 승인된 의약품에 대해 성분명 처방을 도입할 필요가 있고" 약국에서 "저가약 조제를 전제로 대체조제를 할 수 있어야" 한다고 주장했다.[15)]

현대사회에서 부정행위나 이해상충과 같은 문제를 다루는 아무런 기제나 제도도 가지지 않은 과학적 연구과정을 상상하기란 어려운 일이 되었다. 우리가 추구해야 할 한 가지 목표는, 구체적인 과학연구에 대해 높은 윤리적 기준을 가진 개인들이 자신들의 도덕적 이상을 포기하지 않은 채, 마음 높고 연구활동을 펼칠 수 있는 향상된 도덕문화와 사회적 제도를 만들어 내는 것이다. 동시에 우

15) "의사-제약계 윤리의 최우선원칙은 환자이익-의료인-제약산업 관계 윤리지침 1차 공청회 개최", 〈메디포뉴스〉, http://www.medifonews.com/news/article.html?no=76552

리는 다른 모든 이들처럼 과학자들 역시 자신들만의 꿈과 성취를 향한 열망에 이끌리고 있다는 사실을 인정해야 하고, 이러한 환경에서 특히 훈련 중인 장래의 과학자들을 위해 우리가 할 수 있는 최선의 일은, 과학적 진실성과 그것이 매일의 구체적인 과학활동과 맺고 있는 관계의 중요성을 이해하는 분위기를 형성시키기 위해 부단히 노력하는 것임을 자각해야 한다(Shamoo and Resnik, 2003).

◆ 연 / 습 / 문 / 제 ◆

1. 재정적 이해상충과 비재정적 이해상충은 어떻게 구별되는가?

2. 실제적 이해상충, 잠재적 이해상충, 겉보기 이해상충을 구별해보시오.

3. 이해상충과 의무상충의 차이에 대해서 논해보시오.

4. 이해상충의 문제가 첨예해지는 4가지 조건에 대해서 얘기해보시오.

5. 개인의 이해상충과 기관의 이해상충은 어떻게 다르고, 또 어떤 관계에 있는가?

6. 이해상충의 상황에 놓였다는 것이 연구윤리의 위반이 아님에도 불구하고, 왜 이해상충에 대한 규제가 필요한가? 이에 대해서 생각해보시오.

7. 이해상충의 규제에는 어떤 것들이 있는지 논해보시오. 가장 널리 사용되는 '공개'의 장점과 단점을 생각해보시오.

8. 재정적 이해상충에 관한 미국립보건원(NIH)의 규제정책이 역사적으로 변한 과정을 논해보시오. 이런 기준이 우리나라에 도입되는 것이 필요한가?

9. 미국의 한 중서부 대학에는 FDA에서 막 승인된 신약을 3년 동안 연구하는 포닥이 있다. 제약회사는 이 포닥에게 컨설팅 비용으로 일 년에 5천 달러를 지급했다. 올해 샌프란시스코에서는 이 신약에 대한 권위자들 약 15명이 참석하고 이 신약의 잠재적인 처방자인 내과의사들도 약 300명이 참석하는 컨퍼런스가 3일간 열렸는데, 이 회사는 이 컨퍼런스의 모든 비

용을 지불했다. 게다가 이 컨퍼런스의 연설자들은 사례비로 각각 3천 달러씩을 받았다. 그런데 포닥의 새로운 연구결과는 이 신약이 심각한 부작용을 가지고 있음을 보여주었고, 포닥은 이 사실을 멘토에게 알렸다. 그러나 멘토는 포닥에게 아직은 그 연구결과를 출판하지 말라고 지시했다 (Shamoo and Resnik, 2003:157).

(1) 이 상황은 어떠한 이해상충을 포함하고 있는가?

(2) 멘토의 지시는 정당한 것인가?

(3) 이때 포닥은 어떻게 행동해야 하는가?

10. 분자생물학을 인류학에 적용하는 고급코스를 팀으로 함께 강의하는 Neet 박사와 그의 동료교수들은 그들의 강의록과 강의 요목을 계속적으로 강의 교재로 사용하기 위하여 협력하여 교재를 만들었다. 이 교재는 전국적으로 파급되었고, 20여개의 다른 기관에서 이용하였다. 이와 별개로 Neet 박사는 개인적으로 인류학의 미스터리를 현대과학을 이용하여 해결하는 내용의 monograph를 작성하였다. 분자생물학을 인류학에 적용하는 과목 수업시간에, Neet 박사는 학생들에게 monograph를 구입하여 기말고사에 주요 참고자료로 이용하는 학생들에게는 추가점수를 주겠다는 제안을 하였다.

(1) 공동저자들에 의해 저술된 교과서와 단일저자에 의해 저술된 mon-ograph를 받아들이는 것에 의해 나타나는 대립을 비교하고 차이점을 논해보시오.

(2) 강의 책임자에 의해 집필된 책을 사도록 유인책을 던지는 것을 포함하여 다른 중요 요소들에 대해서 생각해보시오(Macrina, 2005).

정 답
본문 참조

참고문헌

김옥주 · 최은경, 2006, "의생명과학연구에서 이해상충의 윤리적 문제", 『생명윤리』 7(2), pp. 29-52.

보건복지부, 2006, 『황우석 연구의 난자수급과정 등 생명윤리 관련 사항 조사결과』.

서울중앙지방검찰청, 2006, 『줄기세포 논문조작 사건 수사결과』.

홍성욱, 2006, "연구진실성과 과학부정행위: 쟁점과 과제", 연구윤리, 진실성 확보 및 검증시스템 구축에 대한 토론회, 2006년 3월 29일, COEX.

홍성욱, 2007, 『생명과학연구자 연구윤리 교육자료 개발-재정적 이해상충』, 보건복지부.

Andrews, L. and D. Nelkin, 2000, 『Body Bazaar』, New York: Crown Publishers.

Angell, Marcia, 1996, 『Science on Trial』, New York: W. W. Norton & Company.

_____, 2004, 『The Truth about the Drug Companies: How They Deceive Us and What to Do About It』, New York: Random House.

_____, 2004, "U.S. Medical School Policies on Individual Financial Conflicts of Interest: Results of an AAMC Survey", September, 2004, http://www.aamc.org/research/coi/coiresults2003.pdf, 2007년 9월 30일 접속.

AU-the Association of American Universities, Task Force on Research Accountability, 2001, "Report on Individual and Institutional Financial Conflict of Interest".

Barnes, M. and Florencio, P., 2002, "Financial Conflicts of Interest in Human Subjects Research: The Problem of Institutional Conflicts", Journal of Law, Medicine, and Ethics 30, pp. 1-13.

Bok, D., 2003, 『Universities in the Marketplace』, Princeton, NJ: Princeton University Press.

Bowie, W., 1994, 『University－Business Partnership: An Assessment』, Lanham, MD: Rowman and Littlefield.

Brockway, L. M. and L. T. Furcht, 2006, "Conflicts of Interest in Biomedical Research－the FASEB Guidelines", FASEB Journal 20, pp. 2435－2438.

Cooper, R. J., M. Gupta, M. S. Wilkes, J. R. Hoffman, 2006, "Conflict of Interest Disclosure Policies and Practices in Peer－reviewed Biomedical Journals", Journal of General Internal Medicine 21, pp. 1248－1252.

Craig, Edward, ed., 1998, 『Routledge Encyclopedia of Philosophy(version 1.0)』.

Emanuel, E. J. and Steiner, D., 1995, "Institutional Conflict of Interest", New England Journal of Medicine 332, pp. 262－268.

Gold, J. L., 2006, "Conflict over Conflicts of Interest: An Analysis of the New NIH Rules", Journal of Law, Medicine, and Ethics 34, pp. 105－110.

Hacking, I., 2001, 『The Social Construction of What?』, Cambridge, MA: Harvard University Press.

Jaffe, A. and Lerner, J., 2004, 『Innovation and Its Discontents』, Princeton, NJ: Princeton University Press.

James, W., 1898/1956, 『The Will to Believe』, New York: Dover.

Johns, M. M., Barnes, M., Florencio P. S., 2003, "Restoring Balance to Industry－Academia Relationships in an Era of Institutional Financial Conflicts of Interest", The Journal of American Medical Association 289, pp. 741－746.

Kaiser, J., 2005, "Conflict of Interest: NIH Chief Clamps Down on Consulting and Stock Ownership", Science 307, pp. 824－825.

Kaiser, J., 2007, "Conflict of Interest", Science 317, p. 441.

Kitcher, P., 1993, 『The Advancement of Science』, New York: Oxford University Press.

_____, 2001, 『Science, Truth and Democracy』, New York: Oxford University Press.

MacKenzie, C. R. and Cronstein, B. N., 2006, "Conflict of Interest", Hospital for

Special Surgery Journal 2, pp. 198－210.

Macrina, F. F. ed., 1995/2005, 『Scientific Integrity: An Introductory Text with Cases』, ASM Press.

Marti, A., 1993, 『STM and SFM in Biology』, New York: Academic Press.

Murphy, T. F., 2004, 『Case Studies in Biomedical Research Ethics』, Cambridge, MA: The MIT Press.

Napanikolaou, G. N. et al., 2001, "Reporting of Conflicts of Interest in Guidelines of Preventive and Therapeutic Interventions", Medical Research Methodology 1 (2001):3, http://www.biomedcentral.com/1471－2288/1/3

Relman, A. S., 1984, "Dealing with Conflict of Interest", New England Journal of Medicine 310, pp. 1182－1183.

Relman, A. S., 1990, "New 'Information For Authors' And Readers", New England Journal of Medicine 323, p. 56.

Resnik, D., 1998, "Conflicts of Interest in Science", Perspectives on Science 6, pp. 381－408.

＿＿＿, 2007, 『The Price of Truth: How Money Affects the Norms of Science』, Oxford: Oxford University Press.

Rothman, K. J., 1993, "Conflict of Interest: The New Mccarthyism in Science", Journal of the American Medical Association 269, pp. 2782－2784.

Shamoo, A. E. and Resnik, D. B., 2003, 『Responsible Conduct of Research』, New York: Oxford University Press.

Smith, R., 2006, "Conflicts of Interest: How Money Clouds Objectivity", Journal of the Royal Society of Medicine 99, pp. 292－297.

Smith, Richard, 2006, 『The Trouble with Medical Journals』, London: Royal Society of Medicine Press.

Steinbrook, R., 2004, "Financial Conflicts of Interest and the NIH", New England Journal of Medicine 350, pp. 327－330.

Teitelman, R., 1994, 『The Profits of Science』, New York: Basic Books.

Thompson, D. F., 1993, "Understanding Financial Conflicts of Interest", New

England Journal of Medicine 329, pp. 573－576.

Topol, E. J. and Blumenthal, D., 2005, “Physicians and the Investment Industry”, Journal of the American Medical Association 293, pp. 2645－657.

Ziman J., 2000, 『Real Science』, Cambridge: Cambridge University Press.

〈2011년 NIH Financial Conflict of Interest Rules 개정내용〉

항목	이전 규정	2011년 개정내용
공개해야 할 재정적 이해에 해당하는 최소 금액	$10,000 이상의 금액 지불이나 그에 상응하는 이자 발생 시에는 공개 의무	$5,000 이상의 금액 지불이나 이자 발생, 비상장법인으로부터의 수입도 포함
공개해야 할 재정적 이해의 종류	PHS(공중보건서비스) 자금을 지원받는 연구와 관련된 재정적 이해	연구자의 제도적 책임이 관련된 모든 종류의 재정적 이해
공개의무 제외사항	- 세미나/강연/수업 등으로 인해 발생하는 수입 - 공공/비영리기관의 자문/패널 역할에서 발생하는 수입	- 세미나/강연/수업 등으로 인해 발생하는 수입 - 연방정부/지역정부/고등교육기관/대학병원/병원/교육기관 부설연구소 등에서의 자문/패널 역할에서 발생하는 수입
재정적 이해관계에서 제외되는 사항	금전적 가치를 띠는 모든 종류의 보수는 공개대상, 뮤추얼펀드나 백지신탁에 대해서는 NIH FAQ 참조	뮤추얼펀드/은퇴계좌 등 투자기관에서 발생하는 수입은 연구자가 직접 투자결정에 개입하는 경우가 아니라면 공개대상에서 제외
여행경비 환불/지원	여행경비가 재정적 이해관계에서 제외되지는 않았으나 명확한 언급도 없었음	- 지원되는 모든 여행경비는 공개대상 - 연방정부/지역정부/고등교육기관/대학병원/병원/교육기관 부설연구소 등에서 지원하는 경비는 제외
재정적 이익을 제공하는 외부 기관이 PHS 자금지원 기구에 공개해야 하는 세부항목	- 계약번호 - 프로젝트 감독관/책임연구자/대표연구자 - 재정적 이해관계에 있는 당사자의 이름 - 재정적 이해관계의 관리, 감소, 소멸 여부	- 이전의 모든 세부항목 포함 - 재정적 이해관계의 성격(이를테면 컨설팅 비용인지 여행경비인지 등) - 해당 액수(액수가 아직 명확치 않을 때는 상황 설명 기재) - 재정적 이해가 PHS 자금지원연구와 어떤 관계가 있는지에 대한 설명, 이해상충이 발생하는지에 대한 외부 기관의 판단과 그 결론에 대한 근거 - 외부 기관의 관리계획 주요 사항 - 재정적 이해관계 상태에 대한 연간 보고
공공접근성	규정 없었음	- 확인된 재정적 이해상충 정보를 공공 웹사이트에 게재하고 서면 정보 요청에는 5일 이내로 답할 것, 업데이트를 주기적으로 할 것.

		- 공개하는 정보에는 최소한 다음과 같은 정보들이 포함되어야 함: 연구자의 이름, 연구 프로젝트 내에서의 연구자의 직책과 역할, 재정적 이해관계에 놓인 조직의 이름, 재정적 이해관계의 성격, 재정적 이해관계의 금액, 아직 액수가 불명확한 경우에는 시장가격과의 합리적 비교를 통해 추정된 가격
교육	규정 없었음	- 모든 관련자는 PHS 자금지원연구에 참여하기 전에 재정적 이해상충에 관한 교육을 이수하고 이후에도 최소 4년에 한 번씩 교육을 받아야 함 - 다음의 경우에는 즉시 재교육을 받아야 함: 재정적 이해상충 정책에 연구자에게 영향을 미칠 만한 변동이 있을 경우/연구자가 외부 기관과 처음 접촉할 때/기관이 규정이나 관리계획에서 벗어나는 연구자의 행동을 발견했을 때
소급 리뷰	규정 없었음	외부 기관은 규정을 준수하지 않은 과거의 모든 사례에 대해 소급 리뷰를 해야 함, 외부 기관은 연구편향이 발견되는 즉시 PHS 자금지원기구에 보고해야 함, 보고서는 연구편향의 정도와 그에 대해 취해진/취해질 조치에 대한 내용을 포함해야 함

제 2 부

연구설계, 연구진행, 연구윤리

제 5 장 인체시료 및 유전자 연구윤리

김 미 경
(서울대학교 의과대학 법의학교실)

인체시료를 사용하거나 인체유전자를 이용한 연구가 갈수록 활발하게 진행되고 있다. 그 중요한 배경으로 첫째는 1980년 미국 최고연방법원의 Diamond v. Chakrabarty[1] 판결과 같은 해 미국의 바이-돌법[2]의 의회 통과로 대학들은 적극적으로 광범위한 생물학적 발견에 대한 특허권을 취득하기 시작하였다. 둘째는 2000년도 초에 인체 디엔에이(deoxyribonucleic acid, DNA) 염기서열을 해독하기 위한 인간게놈프로젝트[3]가 완성됨으로써 수많은 인체유전자들의 염색체상의 위치를 알게 되자, 이를 바탕으로 개개인의 유전자 변이를 찾아내고 비교할 수 있게 되었다. 이상의 일련의 일들은 유전체 연구를 바탕으로 개인 맞춤형 진단법 및 치료법을 개발하는 노력으로 이어지고, 병행하여 인체시료를 사용하거나 인체유전자를 이용한 연구를 지원하기 위하여 정부 및 비영리 연구기관들의 주도 하에 대규모 인체유래물은행 혹은 바이오뱅크들을 구축하게 되었다.

인체시료 및 인체유전자를 이용한 연구가 활발해 짐에 따라, 인체시료 및 유전정보 기증자들의 권익을 보호하면서[4] 동시에 연구를 통한 기술혁신 및 공중보건에 대한 기여를 지속할 수 있도록 하기 위하여, 해당 연구의 특성을 고려한

1) Diamond v. Chakrabarty, 447 U.S. 303(1980).

2) The Patent and Trademark Law Amendments Act 혹은 The Bayh-Dole Act 35 U.S.C. pp. 200-212.

3) The Human Genome Project로부터 실용적인 초안은 2000년에, 완성본은 2003년에 발표하였다.

4) 생명윤리 및 안전에 관한 법률 제1조.

연구윤리를 재조명할 필요가 생겨났다. 실제로 2013년 2월 2일부터 시행된 우리나라의 생명윤리 및 안전에 관한 법률의 전부개정법률에는 인간대상연구 및 인체유래물연구에 관한 신설 조항들이 포함되어 있다. 미국에서도 연방기관들이 공통적으로 적용하는 인간대상보호 정책을 대폭 개정하는 안을 2011년 말에 발표하고 그 개정안에 대한 국민들의 의견을 수렴하였는데 그 안에 따르면 인체시료 및 유전자 관련 조항들이 크게 바뀔 예정이다.[5)]

인체시료 및 유전자 연구는 정보를 얻고, 얻은 정보를 연구자들 간에 계속 공유하면서 발전해 나가는 연구이다. 이러한 특성으로 인하여 인체시료 및 유전정보를 제공하는 사람들의 권익을 보호하기 위하여 다음 두 가지 문제를 해결하여야 한다. 첫째는 인체시료 및 유전자를 제공한 사람을 '정보적인 위험(informational risk)'으로부터 보호할 수 있는 기술적 · 법적 기반을 마련해야 하며, 둘째는 제공한 시료 및 유전자가 추후 연구에 사용될 가능성에 대하여 고지에 입각한 동의를 구하기 위한 적절한 절차를 확립해야 한다.

인체시료 및 유전자 연구를 윤리적으로 수행하면서 동시에 기술혁신 및 공중보건을 추구하기 위하여 우리나라의 생명윤리 및 안전에 관한 법률의 전부개정법률과 미국의 연방기관공통규제 변경안은 각각 연구대상자들을 정보적 위험으로부터 보호하기 위하여 노력하면서 다른 한편으로는 고지에 입각한 참여동의를 구하기 위해 현실적으로 실현 가능한 절차를 도입하는 방안을 제시하고 있다. 예를 들어 미국의 공통규제변경안의 경우에는, 모든 인간대상연구를 위하여 구체적인 자료보안 및 정보보호기준을 확립하여야 하며, 최초의 시료/정보 수집시에 구한 단 한번의 서면동의를 통하여 추후에 이루어질 모든 연구에서의 시료/정보 사용에 대한 일반적인 동의를 구할 수 있도록 하는 안을 제시하고 있다.

아래에서는 우선 인체시료 및 유전자 연구의 이슈로서 특징적으로 제기되는 정보적인 위험을 논의하고, 우리나라 생명윤리 및 안전에 관한 법률 전부개정법률과 미국 연방정부기관들의 공통 인간대상보호 정책 변경안의 인체시료 및 유전자 관련 조항들을 각각 살펴본 후, 마지막으로 앞으로 계속 해결해야 할 과제들을 기술하고자 한다.

---

5) Advanced Notice of Proposed Rule Making for Revision to Common Rule available at: http://www.hhs.gov/ohrp/humansubjects/anprm2011page.html(2013. 7. 23. 최종방문).

1. 인체시료 및 유전자 연구와 관련된 정보적인 위험

인체시료 및 유전자 연구에서는 전통적인 인간대상연구에서 우려되는 신체적·물리적인 손상의 위험이나, 특히 사회학 및 행동학적 연구에서 우려되는 심리학적 타격의 위험성은 거의 무시할 수 있는 반면, 인체유래물 기증자나 연구 대상자의 개인정보가 노출됨으로써 여러가지 피해를 입게 되는 정보적 위험이 가장 우려되고 있다.

인체유래물 기증자 혹은 연구대상자가 각별하게 정보적 위험에 노출되는 이유는 정보가 인체시료 및 유전자 연구의 중요한 연구대상이라는 점과 밀접하게 연관되어 있다. 인체시료 및 유전자 연구에서는 일반적으로 (생물학적) 물질보다는 (유전)정보를 연구결과물로서 얻게 되고, 그 정보를 후속연구에서는 도구로 사용하는 것을 거듭하면서 점차 광범위한 연구로 발전하게 된다. 즉, 연구자들은 유전자를 연구함으로써 특정 디엔에이 단편을 물리적으로 얻으려고 하기 보다는 그 단편의 정확한 염기서열을 알아내어 특정 난백질 생산 등 그 단편의 인체에서의 기능을 이해하는데 주력하고, 이렇게 밝혀진 디엔에이 서열은 연구자들 간에 널리 공유할 수 있는 시스템을 통하여 관련 유전자 연구에서 중요한 도구로 계속 사용될 수 있게 된다.

또한 인체시료 및 유전자 연구에서는 일반적으로 인체유래물 기증자 및 연구대상자에 관하여 매우 풍부한 자료가 수집되기 때문에 익명화 등의 노력에도 불구하고 기증자 및 연구대상자의 재식별 가능성이 매우 높다. 더욱이 최근에는 (유전자) 연구결과물 자체의 개인 재식별력 획득가능성이 중요한 문제로 제기되고 있다. 어떠한 이유로든지 인체유래물 기증자 및 연구대상자가 재식별되는 경우, 종종 개인정보와 건강정보를 포함하고 있는 기증자 및 연구대상자에 관한 자료가 노출됨으로써 기증자와 연구대상자에게 심각한 정보적인 위험을 야기할 수 있다.

2. 우리나라 생명윤리 및 안전에 관한 법률 전부개정법률 하에서의 인체시료 및 유전자 연구

1) 용어: 인체시료 및 유전자 연구와 인체유래물연구, 인간대상연구, 그리고 인체유래물은행과의 관계

생명윤리 및 안전에 관한 법률 전부개정법률에 따르면 모든 인체시료 및 유전자 연구는 "인체유래물연구"에 해당되고, 그 중 일부는 "인간대상연구"에도 해당될 수 있다. 전부개정법률에 의하면 "인체유래물연구"는 인체유래물을 직접 조사하고 분석하는 연구로서, 이때 "인체유래물"은 인체로부터 수집하거나 채취한 여러 종류의 인체구성물과 이들로부터 분리된 여러 가지 물질들을 일컫는 말로서,[6] 조직, 세포, 혈액, 체액, 혈청, 혈장, 염색체, 디엔에이, 알엔에이, 단백질 등이 포함된다.[7] 또한 전부개정법률에서 "인체유래물연구"와 "인간대상연구"는 별개로 분류되어 있지만, "인체유래물연구" 중 인체유래물 기증자의 성명, 주민등록번호 등 개인을 식별할 수 있는 정보를 이용하는 경우에는 "인체유래물연구"인 동시에 "인간대상연구"에도 해당될 수 있다.[8] 종래의 유전자은행이 그 명칭을 변경한 "인체유래물은행"이란 위에서 언급한 인체유래물이나 유전정보[9] 및 임상정보를 포함한 여러 가지 정보들을 수집하고 보존하여 이용자들에게 제공하고자 하는 기관이다.[10] 따라서 인체시료 및 유전자 관련 정보는 "인체유래물은행"에 수집, 보존된 후 인체유래물연구자들에게 제공될 수 있다.

---

6) 제2조 제11호 "인체유래물(人體由來物)"이란 인체로부터 수집하거나 채취한 조직·세포·혈액·체액 등 인체구성물 또는 이들로부터 분리된 혈청, 혈장, 염색체, DNA(Deoxyribonucleic acid), RNA(Ribonucleic acid), 단백질 등을 말한다.

7) 제2조 제11호

8) 제2조 제1호 "인간대상연구"란 사람을 대상으로 물리적으로 개입하거나 의사소통, 대인접촉 등의 상호작용을 통하여 수행하는 연구 또는 개인을 식별할 수 있는 정보를 이용하는 연구로서 보건복지부령으로 정하는 연구를 말한다. 제17호 "개인식별정보"란 연구대상자와 배아·난자·정자 또는 인체유래물의 기증자(이하 "연구대상자 등"이라 한다)의 성명·주민등록번호 등 개인을 식별할 수 있는 정보를 말한다.

9) 제2조 제14호 "유전정보"란 인체유래물을 분석하여 얻은 개인의 유전적 특징에 관한 정보를 말한다.

10) 제2조 제13호 "인체유래물은행"이란 인체유래물 또는 유전정보와 그에 관련된 역학정보(疫學情報), 임상정보 등을 수집·보존하여 이를 직접 이용하거나 타인에게 제공하는 기관을 말한다.

2) 인간대상연구, 인체유래물연구, 그리고 인체유래물은행에 대한 법규적인 제한

생명윤리 및 안전에 관한 법률 전부개정법률에 따라 2013년 2월 2일부터는 인간 및 인체유래물연구는 배아 및 유전자 연구 등과 마찬가지로 생명윤리 및 안전에 관한 법률의 적용을 받게 된다.[11] 그 결과 법률시행일 이후부터 인간대상연구 또는 인체유래물연구를 하고자 하는 연구자와 인체유래물은행이 지켜야 할 사항은 다음과 같다.

ⓐ 연구자는 연구시작 전에 연구계획서를 해당 기관생명윤리위원회[12]에 제출하여 심의를 통과하여야 한다.[13]

ⓑ 연구자는 인체유래물 기증자 및 연구대상자로부터 연구참여에 관한 고지에 입각한 서면동의를 받아야 한다.[14]

ⓒ 인체유래물은행은 인체유래물연구에 사용될 인체유래물을 채취하거나 채취의뢰 시, 인체유래물 기증자로부터의 서면동의를 받아야 한다.[15]

ⓓ 인체유래물연구자는 인체유래물은행 또는 다른 연구자에게 인체유래물을 제공하기 위한 요건을 정하고, 인체유래물의 보존 및 폐기에 관한 사항과 인체유래물 연구자가 준수해야 할 사항 등도 정해야 한다.

ⓔ 연구대상자와 인체유래물 기증자의 개인정보보호 대책을 마련해야 한다.

(1) 기관생명윤리위원회의 연구계획서 사전 심의 요건

생명윤리 및 안전에 관한 법률 전부개정법률 하에서 인간대상연구와 인체유래물연구는 연구자가 속해 있는 기관의 기관생명윤리위원회에서 연구계획서에 관한 심의를 받은 후에 연구를 시작할 수 있다. 미국 연방정부기관들의 공통규제를 기준으로 판단할 때, 인간대상연구, 인체유래물연구, 그리고 유전자검사

11) 생명윤리 및 안전에 관한 법률 제1조부터 제6조.

12) 과거의 “기관생명윤리심의위원회”를 말한다.

13) 생명윤리 및 안전에 관한 법률 제10조부터 제14조.

14) 생명윤리 및 안전에 관한 법률 제15조부터 제19조.

15) 부칙 제2조(인체유래물연구의 동의에 관한 경과조치)에 따르면 이 법 시행 전에 유전자 연구 외의 인체유래물연구에서 이미 사용되고 있는 인체유래물에 대하여는 타인에게 제공할 경우가 아니면 제37조 제1항에 따른 서면동의 없이 계속 연구에 사용할 수 있도록 하고 있다.

중 일부는 기관생명윤리위원회 심의 면제 대상이 될 수 있는데, 후속적으로 발표될 보건복지부령에 따라 그 구체적인 유형의 목록이 정해질 것으로 생각된다.

(2) 서면동의 요건

인간대상연구자 및 인체유래물연구자는 생명윤리 및 안전에 관한 법률에 따라 연구대상자 및 기증자로부터 연구참여와, 개인정보 또는 인체유래물의 이차적인 사용에 관하여 사전에 서면동의를 구하여야 한다.

가. 연구참여에 대한 동의

인간대상연구자는 인간대상연구를 하기 전에 연구대상자 또는 그의 대리인으로부터 서면동의를 받아야 하는데, 사전에 연구의 목적, 참여기간, 절차 및 방법, 예상되는 위험 및 이득, 개인정보 보호에 관한 사항, 손실에 대한 보상, 개인정보 제공에 관한 사항, 동의의 철회에 관한 사항 등을 충분히 설명하여야 한다.[16)]

인체유래물 채취자 또는 인체유래물연구자는 연구를 하기 전에 기증자로부터 연구의 목적, 개인정보의 보호 및 처리, 인체유래물의 보존 및 폐기, 인체유래물과 그로부터 얻은 유전정보의 제공, 동의의 철회, 동의철회 시 인체유래물 등의 처리, 인체유래물 기증자의 권리, 연구목적의 변경 등을 충분히 설명한 후 서면동의를 받아야 한다.[17)]

나. 개인정보 또는 인체유래물의 이차적 사용을 위한 제공에 대한 동의

인간대상연구자는 연구대상자로부터 개인정보를 제공하는 것에 대하여 서면동의를 받은 경우에는 기관생명윤리위원회의 심의를 거쳐 그 개인정보를 제3자에게 제공할 수 있다.[18)] 인체유래물연구자는 인체유래물 기증자로부터 서면동의를 받은 경우에는 기관생명윤리위원회의 심의를 거쳐 인체유래물 등을 인체유래물은행이나 다른 연구자에게 제공할 수 있다. 인체유래물은행의 장은 인체유래물 등을 제공받으려는 자로부터 이용계획서를 제출받아 그 내용을 검토하여 제공 여부를 결정하여야 한다.[19)]

---

16) 생명윤리 및 안전에 관한 법률 제16조 제1항, 제2항, 제4항.
17) 생명윤리 및 안전에 관한 법률 제37조 제1항.
18) 생명윤리 및 안전에 관한 법률 제18조 제1항, 제2항.
19) 생명윤리 및 안전에 관한 법률 제43조 제1항.

다. 연구대상자와 기증자의 정보보호 대책

인간대상연구자 및 인체유래물연구자는 생명윤리 및 안전에 관한 법률에 따라 연구대상자 및 기증자의 개인정보보호 대책을 마련하여야 한다. 즉, 위에서 언급한대로 인간대상연구자가 연구대상자의 개인정보를 제3자에게 제공하는 경우 혹은 인체유래물연구자가 인체유래물 등을 인체유래물은행이나 다른 연구자에게 제공하는 경우, 그리고 인체유래물은행의 장이 인체유래물 등을 타인에게 제공하는 경우에, 연구대상자나 기증자가 개인식별정보를 포함하는 것에 동의한 경우가 아니라면, 이때 제공되는 개인정보와 인체유래물 등은 익명화하여야 한다.

라. 위반시 법규상 처벌

기관생명윤리위원회의 설치의무나 익명화 조치 등을 위반하는 경우 해당 기관은 과태료를 납부하여야 한다.[20]

3. 미국의 연방기관공통규제 하에서의 인체시료 및 유전자 연구

2011년 7월 미국은 연방정부기관들이 1976년 이래 계속 사용해 온 인간대상보호에 관한 공통규제[21]를 변경하는 안을 발표하였다.[22] 이 변경안은 연구대상보호를 강화하고 심의절차의 효율을 향상하고자 만들어졌는데, 이런 변경안을 발표한 배경 중 하나는 새로 개발된 연구기술들인 유전체학, 영상학, 정보학 등이 인간대상연구[23]의 방법과 목표를 크게 바꾸고 이에 따라 인체유래물연구 및

20) 생명윤리 및 안전에 관한 법률 제64조부터 제70조.

21) 인간대상보호를 위한 미국 연방정책인 '공통규제'는 45 CFR 46 Subpart A에 수록되어 있다. 45 CFR 46 Subpart("Common Rule"): http://www.hhs.gov/ohrp/humansubjects/guidance/45cfr46.html(2013. 7. 23. 최종방문).

22) U.S. Department of Health & Human Services, Advanced Notice of Proposed Rule Making for Revision to Common Rule, available at: http://www.hhs.gov/ohrp/humansubjects/anprm2011page.html(2013. 7. 23. 최종방문).

23) 인간대상연구(human subject research)란 일반화할 수 있는 지식을 개발하거나 그러한 지식에 공헌하기 위하여 연구자가 살아있는 사람과의 개입 또는 상호작용을 통하여 자료를 얻거나, 개인식별이 가능한 사적인 정보를 얻어서 (연구개발, 시험 및 평가를 포함하는) 체계적인 조사를 하는 것을 의미한다. 여기에서 개인식별이 가능한 사적인 정보란 합리적인 사고로는 관찰되거나 기록되고 있다고 예측할 수 없는 맥락에서 일어난 개인의 행위에 관한 정보와 (학교기록이나 의무기록과 같이) 개인이 특정 목적을 위해 제공한 정보로서 공표되지

개인식별정보에 관한 규제를 재조명해 볼 필요가 있었기 때문이다.[24)]

공통규제변경안에서 제안하는 규제개혁의 내용으로는 (1) 개인식별이 가능하거나 잠재적으로 가능한 자료를 사용하는 모든 연구들에서 강제적인 자료보안 및 정보보호 기준을 확립하고, (2) 공통규제 적용을 '공통규제연방기관들(Common Rule agencies)'[25)]로부터 연구비를 받고 있는 미국 내 연구기관들에서 수행되고 있는 모든 연구에 대하여 확대하며, (3) 연방규제들에 관한 통일된 지침을 제공한다는 것 등이 포함되어 있다.

않을 것으로 예상되는 정보를 포함한다. ["Research means a systematic investigation, including research development, testing and evaluation, designed to develop or contribute to generalizable knowledge." 45 CFR 46.102(d). "Human subject means a living individual about whom an investigator (whether professional or student) conducting research obtains (1) data through intervention or interaction with the individual, or (2) identifiable private information." "Private information includes information about behavior that occurs in a context in which an individual can reasonably expect that no observation or recording is taking place, and information which has been provided for specific purposes by an individual and which the individual can reasonably expect will not be made public (for example, a medical record). "[I]ndividually identifiable" means "the identity of the subject is or may readily be ascertained by the investigator or associated with the information". 45 CFR 46.102(f).]

24) Federal Protection of Human Subjects in Research Protections: Enhancing Protections for Research Subjects and Reducing Burden, Delay, and Ambiguity for Investigators. Biotechnology Law Report, December 2011, 30(6): 707-727, doi:10.1089/blr.2011.9800.

25) 현재는 17개 공통규제연방기관들(Department of Agriculture, Department of Energy, National Aeronautics and Space Administration, Department of Commerce, Consumer Product Safety Commission, Agency for International Development, Department of Housing and Urban Development, Department of Justice, Department of Defense, Department of Education, Department of Veterans Affairs, Environmental Protection Agency, Department of Health and Human Services, National Science Foundation, Department of Transportation, Central Intelligence Agency, 그리고 Social Security Administration)이 이에 해당된다. 반면 The U.S. Food and Drug Administration는 연방규제에 동의하였으나 그 규제를 전적으로 받아들이는 대신, Institutional Review Board 및 Informed consent에 관한 규제만을 선택적으로 도입하였다. [See Federal Register 56, June 18, 1991, pp. 28025-28029.]

1) 공통규제가 적용되는 연구[26]: 연구비 지원 여부와의 관계

현행의 공통규제	변경안
공통규제연방기관들이 연구비 지원을 하는 인간대상연구과제들과 미국식품의약안정청이 규제하는 임상연구들[27]에 한하여 적용됨	연구비 출처와 상관없이, 공통규제연방기관으로부터 인간대상연구를 위한 지원을 받은 미국 내 기관에서 수행되는 모든 연구에 적용됨

2) 공통규제 적용대상이지만 공통규제로부터 면제되는 연구활동들

현행의 공통규제	변경안
6가지 카테고리는 공통규제로부터 면제되어 아무런 적용을 받지 않는다.[28]	6가지 카테고리에 해당하는 연구들이 공통규제로부터 완전히 면제되는 것은 아니고, 변경 안에서 신설되는 자료보안 및 정보보호 기준이 적용된다. 더불어 인체시료를 사용하는 연구들의 경우에는 새로운 동의요건이 적용된다. (〈표 1〉 참조)
기존의 자료나 시료를 사용하는 연구로서 공공연하게 이용 가능한 원천으로부터 수집하였거나 연구자가 연구대상의 정체가 밝혀지지 않도록 그 정보를 보고하는 경우에는 공통규제 적용의 예외로서 행정적인 심의만을 거친 후 연구를 시작할 수 있다.	면제되는 연구들은 현행규제에서 시행되는 사전의 행정적인 심의를 거치지 않고, 기관에 간략한 등록서식을 제출하는 즉시 연구를 시작할 수 있게 된다. 규제를 적절하게 적용하고 따르고 있는지를 확인하기 위하여 소수의 연구과제들을 무작위로 선택하여 감사를 실시한다.

26) 앞서 23)에서 기술한 바와 같이, 공통규제에서 연구는 일반화할 수 있는 지식으로 개발하거나 기여할 수 있도록 고안된 연구개발, 시험, 그리고 평가를 포함한 체계적인 조사라고 정의되고 있다. 따라서 상업적인 개발은 일반화할 수 있는 지식으로 개발하거나 기여할 수 없기 때문에 연구에 해당하지 않고 따라서 공통규제의 적용을 받지 않는다. 또한 연구인지를 판단함에 있어서 시료를 제공하는 것과 연구를 수행하는 것은 다름을 주지할 필요가 있다.

27) 미국 FDA는 임상연구를 "any experiment that involves a test article and one or more human subjects and that either is subject to requirements for prior submission to the FDA, or is not subject to requirements for prior submission to the FDA, but the results of which are intended to be submitted later to, or held for inspection by, the FDA as part of an application for a research or marketing permit"으로 정의하고 있다.

28) 공통규제로부터 면제되는 연구활동의 범주는 아래와 같다.
1. Research conducted in established or commonly accepted educational settings, in-volving normal educational practices, such as (i) research on regular and special edu-

카테고리 4는 기존의 자료, 문서, 기록, 그리고 병리학적·진단적 시료들을 사용하는 연구로서, 1) 상기 재료들이 공공연하게 이용 가능하고, 2) 연구대상자가 직·간접적으로 개인식별될 수 없도록 연구자가 기록한 경우에만 면제될 수 있도록 제한하고 있다. 카테고리 4 연구에서 연구자가 식별정보를 얻고 기록하고자 하는 경우, 연구대상자의 동의를 구해야 한다.	카테고리 4 연구에 대하여 새로운 자료보안 정보보호 대책을 사용하도록 하는 대신 이전의 면제조건이었던 두 가지 제한은 없앤다. 카테고리 4 연구에서 연구자가 식별정보를 얻고 기록하고자 하는 경우, 물질 수집 당시에 미래의 연구에 대한 일반적인 제약없는 동의를 구한다.

cation instructional strategies, or (ii) research on the effectiveness of or the comparison among instructional techniques, curricula, or classroom management methods. 45 CFR 46.101(b)(1).

2. Research involving the use of educational tests (cognitive, diagnostic, aptitude, ach－ievement), survey procedures, interview procedures or observation of public behavior, unless: (i) information obtained is recorded in such a manner that human subjects can be identified, directly or through identifiers linked to the subjects; and (ii) any disclosure of the human subjects' responses outside the research that could reasonably place the subjects at risk of criminal or civil liability or be damaging to the subjects' financial standing, employability, or reputation. 45 CFR 46.101(b)(2).

3. Research involving the use of educational tests (cognitive, diagnostic, aptitude, ach－ievement), survey procedures, interview procedures, or observation of public behavior that is not exempt under paragraph (b)(2) of this section, if: (i) the human subjects are elected or appointed public officials or candidates for public office or (ii) Federal stat－ute(s) require(s) without exception that the confidentiality of the personally identifiable information will be maintained throughout the research and thereafter. 45 CFR 46.101(b)(3).

4. Research involving the collection or study of existing data, documents, records, pathological specimens, or diagnostic specimens, if these sources are publicly available or if the information is recorded by the investigator in such a manner that subjects can－not be identified, directly or through identifiers linked to the subjects. 45 CFR 46.101(b)(4).

5. Research and demonstration projects which are conducted by or subject to the ap－proval of Department or Agency heads, and which are designed to study, evaluate, or otherwise examine: (i) Public benefit or service programs; (ii) procedures for obtaining benefits or services under those programs; (iii) possible changes in or alternatives to those programs or procedures; or (iv) possible changes in methods or levels of payment for benefits or services under those programs. 45 CFR 46.101(b)(5).

6. Taste and food quality evaluation and consumer acceptance studies, (i) if wholesome foods without additives are consumed or (ii) if a food is consumed that contains a food ingredient at or below the level and for a use found to be safe, or agricultural chemical or environmental contaminant at or below the level found to be safe, by the Food and

〈표 1〉 심의대상에서 면제되는 기존 정보 또는 생물학적 시료를 사용하는 연구에 대한 미국 연방정부기관 공통규제 개정안의 제안

	개인식별가능 정보 및 모든 생물학적인 시료	HIPAA[29)]Privacy Rule에서 정의된 제한된 자료 세트[30)]	HIPAA Privacy Rule에서 정의된 개인식별불가 정보[31)]
비 연구목적[32)]으로 수집된 물질을 미래의 연구에 이용하기 위한 동의 요건	서면동의가 필요함 (최초로 물질을 수집할 때 얻을 수 있음)	동의 불필요함	동의 불필요함
연구목적으로 수집된 물질을 미래의 연구에 이용하기 위한 동의 요건	동의 필요함(최초의 연구에 대한 동의를 구할 때 미래의 연구에 대한 동의를 동시에 구함) – 자료의 경우, 최초의 수집 시에 구두동의가 허용될 수 있는 경우라면 구두동의를 구할 수 있음		
표준화된 자료보호책 필요 유무	표준화된 자료보호책 필요함. 보호방법으로는 암호화(encryptation), 감사추적과 함께 권한을 부여 받은 사람들로 국한된 사용, 즉각적인 위반 통보, 그리고 주기적 · 소급적 무작위 감사를 포함한다.	개인식별가능 정보 및 모든 생물학적인 시료의 경우와 동일한 규제 + 재식별화 금지를 포함한다.	표준화된 자료보호책 필요함. 보호방법으로 재식별화 금지를 포함한다.
IRB나 연구행정실에 연구등록 여부	등록함	등록함	등록하지 않음
IRB나 연구행정실에 의한 사전심의 여부	연구자들이 연구대상자와 개별적인 연구결과를 가지고 재접촉할 계획인 경우가 아니라면 사전심의 없음	사전심의 없음	사전심의 없음

자료: 30 Biotechnology Law Report 724.

Drug Administration or approved by the Environmental Protection Agency or the Food Safety and Inspection Service of the U.S. Department of Agriculture. 45 CFR 46.101(b)(6).

29) The Health Insurance Portability and Accountability Act.

30) 제한된 자료세트(Limited Data Sets, LDS)는 18가지 개인식별자 중 다음에 열거하는 16개가 결여된 경우이다.

1. name
2. postal address information, other than town or city, State, and zip codes

3) IRB[33] 심의대상연구

(1) IRB 심의유형: 전체소집심의 vs. 신속심의

신속심의대상은 규제에 명시된 연구활동으로 연구대상자에게 최소한의 위험만[34] 끼칠 수 있는 경우로서[35] 연구대상자에 대한 일차적 위험은 비밀유지 위반으로부터 온다.

---

3. telephone numbers
4. fax numbers
5. electronic mail addresses
6. social security numbers
7. medical record numbers
8. health plan beneficiary numbers
9. account numbers
10. certificate/license numbers
11. vehicle identifiers and serial numbers, including license plate numbers
12. device identifiers and serial numbers
13. Web Universal Resource Locators (URLs)
14. Internet Protocol (IP) address numbers
15. biometric identifiers, including finger and voice prints
16. full face photographic images and any comparable images.

반면 제한된 자료세트는 아래 항목들은 포함할 수 있다.

1. dates of birth
2. dates of death
3. dates of service
4. town or city
5. State
6. zip code

Source: http://hipaa.wisc.edu/ResearchGuide/limiteddatasets.html(2013. 7. 23. 최종방문).

31) The difference between a LDS and de-identified information is that a LDS may contain dates and certain geographic information associated with an individual that are absent from de-identified information.

32) 비-연구적인 목적의 대표적인 예는 의학적인 진단 또는 치료목적이다.

33) Institutional Review Board.

34) 공통규제에서 말하는 "최소한의 위험(minimal risk)"이란 일상생활이나 정기적인 신체/심리검사를 행할 때 흔히 접하게 되는 정도의 손상이나 불편함을 말한다. 45 CFR §46.102 (i).

35) 신속심의 대상이 되는 연구의 구체적인 범주는 다음과 같다.

Category 1: Clinical studies on drugs or medical devices for which an investigational new drug or an investigational device exemption application is not required. Similarly, a study with a cleared/approved medical device that is being used in accordance with its cleared/approved labeling.

Category 2: Collection of blood samples by finger stick, heel stick, ear stick, or

현행 공통규제	변경안
IRB는 각 연구에 대하여 연구대상자의 개인정보를 보호하고 자료의 비밀을 유지하기 위해 적절한 조항이 있는지 판단한다.	IRB 심의대상연구인 경우 수집될 정보의 개인식별가능성 수준에 맞추어 특정한 자료보안보호책이 적용된다.

(2) 지속심의

현행 공통규제	변경안
전체소집 및 신속심의가 필요한 연구는 최소 연중 1회 지속심의가 필요하다.	남은 절차가 연구자료의 분석만 남은 경우에는 지속심의가 불필요하다.

---

venipuncture.

Category 3: Prospective collection of biological specimens for research purposes by noninvasive means.

Category 4: Collection of data through noninvasive procedures (not involving general anesthesia or sedation) routinely employed in clinical practice, excluding procedures involving x rays or microwaves. Where medical devices are employed, they must be cleared/approved for marketing. (Studies intended to evaluate the safety and effective-ness of the medical device are not generally eligible for expedited review, including studies of cleared medical devices for new indications)

Category 5: Research involving data, documents, or specimens that have been collected, or will be collected solely for non research purposes (such as for medical treatment or diagnosis)

Category 6: Collection of data from voice, video, digital, or image recordings made for research purposes.

Category 7: Research on individual or group characteristics or behavior.

Category 8: Continuing review of research previously approved by the convened IRB where the research is permanently closed to the enrollment of new subjects; all subjects have completed all research related interventions; and the research remains active only for long term follow up of subjects, or where no subjects have been enrolled and no additional risks have been identified, or where the remaining research activities are lim-ited to data analysis.

Category 9: Continuing review of research not conducted under an IND application or IDE and where categories 2 through 8 do not apply.

Source: 63 FR 60364-60367, November 9, 1998, available at: http://www.hhs.gov/ohrp/policy/63fr60364.html(2013. 7. 23. 최종방문).

4) 고지된 동의

현행 공통규제	변경안
현행 공통규제 조항은 고지된 동의의 요소 및 동의서 문구가 어떻게 쓰여져야 할지에 관하여 기본정보만 제공하고 있다. 실제로 현재 사용되고 있는 많은 동의서 양식들이 너무 길고 이해하기 어려우며 가장 중요한 정보들 중 일부를 포함하고 있지 않아 문제로 지적되고 있다.	변경되는 규제에서는 더 짧고 즉각적으로 이해되며 혼동이 적으면서 모든 중요한 정보를 포함할 수 있도록 한다. 연구에 참여할지를 결정하려는 사람에게 도움이 될 수 있는 동의서가 되기 위하여 동의서 양식의 문구는 어떻게 쓰여져야 할지, 그리고 포함되어야 할 정보는 무엇인지에 관하여 훨씬 상세하게 제공하고자 한다.

5) 규제들 및 타 규제그룹들

각 연방기관은 인간대상연구에 적용되야 할 부가적인 규제 및 절차를 가지고 있다.

공통규제	변경안
각 공통규제연방기관과 미국 식품의약품안전청은 인체연구대상을 보호하기 위한 규제를 해석하고 실행하는데 있어서 자체지침을 낼 수 있는 권한이 있다. 그리고 그러한 지침은 각 연방기관에 따라 상당히 다를 수 있다.	연방기관별 지침의 차이가 적용법률이나 기관의 임무에 의해 정당화될 수 있는지 판단해보고, 정당화되지 않는다면 어떤 방법으로 지침을 통일할 수 있을지 결정하려고 한다.

이상에서 기술한 미국의 공통규제 변경안의 중요한 내용을 요약하면 다음과 같다.

첫째, 연구대상자를 정보적인 위험으로부터 보호하기 위한 새로운 기준을 사용하고 심의수준을 위험수준에 맞춤으로써 위험을 기반으로 한 연구대상보호를 보장하려고 한다.

둘째, 자료보호를 강화하여 정보적인 위험을 최소화하려고 한다.

셋째, IRB 심의가 면제되는 기존자료나 생물학적 시료를 사용하는 연구에 대한 동의규제를 다음과 같이 변경하였다. (1) 생물학적 시료를 연구에 사용하기 위해서는 서면의 일반적인 동의가 필요하다.[36] 이는 식별자가 제거된 경우에도 적용되어 현행의 공통규제보다 동의요건을 강화한 셈이다. (2) 원래 비-연구용으로 수집된 자료를 연구에 사용하기 위해서는 현행규제와 같이 연구대상을 식별하는 정보가 포함되는 경우에만 서면동의가 필요하다. 반면 원래 연구용으로 수집된 자료인 경우에는 식별하는 정보를 얻는 것과 상관없이 동의가 필요하다.

넷째, 변경안에서 공통규제의 적용범위가 확산된다. 즉, 현행의 공통규제에서는 연방기관으로부터 연구비 지원을 받는 연구에 한하여 공통규제가 적용되나, 변경안에서는 연구가 행해지는 기관이 공통규제연방기관으로부터 연구대상보호과 관련된 지원을 받는 경우 공통규제의 적용대상이 된다.

4. 현재까지의 성과와 앞으로 해결해야 할 이슈들

1) 생명윤리 및 안전에 관한 법률 전부개정법률과 미국의 연방정부기관공통규제 변경안을 통해 인체시료 및 유전자 연구의 기본 외형을 갖추게 됨

전부개정된 생명윤리 및 안전에 관한 법률의 적용이 인간대상연구 및 인체유래물연구로 확장됨에 따라 외형적으로 미국 등 다른 선진국들과 조화된 생명윤리법규를 갖추게 되었다. 이는 국제협력을 염두에 둔 보편적인 국제기준을 수용하려는 노력의 일환으로 여겨진다. 하지만 우리나라의 전부개정법률은 미국의 연방정부기관공통규제 변경안과는 차이가 있다. 미국은 공통규제 변경안을 통하여 인체유래물 또는 정보를 대상으로 하는 연구를 활성화시키기 위한 새로운 기반을 마련하려고 시도하고 있다. 따라서 우리나라 전부개정법률은 인체유래물 또는 정보대상연구를 수행하는데 비능률적인 측면들을 여전히 가지고 있다는 비판을 받고 있는 현행의 미국의 공통규제를 도입하는 결과가 되었다.

---

36) Regulatory Changes in ANPRM: Comparison of Existing Rules with Some of the Changes Being Considered, available at: http://www.hhs.gov/ohrp/humansubjects/anprmchange-table.html(2013. 7. 23. 최종방문) [Issue 2: 짧은 표준서식을 이용하여 개인은 모든 임상시료를 포함한 다양한 생물학적 시료들의 대부분의 연구를 위한 사용에 동의할 수 있다. 이는 새로운 규제가 효력을 발생하는 일자 이후에 수집된 생물학적인 시료들에만 적용된다. 현재로는 (임상 또는 이전의 연구에서 나온) 기존의 생물학적 시료들에서 식별자를 제거하면 동의없이 연구에 사용할 수 있다.]

미국의 연방정부기관공통규제 변경안은 인체유래물 및 정보를 대상으로 하는 연구를 능률적으로 수행할 수 있는 기반을 만들기 위한 다소 과감한 시도로 평가할 수 있다. 인체유래물 기증자의 개인자료 보안 및 정보보호 기준을 확립하는 것을 의무화하고, 적절한 동의 및 공유절차를 확립함으로써, 대다수의 일차적·이차적 인체유래물연구들은 IRB 심의로부터 면제될 수 있도록 하고 있다.

2) 연구환경의 변화에 맞추어 정보적인 위험에 대한 객관적인 판단 및 이해를 바탕으로 위험관리방안 및 동의절차를 마련해야 함

앞으로 대규모 자원을 이용한 인체시료 및 유전자 연구를 수행함에 따른 정보적인 위험에 대처하기 위하여 자료보안 및 정보보호를 위한 보다 구체적인 방안이 필요하다. 최근까지 대부분의 유전체 연구는 자료와 생물학적인 시료를 자료주체나 임상시료저장소, 혹은 특화된 연구용 수집물로부터 직접 얻는 방식이었으나, 앞으로는 새로운 자료흐름이 확립될 것으로 생각된다. 즉, 대규모 연구 자원 플랫폼을 이용하여 광범위한 다량의 자료와 생물학적 시료를 모으고 편성하고 저장한 후 연구자들에게 할당하는 새로운 방식의 자료흐름이 도입되고 있다. 이와 같은 자료흐름은 그 큰 규모의 이점과 함께, 자료의 질을 심사하고, 자료포맷을 통일하고, 분석을 촉진할 수 있는 단계를 제공해 줄 수 있는 이점을 갖고 있는 반면, 이를 디자인함에 있어서 개인식별이 가능하지 않도록 자료를 만드는 것이 극복해야 할 도전 중 하나이다.

시료 및 자료의 개인식별가능성의 정도는 공공연하게 식별 가능한 경우부터 잠재적으로 연역적으로 식별 가능한 경우, 그리고 절대적으로 식별 불가능한 경우까지 하나의 스펙트럼으로 생각해 볼 수 있다.[37] 현행 규제 하에서 식별이 가능하지 않은 데이터는 개인적인 데이터로 간주되지 않고 개인적인 데이터에 적용되는 여러 가지 권리나 의무로부터 자유로울 수 있는 반면, 개인식별이 가능한 유전체연구자료는 정보보호법 혹은 유전자정보보호법, 그리고 인간대상연구 관련 규제의 적용을 받게 되고 그에 따른 동의 등 여러 가지 요건들이 부과되기 때문에 연구수행상 하나의 장애요인이 될 수 있다. 더욱이 개인식별이 가능한

37) Lowrance WW and Collins FS, Identifiability in Genomic Research, 2007, Science 317(5838): 600－2(2007년 6월에 European Commission이 출판한 "Opinion on the Concept of Personal Data"를 인용함).

자료는 공공연한 공개를 할 수 없고 통제된 조건부 공개만이 허용되어 지식의 공유 및 확산이라는 면에서도 장애로 작용할 수 있다.

유전체학 및 전반적인 정보기술의 발달로 인하여 익명화를 통한 개인정보 보호는 그 한계가 있음이 갈수록 명백해짐으로써, 지금까지 사용하고 있는 식별자 포함 유무에 따른 시료 및 자료 구분방식을 무의미하게 만들고 있다. 그 주된 배경에는 유전체연구자료를 통한 개인식별이 가능한 경지에 이르게 된 (정보)기술적 현실이 포함되어 있다.

유전체연구자료를 통한 개인식별의 첫 번째 방법은 디엔에이 마커들을 직접 이용하여 식별하는 것이다. 구체적으로 우선 소수의 디엔에이 마커들을 이용하여 고도의 확실성을 가지고 두 가지 샘플이 한 사람으로부터 나온 것임을 확인할 수 있고,[38] 이때 맞추어 보는 참조유전형 혹은 참고자료가 개인식별이 가능한 경우에는 결과적으로 그 자료가 누구의 것인지도 확인할 수 있다. 형사 관련 사법제도시스템과 군대에서 가지고 있는 수백만 명의 개인식별된 생물학적 시료들, 의료, 공중보건, 그리고 건강연구기관들에서 보유하고 있는 유전체분석자료의 수효가 날로 증가함으로써 맞춰볼 수 있는 참조유전형들이 지속적으로 늘어나고 있다. 따라서 식별이 불가능하게 만들어진 정보 세트일지라도 개인식별자들을 가지고 있는 자료 세트와 매치됨으로써 해당 정보가 특정인과 연계될 수 있는 위험성은 실제로 존재한다고 볼 수 있다.

두 번째 방법은 유전자형 검사정보와 연관된 비-유전자적 자료들을[39] 여러 가지 목적을 위해 구축된 비-유전자적인 자료기반들(의료, 행정, 형사 관련, 재난 대응자료 등)과 연결하여 맞추어 봄으로써 해당 유전자형 검사를 받은 사람을 식별해 낼 수도 있다. 이때 비-유전자적인 자료를 직접 혹은 추론적으로 좁혀 나가는데 사용함으로써 종국적으로 개인식별을 성취할 수 있게 될 것이다.

세 번째는 유전체 자료로부터 개인의 특징분석을 통하여 개인식별을 할 수도 있다. 디엔에이 분석으로부터 성, 혈액형, 대략적인 피부색깔, 멘델법칙을 따르는 질병들의 표현 등을 포함하여 많은 신체적 특징들이 추론될 수 있다. 신장, 골격, 모발의 색깔과 결, 눈의 색깔, 두개골 안면의 특징들에 관한 예측의 신뢰

---

38) Lin Z, Altman RB, and Owen AB, Letter: Confidentiality in genome research, 2006, Science 313(5786): 441-2.

39) Lowrance WW and Collins FS, Identifiability in Genomic Research, 2007, Science 317 (5838): 601 [성, 나이, 혹은 연구대상인 질병 등이 그 예가 될 수 있다.]

도는 증가하게 되고, 만성질환들에 대한 감수성과 행동학적인 경향들도 멀지 않아 예측가능하게 될 것으로 관측된다.

유전체연구자료를 통한 개인식별가능성이 중요한 이유는, 법적으로는 직접적인 식별가능성만큼 간접적인 식별가능성도 중요하게 여겨지고 있기 때문이다. 실제로 개인을 식별하는 정보, 혹은 개인을 식별하는데 사용될 수 있는 정보라고 믿을만한 합리적인 기반이 있는 경우 HIPAA(The Health Insurance Portability and Accountability Act)의 'Privacy Rule'이 적용된다. 또한 영국의 자료보호법(U.K. Data Protection Act)에서도 살아있는 개인의 식별 가능한 자료의 정의는 (1) 그 자료로부터 생존하는 개인을 식별 가능한 경우, 혹은 (2) 그 자료와 자료통제자가 소유하고 있거나 소유하게 될 가능성이 높은 다른 정보와 함께 생존하는 개인을 식별할 수 있는 경우이다. 실제로 특정 자료가 단독으로 혹은 병합하여 개인을 식별할 수 있을 지는 부분적인 식별자가 개인식별이 되거나 가능한 자료와 연계될 수 있을 지에 크게 의존한다.[40] 따라서 특정 자료가 적절하게 식별불가능하게 만들어져 HIPAA의 Privacy Rule의 적용을 받지 않기 위해서는 의무기록번호나 퇴원일자와 같이 환자의 이름이나 주소에 직접적으로 연결될 가능성이 상당히 높은 기술어들은 모두 제거하여야 한다.

유전체연구자료를 통한 개인식별가능성을 우려해야 하는 또 다른 배경은, 연구, 의료, 경찰, 군대 등을 통하여 수집되는 디엔에이와 유전자형에 관한 참고자료의 양이 날로 증대되면서, 비자발적인 신원노출과 그로 인한 당혹스러움, 법적인 혹은 재정적인 불리한 귀결, 스티그마, 차별 등에 대한 대중들의 걱정도 같이 커져가고 있기 때문이다. 따라서 유전체 연구를 포함한 인체시료 및 자료를 사용하는 의·과학연구를 계속 추진하기 위해서는 이런 대중의 우려를 합리적인 수준으로 해소해 줄 수 있는 방안을 마련하는 것이 꼭 필요하다.

이상과 같이 인체시료 및 유전자 연구에서 연구대상자와 기증자를 정보적인 위험으로부터 완벽하게 보호하는 것은 매우 어렵지만 계속 보호방안을 강구하여 시도해 보아야 한다. 이는 유전체/유전자자료를 과학적으로 최대한 유용하게

40) Lowrance WW and Collins FS, Identifiability in Genomic Research, 2007, Science 317 (5838): 601 [일반적으로 3가지 종류의 식별요인들이 있다고 알려져 있다. 첫째는 인구학적 혹은 행정적인 꼬리표 (이름, 주민번호, 이메일주소, 병원이름, 우편번호), 둘째는 공공연한 기술어 (성, 눈색깔, 키, 혈액형, 흉터, 천식), 그리고 셋째는 간접적인 단서 (약물치료사용, 자녀수, 배우자의 직업, 응급실 입원시 상황)이다.]

사용하고 국제적인 공동연구를 촉진하기 위하여는 광범위한 자료공유 정책을 실행하여야 하고, 공공연하게 접근할 수 있는 데이터베이스에 개인 유전자 정보를 넣고 공유하기 위해서는 개인정보보호 기준이 선행되어야 하기 때문이다.[41]

3) 생명윤리 및 안전에 관한 법률 전부개정법률과 미국의 연방정부기관공통규제 변경안에서 보완이 필요한 부분들

(1) 생명윤리 및 안전에 관한 법률 전부개정법률은 IRB 심의면제대상에 대한 판단기준을 확립해야 함

생명윤리 및 안전에 관한 법률 전부개정법률 하에서 인간대상연구 및 인체유래물연구 중 IRB 심의로부터 면제되는 연구를 결정하는 것이 매우 중요한 부분이다. 미국의 경우 공통규제 변경안을 통하여 이미 큰 카테고리들은 발표하였고, 우리나라에서도 2012년 전반기에 보건복지부령을 통하여 면제 해당 연구목록이 발표될 것으로 예상된다. 그러나 실제로 개별 연구에 대하여 심의면제 여부는 그 연구가 수행될 연구기관이 판단하게 될 것이다. 따라서 법규를 시행하기 전에 각 기관별로 IRB 심의면제대상 연구들에 관하여 구성원들과 소통하고 합의를 모으는 과정이 꼭 필요하다고 생각한다.

(2) 생명윤리 및 안전에 관한 법률 전부개정법률과 미국의 연방정부기관공통규제 변경안 모두 정보적인 위험과 잠재적인 경제적 손해가능성에 대하여 고지하고 보다 효과적일 수 있는 동의과정을 개발해야 함

동의과정을 통하여 잠재적인 연구대상자에게 인체시료 및 유전자 연구에서 일반적으로 중요한 동의대상 내용들에 대한 고지와 함께, 내재된 정보적인 위험에 대한 대비가 이론적으로나 현실적으로 결코 완벽할 수 없다는 한계성도 충분히 이해시키는 것이 필요하다.

---

41) Lowrance WW and Collins FS, Identifiability in Genomic Research, 2007, Science 317 (5838): 601－2 [기술적인 보호방안 중 하나는 해당 개개인들의 유전형에 대한 정보는 노출하지 않으면서도 배열실험에서 나온 다량의 정보를 공유할 수 있는 자료요약 방식을 고안해내어 개개인들로부터 나온 유전자배열자료를 공유하는 방법이다. 또한 유전체/유전자자료에서 개인식별자를 제거하고, 자료기반에 접근할 수 있는 권한자체도 제한함으로써 자료공유와 개인정보보호를 동시에 가능하게 할 수 있다.]

또한 연구대상자의 잠재적인 경제적 손해의 가능성에 대하여도 고지된 동의를 받는 것이 필요할 수 있다. 현대의 인체시료 및 유전자 연구 여건에서 동의과정 중 기증자들의 잠재적인 상업적인 권리들에 대하여 전혀 언급하지 않고 동의를 구하는 것은 윤리적이라고 볼 수 없다. 하지만 이를 위해서는 지속적인 기술혁신을 추구할 수 있는 참여자들 간의 공평한 권한배분 및 공유를 위한 정책을 마련하는 것이 선행되어야 한다.

고지된 동의서식은 연구대상자에 대한 위험과 혜택, 그리고 연구대상자가 가질 수 있는 대안에 대하여 명확한 설명을 제공할 수 있도록 하며, 동의과정을 통하여 연구대상자를 겁주기보다는 교육하는 효과를 얻을 수 있도록 노력해야 할 것이다. 각 기관생명윤리위원회는 이상의 이슈들을 모두 반영한 표준동의서 양식을 개발하여 연구자들에게 제공함으로써 효율적인 연구진행을 지원하는 방안을 고려해 볼 필요가 있다.

(3) 생명윤리 및 안전에 관한 법률 전부개정법률 및 미국의 연방정부기관공통규제 변경안과 타 법규들과의 조화를 추구하여 여러 가지 관련 규제들의 동시 적용으로 인한 혼동과 부담을 줄이도록 노력해야 함

인체시료 및 유전자 연구에서 사용되는 연구시료 및 자료의 성격, 연구비를 지원하는 기관, 추후 연구결과물의 사용도, 실제 연구수행기관 등에 따라 여러 가지 규제들이 동시에 해당 연구에 적용될 수 있다. 특히 공적인 연구비로 지원되거나, 새로운 약제나 의료기기 개발을 목표로 연구하는 경우, 병원 및 의사가 수집한 환자-특이정보를 사용, 전송, 보관하는 경우, 그리고 유전자를 조작하는 경우, 정부규제를 받는 것은 불가피하게 된다. 예를 들어, 미국의 한 의과대학에서 The National Institute of Health의 연구비 지원을 받아 암환자들로부터 수집한 시료를 이용하는 인간대상연구를 수행하는 과정에서 시료를 제공한 암환자들로부터 고지된 동의를 적절하게 구하지 않은 경우를 생각해 볼 수 있다. 우선은 불법행위(tort)에 따르는 법적인 제재가 가능할 것이다.[42] 더불어 인간대상연구에 관한 연방정부규제인 '공통규제(Common Rule)', 대학이 설립된 주의규

42) 예를 들어 고지된 동의를 적절하게 구하지 않고 암환자로부터 조직생검을 한 경우에는 불법행위로서 구타 혹은 의료과실이 성립될 수 있다. Raab EL, The Parameters of Informed Consent, available at: http://www.ncbi.nlm.nih.gov/pmc/articles/PMC1280103/(2013. 7. 23. 최종방문).

제, 그리고 대학의 관련 규정에 의해 제재가 가능할 수 있다. 더욱이 시장에 판매허가를 받기 위하여 새로운 약제나 의료기기를 연구하는 경우에는 식품의약품안전청에서 요구하는 보고 및 문서업무 요건을 충족시켜야 하며, 해당 의과대학이 The Health Insurance Portability and Accountability Act(HIPAA) 하에서 소위 'covered entity'로 판단되며 병원 및 의사가 수집한 환자-특이정보를 사용, 전송, 보관하는 경우에는 HIPAA의 Privacy Rule 및 Security Rule이 적용될 것이다. 또한 NIH에서 주는 연구비 지원을 받아 디엔에이 재조합 기법을 사용하는 연구를 수행하고 있었던 경우에는 NIH의 유전자 연구 관련 규칙들도 준수해야 한다.

이상의 규제들을 만족시키기 위하여 연구자들은 각각의 요건들을 주지하여야 하는데, 이상의 규제들이 서로 상충되거나 상이한 요건들을 내세우는 경우가 많아서 연구자들에게는 혼동과 부담을 줄 수 있다. 예를 들면 HIPAA는 공통규제와는 달리 살아있는 사람뿐만 아니라 죽은 사람에게도 동일하게 적용된다.[43] 또한 인체시료 및 유전자를 사용하는 경우에는 임상연구뿐만 아니라 기초연구 단계에서도 인간대상연구 관련 규제들이 적용될 수 있다. 예컨대 체질과 유전자 간 연관관계를 연구하기 위해 인체조직시료를 사용하는 기초연구들은 이러한 규제들의 적용대상이 된다. 따라서 임상연구자뿐만 아니라 기초연구자들도 인간대상연구 관련 규제들을 주지하여 준수하여야 할 것이다. 이는 일반적으로 기초연구는 임상연구에 비하여 인간대상연구 관련 규제로부터 자유로운 경우의 예외적인 상황으로 생각할 수 있겠다.

구체적으로 생명윤리 및 안전에 관한 법률 전부개정법률은 식품의약품안전청 규제들, 그리고 개인정보보호법 등 정보보호를 위한 여러 가지 법률들과 어떻게 상호작용할지를 미리 파악하여 적절하게 조절하는 것이 필요할 것이다.

---

43) Williams ED, Federal Protection for Human Research Subjects: An Analysis of the Common Rule and Its Interactions with FDA Regulations and the HIPAA Privacy Rule, CRS Report for Congress, updated June 2, 2005, available at: http://www.fas.org/sgp/crs/misc/RL32909.pdf(2013. 7. 23. 최종방문) [HIPAA의 Privacy Rule에서 정의하는 "개인"은 살아있는 사람에 국한되지 않는다. 따라서 사체대상의 연구를 계획하는 경우, 연구자는 죽은 사람의 법정대리인의 허가를 미리 구해야 할 것이다. 반면 공통규제의 "인간대상"은 살아있는 사람에 국한되기 때문에 공통규제는 사후 연구에는 적용되지 않는다.]

(4) 생명윤리 및 안전에 관한 법률 전부개정법률은 자발적 준수를 유도할 수 있는 방안을 강구해야 함

생명윤리 및 안전에 관한 법률 전부개정법률을 지키는 것을 감시하고 장려하기 위한 방안을 확립하는 것이 필요하다. 하나의 방법은 법규준수를 각종 정부연구비 수혜 및 인체유래물은행 등록 혹은 접근허용 조건으로 만드는 것이다. 미국의 현행 공통규제는 17개 연방정부기관들 중 하나로부터 연구비 지원을 받은 경우 적용되는 반면, 우리나라에서는 공적 연구비 수혜와 무관하게 모든 인간대상 및 인체유해물연구는 생명윤리 및 안전에 관한 법률법규의 적용을 받게 된다. 하지만 해당 법규가 적용될 연구들의 대다수는 직간접적으로 정부 연구비 수혜를 받아 인체유래물은행에 저장된 시료 및 정보를 이용하여 진행하는 경우일 것으로 짐작된다. 법규준수를 유도하기 위하여 과태료 등의 벌칙에만 의존하지 말고 능동적인 법규준수를 유도할 수 있는 방안을 겸비하는 것이 바람직할 것이다.

♣참 / 고 / 사 / 례♣

[사례 1] "Privacy is dead. Get over it?"[44)]

1-1. 의무기록에 다음과 같은 내용이 기술되어 있다면 이 환자에 대한 정보에서 개인식별자들을 제거하는 것만으로 이 환자의 정체가 밝혀지는 것을 보호할 수 있을까?

"At age two this girl was sexually molested, at age three she stabbed her sister with scissors, at four her parents got divorced, at five she set fire to her home."

1-2. 한 은행가는 공적으로 이용 가능한 병원퇴원기록에 포함되어 있는 정보와 자신의 고객명단을 상호참조함으로써 암에 걸려있는 고객들을 파악하고 그 고객들에게 준 융자금을 회수하였다.

1-3. Carnegie Mellon University에 있는 The Laboratory for International Data Privacy를 운영하는 Latanya Sweeney는 헌팅톤병 환자들에 관한 모든 정보가 기록에서 제거된 후에도 그 환자들을 다시 식별해 낼 수 있는 방법을 발견하였다. Sweeney는 헌팅톤병임을 가리킨다고 알려져 있는 서열화 정보와 환자나이를 포함하고 있는 병원퇴원기록을 병합함으로써 90%의 헌팅톤 환자의 디엔에이 기록을 정확하게 연결할 수 있었다.

1-4. 2004년 미국연방항소법원은 환자기록을 익명화한다고 프라이버시 보호가

---

44) Sun Microsystems의 회장이었던 Scott McNealy가 한 말이다. Sprenger P., Sun on Privacy: 'Get Over It', available at: http://www.wired.com/politics/law/news/1999/01/17538(2013. 7. 23. 최종방문); Barash, C. I. 2007, "Threats to Privacy Protection." Science 318, pp. 913–914; Walter, C. 2007, "Little Privacy, Please." Scientific American June 2007, pp. 92–95.

충분하지 않다고 판단하여 법무장관이었던 Ashcroft가 Northwestern Memorial Hospital의 부분분만낙태시술(partial birth abortion)을 받은 환자 기록 45개를 소환하는 것을 저지하는 판결을 냈다.

[사례 2] HeLa 세포주[45)]

가난한 흑인여자였던 Henrietta Lacks는 5명의 자녀를 둔 어머니이며 한 남자의 아내였는데 어느 겨울날 질 출혈을 호소하며 Johns Hopkins University의 산부인과를 방문한다. 그녀는 심한 자궁경부암으로 9개월 후에 사망하게 되지만 그녀로부터 채취된 암조직은 당시 조직배양연구의 선도자였던 Gey 박사에게 넘겨져 영구적으로 살아있는 세포주로 만들어진다. 이렇게 유도된 세포주를 HeLa 세포주라고 부르게 되었는데 이 세포주는 폴리오백신, 암, AIDS, 방사선과 독성물질의 효과, 유전자 맵핑 등 수많은 과학적 탐구에 사용되었는데, Rebecca Skloot에 따르면 HeLa에서 행해진 연구를 바탕으로 출판된 논문이 2009년까지 6만편이 넘었다고 한다.

그 당시 Henrietta Lacks가 치료를 받기 전 사인한 동의내용은 다음과 같다.

> "I hereby give consent to the staff of Hospital to perfore any operative procedures and under any anaestehtic either local or general that they may deem necessary in the proper surgical care and treatment of: ____________________"

2-1. Johns Hopkins University가 Henrietta Lacks로부터 받은 동의는 추후에 Gey 박사가 그녀의 조직을 사용하여 세포주를 유도하는 연구에 대한 충분한 이해 혹은 고지에 입각한 동의로 판단할 수 있는가?

---

45) Hull SC, The Ethics of Research with Stored Samples and Data, 2011, Ethical and Regulatory Aspects of Clinical Research, The National Institute of Health, available at: http://videocast.nih.gov/Summary.asp?File=16938(57:07-1:54:40)(2013. 7. 23. 최종방문) [Case 1: Consent]

2-2. 만일 Herietta Lacks가 대신 아래와 같은 동의서에 사인했다면 HeLa 세포주를 만들어 사용하는 것과 관련된 이슈들을 모두 만족스럽게 해결할 수 있다고 생각할 수 있는가?

The information collected for this study will be kept indefinitely...
(Y/N) I agree to allow my cancer samples to be released, for research purposes, to: Researchers from private or non profit organizations who wish to develop cell lines that could benefit many people.
Note: Neither you nor your heirs will benefit financially from this...

2-3. 만일 Herietta Lacks가 자신의 암조직을 연구에 사용하는 것에 동의하지 않았다면 어떤 문제가 있는가?

[사례 3] BRCA1/2와 Tamoxifen[46)]

1992년부터 1998년까지 1만 3천명을 대상으로 수행한 유방암예방임상시험을 통해 tamoxifen이 침윤성유방암에 대한 고위험군 여성 환자들에서 암발생을 유의한 수준으로 낮추는 것을 관찰하였다. 하지만 이 시험에서 어떤 환자들이 tamoxifen의 혜택을 받을 수 있는지는 알 수 없었다.

이후 BRCA1/2 특정유전자변이는 유방암발생 위험도 증가와 관련된다는 사실이 밝혀지고 그 특정변이를 테스트할 수 있게 되자 연구자들은 유방암예방임상시험에서 모은 디엔에이 표본에서 BRCA1/2 유전자변이를 테스트해 보길 원하게 되었다.

3-1. 유방암예방임상시험에 참여할 당시, 참여자들은 그 당시에는 아직 개발되지 않았던 BRCA1/2 유전자변이테스트에 대한 명시적인 동의를 한 적은

46) Hull SC, The Ethics of Research with Stored Samples and Data, 2011, Ethical and Regulatory Aspects of Clinical Research, The National Institute of Health, available at: http://videocast.nih.gov/Summary.asp?File=16938(57:07–1:54:40)(2013. 7. 23. 최종방문) [Case 2: BRCA1/2 and Tamoxifen]

없었으나 미래의 유전적 연구에 대한 일반적인 동의는 하였고, 새로운 연구에서는 빠지고 자신의 디엔에이 표본을 제외시킬 수 있는 기회도 주어졌었다면, 연구자들은 다시 동의를 구하지 않고 그 디엔에이 표본에 BRCA1/2 유전자변이테스트를 시행해도 되는가?

3-2. 이미 익명화된 유방암예방임상시험에 사용된 표본들을 대상으로 BRCA1/2 유전자변이테스트를 시행한 경우 발생할 수 있는 윤리적인 이슈는 무엇인가?

◆ 연 / 습 / 문 / 제 ◆

1. 다음 중 "연구"에 해당하는 것을 모두 고르시오.
   ① 의료활동 ② 사회적 활동 ③ 공중보건활동
   ④ 저널리즘 ⑤ 모두 해당 없음

2. 다음 중 "인간대상연구"에 해당할 수 있는 경우를 모두 고르시오.
   ① 의료기기를 개발하기 위해 사람들에게 그 기기를 시험함
   ② 교수법이나 교육프로그램을 평가함
   ③ 알코올 섭취에 관하여 인터넷 서베이를 함
   ④ 기만행위에 관한 연구를 수행함
   ⑤ 미성년자들에게 외국에서의 가족의 가치에 관한 인터뷰를 시행함

3. "인간대상"의 정의에 관한 기술이다. 옳은 것을 모두 고르시오.
   ① 인간대상은 살아있는 개인으로서, 시신, 부검 검체, 혹은 사망한 사람으로부터 나온 표본/정보는 인간대상에 해당되지 않는다.
   ② 살아있는 개인으로부터 그 사람에 관한 정보/데이터를 얻는 경우 인간대상연구가 성립한다.
   ③ 인간대상연구는 연구목적으로 신체적 · 심리적인 시술(procedure)을 하고, 인간대상이나 인간대상의 환경을 조작하고, 연구대상과 연구자 간 다양한 방식으로 의사소통을 하는 것을 포함한다.
   ④ "사적인 정보(private information)"는 합리적으로 생각할 때 관찰의 대상이 될 것으로 예상할 수 없는 맥락(예를 들어 공중화장실)에서 일어나는 행위에 관한 정보, 합리적으로 생각할 때 공개되지 않을 것이라고 예상하여 제공된 정보(예를 들어 의무기록)를 포함한다.
   ⑤ "개인식별이 가능한" 정보는 그 정보의 요소가(들이) 이용 가능한 개인을 식별할 수 있는 정보(예를 들어 주민등록번호)와 병합될 수 있는 정보이다.

4. 기관생명윤리위원회(Institutional Review Board, IRB)에 관한 기술이다. 옳은 것을 모두 고르시오.
   ① 기관생명윤리위원회는 기관에서 수행되는 모든 인간대상연구를 검토하고 감독함으로써 연구에 참여하는 인간대상을 보호하는 기능을 한다.
   ② 기관생명윤리위원회는 연구프로젝트 제안서를 평가할 수 있는 경험과 전문성을 갖춘 다양한 출신의 위원들로 구성된다.
   ③ 기관생명윤리위원회는 인간대상 연구프로젝트가 기관의 정책 및 관련 법규를 따르고, Belmont Report에 함유되어 있는 윤리적인 원칙인 사람을 존중하고 사람에게 혜택을 주며 정의를 실천해야 한다는 원칙에 맞는지 판단할 책임을 진다.
   ④ 기관생명윤리위원회는 연구자들이 제출한 연구프로젝트들을 검토하고, 승인하거나 연구절차 변경을 요구하거나 승인을 거절할 수 있다.
   ⑤ 기관생명윤리위원회의 과정은 공평한 연구대상 선택과 적절한 동의절차를 보증하고, 연구대상에 대한 위험을 평가하고 최소화하며, 연구대상의 사적인 자유와 비밀을 보호할 수 있도록 만들어져 있다.

5. 기관생명윤리위원회가 해야 하는 일을 모두 고르시오.
   ① 기관정책 및 정부규제를 따르도록 보장한다.
   ② 출판을 위해 제출할 메뉴스크립트를 미리 검토한다.
   ③ 연구부정행위에 관한 조사를 수행한다.
   ④ 인간연구대상의 권리와 복지를 보호한다.
   ⑤ 인간연구대상의 모집을 위한 자료 및 전략을 검토한다.

6. S대학 병원은 연구자 A에게 조직시료들을 공급하였다. 각 시료에는 시료를 제공한 환자의 이름, 주소, 연령 등의 정보도 함께 제공되었다. 시료를 제공한 환자들은 특정 암에 걸린 환자들로서 연구자 A는 해당 암과 연관된 바이오마커를 찾고자 연구 중이었다. 다음 중 인간대상연구 규제로부터 면제가 될 수 있는 경우는?
   ① 각 시료용기에서 환자이름을 제거하고 대신 번호를 붙인 다음 연구가 시작되기 전에 환자이름 명단을 파기하여 추후에 시료와 환자를 연결

할 수 없게 한다.

② 각 시료용기에서 환자이름을 제거하고 대신 번호를 붙인 다음 시료와 환자를 연결할 수 있는 기록을 비밀로 간직한다.

③ 애초에 암호전표를 만들지 않는다.

④ 사망한 환자들의 시료만을 공급받는다.

7. 환자에서 조직생검을 하여 병리과에서 진단을 내린 후, 남은 조직의 일부를 학문적인 용도로만 사용하려고 하는 연구자에게 제공하였다. 그 시료를 연구자에게 제공하기 전에 코드화하고 개인식별정보는 모두 삭제하여 연구자는 환자가 누구인지 알 수 없도록 하였다. 이 연구자는 IRB의 권한 하에 있는 인간대상연구를 수행하는 것인가?

8. 환자에서 조직생검을 하여 병리과에서 진단을 내린 후, 남은 조직의 일부를 학문적인 용도로만 사용하려고 하는 연구자에게 제공하였다. 환자를 식별 가능한 방식으로 시료를 연구자에게 제공하였다면 IRB의 권한 하에 있는 인간대상연구로 여겨지게 되는가?

현행 미국 연방기관공통규제 하에서 IRB 심의를 받아야 되는가? 변경안에서는 IRB 심의를 포함하여 연구수행 전에 충족해야 할 요건들이 있는가?

9. 환자에서 조직생검을 하여 병리과에서 진단을 내린 후, 남은 조직의 일부를 학문적인 용도로만 사용하려고 하는 연구자에게 제공하였다. 관련된 임상정보와 맞춰 볼 수 있도록 시료를 식별자와 함께 제공하여 연구자는 시료제공자가 누구임을 쉽게 알 수 있도록 하였다. 생검을 받은 환자로부터 이차적인 연구적인 사용에 관하여 동의(또는 동의권리포기)를 구하여야 하는가? HIPAA 규제 하에서 충족시켜야 할 요건은 없는가?

10. 환자에서 조직생검을 하여 병리과에서 진단을 내린 후, 남은 조직의 일부를 학문적인 용도로만 사용하려고 하는 연구자에게 제공하였다. 이때 시료는 코드화하여 연구자가 손쉽게 개개인이 누구인지 알 수 없는 상태로 만들었다. 생검을 받은 환자로부터 이차적인 연구적인 사용에 관하여

동의(또는 동의권리포기)를 구하여야 하는가? HIPAA 규제 하에서 충족시켜야 할 요건은 없는가?

11. 많은 병원들이 표준입원양식에 다음과 같은 문장을 삽입하고 있다. "우리 병원은 교육연구기관으로서 환자의 진료를 위하여 사용하고 남은 시료는 교육연구에 사용할 수 있습니다." 이 병원에서는 부가적인 동의나 권리포기를 구하지 않고 입원환자에서 나온 개인식별가능한 시료를 연구목적으로 사용할 수 있는가?

정 답
1. ⑤ "연구"란 일반화 할 수 있는 지식을 개발하거나 그러한 지식에 공헌하기 위하여 개발, 테스트, 평가를 포함한 체계적인 탐구를 하는 것을 말한다. 2. 모두 해당됨 3. 모두 해당됨 4. 모두 해당됨 5. ④ 6. ① 7. 아니오. 이 경우에는 시료를 받은 연구자가 그 시료를 채취한 환자가 누구인지 즉각 알 수 없으므로 인간대상연구가 아니다. 8. 예. 이것은 인간대상연구이다. 연구자들이 시료를 개인식별가능한 정보와 함께 받기 때문에 현행 공통규제 하에서는 IRB 심의를 받아야 하는 인간대상연구이다. (신속심사대상이 될 수 있을 것이다.) 변경안에서는 "자료보안 및 정보보호"기준을 적용하고 환자로부터 미래의 연구적인 사용에 관한 서면의 제한없는 동의를 구함으로써 IRB 심사는 면제된다. 9. 예. 샘플들을 받은 연구자가 그 샘플들의 개인식별을 할 수 있기 때문에 동의를 구하여야 한다. 또한 연구목적으로 환자식별자를 사용 또는 공개하기

위하여 환자로부터의 HIPAA 위임 (또는 IRB나 Privacy Board로 부터 HIPAA 위임 권리포기)을 요한다.

10. 아니오. 이것은 인간대상연구로 간주되지 않으므로 동의를 구할 필요가 없다. 시료와 연관된 정보가 HIPAA Privacy Rule에 따라 식별불가능하게 만들어진 경우에는 위임 또는 위임권리포기를 요하지 않는다.

11. 아니오. 부가적인 동의나 동의권리포기를 요한다. 그 이유는 (1) 앞으로의 대상자들에게 제공할 정보가 이상의 진술에 국한된 경우 고지된 동의 요건을 충분히 만족시킬 수 없다. (2) IRB는 시료사용을 제안하는 각 프로토콜을 심의할 수 있다. 그런 심의의 한 부분으로서 고지된 동의의 권리포기의 기준이 만족할 수 있는지 고려할 수 있다. 이와 같은 병원입원양식에 단일문장을 포함시키는 접근방식은 HIPAA 위임을 구하는 용도로도 충분치 않다.

참고문헌

생명윤리 및 안전에 관한 법률:
http://www.law.go.kr/%EB%B2%95%EB%A0%B9/%EC%83%9D%EB%AA%85%EC%9C%A4%EB%A6%AC%20%EB%B0%8F%20%EC%95%88%EC%A0%84%EC%97%90%20%EA%B4%80%ED%95%9C%20%EB%B2%95%EB%A5%A0(2013. 7. 23. 최종방문).

"Advanced Notice of Proposed Rule Making for Revision to Common Rule", http://www.hhs.gov/ohrp/humansubjects/anprm2011page.html(2013. 7. 23. 최종방문).

"Regulatory Changes in ANPRM: Comparison of Existing Rules with Some of the Changes Being Considered", http://www.hhs.gov/ohrp/humansubjects/anprmchangetable.html(2013. 7. 23. 최종방문).

Williams, E. D., 2005, "CRS Report for Congress: Federal Protection for Human Research Subjects: An Analysis of the Common Rule and Its Interactions with FDA Regulations and the HIPAA Privacy Rule", http://www.fas.org/sgp/crs/misc/RL32909.pdf(2013. 7. 23. 최종방문).

45 CFR 46 Subpart ("Common Rule"), http://www.hhs.gov/ohrp/human-subjects/guidance/45cfr46.html(2013. 7. 23. 최종방문).

Barash, C. I., 2007, "Threats to Privacy Protection", Science 318, pp. 913-914.

Hull, S. C., 2011, "The Ethics of Research with Stored Samples and Data", http://videocast.nih.gov/Summary.asp?File=16938(57:07-1:54:40)(2013. 7. 23. 최종방문).

Lin, Z., Altman, R. B., and Owen, A. B., 2006, "Confidentiality in genome research", Science 313, pp. 441-442.

Lowrance, W. W., and Collins, F. S., 2007, "Identifiability in Genomic Research", Science 317, pp. 601-602.

Walter, C., 2007, "Little Privacy, Please", Scientific American, June 2007, pp. 92-95.

제 6 장 인간행동 연구윤리 및 개인정보 보호윤리*

서 이 종
(서울대학교 사회학과)

1. 사회과학 및 행동과학적 인간행동연구의 특성과 인간연구대상자 보호윤리

1) 사회과학 및 행동과학의 정체성과 인간연구대상자 보호윤리

사회과학 및 행동과학은 오랜 역사를 가진 의학이나 자연과학과 비견되어 20세기 학문이라고 할 정도로 근대사회의 태동과 함께 18세기 말과 19세기 초에 태동하여 급속하게 발전되었다. 이러한 짧은 발전사는 그만큼 공통된 정체성이나 방법론에 대한 합의가 없이 전문화되었다는 사실을 잘 말해준다. 사실 사회과학 및 행동과학은 분과 간에 많은 상호착종과정을 거쳤지만 그만큼 또 전문화과정을 통해서 경제학, 사회학, 인류학, 정치학 등 각 분과학문별로 나름의 정체성을 강화시켜 나갔으며 그 결과 통합적인 의미에서 사회과학의 정체성이 매우 낮은 편이다(Wallterstein et al., 1987). 그러한 정체성의 이면에는 분과학문별로 상이한 연구방법론을 발전시킨 측면이 강하다. 또한 사회과학적 방법론은 자연과학이나 인접학문에서 지속적으로 유입하는 측면이 있지만 분과학문 내에서 지속적으로 새롭게 정립되는 측면이 있어 어디까지가 사회과학 방법론인지 그 경계가 모호하며 공통의 방법론으로 아우르기에는 이질성이 커서 사회과학의 공통의 정체성이 낮은 원인이 되기도 하다. 사회과학의 다양성과 이질성 문화를 기초로, 각 분과학문은 자신의 고유한 방법론에 특화된 연구윤리(discipline-specific research ethics)를 발전시켜 왔다.

---

* 이 장은 서이종 등(2012)에서 요약 발췌하였다.

(1) 심리학

심리학은 사회과학의 하나로서 행동과학의 유제를 가장 많이 가지고 있는 분야이다. 심리학은 태동과정에서 정신생리학 등의 영역에서 분리되어 사회과학적 영역으로 발전되었으며 다양한 인간행동에 대한 연구를 통해서 내적 · 심리적 기제와 그 동학을 연구하고 있다. 설문조사나 관찰연구뿐만 아니라 상당히 통제된 환경의 행동관찰이나 직접적인 행동실험 또한 주요한 연구방법론으로 1970년대 연이은 추문의 대상이 되어 일찍부터 연구대상자 보호윤리에 대한 인식과 필요성을 인지하였다.

(2) 인류학·문화학

인류학은 인간관계나 그 집단에 대한 참여관찰을 통해서 그 행태나 변화를 이해하고 연구하는 학문이다. 연구대상자나 그 집단적 삶에 직접 개입하여 오랜 기간 관찰하고 자료를 수집한다. 인류학이 취약한 소수민족사회에 대한 참여관찰 연구로부터 발전되어 왔다는 사실은 인류학적 연구대상자 보호윤리의 민감성을 잘 말해준다. 무엇보다도 인류학적 참여관찰영역에 성역이 없다는 점이다. 쉽게 편견이 작용할 수 있고 또 집단적으로 취약한 소수민족사회를 참여관찰하기도 하고 또한 특정한 취미 커뮤니티, 알콜중독자 커뮤니티, 특정한 환자집단 등 취약한 소수자나 특정 문화집단을 연구한다. 이러한 점에서 인류학 연구에서 연구대상자 보호는 매우 중요하다. 둘째, 장기간의 관찰을 기초로 연구한다는 점이다. 인류학적 연구는 참여관찰 연구의 시작과 끝이 없을 정도로 분명한 연구설계 없이 참여관찰을 시작하여 계속적인 연이은 연구를 지속한다. 인류학에서 충분히 숙지된 동의(informed consent)원칙을 적용하기가 어렵고 또 집단을 연구하기 때문에 연구대상자의 개별적인 동의를 받기도 쉽지 않다는 점이 가장 큰 논란의 대상이다.

(3) 사회학·인구학·정치학·언론학

사회학은 인류학에 비해 훨씬 더 동시대의 사회를 연구하는 학문이다. 인류학과 같이 관찰연구도 있지만 설문조사 연구가 많다. 다양한 설문조사를 통해서 특정 사회집단이나 국민 전체의 의식조사나 여론동향 조사를 실시한다. 이들 설문조사를 기초로 다양한 통계분석을 실시하여 분석한다. 인터뷰 방법이나 참여관찰 등도 사회학의 중요한 연구방법이다. 일정크기의 연구대상자를 대상으로 면접 인터뷰나 전화, 메일인터뷰를 실시하여 자료를 수집하는 인터뷰 방법과 일정기간 특정 집단이나 커뮤니티에 참여하여 그 내부 사회관계를 관찰하여 관찰자료를 분석한다.

(4) 교육학·아동학

교육학은 연구대상자가 대부분 학생으로서 대학생을 포함하지만 미성년자인 유치원 및 초중등학생의 교육 관련 여러 행동이나 변화를 연구한다. 취약계층인 미성년자 학생이나 대학생을 대상으로 관찰연구뿐만 아니라 설문조사, 인터뷰 조사를 실시하거나 또는 학급 등 일정규모의 행동실험도 실시한다.

(5) 사회복지학·노년학

사회복지학은 취약계층의 복지향상을 위하여 취약계층의 행동양태나 관련제도 등을 연구한다. 사회복지학의 인간대상연구에서 연구대상자는 사회복지를 수혜하는 계층인바, 이들은 대부분 복지시설 수용자뿐만 아니라 빈곤계층, 노인, 여성, 다문화 등 취약계층을 대상으로 한다는 점에서 사회복지학적 연구에서 연구대상자 보호윤리는 중요하다. 이들을 대상으로 관찰조사, 설문조사, 인터뷰 조사 등을 실시한다.

(6) 경제학·경영학·행정학

경제학은 경제적 현상을 연구하는 학문으로서 경제학분야의 인간대상연구는 대부분 이미 수집된 대규모 자료를 분석하는 데이터 분석의 성격이지만 최근 행동경제학적 실험이 증가되고 있다. 이에 반해 경영학분야에서 인간대상연구는 인사노무나 마케팅분야에서 관찰연구, 설문조사, 행동실험, 대규모 데이터분석 등이 있다. 특히 경영학적 인간대상연구에서 인사나 노무분야에서 취약한 연구대상자인 기업의 종업원을 대상으로 하는 연구가 많다는 점이다.

(7) 보건학·체육학·식품영양학

보건학은 질환 관련 개인이나 집단 그리고 관련 현상을 연구한다. 보건학의 인간대상연구는 대규모 질병 데이터베이스를 연구하는 경우도 많지만 특정 지역이나 집단의 역학조사를 실시하거나 직접 환자들의 행동을 관찰하거나 설문조사, 인터뷰 조사를 실시하는 경우도 있다.

그리고 이들 전통적인 사회과학분야뿐만 아니라 인접학문분야와 융합된 다양한 복합분야가 늘어나고 있다.

2) 사회과학 및 행동과학의 인간연구대상자 보호윤리의 필요성

사회과학 및 행동과학의 빠른 발전과 전문화과정에 따라 사회과학 및 행동과학의 생명윤리 혹은 연구대상자 보호윤리의 필요성도 증가하고 있다(Mertens/Ginsberg, et al., 2009). 사회과학과 행동과학의 사회적 영향력이 증가하고 전문집단으로 연구자의 수가 증가하면서 사회과학과 행동과학분야의 전문연구자가 지켜야 할 연구윤리의 기본원칙과 내용을 정립하지 않으면 안 되는 상황에 이르고 있다. 다종다양한 사회과학과 행동과학자들이 늘어나고 경쟁이 치열해지는 여건에서 소수의 전문가시대에 적합한 연구자 개개인의 양심과 윤리의식에 맞기기 어렵기 때문이다.

지금까지에는 개별 학문공동체별로 각각 상이한 연구윤리 특히 연구대상자 보호윤리를 정립하여 자율규제로 이루어졌다. 심리학분야에서는 1970년대 잇따른 추문으로 인하여 연구윤리 가이드라인을 만들고 인간연구대상자 보호를 위한 윤리적 지침을 포함하였다. 이들 지침에는 연구대상자 관련 위험을 신체적 위험에서부터 정신적, 심리적, 사회적 위험까지 확대하여 연구대상자의 안전을 보호하고 있으며 더욱더 이들의 다양한 위험 수준을 고려하여 실험설계를 하도록 권고하고 있다. 또한 속임수 연구의 가능성과 한계도 분명히 하였다. 사회학과 인류학분야에서는 연구대상자의 안전과 권익을 우선시하고 위험을 회피해야 한다는 데 동의하면서도 미국에서 common rule이 시행되어 기관생명윤리위원회의 사전심의를 의무화한 이래 이에 대한 불만과 더불어 나름의 제안을 담는 연구윤리 가이드라인을 제시하였다. 인터뷰나 설문조사의 경우 서류동의만이 능사가 아니라 구두동의 등 간단한 동의양식을 사용할 수 있다는 점, 특정 집단의 참여관찰 연구의 경우 현실적으로 관련 모든 개인들에게 동의받기 어렵기 때문에 공개성을 통해 연구대상자 개인뿐만 아니라 커뮤니티와의 신뢰관계와 라뽀(rapport) 형성이 중요하다는 점, 또한 참여관찰 연구의 경우 사전적 심의를 보다 유연하게 해서 지속적으로 심의 받을 필요가 있다는 점 등이 가이드라인에 포함되어 있다. 교육학분야의 연구윤리 가이드라인에서 취약계층인 학생들에 대한 연구의 경우 간단한 인터뷰나 설문조사의 경우 동의절차나 양식을 간소화하는 것 등이 포함되어 있다. 사회복지학분야에서도 복지시설의 수용자들을 대상으로 간단한 설문조사나 인터뷰 조사를 하는 경우 동의절차 및 양식을 간소화하는 것 등이 포함되어 있다.

이렇듯 사회과학의 각 분과학문 공동체의 가이드라인은 자율규제 형태이지만 상당히 이질적인 연구대상자 보호윤리를 담고 있다. 사회과학 및 행동과학분야 내부에서 각 전문분야는 각 분야의 특수성으로 인하여 인간연구대상자 보호원칙과 기준이 상이하다. 그 결과 사회과학의 개별 전문분야를 넘어선 통합적 연구영역에서의 연구나 사회과학의 여러 가지 방법론을 조합하여 연구하는 경우 이루어지는 연구의 경우 연구대상자 보호원칙과 기준이 모호하다.

사회과학 및 행동과학분야에서 최소한의 공통된 연구대상자 보호윤리를 정립할 필요가 있다. 사회과학 및 행동과학분야에서 어느 특정한 학문분야로 간주하기 어려운 새로운 연구분야나 융합적 연구가 비일비재하기 때문이다. 특히 현대사회는 정치, 경제, 사회문화가 상호영향을 미치며 복합적으로 변동하기 때문에 사회과학 및 행동과학이 전문화된 분과학문의 영역이나 분석방법론으로 연구하기 어려운 현실이다. 이에 따라 사회과학 및 행동과학이 분과학문영역이나 분석방법론을 뛰어넘어 새로운 통합적 방법론을 발전시키고자 하는 사회적 요구가 증가하고 있다. 이러한 여건에서 사회과학 및 행동과학분야에서 최소한의 공통된 연구대상자 보호윤리 및 정책을 발전시키는 것은 사회과학 및 행동과학이 현대사회에서 당면한 중요한 과제의 하나이다.

사회과학 및 행동과학분야에서 공통의 연구대상자 보호윤리 및 관련 정책은 의생명분야에서 발전된 연구대상자 보호윤리와 소통 가능한 보편적인 윤리나 정책으로 발전되어야 한다. 이러한 필요성은 첫째, 사회과학 및 행동과학분야에서도 각 학문공동체의 자율규제를 넘어 최소한의 법적 규제의 필요성이 증가하고 있기 때문이다. 사회과학 및 행동과학의 인간대상연구에서 연구대상자에 대한 개입이 점점 복합적으로 이루어지고 그에 따라 관련 위험이 증가하고 있다. 이에 따라 특히 의생명분야의 인간대상연구에 대한 법적 규제에 상응하여 형평성에 맞는 정도의 법적 규제가 사회과학 및 행동과학분야 인간대상연구에서도 불가피하다. 두 번째 더 나아가 사회과학과 의생명분야 등 복합분야가 늘어나고 있기 때문이다. 인문사회분야의 연구에서 의생명분야 및 자연과학분야와의 복합적 연구분야가 늘어가고 있기 때문에 의생명 및 자연과학분야의 심의기준과 절차를 고려한 통용가능하고 공평하며 공정한 사회과학 및 행동과학분야의 연구대상자 보호원칙과 기준을 정립할 필요가 있다.

그러므로 인간연구대상자에 대한 다양한 상호작용과 개입을 통해서 관련 정보를 수집하는 사회과학 및 행동과학분야에서 인간대상연구의 연구대상자 보호정책은 이제 불가피한 상황에 이르고 있다. 이에 따라 사회과학 및 행동과학 분야에서 연구대상자 보호는 정책적으로 중요한 함의를 지니게 되었다.

미국은 사회과학 및 행동과학의 연구대상자 보호정책에서 매우 전향적이다. 이미 1975년 벨몬트 보고서를 통해서 사회과학 및 행동과학의 인간대상연구에서 연구대상자 보호를 위한 윤리원칙을 정립하였고 이후 모든 연구기관에 기관생명윤리위원회의를 설치하여 인간대상연구를 사전심의하고 규율하도록 하고 있다. 이에 비해 유럽은 국가단위로 관련 지침, 즉 가이드라인을 만들고 연구기관의 통합적인 위원회보다는 각 나라의 실정에 따라 훨씬 더 다양한 형태로 자율적인 심의 및 규제를 하도록 하였다. 영국은 지역별로 인간연구대상자 보호를 위한 통합위원회를 설치하여 관련 인간대상연구를 심의하도록 하였다. 최근 영국은 2010년부터 정부연구비를 수령하는 사회과학을 포함한 모든 인간대상연구에 대해 기관윤리위원회의 심의를 받도록 규정하였다. 독일은 연구단위별로 현장에 맞는 중립적인 심사위원회를 두어 인간대상연구의 사전심의를 실시하고 감독하도록 하고 있다.

이러한 국제적 추이에 따라 우리나라에서도 2005년 황우석 사건 이후 대학에서 생명윤리위원회의 설치의 필요성이 강조되면서 의생명분야 뿐만 아니라 사회과학 및 행동과학에서도 연구대상자 보호의 필요성이 강조되었고 또한 기관생명윤리위원회의 사전심의의 필요성 또한 강조되었다. 하지만 사회과학 및 행동과학분야에서 인간연구대상자 보호는 연구자 개인의 양심과 윤리에 따라 자율에 맡기고 있으며 일부 심리학회지를 제외하고는 기관생명윤리위원회 등의 사전 윤리적 검토에 대한 확인을 요구하지도 않고 있다. 이러한 배경에서 사회과학 및 행동과학분야의 인간대상연구에서 연구대상자 보호는 최근 여러 가지 입법과정을 통해서 법적 규제 시스템이 정비되고 있다. 2011년 7월 시행된 학술진흥법은 인간연구대상자 보호를 포함한 연구윤리를 지킬 것을 의무화하고 있으며 2011년 9월 시행된 개인정보보호법은 개인정보수집 주체의 사생활 보호 의무를 강화하고 인간연구대상자를 포함하여 개인정보 주체의 권리를 강화하였다. 2012년 2월 1일 공표된 생명윤리 및 안전에 관한 법률개정안에는 모든 연구기관에는 기관생명윤리위원회를 설치하도록 하였으며 사회과학 및 행동과학 분야를 포함하여 모든 인간대상연구는 기관생명윤리위원회의 사전심의를 받도록 하였다.

2. 사회과학 및 행동과학적 인간행동연구와 인간대상자 보호윤리의 역사

과학적 연구에서 연구대상자 보호윤리는 20세기에 들어 과학적 연구의 사회적 역할이 증대하고 과학자 집단의 수가 기하급수적으로 늘어나면서 중요하게 되었다. 연구대상자 보호윤리는 역사적으로 제2차 세계대전의 전후처리에서 시작하여 세계의사협회의 자성적 선언, 유엔의 인권선언, 그리고 여러 가지 연구추문으로부터 교훈을 얻는 미국의 특별위원회 보고서, 그리고 각급 전문학회와 국제조직의 가이드라인 등에 의해 발전하였다. 그 명시적인 출발은 제2차 세계대전의 전후처리과정에서 정리된 뉘른베르그 강령(Nuremberg Code)에서 비롯된다.

뉘른베르그 강령은 인간대상자 보호윤리에서 가장 중요한 자발적인 동의원칙을 제1원칙으로 하였다는 데 의미가 있다. 연구대상자는 "동의를 할 수 있는 법적 능력이 있어야" 하며 "자유롭게 선택할 수 있는 권한이 주어진 상태"에서 참여하여야 하며 이러한 자발적 동의를 위하여 "이해와 분명한 지식에 근거한 결정을 할 수 있도록 충분한 지식과 주관적 요소들에 대한 이해를 제공하여야 한다"는 점도 분명히 하였다. 사실상 뉘른베르그 강령의 자발적 동의는 충분히 숙지된 동의(informed consent)원칙의 주요 내용을 포함하고 있다. "실험의 성격, 기간, 목적, 실험방법 및 수단, 예상되는 불편 및 위험, 실험에 참가함으로써 올 수 있는 건강 및 개인에게 올 영향에 대해 알려야 한다"고 보다 구체적으로 명시하였다.

이러한 뉘른베르그 강령은 단지 의생명연구자에게 해당되는 것은 아니다. 오히려 나찌 독일의 생체실험에는 많은 사회과학 및 행동과학연구자들도 깊숙이 개입하였기 때문이다. 빌헬름 인류학연구소 소장이 아우슈비츠 수용자의 유대인을 대상으로 쌍둥이 연구를 진행하였으며 정신의학자뿐만 아니라 많은 인류학자는 유생학적 인종연구를 통해서 나찌의 인종청소 정책에 깊이 개입하였다. 심리학자들도 수용소의 스트레스가 여성에 미치는 연구 등 직접적으로 간접적으로 고문연구에 개입되고 나찌 홍보에 관여하였다.

또한 인권의 보편적 선언(Universal Declaration of Human Rights)도 사회과학 및 행동과학의 연구대상자 보호윤리의 중요한 국제적 지침이 되었다. 모든 인간은 자유롭고 평등하며 인종, 피부색, 성, 언어, 종교 등에 따른 어떠한 차별도 이루어져서는 안 된다고 선언하였다. 헬싱키 선언(Helsinki Declaration)은 의생명연구에서 뉘른베르그 강령을 더욱 발전시켜 피험자의 권리보호를 최우선하는 의사의 자세, 충분히 숙지된 동의원칙의 구체화, 위험보다 혜택이 앞서는 연구, 기관생명윤리위원회의 사전심의의 필요성과 그 절차를 제시하였다. 이러한 헬싱키 선언은 지속적인 개정을 통해서 의생명연구분야의 생명윤리 및 연구대상자 보호윤리의 근간이 되었지만, 의사의 연구현장과 치료현장을 명확히 구분하지 않았으며 때문에 치료와 구별되는 연구의 특수성에 기초한 생명윤리나 인간연구대상자 보호윤리를 제시하는 데 한계가 있었다.

사회과학 및 행동과학의 연구대상자 보호윤리의 토대는 벨몬트 보고서(Belmont Report)를 통해서 구축되었다. 벨몬트 보고서는 무엇보다 헬싱키 선언과 달리, 도입부에서부터 치료와 연구를 분명히 구별하고 치료와 구별되는 연구의 특수성을 문제제기하면서 그에 해당하는 생명윤리 및 연구대상자 보호윤리원칙을 제시하고 있다. 특히 여기서 주목되어야 할 점은 벨몬트 보고서는 미국에서 의생명분야 뿐만 아니라 행동과학에서 잇다른 추문을 배경으로 행동과학분야를 아우르는 인간대상연구에서의 보편적인 생명윤리 혹은 연구대상자 보호윤리를 정립한 결과라는 점이다. 미국에서 1970년대에 들어 터스키기 매독연구뿐만 아니라 의생명분야 및 사회과학 및 행동과학분야에서 행동실험의 추문들이 잇따랐기 때문이다. 그런 의미에서 벨몬트 보고서는 최초로 사회과학 및 행동과학의 인간대상연구를 대상으로 연구대상자 보호윤리의 윤리적 원칙을 제시한 문건이다. 즉, 1972년에 공론화된 미국 터스키기 매독연구의 특별위원회(ad hoc committee)의 조사결과에 기초하여 연구과정에서 지켜야 할 생명윤리 및 연구대상자 보호윤리를 정립하는 것이었지만 사실 당시 심리학분야의 행동실험 추문이 잇따르면서 1979년 의생명연구뿐만 아니라 사회과학 및 행동과학의 인간대상연구에서도 직접적으로 해당되는 연구대상자 보호윤리 원칙을 정립하기 위한 미국 '의생명 및 행동연구에서의 연구대상자보호를 위한 국가위원회'[1)]에 의해 작성되었다.

터스키기 매독연구가 사회여론화되고 있을 때 행동과학분야의 추문들도 잇따라 발생하였다. 1973년 스탠포드 대학의 감옥연구가 언론에 알려지게 되었다. 스탠포드 대학의 감옥연구는 필립 짐바르도(Philip Zimbardo)와 그 동료들에 의해 1973년 수행된 감옥 시뮬레이션 연구이다. 연구취지는 감옥에서의 간수와 죄수의 역할수행이 연구대상자들에게 미치는 영향을 연구하는 것이었다. 이 연구자들은 스탠포드 대학교 빌딩 지하실에 가짜 감옥을 만들어 연구에 지원한 남학생들은 죄수와 간수의 역할을 흉내내게 하였다. 연구대상자들은 가상의 상황에 사로잡혀 자신이 맡은 역할에 동화되고 몰입되어 역할수행과 진짜 정체성 사이에서 혼란을 겪기 시작하였다. 간수는 물리적·심리적으로 죄수들을 학대하였고, 죄수들은 저항하거나 굽신거렸다. 이러한 예상치 못한 부작용으로 인하여 당초 연구기간인 2주간을 채우지 못하고 6일 만에 중지되었다. 이 연구계획의 주된 비판은 피해를 예측하는 데 있어서의 어려움을 제쳐두고라도, 연구대상자들에게 가해지는 정신적·사회적 피해에 대해 충분히 고려하지 못했다는 사실이다. 연구과정에서 연구대상자들이 심각한 역할혼란을 겪고 심리적 충격을 받고 정치적·사회적 피해를 당하였다. 이를 통해서 사회과학과 행동과학분야의 행동실험에서는 연구대상자에게 가해질 피해와 위험에 대한 상당한 고려가 있어야 하며 그러한 위험을 최소화하고 발생 시 충분한 대책을 함께 고려되어야 한다는 사실을 잘 말해준다.

1974년에는 밀그램 연구의 추문이 뒤따랐다. 심리학자 스탠리 밀그램(Stanley Miligram)은 1974년 권위에의 복종에 대한 행동실험을 실시하였다. 그는 교수자와 학습자의 외관을 띠고 교수자의 역할을 하는 연구대상자들에게 매우 위험한 전기충격을 학습자에게 가하도록 하였다. 실제로 전기충격이 가해지는 것은 아니었지만, 이러한 사실을 말해주지 않고 진행되었기 때문에 연구대상자에게는 매우 스트레스를 주는 갈등상황이 전개되었다. 그들은 전기충격을 가하라는 연구자의 말에 복종해야 하는가 아니면 실험을 지속하길 거부하여야 하는가 하는

---

1) National Committee for the Protection of Human Subjects of Biomedical and Behavioral Research.

갈등상황에서 분명한 스트레스를 받았다. 실제로 한 연구대상자는 연구참여를 중지시킬 정도로 발작을 일으키기도 하였다. 이 실험은 심각한 심리적 갈등 등 잠재적인 피해로부터 연구대상자를 보호하지 않았기 때문에 강력하게 비난받았다. 연구가 이루어지기 전에 육체적·심리적 문제로 인하여 심각한 갈등상황을 견뎌내기 어려운 연구대상자를 실험으로부터 배제되어야 한다는 사실을 전혀 고려하지 않았다는 것이다. 또 실험상황에서 최소한 연구대상자가 고통을 겪을 때 실험을 중지할 상황으로 간주되는 고통상황과 실험을 계속할 상황으로 간주되는 고통상황 등을 면밀하게 고려하지 않고 실험이 진행되었다는 사실이다. 또 과연 이 실험을 통해서 연구대상자의 자아 개념에 미치는 장기적인 효과를 연구할 수 있는지 의문을 제기하기도 하였다. 연구대상자 자신이 다른 사람에게 고통을 가할 수 있다는 것에 대해서 어떤 생각을 하게 되는가 하는 것은 매우 복합적이기 때문이다.

행동과학분야의 그러한 추문은 이후에도 반복되었다. 1976년 공중화장실 등 공공장소에서 동성애자들이 만나서 거래하는 과정을 동의 없이 관찰하여 연구한 험프리(L. Humphreys)의 연구[2)]도 그런 비윤리적 연구의 대열에 끼어들었다. 이러한 행동과학분야의 잇따른 추문은 사회과학 및 행동과학에도 연구대상자 보호윤리와 규제의 필요성에서 예외가 아님을 말해주었다.

이러한 사회상황에서 의생명 및 행동과학의 연구대상자 보호를 위한 국가위원회는 1979년 의생명분야 뿐만 아니라 행동과학분야의 인간대상연구에서 생명윤리 혹은 연구대상자 보호의 보편적인 윤리원칙으로 인간존중, 선행, 정의로 제시하였다. 첫째, 인간존중(respect for persons)의 원칙은 연구대상자의 자율적인 존재로서 인간의 존엄성과 제반 이해관계 및 권리를 존중하는 것을 의미한다. 인간존중 원칙은 연구참여과정에서 개개인의 이해관계와 권리를 넘어선 어떠한 국가적·민족적 혹은 집단적 요구나 필요를 인정하지 않는다는 점을 분명히 하고 있다.[3)] 이러한 개인주의적 원칙은 특수한 문화적 정체성을 가진 집단의 존중조차 부정하고 소속개인으로 환원한다는 점에서 비판되기도 하기도 하지만 동시에 불가침의 권리와 이해관계를 가진 개인의 자율적 결정을 연구대상자 보호윤리의 기초로서 분명히 하였다는 점에 큰 의의가 있다. "자율적인 인간

---

2) Tearoom Trade: A Study of Homosexual Encounters in Public Places.

3) 이러한 개인적 권리의 절대화에 대한 제3세계 학자들의 비판이 있다.

은 자의적으로 자신의 목적을 숙고할 능력 그리고 그 방향으로 행동할 능력이 있는 개인"이며 연구참여는 연구대상자 개인의 자율적인 결정에 기초하여야 한다. 이러한 자율적인 인간에 대한 존중의 가치 선언을 통해서 벨몬트 보고서는 뉘른베르그 강령 이후 발전되어 오던 '충분히 숙지된 동의(informed consent)'원칙을 더욱 분명히 정립하였다. 숙지된 동의원칙은 뉘른베르그 강령에서 제1원칙으로 선언된 자발적인 동의나 헬싱키 선언에서 강조된 숙지된 동의원칙으로 이후 인간연구대상자 보호윤리의 가장 기본적인 원칙으로 정립되었다. 둘째, 선행(beneficence)의 원칙은 연구대상자에게 악행을 행해서는 안 되며 선행을 해야 한다는 원칙이다. 연구대상자에게 불필요한 위험을 가해서는 안 되며 다른 대안이 없는 불가피한 경우 가능한 한 가해지는 위험을 최소화하여야 한다. 또한 연구수행 과정에서 연구대상자가 위험에 노출될 경우 안전대책 등 그 위험을 최소화하여야 한다. 따라서 선행의 원칙에 따라 잠재적인 위험보다 혜택이 클 때 연구되어야 한다. 이러한 선행의 원칙을 기초로 위험과 이득의 평가를 구체화시켰다. 셋째, 정의(justice)의 원칙은 연구대상자의 선정과 배분과정에서 차별하지 않은 것이다. 이 원칙은 나찌의 유대인이나 집시집단의 생체실험이나 미국의 흑인대상 터스키기 매독연구에 대한 비판에서 직접적으로 연유하였다. "누가 연구에서 생기는 이득을 누리고 누가 그 부담을 감당해야 하는가" 하는 점에서 부당하게 특정 개인이나 집단 그리고 특정 계층을 차별해서는 안 된다는 뜻이다.

벨몬트 보고서의 이러한 3가지 원칙은 이후 사회과학 및 행동과학의 인간연구대상자 보호를 위한 가장 중요한 원칙으로 발전되었다. 즉, 벨몬트 보고서에서 천명된 충분히 숙지된 동의(informed consent)원칙은 1981년 미국 의사협회 법률분과에서 제1원칙으로 천명하였고 1982년 의학, 의생명 및 행동과학연구의 윤리문제연구 미국 대통령 자문위원회(US president' commission for the study of ethical problem in medicine, biomedical and behavioral research) 최종결과보고서에 명시되었다. 벨몬트 보고서는 이후 보건복지부(DHHS) 가이드라인과 식품의약청(FDA) 가이드라인으로, 이후 1991년 common rule로 발전되었다.

이러한 연구대상자 보호원칙은 다분히 미국과 유럽 등 서구의 개인주의적 가치와 문화를 배경으로 한 것으로 비서구국가들의 다소 공동체주의적(communitarian) 가치와 문화전통과 배치되는 면이 많았고 비서구국가들에서 현실과 상이한 윤리적 원칙이었다. 이러한 비서구국가들의 고민을 반영하여 국제적 가이드라인으로 발전시켰는데 그 대표적인 것인 의생명분야에서 CIOMS 가이드라인이며 사회과학 및 행동과학에서 유네스코(UNESCO) 가이드라인이다. 국제적으로 그 영향력이 날로 증가되는 사회과학 및 행동과학에서도 지역연구나 국제적 공동연구 등 국제적 연구가 활발해지면서 사회과학 및 행동과학의 연구윤리를 위한 가이드라인의 필요성이 증대되고 있다. 이러한 여건에서 유네스코(UNESCO)를 중심으로 여러 가지 사회과학 가이드라인을 만들었다. 유네스코 사회과학 가이드라인은 1994년 사회변동 및 사회발전에 대한 정책학적 연구자들이 주도되어 만든 연구윤리 가이드라인이다. 연구자들의 정직과 책임을 강조하고 각 "지역의 관습, 기준, 법"에 대한 이해의 필요성을 강조하였다. 즉, 해당 "집단과 장소의 문화에 친숙해야 하며 또 존중해야 한다"고 명시하였다. 특히 연구대상자의 복지, 존엄 및 프라이버시, 이익은 항상 보호되어야 한다고 선언하였다. 충분히 숙지된 동의원칙을 분명히 천명하였다. "모든 인간대상에게는 자유롭고, 충분히 정보가 주어진 상태에서 이루어진 동의를 얻어야만 한다. 잠재적 참여자는 그들이 이해할 수 있는 언어와 방법으로 연구의 맥락, 목적, 특성, 법, 절차 그리고 스폰서에 대한 정보를 전해 받아야 한다. 연구팀은 연구가 행해지는 기간과 그 후에 특정되고 연락이 취해질 수 있어야만 한다"고 하였다. 위험에 대해서도 충분히 고지되어야 한다. "어떤 잠재적 위험 요소로부터도 보호되어야 하며, 참여로 인해 발생하는 어떤 결과에 대해서도 고지 받아야 한다"고 밝혔다. 또한 연구참여에 있어서 "강제는 없어야만 한다. 연구참여자는 거부할 권리와 연구 도중 언제라도 포기할 수 있는 권리에 대해 고지 받아야만 한다" 뿐만 아니라 사생활 보호에 대해서도 명시하였다. "연구참여자의 정보에 대한 완벽한 비밀유지와 익명성이 보장되어야 한다. 연구참여자는 제공될 정보에 대한 비밀보장과 관련해 어떤 제한에 있어서도 고지 받아야만 한다"고 밝혔다.

이러한 사회과학 가이드라인은 이미 국제적으로 인간대상연구에서의 연구대상자 보호윤리의 원칙들이 사회과학 및 행동과학에서도 해당됨을 잘 보여주고 있다. 이는 이후 발전된 여러 가이드라인에 영향을 미쳤다. 하지만 보편적 · 원칙주의적 접근이 사회과학 및 행동과학에서 논쟁이 치열하여 보편주의적 · 윤리적 원칙의 구체적인 절차나 방법은 보다 다양한 사회현실, 즉 사회문화와 권력관계 속에서 보다 세심하게 해석되어야 하며 그에 기초하여 적용되어야 한다는 점도 가이드라인의 주목될 만한 성과이다.

3. 인간행동 연구윤리(1): 연구설계 및 연구대상자의 선정

1) 연구설계

사회과학 및 행동과학분야 인간대상연구에서 연구대상자 보호윤리의 첫 번째 원칙은 무엇보다도 연구자는 연구대상자의 안전을 최우선으로 해야 한다는 것이다. 환자의 건강을 생각하고 유해한 연구는 무엇이든 삼간다는 히포크라테스 선서는 현대의사윤리의 핵심이며 의생명분야 뿐만 아니라 사회과학 및 행동과학분야의 인간대상연구에서 인간대상자 보호윤리에서도 핵심적 원칙이 되고 있다.

사회과학 및 행동과학분야 인간대상연구는 연구대상자를 부당하게 위험에 처하지 않도록 해야 하며 그 어떤 것보다 연구대상자의 안전을 최우선하여 고려하여야 한다. 단기적인 부작용이나 위험뿐만 아니라 장기적인 위험도 고려하여 악행을 행히지 않아야 한다. 이러한 점이 연구설계와 연구수행 전반에 적절히 반영되어야 한다. 물론 사회과학 및 행동과학 특성상 연구대상자에게 가해질 위험이 다양하여 이를 측정하는 것이 쉽지 않다. 의생명분야에서처럼 신체적 위험을 포함하여 정신적, 사회적, 경제적 위험을 다각적으로 그리고 상호작용 속에서 측정되어야 하기 때문이다. 사회과학 및 행동과학연구에서 개인적인 스트레스나 당혹감, 사회적 낙인 등은 어느 정도의 위험인지 객관화하여 비교하기 어렵다. 그럼에도 불구하고 연구설계에서 가능하면 직접적인 위험뿐만 아니라 잠재적인 위험에 대한 분명한 인식과 고려가 필요하다. 이를 통해서 연구설계상 연구대상자에게 가해지는 위험을 최소화하여야 한다.

연구 이외의 이해관심으로 인하여 연구대상자를 위험에 노출되게 해서는 안 된다. 이해갈등(conflict of interest)의 기준은 연구 이외의 이해관계가 건전하고 중립적인 연구관심과 절차를 훼손할 수 있을 정도로 연구에 미치는 영향의 정도를 뜻한다. 때문에 이해갈등 상황은 건전하고 중립적인 연구관심을 훼손할 뿐만 아니라 연구대상자를 지나치게 위험에 빠뜨리는 무리한 연구를 지속할 수 있다. 연구대상자의 안전에 우선되어서는 안 된다.

행동실험 등 사회과학 및 행동과학연구에서 지나친 정신적·사회적 위험으로 인하여 연구대상자의 존엄성과 가치를 심대하게 침해하는 연구는 자제되어야 한다. 또한 연구 중에서도 예상치 못한 위험에 노출될 때 즉시 연구를 중지하여야 한다.

연구설계상 불가피하게 연구대상자에게 가해질 위험이 있다면 연구과정에서 그러한 위험을 최소화하도록 노력하여야 하며 적정한 대책 마련을 통해 위험이 실제 발생했을 때 신속하고 적절한 응급대책을 실시하여야 한다. 반면 일상생활에서 일상적으로 직면할 수 있는 위험, 즉 최소한의 위험 이하의 연구에 대해서는 보다 간단한 절차를 허용할 수 있다.

위험의 최소화는 또한 혜택을 극대화하는 것(doing good)과 상응한다. 혜택은 연구대상자에게 직접적인 형태로서 치료나 개인적으로 유용한 정보제공 등이 있지만 특히 사회과학 및 행동과학에서 혜택은 대부분 인간대상연구를 통해서 유의미한 과학적 결과를 만들어내어 사회에 공헌하는 간접적인 것이다. 때문에 혜택을 극대화하는 것은 과학적으로 얼마나 유의미한 성과를 얻어내느냐에 있다. 가장 과학적인 연구가 가장 윤리적이라고 할 정도로 연구대상자의 참여는 과학적으로 유의미한 성과를 낼 수 있을 정도가 높을수록 정당화될 수 있다는 뜻이다. 과학적으로 유의미한 성과를 낼 수 없는 연구에 연구대상자의 참여를 유도하는 것은 노출되는 위험의 크기와 관계없이 윤리적이라 할 수 없기 때문이다. 인간대상연구를 설계함에 있어서 적어도 이미 이루어진 연구를 다시 하는 것은 아닌지 기존 연구와 어떤 차별적인 과학적 의미가 있는지 검토되어야 한다. 따라서 연구계획의 과학적 타당성에 대한 검토는 윤리적 심사에서 중요하게 고려되어야 한다. 이러한 원칙은 벨몬트 보고서의 선행(beneficence)원칙과 결부되어 있다.

연구참여를 통해서 연구대상자에게 가해질 위험과 혜택의 비교평가가 윤리적 리뷰에서 중요하다. 즉, 기대되는 혜택에 비해 위험의 크기와 정도를 비교하여 검토할 수 있으며 그러한 비교평가를 통해 기대되는 위험에 비해 기대되는 혜택이 크다고 판단될 때 그러한 연구는 윤리적으로 허용될 수 있기 때문이다. 하지만 그러한 공리주의(utilitarianism)적인 윤리적 평가가 위험을 최소화해야 한다는 명제를 불필요하게 하는 것은 아니며 혜택의 극대화 명제를 무화시키는 것도 아니다. 아무리 기대되는 혜택이 기대되는 위험이 비해 큰 연구라 하더라도 가능한 위험을 최소화하여야 하며 또한 과학적 유의미성 등 혜택을 더 극대화하도록 노력해야 한다.

2) 연구대상자의 선정과 배려

연구대상자 보호윤리는 연구대상자의 선정 및 연구과정에서 특정 집단을 차별하지 않는 정의(justice)원칙과 취약계층의 다양한 여건에 고려하는 배려(care)의 원칙이다.

정의원칙은 연구참여로 인하여 부담되는 위험과 혜택이 공정하게 배분되어야 한다는 것이다. 연구대상자를 선정할 때 인종이나 성, 문화집단 등 사회적으로 차별이 없어야 하며 그에 따라 연구참여시 위험과 혜택이 공정하게 배분되어야 한다. 따라서 연구대상자를 선정할 때 뿐만 아니라 연구과정에서 특정 집단을 부당하게 차별적으로 대우하지 않아야 한다. 또 설문조사에서 특정 집단을 차별하거나 부정적으로 묘사해서는 안 된다. 특히 정의의 원칙은 연구자와 연구대상자가 놓여 있는 사회의 광범한 권력관계를 의식하는 것이며 그에 따라 사회에 미치는 광범한 영향과 결과를 고려하는 책임이 있어야 한다.

이러한 권력관계를 고려해서 취약계층의 경우 그들이 처해 있는 여러 가지 상황을 고려하여 연구대상자로 선정할 때, 동의를 받을 때, 그리고 연구과정에 참여시킬 때 특별한 고려와 배려를 아끼지 말아야 한다. 취약계층은 신체적인 취약계층, 정신적인 취약계층, 조직적 혹은 사회경제적인 취약계층 등으로 다양하며 때문에 취약계층이 놓여있는 그러한 다양한 사회적 여건 및 관계 속에서 배려가 이루어져야 한다. 태아나 영아 그리고 청소년 등은 신체적·정신적으로 취약하여 선정 및 동의과정에서 특별한 고려와 배려가 필요하며 연구대상자 자신의 동의능력에 따라 부모 혹은 법적 대리인의 동의가 필요하다. 노인이나 환자의 경우도 마찬가지이다. 반면 죄수나 군인 등 시설수용자나 연구원이나 학생 등 위계질서나 피권력관계에 있는 연구대상자의 연구의 경우에는 그들이 놓여 있는 특수한 동의환경을 고려하여 동의절차가 이루어져야 한다. 연구과정에서도 이들 취약계층의 특수한 관계를 고려하여 배려되어야 한다. 영아나 청소년의 경우 부모와의 관계, 죄수나 군인 혹은 연구원 등의 경우에는 수용시설 내의 관계나 조직관계를 배려하여 신중하게 이루어져야 한다. 취약한 계층의 집단이나 취약한 공동체(community)도 배려되어야 한다. 이러한 배려윤리는 개개인의 독립된 개체성에 기초한 계약(contract)윤리를 넘어 훨씬 관계적이고 집단적인 속성을 지닌다.

4. 인간행동 연구윤리(2): 연구참여에의 동의과정

인간행동 연구윤리는 연구참여에 대한 연구대상자의 동의과정에서 지켜져야 한다. 연구참여는 인간의 자발적 참여를 존중하여야 하며 이를 위하여 충분히 숙지된 동의를 구하여야 한다는 것이다. 자발적 동의의 원칙은 1946년 뉘른베르그 강령 이래 가장 중요한 윤리적 원칙으로, 인간의 자율성에 대한 존중을 그 내적 가치로 하고 있다. 연구대상자는 자율적 존재로서 이미 제공된 정보에 대한 심사숙고를 통해 그 결과에 대해서도 책임을 질 수 있다는 것이다. 때문에 연구대상자에게 예측 가능한 위험이나 불편을 포함하여 관련 정보를 충분히 제공하고 참여 여부에 대해 자발적으로 결정할 수 있도록 충분한 기회를 제공하여야 한다. 벨몬트 보고서에서도 인간은 자율적인 존재로 존중받아야 하며 "인간에 대한 존중은 인간연구대상자에게 일어나서는 안 되는 일과 일어나야 하는 일을 선택할 수 있는 기회를 줄 것을 요구한다. 이 기회는 충분히 고지된 동의에 적합한 규준을 만족되었을 때 제공된다"고 밝히고 있다. 하지만 충분히 고지된 동의를 얻기 위해 얼마나 많은 정보를 제공하여야 하는지 하는 점은 명확한 기준이 없으며 연구의 특성에 따라 상이하다. 따라서 충분히 고지된 동의를 얻는 일이란 연구 프로젝트의 위험, 이익, 목적 그리고 연구대상자가 관여될 과정에 대해 충분하고 분명하게 밝힐 뿐만 아니라 연구대상자에 대한 연구자의 헌신과 의무를 포함한다. 연구자가 연구과정에서 연구대상자에게 고의로 해를 끼치지 않을 것이며 최대한의 헌신과 의무를 다할 것이라는 일종의 약속이라 할 것이다. 때문에 그러한 신뢰관계를 입증 가능한 서면으로 밝히고 동의를 얻는 것을 원칙으로 한다.

연구대상자는 자율적인 존재로서 자신의 참여 여부를 스스로 결정할 수 있도록 어떠한 장애나 압력이 있어서는 안 된다. 즉, 자율적인 선택을 저해하는 어떠한 강제도 이루어져서 안 되며 불이익이 주어져서는 안 된다. 연구에 참여하게 유도하는 상황을 조성하거나 유인어를 사용해서는 안 된다. 그리고 자발적으로 연구참여에 동의하였던 것처럼 연구 도중에 언제든지 참여를 철회할 수 있도록 보장하여야 한다. 특히 연구를 참여하지 않는 경우나 중도에 참여를 철회하는 경우 어떠한 불이익이 주어져서는 안 된다. 연구참여에 대한 보상은 자발성을 해치지 않는 범위에서 이루어져야 한다.

연구대상자의 자발적 동의를 위하여 참여 여부를 결정하는 데 제공되는 설명문은 명확하지만 누구나 이해하기 쉽고 간략하게 작성되어야 한다. 가능하면 연구목적, 연구내용 및 절차, 연구기간 등을 명확하고 충분히 고지하면서도 이해하기 쉽게 작성되어야 한다. 또한 교육수준과 언어능력에 따라 연구대상자가 이해하기 쉬운 용어를 사용하여야 하며 연구대상자가 한글에 익숙하지 않은 외국인의 경우에는 모국어(자국어) 동의서를 작성하여 동의받아야 한다.

자율적인 의사결정이 어려운 취약계층에게서 동의를 받는 경우 특별한 배려가 필요하다. 어린이나 정신적 장애인, 시설수용자 등 자율적인 의사결정이 어려운 취약계층을 위험에 빠뜨려서는 안 되며 악용해서는 안 된다. 취약계층의 참여가 불가피할 때는 본인의 동의와 더불어 법적 대리인의 동의를 받아야 한다. 취약계층 본인이 충분한 동의능력을 결여한 경우에는 법적 대리인의 동의를 받고 연구대상자 본인에게도 승낙 등 최소한의 동의절차가 필요하다.

연구대상자의 충분히 숙지된 동의를 받을 때 연구목적이나 내용을 숨기거나 속이지 말아야 한다. 하지만 사회과학과 행동과학분야의 연구에서는 연구대상자에게 연구목적 및 연구내용 등을 충분히 고지하였을 경우 고지함으로써 영향을 받아 진실한 반응이나 응답을 얻을 수 없는 경우도 많다. 이러한 경우 첫째, 최소 이하의 단순한 관찰조사인 경우 그러한 연구설계의 불가피한 사유에 대한 타당성과 더불어 관찰범위와 내용 그리고 그로 인한 연구대상자에게 미치는 위험에 대한 기관윤리위원회의 승인을 받아서 동의 없이 연구를 수행할 수 있다. 하지만 관찰조사 후 즉시 연구대상자에게 그 연구목적과 동의 없이 관찰한 사유 그리고 관찰범위와 내용에 대해 고지하고 동의를 받아야 한다. 연구대상자의 동의를 받지 못한 경우 획득된 관찰자료는 연구에 사용되어서는 안 된다. 또한 충분히 고지하지 않거나 심지어는 속임수 연구설계의 경우 그 불가피한 사유에 대한 타당성과 더불어 고지 혹은 속임의 범위와 내용, 그리고 그에 따른 위험에 대해 기관윤리위원회의 승인을 받아서 연구를 수행할 수 있다. 하지만 비록 충분히 고지하고 않고 또 심지어 속임수를 통해 연구를 시작한다 하여도 실험이나 응답 이후 즉시 연구대상자에게 철회할 수 있는 기회를 제공하여야 한다. 즉, 연구대상자에 대한 해당 실험이나 응답 이후 곧바로 실제 연구목적 등을 성실히 고지하여 반드시 재동의를 받아야 한다. 재동의를 받지 못할 경우 획득된 자료는 연구에 사용되어서는 안 된다.

충분히 숙지된 동의가 핵심적인 원칙이지만 이러한 절차적 윤리는 연구대상자 개개인의 동의만 얻으면 되는 것으로 환원될 수 없다고 비판되기도 한다. 모든 연구의 관계적 속성을 강조하면서 오히려 참여관찰이나 인류학적 · 민속지적 연구에서는 연구자가 연구대상자의 사회적 관계망 혹은 커뮤니티 속에서 라뽀(rapport) 형성이나 신뢰관계 형성을 통해 연구대상자의 참여가 윤리적으로 이루어질 수 있기 때문이다. 따라서 사회과학과 행동과학분야에서 동의는 최소 위험 이하의 과학적으로 유의미한 연구에서 연구자의 자발적 참여를 보장하는 다양한 대안적 방법과 더불어 숙고되어야 한다.

5. 인간행동 연구윤리(3): 개인정보 수집 및 관리

인간행동 연구윤리는 개인정보의 수집 및 관리에서도 지켜져야 한다. 즉, 연구대상자 개인의 사생활(privacy) 보호와 기밀성(confidentiality) 유지이다. 개인정보보호법 및 관련 윤리에 따라 연구과정에서 연구대상자의 사적인 생활이나 프라이버시를 보호하여야 한다. 사회과학과 행동과학분야 연구는 침습적인 연구라기보다는 비침습적, 즉 관련 정보를 수집하는 연구가 대부분이다. 때문에 개인정보 및 사생활 보호는 연구대상자 보호윤리의 중요한 원칙이다.

개인정보 보호 및 사생활보호의 핵심원칙은 자율적 존재로서 연구대상자의 존엄성과 가치를 존중하고 개인정보 주체로서의 자기결정권을 존중하는 것이다. 무엇보다도 개인정보를 수집할 때 충분히 숙지된 동의를 받아야 한다. 충분히 숙지된 동의를 받을 때는 무엇보다도 먼저 연구목적을 밝혀야 한다. 개인정보는 목적에 따라 관리되어야 한다. 즉, 목적에 필요한 범위에서 최소한의 개인정보를 수집하여야 하며 목적 이외의 사용 및 제3자로의 이전을 하지 않아야 하고 목적이 달성되면 적법한 절차에 따라 폐기하여야 한다. 동의를 받을 때 적시한 목적 이외의 다른 과학적 목적으로 사용하고자 할 경우 반드시 목적 이외의 활용에 대한 재동의를 받아야 한다. 재동의가 불가능한 경우 그 사유에 대해 기관심의위원회의 승인을 받아서 인접 과학적 목적으로 활용될 수 있다. 또한 동의를 받을 때는 연구목적 뿐만 아니라 연구방법, 획득되는 개인정보의 종류와 사용기간 그리고 동의를 거부할 수 있는 권리가 있다는 사실 등을 적시하여 동의를 받아야 한다. 또한 수집된 정보가 국제적으로 이동될 경우 그러한 사실을 고지하고 미리 동의를 받아야 한다. 특히 가능하면 수집된 정보를 개인정보 보호수준이 취약한 나라로 이동하지 말아야 한다.

개인정보 보호를 위하여 충분히 숙지된 동의를 받아야 할 뿐만 아니라 동의받은 이후에도 연구대상자의 권리를 충분히 보장하여야 한다. 연구대상자가 연구자의 연락처를 통해서 연구와 관련하여 문의하거나 자신의 개인정보에 대해 열람할 수 있도록 하여야 하며 정정 · 삭제 · 처리 정지를 요구할 수 있다. 연구대상자는 유출시에는 통지를 받아 대비할 수 있도록 하여야 한다.

연구대상자로부터 수집된 관련 정보 중에 직접적으로 개인을 식별할 수 있는 개인정보 뿐만 아니라 개인의 사생활과 프라이버시와 관련된 개인정보를 일차적으로 보호하여야 한다. 개인정보 및 사생활보호를 위하여 획득된 정보의 기밀성을 유지하여야 한다. 정보가 공개되지 않도록 주의의무를 성실히 수행하여야 한다. 즉, 공개되지 않아야 하며 또 유출되지 않아야 한다. 연구과정에서 수집된 정보의 기밀성을 유지하도록 잘 관리되어야 한다. 수집된 개인정보는 익명화하여 관리되어야 하며 사후적으로 실명화 할 수 없도록 하여야 한다. 개인을 식별하는 정보를 없애고 완전하게 익명으로 처리하여야 한다. 또 개인정보가 유출되지 않도록 안전대책을 수립하여야 하며 개인정보관리책임자를 선정하여 관리 및 유출시 책임관계를 명확히 하여야 한다. 만약 유출되었을 경우 피해를 최소화하기 위하여 신속한 대책이 필요하며 관련 연구대상자에게 고지하여 대비하게 하여야 한다.

개인정보 중에서도 공개되거나 노출되었을 경우에 연구대상자의 사생활을 현저하게 침해할 우려가 있는 사상 · 신념 · 정치적 견해 · 성적 경향 · 질병 등의 정보를 민감한 정보(sensitive data)라 한다. 이러한 민감한 정보를 수집하는 연구는 수집 및 관리과정에서 특별한 조치가 필요하다. 가능하면 민감한 개인정보를 수집하지 않고도 연구할 수 있도록 설계되어야 하며 불가피하게 민감한 정보를 수집하여 연구를 하는 경우에도 가능하면 민감한 정보를 적게 수집하도록 연구계획을 수립하는 것이 필요하다. 또한 이때 수집된 민감한 정보는 유출되지 않도록 일반 개인정보의 경우보다 암호화 등 훨씬 더 안전한 대책을 수립하여야 한다.

뿐만 아니라 개인정보를 보호하기 위하여 연구진행과정 뿐만 아니라 연구 후에도 자료에 만전을 기해야 한다. 개인정보를 포함한 연구자료는 3년을 보호하여야 하며 이후 개인정보보호법의 폐기절차에 따라 폐기되어야 한다. 하지만 개인정보를 포함한 연구자료라 할지라도 후속연구를 위하여 보관하고자 할 때는 IRB 심의를 받아서 보관할 수 있다. 보관된 연구자료를 동의받을 때 명시한 목적 이외에 다른 연구주제로 연구에 활용하고자 할 때는 재동의를 받아야 한다. 하지만 재동의가 현실적으로 불가능하고 재동의를 받지 않더라도 연구대상자에게 미치는 영향이 거의 없는 경우에 한하여 IRB의 심의를 받아서 재동의절차 없이 목적 이외의 제3의 연구에 사용할 수 있다. 단지 IRB가 승인한다고 하여 개인정보호보법에 따른 법적 책임까지 면제되는 것은 아니다. 또한 보관된 연구자료를 제3자에게 제공하는 행위는 이미 동의받은 경우를 제외하고는 불가능하다. 이미 동의받은 경우에도 제공받은 제3자는 이미 동의받은 목적에 따라서 연구자료를 활용할 수 있을 뿐이다.

♣ 참 / 고 / 사 / 례 ♣

[사례 1] 만성질환자의 질병체험담론에 대한 연구

만성질환자의 심층인터뷰를 통해서 환자 자신이 자신의 질병을 어떻게 체험하고 자신의 삶에 대한 주체적인 해석체계 속에서 구성하는지를 밝히는 연구이다. 연구목적은 5대 만성질환에서 각 4명씩 총 20명의 대화가 가능한 만성질환자를 대상으로 자신의 질병이 발생되고 경험되고 자신의 삶 속에서 어떻게 해석되는지를 6개월 정도의 참여관찰과 심층인터뷰를 통해서 질병체험담론 구조를 밝혀내는 것이다.

심의: 환자 자신이 자신의 질병에 대한 체험과 그에 대한 이해방식이 의사의 규정 못지않게 질병과 고통의 극복에 중요한 바, 이러한 질병체험담론에 대한 심도있는 연구는 매우 중요한 과학적 기여라 생각된다. 그러나 본연구를 위해 상당시간 만성질환자를 지속적으로 말을 시키게 하기 때문에 전문의료진의 연구참여가 필요하다.

[사례 2] 세대갈등에 대한 연구

설문조사를 통해서 세대현상을 정치, 경제, 문화, 가족부분으로 나뉘어 그 갈등잠재력과 현재화된 갈등양상을 밝히는 연구이다. 전 국민을 대표하기 위하여 지역과 계층을 통제하여 군집 표집하여 전국 표본 1,000명에 대상으로 세대차이와 세대갈등을 경제, 가족, 문화, 정치 측면에서 설문지 120문항을 작성하여 조사한다.

심의: 개인정보 수집이 없는 연구이기 때문에 심의면제한다. 설문내용이 개

인정보에 해당하지 않으며 개인식별정보를 전혀 수집하기 않고 관리되기 때문에 심의면제에 해당한다.

[사례 3] 노숙인의 생애사에 대한 연구

노숙인이 어떤 경로와 과정을 거쳐서 노숙인이 되었는지를 연구하는 과제이다. 노숙인 구호시설을 이용하는 50명의 노숙인을 대상으로 노숙인이 어떤 경로와 과정에서 이르게 되었는지에 대한 자료를 구조화된 설문조사와 인터뷰를 통해서 획득하여 분석한다.

심의: 노숙을 할 정도로 빈곤한 취약계층을 대상으로 경제적·사회적 개인자료를 수집하기 때문에 조사요원에 대한 윤리적 교육실시와 익명화된 개인정보 관리를 요청한다. 특히 수집된 사진자료는 개인식별자료이기 때문에 특별한 관리(폐기)절차를 명시하기를 요청한다. 설문조사와 인터뷰 동의서에 설문조사와 심층인터뷰 내용을 통합하여 연구된다는 사실을 명시하기를 권장한다.

◆ 연 / 습 / 문 / 제 ◆

1. 설문조사의 경우에 연구목적이나 배경 등을 알리면 응답에 영향을 미치는 경우 informed consent를 받을 수 없는 경우에 해당되는 윤리적 원칙에 해당되지 않은 것은?
   ① 가능하면 연구목적이나 배경 등을 알려서 응답을 구하는 것이 윤리적으로 옳다.
   ② 연구목적상 불가피하게 연구목적이나 배경 등을 충분히 알리지 않고 동의를 구하고 설문조사를 실시한 경우 설문조사 후 곧바로 연구목적이나 배경 등을 알리고 다시 동의를 구해야 한다.
   ③ 연구목적상 불가피하게 연구목적이나 배경 등을 충분히 알리지 않고 동의를 구하고 설문조사를 실시한 경우 설문조사 후 연구목적이나 배경 등을 알리고 동의를 구하고자 하였으나 동의를 거부한 경우 설문조사한 결과는 폐기되어야 한다.
   ④ 연구목적상 불가피하게 연구목적이나 배경을 충분히 알릴 수 없는 연구는 진행하지 않아야 한다.

2. 설문조사의 리스크에 해당하지 않는 것은?
   ① 사회적 리스크　② 심리적 리스크
   ③ 경제적 리스크　④ 물리적 리스크

3. 개인정보 보호원칙에 해당하지 않는 것은?
   ① 충분한 정보에 의거한 동의를 받아야 한다.
   ② 목적에 따른 최소한의 개인정보를 수집하여야 한다.
   ③ 가능하면 개인정보를 익명화하여 관리하여야 한다.
   ④ 목적을 달성한 후 익명화하여 제3자에게 제공할 수 있다.

4. 다음 중 공공부문이나 민간기업에서의 개인정보 보호에 비해서 학술적 연구에서 개인정보 보호의 특징에 해당하는 것은 ?
   ① 공익을 위한 강요된 수집에 상응하는 책임
   ② 고도의 윤리성에 상응하는 책임
   ③ 개인이나 집단의 경제적 이해에 상응하는 책임
   ④ 쉽게 획득될 수 있는 편리성에 상응하는 책임

5. 개인정보나 개인정보를 포함한 조직과 세포의 국가간 이동이 빈번해지고 있다. 현재 개인정보 보호수준이 높은 나라에서 낮은 나라로 개인정보나 조직, 세포를 이동하는 것은 금지하는 유럽과 미국의 세이프 하버(safe harbor)룰 같은 여러 가이드라인이 있다. 국가간 공동연구가 활발해지고 있는 현재, 개인정보 등의 국가간 이동에서 고려해야 할 핵심적인 윤리적 원칙은 무엇인가?
   ① 책임 ② 자유
   ③ 평등 ④ 회피 금지

정 답
1. ④ 2. ④ 3. ④ 4. ② 5. ④

참고문헌

서이종, 2009, "미국 터스키기 매독연구의 생명윤리 논란과 그 영향", 『사회와 역사』 83, pp. 187－221.

서이종 외, 2012, 『사회과학/행동과학 인간대상연구의 윤리적 심의를 위한 표준지침 결과보고서』, 대한임상시험심사위원회(KAIRB) 보고서.

AoIR(Association of Internet Researchers), 2002, *Ethical Decision－Making and Internet Research.*

Bulmer, M., 1980, "Ethical Problems in Social Research: The Case of Covert Participant Observation", M. Bulmer (ed.) *Social Research Ethics*, London: Macmillan, pp. 3－12.

Craig, T. and M. E. Ludloff, 2011, *Privacy and Big Data*, Sebastopol: O'Reilly.

Davies, Hayley, 2007, "Reflexivity in Research Practice: Informed Consent with Children at School and at Home", *Sociological Research Online* 13(4).

Goode, E., 1996, "The Ethics of Deception in Social Research: A Case Study", *Qualitative Sociology* 19(1), pp. 11－33.

Israel, M. and I. Hay, 2007, *Research Ethics for Social Sciences*, London: Sage.

Lee-Treweek, G. and S. Linkogle (eds.), 2000, *Danger in the Field: Risk and Ethics in Social Rsearch*, London: Routledge.

Markham, A. N. and N. K. Baym (eds.), 2009, *Internet Inquiry: Conversations about Method*, London: Sage.

Mckee, H. A. and J. E. Porter, 2009, *The Ethics of Internet Research: A Rhetorical, Case－Based Process*, New York: Peter Lang.

Melrose, M., 2011, "Regulating Social Research: Exploring the Implications of Extending Ethical Review Procedures in Social Research", *Sociological*

Research Online 16(2).

Mertens, D. M. and P. E. Ginsberg (eds.), 2009, *The Handbook of Social Research Ethics*, London: Sage.

Oliver, P., 2010, *The Student's Guide to Research Ethics*, Berkshire: Open University Press.

Reed, K., 2007, "Bureaucracy and Beyond: The Impact of Ethics and Governance Procedures on Health Research in the Social Sciences", *Sociological Research Online* 12(5).

제 7 장 취약한 피험자 연구윤리

김 옥 주

(서울대학교 의과대학 인문의학교실)

1. 서 론

연구윤리에서 가장 주목받는 주제 중 하나는 취약한 피험자에 대한 윤리이다(김옥주, 2007). 이는 생명윤리가 배태된 역사적인 맥락과 관련된다. 생명윤리학자 레빈이 "생명윤리는 스캔들을 통해 태어나고 보호주의 속에서 자라난다"고 했듯이, 현대의 연구윤리는 스스로의 힘으로 자신을 보호할 수 없는 약자들에 대한 비인도적인 실험에 대한 반성에서 비롯되었다. 최초의 국제적인 연구윤리 지침인 1947년의 뉘른베르그 강령은 나치 의사들이 포로수용소에 수감된 전쟁포로들에게 자행한 실험에 대한 판결문의 일부로 만들어졌다. 그러나 이러한 비인도적인 실험은 나치의사들에게만 국한된 것이 아니었다. 1966년 하버드 의과대학의 헨리 비처 교수는 미국의 의학 학술지에 실린 유수한 의과대학에서 수행한 22개의 연구들을 분석하여 육체적, 정신적, 사회적으로 약자인 사람들, 즉 취약한 피험자들(vulnerable subjects)을 대상으로 하는 비윤리적인 연구들이 계속되었음을 보여주었다. 즉, 취약한 피험자에 대한 착취는 제2차 세계대전 이후에도 서방의 의학계에서 만연하게 벌어졌던 것이다. 마침내 1972년에 미국 정부가 알라바마 주의 터스키기의 주민 400여명들에게 매독에 대한 치료를 받지 못하도록 조치하고 관찰과 부검을 해왔던 연구가 대중매체에 폭로되자 연구대상자들에 대한 존중과 보호를 더 이상 연구자들의 양식에만 맡길 수 없다는 여론이 들끓게 되고 연구윤리에 대한 본격적인 법적·제도적 장치들이 만들어졌다(Reverby, 2000). 40년 동안 연방정부의 백인의사들에 의해 "나쁜 피"를 치료

받는다고 알았던 터스키기의 피험자들은 그야말로 가난하고 문맹인 흑인 농업 노동자들로서 자기의 권리를 지켜내기 어려운 취약한 피험자들이었다(Jones, 1981). 이와 같이 사회적인 약자들의 존엄성과 인권, 안녕을 훼손한 사례들이 연이어 밝혀지면서 연구윤리는 취약한 피험자들을 보호하는 방향으로 발전하였다. 즉, 연구윤리의 역사는 취약한 피험자들에 대한 착취의 역사이며 이를 예방하기 위한 제도의 발전으로 요약될 수 있다.

역사적으로 왜 이렇게 취약한 피험자의 윤리가 문제가 되었는가? 취약한 피험자는 여러 가지 이유로 자신을 보호하기 어렵거나 자발적인 동의를 하기 어려운 상태에 있는 사람들이다. 연구자의 입장에서는 이러한 취약한 피험자들은 연구에 대해 자세하게 설명하고 자발적인 동의를 받는 까다로운 과정을 거치지 않고도 손쉽게 연구의 대상으로 이용할 수 있거나 연구자가 마음대로 조작하기 쉬운 대상이 될 수 있기 때문에, 연구에 대한 의욕이 앞선 과학자들에게 착취를 당하기 쉽다. '어느 나쁜 연구자가 그렇게 할 것인가?'라고 질문할 수 있지만, 역사는 이러한 경우가 드물지 않았음을 보여준다.

이 글에서는 먼저 취약한 피험자의 정의에 대해 살펴보고 이에 대한 국제지침과 국내의 법들을 고찰한 후에, 취약한 피험자에 해당되는 여러 특수한 집단을 대상으로 하는 연구윤리를 살펴보도록 한다.

2. 취약한 피험자의 정의와 범주[1)]

취약한 피험자란 자신의 이익을 보호할 수 없는 사람들, 즉 자신의 이익을 보호할 수 있는 능력, 지식, 교육, 재산, 힘 또는 다른 특성들을 충분히 갖지 못한 연구대상자들을 일컫는 말이다.[2)] 국내에서 법적으로 취약한 피험자를 규정하고 있는 곳은 약사법 시행규칙인데, 취약한 피험자를 다음과 같이 정의한다.

> "취약한 환경에 있는 피험자(Vulnerable Subjects)"란 임상시험참여와 관련한 이익에 대한 기대 또는 참여를 거부하는 경우 조직위계상 상급자로부터 받게 될

1) 김옥주, Op. cit.

2) The International Ethical Guidelines for Biomedical Research Involving Human Subjects (CIOMS)(Emanuel et al.(eds), 2003: 73).

불이익에 대한 우려가 자발적인 참여결정에 영향을 줄 가능성이 있는 피험자(의과대학 · 한의과대학 · 약학대학 · 치과대학 · 간호대학의 학생, 의료기관 · 연구소의 근무자, 제약회사의 직원, 군인 등을 말한다), 불치병에 걸린 사람, 제31조의2에 따른 집단시설에 수용되어 있는 사람, 실업자, 빈곤자, 응급상황에 처한 환자, 소수인종, 부랑인, 노숙자, 난민, 미성년자 및 자유의지에 따른 동의를 할 수 없는 피험자를 말한다.[3]

자신을 적절하게 보호하기 힘든 군을 취약한 피험자라고 할 때, 이들은 연구참여와 중단에 대해 다양한 이유로 진정한 의미의 자발적인 동의를 할 수 없는 집단으로 나타난다. 피험자가 연구과정에서 자신을 보호하는 방법은 연구에 자발적으로 동의하고 언제든지 그만둘 수 있는 지속적인 동의(ongoing consent)가 가능한지에 달려있기 때문이다. 연구분야에서 취약한 피험자들은 연구자가 손쉽게 이용할 수 있고 조종할 수 있기 때문에 특히 비윤리적인 연구에서 많이 이용을 당하였다. 취약성(vulnerability)에는 다음과 같이 여러 가지 원인이 있을 수 있다.[4]

가. 인지적 취약성

인지기능의 장애로 연구 관련 정보를 이해하고 그 의미를 숙고하여 결정을 내리기 힘든 피험자 군이 이에 속한다. 예를 들어 영유아나 나이 어린 소아들은 인지기능이 발달하지 않았기 때문에 연구에 관련된 정보를 주어도 너무 어려서 정보를 이해하기 어렵다. 중증 치매환자처럼 인지기능이 떨어진 경우 등도 이에 해당한다.

나. 사회·경제적 취약성

가난하거나 사회적으로 약자여서 매우 적은 보상이라도 절실히 필요한 상태에 있는 사람들은 절박한 현실 때문에 연구의 위험-이익을 객관적으로 평가하기 어려운 상태에 있게 된다. 또한 문맹이거나 노숙인, 난민, 유목민 등 사회적 약자로서 자신을 보호하기 힘든 집단도 이에 속한다.

---

3) 의약품 임상시험 관리기준(의약품 등의 안전에 관한 규칙, 별표 4)(시행 2013. 3. 23).

4) National Bioethics Advisory Commission. Ethical and Policy Issues in International Research: Clinical Trials in Developing Countries. August, 2001. cited 2007 May 10; Available from: URL: http://bioethics.georgetown.edu/nbac/pubs.html

다. 기관과 관련된 취약성

학생이나 연구소 직원 등 소속기관의 공식적인 권위 때문에 인지기능은 정상이라고 하더라도 진정한 의미에서 자발적이고 자유로운 동의를 하기 어렵게 된다. 특히 연구가 많이 수행되는 의과대학 · 한의과대학 · 약학대학 · 치과대학 · 간호대학 학생들은 약사법 시행규칙에도 명시된 취약한 집단이다. 이들에 대해 권위나 권력을 행사하기 위한 쉬운 연구자들이 가까이서 힘을 이용해 손쉽게 모집할 수 있기 때문에 본인의 이익이나 의사에 반해서 착취될 가능성이 있는 집단이 된다.

라. 집단시설에 수용된 상황과 관련된 취약성

영아원, 고아원, 양로원, 요양원, 감호소, 교도소 등 집단시설에 수용 중인 사람들은 그 상황으로 인해 자율성을 발휘하기 어려운 취약한 피험자들이다. 전쟁 중 포로수용소나, 함께 집단생활을 하는 군인 등도 이에 해당된다.

마. 문화적인 취약성

피험자가 비공식적으로 타인에게 복종하게 되어 자발적인 의사결정과 동의가 어려운 집단이 있다. 예를 들어, 특정 문화권에서 여성과 관련된 일을 남편이나 아버지가 결정하고 여성은 복종하는 경우나 의사에게 모든 결정을 의뢰하는 가부장적 의료문화가 있는 곳에서 볼 수 있다.

바. 생리적인 상황에 기인한 취약성

여성이 임신 중에 직면하게 되는 추가적인 건강상의 문제나 태아에 대한 불필요한 위험을 피할 필요성으로 인해서 임신한 여성, 태아, 신생아는 취약한 피험자로 간주된다. 임신한 여성은 물론 동의능력이 온전한 경우가 대부분이나, 연구로 인해 영향을 받지만 동의를 할 수 없는 제3자(태아)가 참여하고, 사회의 미래구성원에 대한 해악 또는 손상을 예방할 필요성 때문에도 또한 특별한 주의가 요구된다는 측면에서 임신한 여성과 태아, 신생아는 취약한 피험자이다.

사. 질병으로 인한 취약성

표준치료제가 없는 연구에 참여하도록 권유를 받았을 때, 이를 새로운 치료를 받을 수 있는 유일한 기회로 인식하여 연구의 위험-이익에 대한 공정한 평가가 어렵게 되는 난치병이나 불치병에 걸린 환자 집단이 이에 속한다. 이 경우에 종종 "치료라는 오해(therapeutic misconception)"가 발생할 수 있다. "치료라는 오해"란 연구가 참여자를 위한 것이 아니라 지식을 위한 활동임에도 불구하고, 연구가 의학적 치료의 일부로서 참여자들에게 도움을 주려고 의도된 것이며, 연구에 참여하면 치료에 이익이 있을 것이라고 참여자들이 잘못된 믿음을 갖는 것을 말한다.

연구대상이 하나 이상의 취약성을 가지는 경우도 있다. 연구를 설계할 때, 위와 같이 취약성의 범주를 중심으로 검토하여 각각에 대한 구체적인 보호책을 마련할 필요가 있다. 예를 들어 인지적 취약 집단에 대한 연구를 수행할 때에는 동의가 최대한 잘 이루어질 수 있도록 인지기능 평가를 하고 인지수준에 맞는 승낙(assent)과 법정대리인의 동의를 받고 연구를 수행하도록 한다. 미국의 법률은 취약한 집단을 여성, 소아, 재소자 등 특수한 피험자군으로 나누어 각각에 대한 특별한 보호조치를 요구한다.

3. 취약한 피험자에 대한 국제지침과 국내 법규정

1) 벨몬트 보고서

터스키기 매독연구 폭로 이후에 1979년 미국의 "생명의료 및 행동연구의 인간 피험자 보호를 위한 국가위원회"에서 발표한 벨몬트 보고서(The Belmont Report)는 역사적으로 연구에서 취약한 피험자가 착취되어 온 사실이 공정하지 않고 정의의 원칙에 어긋난다는 점을 명시하였다.[5] 19세기와 20세기에 가난한 이들, 노인 환자들, 소수민족과 특정 인종, 또는 시설수용자 등 특정 계층이 연구에 이용된 것은 그들이 연구주제와 관련이 있어서가 아니라 처지가 어려우며 연구자들이 조종하기 쉽다는 이유로 선택되었다. 이는 올바르지 않으며, 정의롭지 못한 것이다. 벨몬트 보고서에 의하면, "소수 인종, 빈민, 중환자, 그리고 시설수용인과 같은 특정 집단은 연구가 수행되는 환경에서 손쉽게 이용될 수 있

5) The Belmont Report: Ethical Principles and Guidelines for the Protection of Human Subjects of Research. The National Commission for the Protection of Human Subjects of Biomedical and Behavioral Research April 18, 1979. http://ohsr.od.nih.gov/guidelines/belmont.html 2012년 5월 20일 방문.

다는 이유로 연구 피험자로서 끊임없이 선호될 수 있다. 그들의 의존적인 위치나 자유롭게 동의할 수 없는 처지, 또는 동의능력이 제한되어 있다는 점을 고려할 때, 행정적인 편의나 질병이나 사회경제적 조건으로 인해 조종하기 쉽다는 이유로 연구에 참여시키려는 위험으로부터 그들을 보호해야만 한다." 더 나아가 벨몬트 보고서는 취약한 집단을 대상으로 하는 연구의 경우 그들의 참여가 적절하다는 점이 증명되어야 한다고 강조한다. 또한 어떠한 연구에서 피험자 집단을 선정할 때, 예컨대 어린이보다는 성인을 선정하는 등, 취약하지 않은 피험자군을 선정하도록 권고한다. 정신병원 수용 환자나 수감자와 같이 취약한 환경에 놓여있는 피험자 집단은 연구가 그들이 처한 상황 때문에 과학적으로 필요한 경우를 제외하고는 피험자로 모집하지 않도록 권고한다. 또한 미성년자나 정신질환자와 같이 연구에 대한 정보를 이해할 수 있는 기능이 부족한 피험자들에 대해서는 그들의 최선의 이익을 대변할 보호자 등의 대리인이 동의를 하며, 피험자들에게도 연구에 참여할지의 여부를 선택할 수 있는 기회를 제공하고, 피험자들의 참여 거부 의사는 존중되어야 함을 명시한다.

2) 헬싱키 선언

세계의사회가 사람을 대상으로 하는 의학연구에서 윤리원칙과 지침을 제공하기 위해 만든 헬싱키 선언에서는 보다 구체적으로 취약한 피험자 연구윤리를 명시한다(세계의사회, 2008). 기본적 원칙은 취약한 집단에 대한 의학연구는 이 집단의 건강을 위한 연구이거나 연구결과로 피험자가 혜택을 받을 수 있는 경우에 한하여 시행할 수 있다는 것이다. 의사결정능력이 없는 피험자들은 (1) 그들이 속한 집단의 건강을 증진시키려고 의도되었으며, (2) 의사결정능력이 있는 사람으로는 대신 수행이 불가능하고 (3) 최소한의 위험과 최소한의 부담만이 있는 연구 등 이상의 세 가지 조건을 모두 충족될 때에만 허용되어야 한다는 것이다. 의사결정능력이 없는 피험자가 연구에 참여하기 위해서는 연구자는 법정대리인의 동의와 더불어 피험자 본인의 승낙(assent)도 구해야 하며 피험자의 반대 의사를 존중하여야 한다. 헬싱키 선언은 응급상황에서 의식이 없는 환자의 경우처럼 육체적으로나 정신적으로 동의를 할 수 없는 피험자에 대한 연구윤리도 명시하고 있다. 이러한 연구는 동의를 할 수 없게 하는 육체적이거나 정신적인 상황이 그 연구집단의 특성일 때만 수행할 수 있으며, 법정대리인으로부터 동의를 구하여야 한다. 그러나 "법정대리인과 접촉할 수 없지만 연구를 지체해선 안 된다면, 동의를 할 수 없는 상태에 있는 피험자를 대상으로 하는 구체적인 이유가 연구계획서에 명시되어 있고 연구윤리위원회가 그 연구를 승인한 경우에만 동의 없이도 연구를 수행할 수 있다. 그리고 연구에 계속 참여한다는 동의를 피험자나 법정대리인으로부터 가능한 한 빨리 받아야 한다(세계의사회, 2008)."

3) 생명윤리 및 안전에 관한 법률

2013년 2월 시행 예정인 생명윤리 및 안전에 관한 법률(이하 '생명윤리법')은 규제의 범위를 인간을 대상으로 하는 연구 전반으로 확장하면서 취약한 피험자에 대한 연구윤리에 대해서 다루고 있다. 생명윤리법은 그 기본 원칙으로 "취약한 환경에 있는 개인이나 집단은 특별히 보호되어야 한다"[6]고 천명하여, 취약한 피험자 연구윤리에 대해 포괄적인 원칙을 제시하고 있다. 또한 기관생명윤리위원회는 취약한 연구대상자의 보호 대책을 수립할 책임이 있음을 명시하였다. 제16조 인간대상연구의 동의에서 "동의능력이 없거나 불완전한 사람"인 취약한 피험자가 참여하는 연구에서 대리인의 서면동의를 받도록 명시하였는데, 이 경우 대리인의 동의는 연구대상자의 의사에 어긋나지 않아야 한다. 이때 생명윤리법이 정한 대리인은 다음과 같다. "(1) 법정대리인 (2) 법정대리인이 없는 경우 배우자, 직계존속, 직계비속의 순으로 하되, 직계존속 또는 직계비속이 여러 사람일 경우 협의하여 정하고, 협의가 되지 아니하면 연장자가 대리인이 된다." 생명윤리법은 "동의능력이 없거나 불완전한 사람" 중 보건복지부령으로 정하는 연구대상자가 참여하는 연구의 경우에 이 조항을 적용하도록 하여, 구체적인 적용범위는 보건복지부령에서 정하도록 하였다.

바로 이 지점에서 생명윤리법은 국제적으로 유래가 없는 매우 강력한 보호주의 정책을 채택하였다. 동의능력이 없거나 불완전한 취약한 피험자에 대해서는 최소한의 위험만이 있는 연구를 포함하여 어떠한 연구에도 동의면제를 하지 않고 대리인의 동의를 받도록 규정한 것이다. 제16조 제3항에 의하면, "다음 각 호의 요건을 모두 갖춘 경우에는 기관위원회의 승인을 받아 연구대상자의 서면

---

6) 생명윤리 및 안전에 관한 법률(시행 2013. 2. 2) [법률 제11250호, 2012. 2. 1, 전부개정]. http://www.law.go.kr/main.html

동의를 면제할 수 있다. 이 경우 제2항에 따른 대리인의 서면동의는 면제하지 아니한다. (1) 연구대상자의 동의를 받는 것이 연구진행과정에서 현실적으로 불가능하거나 연구의 타당성에 심각한 영향을 미친다고 판단되는 경우 (2) 연구대상자의 동의 거부를 추정할 만한 사유가 없고, 동의를 면제하여도 연구대상자에게 미치는 위험이 극히 낮은 경우"

이 조항은 취약한 피험자를 연구대상에서 배제하는 정책이 취약한 피험자 계층에게 연구로 인한 혜택을 줄인다는 1990년대 후반의 비판에서 비롯하여, 취약한 피험자를 연구대상에 포함시키는 정책으로 변화한 연구윤리의 흐름과는 반대되는 정책으로 볼 수 있다. 예를 들어 소아과의 의무기록 연구나 역학연구의 경우처럼 피험자에게 미치는 위험이 극히 낮은 연구에서 이미 진료를 마치고 퇴원한 환아들의 부모에게 연락하여 동의를 받은 경우만을 대상으로 역학정보를 수집한다면, 연구의 타당성에 심각한 영향을 미치게 될 것이며, 이는 결과적으로 소아과 환자들을 진단, 치료, 예방할 수 있는 의학지식을 확보하는 데에 매우 부정적으로 작용할 것이다. 동의능력이 없거나 불완전한 취약한 피험자 대상 연구는 최소위험 연구를 포함해서 어떠한 경우라도 대리인 동의를 반드시 받도록 규정한 생명윤리법의 조항은 취약한 피험자의 인권을 보호하자는 좋은 의도에서 나왔을 것이나, 그 정책이 미치는 결과는 원래 의도와는 정반대로 취약한 계층의 건강과 보건문제를 해결하는 데 장애로 작용하게 될 위험이 크다. 이는 연구윤리와 관련된 정책은 현장을 잘 아는 다방면의 전문가들이 다양한 시각에서 여러 측면을 검토하고 균형을 잡아야 할 필요가 있음을 보여준다.

4) 약사법과 임상시험관리기준(KCGP)

임상시험을 규제하는 약사법에서 취약한 피험자에 대해서 자세히 다룬다. 벨몬트 보고서, 헬싱키 선언, 생명윤리법 등은 위험이 적은 관찰연구를 포함한 광범위한 인간대상연구를 염두에 두고 만들어진 지침이나 법률이지만 약사법이 규제하는 임상시험은 신약 등의 물질을 사람을 대상으로 투입해서 실시하는 실험적 연구이므로, 약사법은 취약한 피험자에 대한 구체적인 보호장치들을 포함한다. 약사법 제34조 제2항에서는 "임상시험을 하려는 자는 사회복지시설 등 보건복지부령으로 정하는 집단시설에 수용 중인 자(이하 이 항에서 "수용자"라 한다)를 임상시험 대상자로 선정하여서는 아니 된다"고 명시하였다. 이 경우에도

"임상시험의 특성상 수용자를 시험 대상자로 하는 것이 불가피한 경우로서 보건복지부령으로 정하는 기준에 해당하는 경우에는 수용자를 임상시험 대상자로 선정할 수 있다"고 하여 과학적 이유가 분명한 경우에는 임상연구를 허용하는 헬싱키 선언의 정신과 부합하도록 하였다. 2011년 5월에 약사법 제34조 제3항에서 "보건복지부령으로 정하는 집단시설"을 다음과 같이 명시하였다.

ⓐ 「아동복지법」에 따른 아동복지시설
ⓑ 「장애인복지법」에 따른 장애인생활시설
ⓒ 「정신보건법」에 따른 정신보건시설(정신의료기관은 수용시설을 갖추고 있는 것만 해당한다)
ⓓ 「사회복지사업법」에 따른 노인주거복지시설(노인복지주택은 제외한다) 및 같은 법 제34조에 따른 노인의료복지시설(노인전문병원은 제외한다)
ⓔ 「노인복지법」에 따른 노인복지시설
ⓕ 「한부모가족지원법」에 따른 모자보호시설 · 모자자립시설 · 부자보호시설 · 부자자립시설 · 미혼모자시설 및 일시보호시설
ⓖ 「성매매방지 및 피해자보호 등에 관한 법률」에 따른 일반지원시설 및 청소년지원시설
ⓗ 「성폭력범죄의 피해자보호 등에 관한 법률」에 따른 성폭력피해자 보호시설
ⓘ 「가정폭력방지 및 피해자보호 등에 관한 법률」에 따른 가정폭력피해자 보호시설
ⓙ 「보호관찰 등에 관한 법률」에 따른 갱생보호사업의 허가를 받은 자가 갱생보호사업을 위하여 설치한 시설(수용시설을 갖추고 있는 것만 해당한다)
ⓚ 「형의 집행 및 수용자의 처우에 관한 법률」 및 「군에서의 형의 집행 및 군수용자의 처우에 관한 법률」에 따른 교정시설
ⓛ 「보호소년 등의 처우에 관한 법률」에 따른 소년원 및 소년분류심사원
ⓜ 「출입국관리법」에 따른 외국인 보호시설

위에 나열된 시설에 수용된 사람들은 사회적으로 낙인(stigma)이 찍히거나 사회적 조건이 열악한 상태에 있는 사람들로서 과학적인 이유로 반드시 필요한 경우가 아니면 임상시험의 대상자가 되지 못하도록 법으로 규정하였다. 약사법 제94조에 의하면 이 조항을 위반하여 위의 시설에 수용 중인 사람들을 대상으

로 임상시험을 한 연구자는 3년 이하의 징역 또는 1천만원 이하의 벌금을 받도록 되어 있다.

이전에는 식품의약품안전청 고시였다가 2013년 3월 의약품 등의 안전에 관한 규칙으로 법적 강제성을 지니게 된 임상시험관리기준(Korean Good Clinical Practice, 이하 'KGCP')에서는 임상시험심사위원회의 의무를 "피험자의 권리·안전·복지를 보호하고, 취약한 환경에 있는 피험자의 임상시험 참여 이유가 타당한지 검토하여야 한다"고 하여 임상시험의 윤리성 검토에서 취약한 피험자에 대해 특별한 주의를 기울여야 함을 천명하였다. 또한 다른 국제지침과 마찬가지로 피험자의 이해능력·의사표현능력이 결여된 피험자는 친권자 또는 후견인 등의 동의를 받도록 하였다. 이러한 경우에도 "시험책임자 및 시험담당자는 피험자에게 피험자 자신이 이해할 수 있는 정도까지 임상시험에 관한 정보를 주어야 하며, 가능하다면 피험자는 동의서에 자필로 서명하고 날짜를 적도록 하여야 한다." 주목할 만한 일은 포괄적인 인간대상연구를 규율하는 생명윤리법이 대리인 동의를 할 수 있는 대리인을 법정대리인과 순위가 정해진 대리동의권자로 명시한 반면, KGCP는 "'피험자의 대리인'이란 피험자의 친권자·배우자 또는 후견인으로서, 피험자를 대신하여 피험자의 임상시험 참여 유무에 대한 결정을 내릴 수 있는 사람"으로 정의하였다.

임상시험에서 윤리적인 문제가 가장 심각하게 대두될 수 있는 경우는 비치료적 임상시험(Non−therapeutic Trial)을 피험자의 대리인의 동의로 실시해야 하는 취약한 피험자와 관련된 사항이다. KGCP는 "비치료적 임상시험은 심사위원회가 인정하는 경우를 제외하고는 임상시험용 의약품의 적응증을 갖고 있는 환자에게만 실시하여야 한다. 이 경우 시험책임자 및 시험담당자는 면밀히 피험자를 모니터링해야 하고, 만일 피험자에게 부당한 위협이 가해지는 것으로 판단되면 즉시 피험자에 대한 임상시험을 중지하여야 한다"고 명시하여, 환자의 치료와 무관한 비치료적 임상시험에 대한 면밀한 주의와 모니터링을 요구하였다. 그러나 스스로 결정할 수 없는 취약한 피험자를 대상으로 하는 비치료적 임상시험은 훨씬 더 까다로운 조건을 만족해야 한다. 치료적 임상시험이 아니어서 피험자에게 직접적인 이득이 기대되지 않는 상황인데다가, 피험자의 자율성은 발휘되지 못한 채 대리인의 동의로 임상시험 참가 여부가 결정되는 상황이기 때문이다. 이에 대한 KGCP의 조항에 의하면, 다음 사항의 모두에 해당하는 경우에만 "비치료적 임상시험은 피험자의 대리인의 동의를 받아 실시할 수 있다."

ⓐ 눈가림이 필요한 임상시험으로서 피험자 본인의 동의를 받는 임상시험 방법으로는 임상시험의 목적을 달성할 수 없을 것
ⓑ 피험자에게 예상되는 위험이 낮을 것
ⓒ 피험자의 복지가 침해될 가능성이 미미하고 낮을 것
ⓓ 피험자 본인의 동의를 받지 않은 임상시험에 대한 심사위원회의 검토 및 임상시험 실시승인이 있을 것(이 경우 심사위원회는 해당 검토내용을 임상시험 실시 승인통보서에 적어야 한다)
ⓔ 관계 법령에 따라 해당 임상시험의 실시가 금지되지 않을 것

응급환자를 대상으로 실시하는 임상시험도 피험자 또는 피험자의 대리인의 사전 동의가 불가능한 상황에서 임상시험이 수행되는 경우로 심각한 윤리적인 문제를 제기한다. KGCP에 따르면 심사위원회는 제출된 응급환자를 대상으로 한 임상시험계획서와 그 밖의 관련 문서 등이 임상시험의 윤리적 측면을 충분히 고려하고 있는지 여부를 검토하여야 한다. "사전에 피험자로부터 동의를 얻는 것이 불가능한 응급상황의 경우에는 동석한 피험자의 대리인의 동의를 받아야 하며, 피험자의 대리인이 동석하지 않은 경우에는 심사위원회로부터 문서로 이에 대한 승인을 얻어야 한다. 이 경우 시험책임자 및 시험담당자는 피험자나 피험자의 대리인에게 가능한 빨리 임상시험에 대하여 알려야 하며, 임상시험에 계속 참여하는 것에 대하여 동의를 받아야 한다." KGCP는 응급환자에 대한 임상시험도 심사위원회의 검토를 거처 수행가능 하도록 하였다.

4. 특수한 계층의 피험자 보호[7)]

1) 소　　아

소아나 미성년자가 연구에 참여할 때는 피험자의 동의(informed consent) 대신에 소아의 승낙(assent)과 부모의 허가(parental permission)가 요구된다(Wendler,

7) 이 글은 필자의 졸고에서 발췌하여 보충하였다(김옥주, Op. cit.).

2008; Dunn and Chadwick, 2002). 소아가 완전한 지적 · 정서적 능력을 가지지 못했거나, 법적으로 유효한 동의를 할 수 없는 경우에는 부모나 법적 대리인의 승인이 필요하다. 소아가 법적으로는 충분한 설명에 의한 동의를 할 수 없을지라도 연구의 참여에 대한 동의나 이의를 할 능력을 갖고 있을 수도 있다. 발달하고 있는 인간으로서 소아를 존중한다는 의미에서 소아에게 연구에 참여할지 않을지를 반드시 물어보아야 한다. 특히 연구가 (1) 피험자에게 직접적인 이익을 가져다주는 경우가 아니거나 (2) 소아가 타인의 이익을 위해 자원자가 된다는 것의 의미를 이해하고 그 가치를 인식할 수 있을 경우 소아에게 특히 연구참여에 대해 물어보아야 한다. 연구윤리위원회는 연구의 성격, 소아의 연령, 성숙도, 심리적 상태 등을 고려해 각 계획서마다 소아의 승낙 여부를 결정해야 한다. 연구가 소아의 건강과 안녕에 중요한 직접적인 이익을 가져다 줄 가능성을 제공하고 오직 연구를 통해서만 가능하다면, IRB는 소아의 동의가 필요하지 않다고 결정할 수 있다. 또한 그런 상황에서는 IRB의 재량에 따라 실험에 참가하지 않겠다는 소아의 주치의보다 실험에 참여하려는 부모의 의사가 더 존중될 수도 있다.

청소년 연구의 경우 대리인으로서 부모의 동의가 적절하지 않을 수 있다. 예를 들어 15세 이상의 성숙한 청소년은 적용 가능한 법률 하에서 자신을 위해 성병, 약물남용, 정서장애 등에 관련된 선택된 치료연구에 동의할 수 있다. 또한 임신중절 여부, 성경험, 약물남용 경험 등 민감한 정보를 수집하는 연구에서도 역시 부모의 동의를 받지 않는 것이 피험자를 보호하는 데에 더 적절할 수 있다. 아동학대나 방임에 관한 연구는 부모가 소아의 이익을 반영하지 못할 수 있으므로 IRB는 소아의 권리와 이익을 보호하기 위해 법원에 의한 특별 후견인의 임명을 포함한 보완절차를 궁리해야만 한다. 부모의 동의는 미성년인 형제자매 간에 골수 또는 신장과 같은 장기를 이식하는 경우에 소아의 최선의 이익을 보호하는 데 부적절 할 수 있다. 고통 받고 있는 소아에 대한 부모의 염려 때문에 건강한 공여자의 최선의 이익에 대한 고려를 하는 데 간섭을 받을 수 있다. 그러므로 IRB는 법원에 부모의 결정에 대한 검토를 요청하는 것에 대하여 신중히 생각할 수도 있다.

참고 사례 파트의 [사례 1]에서 이에 관해 생각해 볼 문제를 확인해 볼 수 있다.

2) 손상된 동의능력을 가진 사람

인지기능장애 혹은 정신질환을 앓고 있는 사람을 인간대상연구에 포함시키는 데에는 특별한 어려움이 수반된다.[8] 의사결정능력이 손상된 사람들을 연구에 포함시켜야 할 필요성과 이들이 부당하게 이용될 가능성이 있다는 윤리적인 우려 사이에 갈등이 존재한다. 왜냐하면 연구를 통한 발전은 부당하게 이용당할 위험이 큰 대상자가 참여해야 이루어 질 수 있기 때문이다. 자발적인 동의를 할 수 있는 경미한 치매환자들을 대상으로 먼저 연구를 해야 하지만, 중증의 치매에 대한 치료법을 개발하기 위해서는 중증 환자를 대상으로 연구를 해야하기 때문이다. 이러한 연구에 대한 윤리적 평가는 먼저 "과학적 필요성"이라는 질문 –"충분한 설명에 근거한 동의를 할 수 없는 대상자들을 연구에 등록시키는 것이 과학적으로 꼭 필요한가?" – 을 통과해야 한다(Rosenstein and Miller, 2008). 또한 정신질환자의 질환은 보통 사회적으로 낙인이 찍혀있는(stigmatized) 경우가 많다. 그 결과 정신질환자들은 종종 소외의 대상이 된다. 특히 정신병동에 입원해 있는 환자는 그 특수한 상황과 배경 때문에 사실상 매우 취약한 피험자의 입장에 놓여있다. 가령 환자를 담당하는 의사가 자신의 환자를 대상으로 연구도 병행하는 경우, 연구목적에 혼동이 생길 수도 있다. 이런 점은 다른 인간대상연구에도 마찬가지로 적용되는 사항이지만, 인지기능장애 내지는 정신질환으로 인해 제대로 된 동의를 하기 어려운 환자들에게는 특히 중요한 주제가 된다(Ibid.).

손상된 동의능력을 가진 개인을 포함하는 연구에서는 잠재적 피험자의 동의능력을 평가하기 위한 방법과 동의능력이 손상된 개인에 대한 기준이 연구계획에 포함되어야 한다. 잠재적 피험자가 연구의 성격과 예상되는 연구결과 등 연구와 관련된 정보를 이해하는가, 연구에 대한 정보를 합리적으로 처리하는가, 연구에 참여하고 싶어하는지 아닌지에 관한 자신의 선택을 명확하게 의사표현을 하는가에 대한 능력을 평가하는 방법이 포함되어야 한다. 연구계획서에 피험자의 동의능력을 평가하고 이에 따른 동의절차를 수립하고 이에 근거해서 연구를 수행해야 한다.

심한 치매 환자처럼 인지기능이 좋지 않은 피험자를 대상으로 하는 연구에서

---

8) National Bioethics Advisory Commission. Research Involving Persons with Mental Disorders That May Affect Decisionmaking Capacity. Rockville, Md: November 12, 1998.

는 대리인의 동의를 통해서만 피험자의 연구참여가 가능하다.[9] 이때에도 피험자 자신이 이해할 수 있는 만큼 연구에 관한 정보를 제공해야 하며, 가능하다면 피험자는 동의서 서식에 서명하고 자필로 날짜를 기재하여야 한다. 동의능력에 장애를 가진 성인 피험자를 포함하는 연구를 심의하는 IRB는 동의를 하는 잠재적 피험자의 능력에 영향을 미칠 수 있는 질병을 잘 알고 연구대상 집단을 대변할 수 있는 한 명 이상의 위원 또는 자문인을 포함해야 한다. 법정대리인이 피험자를 대신하여 동의한다면 IRB는 피험자의 승낙 여부를 고려하여야 한다. IRB는 피험자의 승낙이 필요한지, 필요하다면 이를 문서화할 필요가 있는지, 어떻게 문서화할 것인지를 결정한다. 동의의 문서화는 (1) 승낙 면제 (2) 구두 승낙을 받고 이에 대해 연구자 또는 법정대리인이 서면 기록 (3) 피험자의 서명이 있는 문서화된 승낙 (4) 동의서에 피험자와 법정대리인 서명을 둘 다 기재 등 네 가지 중의 하나로 결정한다.

3) 고 령 자

전통적으로 고령자 역시 취약한 피험자 중 하나로 간주되고 있으며, 관련 연구를 심의하고 승인하는 데 있어 특히 주의를 요하는 집단 중 하나이다. 현재까지 성인을 대상으로 한 연구에서 거의 배제된 인구 집단이다. 1997년의 연구조사에 의하면 주요 의학지에 게재된 논문의 1/3에서 특별한 이유 없이 노인의 연구참여를 배제한 것으로 나타났다(Bugeja, Kumar and Banerjee, 1997). 결국 노인 인구에 대한 임상적 판단과 치료계획은 보다 젊은 인구 집단의 결과로부터 유추해서 얻은 경우가 많았다. 그러므로 노인 인구 자체를 대상으로 한 연구는 노화의 원인과 노인 질환을 규명하는 데 있어서 뿐만 아니라 사람의 전 생애에 미치는 질병의 영향을 이해하는 데 있어서도 필수적이다. 오늘날 노인 인구는 빠르게 증가하고 있으므로 성인을 대상으로 하는 연구에서 노인 인구의 적절한 참여는 오히려 늘어나야 한다. 과학적, 또는 의학적인 이유 없이 노인 피험자를 배제하는 것은 정당하지 않으며 일반적으로 연구참여에 연령 상한의 제한이 있는 것도 아니다. 대부분의 고령자들은 인지기능이 정상이고 요양원과 같은 수용시설에서 거주하고 있지 않으므로 자발적인 동의가 가능하다고 볼 있다. 동의의

9) 서울대학교 의과대학-서울대학교병원, HRPP SOP (2012. 7. 1.) II, 의학연구윤리심의위원회 E.(2) 특수상황에서의 피험자 동의.

과정에서 중요한 역할을 하는 이해와 기억과 같은 인지기능은 연령 자체보다는 교육 정도, 건강상태, 연구자의 충분한 설명 여부 등의 영향을 더 받는 것으로 알려져 있다(Sachs and Cassel, 1990). 그러므로 연구자가 적절한 설명을 하며, 쉽고 글자체가 큰 동의서 양식을 사용하는 것 등이 이해도와 기억을 향상시키는데 도움이 된다. 기억의 감퇴는 일부 노인 피험자들에서 문제가 될 수 있으며 이로 인해 지속적인 동의가 가능하지 않을 수도 있다. 피험자의 이해와 기억에 대한 능력을 판단하기 위해 동의를 두 단계로 나누어 할 것을 권고할 수 있다. 이때 2차의 동의과정은 앞부분의 동의과정에서 설명한 내용에 대한 이해와 기억을 검사하는 과정이다(Bugeja et al., Op. cit.; Sachs and Cassel, Op. cit.).[10]

4) 문맹자 또는 모국어가 한글이 아닌 피험자[11]

동의서와 설명문을 포함해서 피험자에게 제공이 되는 연구 관련 문서들은 피험자가 이해할 수 있는 언어로 만들어져야 한다. 피험자의 모국어로 된 동의서를 사용해야 하므로 번역의 정확성을 공인받은 동의서를 준비해서 IRB에 승인받은 후 사용하면 된다. 때로는 한국어와 피험자의 모국어에 능통한 입회인 앞에서, 연구자는 피험자에게 구두로 충분히 설명하고, 피험자의 모국어로 쓰인 간략한 형식의 동의서에 피험자의 서명을 받을 수도 있다. 이 경우에도 피험자에게 제공되는 설명의 내용을 담은 설명문과 동의서 양식은 위원회의 승인을 받아야 한다.

피험자 또는 대리인이 문서정보를 읽을 수 없는 경우가 있다. 문맹일 수도 있고 시각장애인일 수도 있다. 이때에는 피험자 또는 대리인이 동의서 서식, 피험자설명서 및 기타 문서화된 정보를 읽을 수 없으므로, 공정한 입회자(impartial witness)가 동의를 얻는 전 과정에 참석하여야 한다. 공정한 입회자란 해당 임상연구와는 무관하고, 임상연구에 관련된 자들에 의해 부당하게 영향을 받지 않을 수 있는 자이다. 공정한 입회자의 임무는 피험자나 피험자의 법정대리인이 문맹인 경우 동의과정에 입회하여 동의서 및 피험자에게 제공되는 모든 서면정보를 대신하여 읽고 동의과정의 공정성을 확인하는 제3의 인물로서 객관적인 증인의

10) National Bioethics Advisory Commission. Research Involving Persons with Mental Disorders That May Affect Decisionmaking Capacity. Rockville, Md: November 12, 1998.

11) 이 부분은 다음 문서를 발췌하여 정리한 것이다. 서울대학교 의과대학-서울대학교병원, HRPP SOP (2012. 7. 1.) II, 의학연구윤리심의위원회 E.(2) 특수상황에서의 피험자 동의.

역할을 한다. 먼저 동의서 서식, 피험자설명서 및 기타 문서화된 정보를 피험자 또는 대리인에게 읽어 주고 설명하여 정보를 제공한다. 피험자 또는 대리인이 피험자의 연구참여에 대해 질문이 있으면 대답하고 연구참여에 대해 숙고할 수 있는 시간을 준다. 구두로 동의하는 경우, 가능한 동의서 서식에 자필로 서명하고 해당 날짜를 기재하게 하고, 공정한 입회자는 동의서 서식에 서명하고 자필로 해당 날짜를 기재하여야 한다. 공정한 입회자의 서명의 의미는 (1) 동의서와 피험자설명서 및 기타 문서화된 정보가 정확하게 피험자나 대리인에게 설명됨, (2) 이들이 충분히 질의문답할 시간을 가졌으며 해당 사실을 이해하였음, (3) 동의를 얻는 과정이 피험자나 대리인의 자유의사에 따라 진행되었음을 확인하는 것이다.

5) 학생과 피고용인

학생과 피고용인은 주변의 압력에 의해 연구에 참여할 수 있는 취약한 피험자로, 이들은 연구참여를 요구하는 연구자가 지도교수나 고용주 혹은 직접적으로 그들의 장래에 영향을 미칠 수 있는 사람일 경우 연구에 참여해야 한다고 압력을 느낀다. 그러므로 연구자는 이러한 압력이 외부로 나타나지 않도록 주의해야 한다. 취약한 피험자 집단과 연관되어 있는 모든 연구에 있어서, IRB는 잠재적으로 강압이나 부당한 영향(undue influence)이 존재하는지 여부에 특별히 주목하여야 하고, 착취의 가능성이 감소 혹은 제거되는 방향을 고려해야 한다. IRB는 연구책임자와 직접적인 관련이 있는 학생이나 피고용인을 피험자로 하는 실험은 원칙적으로 승인하지 않으나 피험자가 자기의지에 따라서 자율적으로 연구에 참여하는 것에 동의한 경우 승인할 수도 있다. 의과대학생이 생의학연구자에게 이상적인 피험자처럼 보이는 것처럼 제약회사의 피고용인 역시 연구과정을 이해할 수 있고, 연구의 중요성과 연구과정의 적합성에 대해 이해할 수 있기 때문에 이상적인 피험자처럼 보일 수 있다. 연구 피험자로서 피고용인이 연구에 참여시 강압, 부당한 영향 및 기밀유지의 문제가 야기되며 이는 학생 피험자에서 나타나는 바와 동일하다. 고용자의 연구에 대한 참여결정이 업무수행 능력 평가나 승진에 영향을 미칠 수도 있다(Meyers, 1979).

대학에서 수행되는 연구 중 학생 참여와 연관된 문제는 피험자의 동의가 본인의 자유의지에 의해 되지 않을 수 있기 때문이다. 학생은 연구에 참여함으로써 교수진에게 좋은 평가(좋은 학점, 추천서 등)를 받을 것이라는 생각과 연구에 불참하는 것이 일반적으로 관련된 연구자나 교수진에게 좋지 않은 영향을 줄 것이라고 생각할 수 있다. 그러므로 학생들이 연구에 참여하지 않기로 자유롭게 결정할 수 있고, 그러한 결정이 성적이나 학교에서 누리는 학생의 권리에 영향을 미치지 않음을 보장하고, 이에 합당한 모집방법을 사용해야 한다.[12] 강압에 의한 연구참여를 피할 수 있는 대안책은 연구자가 각각의 학생을 개별적으로 모집하기보다는 일반적으로 사용되는 피험자 모집공고를 통하여 모집하는 것이며, 이러한 모집광고는 IRB의 승인을 받은 후 사용하여야 한다(Dunn and Chadwick, Op. cit.; Emanuel et al., Op. cit.). 일반적으로 학생이 교육과정의 일환으로 연구참여자로서 대학의 연구에 참여하도록 요구되는 것은 금지된다. 마찬가지로 피고용인이 고용자가 주도하는 연구에 고용의 조건으로 참여하도록 요구되는 것이 금지된다. 학생을 대상으로 하는 연구에서는 수업시간을 피험자 모집 또는 연구수행을 하는데 사용하지 않도록 하고, 또한 연구참여의 보상으로 추가점수를 주는 것을 금지해야 한다. 연구참여가 학생의 전반적인 성적을 상향시켜서는 안 되고, 추가점수를 위한 몇 가지 비교 가능한 선택사항의 하나이어야 한다. 학생들에게 연구참여에 대한 동등한 대안을 제공해야 하며, 노력, 시간소요, 점수의 측면에서 비교 가능한 것이어야 한다. 학생이 부당한 영향이나 강제를 받지 않을 것이고, 학생의 사생활이 존중될 것이라는 점을 보장하도록 연구계획서에 연구절차에 대한 개요가 제시되어야 한다.

피고용인의 경우에는 자발성 보장을 위해 연구모집이나 동의과정은 상사가 없는 상태에서 진행해야 한다. 피고용인은 연구에 참여하지 않기로 선택할 수 있고, 그러한 결정이 고용이나 직무평가에 영향을 미치지 않음을 이해하도록 보장해야 할 것이다. 또한 피고용인이 부당한 영향이나 강제를 받지 않으며 사생활이 존중될 것이라는 점을 보장하도록 연구계획서에 연구절차에 대한 개요가 제시되어야 한다. 연구참여를 거절했다는 사실을 상사에게 알리는 것을 막는 조치가 있어야 하며, 가능하면 연구진행은 다른 피고용인이 없는 상태에서 진행되어야 한다. 예를 들어, 모든 피고용인을 한 방에 모아 놓고 현장에서 조사나 설문

12) 이하 학생, 피고용인에 대한 내용은 다음의 문건을 참조하였다. 서울대학교 의과대학-서울대학교병원, HRPP SOP (2012. 7. 1.) II, 의학연구윤리심의위원회 E.(8) 취약한 피험자-학생 및 피고용자.

의 답을 하는 방식으로 피고용인에게 압력을 주는 대신에 피고용인이 집에서 설문을 완료하여 연구자에게 메일로 돌려보내는 식으로 수행되는 것이 바람직하다.

학생이나 피고용인은 장래에 영향을 미칠 수 있는 책임연구자나 소속기관이 그들의 개인정보나 사생활을 연구로 인해서 알게 된 경우, 손해나 해악을 입을 수 있다. 예를 들어 성병, 에이즈, 약물남용, 정신건강 등에 관한 조사연구를 학생이나 피고용인을 대상으로 익명성이 보장이 안 되는 연구를 한다면, 학생이나 피고용인에게 사회적인 위해를 끼치게 될 수 있다. 따라서 연구자의 학생이나 피고용인을 대상으로 하는 연구에서 연구자는 데이터를 보관하거나 관리할 때에 모든 데이터를 병합하거나 개인식별자를 제거함으로써 피고용인의 신원이 보호되도록 보장해야 한다. 참고 사례 파트의 [사례 2]는 이에 대한 생각해 볼 문제를 제공하고 있다.

학생의 참여를 IRB가 승인하는 경우는 학생들의 연구참여가 교육적이고 교육과정을 이수하는데 필수적인 것이며, 전체 학급 학생의 참여가 연구의 온전성(integrity)을 위해 본질적이라는 것을 연구자가 입증하면 될 수 있다(Dunn and Chadwick, Op. cit.; Emanuel et al., Op. cit.). 일반적으로 학생이나 직원의 편의추출은 금지되나, 만약 학생이나 직원이 광고 등을 보고 연구팀에 찾아와서 자신의 이익을 위해서 스스로 등록을 하는 연구모집은 허용이 된다.[13] 이러한 경우라도 등록과 동의절차는 연구자에 의해서 수행되어서는 안 되고, 가능하다면 잠재적인 피험자와는 직접적인 관련이 없는 연구팀의 일원에 의해서 수행되어야 한다. 편의추출도 최소 위험 이하 연구에서 잠재적 강제를 최소화하는 조치가 있으며, 연구 중에 생길 수 있는 위해가 학문 또는 고용관계를 악화시키지 않는다는 내용이 확인이 되면 IRB가 승인을 할 수 있다.

6) 수 감 자[14]

수감자는 형벌기관에 감금되거나 수감된 사람으로 형사 또는 민사 법령 규정하에 형벌기관에 형을 선고 받은 개인, 형사기소 또는 감금 대신 다른 시설에

---

13) 서울대학교 의과대학-서울대학교병원, HRPP SOP (2012. 7. 1.) II, 의학연구윤리심의위원회 E.(8) 취약한 피험자-학생 및 피고용자.

14) 이하 수감자에 대한 내용은 다음의 문건을 참조하여 정리하였다. 서울대학교 의과대학-서울대학교병원, HRPP SOP (2012. 7. 1.) II, 의학연구윤리심의위원회 E.(9) 취약한 피험자-수감자.

구금된 개인, 기소나 재판 또는 판결대기 중에 수감된 개인을 포괄한다.15) 그러나 보호관찰이나 가석방 상태나 전자감시장치로 감시를 받고 있는 사람을 포함하지는 않는다. 감금상태로 인해서 수감자는 연구에 피험자로 참여하는 것이 진정으로 자발적이고 강제적이지 않은 결정을 내릴 수 있는 능력에 제약을 받을 수 있어서 취약한 피험자로 간주된다. 미국 연방정부의 인간대상연구에 관한 법규정에서 수감자는 취약한 피험자로 분류되며, 위원회 정규회의에서 수감자가 대상인 연구계획서를 심의할 때, IRB의 구성은 다음 요건을 충족시켜야 한다. 위원회의 다수(수감자를 대변하는 위원은 제외)는 연구에 관련된 수감자와 아무런 연관이 없어야 하고 수감자의 대변자가 IRB 의사결정권을 가진 위원 중 한 명이어야 한다. 하나의 연구가 두 곳 이상의 IRB에서 심의를 받게 되는 경우, 적어도 한 명의 IRB위원은 적절한 배경과 경험을 가지고 있는 수감자의 대표자이어야 한지만, 단 하나의 IRB만 위의 요구조건을 충족하면 된다. 수감자의 입장에서 수감상태에 대해 면밀한 지식, 이해, 공감을 하는 수감자 대표자가 위원으로 있어야 한다. 만일 국내의 연구라도 미국 연방정부의 기금을 받아 수행하는 연구에서 수감자를 대상으로 수행하는 연구가 있으면, 이를 심의하는 IRB는 미국 연방정부의 규정에서 요구하는 바에 따라 수감자나 수감자의 대변인의 추가로 인한 IRB 명단을 미국 보건성 산하의 피험자보호국(Office for Human Research Protections, OHRP)이라는 정부기관에 통보해야 한다.16) 만일 연구참여 등록 후에 수감자가 된 경우에는 연구의 초기 설계와 동의서는 감금으로 인한 제약을 고려하지 않았을 것이므로, IRB의 추가적인 심의와 고려가 필요하다.

미국 연방정부의 규정은 수감자 연구를 승인할 수 있는 기준을 다음과 같이 명시한다.17) 수감자를 대상으로 하는 연구는 과학적인 이유로 수감자들이 반드시 필요한 경우에만 허용된다. 즉, 꼭 수감자가 필요하지 않은 연구인데 편의성을 이유로 해서 수감자를 피험자로 모집하는 것은 허용되지 않는다. 예를 들어 감금과 범죄행위의 원인, 결과 및 과정에 대한 연구, 기관 구조로서의 교도소 또는 감금된 사람으로서의 수감자에 대해 연구하는 경우 등이다. 그 외에도 하나의 집단으로서 수감자에게 특별히 영향을 줄 수 있는 조건에 대한 연구(예를

15) http://www.hhs.gov/ohrp/humansubjects/guidance/45cfr46.html#subpartc

16) http://www.hhs.gov/ohrp/

17) 45 CFR 46 Subpart C의 305와 306조.
http://www.hhs.gov/ohrp/humansubjects/guidance/45cfr46.html#subpartc

들어 백신 임상시험과 등으로 다른 곳보다 더욱 교도소에 유병률이 더 높은 간염에 대한 연구, 알코올 중독, 약물 중독, 성폭력과 같은 사회적 및 심리적인 문제에 대한 연구)나 연구가 피험자의 건강 또는 복지를 향상시킬 의도와 합리적인 가능성이 있는 실제적인 연구 등에서는 미국에서는 장관이 교정학, 의학, 윤리학분야의 전문가들을 포함한 적절한 전문가들에게 자문을 구하고 장관이 해당 연구를 승인한다는 의도를 연방 등록(Federal Register)에 공포한 이후에만 진행될 수 있다.[18)]

7) 사회경제적으로 취약한 피험자

가난한 사람들은 사회경제적인 이유로 취약한 피험자가 되기 쉽다. 사회경제적으로 어려운 상황에 있는 조건들을 이용해서 이러한 집단을 연구에 부당하게 이용하는 것이 아닌가라는 우려가 주요한 윤리적인 문제이다. 보통의 경제력을 지닌 사람에게는 큰 유인이 되지 않을 정도의 보상에 대해서도 사회경제적으로 취약한 집단에게는 매우 큰 유인으로 다가와서 연구에 참여하도록 만들 수 있다. 연구자와 IRB는 보상이 너무 과도해서 잠재적 피험자들이 연구참여에 대한 평가를 정당하게 하는 것을 방해하는지에 대해 주의를 기울여야 한다. 이때에도 마찬가지로 “사회경제적으로 취약한 사람들을 연구에 등록시키는 것이 과학적으로 꼭 필요한가?”라는 “과학적 필요성” 여부에 긍정적인 대답을 할 수 있어야 연구가 정당화될 수 있다. 이와 연관되는 사례는 참고 사례 파트의 [사례 3]에 제시되어 있다.

8) 문화적으로 취약한 피험자

독립적으로 의사결정을 하기 어려운 문화권의 취약한 위치에 있는 사람들을 대상으로 연구를 수행할 할 때에는 특별한 주의가 필요하다. 예를 들어, 특정 문화권에서는 여성과 관련된 일을 남편이나 아버지가 결정하고 여성은 이에 복종하는 경우가 있다. 또한 환자가 모든 결정을 의사에게 의뢰하는 가부장적 의료문화가 있는 곳은 연구대상자의 인권을 보호하기 위한 특별한 주의가 요망된

18) 그 외에도 미국 법률이 수감자 연구의 허용 요건으로 요구하는 사항은 연구참여로 인해 수감자가 얻을 수 있는 잠재적 이득이 교도소에서의 일반적인 생활 조건, 의료 서비스, 음식의 질, 편의시설, 그리고 소득 기회와 비교하였을 때 너무 과도하지 않아서, 선택이 제한된 교도소 환경에서 연구의 위험과 이득을 비교하는 수감자의 능력이 손상될 정도로 크지 않아야 한다 등, 여러 조건이 있다.

다. 부족의 책임자가 의사결정권을 지닌 부족에서 부족민을 대상으로 하는 연구는 부족지도자가 연구의 참여를 강요할 수가 있으므로, 주의가 필요하다. 부족 고유의 특수한 문화가 연구와 연구참여자에게 미치는 영향을 평가할 수 있는 인류학자 또는 사회학자의 객관적 평가와 자문이 필요할 수도 있다. 집단이나 부족의 대표가 동의를 하는 경우에도 연구참여자 개인의 연구참여에 대한 자율성은 존중되도록 연구자와 IRB에서는 특별한 주의를 기울여야 한다.

5. 취약한 피험자들을 연구에서 배제하지 않기

역사적으로 자율권 행사가 제한된 취약한 피험자들이 많이 연구에 이용되었던 것은 피험자 모집이 이들 집단에서는 손쉽기 때문이다. 1970년대와 80년대의 피험자 선정과 모집에 관련된 윤리적 문제가 취약한 피험자 보호에 중심으로 두었다면, 20세기 말에는 여성과 미성년자를 연구대상 인구에 포함시킴으로써 질환을 앓고 있는 모든 사람이 연구의 혜택을 얻도록 하는 데에 중점을 두고 있다(Dresser, 1992). 미국 국립보건원(NIH)은 인간 피험자를 대상으로 하는 모든 연구에서 남녀노소가 고루 포함되도록 하며, 특정 성(性)이나 미성년자가 연구에서 배제된다면 납득할 만한 이유를 제시하도록 하고 있다. 연구가설에서 성별 간 차이가 과학적으로 예상된다면, 성별 간 차이평가를 연구에 포함시켜야 한다. 만일 여성을 연구에서 제외한다면 연구참가로 얻을 이득으로부터 여성을 배제하는 결과를 낳아, 정의에 위배될 수 있다. 남성 인구에서 얻은 결과가 일반화되어서, 여성은 연구혜택을 받지 못하게 되는 것이다(Dresser, Op. cit.; Weijer and Crouch, 1990).

소아의 경우도 유사하다. 소아는 법적으로나 발달 정도로 보나 충분한 설명에 근거한 동의(informed consent)를 할 능력이 없거나 떨어지며, 따라서 연구의 위험에 노출될 가능성이 어느 계층보다도 크다. 이런 취약성 때문에 미국의 경우 소아에 대한 약물실험이 1962년 이후 거의 시행되지 않은 결과, 소아에 대한 적절한 치료개발에 부정적인 결과를 낳게 되었다. "소아는 작은 어른이 아니다"라는 오래된 의학의 명제처럼 소아에 대한 의학연구의 위축은 소아의 질병을 연구할 기회를 박탈하거나 소아에 적절한 약물의 종류나 용량을 결정하기 어려워지는 등 많은 부작용을 가져오게 되었다. 따라서 적절한 윤리적 규제를 따르는 소아에 대한 연구가 필요하다는 인식이 광범위하게 퍼지게 되었다. 따라서 20세기 후반기의 피험자 모집윤리는 취약한 피험자의 배제로부터 출발하였으나, 의학연구 결과를 더 많은 사람들에게 적용할 수 있도록 광범위한 계층을 연구대상에 포함하려는 방향으로 나아가게 되었다.

6. 결 론

취약한 피험자 윤리의 핵심은 자발적 동의가 가능한, 취약하지 않은 피험자를 대상으로 수행 가능한 연구라면, 취약한 피험자는 모집에서 배제되어야 한다는 것이다.[19] 취약한 피험자를 대상으로 하는 연구는 취약성을 구성하는 육체적·정신적 상태가 연구목적에 필요한 집단일 경우에만 행해져야 한다. 예를 들어 정신질환자를 모집이 쉽다는 이유로 대조군으로 모집해서는 안 되고, 해당 질환에 대한 연구에 필요하여, 과학적 타당성이 만족되는 경우에만 모집되어야 한다. 취약한 연구대상자가 동의를 할 수 없는 특별한 이유는 IRB의 검토와 승인을 위해 연구계획서에 명시되어야 한다. 또한 자발적 동의능력이 없거나 충분하지 않은 피험자를 대상으로 하는 연구에서는 대리인의 동의와 피험자의 승낙을 받도록 한다.

미국의 경우 1970년대 취약한 피험자에 대한 착취의 스캔들로 강화된 연구윤리에서는 취약한 피험자를 "희생자"로 여겨서 연구로부터 보호해야 할 대상으로 간주하였다. 그러나 1980년대에 에이즈 임상시험에서 시험약을 받은 환자들이 사망률이 훨씬 떨어지는 사례가 보여준 바와 같이 연구가 피험자가 속한 집단에게 큰 이익을 주는 것으로 연구의 이미지가 달라지게 되었다. 이에 따라 1980년대의 피험자 모집의 윤리는 연구의 부담을 공정하게 나누는 문제로부터 연구참여의 이익을 공정하게 나누는 문제로 변화하게 되었다. 1990년대에는 아동, 가임기 여성, 소수인종, 노인 등 취약한 피험자를 보호한다는 명목으로 연구에서 배제하는 경우 피험자가 속한 집단에게 연구의 결과를 적용하지 못하게

---

19) National Bioethics Advisory Commission. Ethical and Policy Issues in International Research: Clinical Trials in Developing Countries, August, 2001. cited 2007 May 10; Available from: URL: http://bioethics.georgetown.edu/nbac/pubs.html; National Bioethics Advisory Commission. Research Involving Persons with Mental Disorders That May Affect Decisionmaking Capacity. Rockville, Md: November 12, 1998.

된다는 비판이 일게 되었다. 피험자 모집의 윤리는 이와 같이 취약한 피험자 집단에 대한 과도한 보호주의에 대한 비판과 더불어 가능하면 많은 범주의 피험자들이 연구에 참여하도록 정책적인 변화가 있었다. 이는 취약한 피험자 연구윤리가 지난 30여년 동안 연구환경의 변화에 따라 변화해 왔음을 보여준다.

♣ 참 / 고 / 사 / 례 ♣

[사례 1]

한국대학 박교수는 소년소녀 가장의 영양상태와 신체적 발육상태를 알아보기 위하여 생활보호대상자로 지정된 소년소녀 가장을 대상으로 이들의 영양상태를 설문조사하고 신체검사를 6개월 간격으로 조사할 계획을 세웠다. 신체검사에는 키, 몸무게 등을 비롯하여 혈액검사 등이 포함되었다. 피험자는 동사무소에 공고를 하여 모집하고자 하였는데, 피험자의 연구에 대한 거부감을 없애기 위하여 공고문의 제목을 "청소년 발육상태 검사"라는 단순한 제목을 붙였으며, 그 밑에 대상자를 생활보호대상자로 한정하였다. 또한 검사종목을 나열한 후 피험자가 상당히 값비싼 검사를 받게 된다는 것을 공지하였다. 연구자는 연구개시 전 피험자로부터 동의서를 획득하였는데, 중학교 이상의 경우 본인의 동의를 구하였고, 초등학생까지는 동거인(조부모 등)의 동의를 구하였다.

생각해 볼 문제	1. 아동의 경우 동의과정에서 보호자의 범주는 어디까지인가? 2. 모집공고의 문제점은 없는가?

[사례 2]

심리학과 신입생인 영호는 전공수업 첫날 담당교수 연구실에서 시행되는 연구에 필수적으로 참여하도록 요구 받았다. 영호는 굳이 실험에 참여하고 싶지는 않았지만 학점에 영향이 있을 것을 우려하여, 같은 과 선배에게 이러한 사실을 의논하였다. 선배는 심리학과에서는 연구 피험자를 모집할 때 심리학과 학생이나 심리학과에서 개설한 과목의 수강자들을 대상으로 하는 것이 오랜 관행이며,

이렇게 연구에 참여함으로써 심리학 전공자들은 연구자로써의 경험을 체득할 수 있게 되고, 일반학생들은 학습의 기회와 학점에 약간의 가산점을 얻을 수 있으니 꼭 참여하라고 권해주었다.

생각해 볼 문제	1. 학생들을 피험자로 참여하는 것이 타당할까? 2. 만일 학생들을 피험자로 연구에 참여시킬 때 연구자들은 어떠한 면들을 고려하여야 할까?

[사례 3]

한국대학병원의 연구자인 이박사는 당뇨병과 정신분열증과의 관계를 알아보는 연구를 하려는 계획을 세웠다. 그는 피험자로 시립정신병원에서 치료 중인 노숙사를 연구대상으로 하였다. 그는 피험자들이 정신병자라는 사실을 알리고 싶어 하지 않을 것이라고 생각하여 피험자 모집공고시 “노숙자의 식습관 연구”라는 다른 연구제목을 사용하였다. 이 연구는 6개월 동안 매달 피험자로부터 채혈을 하고 체중분석을 하였다. 피험자들은 사례로 5천원 상당의 식권을 받았다.

이박사는 결코 이 연구가 정신분열증이나 당뇨에 대한 연구라는 것을 알리지 않았으며, 각 피험자로부터 의료기록을 볼 수 있도록 동의도 받았다.[20]

생각해 볼 문제	1. 이 연구의 피험자들이 과연 취약한 피험자인가? 2. 만일 그렇다면 이 연구의 문제점은 무엇이며, 피험자들을 보호하기 위하여 당신은 어떠한 연구방법을 사용하겠는가?

20) Goldman E, Vulnerable Subjects, 2001, Poynter Center for the study of Ethics ad American Institutions, Indiana University의 사례를 변형한 것이다.

◆ 연 / 습 / 문 / 제 ◆

1. 취약한 피험자를 포함하는 연구에서 기본적으로 지켜야 할 윤리원칙을 설명하시오.

2. 피험자나 대리인이 문맹인 경우에 동의과정에서 유의해야 할 점을 설명하시오.

3. 다음 중 소아를 대상으로 하는 연구윤리에서 틀린 것은?
   ① 아동이 연구참여에 대해 부정적인 의사표현을 하지 않으면 연구에 동의한 것으로 본다.
   ② 최소 위험 이상의 연구이나 아동의 질환치료에 직접적인 이득이 있는 연구의 경우는 부모나 법정대리인의 동의만으로 연구참여가 가능하다.
   ③ 7세 미만의 아동에게는 그림 등으로 쉽게 연구에 대해 설명한다.
   ④ 13~18세 사이의 청소년들에게는 법정대리인에게 제시하는 동의서와 같은 것을 사용할 수 있다.

4. 학교의 학생, 연구소 직원 등 위계질서상 취약한 피험자인 정상인 성인에 대한 기술 중 가장 옳은 것은?
   ① 학교의 학생, 연구소 직원은 취약한 피험자이므로 절대로 피험자로 모집해서는 안 된다.
   ② 학교의 학생을 피험자로 모집할 때에는 수업시간에 교수 또는 담당 조교가 직접 자세하게 설명하고 동의를 받도록 한다.
   ③ 20여명 규모의 연구소의 직원을 피험자로 할 때에는 사내 이메일을 돌려서 연구책임자에게 직접 회신하게 한다.
   ④ 학생대상연구에서는 피험자에게 금전적 지불을 하는 것이 바람직하다.

5. 다음 중 취약한 피험자가 포함된 연구계획서를 심의할 때 IRB에서 유념할 사항이 아닌 것은?
   ① 미국 정부기관의 연구비를 받는 수감자(prisoner) 대상 연구의 경우 감옥에서 생활을 해본 사람 또는 수감자와 같이 일해 본 사람이 반드시 위원회 구성에 포함되어야 한다.
   ② 임산부는 자기 스스로 결정을 할 수 없는 취약한 피험자이기 때문에 반드시 변호사의 자문을 받도록 한다.
   ③ 유/소아를 대상으로 하는 연구의 경우, 유/소아를 잘 아는 IRB 위원이 심의과정에 포함되도록 한다.
   ④ 의사결정능력이 불확실한 사람의 경우, 동의취득시 의사결정능력을 평가할 필요가 있다.

정　　답

1. 취약한 피험자 윤리의 핵심은 자발적 동의가 가능한, 취약하지 않은 피험자를 대상으로 수행 가능한 연구라면, 취약한 피험자는 모집에서 배제되어야 한다는 것이다. 취약한 피험자를 대상으로 하는 연구는 취약성을 구성하는 육체적 · 정신적 상태가 연구목적에 필요한 집단일 경우에만 행해져야 한다. 예를 들어 정신질환자를 모집이 쉽다는 이유로 대조군으로 모집해서는 안되고, 해당 질환에 대한 연구에 필요하여, 과학적 타당성이 만족되는 경우에만 모집되어야 한다. 취약한 연구대상자가 동의를 할 수 없는 특별한 이유는 IRB의 검토와 승인을 위해 연구계획서에 명시되어야 한다. 또한 자발적 동의능력이 없거나 충분하지 않은 피험자를 대상으로 하는 연구에서는 대리인의 동의와 피험자의 승낙을 받도록 한다.

   사람을 대상으로 하는 연구에서는 취약하지 않은 피험자를 대상으로 먼저 연구한 다음 취약한 피험자를 대상으로 연구를 하는 것이 기본 원칙이다. 예를 들어 신종플루백신을 개발하는 연구에서 성인을 대상으로 먼저 임상시험을 하여 안전성과 유효성 정보를 가진 다음, 어린이들을 대상으로 연구를 하여야 한다.

2. 피험자 또는 대리인이 문서정보를 읽을 수 없는 경우가 있다. 문맹일 수도

있고 시각장애인일 수도 있다. 이때에는 피험자 또는 대리인이 동의서 서식, 피험자설명서 및 기타 문서화된 정보를 읽을 수 없으므로, 공정한 입회자(impartial witness)가 동의를 얻는 전 과정에 참석하여야 한다. 공정한 입회자란 해당 임상연구와는 무관하고, 임상연구에 관련된 자들에 의해 부당하게 영향을 받지 않을 수 있는 자이다. 공정한 입회자의 임무는 피험자나 피험자의 법정대리인이 문맹인 경우 동의과정에 입회하여 동의서 및 피험자에게 제공되는 모든 서면정보를 대신하여 읽고 동의과정의 공정성을 확인하는 제3의 인물로서 객관적인 증인의 역할을 한다. 먼저 동의서 서식, 피험자설명서 및 기타 문서화된 정보를 피험자 또는 대리인에게 읽어 주고 설명하여 정보를 제공한다. 피험자 또는 대리인이 피험자의 연구참여에 대해 질문이 있으면 대답하고 연구참여에 대해 숙고할 수 있는 시간을 준다. 구두로 동의하는 경우, 가능한 동의서 서식에 자필로 서명하고 해당 날짜를 기재하게 하고, 공정한 입회자는 동의서 서식에 서명하고 자필로 해당 날짜를 기재하여야 한다. 공정한 입회자의 서명의 의미는 (1) 동의서와 피험자설명서 및 기타 문서화된 정보가 정확하게 피험자나 대리인에게 설명됨, (2) 이들이 충분히 질의문답할 시간을 가졌으며 해당 사실을 이해하였음, (3) 동의를 얻는 과정이 피험자나 대리인의 자유의사에 따라 진행되었음을 확인하는 것이다.

3. ①

4. ④

5. ②

참고문헌

김옥주, 2007, “실험적 연구에서 생명윤리와 개인정보 보호”,『한국역학회지』29(1), pp. 1－12.

세계의사회(World Medical Association), 2010, “세계의사회 헬싱키 선언－서울 개정본 인간대상의학연구 윤리원칙”,『대한의사협회지』53(9), 이화여자대학교 생명의료법연구소 역, pp. 739－742.

Bugeja, G., A. Kumar. and A. Banerjee, 1997, “Exclusion of Elderly People From Clinical Research: a Descriptive Study of Published Reports”, BMJ 315(7115), p. 1059.

Dresser, R., 1992, “Wanted: Single, White Male for Medical Research”, *Hastings Center Report* 22(1), pp. 24－29.

Dunn, C. M. and G. L. Chadwick, 2002, *Protecting Study Volunteers in Research*, Thomson Center Watch.

Emanuel E. J., R. A. Crouch, J. Arras, J. Moreno, and C. Grady (eds.), 2003, *Ethical and Regulatory Aspects of Clinical Research: Readings and Commentary*, Johns－Hopkins U. Press.

Jones, J. H., 1981, *Bad blood: The Tuskegee Syphilis Experiment*, New York and London: Free Press.

Meyers, K., 1979, “Drug Company Employees as Research Subjects: Programs, Problems and Ethics”, IRB 1(8), pp. 5－6.

Reverby, S. M.(ed), 2000, *Tuskegee's Truths: Rethinking the Tuskegee Syphilis Study*, Chapel Hill: University of North Carolina Press.

Rosenstein, D. L. and F. G. Miller, 2008, “Research Involving Those at Risk For Impaired Decision－Making Capacity”, in E. J. Emanuel, C. Grady, R. A. Crouch(eds.), *The Oxford Textbook of Clinical Research Ethics*, USA:

Oxford University Press, pp. 437 – 445.

Sachs, G. A. and C. K. Cassel, 1990, "Biomedical Research Involving Older Human Subjects", *The Journal of Law, Medicine & Ethics* 18(3), pp. 234 – 243.

Weijer, C and R. A. Crouch, 1990, "Why Should We Include women and Minorities in Randomized Controlled Trials?", *Journal of Clinical Ethics* 10(2), pp. 100 – 106.

Wendler, D., 2008, "The Assent Requirement in Pediatric Research", in E. J. Emanuel, C. Grady, R. A. Crouch (eds.), *The Oxford Textbook of Clinical Research Ethics*, USA: Oxford University Press, pp. 661 – 672.

제 8 장 동물실험윤리

박 재 학*
(서울대학교 수의과대학 실험동물의학교실)

동물실험시설을 보유한 기관에서는 연구자가 동물실험을 하기 전에 계획서를 동물실험윤리위원회에 제출하여 승인 받은 다음에 동물실험을 본격적으로 하게 된다. 연구자가 제출한 계획서를 동물실험윤리위원회가 심의할 때 "어떤 내용에 대하여 심의하는가? 또 왜 그러한 심의를 하는가?"에 대하여 궁금할 것이다. 연구자는 과학적인 목적을 달성하기 위하여 동물을 많이 사용해도 될 것 같은데, 혹시 이러한 사전심의를 거쳐서 동물실험계획서를 승인 받는 과정 중에 연구진행에 지장이 있을 정도로 동물 수를 줄이라고 하는 것은 아닌지 걱정을 하기도 한다.

이러한 의문에 대한 답변으로서 먼저 연구자는 왜 연구수행 중에 실험용 동물을 배려해야 하는지를 설명하고자 한다. 동물실험에서 동물에 대한 배려는 그 정도의 차이는 있지만 과학적인 목적으로서의 동물실험의 진행에 지장을 줄 수 있을 것이다. 그러면 그 대안은 무엇일까? 그러한 동물실험에 대한 대안을 모색해보는 것이 두 번째 설명할 내용이다.

* 서울대학교 동물실험윤리위원장, 한국실험동물학회 이사장.

1. 연구자는 왜 동물실험을 할 때 실험용 동물을 인도적으로 배려해야 하는가?

1) 연구자는 가능하면 많은 동물을 사용하기를 원한다

실험용 동물을 대상으로 해서 연구하는 동물실험은 그 결과를 사람이나 다른 동물에 적용시키거나 또는 자연현상을 해석하는데 이용한다. 동물실험의 특징은 In vitro 실험과는 다르다. In vitro 실험은 반복실험에서 표준편차가 적은 결과를 얻을 수 있는데 반하여, 동물실험의 경우는 같은 연구자가 수행을 하여도 반복실험의 결과가 일치하지 않는 경우가 간혹 있고 더구나 다른 연구자가 동일한 실험을 수행하였을 경우 각각의 동물실험 결과가 다를 수 있다. 동물실험의 표준편차를 줄이기 위하여 실험용 동물로서 근교계 동물을 많이 사용하고 있다. 근교계 동물은 형매교배 또는 친자교배를 20회 이상 유지하여 유전자의 대립형질이 같고 형제끼리도 유전자가 모두 같은 일란성 쌍생아와 같은 동물들이다. 이론적으로는 이와 같이 근교계 동물은 어떤 동물도 유전적으로 동일한 일란성 쌍생아로 생각되나 실제로는 그렇지 않은 경우가 많이 있다. 마우스의 연구로 세계적으로 이름이 나있는 Jackson Lab으로부터 근교계 마우스를 구입해 사용을 해보면 표현형이 다른 개체가 있다는 것을 금방 알 수 있다. 같은 근교계 동물인데도 어떤 개체는 눈이 작거나 체중 증가에서 차이가 나거나 또 약물에 대한 반응도 다르게 나타난다. 그 이유는 어미 태내에서의 환경적 차이 때문일 수도 있고 일정하지 않은 영양성분을 공급하여 생긴 차이일 수도 있다. 또는 소위 Junk DNA와 같은 유전체 내에 존재하는 반복염기서열(Repeated elements)이 표현형에 영향을 미칠 수도 있을 것이다. 따라서 이러한 차이로 인하여 동물실험의 결과는 In vitro 실험과는 다르게 각 개체마다의 반응에 차이가 생기게 된다. 그러므로 동물실험을 한 마리의 실험동물을 이용하여 수행한 다음 바로 그 결과를 인간에게 적용시킬 수는 없다. 동물실험을 수행하는 연구자는 이러한 차이를 잘 알고 있기 때문에 연구결과를 확실하게 얻고자 많은 동물을 사용하고자 한다. 또한 그러한 실험에 대하여 확신을 얻기 위하여 반복적인 실험을 하기를 원한다.

그러나 연구자가 동물에 대한 배려를 조금만 한다면 이와 같이 불필요한 동물의 희생을 막을 수 있을 것이다. 동물실험을 하기 전에 동물을 사육하는 방법과 동물실험에 대한 방법을 충분히 교육받은 후 동물실험에 임하면 실패가 줄어 반복적인 실험을 하지 않게 되며, 또한 실험용 동물의 질적 수준을 높여서 개체 간의 차이가 적어지도록 번식시키고 관리하면 적은 수의 동물을 이용하여 반복 실험 없이도 실험의 목적을 달성할 수 있게 된다. 그렇게 하기 위해서는 실험동물이 유전적으로 순수하도록 번식을 시키고 일정한 영양분을 공급하면서 질병에 감염되지 않도록 유지해야 한다.

2) 동물실험은 왜 하는가?

의약품의 개발에 그 효능과 안전성을 확인하는 작업은 필수적이다. 사람에게 이러한 의약품을 사용하기 전에 동물실험의 결과를 통하여 그 효력과 안전성을 예측할 수 있다. 지금까지 수많은 동물실험을 통하여 개발한 의약품들이 안전하게 사람에게 사용되고 있으며 그 의료효과는 막대하여 무병장수하는 사람들이 증가하고 있다. 또한 유전자 조작을 통하여 개발된 식품은 식량문제를 해결해주는 좋은 기술이며, 줄기세포를 이용한 치료제 개발, 나노기술을 이용한 신소재의 개발 등은 많은 사람들이 더욱 안락하고 행복하게 삶을 살게 해준다. 이런 신기술을 사람이 사용하기 전에 연구자는 동물을 이용하여 그 효력과 안전성에 대하여 실험을 수행하여 안전하고 효력이 있는 것만 선별하여 사용하게 된다. 한편, 적지 않은 사람들이 화장품에 대하여, 우리가 생명을 연장하고 안락하게 살기 위하여 동물실험을 할 정도의 대상은 아니라고 생각한다. 그래서 동물실험을 통한 화장품의 개발보다는 다른 대안을 통하여 그 안전성을 확보하는 것이 낫다고 생각하는 경향이 강하다.

3) 실험용 동물에는 어떠한 것들이 있는가?

많은 종류의 실험용 동물 중 의약품의 효력과 안전성 시험을 하기 위하여 마우스와 랫드가 많이 이용되고 있고, 토끼는 혈청 만드는데 많이 이용되고 있다. 또한 개와 돼지 같은 중형의 동물은 인간의 장기이식을 위한 연구나 수술의 효과 등을 연구하는데 이용되고 있다. 한편, 많은 생의약품들은 인간의 유전자를 대장균에서 삽입하여 인간의 특정 단백질을 대장균에서 만들어 의약품으로 이용하게 되는데, 그러한 제품을 마우스나 랫드 같은 하등 포유류를 대상으로 시험한다면 좋은 결과를 얻을 수 없다. 또한 사람의 간염바이러스는 사람에게 감염이 되지만 대부분의 하등 포유류에는 감염조차 일어나지 않는다. 그러한 바이러스에 대하여 백신을 만들어 놓고 역가시험을 하려면 바이러스에 감수성이 있는 동물을 대상으로 시험을 하는 것이 필요하게 된다. 다른 동물들과 달리 비인간 영장류는 여러모로 인간과 비슷하여 인간에 감염되는 바이러스나 인간의 유전자를 이용하여 만든 생의약제제에 대하여 안전성과 독성 등을 시험할 수 있게 된다. 동물실험을 하는데 정상적으로 자연적으로 생존하고 있는 동물뿐만이 아니라, 유전적 돌연변이가 일어난 계통을 사용하기도 한다. 심지어는 유전자 조작을 통하여 돌연변이계통을 만들거나, 물리·화학적 처치를 가하여 동물에 질병상태를 유도하여 동물실험을 하는 경우도 많이 있다.

실험동물에 인간과 유사한 상태의 질병을 만드는 방법은 매우 다양하다. 예를 들어 양의 악관절의 하악골두의 관절연골 표면에 큐렛을 이용하여 손상을 주면 골관절증이 생긴다. 토끼는 무릎의 전십자인대를 절단하면 골관절증이 생기게 된다. 이러한 수술적인 방법뿐만 아니라, 면역학적인 방법으로 골관절염을 유도시킬 수 있다. 예를 들면, 콜라젠을 마우스 DBA-2에 접종하면 전신사지에 류마티스성 관절염이 생긴다. 고양이나 토끼와 같은 동물을 이용하여 심근 경색 모델을 만드는 방법은 수술적인 방법을 많이 이용하고 있다. 동물을 개흉하여 심장의 관상동맥을 결찰하면 혈류의 공급 부족으로 인하여 심근의 괴사가 유발된다. 또 유전자를 조작하여 종양이 발생하거나 당뇨병이 생기도록 유도된 형질전환 동물을 만들어 인간의 질병 모델로 사용하고 있다. 이러한 화학적인 방법, 물리적인 방법, 수술적 방법, 면역학적인 방법, 유전자 조작 등을 이용하여 인간과 유사한 상태의 질병을 만드는 과정은 동물에 심각한 고통을 유발 하게 된다. 따라서 이러한 처치를 하기 전부터 그 과정 및 처치 후까지 전문적인 동물

〈표 1〉 국내의 실험용 동물사용 두수 2012년 농림부 보고서

동물사용 실적	국·공립 기관 등	대학	의료기관	일반기업체	합계
대상기관수 (개소)	37	79	27	107	250
총 사용 동물 수(마리)	274,195	455,356	104,048	605,082	1,438,681
기관당 평균 사용 동물 수(마리)	7,410	5,764	3,853	5,655	5,754

〈표 2〉 서울대학교의 실험동물 사용 현황(2011년도)

고통의 정도에 따른 동물사용량 (단위: 마리)

동물 종 \ 정도		A	B	C	D	E	(C+D+E)	(B+C+D+E)
설치류	마우스		1,827	63,644	35,944	12,954	112,542	114,369
	랫드		450	9,334	11,120	1,123	21,577	22,027
	기니픽					45	45	45
	햄스터류				492	180	672	672
	기타 설치류				20		20	20
토끼				70	495	274	839	839
원숭이류	원숭이류					3	3	3
	개	10		175	686	50	911	911
포유류	고양이	5		12			12	12
	미니피그							
	돼지			522			522	522
	소							
	염소							
	기타 포유동물							
	조류(닭)	300		239			239	239
조류	기타 조류							
파충류								
양서류			4	240		240	480	484
어류		1,000						
기타 척추동물								
기타		1,315	2,281	74,236	48,757	14,869	137,862	140,143
총계		1,315	2,281	74,236	48,757	14,869	137,862	140,143

의 관리가 필요하게 된다. 처치 전 멸균과 적절한 진통 및 마취방법을 사용하여 동물실험을 하는 과정 중에 고통을 최소로 경감시키며, 처치 후에는 동물의 생존에 전문적인 지식을 가지고 유지관리해야 한다. 또한 가능하면 질병이 유발된 후에 그 실험기간을 단축하여 고통이 장기간 지속되지 않도록 해야 하며 실험 중에 동물이 고통을 심하게 느끼면 실험에서 제외시켜 치료를 하든가 안락사를

실시해야 한다. 이러한 것은 실험의 종결점을 실험적인 관점에서 뿐만 아니라 인도적인 관점에서도 보아야 한다는 의미이다.

4) 동물실험에 대한 지지 의견

동물실험은 과학에 많은 공헌을 해왔고 사람들은 신약과 새로운 치료법의 혜택을 통하여 장수하게 되었다. 원숭이를 이용한 실험을 통하여 노벨상을 탄 과학자도 여럿 있다. 동물실험을 통해 의학이 발달되었다는 것을 많은 사람들이 공감하고 있다. 신약이 개발되는 과정에서 전임상시험은 사람을 대상으로 하는 임상시험 전에 반드시 하도록 규제화되어 있다. 이러한 엄격한 안전성의 관리가 결여되어 있다면 수많은 식품과 의약품, 동물용의 의약품, 농약, 화학제품 등에 대한 안전성을 확인할 방법이 없으며 과학의 발전에 장애를 줄 것이다.

5) 동물보호단체와 동물실험에 대한 반대 의견

동물보호나 동물복지를 주장하는 수많은 단체들이 있다. 대표적으로 국외의 WSPA, Human society, RSPCA와 같은 단체들과 국내의 한국동물복지협회, KARA, 동물자유연대, 생명체학대방지포럼 등이 그 활동을 하고 있다. 이와 같이 우리 사회에는 과학의 발전과 사람들의 건강과 복지를 위하여 동물실험을 적극적으로 수행하고 찬동하는 사람이 있는가 하면 동물의 보호와 복지를 생각하며 동물실험을 반대하는 사람도 있다. 우리나라에서 이러한 개념들은 비교적 최근에 생겨났지만 동물보호법과 실험동물에 관한 법 등이 제정되면서 동물실험을 수행할 때 연구자는 윤리적인 면을 반드시 고려하도록 되었다. 그러면, 동물실험에 대한 반대 의견을 살펴보도록 하자. 첫째, 의학진보에 있어서 동물실험의 역할이 과대평가되었다는 주장이 있다. 사람들의 질병이 줄어들고 장수하게 된 것은 건강하게 유지하기 위하여 화장실을 개선하고 식수원을 개선하는 등의 공중보건의 개념을 도입하면서 이루어진 것이지 동물실험을 통해서 얻은 정보는 그다지 중요하지 않다고 생각하기도 한다. 둘째, 사람을 대상으로 해서 치료를 하는 과정 중에 얻은 정보들이 동물실험을 통해서 얻은 정보보다 훨씬 더 귀중하고 커서 의학적인 발전은 임상의 결과로부터 얻을 수 있다고 주장한다. 셋째, 동물실험은 그 결과가 실제와 다르게 나타나는 경우가 많다고 주장한다. 소형 설치류에서 안전성이 확립된 thalidomide를 임신한 여성이 복용한 결과 아기들에게서 해수증이 나타나게 되었다. 후에, 토끼나 원숭이에서는 사람과 비슷한 현상이 나타난 것을 확인하여 독성이 확인되었다. 또한, 동물실험은 종 차별이라 생각하며 동물의 권리를 주장하면서 동물실험을 반대하기도 한다.

6) 동물의 복지에 대한 과학적, 윤리적, 법적 개념

동물실험을 수행하면서 과학적 결과를 얻으려는 연구자와 동물실험을 반대하는 의견사이의 갈등을 연구자는 어떻게 해결해야 하고 어떤 관점에서 동물실험을 해야 할 것인지에 대해서 생각해 보아야 할 것이다. 다음 두 가지 예를 들어 보자. 집에서 기르는 고양이가 아픈 것을 발견하고 병원에 데려가려고 하였으나 고양이가 도망가서 2주 후에 치료를 한 경우와, 고양이가 아프다는 것을 발견하였지만 2주 동안 방치하다 병원에 데려간 경우는 어떠한 차이가 있는 것일까? 아픈 고양이를 발견한 뒤 2주 후에는 둘 다 치료를 받았기 때문에, 치료 후에 동물에 대한 과학적인 결과는 똑같았지만, 애초부터 아픈걸 알면서도 치료를 2주 동안 하지 않은 주인과, 치료를 하고 싶었는데 도망가서 2주 동안 치료를 못했다는 주인에 대하여, 사육주의 윤리적인 면이 다르다는 것을 알게 된다. 이와 같이 동물복지는 동물에 대한 과학적인 복지 뿐만 아니라 사육주의 윤리적인 면도 포함되어 있으며 나아가서는 법률적인 요소까지 생겨나게 되었다. 과학적인 복지는 동물의 관점에서 볼 때 동물이 충분히 먹고 질병이나 고통이 없이 생존할 수 있는 기준에 대한 고려를 하는 것이고, 윤리적인 복지는 동물에 대해서 사람들이 지켜야 될 기준을 말하는 것이며, 그러한 윤리적인 기준 가운데서도 사람들이 최소한 의무적으로 지켜야 할 것들을 정한 것이 법률적인 복지라고 정의할 수 있다. 동물에 가혹행위를 하거나 생명을 유지할 사료와 물을 가축에 고의로 공급하지 않는다면 법적으로 동물복지에 위배된다.

7) 동물복지에 대한 신체적 및 정신적 복지 그리고 자연성의 보장에 대한 정의

병원에 데려온 개를 진찰하다가, 치은에 커다란 결절이 관찰되어 수의사가 종양으로 진단하였다. 종양의 크기는 작았고 전이된 것 같지 않았다. 현재는 개의 신체상태가 그리 나쁘지는 않기 때문에 물리적인 고통(distress)이나 정신적인 고통(suffering)에 큰 영향을 받고 있지 않다. 그러나 이러한 상태의 종양을 치료를 하지 않고 방치를 한다면 종양은 커지고 먹이를 먹기가 곤란할 것이며 종양부위는 괴사가 일어나서 물리적인 고통이 뒤따르게 된다. 이러한 임상증상 상태가 지속된다면 개는 물리적인 고통과 함께 정신적인 고통을 받을 것이라고 많은 사람들은 생각할 것이다. 이와 같이 동물이 안락하게 정상적인 생활을 할 수 있으려면 신체적으로 그리고 정신적으로 고통을 받지 말아야 하며 그 두 고통은 서로 관련을 가지고 있다는 것을 알 수 있다. 이러한 고통에 중요한 요인으로 작용하는 것이 또 하나 있다. 그것은 바로 각각의 동물이 가진 습성을 충족시킬 수 있는 자연성을 박탈하는 것이다. 자연성을 제거한 환경, 예를 들면, 사방이 물리적으로 또 시각적으로 폐쇄된 공간에서 사육되는 동물은 스트레스 반응이 상승되거나, stereotype 행위가 나타나게 된다는 것이 많이 보고되어 있다. 이와 같이 세 가지 복지요인은 서로 연관되어 있으며 어느 한 가지라도 부족하면 동물이 고통을 받을 수 있게 된다. 따라서 동물복지를 충족시키기 위해서는 이 세 가지 복지, 즉 신체적인 복지, 정신적인 복지 그리고 자연성의 보장을 고려해 주어야 한다. 어떤 사람들은 신체적인 복지 또는 정신적인 복지가 동물의 복지 중에서 가장 중요하다고 생각하는 사람들이 있고, 또 다른 사람들은 자연성을 제공해 주는 것이 가장 중요하다고 생각하는 사람들도 있다. 평상시에는 커다란 공간에서 다른 돼지들과 같이 사육되던 돼지가 임신말기에 그 활동을 제한하는 조그만 칸막이에서 사육되는 이유는, 분만을 하고 나서 젖을 먹는 새끼들의 생존율을 높이기 위해서이다. 어미 돼지는 좁은 공간에서 입을 사용하여 먹이를 찾는 행동과 같은 활동성의 제한으로, 철책을 주둥이로 갈며 구강에 손상을 입기도 한다. 이러한 물리적 고통과 자연성의 제한으로부터 정신적인 고통이 뒤따를 것이다. 이 세 가지 개념은 서로 상호적인 관계를 갖고 유기적으로 연관되어 있다. 동물의 복지를 정의할 때, 동물의 상태를 그 환경에 적응하도록 시도하는 것으로 정의된다고 주장하는 사람이 있는가 하면(Fraser & Broom, 1990), 생존 또는 번식이 방해 받는다는 점에서 생리학적인 시스템이 장애를 받는 경우에만, 그 동물의 복지상태가 나쁘다고 생각하는 학자도 있다(McGlone, 1993). 즉, 생리학적인 불만족을 해소시켜 주는 것이 복지라고 생각하는 것이다. 한편 다른 학자는 동물이 건강하다는 것이나 스트레스가 없다는 것 또는 적응도가 높다는 것이 동물에 대한 복지가 양호하다고 결론 내리는데 필요하지만 그렇다고 충분하지는 않으며, 중요한 것은 동물이 어떻게 느끼는가에 따라 동물의 복지가 결정된다고 주장하는 사람도 있다(Duncan, 1993). 그러나 복지는 고통이나 통증의 조절을 의미할 뿐만 아니라, 동물의 자연성이 보장되고 자연성으로 성장하는 것을 필요로 하며 그것이 동물복지의 궁극의 목표라고 생각하는 사람도 있다(Rollin, 1993). 이러한 동물의 복지에 대한 다양한 견해에 따라 이러한 생각을 실천하려는 사람들은 각각의 행동양식을 따라 동물복지 또는 동물권리 등을 주장하고 있다.

8) 동물의 다섯 가지 기본적인 자유

이러한 신체적 및 정신적 복지 그리고 자연성의 보장에 대한 개념을 조합하여 동물의 다섯 가지 기본자유를 생각해내게 되었다. 신체적인 복지와 관련하여 손상, 질병으로부터의 자유, 정신적 복지와 관련하여 공복, 갈증, 불쾌함, 통증, 공포 및 고통으로부터의 자유, 그리고 자연성의 보장과 관련하여 정상행동의 발현보장이 그것들이다. 이러한 것을 정리해보면 동물의 다섯 가지 기본적인 자유로서 첫째는 공복 및 갈증으로부터의 자유, 둘째, 불쾌함으로부터의 자유, 셋째, 통증, 손상, 질병으로부터의 자유, 넷째, 정상행동발현의 자유, 다섯째, 공포 및 고통으로부터의 자유이다. 동물복지를 생각할 때 동물이 누려야 될 가장 기본적인 생존권인 셈이다.

9) 동물도 감정의 동물이다

동물에 대한 배려의 배경에는 어떤 것들이 있을까? 사람들이 동물을 배려하였을 때 그 사람들에게 권력이나, 명예 또는 부가 생길 리 없다. 사람과 동물 사이에 어떠한 공통적인 면이 있을까? 그것은 바로 동물도 감정을 느끼는 개체라는 인식 때문일 것이다. 생명을 가지고 있는 개체는 식물부터, 작은 곤충, 물고기에서 영장류까지 다양하다. 이중 사람과 비슷한 감정을 가지고 있는 동물에 대해서 많은 사람들이 동물이 겪을 수 있는 고통에 대하여 배려하려고 노력한다. 윤리의 근본 개념 중에 하나가 논어 公冶長 편에 나오는 我不欲人之加諸我也, 吾亦欲無加諸人(다른 사람이 나에게 하질 않길 원하는 것을 나 역시 다른 사람에게 하지 않겠다)라는 구절을 생각해 볼 때, 내가 겪고 싶지 않은 고통을 다른 동물이 겪지 않도록 하는 것이 바로 동물을 배려하는 근본적인 이유일 것이다.

10) 동물에 도덕적 지위를 주려는 이유

동물에게 인간과 같은 도덕적인 가치를 주는 이유는 동물도 정신적인 생활이나 감정을 가지고 있다는 점 때문이다. 동물이 고통을 느낄 수 있다면 내가 고통을 받지 않기를 원하듯이 동물에게도 고통을 주지 않으려는 마음으로부터 동물을 도덕적인 범위에 넣었다고 생각할 수 있을 것이다. 동물이 고통을 느끼면, 동물은 그 고통으로부터 피하려는 욕구가 생긴다. 동물도 기아와 갈증을 피하려고 하고, 물리적인 고통 뿐만 아니라 정신적인 고통도 피하려고 하려는 욕구가 있다. 인간이 고통과 행복을 느끼면서 그 이해관계에서 사람과 사람 사이에 윤리적인 문제가 생겼듯이, 동물 사이의 이해관계에 대해서는 사람이 관여 할 바는 아니지만, 사람이 동물에게 가하는 고통에 대하여 동물은 그 고통을 느끼며, 고통을 벗어나고자 하기 때문에 사람과 동물 사이에 이해관계가 있다고 생각할 수 있다. 즉, 동물과 인간 사이의 이해관계는 동물이 느끼는 고통이라는 고리로 결부될 수 있다. 이와 같은 견해에 대하여 동물의 이해를 존중할 의무가 있다고 생각하며 동물복지 또는 동물권을 주장하는 사람들이 있는가 하면, 동물은 사람들이 도구적 가치로서 이용할 수 있으며 동물은 인간과 같은 정도의 고통을 느낄 수 없거나, 또는 고통을 느껴도 관심을 둘 대상이 아니라고 생각하는 사람들도 있다. 이런 결정은 사람들이 살아온 사회적 배경이나 교육환경 등에 따라 다르기 때문에 서로의 가치관에 대하여 상대방의 의견을 존중해 줄 필요가 있다.

11) 동물의 도덕적 위치

사람의 도덕적 상대로 동물을 배려하는 데에는 다양한 의견이 있을 수 있다. 우선, 동물에는 도덕적인 지위가 없다고 생각할 수 있다. 야생들쥐는 위해동물로서 사람들의 식량에 손해를 끼칠 뿐만 아니라 많은 인수공통전염병의 매개체로서 지역에 따라서는 구제의 대상이 되기도 한다. 이와 같은 사람과 이해 대립관계에 있는 동물은 사람들의 도덕적 상대로서 생각되지 않는 경향이 크다. 그러나 비단 위해해수 뿐만 아니라 반려동물에 고의적으로 고통을 주려는 사람들도 간혹 있다. 두 번째 생각할 수 있는 것은, 동물에는 도구적 가치가 있다고 생각할 수 있다. 실험동물이나 가축과 같은 식용동물, 동물원에 갇힌 전시용 동물 등이 그러한 예이다. 도구적 가치가 있다고 하는 경우의 예로서, 어떤 사람의 개에게 다른 이웃집 사람이 고통을 줄 경우 법에 따라 고통을 준 사람으로부터 손해배상을 청구할 수 있다. 즉, 재산을 손상시킨 경우가 될 것이다. 이러한 동물들은 사람의 도덕적 상대로 배려되기 보다는 인간에게 유용한 도구 또는 물질로 생각된다. 그러나 사람들이 이러한 동물을 이용할 때 사육 중 동물들이 고통을 받지 않도록 해준다면 어느 정도 도덕적 지위를 주게 되는 것이다. 셋째, 동물에는 사람과 마찬가지로 도덕적인 가치가 있다고 생각하는 사람들도 있다. 동물들이 고통을 피하고 행복하게 살 권리가 있다고 느끼는 사람은 동물에 박해를 가해서는 안 된다고 생각한다. 그렇게 생각하는 사람들이 동물을 가족처럼 느끼고 채식을 하기도 하며 동물복지와 동물보호를 주장한다.

12) 동물이 지각력을 가지고 있다는 증거

동물이 느끼는 고통이 사람들이 느끼는 고통과 유사하여 그것이 동물에게 도덕적 가치를 주는 이유가 되었다고 하면 동물이 느끼는 고통이 사람들이 느끼는 고통과 어느 정도 유사성을 가시고 있는지 생각해 봄 필요가 있다. 개에는 지각력이 있다. 뜨겁고 찬 것을 구별할 줄 알며, 먹이에 대하여 기호성을 보이며 상처에 대하여 통증을 느낀다. 이러한 감각적인 느낌 뿐만 아니라 공포심이나, 기쁨, 욕구와 같은 정서적인 면도 보인다. 사람의 표정을 보고 동물이 행동을 달리 한다. 설치류의 안면에도 고통에 대하여 반응하는 표정이 있다(Dale J Langford, Nature Methods 7, 2010, 447-449). 자연성을 보장 받지 못하고 철창 안에 갇힌 동물들은 물리적·정신적 고통을 받는다. 이러한 감각적인 느낌과 정서적인 느낌 이외에도 일부 유인원의 경우는 감정 이상의 자의식을 가지고 있는 경우도 있다고 주장하는 학자들도 있다. 또 우리가 이해할 수 없는 동물의 행동을 간혹 보기도 한다. 돌고래가 물에 빠진 사람을 구해냈다는 신문기사나, 충견이 주인의 생명을 구해냈다는 기사를 가끔 뉴스에서 본다. 동물이 지각력을 가지고 있다는 증거는 많이 있다. 덫에 걸린 동물을 대상으로 생각해보면, 동물이 덫에 걸린 발을 빼려고 버둥거리다가 나중에는 통증을 느껴서 더 이상 움직이려 하지 않는다. 동물들은 이러한 통증에 대하여 사람과 마찬가지로 진통제나 마취제 등으로 통증이 완화된다. 동물이 덫으로부터 도망간 후 나중에 덫 근처에 가까이 가려고 하지 않는다. 동물들도 공포에 대하여 기억하는 지각력이 있다는 증거이다. 진화적인 면에서 생각해 볼 때, 인간과 동물 사이에는 연속성이 있다. 인간과 비인간 영장류 사이에는 공통조상이 있을 것이다. 그러한 공통조상과 다른 포유동물 사이에도 공통조상은 있다. 이러한 진화단계에서 인간만이 갑자기 지각력을 가지고 있다고는 생각하기 힘들다. 많은 동물의 뇌의 각 부위가 해부학적이나 생리학적으로 유사하다는 것을 생각해 볼 때 인간과 동물이 고통을 느끼는 지각력에서는 매우 유사하다는 것을 알 수 있다

13) 意識에는 높은 수준의 지각력이 필요한가?

한편 많은 사람들은 동물의 의식 수준이 있다고 해도 사람에 비하여 아주 낮은 감각적인 수준이기 때문에 이와 같이 동물에게 도덕적 지위를 줄 필요가 없다고 생각한다. 오직 사람만이 도덕적 지위가 있다고 생각한다. 그 이유로서 동물에게 도덕적 지위를 주어도 동물들은 도덕적 책임을 질 수 없다고 생각하기 때문이다. 사람과 사람 사이에 법이 있고 윤리가 있어서 그 규율을 따르지 않으면 책임이 뒤따르지만 동물에게는 책임이 없다. 이러한 생각에 대하여 인권을 가지고 있지만 책임이 없는 아기의 예로 반박을 하기도 한다. 또 다른 사람들은 동물에는 영혼이 없으며 언어가 없어서 의식이 없다고 하기도 한다. 하지만, 언어가 없어도 얼마든지 고통을 느낄 순 있다. 이러한 생각은 의식과 자의식을 혼동하는 것일지도 모른다. 동물에게 자의식이 없을지는 잘 모르지만 의식은 있다는 것은 알 수 있다. 다만 동물은 의식 수준이 낮기 때문에 고통을 덜 느낀다고 생각할 수 있다. 그러나 의식 수준이 낮은 동물이 의식 수준이 높은 사람에 비하여 고통을 항상 덜 느낄까? 예를 들어 생각해 보자. 유사한 악성종양이 개와 사람에 발생하였다. 종양으로 인하여 현재는 물리적인 고통이 없다. 사람의 경우는 높은 의식으로 인하여 현재 조그만 악성종양이지만 치료가 힘들어 시한부 인생을 살게 될 것이라는 것을 알며 정신적으로 고통을 받게 된다. 하지만 개는 현재 물리적인 고통이 없고 시한부 생이라는 것을 알지 못하기 때문에 정신적인 고통을 받지 않을 것이다. 그러므로 의식 수준이 높은 사람이 고통에 대하여 더욱 민감하다고 생각할 수 있을 것이다. 그러나 이러한 생각에 대하여 다음과 같은 반박을 할 수도 있을 것이다. 개와 사람이 세균에 감염되어 폐렴이 발생하였다. 사람은 의식 수준이 높아서 의사의 치료를 받으며 회복할 수 있다는 확신을 가지고 신체적으로는 고통스럽지만 병원에서 편안히 치료를 받고 있다. 하지만 개는 고열과 호흡곤란으로 신체적으로 고통을 느끼며 치료가 될 것이라는

확신 없이 정신적인 고통, 즉 두려움을 느끼게 될 것이다. 이와 같이 동물이 의식 수준이 낮다고 해서 의식 수준이 높은 사람과 비교하여 고통을 덜 받는다는 것은 아니라는 것을 알 수 있다. 따라서 동물도 때에 따라서는 의식 수준이 높은 사람과 유사하게 고통을 느낄 수 있다는 것을 생각할 수 있다.

14) 동물윤리에 대한 접근

동물윤리에 대해 실천하는 방법으로서 공리주의적인 사고방식을 갖고서 접근하는 사람들이 많이 있다. 동물실험을 통하여 많은 사람과 동물이 그 혜택을 누릴 수 있다면 그것은 용인될 수 있을 것이다. 그러나 그 결과가 공익을 위한 것도 아니며 또 사람과 다른 동물의 복지에도 중요한 공헌을 하지 않는다면 그러한 실험의 가치를 다시 고려해보아야 할 것이다. 이런 과정 중에는 그 희생과 공헌에 대한 가치를 객관적으로 평가하는데 어려움이 따를 수 있을 것이다. 한편, 동물에는 그 자체에 내재되어 있는 권리가 있다고 주장하며 동물의 권리는 본래 가지고 있는 가치로서 어떤 다른 것과 비교해시 그 경중을 나눌 수 있는 것은 아니라고 생각하는 사람들도 있다. 난파선을 탈출한 사람들이 10명 정원의 구명보트에 10명이 타고 있는데 다른 한 사람을 더 태울까 말까에 대해 공리주의적인 사람과 동물에 대한 권리주의적인 사람들은 견해 차이를 보일 것이다. 동물에 대한 권리주의적인 사고방식을 가지고 있으면 동물사육이나 동물실험 등에 대하여 강한 부정적인 시각을 보인다. 또 다른 사람들은 공리주의적인 사고와 권리주의적인 사고를 혼합하여, 어떠한 결과에서도 정당화할 수 없는 일부의 동물실험이 있다고 주장한다.

15) 동물의 희생에 대한 갈등의 해결

동물을 실험이나 식육용으로 사용하면서 동물에 고통을 줄 수밖에 없는 상황이라면 사람에 따라서는 그러한 상황에 대하여 갈등을 느낄 수 있다. 이러한 갈등을 어떻게 해결할 것인가? 사람들은 동물을 이용해서 실험을 하고 그 결과로 사람들의 건강을 보존하며, 동물로부터 알과 고기, 가죽을 얻어 사용하고 있으면서도, 한편으로는 동물도 고통을 느낄 수 있는 생명체라고 생각하며 갈등을 느끼기도 한다. 그러한 내면적인 갈등이 생길 때, 다른 행위를 통해서 그것을 은폐하거나, 잊어버리기를 원한다. 그 대표적인 예는, 동물을 사냥하거나 도축하기 전에 의식을 치르는 것이다. 국내에서는 식약청과 같은 국가기관 뿐만 아니라 많은 대학과 기업의 동물실험시설에서 일 년에 한 번씩 수혼제를 통하여 동물의 영혼을 위로해 주기도 한다. 이러한 수혼제는 중국과 일본에서도 열리고 있다. 옛날에 사냥을 하러갈 때, 수렵사들이 이러한 의식을 통하여 동물에 대한 영혼을 달래거나, 수렵한 동물에 대한 처리 등을 의식을 통하여 한 것도 그와 유사한 행위라 할 수 있다. 한편 현대사회에서는 동물을 기르거나 도축을 하는 과정을 소비자들은 모르거나 알려고 하지 않는다. 슈퍼마켓에 가서 소고기를 사거나 돼지고기를 살 때 그러한 동물의 사육과정이나 도축과정 등을 모른채 사서 먹는다. 이와 같은 이용자가 식육용 또는 모피용 동물의 사육방식이나 도축방식을 모르도록 분리하는 것이 갈등해소의 한 방법으로서 진행되고 있다.

16) 동물에 고통을 주는 실험과정에 대하여 연구자는 어떠한 자세가 바람직할 것인가?

동물실험을 수행하는 연구자의 경우는, 동물을 직접 사육하거나 도축하지 않으며 동물로부터 고기와 가죽을 이용하는 사람들과는 달리, 실험용 동물과 직접 접촉하며 동물에 직접적인 고통을 가하는 실험처치를 가하고 실험종료 시에는 동물을 직접 안락사시켜 과학적인 분석을 한다. 이와 같은 과정 중에 연구자가 윤리적인 면을 고려하지 않고 동물실험을 수행하면 그 과학적인 결과가 좋다고 하더라고 사회적인 비난을 받기도 한다(Dale J Langford, Nature Methods 7, 2010, 447–449). 동물실험의 목표는 과학적인 결과를 얻는 것이지만 그 과정에서는 윤리적인 면을 고려해야 한다. 만약 동물실험을 하는 연구자들이 비 윤리적으로 동물실험을 수행한다면, 많은 사람들은 동물실험의 계획이 사람이 수립하는 것이므로 동물은 일방적으로 고통을 받는 입장일 뿐이라고 단정지을 것이다. 따라서, 동물실험윤리위원회가 실험용 동물의 고통과 희생을 사람이나 다른 동물이 받는 혜택과 비교하고 동물의 고통을 균형적으로 평가하여 연구자와 동물실험 계획을 조율하는 것이 동물실험을 수행하기 전에 중요한 사항이 되고 있다.

Russell과 Burch(1959)는 동물실험연구자는 3R, 즉 공시동물 수의 감소(Reduction), 실험동물의 대체(Replacement), 동물실험 중 고통의 경감(Refinement)에 노력해야 한다고 주장하였다. 동물실험으로부터 과학적인 결과를 얻기 위해서는 연구자는 가능한 많은 수의 동물을 사용하고 또 반복실험을 통하여 그 사실을 확인하고 싶을 것이다. 또한 규제기관에 제출해야 할 동물실험 결과는 규정된 동물실험에 관련된 법에 따라 수행되었기 때문에, 학문적이라기 보다는 일부 불필요한 실험이나 많은 수의 동물이 사용된 것일 수 있다. 이와 같은 과다로 사용되는 동물 수를 줄이기 위해서는, 동물실험에서 높은 재현성을 보이는 동물과 시설의 구비 －유전적으로 잘 관리된 동물이나 질병감염이 없는 동물의 이용, 그리고 일정한 환경을 갖춘 시설의 이용－ 를 통하여 실현될 수 있다. 또한 규정에 따른 동물실험 방법 중 불필요한 실험이 없는지 재고하여 그 규정을 바꾸어 동물의 사용 수를 줄이는 노력을 해야 할 것이다. 대표적인 예로 급성 경구독성 시험을 수행하는데 암수 각각 10마리씩 다섯 그룹을 설정하여 총 100마리의 랫드를 이용하던 실험계획 대신에 Up and down법을 이용하여 사용 동물 수를 총 10마리 이내로 줄일 수 있는 방법이 많은 나라에서 최근 이용되고 있다. 일부 연구자들은 동물 대신 컴퓨터나 배양세포 등을 이용하여 실험을 하기도 하고 중추신경계가 없거나 잘 발달되지 않은 하등동물이나 어류 등을 고등동물 대신 사용하는 경우도 있다. 이러한 시험계가 가진 한정된 해부·생리학적 기능 때문에 고등동물을 이용한 실험은 의학 및 과학의 발전을 위해서는 존속할 것으로 생각되지만, 동물을 대체한 배양세포나 또는 고등동물을 대체한 하등동물의 사용은 대량의 시험물질을 스크리닝 하는 데는 매우 적합하여 적극적으로 이러한 대체시험법을 개발하고자 많은 연구기관이 노력하고 있다. 미국의 'ICCVAM'(http://iccvam.niehs.nih.gov/), EU의 'ECVAM'(http://ecvam.jrc.it/), 일본의 'JaCVAM'(http://jacvam.jp/index.html), 우리나라의 'KoCVAM'(http://www.nifds.go.kr/nifds/01_about/about08/about08_04a_a.jsp), 캐나다의 Health Canada에서 동물실험 대체방법을 적극 개발 및 평가하고 있다. 3R의 하나인 동물실험 중 동물에 고통을 감소시키고자 하는 노력은 매우 중요하다. 동물에 실험처치를 가하면 동물은 고통을 느끼며, 특히 지능이 높은 동물은 불안감, 불쾌감, 절망감 등의 괴로움이 뒤따르게 된다. 실험동물에 가해지는 고통의 정도는 그 자극에 대한 감수성이나 동물이 보이는 행동이 동물 종에 따라서 틀리기 때문에 규정하기가 힘들다. 그러나 사람이 고통을 느낄만한 자극은 동물에서도 고통을 유발할 수 있다는 것을 인정하고 많은 나라에서는 동물실험계획서를 심의할 때, 고통의 정도에 따라서 실험계획서를 심사한 후, 승인하는 절차를 밟고 있다. 그리고 동물실험과정 중에 동물의 고통이 심해질 때는 인도적인 실험종료를 하도록 권장하고 있다.

17) 인도적인 실험종료

인도적인 실험종료 시점은 심하게 고통을 받거나 억압되거나 빈사상태로 되는 동물실험에서 그러한 고통의 가장 초기상태의 지표가 나타나는 시점이라고 정의할 수 있다. 동물이 이러한 고통을 받기 전에 연구자가 인도적인 실험종료 시점을 인식하는 것이 중요하지만 현실적으로는 그것을 알기가 힘들다. 이러한 고통의 증상은 동물을 임상적으로 관찰하면서 알 수 있게 되는데, 동물이 고통스러워 한다면 가능한 한 빠른 시기에 동물을 안락사시키거나, 장기적인 실험의 경우에는 시험물질의 투여를 중지하거나, 용량을 감소시켜야 한다. 동물의 종에 따라 또 동물의 연령에 따라 각각의 동물들이 보이는 고통의 증상이 틀리다는 점을 감안하면서 다음과 같은 임상증상을 기준으로 인도적인 실험종료점을 동물실험과정 중에 설정해 놓아야 한다.

(1) 사망(death)

ⓐ 예상되는 사망: 실험종료 전에 사망이 예상되는 행동을 보일 때, 예를 들면, 사료와 물을 섭취하지 않는다.

ⓑ 임박한 사망: 다음 실험시기 전에 빈사상태나 사망이 예측될 때, 설치류에서 경련, 횡와, 진전 등이 임상증상이다.

ⓒ 빈사: 사망 중이거나, 치료해도 회복할 수 없는 상태

(2) 통증(pain)

고통은 실질적 또는 가능성이 있는 조직손상과 관련된 불쾌한 감각적 또는 감정적 경험이라 할 수 있다.

ⓐ 급성 신경반응성 통증: 조직손상이 없는 짧은 독성자극에 의하여 일어나게 된다. 예를 들면 뒷다리를 반복적으로 움직이는 pedal reflex

ⓑ 만성 염증성 통증: 지속적인 염증으로 인한 조직의 손상 때문에 유발되는 고통으로 국소부위가 치유되어도 나타날 수 있다. 이런 유형의 고통은 장기간 계속되면 동물을 육체적인 고통을 줄 수 있다. 예를 들면, 자해에 의한 절단, 국소 감염 등 이러한 침해성 통증은 일반진통제인 코데인, 모

르핀, 소염제 등으로 통증을 완화시킬 수 있다.

ⓒ 신경병증 통증: 중추신경 또는 말초신경의 비정상적인 활동과 기능의 소실 등으로 유발되는 통증으로, 그 정도가 심각하여 고통스러운 통증을 유발시킨다. 예를 들면 신경을 압박하는 대형의 복강 내 종양, 다발성 경화증, SHIV 감염 등으로 일반진통제보다는 항우울제 등으로 완화시킬 수 있다.

통증의 증상으로는, 발성, 감염, 자극에 대하여 적극적으로 도망감으로써 자극을 회피하거나 싫어함, 손상 받은 부위를 보호하려 함, 손상 받은 부위를 스스로 절단함 등이 있다. 식욕감퇴도 만성고통의 증상으로 볼 수 있다.

(3) 물리적인 고통(distress)

스트레스에 적응할 수 없거나 잘못 적응하여 생기는 회피 또는 혐오상태로 물리적인 또는 행동학석 번화기 증상으로 보인다. 급성의 긴장(stress)은 고통의 원인으로는 생각되지 않는다. 적당한 경계심을 유지시키며 환경을 적합하게 하여 지루함에서 오는 위해를 감소시켜야 한다. 고통은 보통행동이나 보행에서 변화를 보이게 되며 반복적인 stereotype행위를 보이게 된다.

고통과 관련된 주요 긴장(stress)을 주는 요인은 심한 통증과 공포, 두려움을 유발시킬 수 있는 상황이다. 투여시 소리를 지르거나, 과도하게 저항하거나 케이지 구석으로 물러나는 행위 등이 실험처치 전에 보이는 고통의 예이다.

(4) 정신적 고통(suffering)

사람에서는 지속되는 통증이나 물리적인 고통에 의하여 유발되는 부정적인 감정상태를 말한다. 동물에서도 이러한 통증과 물리적인 고통이 정신적인 고통을 유발한다고 가정되어야 한다.

18) 동물실험계획서의 심사와 승인 후 모니터링(post approval monitoring, PAM)

동물실험은 과학적인 목표를 위하여 수행되지만 동시에 윤리적인 면을 고려하여 수행되어야 한다. 과학적인 면은 자신과 학술단체 등에서 결정할 일이다. 그러나 윤리적인 면에 대해서는 동물실험윤리위원회가 평가를 한다. 동물실험윤리위원회는 동물실험을 수행하는 과학자와 실험동물 전문수의사 그리고 민간단체로부터 추천 받고 동물복지를 고려하는 사람, 철학자, 사회학자, 통계학자 등으로 구성되어 동물실험의 3R원칙을 검토하게 된다. 동물실험계획서가 승인되고 실험을 실시 중이거나 실험완료 후에는 위원회가 동물실험에 대한 모니터링을 통하여 계획서대로 연구가 수행되는지 확인한다. 동물실험윤리위원회는 연구자가 소속한 기관의 책임자 하에 기관별로 설치되어 있어서 이러한 위원회가 동물실험의 계획 및 실시단계에서의 동물실험의 윤리성에 대해서 심사하는 권한과 책임을 갖게 된다.

19) 동물실험과 법규

2011년 개정된 동물보호법에는 동물실험계획서를 사전에 검토 받지 않고 동물실험을 하면 안 된다는 조항을 담고 있다. 우선 이 법에서 사용하는 용어의 뜻은 다음과 같다. "동물"이란 소 · 말 · 돼지 · 개 · 고양이 · 토끼 · 닭 · 오리 · 산양 · 면양(綿羊) · 사슴 · 여우 · 밍크 등 척추동물로서 대통령령으로 정하는 동물을 말한다. 동물보호법 시행령 중 대통령령이 정하는 "동물"이란 포유류 · 조류 · 파충류 · 양서류 · 어류 중 농림수산식품부 장관이 관계 중앙행정기관의 장과 협의를 거쳐 정하는 동물을 말하고 있다. "동물실험"이란 「실험동물에 관한 법률」 제2조 제1호에 따른 동물실험을 말한다. 실험동물에 관한 법 제2조(정의)에 따르면 "동물실험"이란 교육 · 시험 · 연구 및 생물학적 제제(製劑)의 생산 등 과학적 목적을 위하여 실험동물을 대상으로 실시하는 실험 또는 그 과학적 절차를 말한다고 규정하고 있다. 또, "동물실험시행기관"이란 동물실험을 실시하는 법인 · 단체 또는 기관으로서 대통령령으로 정하는 법인 · 단체 또는 기관을 말한다.

동물보호법에서는 3R의 동물실험의 원칙을 규정하고 있는데, 동물실험과정 중에 사용하는 동물 수를 줄이고 감각이 낮은 동물 등으로 대체하며 동물실험 중에 고통을 배제시키는 것을 골자로 하고 있다. 즉, 동물실험을 하려는 경우에는 이를 대체할 수 있는 방법을 우선적으로 고려하여야 한다. 그리고 동물실험은 실험동물의 윤리적 취급과 과학적 사용에 관한 지식과 경험을 보유한 자가 시행하여야 하며 필요 최소한의 동물을 사용하여야 한다. 또한 실험동물의 고통이 수반되는 실험은 감각능력이 낮은 동물을 사용하고 진통 · 진정 · 마취제의 사용 등 수의학적 방법에 따라 고통을 덜어주기 위한 적절한 조치를 하여야 한다. 또한 인도적인 종결로서, 동물실험을 한 자는 그 실험이 끝난 후 지체 없이 해당 동물을 검사하여야 하며, 검사결과 해당 동물이 회복될 수 없거나 지속적으로 고통을 받으며 살아야 할 것으로 인정되는 경우에는 가능하면 빨리 고통을 주지 않는 방법으로 처리하여야 한다고 규정하고 있다.

한편 특정 동물에 대하여 동물실험을 금지하는 조항도 있다. 즉, 유실·유기동물(보호조치 중인 동물을 포함한다)을 대상으로 하는 실험, 「장애인복지법」에 따른 장애인 보조견 등 사람이나 국가를 위하여 사역(使役)하고 있거나 사역한 동물로서 대통령령으로 정하는 동물을 대상으로 하는 실험에 대하여 예외조항이 있지만 금지하고 있는 것이다.

동물보호법에서는 동물실험시행기관의 장이 실험동물의 보호와 윤리적인 취급을 위하여 동물실험윤리위원회(이하 "윤리위원회"라 한다)를 설치·운영하여야 한다. 동물실험시행기관의 장은 동물실험을 하려면 윤리위원회의 심의를 거쳐야 한다. 윤리위원회의 기능은 동물실험계획에 대한 심의, 동물실험이 3R의 원칙에 맞게 시행되도록 지도·감독, 동물실험시행기관의 장에게 실험동물의 보호와 윤리적인 취급을 위하여 필요한 조치를 요구하는 것이다. 윤리위원회는 위원장 1명을 포함하여 3명 이상 15명 이하의 위원으로 구성한다. 위원은 수의사로서 농림수산식품부령으로 정하는 자격기준에 맞는 실험동물 전문수의사, 민간단체가 추천하는 동물보호에 관한 학식과 경험이 풍부한 사람으로서 농림수산식품부령으로 정하는 자격기준에 맞는 사람, 그밖에 실험동물의 보호와 윤리적인 취급을 도모하기 위하여 필요한 사람으로서 농림수산식품부령으로 정하는 사람 중에서 동물실험시행기관의 장이 위촉하며, 위원장은 위원 중에서 호선(互選)한다. 윤리위원회에는 수의사로서 농림수산식품부령으로 정하는 자격기준에 맞는 사람, 민간단체가 추천하는 동물보호에 관한 학식과 경험이 풍부한 사람으로서 농림수산식품부령으로 정하는 자격기준에 맞는 사람을 각각 1명 이상 반드시 포함하도록 하고 있다. 동물실험윤리위원회의 업무를 수행하면서 위원이 비밀을 누설하거나 도용한 윤리위원회의 위원에 대해서는 벌금 500만원에 처하도록 규정되어 있고, 동물실험 금지대상을 이용하여 동물실험을 한 사람은 50만원 이하의 벌금에 처한다. 또한 윤리위원회의 심의를 거치지 아니하고 동물실험을 한 동물실험시행기관의 장은 100만원 이하의 과태료를 내야한다. 이러한 동물보호법과 실험동물에 관한 법에 따라 우리 대학에서는 동물실험윤리규정을 제정하여 연구자들의 동물실험계획서 승인과 PAM을 수행하고 있다. 이 규정은 서울대학교에서 수행하는 동물실험의 윤리성, 안전성 및 신뢰성 등을 확보하고 동물실험에 사용되는 실험동물의 보호 및 그 윤리적 취급을 도모하기 위하여 서울대학교 동물실험윤리위원회(이하 "위원회"라 하며, 위원회의 영문 명칭은 'Seoul National University Institutional Animal Care and Use Committee, SNUIACUC'로 한다)를 설치하고 그 구성과 기능 및 운영 등에 관하여 필요한 사항을 규정함을 목적으로 한다.(개정 2011. 1. 17.)

동물실험을 수행하는 연구자는 동물실험윤리위원회의 심의를 받지 않고 동물실험을 수행한 경우 서울대학교 소속연구소나 연구자의 실험 또는 연구라는 표현을 사용해서는 안 된다. 그리고 승인된 연구계획서대로 연구가 수행되지 않았다고 판단되는 경우에 위원회의 의결을 거쳐 승인을 취소하고 학사위원회에 이를 보고하여야 한다. 위원회는 정기 또는 수시로 학내의 동물실험시설을 점검・평가하고 시정을 권고할 수 있다. 위원장은 시정권고사항을 정당한 사유 없이 이행하지 아니하거나, 인가되지 않은 동물실험시설을 운영할 경우에는 실험동물자원관리원장과 협의하여 해당 시설의 폐쇄 조치를 학사위원회에 요청하여야 한다.

2. 동물실험의 대안은?[1)]

동물실험은 많은 경비가 들고 시간이 소요되는 작업이다. 따라서 근대의 많은 과학자들은 동물실험 대신 신속하고 경제적이며 정확한 결과를 얻을 수 있는 In vitro 대안법을 추구하게 되었다. 현대에 이르러서는 동물의 고통을 경감시키고자 하는 목적이 동물실험에 대한 대안으로서의 목표가 되고 있다. 동물실험의 대안이라는 것은 현존하는 동물실험을 부분적으로 또는 전체적으로 대체하는 것이다. 그 방법으로서는 실험동물의 대체(Replacement), 사용되는 실험동물수의 감수(Reducing), 동물실험 과정 중에 실험동물이 느끼는 고통의 경감방법의 개발(Refinement)이 있다. 이것은 Russell과 Burch가 1959년에 동물실험에 대한 대안으로서 발표한 내용으로서 지금도 변함없이 원안으로 지지 받고 있다

1) 2007년도 발표자료를 사용하였다(박재학, 한국동물실험대체법학회지).

(Russell WMS and Burch RL, 1959). 실험동물의 대체나 감수를 위한 방법은 컴퓨터 시뮬레이션이나 모형 생물체, 시각매체를 이용하거나, 세포나 장기의 배양을 이용한 시험계를 확립하는 것이다. 고통의 경감을 위해서는 하등생물을 실험동물로서 이용하거나 마취, 진정에 관한 교육을 통한 고통의 경감 등을 들 수 있다. 고통의 경감이나 감수를 위해서는 알려진 데이터가 많은 동물 종을 실험동물로서 사용하는 것이 좋을 것이다. 수의과대학이나 의과대학의 경우 학생들의 실습 및 교육을 목적으로 많은 실험동물들이 사용되고 있다. 특히 수의과대학에서는 동물의 질병을 이해하고 치료하기 위한 교육과정에서 같은 종의 동물을 대상으로 고통을 주는 실험을 수행해야 하는 역설적인 상황에 대하여 동물실험에 대한 대안이 고려되어 비디오 같은 시각매체나, 마네킹 같은 무생물적 모델을 이용하거나, 컴퓨터를 이용한 시뮬레이션을 통하여 교육을 실시한다. 동물을 반드시 사용하여야 하는 실습에서는 도축장 등에서 획득한 사체를 이용하거나, 환축을 이용한 임상시험, 야외에서 동물의 관찰 등을 통하여 교육용으로 사용되는 건강한 실험동물을 줄이는 방법을 생각하고 있다(Jukes and Chiuia, 2003, 1-77). 동물실험의 대표적인 대안 사례는 미국의 암연구소에서 25년간의 스크리닝 프로그램으로서, 40,000여종의 식물에 대하여 항암효과를 동물을 대상으로 실험한 적이 있다. 그 중에 몇 종의 식물이 해당 동물에 대하여 항암효과와 안전성이 확보되었다. 그러나 이중 어느 것도 사람에 대하여 항암효과를 가진 것은 없었다. 그 후 미국의 암연구소는 항암제의 세포독성 스크리닝을 하는데 사람의 종양세포를 사용하게 되었다(Farnsworth and Pezzuto, 1984). 임신진단법으로서 1920년대 중반부터 1960년대 초반까지 임산부의 오줌을 토끼에 주입하여 토끼의 난소에 황체가 생기는 것을 보고 임신을 진단하였다. 이 과정에서 토끼를 부검하여 난소를 확인함으로써 토끼의 희생이 불가피하였다. 지금은 HCG에 대한 면역반응을 이용하여 쉽고 빠르게 임신진단을 하고 있다. 의약품 시험에 있어서 세균으로부터 유래한 엔도톡신이 함유되었는지를 검사하는 발열성시험법을 수행하기 위해서 과거에는 토끼에 시험물질을 주입하여 발열반응을 관찰하였다. 그러나 현재에는 1977년에 미국의 FDA에서 승인된 Limulus amebocyte lysate assay법을 이용하여 발열성시험법을 대체하고 있어서 많은 토끼를 사용하지 않게 되었다. 그러나 모든 동물실험을 이와 같은 화학적 시험계나 하등동물로 대체 할 수 있는 것은 아니다. 동물실험의 대안으로서 선택된 방법

이 비과학적이거나, 비경제적이거나, 또는 비인도적이어서 일반적인 규정에 합치하지 않는다면 대안으로서 적당하지 않다.

1) 동물실험의 대체 모델

크게 무생물과 세포나 장기배양을 이용하는 시험계, 그리고 어류, 무척추동물 같은 하등동물을 이용하는 것으로 대별할 수 있다. 먼저 무생물을 이용하는 대표적인 방법은 다음과 같은 것이 개발되어 있다. 첫째, 컴퓨터에 각종 화학구조가 보이는 독성학적 자료를 저장하여 놓고 같은 구조의 화학물질이 들어간 물질의 독성을 예측하여 스크리닝을 하여 동물실험을 감소시키는 것이다. 둘째, 생체에서 동물이 반응하는 단백질을 찾아 그것을 추출하여 하나의 시험계를 만든다. 화장품의 개발에는 전 임상시험에서 급성독성시험을 비롯하여, 점막자극시험, 피부자극시험 등을 거쳐야 한다. 점막자극시험은 토끼의 눈에 시험물질을 투여하고 나서 그 독성을 관찰하는 방법을 이용하고 있다. 그때 관찰하는 항목은 결막의 변화나, 각막의 변화, 홍채의 변화 등이다. 대체법에서는 소와 같은 축산동물의 각막으로부터 특정 단백질을 추출하여 시험계를 만든 다음 시험물질을 반응시켜 단백질이 변성하는지를 관찰하게 된다. 또는 도축장에서 취득한 소 또는 돼지의 각막에 시험물질을 반응시켜 독성발현 여부를 검사하기도 한다. 생체에서는 각막과 홍채, 결막 등을 동시에 관찰할 수 있지만 이러한 대체시험법에서는 그 중 일부 밖에 관찰할 수 없는 한계를 보이게 된다. 따라서 결막의 이상을 감지하기 위해서는 생물학적 시험계로서 시험물질 투여 후 계란의 혈관 이상을 관찰하는 방법을 이용하거나 또는 배양세포에 대한 독성을 보는 방법을 동시에 수행하여 안구에 대한 독성시험을 대체하기도 한다. 셋째, 전기화학적인 방법을 이용하여 생물학적 반응을 검출하는 바이오센서의 이용으로 세포나 조직의 독성반응을 알아보는 방법이 이용되고 있다. 나노테크의 개발로 인하여 세포 한 개의 변화까지도 측정할 수 있게 되었다. 넷째, 영상매체나 생체 모델을 만들어 동물의 사용을 감소시키는 방법이다. 동물실험을 수행하기 위해서는 동물의 보정이나 마취, 수술, 해부학적 관찰, 투여 등의 훈련이 필요하다. 수술이나 투여 등에 있어서 생체를 대상으로 훈련을 받지 않고서는 실패할 위험이 높다. 그러나 동물을 대상으로 실습을 하기 전에 모형이나 영상매체를 통하여 충분한 훈련을 받는다면 많은 동물의 희생을 막을 수 있을 것이다. 시험관법으로 실험동물을 대체하는 방법에는 세균을 이용하는 방법, 배양된 세포나 조직을 이용하는 방법이 있다. 이러한 방법은 사용결과 동물의 수를 감소시키거나 대체시킬 때만 대안법으로서 가치가 있게 된다. 그렇지 않으면 현재 개발된 시험법에 또 다른 복잡한 시험법만 추가하는 결과를 낳게 된다. 시험관을 이용하는 방법을 동물실험과 비교하였을 때 장단점을 비교하여 보면, 단점으로는, 정맥투여, 경구투여, 피내투여 등 각종 투여경로에 대한 반응을 예측할 수 없다는 사실과, 특정 독성시험에 적용할 수 없다는 점, 그리고 생체에서 장기상호 간에 일어나는 작용을 볼 수 없다는 점이다. 장점으로는 경제적이고 신속하며 대량의 검체를 검사할 수 있다는 점일 것이다. 시험관을 사용하는 시험법의 예를 몇 개 들어보자. 첫째, 의약품이나 화학물질이 동물에서 돌연변이나 종양을 일으킬 수 있는지 여부를 검사하는 방법으로 살모넬라균을 이용하는 Ame's test를 들 수 있다. 이 방법은 시험관법의 방법이 동물실험과 상응하는 것으로 검증되어 실용화된 대표적인 예이다. 둘째, 배양된 세포에 시험물질을 반응시키고 세포에서 분비되는 효소나 대사산물 등을 측정하는 방법, 또는 방사선동위원소를 부착한 물질의 방출이나 세포 속으로 유입된 양 등을 측정하여 반응을 측정하는 방법도 이용되고 있다. 최근에는 배양된 3차원적 피부 모델을 갓난아기의 포피를 이용하여 만들어 동물실험 대체로서 이용하기도 한다. 그러나 세균이나 단일세포로 이루어진 시험계는 하나의 장기에 적용하기에는 제약이 뒤따르기 때문에 장기를 배양하여 실험에 사용하기도 한다. 이것은 동물을 소량 이용하여 다량의 시험계를 만들 수 있는 이점이 있다. 실리카는 마우스나 사람에서 폐 섬유화를 일으키는 물질로 잘 알려진 물질이다. 마우스의 폐를 적출하여 1~2mm로 잘게 절편을 만들어 배지로 충만 시킨 젤라틴 스폰지에 배양하면 60여일 동안 배양이 유지된다. 이렇게 배양된 조직절편에 실리카를 투여하면 생체에서와 같은 폐의 섬유화가 일어나는 것을 알 수 있다. 이와 같은 방법은 뇌, 간, 기관, 피부와 같은 장기를 대상으로 이용할 수도 있다(Placke and Fisher, 1987). 이러한 시험관적인 방법도 무생물을 이용한 대체법과 마찬가지로 검증이 필요하며 검증까지 많은 동물을 희생하여 그 결과를 비교하는 과정을 거치게 된다. 먼저 대체법을 수행하는 실험실에서 다른 연구원들이 같은 방법으로 수행하였을 때 오차가 없는지, 나아가서는 다른 실험실의 연구원들이 수행하였을 때는 차이가 없는지를 검정하게 된다. 이러한 검정에서는 대안으로 사용될 방법이 과학적인지, 경제적인지, 또한 현재 구비된 장비로 모두 수행할 수 있는 것인지를 판단하는 것이며, 가장 중요한 것은 3R에 입각한 방법인지를 검증해야 할 것이다. 마지막으로 생체를 이용한 대안을 생각할 수 있다. 이것은 다세포동물로서 포유동물이 아닌 플라나리아, 환형동물, 어류 등 하등동물을 실험에 사용하는 것이다. 우리가 흔히 말하는 동물모델은 인간을 모방하는 동물을 뜻한다. 연구에서의 모방은 인간의 형태를 모방하는 것을 뜻하는 것이 아니라 인간의 생리학적 또는 병리학적인 모방을 뜻하는 것이다. 이러한 동물 모델에는 생물학적 모델 동물과 질환 모델 동물로 나누기도 한다. 생물학적 모델은 각종 정상동물과 이상형질을 보이는 동물을 이용하여 그들의 생물학적 기능이나 생물학적 특성을 연구하여 사람이나 동물의 기본적인 생명현상을 해명하는 경우를 말한다. 질환 모델 동물은 사람의 질환과 유사한 질환을 자연적으로 보이는 동물 또는 인위적으로 유도한 동물을 말하며 이러한 동물을 이용하여 인간의 질환을 이해하고 치료제를 개발하는데 사용되는 동물을 말한다. 생물학적 모델 동물은 척추동물 뿐만 아니라 무척추동물도 다양하게 이용되고 있다. 예쁜 꼬마선충, 바퀴벌레, 성게, 초파리, 군소, 오징어 등이 유전학, 발생학, 신경발생생물학 등에 광범위하게 이용되고 있다. 이러한 하등동물로 고등동물을 대체하는 이유는 하등동물일수록 고통과 억압에 민감하지 않다는 사실과, 실험동물로서 사육할 때 경비의 절감, 짧은 생애로 인한 실험결과의 신속한 판단과 고통시간의 절감 및 실험동물에 대한 대중의 관심에서의 회피 등이 그 이유일 것이다. 이러한 동물을 선택할 때 3R에 입각한 정신으로 대체동물을 선택해야지 그렇지 않다면 새로운 실험동물종을 동물실험 방법에 추가할 뿐일 것이다. 생체를 이용한 대체시험과 관련된 몇 가지 예를 소개하고자 한다. 우선 최근에 어류를 이용한 실험이 많이 증가되고 있다. 어류는 각기 다른 환경에서 각종 어류가 서식하고 있기 때문에 실험계를 다양화 시킬 수 있는 이점이 있다. 그래서 특히 발생학, 신경학, 내분비학, 환경생물학, 독성학, 발암기전 등의 연구에 이용되고 있다. 어류는 화학물질에 대하여 마우스나 랫드만큼 민감하게 반응을 한다. 그래서 발암성시험이나 변이원성시험, 또는 생식독성시험에 많이 이용될 수 있다(Hodson, 1985). 형질전환동물이나 넉아웃동물은 인위적으로 유전자 조작을 통하여 인간의 각종 질병과 유사한 질병상태를 보이며 태어난 동물들이다(Palmiter and Brinster, 1985). 이러한 동물 모델을 다양화함에 따라 약물이나, 수술적 방법 또는 면역학적인 방법으로 정상동물을 사람과 유사한 질병상태로 만드는 전통적인 모델 동물보다 훨씬 동물을 적게 사용할 수 있게 되었으며 과학의 진보에도 많은 공헌을 하였다. 그러나 하나의 형질전환동물을 만들어서 원하는 형질을 나타내기까지는 많은 동물이 희생되어야 한다. 더구나 이렇게 인위적으로 조작된 동물은 정상상태가 아니기 때문에 사육관리를 소홀히 하면 쉽게 사망하기도 한다. 또 다른 예로서는 재조합된 동물을 들 수 있는데, NSG mice나 중증면역결손마우스(SCID mice)에 사람의 백혈구를 이식한 다음 설치류에는 감염이 일어나지 않는 사람의 바이러스(AIDS virus 등)의 병리발생 기전연구 및 치료제 개발 등에 유용하게 사용한다. 이러한 동물이 개발되기 전에는 영장류를 이용한 동물실험이 유일한 방법이었다. 약물을 스크리닝을 할 때 영장류를 사용하지 않고 인간화된 마우스를(Humanized mice) 이용한다면 영장류의 사용을 현저히 감소시킬 수 있다. 동물실험은 인간의 복지를 향상시키기 위하여 필수불가결한 과정으로 생각된다. 그러나 무분별한 동물실험으로 야기되는 많은 문제를 고려하면, 동물실험의 원칙을 3R에 맞추어 수행하여야 할 것으로 생각된다. 과학적인 목적을 위하여 동물을 무제한으로 그리고 무한의 고통을 주면서 사용해도 된다는 생각을 할 때 한편으로 윤리적인 문제를 생각해 보아야 할 것이다.

♣ 참 / 고 / 사 / 례 ♣

[사례 1] 학생실습에 동물을 사용한다면 계획서를 제출하지 않아도 되는가?

동물보호법 제2조(정의)에서는 “동물실험”이란 「실험동물에 관한 법률」 제2조 제1호에 따른 동물실험을 말한다 라고 규정하였는데 실험동물에 관한 법의 제2조 제1호에서 “동물실험”이란 교육 · 시험 · 연구 및 생물학적 제제(製劑)의 생산 등 과학적 목적을 위하여 실험동물을 대상으로 실시하는 실험 또는 그 과학적 절차를 말한다 라고 정의하고 있다. 따라서 동물을 이용하는 교육 및 실습도 동물실험 범주에 넣어 고려하여 IACUC의 승인절차를 밟아야 한다. 동물을 이용하는 실습과정이 동물에 고통을 주기 때문에 동물보호법 제8조(동물학대 등의 금지) 제2항에 따라서 IACUC의 승인을 받고 수행해야 할 것이다. 동물보호법 제8조(동물학대 등의 금지) 제2항은 다음과 같다. “누구든지 동물에 대하여 다음 각 호의 학대행위를 하여서는 아니 된다. (1) 도구 · 약물을 사용하여 상해를 입히는 행위. 다만, 질병의 예방이나 치료 등 농림수산식품부령으로 정하는 경우는 제외한다.” 그리고 이것에 대한 벌칙조항으로서 다음과 같은 내용이 있다. 제46조(벌칙) ① 제8조 제1항부터 제3항까지의 규정을 위반한 자는 1년 이하의 징역 또는 1천만원 이하의 벌금에 처한다.

[사례 2] 학생실습용으로 퇴역한 군견을 사용하고자 계획서를 제출하였다. 이것은 IACUC에 의하여 승인될 수 있는가?

우리나라에서는 매년 수백만 마리의 동물이 과학적인 목적으로 사용된다. 대다수의 경우 연구를 위한 동물의 공급이나 사체의 처분은 동물보호법이나 실험동물에 관한 법 또는 폐기물관리법 등에 의거하여 이루어진다. 동물의 공급자는 농림부나 식약청에 등록을 하고 있고 의료용 폐기물처리도 등록한 사업자가 수행하고 있다. 동물의 공급이나 처리가 적절한 법규에 의거하지 않고 이루어진다면 연구기관은 그에 합당한 법적 대가를 치르거나 여론과 갈등을 겪게 된다. 더구나 동물보호법 제24조(동물실험의 금지 등)는 유기된 개, 군견, 경찰견, 마약탐지견, 장애인보조견 등 국가를 위해 사역한 동물에 대하여 해당 동물종(種)의 건강, 질병관리연구 등 농림수산식품부령으로 정하는 불가피한 사유로 농림수산식품부령으로 정하는 바에 따라 IACUC의 승인을 받은 경우 이외에 동물실험에 이용할 수 없도록 규정하고 있다. 따라서 살아있는 군견을 학생실습용으로 사용한다든가, 동물실험에 이용해서는 안 될 것이다. 그러나 사람도 사후에 장기나 시신을 기증하는 선의가 있는 것을 고려하면 퇴역한 군견도 국가를 위하여 봉사한 다음 또 다른 선의를 위하여 시험대위에 제공될 수도 있을 것이다. 따라서 이러한 견해는 IACUC위원 사이에서도 의견의 대립이 있을 수 있으며 그 결정은 IACUC 운영규정에 따라 투표로 진행된다. 미국의 경우에는 Adoption of Military Animals에 관한 법이 있어서 국방부 장관이 군용동물의 퇴역, 질병, 비정상적인 행농 등을 고려하여 다른 사람에게 입양할 수 있게 허락하는 권한을 부여하고 있다. 퇴역한 동물을 1년 동안 사육하면서 입양의 기회를 주고 그 이후 안락사시킨다.

[사례 3] 포수크로랄이 마취제나 수면제로 사용될 수 있는가?

포수크로랄은 진정 최면제로서 복강 내 주사하면 랫트에서 1~2시간의 마취효과를 유도할 수 있다. 부작용으로서는 복막염과 근무력성 장폐색을 유발하기 때문에 농도에 주의해야 한다. 포수클로랄은 케타민 같은 향정신성 약물로 분류되어 연구자가 마약류 사용 허가를 받은 다음 사용해야 한다. 국내에 마약 또는 향정신성 약물로 등록된 정보는 인터넷을 통하여 찾아볼 수 있다(http://www.kfda.go.kr/antidrug/index.do). 어떤 연구자는 urethane을 동물마취에 사용하기도 한다. Urethane은 a-Chloralose보다 진통효과가 더 뛰어나고 마취시간도 길다. 그러나 이러한 마취제는 반복사용시 동물에 암을 유발시킬 수 있으므로 생존실험에는 사용하지 않는 것이 좋다. 마취제와 진통제 등은 동물실험의 종류와 동물종, 연령 등을 고려하여 가장 적절한 약물을 찾아 수행하는 것이 바람직하며, 관련 법을 준수해야 할 것이다.

[사례 4] 동물실험 설정에 관련된 위험들은 어떠한 것들이 있으며 어떠한 선행 조치가 필요한가?

동물실험 과정 중에 연구자가 겪는 어려움 중의 하나는 동물에 고통을 줄 수 있다는 생각으로 스트레스를 받는 것이다. 그러나 과학적인 결과로 인하여 사람과 다른 동물이 얻은 혜택을 생각하면 동물실험을 중단할 수는 없을 것이다. 따라서 동물실험의 계획서에 대하여 IACUC위원들이 3R에 입각하여 심의과정을 거쳐 그 과정 중에 포함될 수도 있는 잔인한 방법과 고통을 배제하는 것이 필요하다. 또한 동물실에는 고농도의 동물유래의 알러젠이 있을 수 있으므로 동물에 대한 알러지가 있는지 판단하고 동물실험에 임해야 한다. 그리고 동물실험 과정 중에 방사선을 이용한 실험이 있다면, 방사선 취급 자격증을 제시해야 하며, 병원성 미생물이나 유전적으로 변형된 미생물 등이 있다면 각각의 미생물에 적합한 생물학적 안전등급에 맞는 시설, 방법 등에 대하여 미리 학내 생물안전위원회의(IBC) 심의를 거치고 그 승인서가 첨부되어야 한다. 또한 인체조직을 이용하여 동물실험을 수행하기 위해서는 그 인체조직을 실험에 사용한다는 IRB의 승인서가 첨부되어야 한다. 그 이외에도 동물에 대한 수술, 특수한 위험성이 있는 기계의 사용, 고위험성이 있는 화학물질 등의 사용시에는 각각에 맞는 표준실행지침을 IACUC가 요구할 수도 있다.

◆ 연 / 습 / 문 / 제 ◆

1. 다음 중 "동물실험"과 관계 있는 것을 모두 고르시오.
   ① 의약품의 효력 및 안전성 검증
   ② 식품의 효력 및 안전성 검증
   ③ 화학물질의 효력 및 안전성 검증
   ④ 화장품의 효력 및 안전성 검증
   ⑤ 생의약 관련 연구 및 교육

2. 다음 중 "동물실험에 대한 반대의견"에 해당할 수 있는 경우를 모두 고르시오.
   ① 의학진보에 있어서 동물실험의 역할이 과대평가되었다.
   ② 사람들의 질병이 줄어들고 장수하게 된 것은 건강을 유지하기 위하여 화장실을 개선하고 식수원을 개선하는 등의 공중보건의 개념을 도입하면서 이루어진 것이지 동물실험을 통해서 얻은 정보는 그다지 중요하지 않다.
   ③ 사람을 대상으로 해서 치료를 하는 과정 중에 얻은 정보들이 동물실험을 통해서 얻은 정보보다 훨씬 더 귀중하고 커서 의학적인 발전은 임상의 결과로부터 얻을 수 있다고 주장한다.
   ④ 동물실험은 그 결과가 실제와 다르게 나타나는 경우가 많다고 주장한다.
   ⑤ 동물실험은 종 차별이라 생각하며 동물의 권리를 주장한다.

3. "동물복지에 대한 분류로 해당되지 않는 것은?
   ① 과학적 복지　　② 윤리적 복지
   ③ 논리적 복지　　④ 법률적 복지

4. 동물에 대한 신체적 · 정신적 복지 그리고 자연성의 보장에 대한 개념을

조합하여 생각한 동물의 다섯 가지 기본자유에 해당되지 않는 것은?
① 공복 및 갈증으로부터의 자유
② 불쾌함으로부터의 자유
③ 통증, 손상, 질병으로부터의 자유
④ 정상행동발현의 자유
⑤ 공포 및 고통으로부터의 자유

5. 동물을 실험이나 식육용으로 사용하면서 동물에 고통을 줄 수밖에 없는 상황일 때 사람에 따라서는 그러한 상황에 대하여 갈등을 느낄 수 있다. 이러한 갈등을 해결해온 방법으로서 해당하는 것은?
① 수혼제를 통하여 동물의 영혼을 위로해 주기도 한다.
② 사육방식이나 도축방식을 소비자가 모르도록 분리한다.
③ 수렵한 동물을 의식을 통하여 처리한다.
④ 동물실험에 대한 대안을 모색하기도 한다.
⑤ 심리치료 등으로 갈등을 극복한다.

6. Russell과 Burch(1959)가 주장한 동물실험연구자가 생각해야할 3R이 아닌 것은?
① 공시동물 수의 감소(Reduction)
② 실험동물의 재사용(Reusing)
③ 실험동물의 대체(Replacement)
④ 동물실험 중 고통의 경감(Refinement)

7. 동물실험과정 중에 인도적인 실험종료에 해당되지 않는 것은?
① 인도적인 실험종료 시점은 심하게 고통을 받거나 억압되거나 빈사상태로 되는 동물실험에서 그러한 고통의 가장 심하게 나타나는 시점이다.
② 동물이 이러한 고통을 받기 전에 연구자가 인도적인 실험종료 시점을 인식하는 것이 중요하다.
③ 동물이 고통스러워 한다면 가능한 한 빠른 시기에 동물을 안락사시키거나, 장기적인 실험의 경우에는 시험물질의 투여를 중지하거나, 용량

을 감소시켜야 한다.

④ 동물의 연령에 따라 각각의 동물들이 보이는 고통의 증상이 틀리다는 점을 감안하면서 임상증상을 기준으로 인도적인 실험종료 시점을 동물실험과정 중에 설정해 놓아야 한다.

정 답
1. 모두 해당됨: 의약품, 유전자조작식품, 나노관련제품, 일상생활에 사용되는 화학제품, 화장품, 연구교육 등에 이용된다.
2. 모두 해당됨
3. ③
4. 모두 해당됨
5. ⑤
6. ②
7. ① 인도적인 실험종료 시점은 심하게 고통을 받거나 억압되거나 빈사상태로 되는 동물실험에서 그러한 고통의 가장 심하게 (초기에) 나타나는 시점이다.

참고문헌

박재학, 2008, "동물실험의 대안은?", *Journal of Alternatives to Animal Experiments* 1(1), pp. 5-8.

피터싱어(Peter Singer), 1999, 『동물해방』, 김성학 역, 인간사랑.

Farnsworth, M. F. and J. M. Pezzuto, 1984, "Practical Pharmacologicalevaluation of Plants", *Lord Dowding Fund Bulletin* 21, p. 26.

Hodson, P. V., 1985, "A Comparison of the Acute Toxicity of Chemicalsto Fish, Rats and Mice", *Journal of Applied Toxicology* 5(4), pp. 220-226.

Jukes, N. and M. Chiuia, 2003, *From Guinea Pig to Computermouse: Alternative Methods for a Progressive, Humane Education* 2nd edition, inter NICHE.

Laboratory Animal Medicine & Science Series II, ACLAM.

Loew, F. M. and B. J. Cohen, 2002, "Laboratory Animal Medicine, Historical Perspectives", in J. G. Fox, L. C. Anderson, F. M. Loew and F. W. Quimby (eds.), *Laboratory Animal Medicine* 2nd edition, London: Academic Press, pp. 1-12.

OECD Guideline for Humane endpoint.

Palmiter, R. D. and R. L. Brinster, 1985, "Transgenic Mice", *Cell* 41(2), pp. 343-345.

Placke, M. E. and G. L. Fisher, 1987, "Adult Peripheral Lung Organculture: A Model for Respiratory Tract Toxicology", *Toxicology Applied Pharmacol-ogy* 90, pp. 284-298.

Russell, W. M. S. and R. L. Burch, 1959, *The Principles of Humane Experimental Techniques*, London: Methuen & Co.(reprinted as a special edition in 1992 by universitiesfederation for animal welfare).

World Society of Protection of Animal(WSPA), 2007, *Concepts in Animal Welfare*, Livingstone College Press.

제 9 장 생물안전

석 승 혁
(서울대학교 의과대학 미생물학교실)

1. 들어가며

2003년 싱가포르와 대만, 2004년 중국에서 발생하여 전 세계를 떠들썩하게 했던 SARS[1] 바이러스 감염경로 중에는 실험실에서 감염된 연구자로부터 그의 가족, 병원관계자들에게 전염된 사례가 있었다(Orellana, 2004). 2006년에는 미국의 인디애나와 미네소타 주의 미생물학자들이 실험실에서 브루셀라[2]에 감염되어 발열, 두통증상을 나타냈으며(Griffith, Sullivan and Howell, 2007), 2007년 영국의 Surrey와 Bershire지방에서는 구제역 백신연구소에서 새어나간 바이러스로 인해 지역농장의 동물들이 살처분되기도 했다.[3]

이와 같은 실험실 감염사고와 그에 따른 전염병의 발생, 확산 사례는 1915년 장티푸스의 감염 사고를 시작으로(Kissalt, 1915) 지금까지 지속적으로 보고되고 있다. 그러나 공식적으로 보고되는 사례들은 실제 감염 사고의 약 20%밖에 되지 않는다는 연구결과도 있다(Sulkin and Pike, 1951, 1965; Pike, 1976). 이처럼 학술적으로 혹은 미디어를 통해 공개적으로 접하게 되는 생물안전 관련 사고가 극히 일부에 불과하기 때문에 생물재해에 대한 관심과 문제의식이 아직은 사회적으로 크게 이슈화되지 못하고 있는 것으로 보인다. 생물안전의 체계적인 교육 및 관련 법안의 마련, 그리고 이에 대한 연구들이 미진하게 이루어지고 있는 것

1) 중증 급성 호흡기 증후군, 변종 사스 코로나 바이러스가 일으키는 신종 호흡기 전염병이다.
2) 브루셀라증: 몰타열, 지중해열, 파상열(波狀熱)이라고도 한다. 사람과 가축에게 생기는 감염성 질환이다.
3) 2007년 8월 4일 BBC NEWS, http://news.bbc.co.uk/2/hi/6930684.stm

역시 같은 맥락에서 원인을 찾을 수 있겠다. 그러나 위에서 나열된 사례들은 실험실에서 유출된 병원체로 인한 생물재해가 연구자와 가족, 동료, 지역공동체에 얼마나 위협적일 수 있는지 보여준다. 그리고 생물안전에 대한 연구자의 지식과 노력, 사회적 차원의 관심은 선택이 아니라 책임의 범위에 포함됨을 깨닫게 한다.

2. 생물학적 위험(Biohazard)과 생물안전(Biosafety)

생물학적 위험(Biohazard)이란 인체에 위해한 영향을 미칠 수 있는 생물기원의 물질의 통칭으로써, 미생물이나 미생물에서 만들어진 독소와 알러젠 또는 고등동식물에서 만들어진 독소와 알러젠 등이 포함된다. 생물학적 위험으로부터 발생할 수 있는 사고를 예방하고 방지하는 활동을 생물안전(Biosafety)이라고 할 수 있겠다. 사실상 생물안전의 개념은 미생물학, 생물공학 등 관련 학문의 발전과 더불어 정립되어 왔으며 특히 실험실에서 병원체를 분리하고 대량으로 배양하기 위한 지식과 기술이 축적됨에 따라 실험자가 감염될 가능성과 이들이 환경으로 방출되는 것을 방지하기 위한 물리적, 생물학적 밀폐의 개념과 더불어 확립되었다.[4] 생물안전의 구체적인 정의는 다음과 같다.

> **생물안전**(Biosafety): 잠재적 감염우려가 있는 생물체가 가지고 있는 인체위해성을 분석하고, 생물학적 지식과 실험기술, 장비 및 시설 등의 적정한 사용을 통하여 실험자, 지역사회 및 환경을 보호하기 위한 일련의 활동(서울대학교 환경안전원, 2011)

위의 정의에 따르면, 생물안전을 이루는 키워드는 '인체위해성 분석', '생물학적 지식', '실험기술', '장비 및 시설'이다. 인체위해성 분석에 전문지식이 필수적임을 감안하면, 생물안전을 이루는 3요소는 '생물학적 지식', '실험기술', '장비 및 시설'이라고 할 수 있겠다(〈그림 1〉 참고). 이 3가지가 빠짐없이 갖추어질 때 생물안전이 성공적으로 수행될 수 있다. 또한 3가지 요소 중 '장비 및 시설'이 포함된다는 것은, 생물안전을 위한 연구자 개인 차원의 노력을 넘어, 적절한 연구 장비와 시설을 갖추기 위한 기관 및 정부의 노력도 필수적임을 시사한다.

---

4) 서울대학교 생물안전위원회 가이드라인 참고.

〈그림 1〉 생물안전의 3요소

3. 생물안전의 위험관리단계

생물안전의 위험관리는 〈그림 2〉의 4가지 단계를 거쳐 진행된다.[5)]

생물안전은 생물학적 위험요소등급을 인식하고 분류하는 것(위험요소 인식: Risk Identification)에서 시작된다. 다음으로, 연구자는 실험실에서 다루는 미생물

〈그림 2〉 생물안전의 위험관리단계

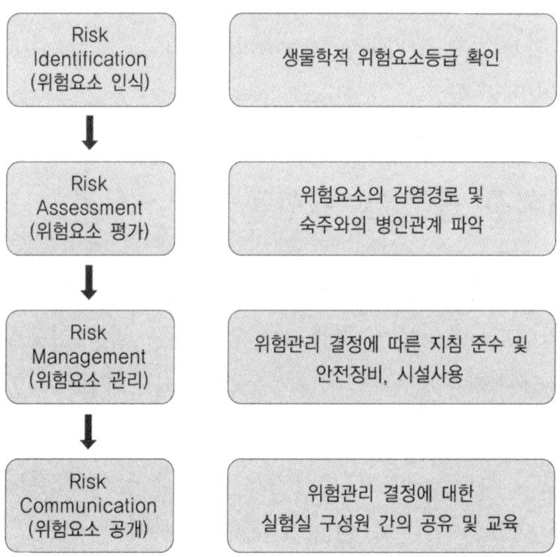

5) Emory University (USA) BL3 Trainee 교육자료 참고.

의 위해요소 감염경로 및 숙주(host)와의 관계를 평가한다(위험요소 평가: Risk Assessment). 이 단계에서는 미생물에 대한 전문적인 지식이 필요하다. 위험군 등급분류가 정해지고 위험요소 평가가 이루어지면 해당 등급에 요구되는 실험실 안전지침을 준수하고, 필요한 장비와 시설을 갖추어 사용해야 한다(위험요소 관리: Risk Management). 이 과정에서 필히 실험실의 리더 또는 책임자와 논의해야 효과적인 결정과 판단을 내릴 수 있다. 결정된 사항들은 반드시 각 실험실 구성원들이 공유해야 하고, 정기적으로 이와 관련된 교육과 확인, 평가가 이루어져야 한다(위험요소 공개: Risk Communication). 4단계 중 하나인 미생물 위해성 평가(Risk Assessment)만으로는 위험관리가 불완전하며, 모든 단계가 유기적으로 연결되고 실천되어야 효과적으로 생물안전이 이루어질 수 있다.

세계보건기구(WHO)는 각 국가의 실정에 따라 미생물을 4개의 위험그룹으로 분류하고, 각 그룹에 필요한 생물안전수준(Biosafety Level, BL)과 생물안전기준을 제시하면서 각 국가들이 이를 준수하기를 권고하고 있다. 우리나라도 생물안전과 관련된 지침 및 법안들을 마련하고 보완하는 과정 중에 있다. 이후 설명할 미생물학적 위해성 평가 및 관련 지침 그리고 위험등급은 질병관리본부의 실험실 생물안전지침(2006), 서울대학교 환경안전원의 실험안전의 길잡이(2011)를 참고하였으며, 이는 앞서 논의한 생물안전의 위험관리 4단계 중 위험요소 인식(Risk Identification), 위험요소 평가(Risk Assessment)와 위험요소 관리(Risk Management)의 구체적 내용이라고 할 수 있겠다.

4. 미생물 위해성 평가 및 위험등급 분류하기

연구자가 생물안전을 시행하는 가장 기본적인 단계는 생물의 위해성을 인식하고 평가하는 일이다. 미생물을 취급하는 연구자는 해당 미생물에 대한 위해성 인식 및 평가를 실시하여 실험의 위해가능성을 최소화할 수 있는 방안을 강구해야 한다.

미생물 병원체의 위험등급은 (1) 감염시 증세의 심각성 정도, (2) 예방 또는 치료가 용이한지 여부가 기준이 된다. 위험등급에 따라 생물안전수준과 연구시설 밀폐등급이 결정되며, 연구시설은 각 등급이 요구하는 설비 및 안전장비를 갖추어야 한다. 제4위험군의 경우, 일반적인 대학이나 일반연구소에서는 다룰 수 없고 시설이 마련된 기관을 방문하여 작업을 하거나 그 기관에 작업을 의뢰해야 한다. 현재 국내에는 제4위험군을 다루는 연구시설은 없다.

연구자는 미생물 위해성 평가시, 병원체의 전파방식, 에어로졸 발생시 위해를 감소시키는 방법, 밀폐 연구시설에 대한 지식, 실험설비 및 장비, 실험과정 등에 대한 전문적인 지식과 판단에 따라, 미생물을 앞에서 다루었던 위험군 그룹 분류에 적용해 보아야 한다. 이 과정에서 미생물에 대한 정보가 충분하지 않을 경우, 다음과 같은 요소들을 고려하여 판단할 수 있다(서울대학교 환경안전원, 2011).

ⓐ 미생물의 병원성과 감염량
ⓑ 미생물에 노출되었을 경우에 생길 수 있는 결과

〈표 1〉 미생물의 위험군 구분 및 생물안전수준

구분	정의	해당 미생물	BL	연구시설 밀폐등급
제1위험군	건강한 성인에게는 질병을 일으키지 않는 것으로 알려진 생물체	*Bacillus subtilis*, *Naegleria gruberi*, 대장균 등	Level 1	1등급
제2위험군	사람에게 감염되었을 경우 증세가 심각하지 않고 예방 또는 치료가 비교적 용이한 질병을 일으킬 수 있는 생물체	홍역바이러스, 살모넬라균, 톡소플라스마, B형 간염바이러스 등	Level 2	2등급
제3위험군	사람에게 감염되었을 경우 증세가 심각하거나 치명적일 수 있으나 예방 또는 치료가 가능한 질병을 일으킬 수 있는 생물체로 특히 에어로졸[6]로 전염될 수 있는 생물체를 다루는 경우	한타바이러스, Brucella, St. Louisencephalitis virus, *Coxiella burnetii* 등	Level 3	3등급
제4위험군	사람에게 감염되었을 경우 증세가 매우 심각하거나 치명적이며 예방 또는 치료가 어려운 질병을 일으킬 수 있는 생물체	에볼라바이러스, Sin Nombre virus, Rift Vally Fever 등	Level 4	4등급

6) 액체나 고체의 입자가 주로 공기와 같은 기체 내에 미세한 형태로 균일하게 분포되어 있는 상태이다.

ⓒ 자연감염경로
ⓓ 실험실에서의 조작으로 인해 다른 경로로 감염될 수 있는 가능성
ⓔ 실험환경 및 외부환경에서 미생물의 안전성 정도
ⓕ 다루는 미생물의 농도와 미생물의 양
ⓖ 적절한 숙주의 존재 유무
ⓗ 실험실에서의 감염 또는 임상적 감염에 대한 보고 유무
ⓘ 실험실에서 행해질 실험방법의 종류
ⓙ 유전적 조작의 유무 및 유전적 조작에 의해 감염될 수 있는 숙주의 범위의 변화 및 감수성의 변화
ⓚ 효과적인 백신의 존재 유무 및 치료방법의 존재 유무

다음 〈표 2〉와 〈표 3〉은 동물과 식물 관련 위험등급 산정기준표이다. 함께 참고하기 바란다.

〈표 2〉 동물 관련 생물안전등급 산정기준(Animal Biosafety Level, ABL)

구분	기준
ABL−1	* 생물학적 인자(agent)를 포함하지 않는 동물작업의 경우 * 면역력이 있는 사람에게는 병을 일으키지 않는 것으로 잘 알려져 있고, 실험실 사람과 환경에게 아주 적은 잠재적 위험을 가진 인자를 포함하는 동물작업의 경우
ABL−2	* 사람과 환경에 경미한(moderate) 위험을 가지며, 사람의 질병과 연관된 인자를 다루는 동물작업의 경우
ABL−3	* 에어로졸 전염의 가능성을 가지며, 심각하거나 치명적인 질병을 일으킬 수 있는 토착 혹은 외래(exotic) 인자를 포함하는 동물작업의 경우
ABL−4	* 생명을 위협하는 질병을 일으킬 수 있고, 에어로졸 전염이 가능한 인자를 포함하는 동물작업의 경우 * 전염에 대해 잘 알려지지 않은 인자를 다루는 동물작업의 경우

자료: George Mason University-Biological Safety Manual.

〈표 3〉 식물 관련 생물안전등급 산정기준(Biosafety Level Plant, BL－P)

기준	유전자 이식 식물	유전자 이식 미생물		유전자 이식 절지동물과 그 미생물
		외래	토착	
유해하지 않은 풀(weed) 혹은 이종교배로 잡종을 만들 수 없는 경우	BL1－P			
쉽게 퍼뜨려지지 않는 경우			BL1－P	
환경을 손상하지 않는 경우		BL2－P 혹은 BL1－P＋	BL1－P	BL2－P 혹은 BL1－P＋
유해한 풀(weed) 혹은 이종교배가 가능한 경우	BL2－P 혹은 BL1－P＋			
non-EIA의 완전한 게놈(genome)이 포함된 경우	BL2－P 혹은 BL1－P＋			
EIA의 게놈(genome)이 포함된 경우	BL3－P 혹은 BL2 P＋			
EIA를 다루는 경우	BL3－P 혹은 BL2－P＋			
환경을 손상하는 경우			BL2－P 혹은 BL1－P＋	BL3－P 혹은 BL2－P＋
환경을 손상하는 EIA의 경우	BL3－P 혹은 BL2－P＋			
전염성 인자의 게놈(genome)을 재구성한 경우	BL3－P 혹은 BL2－P＋			
척추동물 독소를 포함하는 경우	BL3－P	BL3－P	BL3－P	
PMP와 PMIC	BL3－P			
식물 병원균 인자를 선택한 경우	BL3－P	BL3－P	BL3－P	BL3－P 혹은 BL4－P

* EIA: Exotic Infectious Agent(외래 전염 인자)
* PMP: Plant-Made Pharmaceuticals(식물 유래 약제)
* PMIC: Plant-Made Industrial Compounds(식물 유래 산업품)

자료: University of Connecticut IBC.

5. 실험실 등급별 안전수칙 및 필요설비

1) 국내 실험실의 생물안전 실정

미생물 등 생물체를 다루는 실험실은 일반실험실과는 다른 또 하나의 안전에 대한 개념이 필요하며 이는 실험연구 중에 발생할 수 있는 예기치 못한 사고와 그 결과를 방지하고자 하는 노력에서 시작되었다. 전염병을 진단하고 병원체를 연구하는 실험실은 기본적으로 병원체가 감염된 동물 또는 인체조직을 취급하고, 병원체의 분리배양 등 기본적인 실험과정이 이루어진다. 따라서 실험실 내에서 이루어지는 대부분의 실험내용이 병원체와 관련이 있으며, 그만큼 연구자들이 감염위험이 높아 각별한 주의가 필요하다(질병관리본부 국립보건연구원, 2006).

이진용, 은상준, 박기동 등(2005)은 우리나라 미생물 실험실의 생물안전등급과 생물안전수준을 조사, 평가하는 연구를 시행한 바 있다. 연구결과는 우리나라 미생물 실험실이 생물안전을 준수하는 일에 매우 둔감하고 열악함을 보여주었다. 각 기관이 현재 필요하다고 평가한 생물안전등급과 위험그룹 분류를 통해 판단한 생물안전등급이 일치하는 비율은 산술적으로 53.0%에 불과하였으며, 개인보호장비, 생물안전설비, 실험실의 구조 등으로 구성된 전체 생물안전수준 평가문항들은 평균 충족률이 57.9%에 불과했다.

논문의 저자들은 각 조사대상기관이 자신들에게 필요한 생물안전등급을 제대로 파악하지 못하고 있으며, 기본적인 생물안전에 대한 인식이 부족하다고 비판했다. 이후 생물안전 관련 지침 및 법이 보완되고 학계의 자정적인 노력이 있어온 만큼 실험실 실정이 나아졌을 것이라고 기대할 수 있지만, 감염성 병원체를 취급, 보존, 유지하는 실험실 환경의 중요성은 아무리 강조해도 지나치지 않겠다.

2) 개인보호장비(PPE[7])

실험 중 사용되는 개인보호장비는 가운, 장갑, 마스크가 가장 기본이다. 이들은 감염성 물질을 취급하는 도중에 발생 가능한 에어로졸, 누출, 엎지름 등의 사고에서 연구자의 안전을 지켜주는 기본적인 장비이다. 감염성 물질을 취급하

7) Personal Protective Equipment.

〈표 4〉 실험실의 개인보호장비

장비명	관련 위험성	안전사항
실험복	개인의류의 오염방지	* 개인의류의 후면은 반드시 보호를 할 필요는 없으나 완전히 감싸는 것이 바람직함
플라스틱 앞치마	개인의류의 오염방지	* 방수기능이 있음
발싸개 등 관련 용구	충격 또는 튀김	* 발가락을 완전히 감쌈
고글	충격 또는 튀김	* 사용되는 렌즈가 충격에 강해야 하며 안경을 완전히 감싸야 함 * 눈 측면 보호가 가능함
안면보호대	충격 또는 튀김	* 안면 전체 보호 * 사고발생시 쉽게 제거 가능
호흡장치	에어로졸 흡입	* 사용 후 교체가 가능한 유닛으로 구성되며 안면 전체 또는 반만 보호 가능함 * 동력장치에 의해 깨끗한 공기 공급
장갑	미생물의 직접적 접촉, 손의 상처	* 라텍스, nitrile, 비닐로 제작된 일회용품, 손의 보호

는 실험실에서는 반드시 가운을 착용해야 하며, 실험실을 나갈 때는 가운을 벗고 손을 씻고 나가야 한다. 실험실에서 사용되는 개인보호장비는 〈표 4〉와 같다.

3) 실험실 등급별 준수사항 및 필요설비

실험실 생물안전의 기본적인 개념은 '밀폐(containment)'이다. 이는 실험자, 기타 출입접촉인, 실험실 외부환경이 잠재적 위험성 인자에 폭로되는 것을 줄이거나 제거하기 위함이다. 밀폐의 3가지 핵심요소는 (1) 실험실 준수사항 및 안전 관련 기술, (2) 안전장치, (3) 안전시설로 구분된다. 앞서 기술했던 미생물 위험군 분류에 따라 실험실의 생물안전등급이 나누어지며, 각 등급별로 요구되는 안전수칙 및 설비가 다르다. 여기에서는 생물안전등급 1~3 실험실만을 다루겠다.

(1) **생물안전등급 1 실험실**(미생물 제1위험군/ 1등급 연구시설)

가. 일반적 준수사항

ⓐ 시험·연구기관의 장은 모든 실험종사자에게 생물안전에 필요한 사항을 정기적으로 교육하고 관리하여야 한다.

ⓑ 실험종사자는 실험을 실시하기에 앞서 필요한 안전작업 요령 및 사고발생시 응급조치 등에 관한 사항을 사전에 충분히 숙지하여야 한다.

ⓒ 실험실 출입문은 닫아 두며 허가받지 않은 사람이 임의로 실험실에 출입하지 않도록 해야 한다.

ⓓ 모든 실험조작은 가능한 에어로졸 발생을 최대한 줄일 수 있는 방법으로 실시한다.

ⓔ 반드시 기계적 피펫을 사용하도록 한다.

ⓕ 실험이 종료되었을 경우, 또는 실험실을 나올 때에는 손을 씻는다.

ⓖ 실험구역에서는 음식섭취, 식품보존, 흡연, 화장행위를 하지 않는다.

ⓗ 오염폐기물은 별도의 안전한 장소나 용기에 보관하여 정해진 절차에 따라 폐기한다.

ⓘ 실험실에 대한 곤충, 설치류 방제작업을 정기적으로 실시한다.

ⓙ 실험종사자는 실험책임자가 안전을 위하여 정하는 사항을 준수해야 한다.

나. **안전장비**(1차적 밀폐)

ⓐ 일반적으로 특별한 용기나 생물안전작업대를 반드시 필요로 하지는 않는다.

ⓑ 실험복, 가운 같은 실험실 전용복장을 권장한다.

ⓒ 피부상처나 발진이 있다면 장갑을 착용한다.

ⓓ 미생물이 튀는 작업이나 위험물질을 다룰 경우 눈 보호 용구를 착용한다.

다. **시설 및 설비**(2차적 밀폐)

ⓐ 실험실과 사무실은 물리적으로 구분되는 것이 적절하다.

ⓑ 손을 씻는 장치를 갖춘다.

ⓒ 실험실은 청소가 쉽게 설계되어야 한다. 카펫 등은 적절치 않다.

ⓓ 작업대 위는 방수성, 내열성, 내화학성을 갖추어야 한다.

ⓔ 실험용 가구는 적정 하중에 견딜 수 있어야 하며, 작업대 사이, 장비 사이

는 청소가 용이할 정도의 공간을 두어야 한다.

ⓕ 실험실 창문이 열리는 것일 경우 방충망을 설치한다.

(2) 생물안전 2등급 실험실(미생물 제2위험군/ 2등급 연구시설)

생물안전 2등급 실험실은 4가지 점에서 1등급 실험실과 차이가 있다. (1) 실험종사자는 병원체에 따라 적절한 교육을 받고 숙달된 전문가의 지도를 받는다. (2) 실험이 진행 중일 때는 실험실 출입을 제한한다. (3) 오염된 날카로운 물질에 대한 주의가 필요하다. (4) 감염성 에어로졸의 발생이나 파손의 위험이 있는 작업은 생물안전작업대나 물리적 밀폐공간에서 작업한다.

가. 일반적 준수사항

생물안전등급 1 실험실의 일반적 준수사항에 추가되는 사항은 다음과 같다.

ⓐ 취급하는 병원성 미생물의 위험도를 고려한 안전등급에 따라 지정된 구역에서 해당 실험이 실시되도록 해야 한다.

ⓑ 실험이 끝난 후에는 실험대를 소독하며 실험 중 오염이 발생하였을 경우에는 즉시 소독한다.

ⓒ 병원성 미생물을 취급하고 보존하는 장소(예: 실험실, 냉장고, 냉동고 등)에는 "생물재해(Biohazard)" 표시를 붙인다.

생물재해(Biohazard) 표시

ⓓ 필요시 실험종사자에 대한 정상혈청 또는 추가혈청을 채취, 보관하도록 한다.

나. 특별준수사항

ⓐ 실험책임자는 감염성 물질을 취급하고 있는 실험실에 대해 출입을 제한할 수 있다. (예: 면역기능 저하 또는 억제자와 같이 감염위험이 높은 사람들)

ⓑ 실험책임자는 백신접종과 같은 특별한 출입요건이 요구되는지 또한 잠재적 위험에 대해 특별한 교육이 필요한지에 대해 판단하고 필요한 경우 실시될 수 있도록 한다.

ⓒ 병인물질이 사용되고 있을 때는 실험실 입구에 병인물질, 밀폐수준, 면역의 필요성, 실험자 이름, 연락처, 보호복 착용 등 실험에 요구되는 각종 정보들이 표기된 생물위험 표시를 한다.

ⓓ 필요한 경우 실험종사자는 취급하는 병원체에 대한 검사나 면역접종을 받는다.

ⓔ 실험실 운영에 대한 표준지침이나 책임자에 의해 준비된 운영지침에는 생물안전 사항이 포함되어야 한다.

ⓕ 바늘, 주사기 등 오염된 날카로운 물건에 대해서는 세심한 주의가 필요하다.

ⓖ 배양물, 조직, 체액검체 등 액상의 잠재적 감염성 폐기물은 액상폐기물 전용 용기에 넣는다.

ⓗ 명백하게 오염에 노출된 경우 실험실 책임자에게 즉시 보고하고 의학적 판단과 진단, 조사 및 처치가 이루어지도록 하며 이를 기록하여 보존한다.

다. 안전장비(1차적 밀폐)

ⓐ 생물안전작업대 외부에서 미생물을 다룰 경우 고글이나 마스크 같은 안면보호장비를 사용한다.

ⓑ 실험실 내부에서는 가운, 작업복 등을 사용하며 실험구역을 벗어날 경우 이를 벗는다. 실험복은 일회용이거나 기관 내부에서 세탁하며 이를 집에 가져가서는 안 된다.

ⓒ 감염물질의 취급, 오염된 표면이나 장비의 취급에는 장갑을 착용한다. 일회용 장갑은 재사용하지 않으며, 컴퓨터 작업, 전화 등 일반환경에서 사용하지 않는다.

라. 시설 및 설비(2차적 밀폐)

생물안전등급 1 실험실의 시설 및 설비에 추가되는 사항은 다음과 같다.

ⓐ 실험대 상단은 방수, 열, 산, 알카리 등 유기용매, 소독제 등에 중등도의 내성이 있어야 한다.

ⓑ 생물안전작업대는 입구나 개폐식 창문과 떨어진 곳, 이동이 많은 지역 또는 장비운영에 혼란을 일으킬 만한 것과 어느 정도의 간격을 유지해야 한다.

ⓒ 조명은 활동에 지장이 없으며 반사 및 눈부심이 없어야 한다.

ⓓ 특별한 환기가 필요하지는 않으나 새로운 장비도입 등을 계획할 경우에는 재순환되지 않는 공기유입 등, 기계적 환기 시스템을 고려해야 한다.

(3) 생물안전 3등급 실험실(미생물 제 3 위험군/ 3등급 연구시설)

가. 일반적 준수사항

생물안전등급 2 실험실의 일반적 준수사항과 같다.

나. 특별준수사항

생물안전등급 2 실험실의 특별준수사항에 추가되는 사항은 다음과 같다.

ⓐ 실험종사자는 취급하거나 실험실에 있을 수 있는 병원체에 대한 검사나 면역접종(B형 간염, 결핵 등)을 받는다.

ⓑ 모든 실험종사자와 기타 위험에 노출되는 사람에 대한 혈청을 채취하고 보관해야 하며 추가혈청은 취급 병원체 등을 고려하여 주기적으로 채취하여 보관할 수 있다.

ⓒ 실험종사자는 실험에 관계되는 폭로, 예방 등 잠재적 위험에 대하여 교육을 받는다. 교육은 사항이 변경될 때마다 받으며 정기교육은 매년 실시한다.

ⓓ 실험책임자는 해당 병원체를 다루는 실험을 시작하기 전에 이를 확인하며 모든 실험종사자는 일반 미생물 실험 등에 필요한 기술 및 장비취급 등에 능숙해야 한다.

ⓔ 감염성 물질이 들어있는 물건의 개봉은 생물안전작업대나 기타 물리적 밀폐장비에서 수행해야 한다.

ⓕ 실험실로부터 배출되는 장갑, 실험복 등 잠재적 오염이 있는 폐기물은 폐기되거나 사용 전에 오염을 제거한다.

다. 안전장비(1차적 밀폐)

생물안전등급 2 실험실의 안전장비에 추가되는 사항은 다음과 같다.

ⓐ 실험종사자는 보호기능이 있는 실험복을 착용하며 외부로 나갈 때는 벗는다. 재사용시 세탁 이전에 오염을 제거하고 오염된 경우에는 폐기한다.
ⓑ 손소독기를 사용하여 소독 후 장갑을 교환한다. 일회용 장갑은 재사용하지 않는다.
ⓒ 감염물질, 감염동물의 부검, 감염동물의 조직, 체액의 채취 등은 class Ⅱ 또는 Ⅲ급의 생물안전작업대에서 수행한다.
ⓓ 작업이 생물안전작업대에서 이루어질 수 없는 경우 개인보호구 및 물리적 밀폐용기(뚜껑이 있는 원심분리관 등)를 사용한다.
ⓔ 실험실에 감염동물이 있을 경우 감염으로부터 연구종사자를 보호할 수 있는 기구나 장비를 사용하여 실험한다.

라. 실험장비(2차적 밀폐)

생물안전등급 2 실험실의 실험장비에 추가되는 사항은 다음과 같다.

ⓐ 실험실은 건물 내 일반구역과 분리하고 출입을 제한한다. 출입복도로부터 내부로 들어 갈 경우 2개의 문으로 이루어진 출입구조가 필요하다.
ⓑ 실험실은 출구 가까이에 자동으로 작동되는 손소독기를 설치한다.
ⓒ 벽, 바닥, 천정의 내장재는 청소와 소독이 쉬어야 하며 접합부는 밀봉한다. 부드럽고 액체침투성이 없어야 하며 일반적으로 사용되는 용매나 소독제를 견뎌야 한다. 바닥은 단색이며 미끄러지지 않아야 한다.
ⓓ 모든 창문은 밀폐한다.
ⓔ 모든 실험폐기물의 오염제거는 실험실 내에서 고압증기멸균이나 화학제 등을 사용한다. 만일 폐기물이 실험실 밖으로 나갈 때는 밀봉하여 정해진 규정에 따라 안전하게 처리한다.
ⓕ 덕트에 의한 배기 시스템이 있어야 한다. 배기는 반드시 헤파 필터로 처리하며 실험실 입구에는 실험실 내부 공기흐름을 알 수 있는 장치를 한

다. 양압발생을 방지할 수 있는 공조 조절 시스템을 갖추어야 하며 시스템 이상을 인지할 수 있는 경보 시스템을 갖추어야 한다.

ⓖ classⅡ 생물안전작업대의 헤파 필터 처리된 배기는 이 장치의 안전에 대하여 정기점검을 통해 안전이 입증된다면 실내로 재순환이 가능하다. 생물안전작업대의 배기가 외부로 연결될 경우 실험실 전체 공조를 방해해서는 안 된다.

ⓗ 원심분리기 또는 에어로졸을 발생시킬 수 있는 장비는 헤파 필터에 의한 배기를 갖추어야 하며 이 시스템은 정기적으로 점검한다.

ⓘ 진공라인은 중간의 액체소독제에의 의한 트랩(trap)과 헤파 필터로 보완한다.

ⓙ 실험구역에 눈 세척기를 설치한다.

ⓚ 시설운영 등은 모두 문서화한다. 시설은 정기적인 종합평가 및 일상검사를 실시해야 한다.

6. 생물안전 관련 법률 및 실험의 분류

1) 생물안전 관련 법률 소개

생물안전 관련 법률로는 고위험병원체와 관련한 감염병예방법이 마련되어 있고, 유전자변형생물체에 국한되지만 유전자변형생물체의 국가간 이동 등에 관한 법률이 있다. 또한 법률은 아니지만 질병관리본부에서 마련한 생물안전지침이 있어 생물안전과 관련된 부분을 다루고 있다. 우리나라는 1992년 유엔환경개발회의에서 채택된 '생물다양성협약'의 154번째 회원국으로, 유전자변형생물체(Living Modified Organism, LMO)의 이용 및 관리에 대한 법률과 지침을 제정하여 2008년부터 시행하고 있다. 이는 생물자원이 재생될 수 없을 정도로 소비되는 것을 막고 지속 가능한 개발을 위한 것이다. 관련법을 소개하면 다음과 같다.

〈유전자변형생물체의 국가간 이동 등에 관한 법률(LMO법)〉

ⓐ 유전자변형생물체를 수입 또는 생산하고자 하는 자는 유전자변형생물체의 용

도에 따라 관계중앙행정기관의 장 또는 위임기관의 장의 승인을 얻어야 함

ⓑ 유전자변형생물체를 개발하거나 이를 이용하는 실험을 실시하는 시설을 설치·운영하고자 하는 자는 「유전자변형생물체의 국가간 이동 등에 관한 법률 시행령」에 따라 과학기술부장관 또는 질병관리본부장의 허가를 받거나 과학기술부장관 등에게 신고를 하여야 함

ⓒ 유전자변형생물체를 개발·생산 또는 수입하고자 하는 자는 용기나 포장에 유전자변형생물체의 종류 등을 표시하여야 함

ⓓ 유전자변형생물체를 개발·생산·수입·수출·판매·운반·보관 등을 하는 자는 유전자변형생물체를 취급 또는 관리함에 있어 취급관리기준을 준수하여야 함

2010년 12월에는 고위험병원체 관련 안전관리 규정이 포함된 '전염병예방법'이 '감염병예방법'으로 개정되면서 이에 적용을 받는 기관들이 확대되고, 고위험병원체 반입허가제가 도입되었다. 또한 관련 연구시설과 고위험병원체의 안전관리에 관한 벌칙도 신설되었다. 이는 인체위해가능성이 높은 고위험병원체에 대해 국가 차원에서 빠짐없이 관리하고자 하는 의지가 반영된 것이며, 생물테러 예방 및 고위험병원체 취급기관의 자율적 안전관리능력을 확보하기 위함이다.[8]

2) 실험의 분류

실험은 유전자재조합실험의 안전성을 확보하기 위해 실험에서 취급하는 생물체 및 유전자의 위해도, 실험의 규모 등을 기준으로 가. 국가승인실험, 나. 기관승인실험, 다. 기관신고실험, 라. 면제실험으로 구분된다.

가. 국가승인실험

유전자변형체의 유전자변형생물체의 국가간 이동 등에 관한 법률에 따라 질병관리본부장의 사전승인을 받아야하는 실험

나. 기관승인실험

ⓐ 제2위험군 이상의 생물체를 숙주·백터계 또는 DNA 공여체로 이용하는 실험

---

8) 생물안전소식지, 2010년 12월호.

ⓑ 대량배양(10L 이상)을 포함하는 실험
ⓒ 척추동물에 대하여 몸무게 1kg당 50% 치사독소량(LD50)이 0.1~100㎍이하인 단백성 독소를 생산할 수 있는 유전자를 이용하는 실험

다. 기관신고실험
ⓐ 제1위험군의 생물체를 숙주·백터계 또는 DNA 공여체로 이용하는 실험
ⓑ 기관생물안전위원회에서 신고대상으로 정한 실험

라. 면제실험
국가 승인 또는 기관·승인신고 없이 수행 가능한 실험

7. 대학 내 생물안전교육의 중요성

앞에서 생물안전의 3요소는 생물학적 지식, 실험기술, 장비 및 시설이라고 했다. 전문적인 지시과 실험기술은 교육과 실습을 통해 익히고 체화할 수 있다. 이것을 단순히 연구자들의 자율적인 판단과 노력에 맡기는 개인적 영역으로 치부하는 것은 한계가 있다. 생물안전은 공동체의 안전과도 밀접한 연구자의 사회적 책임영역이기 때문이다. 따라서 이에 대한 교육은 좀 더 적극적인 차원에서 이루어져야 한다. 생물안전과 관련된 실험실이나 연구시설이 대부분 대학에 소속되어 있거나 연계되어 있는 현실을 감안할 때, 생물안전교육과 실습은 대학을 중심으로 진행되어야 효과적일 것으로 판단된다.

2011년 12월 서울대학교에서는 실험실의 리더 학생들을 대상으로 생물안전 실습교육이 실시되었다. 의과대학, 자연과학대학, 공과대학, 농업생명과학대학, 수의과대학, 치의학대학의 대학원생 및 연구생들이 참여했으며, 교육은 이론과 실습으로 구성되었다. 실습은 개인보호장비 착용부터 생물안전작업대 사용 및 오염 사고 대처법, 고압멸균기 작동 및 생물학적 활성 제거, 헤파필터 원리와 교체, 동물이용 생물안전연구시설 이용, 폐기물 처리, LMO 유출 사고 등 구체적인 파트로 나누어 진행됐다.[9] 학생들을 대상으로 한 Pre-test와 Post-test는 유의미한 결과를 나타냈다. 처음엔 6점 만점에서 0점이나 1점이 대부분이었지만, 교육 이후에는 다수의 학생들이 만점에 가까운 점수를 받았다. 이 학생들이

9) 서울대학교 생물안전실습교육 결과보고서(2011) 참고.

이후 본인들의 실험실에서 생물안전을 잘 수행했는지는 알 수 없으나, 이에 대한 중요성과 실천지식을 인지하는 정도는 더 나아졌을 것이라고 기대할 수 있다. 앞으로 대학들을 중심으로 이러한 교육이 지속적이고 정기적으로 실시되어야 하며, 이것은 실험실 학생들과 지역사회의 안전을 위한 대학의 마땅한 노력에 해당된다. 또한, 대학교육 현장에서의 생물안전은 연구실에 종사하는 연구자의 윤리적 책임의식을 실천할 수 있는 인성교육의 한 부분으로 접근되어야 할 것이다.

8. 생물안전과 윤리

어떤 연구를 진행하든지 윤리적 영역은 간과할 수 없는 문제인데, 생물안전에도 그와 같은 문제들이 있다. 이 문제들에 대한 절대적인 답을 제시하고자 하는 것이 이 장의 목적은 아니다. 생물안전과 관련한 윤리적 고민들을 나누고, 이러한 고민 자체의 중요성을 강조하기 위함이다. 현실에서 연구자가 윤리적 문제와 결부된 이해상충의 상황에 놓일 때, 선택 이전에 반드시 옳고 그름의 문제에 대한 고민이 선행되어야 한다. 이것이 연구자의 사회적 책임 실천이다.

1) 생물안전시설이 미비한 실험실에서 연구하는 학생들

앞서 살펴보았듯이, 연구자가 생물안전의 시행을 위해 가장 기본적인 단계는 생물의 위해성을 인식하고 평가하는 일이다. 그리고 취급하는 미생물의 위험 등급에 따라 실험실은 그에 적합한 안전설비와 시설을 갖추어야 한다. 하지만 많은 실험실이 그렇지 못한 상태에서 연구를 진행하고 있으며, 연구하는 학생들은 병원체 감염 사고 등 잠재적인 위험가능성에 항상 노출되어 있다. 이러한 상황에서 일어난 실험실 생물안전사고는 누구의 책임인가? 조심하지 못한 학생의 부주의함을 탓해야 하는가?

위험등급에 따른 시설과 설비 등 최소한의 필요조건을 갖추고 실험을 진행했을 경우와 그렇지 못했을 경우의 피해는 구별되어야 한다. 실험환경이 불완전한 상황에서의 피해시, 피해 책임은 학생이 아니라 기관 혹은 연구책임자의 몫이다. 연구책임자가 연구실에서 수행하는 미생물의 위험등급을 기관 등에 명확히 알리지 않아 시설이 미비한지 조차 모르고 있다면 사고의 일차적 책임은 연구책임자에게 있다. 그러나 연구책임자의 건의에도 불구하고 이에 대한 기관의 대응이 미흡하여 적절한 시설이 보완되지 않았다면, 결국 연구진행에는 큰 지장을 초래하겠지만 관련 실험은 진행되지 않아야 한다. 사고가 일어날 경우, 피해당사자는 기관이나 연구책임자가 아니라 실험의 실제 종사자인 학생이기 때문이다.

연구책임자나 기관은 안전시설이 미비해도 실험실 사고가 일어나지 않을 것이라는 막연한 기대를 가지기 쉽지만, 이러한 기대는 자주 깨어지게 된다. 학생은 단순히 연구보완인력이 아니며, 학생의 안전은 어떠한 연구성과보다 중요하다. 기관과 연구책임자는 학생들이 준수해야할 지침을 숙지시키고 안전하게 연구에 참여할 수 있도록 도와야할 의무가 있다.

미생물의 위험등급 판단이 쉽지 않은 경우도 있다. 예를 들어, 아직 명확히 위험요소가 파악되지 않은 병원체의 경우에 연구책임자는 위험등급을 낮추어 자신의 실험실에서 수행할 수 있는 연구라고 판단하기 쉽다. 하지만 위에서 논의했다시피, 그럴 경우 잠재적인 위험에 노출된 당사자가 연구를 수행하게 될 학생이나 연구원이라는 점을 고려하면, 훨씬 신중하고 보수적인 관점에서 위험등급을 산정하려고 노력하는 자세가 필요하다.[10)]

2) 생물안전시설이 미비한 실험실과 지역사회 오염가능성

생물안전시설이 미비한 실험실은 연구원 개인을 넘어, 지역사회에 심각한 오염 및 손상을 일으킬 수 있다. 생물안전의 도덕적 규범 적용대상은 실험실 내부 사람들 뿐 아니라 지역사회까지 확대되어야 한다. 연구활동은 하나의 사회적 행위이기 때문에 연구자가 속한 사회의 규범과 이익으로부터 자유로울 수 없다. 연구자는 자신의 연구가 거시적・장기적으로 지역사회에 영향을 미친다는 것을 깊게 인식하고 연구를 진행해야 한다. 따라서 앞의 문제와 마찬가지로, 안전시설이 미비하여 지역사회를 오염 혹은 손상시키는 연구는 진행되지 않아야 한다.

〈정의란 무엇인가〉의 저자 마이클 샌들은, 우리는 누구나 특정한 사회적 정체성을 지닌 사람으로서 자신을 둘러싼 환경을 이해한다고 말한 바 있다. 우리는 누군가의 아들이거나 딸, 또는 사촌이며, 어떤 도시의 시민이고, 어느 단체

10) 실제 다루고 있는 미생물의 생물안전등급은 참고문헌에 있는 생물안전지침(2006)을 참고하기 바란다.

의 회원이다. 또한 특정 민족, 특정 나라에 속한다. 이 과정에서 우리는 내 가족, 내 도시, 내 민족, 내 나라 등 많은 집단으로부터 다양한 혜택과 의무를 동시에 물려받는다. 연구자도 마찬가지이다. 그가 하는 연구는 사회로부터 여러 도움과 혜택을 받고 있기에 가능한 것이다. 따라서 연구자에게는 지역사회를 지키고 보호할 의무가 주어지며, 생물안전을 완전하게 수행하는 일은 그 의무를 실천하는 한 방법이라 할 수 있겠다.

3) 연구진행보다 선행되어야 하는 관련 공동체의 동의

생명윤리학자이자 의사인 찰스 바이저(Charles Weiger)는 연구윤리의 중요한 측면으로써 공동체의 이익을 보호하는 것을 강조했다. 생물안전등급에 적합한 실험시설을 갖추었다면, 연구책임자는 연구진행에 앞서 관련 공동체의 동의를 얻어야 한다. 여기서 공동체란 연구시설이 속해있는 기관, 지역 등의 구성원을 말한다. 예를 들어 시설이 학교 내에 있는 경우엔 학교구성원들이 관련 공동체가 될 수 있겠다. 이 경우 연구책임자는 교내기관을 통해 연구진행을 위한 확인이나 허가를 받아야 한다. 또한 교내에서 생물안전 위험등급이 높은 실험이 얼마나 진행되고 있는지, 적합한 시설을 갖추었는지 등이 학교구성원들에게 항상 보고되고 체크되어야 한다. 학교가 아니라 한 개인의 실험실에서 진행되는 연구라 할지라도, 관련 위원회나 기관에 의해 그 과정이 철저하게 검토, 확인되어 지역 공동체가 우려할 수 있는 안전에 대한 불안을 해소해주어야 한다. 기관생물안전위원회의 경우, 기관 내부의 전문가 뿐 아니라, 외부 전문가 그리고 지역 공동체의 입장에서 의견을 대변해줄 수 있는 타 분야 전문가까지 포함하여 구성된다면 좀 더 균형적인 논의가 이루어질 수 있을 것이다.

다른 한편으로, 연구의 위험성으로 인해 지역 공동체의 동의를 좀 더 적극적으로 구해야 하는 경우도 있다. 인플루엔자나 구제역 백신을 위한 바이러스 연구는 적합한 안전시설을 갖추었다고 하더라도 감염 사고에 대한 불안 때문에 지역주민들의 반대에 부딪히기 쉽다. 연구자는 빠른 동의를 얻기 위해 연구의 위험성을 제대로 설명하지 않고 숨기기보다, 연구시설의 안전성과 연구의 필요성 및 가치를 지역 공동체에 충분히 설명해주어야 한다. 안전시설이 완전히 구비되어 사고가능성이 희박한 실험이라 할지라도, 또한 지역 공동체를 설득하는 시간과 과정에 소요되는 비용이 많더라도, 실험에 위험요소가 존재하는 한 연구수행 동의과정은 꼭 필요하다. 앞서 언급하였다시피, 공동체의 이익을 존중하고 보호하는 것은 연구자가 지켜야할 윤리지침이기 때문이다.

여기서 우리가 간과하지 말아야 할 연구자의 중요한 입장도 있다. 그것은 관련 공동체에 연구의 가치와 내용을 공개하는 데에 따르는 정보누출의 부담 그리고 안전에 대한 불필요한 공포이다. 따라서 각 기관의 생물안전 관련 위원회에서는 철저히 약속된 규정과 제도 안에서 연구를 검토해야 하며, 불필요하게 야기될 문제나 정보공개에 따르는 연구책임자의 피해에 대해서는 최대한 배려해주어야 한다. 일례로, 대학의 경우 생물안전위험이 2등급 이상인 실험에 대해서는 학내 그리고 외부 인사가 참여하는 위원회를 구성하여 연구의 적절성, 연구환경의 안전성과 적합성을 검토하는 회의를 정기적으로 가질 수 있겠다. 여기에서 중요한 것은 위원들의 회의과정에서 얻는 정보의 철저한 비밀보장을 그 주요 내규로 정하여 연구자를 보호하는 동시에 공동체의 안전을 보장할 수 있어야 한다는 점이다.

4) 연구대상 병원체 자체가 쟁점이 되는 경우

2001년 9.11테러 직후 탄저균이 묻은 편지가 미국 워싱턴 DC에 배달되어 5명이 죽고 17명이 감염됐던 사건이 있었다. 이후 잇따라 발생한 탄저균 테러로 인해 생물학 무기에 대한 불안감이 전 세계로 확산되었다. 질병관리본부가 밝힌 주요 테러대상 병원체는 보툴리즘, 에볼라바이러스, 천연두, 페스트, 야토병, 탄저균 등이다. 이 병원체들은 인간에게 호흡곤란, 치명적인 출혈 등의 증상을 일으키고 치사율이 매우 높아, 전쟁이나 테러시 생물학적 무기로 개발될 수 있다. 따라서 이와 같은 고위험성 병원체의 연구는 악용될 가능성 자체가 큰 부담이자 쟁점이 된다. 얼마 전에는, 사람과 사람 사이에 전파가 가능한 재조합 조류인플루엔자(AI) 바이러스에 관한 연구논문 2편이 생물테러 악용우려를 둘러싼 논란으로 공개가 보류되다가 이중 한 편만 내용수정을 거쳐 공개된 바 있다.[11]

모든 연구는 의도된 결과와 의도하지 않은 결과를 가진다. 예컨대 전염병 연구의 의도된 결과는 새로운 예방, 치료법을 밝히는 것이다. 성공적 연구의 의도하지 않은 결과는 앞서 말한 미생물이 생물학적 무기로써 테러에 사용되는 것이다. 그러나 의도하지 않은 부정적 결과 때문에 연구 자체를 혐오의 대상으로

11) 한국대학신문, 2012월 5월 6일자 기사.

삼아야 하는 것은 아니다. 정말 중요한 것은 연구의 동기와 과정, 사회적 결과를 심도 있게 고찰하는 연구자의 윤리적 책임의식과, 이에 대한 관련 기관 및 공동체의 관심과 지원이다. 현대 과학기술 사회에서 발생할 수 있는 문제의 근원을 연구 자체에서 찾는 것이 아니라, 그 시대를 사는 책임적 존재로서의 연구자와 연구자를 둘러싼 공동체의 문제로 인식해야 한다는 뜻이다.

그럼 연구의 과정과 사회적 영향을 평가하기 위해 어떤 장치들이 마련되어 있는가? 특정한 하나의 단체가 어떤 연구는 실행되어야 하고 어떤 연구는 금지되어야 하는지를 결정하진 않는다. 연구의 과정 및 사회적 영향을 평가할 책임은 연구자, 정부, 지역 공동체, 국제사회, 학술기관, 비정부 조직, 그리고 일반대중을 가로질러 널리 퍼져 있다. 즉, 고위험성 병원체와 같이 연구대상 자체가 쟁점이 될 경우, 연구승인과정 및 진행과정이 모두에게 투명하게 공개되어야 하고, 결정을 위한 논의에 가능한 많은 사람들의 의견이 반영될 수 있어야 한다. 승인 이후에는 기관 및 국가의 철저하고 엄격한 통제 아래에서 연구가 진행되어야 함은 물론이다. 또한, 국가기관은 생물무기금지협약(Biological Weapons Convention)[12)]에 따라 생물학 연구개발 프로그램 및 백신시설을 공개하여, 생물안전에 대한 국제적 공통규범 실천에 적극적으로 참여해야 한다. 마지막으로, 꼭 필요한 고위험군 병원체 연구이지만 지역 공동체의 반대로 해당 지역에서 연구진행이 어려운 경우가 있을 수 있겠다. 이 경우엔 설득을 연구자의 몫으로만 둘 것이 아니라, 국가 및 기관이 적극적으로 중재 역할을 할 필요가 있다. 당사자 간의 이해관계를 조정하고, 가장 적절한 위치와 시설조건으로 안전하고 제한된 연구를 할 수 있도록 물질적 · 제도적 장치를 지원해야 한다.

---

12) 생물 및 독소무기의 개발 · 생산 · 비축을 금지할 목적으로 1975년 발효한 다자간 군축 · 비확산조약으로 1975년 3월 발효되었으며, 143개 국가가 가입되어 있다(1999년 2월 현재).

♣ 참 / 고 / 사 / 례 ♣

[사례 1] 2006년 미국의 브루셀라 실험실 감염(Griffith, Sullivan and Howell, 2006, 39-42)

2006년 미국 인디애나와 미네소타의 임상실험실에서 연구하던 미생물학자들에게 브루셀라가 발병했다. 브루셀라는 사람과 가축에서 발생하는 전염성 질환으로, 열, 오한, 불안감, 식은 땀, 두통, 식욕부진, 요통 등의 증상을 보인다. 치료하지 않을 경우 몇 주에서 길게는 몇 년까지 지속되며, 드물지만 죽음에 이르기도 한다. 1986년 이후로 매년 미국에서는 150건 이상의 브루셀라 사례가 보고되고 있으며, 그 중 상당수가 실험실 감염에 의한 것이다. 브루셀라의 실험실 감염은 주로 배양접시에 증발을 통한 흡입이나, 혈액배양 병의 깨짐, 점막을 통한 노출, 파열된 원심분리기 튜브에 의한 에어로졸, 일상적으로 일어나는 생물안전캐비닛 밖에서의 배양작업에 의해 발생하고 있다. 인디애나와 미세소타의 브루셀라 사례 역시 보건당국의 조사결과 실험실 감염에 의한 것으로 추정되었다. 구체적인 내용은 다음과 같다.

ⓐ 인디애나: 2006년 9월 28일, 임상실험실에서 일하는 47세의 미생물학자 A가 고열, 식은 땀, 불안, 식욕부진, 두통 등의 증상을 나타냈다. 그녀는 3주가 지나도록 의료처지를 받지 않았고 10월 22일이 되어서야 입원치료를 받았으며 혈액배양 결과 브루셀라로 판명되었다. 역학조사에 따르면, 7월 17일 미생물학자 A는 미확인된 분리샘플 A'를 생물안전캐비닛이 아닌 실험대에서 배양을 했다. 그리고 이 샘플을 확인을 위해 미네소타의 임상실험실로 보냈다. 후에 샘플 A'는 브루셀라로 판명되었다.

ⓑ 미네소타: 같은 해 10월 25일, 미네소타 임상실험실의 61세 미생물학자 B는 열, 피로감, 식은 땀 등의 증상을 보였으며 브루셀라로 판정받아 입원치료를 받았다. 조사결과, 미생물학자 B는 이후에 브루셀라 판명된 두 개

의 미확인샘플을 실험대에서 다룬 적이 있었던 것으로 밝혀졌다. 첫 번째는, 7월 21일 인디애나에서 미생물학자 A가 보낸 샘플 A'였고, 두 번째는 8월 8일, 텍사스의 임상실험실에서 보낸 샘플의 테스트였다.

두 사례에 대한 공식조사는, 감염된 미생물학자 A, B 모두 잠재적 위험을 가진 미확인샘플을 일상적 관행에 따라 생물안전캐비닛이 아닌 실험대에서 다룬 것을 문제점으로 지적하고 있다. 또한 인디애나와 미네소타의 두 임상실험실은 감염위험에 노출된 실험실 종사자들의 확인이나 공개 그리고 그 후의 추적, 또 미확인샘플을 보낸 실험실의 확인을 위한 공식 프로토콜을 가지고 있지 않았다. 이후 각 주의 보건당국은 브루셀라에 노출될 가능성이 있는 모든 실험실의 위험성 평가, 위험에 대한 예방교육, 질병징후에 대한 감시, 실험종사자들의 혈청추적을 권고했다.

생각해볼문제	1. 브루셀라의 생물안전등급은 몇 등급인가? 2. 브루셀라 배양시 지켜야 할 안전수칙은 무엇이 있는가? 3. 브루셀라 감염시 적절한 조치사항은 무엇인가? 4. 위의 사례에서, 개선되어야 할 실험실의 생물안전사항은 어떤 것들이 있겠는가?

[사례 2] 2007년 영국의 구제역 발생(Rhodes, 2009, 144－149)

2007년 8월과 9월, 영국의 Surrey와 Bershire지역 8개 농장에서 구제역이 발생했다. 이에 대해 2번의 공식조사가 있었으며, 근처에 위치한 Pirbright연구소의 구제역 바이러스 유출이 원인으로 지목되었다. 구제역은 발굽이 갈라진 동물들 사이에 강력하게 전염되고, 국제적 전염가능성이 매우 높아 동물건강국제조직(World Organization for Animal Health)에서 특별한 통제를 권고하고 있는 질병이다. 또한 생물안전 4등급 실험실에서만 연구가 가능하도록 분류되어 있다.

공식보고서가 밝힌 Pirbright연구소의 바이러스 유출경로로는, 연구소 공사작업과 관련된 차량들, 깨진 배수관을 통한 감염된 토양과 물의 유출, 근처 농장으로의 오염된 물질 운반 등이 있다. 그리고 생물안전에 대한 국제기준과 Pirbright연구소 내 규정의 차이가 문제점으로 지목되었다. 그 구체적 내용은 다음과 같다.

ⓐ 국제적 기준에 따르면 4등급 생물안전 시설의 밀폐(containment)는 폐수 방출 이전에 바이러스가 완벽하게 불활성화 되어야 한다. 그러나 Pirbright 연구소는 바이러스의 불활성화를 보장할 수 없는, 국제적 기준에 미달되는 오염처리과정을 사용하고 있었다.

ⓑ 배수시설이 파손되고 약해져 있었으며 폐수처리체계에 대한 보수관리 및 점검이 열악했다.

ⓒ 연구지역에 출입하는 사람과 차량에 대한 기록관리가 부실했고, 연구지역과 제한지역에 대한 접근이 제대로 통제되지 않았다.

ⓓ 실험실 헤파 필터의 설치 및 장착에 문제가 있었다.

ⓔ 실험실의 양압 공기흐름으로 인한 문제가능성이 제기되었다. 생물안전 4등급 실험실은 음압의 공기가 요구된다. 그러나 조사결과에 따르면, 연구소 실험실의 문 개방, 건물천장과 벽의 균열, 누수가 가능한 창문 등 건물의 열악한 상태가 양압의 공기흐름을 유발했을 가능성이 있는 것으로 지목되었다.

ⓕ 국제기준에서 권고하고 있는 사항인 연구소 출입 자동차의 바퀴세척이나 오염제거가 제대로 실행되고 있지 않았다.

생각해볼문제	1. 바이러스 유출에 따른 인근 지역의 피해가능성은 연구자가 실험시 고려해야 할 요건에 포함되는가? 2. 구제역 바이러스는 어떤 경로를 통해 전염되는가? 3. 이 사례의 경우, 구제역 바이러스의 전염경로에 따른 차단방법이 실험수행 전에 철저히 체크되었음에도 불구하고 사고가 난 것인가? 4. 위와 같은 실험실 감염 사고 후 조치는 어떠해야 하는가?

[사례 3] 의과대학 연구동에서 발생한 유행성출혈열 사례(조수헌 외, 1999, 269-275)

1996년 4월 , OO대학교 의과대학 연구동의 연구조교 2명이 유행성출혈열 환자로 진단되어 치료를 받게 되면서, 동물실험으로 인한 유행성출혈열 유행 여부를 확인하기 위한 역학조사가 실시되었다. 연구대상자는 의과대학 연구동과 인근 보건대학원 동물사육실에 근무하고 있는 직원 총 218명이었으며, 이중 7명이 항체 양성반응을 보였다. 이들 7명 모두 최소한 한 군데 이상의 동물실을 출입한 적이 있으며, 흰쥐나 생쥐를 다룬 적이 있다고 응답했다. 환례(case) 중 5명의 연구원은 실험동물을 이용하고 있는 연구자들로서 고열과 오한을 포함한 여러 임상증상을 경험하였다고 응답하였으며, 이들 중 2명은 확진되어 입원치료를 받았다.

역학조사 보고서는 의과대학 연구동 동물실이나 보건대학원 동물실이 모두 한타바이러스에 오염되어 있었고, 각각의 동물실을 유행성출혈열의 오염원으로 추정하였다. Lee와 Johnson(1982)의 연구에 따르면, 실험실 내 한타바이러스 감염은 11월에서 4월 사이의 기간에 주로 발생하는데, 이는 이 시기가 비교적 실험실 내 습도가 낮고 공기순환이 잘 되지 않아 에어로졸 상태의 바이러스 생존에 적당한 환경이기 때문이다. 또한 실험실 내 한타바이러스의 주된 감염경로는 자연상태와 같이 오염된 에어로졸에 의한 호흡기 감염이며, 감염된 설치류의 배설물과 부검조직에 노출된 경우에 감염위험이 증가하는 것으로 보았다.

생각해볼문제	1. 한타바이러스의 생물안전등급은 몇 등급인가? 2. 한타바이러스 취급시 지켜야할 안전수칙은 무엇이 있는가? 3. 한타바이러스 감염시 적절한 조치사항은 무엇인가? 4. 위의 사례에서, 개선되어야 할 실험실의 생물안전사항은 어떤 것들이 있는가?

◆ 연 / 습 / 문 / 제 ◆

1. 아래는 생물안전의 정의이다. 빈 칸을 채우시오.

   생물안전(Biosafety): 잠재적 감염우려가 있는 생물체가 가지고 있는 (   )을 분석하고, 생물학적 지식과 실험기술, 그리고 (   ) 등의 적정한 사용을 통하여 (   )을 보호하기 위한 일련의 활동 (서울대학교 환경안전원, 2011)

2. 생물안전의 3요소를 적으시오.

3. 미생물의 생물안전등급 분류시, 제2위험군과 제3위험군을 나누는 기준의 차이를 적으시오.

4. 위험관리단계에서 '위험관리 결정에 대한 실험실 구성원 간의 공유 및 교육'은 어느 단계에 대한 설명인가?
   ① 위험요소 인식　② 위험요소 평가　③ 위험요소 관리
   ④ 위험요소 공개　⑤ 생물안전

5. 연구대상 병원체가 고위험성인 경우, 연구의 과정과 사회적 영향을 평가하기 위한 여러 장치들이 필요한 이유가 아닌 것은?
   ① 고위험성 병원체의 연구는 악용될 가능성 자체가 큰 부담이 되기 때문에
   ② 모든 연구는 의도된 결과와 의도하지 않은 결과를 가지기 때문에
   ③ 고위험성 병원체 연구 자체는 혐오의 대상이기 때문에
   ④ 연구동기와 과정, 사회적 결과를 고찰하는 것은 연구자의 윤리적 책임 영역이기 때문에
   ⑤ 과학기술사회에서 발생할 수 있는 문제는 연구자 개인뿐 아니라 연구자를 둘러싼 공동체의 문제이기 때문에

정　　답
1. (1) 인체위해성　(2) 장비 및 시설　(3) 실험자, 지역사회 및 환경 2. 생물학적 지식, 실험기술, 장비 및 시설 3. 제2위험군은 사람에게 감염되었을 경우 증세가 심각하지 않고 예방이나 치료가 비교적 용이한 질병을 일으킬 수 있는 생물체이다. 반면, 제3위험군은 감염되었을 경우 예방이나 치료가 가능하지만 그 증세가 심각하거나 치명적일 수 있는 생물체를 말한다. 특히 에어로졸로 전염될 수 있는 생물체는 제3위험군으로 분류된다. 4. ④ 5. ③

참고문헌

교육과학기술부, 2009, 『시험연구용 LMO 매뉴얼』, 교육과학기술부.

샌델(M. J. Sandel), 2010, 『정의란 무엇인가』, 이창신 역, 김영사.

서울대학교, 2011, 『서울대학교 생물안전실습교육 결과보고서』, 서울대학교.

서울대학교 환경안전원, 2011, 『실험안전의 길잡이』 개정4판, 동화기술.

이진용 · 은상준 · 박기동 · 김종균 · 임정수 · 황유성 · 김용익, 2005, "우리나라 미생물 실험실의 생물안전현황", 『예방의학회지』 38(4), pp. 449–456.

조수현 · 주영수 · 강대희 · 김성권 · 김익상 · 홍성태, 1999, "의과대학 연구동에서 발생한 유행성출혈열 역학조사", 『예방의학회지』 32(3), pp. 269–275.

질병관리본부 국립보건연구원, 2006, 『실험실생물안전지침』, 국립보건연구원.

Griffith, J., M. Sullivan and J. Howell, 2007, "Laboratory–Acquired Brucellosis: Indiana and Minnesota", 2006, *Morbidity & Mortality Weekly Report* 56, p. 39.

Kisaalt, A., 1915, "Laboratoriums Infektionen mit Tyhusbazillen", *Zeit Hyg Infectionkrank* 80, pp. 145–162.

Orelleana, C., 2004, "Laboratory–acquired SARS Raises Worries on Biosafety", *Lancet Infect Dis* 4(2), p. 64.

Pike, R. M., 1976, "Laboratory–Associated Infections: Summary and Analysis of 3921 Cases", *Health Laboratory Science* 13(2), pp. 105–114.

Rhodes, C., 2009, "Consequences of Failure to Apply International Standards for Laboratory Biosafety and Biosecurity: The 2007 Foot–and–Mouth Disease Outbreak in the UK", *Appled Biosafety* 14(3), pp. 144–149.

Sulkin, S. E. and R. M. Pike, 1951, "Survey of Laboratory–Acquired Infection", *American Journal of Public Health* 41(7), pp. 769–781.

Sulkin, S. E. and R. M. Pike, 1965, "Continuing Importance of Laboratory-Acquired Infections", *American Journal of Public Health* 55(2), pp. 191-199.

감사의 글

본 생물안전 단원의 참고문헌 조사와 정리에 애쓴 이화여자대학교 언론홍보영상학과 조아라 선생의 도움에 감사드린다.

생물안전과 관련하여 참고하기 좋은 문헌 및 웹사이트

1) 관련 법령 및 지침 목록

○ 감염병의 예방 및 관리에 관한 법률
○ 시험·연구용 LMO 매뉴얼(교육과학기술부 발간)
○ 시험·연구용 LMO 안전관리해설집(교육과학기술부 발간)
○ 실험실생물안전지침(질병관리본부 발간)
○ 유전자변형생물체의 국가 간 이동 등에 관한 법률
○ 유전자변형생물체의 국가 간 이동 등에 관한 통합고시
○ 유전자재조합실험지침(보건복지부 고시)

2) 관련 웹사이트

○ 국립보건연구원(질병관리본부 생물안전정보망): http://www.nih.go.kr
○ 교육과학기술부 시험연구용 LMO 정보 시스템:
http://www.biosafety.mest.go.kr
○ 미국 질병관리본부: http://www.cdc
○ 생물안전협회: http://www.kobsa.net
○ 질병관리본부: http://www.cdc.go.kr

제10장 연구데이터 관리 및 연구노트

전 주 홍
(서울대학교 의과대학 생리학교실)

대부분의 국가연구개발사업은 연구결과를 공개하고 활용한다는 전제 하에 이루어지며, 특별한 사유가 없는 한 연구결과는 관련 학계, 산업계, 연구기관에서 활용할 수 있도록 공개함을 원칙으로 하고 있다.[1] 최근 들어 다양한 형태의 협업(collaboration)과 융합연구가 활발해지면서 연구데이터의 공유와 연구자 간 소통의 중요성은 점점 더 강조되고 있다. 이러한 점들을 고려할 때, 연구자가 저지르는 연구부정행위(research misconduct)는 단순히 개인의 잘못으로만 끝나는 문제가 아니라 연구예산 낭비, 동료연구자의 노력 소모, 잘못된 학문지식의 전파, 연구공동체에 대한 신뢰 저하 등으로 인해 전체적인 연구활동 위축을 유발할 수 있는 심각한 문제로 봐야할 것이다. 그러므로 연구과정의 정직성, 연구수행의 책임성, 공동연구에서의 상호존중과 공정성과 같이 전체 연구과정에서 진실성을 확보하는데 중요한 요소들을 이해하고 실천하는 것이 매우 중요하다. 특히 연구결과는 연구자가 의도하지 않은 편향성을 내포할 수 있고, 연구자는 전문가로서 독점적 지위를 가지며, 대부분의 학술연구는 공공적 성격을 띠기 때문에 연구자와 연구기관은 연구과정과 결과가 사회에 미칠 위험과 이익에 항상 주의를 기울일 윤리적 의무가 있다.[2]

연구를 통해 얻은 결과와 그에 대한 의미와 가치는 전적으로 수행된 연구의 진실성에 기초하고 있다. 연구진실성(research integrity)을 확보하기 위한 노력은

1) 국가연구개발사업의 관리 등에 관한 규정[대통령령 제22721호, 2011. 3. 28. 일부개정] 제18조(연구개발결과의 공개).

2) Singapore statement on research integrity, www.singaporestatement.org

연구자로서 준수해야 하는 윤리적·사회적 책무이다. 연구부정행위에 대한 엄격한 규제와 처벌로써 얻어질 수 있는 연구자의 책임 있는 연구수행(responsible conduct of research)뿐만 아니라, 바람직한 연구실천(good research practice)을 통해 잘못된 연구관행을 개선하고 올바른 연구문화를 정착시키려는 노력이 필요하다. 이를 위해 정부기관이나 주관연구기관의 역할과 적극적인 노력도 중요하겠지만, 무엇보다도 연구윤리에 대한 연구자의 인식이 진작되고 자발적 노력이 더해져야 올바른 연구문화로 정착될 수 있다. 또한 연구진실성을 준수하는 것은 자유로운 연구활동을 방해하는 것이 아니라, 장기적으로는 더욱더 생산적이고 신뢰할 수 있는 연구활동을 촉진시킨다는 인식의 전환이 필요하다. 바람직한 연구실천은 연구결과 자체에만 초점을 맞추는 것이 아니라, 연구설계, 데이터 획득, 분석, 기록, 공유, 보관 등 연구의 전 과정에서 충실하게 이루어져야 한다. 연구설계와 수행은 정직성, 정확성, 신뢰성, 객관성에 입각하여 이루어져야 하며, 연구데이터의 위조(fabrication), 변조(falsification), 표절(plagiarism), 부당한 논문저자 표시 등과 같은 연구부정행위[3]가 개입되지 않아야 한다. 또한 부주의나 실수, 전문성 결여로 인해 발생되는 오류, 연구부정행위의 방조나 묵인과 같은 연구부적절행위(questionable research practice)가 방지되도록 해야 한다.

연구데이터의 진실성 여부는 연구진실성 판단의 가장 중요한 근거가 된다. 또한 지적재산권 분쟁이 일어날 경우 연구데이터는 연구의 독자성(originality)을 증명하고 연구결과에 대해 법적 보호를 받을 수 있는 강력한 증거자료가 된다. 연구데이터의 관리는 연구를 설계하고 수행하는 과정에 국한되는 것이 아니라, 연구가 종료된 후 연구데이터를 공유하고 보관하는 문제까지도 포함한다. 연구의 진실성과 객관성을 확보하기 위해 가장 효율적으로 연구데이터를 관리하는 방법은 동일한 결과를 재현할 수 있도록 치밀하고 객관적이고 체계적인 기록을 남기는 것이다. 연구윤리나 지적재산권 분쟁에서 증거로서의 가치를 인정받을 수 있도록 기록을 남기는 가장 보편화된 방법이 연구노트(laboratory notebook)를 이용하는 것이다. 달리 말해 책임 있는 연구수행이나 바람직한 연구실천은 올바른 연구노트 작성으로부터 시작된다고 말해도 과언이 아니다. 본 장에서는

3) 연구윤리 확보 및 부정행위 방지에 관한 규칙[국가과학기술위원회규칙 제2호, 2011. 7. 26. 제정] 제3조(연구부정행위의 범위).

연구윤리 주제 중에서 연구데이터 관리와 연구노트의 작성과 관리에 대한 문제를 중점적으로 다루고자 한다.

1. 연구데이터 관리

연구데이터는 실험, 관찰, 현장조사, 설문조사 등 다양한 연구방법의 재료, 과정, 결과 등의 원자료(raw data)와 이를 처리한 이차자료를 통칭하여 말한다. 연구데이터 관리는 연구를 계획해서 종료가 되는 시점 사이에서 생성되는 중간 생성물과 결과물에 대한 관리 뿐만 아니라, 연구가 종료된 후의 연구데이터 관리와 공유문제까지도 포함한다. 연구데이터의 관리문제는 연구데이터의 소유권(ownership), 수집(collection), 분석(analysis), 저장(storage), 보호(protection), 보관(retention), 공개(publication), 공유(sharing) 등의 측면에서 생각해 볼 수 있다.[4]

1) 연구데이터의 소유권

연구데이터의 소유권은 연구를 직접 수행한 연구자에게 있을까? 아니면 연구비를 지원한 정부에게 있을까? 얼핏 생각하면 연구수행의 주체인 연구자가 연구데이터의 소유권을 가지는 것이 당연하다고 여길 수 있다. 그러나 연구데이터에 대한 소유권은 그렇게 간단한 문제가 아니다. 연구책임자(principal investigator)가 연구계획서를 제출하면, 정부기관은 이를 심사한 후, 선발된 과제에 한해 해당 주관연구기관에 연구비를 지원한다. 연구책임자는 주관연구기관의 연구비를 사용하여 연구데이터를 생산하게 된다. 그렇다면 연구책임자, 정부기관, 주관연구기관 중 누가 연구데이터에 대한 소유권을 주장할 수 있을까? 미국의 경우 바이-돌 법(Bayh-Dole Act)이 제정되기 이전에는 재정지원을 한 연방정부가 연구성과의 소유권을 가졌고, 납세자의 세금으로 얻어진 연구결과는 당연히 정부에 귀속되어야 한다는 생각이 지배적이었다(서중해, 2010). 그러나 1980년 바이-돌 법이 제정되면서 연방정부의 지원으로 얻어진 연구성과의 소유권이 대학, 중소기업 및 공공연구기관에 부여되었고, 이는 연구성과의 상업적

---

4) Clinical Tools. Inc. (funded by Office of Research Integrity) 『Guidelines for Responsible Data Management in Scientific Research』에 나오는 용어 및 개념을 일부 수정한 것이다. 원문은 "http://ori.hhs.gov/education/products/rcr_data.shtml"에서 다운로드 받을 수 있다.

이익 추구를 가속화시키는 계기가 되었다. 이후 우리나라를 포함하여 대부분의 국가에서 이와 유사한 법 또는 제도를 운영하고 있다.

우리나라의 경우에도 국가연구개발사업의 관리 등에 관한 규정(대통령령 제22721호)의 제20조(연구개발결과물의 소유)에서 국가연구개발사업을 수행한 결과로 얻어지는 유형적(연구기자재, 데이터, 노트 등), 무형적(지적재산권, 보고서, 판권 등) 연구개발결과물은 국가연구개발사업 협약에서 정하는 바에 따라 주관연구기관(세부과제의 경우에는 협동연구기관)의 소유로 지정하고 있다. 그러므로 연구지원금을 받은 주관연구기관이 연구데이터에 대한 권리와 의무를 지닌다고 말할 수 있다. 연구자가 원래 근무하던 기관에서 다른 연구기관으로 자신의 신분을 이동할 때 반드시 유념해야 할 부분이 있다. 바로 연구데이터의 소유권 문제로 연구자가 이전 연구기관에서 수행한 연구데이터를 임의로 다른 연구기관으로 가져간다면 연구데이터의 소유권과 관련된 법적 문제가 발생할 소지가 있다(과학기술부, 2007, 59-60).

2) 연구데이터의 수집

연구데이터 수집은 어떤 정보를 어떻게 얻을 것인가에 대한 문제 뿐만 아니라, 어떻게 연구를 설계할 것인가의 문제까지도 포함한다. 연구부정행위가 개입되지 않았다고 해서 연구데이터의 진실성이 반드시 확보되는 것은 아니다. 신뢰할 수 있고 유효한 데이터(reliable and valid data)를 수집하는 것은 연구진실성 확보의 근간을 이루며, 부주의나 실수로 인한 오류가 발생되지 않도록 최선을 다해야 한다. 특히 주관적 데이터 선별, 잘못된 통계처리 등의 문제는 연구자의 연구전문성 확보의 문제이기도 하므로 연구책임자의 책임 있는 지도와 점검이 각별히 요구된다.

연구데이터를 생산하고 수집하는 과정에서 쉽게 발생할 수 있는 오류는 크게 네 가지로 정리할 수 있다.[5]

ⓐ 연구재료나 기기가 당연히 문제가 없을 것으로 간주하고 그냥 사용하거나 보

5) 한국연구재단, 2011, 『연구윤리의 이해와 실천』, pp. 58-63에 정리되어 있는 내용으로 "Mann, M. The ethics of collecting and processing data and publishing results of scientific research"에서 발췌, 번역 및 변형하였다.

정 없이 사용함으로써 측정값이 잘못 나오게 되는 경우이다. 그러므로 연구재료나 기기에 대한 유효성 확인(validation)은 연구진실성 확보에 매우 중요하다. 뿐만 아니라 유효성 확인의 대상은 통상적으로 4M으로 표시할 수 있는데, 연구원(man), 연구기기, 기구 및 설비(machine), 연구재료 및 원료(material), 연구방법(method)을 들 수 있다.

ⓑ 적절한 대조군 없이 실험을 진행하여 연구데이터를 생산하는 경우이다. 특히 특정 인과관계를 다른 인과관계와 고립시키는 통제실험(controlled experiment)을 하는 분석적 방법(analytical method)의 경우, 변수 통제에 대한 적절한 대조군을 사용하지 않으면 인과관계에 대한 분석과 해석에서 심각한 오류를 낳을 수 있다.

ⓒ 선입견을 가지고 원하는 연구데이터만을 선택하게 되는 경우이다. 오늘날 이루어지고 있는 상당수의 연구는 관심 있는 현상을 설명할 수 있는 가설을 도출하고, 관찰이나 실험을 통해 가설을 입증하거나 정당화하는 방식을 취하고 있다. 그러므로 가설에 부합하는 연구데이터만을 선택한다면 가설의 오류를 수정하는 방식으로 연구가 진행되는 것이 아니라 쉽게 기만에 빠지게 된다. 특히 연구책임자가 연구원에게 실험을 지시하면서 어떤 결과를 원하는지를 강력하게 전달할 경우, 참여연구원들은 의도적이지 않지만 연구책임자가 원하는 방향으로만 연구를 몰아가게 될 가능성이 높아진다. 그러므로 연구책임자와 연구원 사이의 자유로운 소통과 의사결정구조 확보는 연구윤리성 확보에 매우 중요한 사안이 된다.

ⓓ 발생된 현상을 제대로 보지 못하거나 발생되지 않은 현상을 보았다고 하는 경우이다. 연구자가 어느 특정한 결과를 몹시 원했다면 실제로 결과가 나오지 않았어도 그것을 보았다고 착각하는 실험적 편향(experimental bias)이 일어날 수 있다. 반대로 어떤 특정 연구결과가 도저히 가설과 맞지 않는다고 생각하면 실제로 그런 결과가 나와도 보지 못하거나 그냥 지나쳐 버리는 경우가 생길 수 있다. 또한 관찰의 이론적재성(theory-ladenness of observation), 즉 관찰에는 이론이 적재되어 있음을 유념해야 한다. 연구자가 발생되는 현상을 놓치지 않고, 제대로 관찰하기 위해서 필요한 과학지식을 관찰에 잘 적용할 수 있도록 특정한 방식으로 훈련되어 있어야 한다. X-ray 영상데이터를 예로 들면, 배경이론과 수용된 사실에 대해 전문적인 훈련을 받지 않았다면 음영의 변화 여부만 관찰될 뿐 데이터를 판독하는 것은 거의 불가능할 것이다.

3) 연구데이터의 분석

타당하고 정당한 실험방법에 의해 연구데이터가 잘 수집되었더라도 분석법이 잘못 적용되면 연구결과에 심각한 오류가 생길 수 있다. 실험을 통해 수집된 연구데이터는 분석단계를 거쳐 의미 있는 결과물로 만들어지고 표현된다. 어떻게 연구데이터를 분석할 것인가에 대해서 설계를 할 때, 반드시 연구자는 특정 연구영역에서 표준(standard)으로 수용되고 있는 분석법을 파악하고 있어야 하며, 표준분석법을 치밀하고 정교하게 적용해야 한다. 만약 표준으로 받아들여지고 있는 분석법이 마땅히 없다면, 사용된 분석법을 정당화(justification)할 수 있는 근거를 설득력 있게 제시해야 한다. 또한 연구자는 선택한 분석법의 적용범위와 한계를 확실히 인지하고 있어야 한다. 연구데이터에 대한 내면적 분석이 정밀하지 않을 경우, 연구결과에 오류가 생길 수 있다. 매독치료를 위해 네오아스페나민을 주사한 후 황달이 나타났을 때, 처음에는 약물의 부작용이라고 생각했다. 그러나 그 후 약물의 부작용이 아니라 약물을 주사할 때 불결한 주사기를 사용하여 생긴 간염 때문에 황달이 생긴 것으로 밝혀졌다. 이렇듯 여러 가지 가능성을 배제하는 실험이나 관찰을 적절히 수행하여 확인하지 않는다면 부수현상(epiphenomenon)으로 관찰된 것을 인과관계로 결론을 내리는 오류를 범할 수 있다(신영수 · 안윤옥, 1997).

연구데이터 분석에서 흔히 발생하는 오류를 예방하기 위해 다음과 같은 점을 유념하는 것이 중요하다.[6)]

ⓐ 처음 연구를 설계하는 단계에서부터 연구데이터를 어떻게 분석할 것인지에 대해 신중하게 검토해야 한다. 표준분석법의 적용계획을 잘 수립해야 하며, 만약 표준분석법이 마땅치 않다면 사용할 분석법을 정당화시킬 수 있는 계획을 포함시켜 고려해야 한다.

ⓑ 컴퓨터 프로그램을 이용하여 분석하는 경우 프로그램의 원리와 개념을 잘 이해해서 분석이 제대로 이루어지도록 해야 한다. 최근 들어 컴퓨터 기반의 분석법이 급속히 늘어나면서 연구데이터의 처리문제에 대한 윤리적 논쟁이 새롭게 대두되고 있다. 특히 영상분석에서 연구데이터 가공의 부적절성 논란이

6) 한국연구재단, 2011, 『연구윤리의 이해와 실천』, p. 65의 내용을 요약, 변형하였다.

가중되면서 영상자료에 대한 게재지침을 명확히 두는 저널들이 늘어나고 있다(이상욱 · 조은희, 2011, 196 – 198; Editorial, 2004; Rossner and Yamada, 2004; Rossner and O'Donnell, 2004).

ⓒ 다른 사람들의 연구를 분석하고 비평하는 능력을 배양하고 자신의 연구도 같은 방식에 따라 객관적으로 평가할 수 있도록 훈련하여 자기기만이나 실험적 편향에 빠지지 않도록 해야 한다. 또한 다른 연구자들과 소통을 하면서 문제를 공유하고 해결하는 습관을 기르는 것이 중요하다.

ⓓ 연구데이터 및 연구결과에 대한 심리적 압박은 연구부정과 부적절한 연구행위의 원인 중 하나이므로 연구책임자와 연구자의 관계, 실험실의 분위기, 연구자의 스트레스 관리도 매우 중요한 문제이다. 또한 연구데이터의 수집과 분석에서 이루어지는 연구부적절행위는 전문성 부족에서 비롯되는 부분도 있기 때문에 단위 실험실 수준에서 연구자의 전문성 확보에 만전을 기해야 한다.

4) 연구데이터의 저장, 보관 및 보호

연구데이터를 수집하고 분석한 뒤에는 반드시 안전하게 저장, 보관되어야 한다. 다른 연구자들이 연구결과를 이용하거나 평가하기 위해 연구데이터 제시를 요구할 수도 있다. 연구윤리 문제나 지적재산권 분쟁이 발생했을 때, 근거자료로 제출하기 위해서도 연구데이터의 저장과 보관은 중요한 문제이다. 연구가 종료되더라도 후속연구를 수행하면서 이전 연구데이터를 참고해야 하는 경우가 흔히 있으며, 후임연구자가 원활하게 후속연구를 진행하기 위해서라도 연구데이터는 잘 저장, 보관되어야 한다. 실험에 사용된 시료나 재료 또한 충분한 기간 동안 보관해 두는 것이 좋다. 특히 디지털시대로 접어들고, 연구장비의 컴퓨터화가 가속되면서 연구데이터의 상당수는 전자자료(electronic data) 형태로 보관되고 있기 때문에 연구데이터의 백업 카피를 만들어서 보관하는 것도 중요하다.[7] 특히 동영상과 음원과 같은 비정형 데이터의 경우 인쇄 및 기록형태로의 보관이 용이하지 않기 때문에 안전하게 보관, 관리하는데 만전을 기해야 한다. 전자자료의 경우, 접근과 검색이 쉽고, 데이터 보관비용이 크게 발생하지 않으며, 쉽게 백업이 되는 장점이 있다.

7) 한국과학기술평가원, 『연구데이터의 효율적 관리 및 활용 방안』, 2009, National Academies Press에서 출간한 Ensuring the Integrity, Accessibility, and Stewardship of Research Data in the Digital Age의 내용을 한국과학기술평가원에서 정리 분석한 것이다.

우리나라의 경우, 연구데이터의 보관기간에 대한 특별한 지침은 없으나, 연구노트의 경우 지적재산권의 유효기간을 고려하여 작성일로부터 30년간을 보관, 관리하도록 하고 있기 때문에[8] 연구데이터 역시 이에 준하는 기간 동안 보관, 관리해야 할 것으로 보인다.

연구데이터의 접근성 확보와 공유는 데이터와 연구결론의 진실성을 검증할 수 있는 최적의 방법 중의 하나이다. 그러나 경우에 따라 합법적으로 연구데이터의 접근을 차단해야 하는 경우도 발생한다. 연구데이터가 국가안보를 위한 기밀인 경우나 개인정보가 포함된 경우라면 더더욱 철저히 보호해야 한다. 우리나라에서도 세계 초일류 기술제품의 개발과 관련되는 연구개발과제, 외국에서 기술이전을 거부하여 국산화를 추진 중인 기술 또는 미래핵심기술로서 보호의 필요성이 인정되는 연구개발과제 등은 국가연구개발과제를 보안과제로 지정하여 관리하고 있다.[9] 서면형태이건 전자형태이건 연구데이터의 보안을 유지하는 가장 최적의 방법은 연구데이터에 접근하는 것을 최대한 차단하고, 관리자를 최소한으로 두는 것이 가장 효율적인 방법이 될 수 있다.

5) 연구데이터의 공개와 공유

대부분의 연구자는 자신의 연구결과를 논문으로 출판한다. 그렇다면 논문을 출판한다는 것은 어떤 의미일까? 이는 자신이 속한 연구분야 또는 사회에 자신의 연구데이터를 공개한다는 의미를 가지며, 대다수의 연구데이터는 논문을 출판하는 방식으로 공개된다. 최근 들어 연구데이터는 공개에만 그치지 않고, 연구자 사이에서 적극적으로 공유하려는 움직임이 활발해 지고 있다. 연구데이터가 공유되면 상호검증이 쉬워지고, 연구비의 불필요한 중복 투자가 줄어들 수 있으며, 다양한 관점에서 연구데이터 분석이 활발해 질 수 있기 때문에 장기적으로 볼 때 연구데이터의 공유는 학문의 발전을 위해 매우 중요한 요소이다. 미국 국립보건원의 경우 연구성과물에 대한 이용자들의 이용 요청을 인식하여 데이터 공유 정책과 오픈 액세스 계획을 발표하였고(NIH, 2007; 차미경, 2007; 이상욱 외, 2011, 109–116), 이와 같은 연구데이터 공유 및 공공접근 정책은 계속해

8) 연구노트지침[국가과학기술위원회 훈령 제19호, 2011. 10. 4. 제정] 제11조(보관 및 관리).

9) 국가연구개발사업의 관리 등에 관한 규정[대통령령 제22721호, 2011. 3. 28. 일부개정] 제18조(국가연구개발사업의 보안).

서 확대되고 있다. 또한 대부분의 저널들도 연구데이터(예, microarray data, 유전자 서열데이터 등)를 공공 데이터베이스에 보관하여 연구자들이 이를 쉽게 공유하도록 하는 지침을 가지고 있다. 특히 연구데이터가 폭발적으로 증가하고 빅데이터(big data)의 개념이 부각되면서 정보기술(information technology)의 중요성은 점점 더 크게 부각되고 있으며(이만재, 2011), 데이터 기반의 연구(data-driven research)가 새로운 방법론으로 자리매김하면서 데이터 공유의 중요성에 대한 인식은 점점 더 확대되고 있다.

대부분의 경우 연구자는 충분한 검증을 통해 자신의 결과에 확신이 설 때까지 연구결과를 발표하지 않는 것을 우선으로 해야 한다. 잘못된 연구결과를 기반으로 동료연구자가 관련 연구를 진행했을 때에는 잘못된 과학지식의 전파로 인해 불필요한 노력이 소모되거나 연구예산이 낭비될 수 있기 때문이다. 실험실을 구성하는 동료연구자 사이에서 연구데이터를 공유하고 상호검증을 하는 문화가 정책되는 것은 연구진실성을 확보하는데 매우 중요한 부분이다. 이러한 면에서 연구윤리 교육의 목표는 연구자 개개인의 윤리의식 고취와 실천에만 국한되어서는 안 되며, 다각적인 노력을 통해 올바른 연구문화로 정착되는데 맞추어야 할 것이다. 연구자가 수행하는 연구에서 윤리적인 이해상충이 발생하거나 공중에게 위해를 줄 수 있는 연구의 경우, 연구자 개인은 윤리적 갈등을 겪을 수 있다. 그러나 환경 및 공공보건과 직결되는 문제일 경우 연구데이터가 충분히 검증되지 않더라도 연구데이터의 발표를 권고하고 있다(과학기술부, 2007, 60-61).

2. 연구노트의 작성과 관리

연구자의 기억력은 한계가 있기 때문에 실제 연구수행에 관련된 경험과 기억, 그리고 연구결과를 정확하게 전달하고 기록으로 구체화시키는 양식이 필요하다. 일반적으로 실험실은 연구노트, 실험실 레포트(lab report), 프로토콜(또는 레시피), 표준분석절차(standard operation procedure) 등 여러 가지 형태의 기록물을 가지고 있다. 연구노트는 연구의 설계에서부터 성과보고에 이르기까지의 과정과 연구데이터 및 결과가 기재된 기록물로 연구데이터 관리의 필수불가결한 수단이 된다(김상준, 2008.) 또한 연구과정 전반에 걸쳐 연구윤리를 준수하고 올바른 연구문화를 정착하기 위한 중요한 방법 중의 하나가 정확하고 신뢰성 있는 연구노트 작성이다. 이러한 점에서 볼 때 올바른 연구노트 작성은 바람직한 연구실천의 첫 출발이 된다고 해도 과언이 아니다.

1) 연구노트의 필요성 및 중요성

연구자는 왜 반드시 연구노트를 작성해야 할까? 연구노트의 필요성은 크게 세 가지 측면에서 생각해 볼 수 있다.

(1) 기록관리의 측면

연구노트는 연구계획, 과정, 성과의 기록물이다. 연구와 관련된 노하우를 전수하고 연구의 지속성과 연속성을 유지하며 연구기록문화를 정착시키기 위해 철저한 연구노트 작성과 관리가 필요하다. 일반적으로 연구노트는 논문, 학술발표, 특허와 같은 다른 연구결과기록물의 중요한 기초자료가 된다. 연구노트는 연구기록물로서의 역할 뿐만 아니라 개별 실험실의 훌륭한 지식관리 도구가 될 수 있다. 또한 실험실의 연구원이 교체되더라도 후임연구자는 연구노트에 기록된 연구데이터, 연구수행과정, 노하우를 살펴봄으로써 쉽게 새로운 연구에 적응할 수 있게 된다.

(2) 지적재산권 측면

연구노트는 연구의 독창성을 증명하는 근거이며 연구개발 결과의 권리를 보호받기 위한 중요한 자료이다. 연구노트에 기록된 시점을 통해 연구의 우선권이 누구에게 있는지를 명확하게 증명할 수 있다. 선발명주의를 채택하고 있는 미국에서 특허분쟁이 일어났을 때, 연구노트는 선발명을 입증하고 독자기술의 범위와 내용을 증명할 수 있는 매우 중요한 법적 증거자료가 된다. 또한 연구노트를 통해 연구자가 해당 연구에 어느 정도 기여했는지를 정확하게 파악할 수 있기 때문에 연구성과나 지분과 관련된 분쟁에서도 연구노트는 중요한 자료로 활용되고 있다. 뿐만 아니라 연구노트는 기술이전 전에 이루어지는 실사에 증명이 되는 근거로 활용되기 때문에 성공적인 기술이전을 위해서도 반드시 필요하다. 그러므로 연구노트는 일상적인 연구과정에 대한 단순한 연구기록의 의미를 넘어 중요한 법률적 의미를 갖고 있다. 실제로 국가 연구실 단위 지식재산 관리 실태를 파악한 결과에서도 연구노트를 충실히 작성했을 경우 기술료 수익의 차이가 큰 것으로 나타난 보고가 있다(손호영, 2008). 연구결과만을 기술이전 할 경우 재현성을 담보할 수 없거나 개발가능성을 확신할 수 없기 때문에 연구노트를 제대로 작성하지 않았을 경우 기술이전이 어려워지거나 기술이전을 하더라도 기술료를 적게 받게 되는 경우가 생길 수 있다.

(3) 연구윤리 측면

연구진실성을 규명하는 과정에서 연구노트는 핵심적인 판단자료가 된다. 연구노트를 통해 연구과정과 결과의 정확성, 타당성, 신뢰성을 증명할 수 있다. 또한 연구설계, 연구데이터의 수집과 분석, 연구결과와 관련된 기록을 연구노트에 남기는 것 자체가 연구부정행위를 사전에 예방할 수 있는 효과를 가진다. 연구노트에는 기록자와 점검자(또는 확인자, 증인)의 서명과 날짜 등이 기록됨으로 연구진행이 투명해지고 연구윤리를 진작시키는데 유용하다. 논문의 저작권에 대한 분쟁이 일어났을 경우에도 연구노트를 살펴보면 연구에 기여한 정도가 쉽게 파악될 수 있다.

연구진실성은 연구데이터의 진실성에 달려 있다. 연구데이터의 진실성을 확보하기 위해서는 올바른 연구노트의 작성과 관리가 필수적이다. 그렇다면 연구노트는 어떻게 작성해야 할까? 연구노트 작성방법은 그동안 쌓여온 연구윤리와 지식재산권 관련 분쟁의 산물로 이해할 수 있다. 연구윤리와 지식재산권 분쟁이 일어나면서 연구노트 작성의 문제점이 노출되었고, 이로 인해 연구의 진실성이 규명되고 증거력이 확보될 수 있는 연구노트 작성에 대한 기본원칙과 가이드라인이 제시되게 되었다. 연구노트 작성이 왜 중요하고 어떻게 작성해야 할까에 대한 물음에 대해서는 연구부정행위와 지적재산권 소송 사례를 살펴보면 조금 더 명확해질 것이다.[10]([사례 1], [사례 2], [사례 3], [사례 4] 참조)

2) 연구노트와 관련된 규정

연구노트 작성과 관리는 국가연구개발사업의 관리 등에 관한 규정[대통령령 제22721호, 2011. 3. 28. 개정]에 근거하여 전부처 사업에 적용되고 있다. 제9조(협약의 체결) 제1항 제15호에서는 연구노트 작성을 촉진하기 위해 선정된 연구개

10) 교육과학기술부, 2009, 『올바른 연구문화를 위한 연구노트의 작성과 관리』, pp. 11－13, 연구노트의 중요성에 대한 여러 사례들이 정리되어 있다.

발과제에 대해서는 연구노트 작성 및 관리에 관한 사항을 포함하여 협약을 체결하도록 하고 있다. 또한 제12조(연구개발비의 지급 및 관리) 제5항 및 이와 관련된 연구개발비 비목별 계상기준(별표 2)에서는 간접비에 연구윤리활동비와 지식재산권 출원·등록비 항목을 두어 연구윤리 및 연구노트 작성과 관리에 관한 자체 규정 제정·운영, 연구노트 교육·인식확산활동 및 연구노트 활성화 등을 독려하고 있다. 뿐만 아니라 제29조(연구노트지침 마련·제공)에서는 국가과학기술위원회로 하여금 연구개발과제를 수행하는 연구자 및 연구기관의 장이 연구노트를 작성하여 관리할 수 있도록 필요한 지침을 마련하여 제공하도록 하였다.

2011년 10월 4일 이전에는 국가연구개발사업 연구노트 관리지침[교육과학기술부훈령 제128호, 2009. 6. 22 개정]이 시행되고 있었으나, 국가연구개발사업의 관리 등에 관한 규정이 개정되면서 현재는 연구노트지침[국가과학기술위원회 훈령 제19호, 2011. 10. 4 제정]이 제정되어 시행되고 있다. 연구노트지침은 제1조와 제2조에서 국가연구개발사업을 수행하여 얻은 정보와 데이터, 노하우 등을 체계적으로 관리하고 활용하기 위해 연구노트의 작성과 관리에 관한 사항을 정하는 것을 목적으로 하고 있고, 국가연구개발사업을 수행하는 모든 연구수행기관(연구기관)과 이를 지원하고 관리·감독하는 중앙행정기관 및 전문기관을 대상으로 하고 있다. 정부(중앙행정기관의 장)는 연구노트의 보급, 홍보 및 중요성에 관한 교육을 실시하는 등 연구노트 활성화를 위해 노력해야 하고, 연구기관장은 연구노트 작성과 관리 등에 관한 자체규정을 수립 및 운영하고 소속연구자를 교육하여 연구노트 작성을 활성화시켜야 하며, 연구자는 규정에 따라 연구노트 작성 및 관리 등의 의무를 성실히 이행해야 할 책무가 있다. 최근 들어 각 주관연구기관 차원의 연구윤리 및 연구노트 작성과 관리에 대한 교육이 활발하게 이루어지고 시작하였고, 연구개발정보의 효율적인 창출, 보호, 활용 등을 지원하고자 정부산하·출연기관의 주도로 연구노트 보급, 작성, 관리에 대한 교육을 강화하고 있다.[11]

모든 국가연구개발사업 과제에 대해 연구자가 반드시 연구노트를 작성해야 하는 것만은 아니다. 국가과학기술위원회 연구노트지침의 제5조에 따르면, 연구기관의 장이 해당 전문기관(또는 해당 중앙행정기관의 장)과 협의하여 연구노트

11) 연구노트확산지원본부(www.e-note.or.kr), 연구윤리정보센터(www.grp.or.kr), 연구개발인력교육원(www.kird.re.kr) 등에서 다양한 연구노트 관련 자료를 찾아볼 수 있다.

작성대상 제외 과제에 대한 합리적인 기준을 마련한다면 기관 특성 및 과제성격을 감안하여 일부 과제를 작성대상에서 제외할 수 있도록 하고 있다.

3) 연구노트의 종류

연구노트는 제본된 노트에 필기구 등을 이용하여 내용을 기록하는 서면연구노트(일반적으로 그냥 연구노트로 칭함)와 전자문서 또는 전자화대상문서의 형태로 내용을 기록·저장하는 전자연구노트(electronic laboratory notebook)로 나눌 수 있다.[12] 여기서 전자문서란 정보처리시스템에 의해 전자적 형태로 작성되어 송신 또는 수신되거나 저장된 정보를 말하고, 전자화대상문서란 전자적 형태로 작성되지 않은 문서를 정보처리시스템이 처리할 수 있는 형태로 변환한 문서를 말한다.

초기의 전자연구노트는 데이터의 안전한 보존과 같은 단순한 기능뿐이었으나, 최근에는 웹 정보나 과학 데이터베이스와의 하이퍼링크, 실험실의 기구나 시약관리기능 등 기능과 활용의 다양성이 점점 더 늘어나면서 조만간 통합적인 연구실운영시스템의 하나로 자리 잡을 것으로 예상된다. 전자연구노트는 데이터관리시스템(data management system), 실험실 정보관리시스템(laboratory in-formation management system), 문서관리시스템(document management system) 등을 포함하며, 과학기술 내용관리시스템(scientific content management system), 라이브러리, 데이터 파이프라인(data pipeline), 오피스 어플리케이션 등 다양한 소프트웨어 설치가 가능하다(특허청, 2010, 8-9).

연구자를 꿈꾸는 젊은 세대는 컴퓨터 환경에 너무나 익숙해져 있고, 연구데이터의 공유와 검색 및 보관에서도 전자연구노트는 매우 큰 장점이 있다. 또한 컴퓨터화된 실험기기가 보편화되었고, 출력물로서 보관하기 힘든 연구데이터(예, 사람 유전체 염기서열 분석데이터 등)가 폭발적으로 늘어나고 있기 때문에 앞으로 전자연구노트 시스템 도입에 대한 수요가 크게 증가될 것으로 예상된다. 그러나 연구분야에 따라 개개 실험실의 요구사항이 매우 다양하기 때문에 맞춤형 전자연구노트 시스템 개발에 대한 노력이 필요할 것으로 생각된다. 아직까지 전자연구노트의 경우 국내에는 거의 보급되지 않은 상태이고 여전히 상당수의 연구자들은 서면연구노트를 선호하는 경향이 있기 때문에 본 장에서는 서면연구노트를 중점적으로 다루고자 한다.

---

12) 연구노트지침[국가과학기술위원회 훈령 제19호, 2011. 10. 4. 제정] 제3조(용어의 정의).

4) 연구노트의 구비 요건

서면연구노트와 전자연구노트가 증명력을 가지기 위해서는 각기 다른 구비 요건을 갖추어야 한다. 먼저 전자연구노트부터 살펴보면 다음과 같은 구비 요건을 갖추고 있어야 한다.[13)]

ⓐ 전자문서의 기록자와 점검자의 서명인증기능이 있어야 한다. 다만 국가과학기술위원회 연구노트지침의 제8조에 따르면, 전자연구노트의 경우 필요시 연구기관의 장은 점검자의 서명기능을 제외할 수 있도록 하고 있다.
ⓑ 연구기록 입력일과 시간에 대한 공인된 자동기록기능이 있어야 한다.
ⓒ 기록물의 위조 또는 변조가 확인될 수 있어야 한다.

전자연구노트는 전자기록물로 볼 수 있기 때문에 전자연구노트의 법적 효력은 결국 전자문서의 법적 효력과 관련된 문제이다(조원희, 2011). 전자거래기본법의 제4조 제1항 전자문서의 문서성 인정에서 "전자문서는 다른 법률에 특별한 규정이 있는 경우를 제외하고는 전자적 형태로 되어 있다는 이유로 문서로의 효력이 부인되지 아니한다"로 규정하고 있다. 또한 미국의 통일전자거래법 제7조와 전자서명법 제101조, 유럽연합의 전자거래지침 제9조에서도 전자문서의 법적 효력이 부인되지 않는 것으로 나타나 있다. 전자문서가 서면문서를 완벽하게 대체할 수 있다고 단정지을 수는 없겠지만, 일반적으로 전자문서는 문서성이 인정된다고 볼 수 있다. 실제 타임스탬프[14)]를 활용한 전자인증제도와 전자서명제도의 정비로 전자연구노트의 증명력은 상당부분 진전을 이루었다. 또한 제3자에 의한 확인기능이 존재하는 경우 증명력이 향상될 수 있다. 그러나 전자연구노트가 활성화되기 위해서는 관련 법규의 보완, 활성화, 표준화 및 신뢰성 확보 지원, 전자연구노트 가이드라인 제공 등이 필요한 부분으로 남아있다(특허청, 2010, 174－176).

---

13) 연구노트지침[국가과학기술위원회 훈령 제19호, 2011. 10. 4. 제정] 제8조(연구노트의 요건).
14) 타임스탬프란 전자문서의 생성시점(존재증명) 및 진본성 확인(위변조 검증)을 위한 공개키 기반(public key infrastructure)의 국제표준기술로 전자문서가 특정시각에 존재하고 있었음을 증명하는 동시에 그 시각 이후로 데이터가 변경되지 않았음을 증명하는 전자적 기술이다(출처: 연구노트 확산지원본부, www.e－note.or.kr).

연구윤리나 지적재산권 분쟁이 일어났을 때, 서면연구노트가 증명력을 가지기 위해서는 다음과 같은 연구노트로서의 구비요건을 갖추고 있어야 한다. 서면연구노트의 일반적인 겉표지, 속표지, 속지의 구성에 대해서는 아래에서 조금 더 자세히 살펴볼 것이다.

ⓐ 연구노트는 기본적으로 장기간 보존되어야 하기 때문에 쉽게 열화되지 않고 내구성이 좋은 용지로 구성되어야 한다.
ⓑ 한 번 기재된 내용에 대한 변경 여부 확인이 가능해야 하므로 루즈리프(loose-leaf) 또는 바인더 형식은 피하고, 반드시 실철로 제본된 형태이어야 한다. 또한 연구노트의 겉표지에는 기관명, 일련번호, 연구과제명이 적혀 있어야 한다.
ⓒ 연구노트의 속지마다 쪽 번호가 미리 인쇄되어 있어서 연구노트 일부분의 소실 여부를 쉽게 확인할 수 있어야 한다.
ⓓ 연구에 참여하면서 연구수행과정과 결과를 연구노트에 직접 기록하는 기록자(또는 발명자)와 연구노트의 내용을 확인하고 서명하는 점검자(또는 확인자, 증인)의 서명과 날짜를 기입할 수 있도록 되어 있어야 한다.

(1) 겉 표 지

연구데이터 뿐만 아니라 국가연구개발사업의 유형적 결과물인 연구노트도 주관연구기관(세부과제의 경우, 협동연구기관)의 소유이기 때문에, 연구자는 연구노트의 원본을 소유할 수 없으며, 해당 분야의 연구활용을 위해 사본을 소유하고자 하는 경우 연구기관의 장이 정한 바에 따라야 한다. 또한 연구자가 연구노트 사본을 소유하는 경우에는 이를 임의로 타인에게 양도하거나 매매할 수 없다.[15)]

일반적으로 연구노트의 겉표지에는 주관기관명이 적혀 있어 연구노트의 소유를 명확히 하고 있다(〈그림 1〉). 또한 연구노트 관리를 편리하게 하기 위해 관리번호(serial number)를 기록하도록 하고 있으며, 연구자명, 연구과제명, 소속기관, 연구기관, 보관장소 등을 기록할 수 있도록 해두고 있다. 만약 단일 연구과제에 1권 이상의 연구노트가 사용되면 기록자가 임의로 번호(과제관리번호 또는 계정번호)를 매겨 관리하면 된다.

15) 연구노트지침[국가과학기술위원회 훈령 제19호, 2011. 10. 4. 제정] 제10조(연구노트의 소유).

〈그림 1〉 서울대학교 서면연구노트 겉표지

〈그림 2〉 서울대학교 서면연구노트 속표지(왼쪽)와 목차(오른쪽)

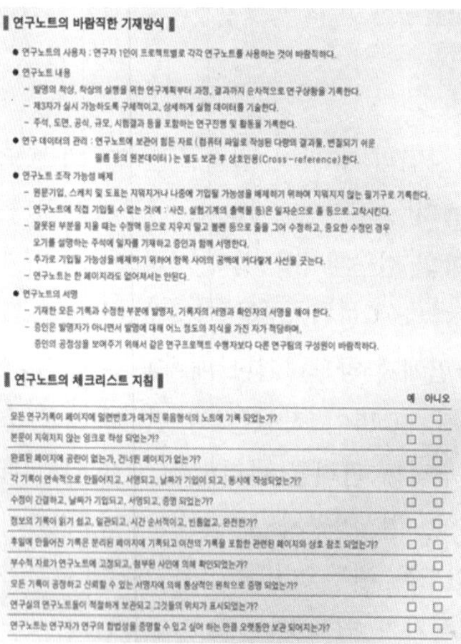

연구노트의 바람직한 기재방식

- 연구노트의 사용자 : 연구자 1인이 프로젝트별로 각각 연구노트를 사용하는 것이 바람직하다.
- 연구노트 내용
  - 발명의 착상, 착상의 실행을 위한 연구계획부터 과정, 결과까지 순차적으로 연구상황을 기록한다.
  - 제3자가 실시 가능하도록 구체적이고, 상세하게 실험 데이터를 기술한다.
  - 주석, 도면, 공식, 규모, 시험결과 등을 포함하는 연구진행 및 활동을 기록한다.
- 연구 데이터의 관리 : 연구노트에 보관이 힘든 자료(컴퓨터 파일로 작성된 다량의 결과물, 변질되기 쉬운 필름 등의 원본데이터)는 별도 보관 후 상호인용(Cross-reference)한다.
- 연구노트 조작 가능성 배제
  - 원문기입, 스케치 및 도표는 지워지거나 나중에 기입될 가능성을 배제하기 위하여 지워지지 않는 필기구로 기록한다.
  - 연구노트에 직접 기입될 수 없는 것(예 : 사진, 실험기계의 출력물 등)은 일자순으로 풀 등으로 고착시킨다.
  - 잘못된 부분을 지울 때는 수정액 등으로 지우지 말고 볼펜 등으로 줄을 그어 수정하고, 중요한 수정인 경우 오기를 설명하는 주석에 일자를 기재하고 증인과 함께 서명한다.
  - 추가로 기입될 가능성을 배제하기 위하여 항목 사이의 공백에 커다랗게 사선을 긋는다.
  - 연구노트는 한 페이지라도 없어져서는 안된다.
- 연구노트의 서명
  - 기재한 모든 기록과 수정한 부분에 발명자, 기록자의 서명과 확인자의 서명을 해야 한다.
  - 증인은 발명자가 아니면서 발명에 대해 어느 정도의 지식을 가진 자가 적당하며, 증인의 공정성을 보여주기 위해서 같은 연구프로젝트 수행자보다 다른 연구팀의 구성원이 바람직하다.

연구노트의 체크리스트 지침

	예	아니오
모든 연구기록이 페이지에 일련번호가 매겨진 묶음형식의 노트에 기록 되었는가?	☐	☐
본문이 지워지지 않는 잉크로 작성 되었는가?	☐	☐
완료된 페이지에 공란이 없는가, 건너뛴 페이지가 없는가?	☐	☐
각 기록이 연속적으로 만들어지고, 서명되고, 날짜가 기입이 되고, 동시에 작성되었는가?	☐	☐
수정이 간결하고, 날짜가 기입되고, 서명되고, 증명 되었는가?	☐	☐
정보의 기록이 읽기 쉽고, 일관되고, 시간 순서적이고, 빈틈없고, 완전한가?	☐	☐
추일에 만들어진 기록은 분리된 페이지에 기록되고 이전의 기록을 포함한 관련된 페이지와 상호 참조 되었는가?	☐	☐
부수적 자료가 연구노트에 고정되고, 첨부된 사인에 의해 확인되었는가?	☐	☐
모든 기록이 공정하고 신뢰할 수 있는 서명자에 의해 통상적인 원칙으로 증명 되었는가?	☐	☐
연구실의 연구노트들이 적절하게 보관되고 그것들의 위치가 표시되었는가?	☐	☐
연구노트는 연구자가 연구의 합법성을 증명할 수 있고 싶어 하는 만큼 오랫동안 보관 되어지는가?	☐	☐

Table of Contents	Page No.

(2) 속표지 및 목차

일반적으로 연구노트의 속표지에 연구노트 기재방식과 연구노트 작성과 관리에 대해 지침이 인쇄되어 있기 때문에 간편히 올바른 연구노트 작성방법을 점검해 볼 수 있다(〈그림 2〉). 연구노트를 기록하다보면 특히 중요한 페이지를 쉽게 찾지 못하는 경우가 생길 수 있다. 이럴 경우 연구노트에 마련된 목차 페이지를 이용한다면 중요한 페이지를 신속하게 찾을 수 있다(〈그림 2〉). 목차에 중요한 내용이 포함된 페이지를 기재해 두고 페이지의 내용을 간략하게 설명해 둔다면 추후에 찾아보기가 쉬울 수 있다.

(3) 속　　지

연구노트 속지는 쪽 번호가 미리 인쇄된 테두리가 있는 페이지로 구성된다(〈그림 3〉). 또한 매 페이지별로 과제명과 과제번호 기입란을 두어 낱장 복사를 하더라도 과제명과 과제번호가 표시되도록 하고 있다. 또한 속지에는 연구수행 과정과 결과를 연구노트에 직접 기록하는 기록자(또는 발명자)와 연구노트의 내

〈그림 3〉 서울대학교 서면연구노트 속지

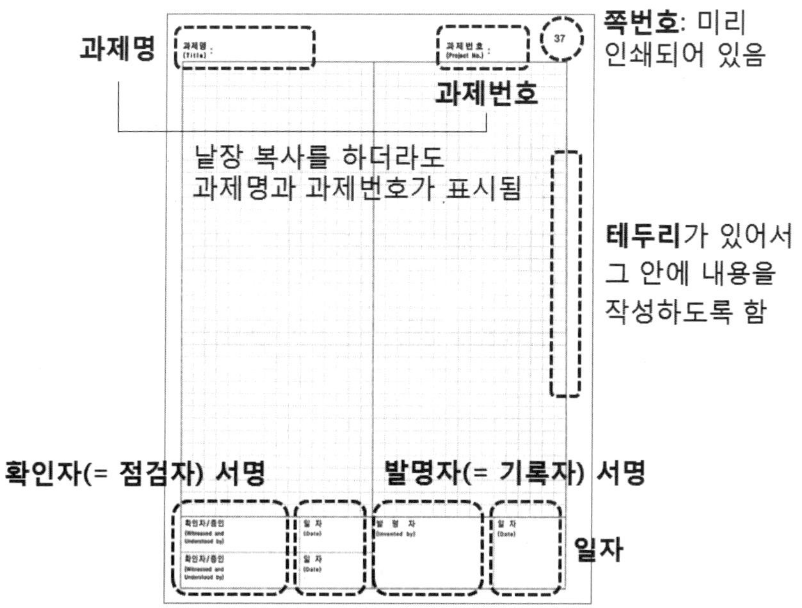

용을 확인하고 서명하는 점검자(또는 확인자, 증인)의 서명과 서명날짜를 기입할 수 있도록 되어 있다.

5) 연구노트의 작성방법

연구분야는 매우 다양하기 때문에 연구노트 작성과 관련된 세세한 지침을 마련한다는 것은 쉽지 않다. 그러므로 그동안의 연구윤리 및 지적재산권 분쟁에서 불거져 나온 문제점들을 바탕으로 어떻게 연구노트를 작성해야 검증자료로서의 증명력을 높일 수 있는지에 대해 설명하고자 한다. 실제 소송에서 가장 다루어지는 이슈는 연구노트가 작성자에 의해 실제로 작성되었는지에 대한 여부와 시점이 기재되어 있는 경우 실제로 해당 시점에 작성되었는지에 대한 문제이다. 또한 연구노트가 선사용을 입증할 수 있는 내용을 충분히 가지고 있느냐도 중요한 문제이다(조원희, 2011). 가장 일반적인 작성원칙은 다음과 같이 정리할 수 있다.

ⓐ 기재내용의 위조나 변조 없이 객관적인 사실만을 상세하고 정확하게 기록하여 신뢰성을 높인다.

ⓑ 연구자별로 연구과제별로 별도로 작성하여 참여연구자의 개인별 연구기여도와 발명자의 권리를 명확히 한다.

ⓒ 연구의 시작부터 종료까지 연구의 전 과정을 제3자가 재현 가능하도록 작성한다.

연구노트 작성에서 가장 기본적인 기록원칙 중의 하나가 절대 찢어서는 안 된다는 것이다. 각 페이지 별로 쪽 번호가 미리 인쇄되어 있기 때문에 연구노트를 찢어서 한 두 페이지가 없어진다면 기록의 신뢰성을 의심받게 된다. 추후에 임의로 추가기입하는 것을 방지하기 위해 페이지 일련번호가 인쇄되어 있는 앞면의 테두리 안에만 기재하는 것이 원칙이다. 뒷면에 기록을 하게 되면 앞면에 작성된 내용을 알아보기 힘들거나 훼손될 여지가 있다(〈그림 4〉). 그러므로 연구노트 뒷면은 일반적으로 빈 공란으로 되어 있지만, 뒷면은 그냥 그대로 공란으로 두는 것이 원칙이다.

연구노트는 연구의 전 과정을 담아야 한다. 일반적으로 연구활동은 문제인식

〈그림 4〉 기본적인 연구노트 기록 요령

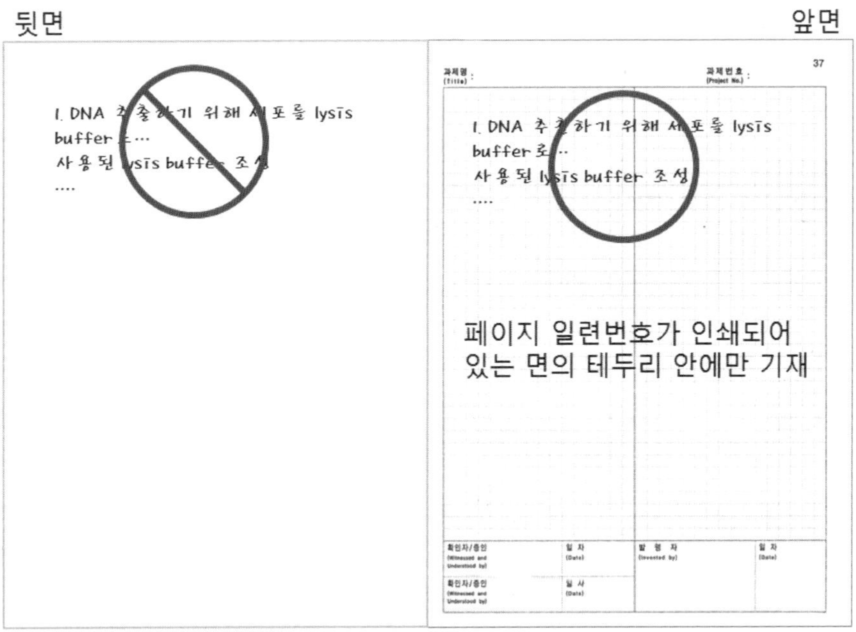

과 정의(definition), 실험설계와 실행, 데이터 수집 및 분석, 추론 등의 과정으로 진행된다. 이러한 과정은 연구의 배경(background), 목적(purpose), 방법(method), 결과(result), 결론(conclusion)의 항목으로 구분하여 연구노트에 기재할 수 있다 (Adler and Gough, 2006).

ⓐ 연구배경에는 풀고자 하는 문제를 명확하게 정의하고 구체화시키는 과정이 기록되어야 한다. 여기에는 문헌조사나 전문가 자문을 통한 선행연구 조사결과, 아이디어 및 가설 수립 배경 등이 포함되어야 한다. 연구의 독창성과 우선권 분쟁에서 매우 중요한 근거자료가 되기 위해서는 연구자들끼리 주고받은 이메일이나 연구에 영향을 미친 문헌 또는 온라인 소스 등을 정확히 기재해 두는 것이 좋다.

ⓑ 연구목적은 일반적으로 무엇을 하고자 하는지에 대해 한 두 문장으로 간결하게 기재한다.

ⓒ 연구방법에는 실험명과 실험방법을 선택한 근거, 실험에 사용된 연구재료와 조건, 예비실험, 실험조건의 최적화, 본 실험에 대한 내용이 기재되어야 한다.

특히 실험조건과 절차는 빠짐없이 상세하게 그리고 간결하고 정확하게 작성하는 것이 좋다. 만약 동일 조건과 절차가 계속해서 반복된다면, "○○ 연구노트, ○○ 페이지의 프로토콜과 같다" 등의 방법으로 표시하면 된다. 실험에 사용한 재료 및 장비들에 대한 리스트, 시약, 시료에 대해서도 시약명, 시약회사명, 카탈로그/모델/시리얼 번호 등을 자세하고 정확하게 기재해야 한다. 숫자를 기재할 때엔 단위를 정확하게 표시해야 한다. 또한 일상적인 약어 이외의 특수약어, 코드, 기호 등은 모두 상세히 표기해야 한다.

ⓓ 연구결과에는 실험, 관찰, 조사를 통해 수집된 원자료와 클리닝(cleaning), 변화(transformation), 모델링 등의 가공과정을 거친 이차자료가 포함되어야 하고, 이러한 자료가 무엇을 나타내는지에 대해 명확하고 간략하게 기술하면 된다. 최근엔 컴퓨터에 연구데이터를 보관하는 경우도 많은데, 이를 경우 저장된 컴퓨터, 폴더, 파일이름을 연구노트에 기록해 두어야 하고, 외장형 하드 등을 이용해서 주기적으로 연구데이터를 백업하고 관리해야 한다.

ⓔ 연구결론에는 분석된 데이터로부터 어떻게 결론을 도출했는지, 즉 추론에 대한 내용을 기재한다. 여기에는 목적에 비추어 해답이 제시되었는지에 대해 객관적으로 기술하는 것도 포함된다.

실패한 연구에 대해서도 기재가 필요한가에 대해 고민할 수도 있다. 실패한 연구 역시 연구과정의 일부이기 때문에 연구노트 작성이 필요하다. 또한 실패한 내용을 임의로 삭제하거나 훼손하게 되면 실험조작의 의심을 받을 소지도 다분히 있다. 실패요인이나 이유에 대해서는 객관적인 사실을 기재하도록 해야 한다. 특히 연구노트에 연구자의 개인적 감정에 대해 기록하는 것은 철저히 배제해야 해며, 연구노트를 개인적 업무수첩처럼 이용해서는 안 된다.

(1) 필 기 구

장기보존을 견뎌내고 수정이 불가능한 내광성, 내수성 볼펜으로 연구노트에 기재하는 것이 바람직하다. 언제든지 수정이 가능한 연필은 사용하면 안 된다. 빛의 영향으로 퇴색되기 어려운 검정색이나 파랑색 볼펜을 이용하는 것이 좋고, 붉은색 볼펜은 빛의 영향을 쉽게 받기 때문에 사용하지 않는 편이 좋다. 또한 연구노트에 물이나 음료 또는 용매를 쏟는 실수도 일어날 수 있기 때문에 수성

펜은 사용하지 않는 것이 좋다. 또한 동일 페이지에는 동일한 색의 동일한 필기구를 사용하는 것이 신뢰성을 높일 수 있다.

(2) 부착물 기록

사진이나 실험장비의 출력물 또는 직접 제작한 실험기기 등과 같이 연구노트에 직접 기입할 수 없는 연구데이터의 경우, 부착이 가능하다면 떨어지지 않는 풀이나 테이프 등을 사용하여 연구노트에 고착시키고, 경계부분에 부착일자, 서명 및 교차확인 표시(cross-marking)를 하면 된다(〈그림 5〉). 만약 부착이 어렵다면 날짜와 내용을 기재하여 안전한 장소에 보관하고 연구노트에 관련 사항을 표시하여 교차확인(연구노트에 연구데이터가 보관된 장소와 일자를 기록해 두고, 보관 중인 연구데이터엔 연구노트 페이지 등을 기록해 둠)이 가능하도록 하면 된다. 부착이 어렵더라도 가능하면 사진기나 스캔 등을 이용하여 사본을 제작하고, 이를 원본 위치 표시와 함께 연구노트에 부착해 두는 것이 좋다.

〈그림 5〉 부착물 기록

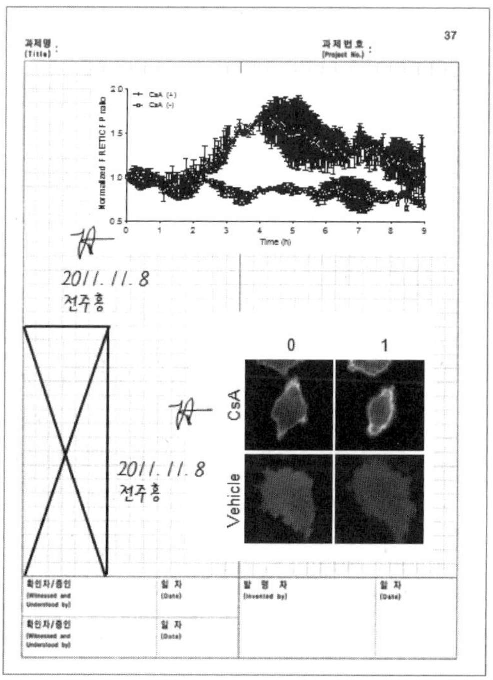

(3) 여백 및 공백 표시

페이지에 빈 공간이 생길 경우, 나중에 추가로 기입할 가능성을 배제하기 위해 사선 등을 그어 여백임을 표시해 두어야 한다(〈그림 6〉). 연구노트의 작성은 지속성과 연속성이 중요하기 때문에 실수로 한 페이지를 건너뛰었을 경우, 다른 기록을 추가할 수 없도록 반드시 글로서 해당 페이지가 공백임을 표시하여야 한다.

〈그림 6〉 연구노트의 여백 및 공백 표시

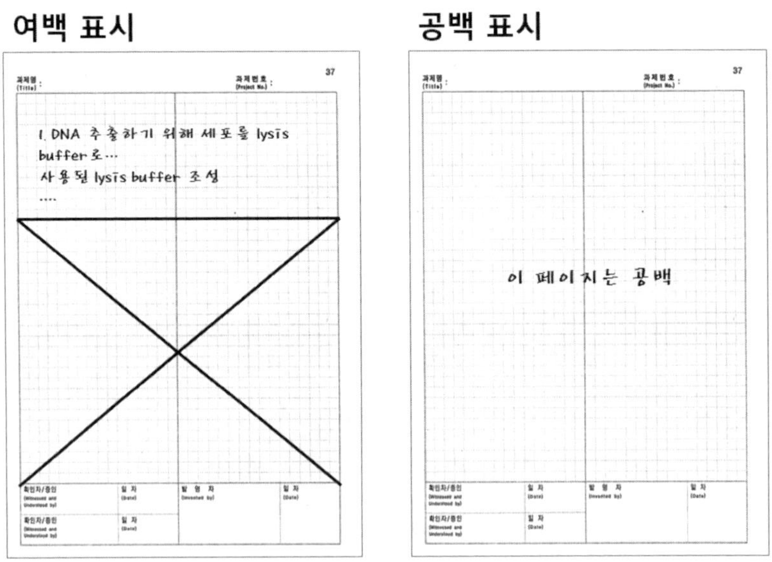

(4) 수정 및 삽입

일반적으로 연구노트에 기록된 내용을 수정할 경우 본래의 내용이 왜곡되지 않아야 한다. 그러므로 절대 수정액으로 지우지 말고 두 줄을 그어 수정한 사실이 드러나게 해야 하고, 수정한 사람의 서명과 일자를 기입해 두면 된다(〈그림 7〉). 만약 삽입을 해야 하는 경우엔 삽입 표시를 잘 알아 볼 수 있도록 하면서 삽입할 내용을 기록하고, 수정한 사람이 서명과 일자를 기입하면 된다. 중요한 수정 또는 삽입일수록 수정이나 삽입을 한 사유를 명기하고 점검자와 함께 서명과 일자를 기입하는 것이 좋다.

〈그림 7〉 수정 및 삽입 표시

수정 표시 **삽입 표시**

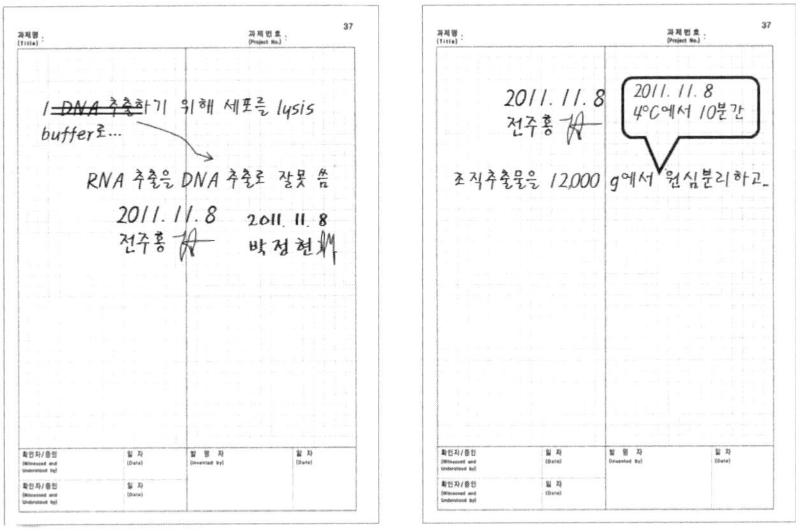

(5) 기록순서

연구활동은 가급적 당일 바로 기록하는 것이 좋고, 시간순서별로 기록하는 것이 원칙이다. 따로 메모해 두었다가 나중에 며칠이 지난 후 한꺼번에 옮겨 적는 것은 메모지가 유실되거나 연구노트 작성이 다소 부정확해질 우려가 있기 때문에 좋은 방법이 아니다. 관찰기간이 길어지거나 정기휴가, 장기출장, 또는 협력연구자의 연구지연 등으로 불가피하게 연구활동의 공백이 생길 수 있다. 이럴 경우에는 공백에 대한 사유를 연구노트에 기록하고 점검자의 서명을 받으면 된다. 실제 실험 중 설명되지 않는 두 달 동안의 공백으로 인해 발명일 입증이 부인된 사례(미국 Andersen대 Crawther 사건, 1965년)를 보았을 때 (한국과학기술연구원, 2002) 연구활동의 공백사유를 기록하는 것이 중요하며, 만약 피치 못할 사정으로 연구에 맞추어 기록이 유지되지 못했을 경우에는 그에 대한 사유도 연구노트에 진술해 두어야 한다.

그동안 연구노트를 제대로 작성하지 않다가 이제부터 연구노트를 성실히 작성하려할 때 연구노트에 날짜기입과 서명을 소급하여 정리하고 싶다는 생각이 들기 쉽다. 그러나 진짜 실험일자를 기억하는 것이 힘들고 오류가 생길 가능성이 높으며, 오히려 진실성을 의심받게 될 소지가 크다. 그러므로 지금부터 작성하는 연구노트에 대해 충실히 작성하는 것이 바람직할 것이다.

6) 연구노트의 점검 및 관리

연구노트의 점검자는 연구노트의 내용을 확인하고 서명하는 자를 말한다. 국내 연구실의 실정과 연구노트 작성의 편의를 위해 증인 대신 점검자를 채택하고 있고, 연구책임자가 일반적으로 점검자가 된다. 점검자는 얼마나 자주 연구노트에 서명을 해야 할까? 이에 대한 특별한 규정이 정해져 있는 것은 아니지만, 연구노트 점검의 정확성과 효율성 등을 고려할 때 대략 기록일로부터 1주 이내에 서명하는 것이 바람직하다.

수행 중인 연구과제의 성과물에 대해 지적재산권을 획득해야만 하는 경우에는 점검자 서명에 대해서 조금 더 면밀히 생각할 필요가 있다. 선발명주의를 채택하고 있는 미국은 발명일로 인정되는 것은 기록자의 서명이 아니라 증인이 서명한 날짜이다. 연구책임자나 공동발명자는 이해관계의 당사자가 되므로 느슨한 기준으로 서명을 할 가능성이 높아 증인으로서 부적절할 수 있다. 그러므로 연구노트가 제대로 작성되었더라도 발명에 대한 증거력 확보에 문제의 소지가 남기 때문에 이해관계가 없는 연구자의 서명을 받아두는 것이 좋다. 그렇다면 증인이 되려면 어떤 자격을 갖추고 있어야 할까? 미국 판례를 보면 연구결과를 읽고 이해할 수 있는 정도면 충분한 것으로 나타난다(한국지식재산연구원, 2008, 46-47). 즉, 증인은 해당 분야에 대한 고도의 지식을 가진 전문가를 의미하는 것은 아니다. 모든 연구노트에 동일한 증인이 서명할 필요는 없고, 만약 증인이 중간에 바뀐다면 교체사유에 대해 간략하게 기록해 두면 된다. 증인에게 연구노트 공개하는 것이 꺼려진다면 증인에게 비밀유지계약서를 받아두는 것도 한 가지 방법이다.

연구데이터와 마찬가지로 연구노트는 국가연구개발사업의 유형적 결과물로서 일반적으로 주관연구기관(세부과제의 경우에는 협동연구기관)의 소유로 한다. 이는 국가과학기술위원회 연구노트지침 제10조에도 명기되어 있다. 그러므로 연구자는 연구노트의 원본을 소유할 수 없고, 연구기관의 장이 정한 바에 따라 사본은 소유할 수 있다. 그렇지만 연구노트 사본이라도 임의로 타인에게 양도하거나 매매할 수 없다. 연구기관의 장에게 연구노트의 보관 및 관리에 대한 기본적 책임이 있으나, 현실적으로 연구노트가 제대로 보관되고 관리되기 위해서는 연구수행 현장을 맡고 있는 연구책임자의 노력이 가장 중요하다.

특허권의 존속기간은 20년이지만, 우선권제도나 특허기간연장제도를 이용할 경우, 최장 6년의 추가기간 동안 보호받을 수 있다. 또한 지적재산권 분쟁에서 강력한 증거자료가 되는 연구노트는 연구경위가 기록된 출원시점보다 대부분 수년 전의 것이다. 이러한 이유로 국가과학기술위원회 연구노트지침 제11조에서는 연구노트는 작성일로부터 30년간 보존하도록 하고 있다. 또한 연구노트지침 제11조에서는 연구기관의 장은 연구노트와 관련된 담당부서를 지정해서 운영하도록 하고 있으며, 연구자는 연구과제가 종료되거나 중단되면 작성한 연구노트를 연구노트 담당부서에 제출하도록 하고 있다. 국가기록원에서는 국제표준포맷인 PDF/A-1 포맷을 정부기록물의 전자문서 영구보존포맷으로 지정한 바 있기 때문에 연구노트의 장기적 보존 역시 PDF/A-1 포맷으로 여벌 복사를 하여 보관하는 것이 적절하다. 그러나 동영상 등의 비정형 데이터의 경우 PDF/A-1 포맷으로 여벌 복사를 할 수 없기 때문에 별도로 안전하게 보관하는 것이 중요하다.

연구노트의 보존기간이 경과했거나 보존가치가 없는 것으로 판단되는 경우에는 관련 위원회의 심의를 거친 후 폐기할 수 있다.[16] 국가과학기술위원회 연구노트지침 제12조에서는 특별한 사유가 없는 한 연구노트를 외부에 공개하지 않는 것을 원칙으로 하고 있으며, 불가피하게 외부공개가 필요할 경우에는 관련 위원회의 심의를 거쳐서 공개하도록 하고 있다.

3. 맺 음 말

연구설계와 연구데이터의 수집, 분석, 기록, 공유 등 연구가 수행되는 전 과정에서 연구윤리를 준수하고 올바른 연구문화를 정착시키는 실천적 방법 중의 하나가 정확하고 신뢰성 있는 연구노트의 작성이라 할 수 있다. 부적절한 연구관행과 실험실 문화를 일순간에 바꾸는 일은 쉽지 않다. 또한 익숙하지 않은 일을 새롭게 시작하려면 당장은 귀찮기도 하고 불편할 수도 있다. 그러나 올바른 연구데이터 관리와 연구노트 작성에 대한 요구는 연구활동을 위축시키거나 방

16) 연구노트지침[국가과학기술위원회 훈령 제19호, 2011. 10. 4. 제정] 제13조(폐기).

해하는 행위가 아니다. 장기적으로 볼 때 올바르게 연구데이터를 관리하고 연구노트를 작성하는 실험실 문화를 정착시키는 것은 연구의 자율성과 연구공동체에 대한 신뢰를 높이게 된다. 특히 최근 들어 정보공유와 연구의 투명성 진작, 그리고 연구자의 소통 강화를 위해 연구노트의 일부분을 스캐닝하여 논문에 게재하는 경우도 생겨나고 있다(Land and Botstein, 2011). 또한 지적재산권 확보와 상충되는 면이 있지만, 웹을 통해 연구노트와 결과를 공개하고 소통하려는 연구자들의 움직임(open notebook science)들도 생겨나고 있다(Bradley and Neylon, 2008; Woelfle, Olliaro and Todd, 2011; Williams, 2008).

역사적으로 고찰해 볼 때, 연구부정행위와 허용 가능한 연구수행의 경계가 유동적이었고, 연구데이터 관리의 중요도 면에서도 지적재산권 경쟁이 극심한 분야와 그렇지 않은 분야 사이에는 현재에도 상당한 차이가 있다(이상욱 외, 2011, 15−40). 또한 학문분야와 연구방법론이 다양하기 때문에 올바른 연구데이터 관리에 대해 명확히 경계를 정해 구별하는 것은 쉽지 않은 일이다. 본 장에서는 원칙적으로 준수해야 할 부분을 소개하였고, 이를 바탕으로 각자 실험실의 여건에 맞추어서 증거력을 확보할 수 있는 연구데이터 관리와 연구노트 작성방법을 최적화시키는 노력이 필요할 것으로 생각된다. 경쟁의 심화, 연구의 상업화, 공동연구의 활성화 등으로 인해 연구자들은 단시간 내에 뛰어난 연구 성과를 만들어내야 한다는 심리적 압박을 점점 더 많이 받고 있다. 이러한 환경은 왜 연구윤리에 대한 교육이 중요하고, 연구데이터 관리와 연구노트 작성이 중요한지를 역설적으로 말해주고 있다. 올바른 연구데이터 관리와 연구노트 작성에 대한 연구자의 작은 노력이 우리의 연구수준, 연구의식, 연구문화를 바꾸고 생산적이고 성숙한 연구활동을 향상시킬 수 있을 것이다.

♣ 참 / 고 / 사 / 례 ♣

[사례 1] 미국의 볼티모어 사건

1975년 노벨생리의학상 수상자인 볼티모어(David Baltimore)와 이마니쉬-카리(Thereza Imanishi-Kari)를 포함한 6명의 MIT 연구자는 1986년 4월 25일 저명한 학술지인 'Cell'에 면역 관련 논문을 게재하였다. 그런데 이마니쉬-카리의 지도로 이에 대한 후속연구를 수행하던 박사후연구원 오틀(Margot O'Toole)은 'Cell' 게재 논문의 결과가 재현되지 않고 연구노트에 기록된 실험기록이 논문의 결과를 입증하지 못한다며 문제를 제기하였고, 이마니쉬-카리는 연구부정행위로 기소되었다. MIT 대학의 자체 조사 뿐만 아니라 미국 국립보건원에서도 조사가 진행되었고, 이후 하원청문회에서는 범죄수사전문가들까지 동원하여 실험노트를 조사하게 되었다. 연구노트에서 다른 종류의 잉크로 덮어 쓰거나 수정잉크를 사용하여 기존의 기록을 완전히 지운 것이 드러났고, 데이터 출력일자와 실험일자가 불일치한다는 사실이 밝혀지면서 볼티모어는 록펠러 대학교 총장에서 물러났고, 이마니쉬-카리는 10년 동안 연구비 지급을 중지당하는 결정을 받았다. 이후 재심을 청구하여 논문과 관련된 분쟁이 판단과 실험결과의 해석, 사용표현에 대한 견해차이에서 비롯된다는 재심결과를 얻어 이마니쉬-카리는 1996년 연구부정행위에 대한 혐의를 벗었지만, 이 사건은 10여년간 미국에 많은 사회적 물의를 일으켰다(조은희, 2006).

[사례 2] 일본의 Nature지 논문 사건

2005년 일본리보핵산(RNA)학회는 동경 대학교 타이라(Kazunari Taira) 교수가 1998~2004년 사이에 'Nature'지 등에 발표한 논문 12편에 대해 재현할 수 없다는 의혹을 제기해 동경대에 조사를 의뢰하였다. 산업기술종합연구소와 동경대는 자체조사를 통해 12편의 논문 중 4건에 대해 재현성실험을 시행해서 타이라 교수팀의 연구결과가 조작된 것임을 밝혔다. 조사과정 중 타이라 교수는 실험실의 연구자가 연구노트를 작성하지 않은 채로 컴퓨터에만 데이터를 저장했다가 일부는 폐기하였다고 답변하면서 연구노트를 제출하지 않았다. 이에 동경대는 타이라 교수를 징계위원회에 회부하여 파면하였고, 실험실을 해산하고 대학원생 지도자격을 박탈하였다(Fuyuno, 2005; Fuyuno, 2006).

[사례 3] 미국의 레이저 사건

컬럼비아 대학의 타운스(Towns) 교수와 벨연구소의 셜로우(Schawlow) 박사는 1958년 레이저에 대한 이론을 발표하였고 1960년에 미국 특허를 취득하였다. 레이저 개발에 기여한 공로로 이들은 각각 1964년과 1981년에 노벨상 수상까지 하였다. 한편, 컬럼비아 대학의 박사과정생인 굴드(Gordon Gould)는 1957년에 빛을 증폭하는 것이 훨씬 효과적일 것이라는 아이디어와 레이저의 약자(Light Amplification by the Stimulated Emission of Radiation, LASER)를 자신의 연구노트에 꼼꼼하게 기록해 두었고, 노트에 제3자의 서명까지 받아 두었다. 1959년 굴드는 레이저 장치를 완성하여 특허를 출원하면서 다른 연구자가 이미 레이저 특허를 출원한 것을 인지하게 되었다. 굴드는 자신의 연구노트에 남겨진 기록을 근거로 선발명에 대한 20여년의 특허소송 끝에 1977년 승소함으로써 레이저에 대한 특허권을 취득하게 되었다(고명숙, 2007).

[사례 4] 카이론(Chiron)과 애보트 랩(Abbott Lab.)의 특허침해소송

문제가 된 특허는 후천성면역결핍증(AIDS)를 유발하는 HIV(human immuno-deficiency virus)의 면역검출법에 대한 발명으로 카이론은 HIV를 면역학적 방법으로 검출할 수 있는 기술에 대한 특허를 1984년 10월 31일 출원하였다. 이후 애보트 랩에서 HIV 항체검출 키트제품을 개발하여 판매하려 하자 카이론은 애보트 랩을 상대로 특허침해소송을 제기하였다. 먼저 카이론은 실제 발명의 구현은 9월 말이라고 주장하였으나, 이를 뒷받침할 수 있는 발명자의 연구노트가 없음이 밝혀지면서 9월이 실제로 발명구현일이라는 카이론의 주장을 법원은 받아들이지 않았다. 애보트 랩은 선발명을 주장하면서 증인 및 연구노트를 제시했으나, 연구원들의 연구노트 기재사실이 주장을 입증할 수 있을 만큼 사실 관계가 일치하지 않고 필요한 주장은 연구노트에 기재되지 않았기 때문에 받아들여지지 않았다. 따라서 법원은 각 연구노트가 양쪽이 주장하는 내용을 입증하지 못해 결국 특허출원일이 최선의 발명구현일인 것으로 보고 애보트 랩의 특허무효 주장을 받아들이지 않았다(한국지식재산연구원, 2008, 21－22).

[사례 5] 서울대학교 공과대학 ○○○ 교수 사건

2007년 서울대학교 공과대학 ○○○ 교수는 플라스틱 재료를 구성하는 고분자 물질이 수십 나노미터 크기의 작은 공간에 놓이면 넓은 공간에 있을 때보다 움직임이 더 빨라진다는 연구결과를 "고립구조에서 고분자 운동성의 증가"라는 제목으로 2007년 저명학술지인 "네이처 머터리얼스(Nature Materials)"에 발표하였다. 그러나 2009년 연구결과가 조작되었다는 의혹이 제기되었고, 이에 대해 연구진실성위원회가 진상조사를 벌였다. 조사결과 ○○○ 교수는 자신의 주장을 증명할 수 있는 원자료를 갖고 있지 않은 것으로 확인되었고, ○○○ 교수는 원자료가 사고로 컴퓨터에서 삭제되었다고 밝혔다.

[사례 6] 서울대학교 수의과대학 ○○○ 교수 사건

서울대학교 수의과대학 ○○○ 교수는 멸종위기인 한국 늑대 2마리를 늑대의 체세포로부터 복제하고, 연구결과를 "클로닝 앤드 스템셀즈(Cloning and Stem Cells)"지에 게재하였음을 2007년 3월 26일 서울대학교 본부에서 기자회견 형식으로 발표하였다. 그러나 생명공학정보센터(BRIC) 게시판에서 본 논문이 성과홍보를 위해 인위적으로 기존의 복제성과를 축소하여 연구결과를 과도하게 부풀렸다는 의혹이 제기되었고, 이에 대해 연구진실성위원회가 진상조사를 벌였다.

조사결과 논문의 오류는 단순 실수로 밝혀졌으나, 허술한 실험기록 관리 탓에 빚어진 것으로 확인되었다. 특히 서울대학교 연구진실성위원회의 실태조사 결과, 본 실험이 진행되는 동안 연구노트를 작성하지 않아 실험내용에 대한 기록이 미비하여, 논문작성상 오류가 발생할 요인으로 작용하였음을 밝혔다. 또한 실험을 진행하는 과정에서 실험과 관계된 시료의 채취 및 분석자료의 보존이 부실함도 발견되었다.

[사례 7] ○○○국회의원 연구노트 제출 요구 사건

2008년 ○○○국회의원은 미국산 쇠고기의 안전성에 대해 문제를 제기하고 수입에 대해 비판적인 입장을 취해온 서울대학교 수의과대학 ○○○교수에게 식품의약품안전청에 '의정활동 관련 자료협조 요청' 공문을 보내 광우병 연구관련 연구노트와 연구비 관련 서류를 제출할 것을 요구하였다. 이 사건은 정치권이 연구노트 제출을 직접 요구한 첫 사례라는 점에서 연구자들 사이에서 금세 주목을 받았다.

◆ 연 / 습 / 문 / 제 ◆

1. 국가연구개발사업의 수행결과로 얻어진 연구데이터는 누구의 소유인가?
   ① 정부기관 ② 주관연구기관
   ③ 연구책임자 ④ 참여연구원

2. 국가과학기술위원회에서는 연구노트를 몇 년간 보관하도록 하고 있는가?
   ① 5년 ② 10년
   ③ 20년 ④ 30년

3. 다음 중 서면연구노트의 구비요건이 아닌 것은?
   ① 연구노트 일부분의 소실 여부를 확인할 수 있도록 연구노트의 속지마다 쪽 번호가 미리 인쇄되어 있어야 한다.
   ② 연구노트 기록자와 점검자의 서명과 날짜를 기입할 수 있도록 되어 있어야 한다.
   ③ 연구노트의 겉표지에는 기관명, 일련번호, 연구과제명이 적혀 있어야 한다.
   ④ 연구노트의 공유가 쉽도록 루즈리프(loose-leaf) 또는 바인더 형식을 사용한다.

4. 연구노트를 작성하다가 실수로 실험조건을 잘못 기입하였다. 어떻게 수정할 것인가?

5. 사진이나 실험장비의 출력물 또는 직접 제작한 실험기기 등과 같이 연구노트에 직접 기입할 수 없는 연구데이터의 경우 어떻게 관리해야 하는가?

정 답

1. ② 국가연구개발사업의 관리 등에 관한 규정(대통령령 제22721호)의 제20조(연구개발결과물의 소유)에서 국가연구개발사업을 수행한 결과로 얻어지는 유형적(연구기자재, 데이터, 노트 등), 무형적(지적재산권, 보고서 판권 등) 연구개발결과물은 국가연구개발사업 협약에서 정하는 바에 따라 주관연구기관(세부과제의 경우에는 협동연구기관)의 소유로 지정하고 있다.

2. ④ 특허권의 존속기간은 20년이지만, 우선권제도나 특허기간연장제도를 이용할 경우, 최장 6년의 추가기간 동안 보호받을 수 있다. 또한 지적재산권 분쟁에 필요한 연구노트는 연구경위가 기록된 출원시점보다 대부분 수년 전의 것이다. 이러한 이유로 국가과학기술위원회 연구노트지침 제11조에서는 연구노트는 작성일로부터 30년간 보존하도록 하고 있다.

3. ④ 한 번 기재된 내용에 대한 변경 여부 확인이 가능해야 하므로 루즈리프(loose-leaf) 또는 바인더 형식은 피하고, 반드시 실철로 제본된 형태이어야 한다.

4. 절대 수정액으로 지우지 말고 두 줄을 그어 수정한 사실이 드러나게 해야 하고, 수정한 사람의 서명과 일자를 기입해 두면 된다(참고: 국가과학기술위원회 연구노트지침 제9조 제4항).

5. 부착이 가능하다면 떨어지지 않는 풀이나 테이프 등을 사용하여 연구노트에 고착시키고, 경계부분에 부착일자, 서명 및 교차확인 표시(cross-marking)를 하면 된다. 만약 부착이 어렵다면 날짜와 내용을 기재하여 안전한 장소에 보관하고 연구노트에 관련사항을 표시하여 교차확인(연구노트에 연구데이터가 보관된 장소와 일자를 기록해 두고, 보관 중인 연구데이터엔 연구노트 페이지 등을 기록해 둠)이 가능하도록 하면 된다. 부착이 어렵더라도 가능하면 사진기나 스캔 등을 이용하여 사본을 제작하고, 이를 원본 위치 표시와 함께 연구노트에 부착해 두는 것이 좋다(참고: 국가과학기술위원회 연구노트지침 제9조 제4항).

참고문헌

고명숙, 2007, 지식의 가치창출을 위한 연구노트 작성법, 『2007년 제13차 R&D 인력교육: 혁신적 연구노트 기법』, 2007년 8월 28~31일(대전 한국과학기술원).

과학기술부, 2007, 『실천연구윤리』, pp. 59－61.

김상준, 2008, 연구기록물 중 연구노트의 중요성과 관리제도화, 『정보관리연구』 39(2), pp. 45－74.

서중해, 2010, "대학-산업 협력체제의 발전과 향후 과제", 『KDI 정책포럼』 제229호.

손호영, 2008, 『국가 R&D 지식재산관리 지표 개발 및 경제적 효과 연구』.

신영수 · 안윤옥 편저, 1997, 『의학연구방법론』, 제1부 제2장 의학에서의 인과관계.

이만재, 2011, "빅 데이터와 공공 데이터 활용", Internet and Information Security 2(2), pp. 47－64.

이상욱 · 조은희 엮음, 2011, 『과학윤리특강』, 사이언스북스.

조원희, 2011, "연구노트의 법적 효력 및 사례", 연구개발정보 보호 및 활용을 위한 연구노트 세미나, 2011년 12월 6일, 서울 코엑스.

조은희, 2006, "볼티모어 사건을 통해 본 실험기록의 중요성", 『분자세포생물학뉴스』 18(1), pp. 64－66.

차미경, 2007, 『오픈 액세스 기반 학술 커뮤티케이션을 위한 정책 개발에 관한 연구』, 한국교육학술정보원.

특허청, 2010, 『전자연구노트 활성화를 위한 전자연구노트 인프라 구축 및 관련 법제도 개정방안 연구』.

한국과학기술연구원, 2002, 연구업무편람.

한국과학기술평가원, 2009, 『연구데이터의 효율적 관리 및 활용 방안』.

한국지식재산연구원, 2008, 『연구결과물 보호와 활용을 위한 연구노트 작성 전략』, pp. 21－22.

한양대학교 출판부, 2010, 『이공계 학생을 위한 과학기술의 철학적 이해 제5판』, pp. 24–29.

Adler, E. M. and Gough, N. R., 2006, "Assessing Undergraduate Laboratory Performance", Science's STKE 351, tr8.

Bradley, J. and Neylon, C., 2008, "Data on display. Interview by Katherine Sanderson", Nature 455, p. 273.

Committee on Ensuring the Utility and Integrity of Research Data in a Digital Age and National Academy of Sciences, 2009, 『Ensuring the Integrity, Accessibility, and Stewardship of Research Data in the Digital Age』, National Academies Press.

Editorial, 2004, "Gel splicing and dicing", Nature Cell Biology 6, p. 275.

Fuyuno, I., 2005, "Lack of lab notes casts doubt on RNA researcher's results", Nature 437, p. 461.

Fuyuno, I., 2006, "Further accusations rock Japanese RNA laboratory", Nature 440, pp. 720–721.

Lang, G. I. and Botstein D., 2011, "A test of the coordinated expression hy–pothesis for the origin and maintenance of the GAL cluster in yeast", PLoSOne 6(9), e25290.

NIH, 2007, "NIH data sharing policy", http://grants.nih.gov/grants/policy/data_sharing.

Rossner, M. and O' Donnell, R., 2004, "The JCB will let your data shine in RGB", Journal of Cell Biology 164, pp. 11–13.

Rossner, M. and Yamada K. M., 2004, "What's in a picture? The temptation of image manipulation", Journal of Cell Biology 166, pp. 11–15.

Williams, A. J., 2008, "Internet-based tools for communication and collaboration in chemistry", Drug Discovery Today 13, pp. 502–506.

Woelfle, M., Olliaro, P. and Todd, M. H., 2011, "Open science is a research accelerator", Nature Chemistry 3, pp. 745–748.

제11장 대학원 연구생활 및 협동연구윤리

조 은 희

(조선대학교 생물교육과)

1. 머 리 말

연구란 한 사람의 연구자가 책과 씨름해가며 혼자만의 세계를 정립해 가는 것이라기 보다는 같은 학문을 수행하는 공동체가 서로 정보를 제공하고, 비판하고, 다른 연구자들이 이룬 연구성과의 객관성을 인정해 주는 과정을 중심으로 이루어진다. 연구를 시작하려면 먼저 지금까지 그 분야의 연구자들이 무엇을 생각하고 고민해 왔으며 어떤 질문을 던졌고 이 질문에 대해 어떤 답을 제시해 왔는지를 이해할 수 있어야 한다. 그리고 현재의 연구자들이 어떤 연구를 진행하고 있는지에 대해서도 잘 알고 있어야 한다. 그래야만 이를 토대로 그 분야의 전문가들이 의미 있는 것이라고 인정할 만한 새로운 질문을 던지고 이에 대한 해결과정을 모색할 수 있는 것이다. 또한 연구성과가 학문체계로 편입되기 위해서는 연구과정과 결과를 동료전문가들에게 설명하고 이들로부터 내가 얻은 해답이 의미 있고 타당하다는 점을 인정을 받아야 한다. 그때 비로소 내 연구결과는 학술적 가치를 얻게 되는 것이다. 따라서 다른 사람들의 성과를 이해하는 것도, 내 연구성과를 동료에게 이해시키는 것도 모두 원활한 소통과 교류를 통해 이루어진다. 그러므로 연구자들 사이의 협력과 소통은 연구에 있어 매우 중요한 요소이며, 실제로 이와 같은 과정이 얼마나 효과적으로 이루어지는가에 따라 연구의 성패가 나뉘기도 한다.

이 장에서는 연구를 수행할 때 내 역할을 충분히 수행해내면서 동시에 다른 연구자들을 전문가로서 믿고 존중하며 효율적으로 소통하는 문제에 대해 이야기해 보려 한다. 여기에서 자신에게 맡겨진 책임을 다하고, 주변 사람들을 배려하며 서로 협력하고, 다른 이들이 잘한 것을 인정하고 칭찬해 준다는 정도의 상식을 벗어나는 내용은 찾기 어렵다. 초등학생조차 아는 문제를 거푸 이야기한다는 점에서 이 글의 성격은 연구윤리에 대한 전문적 논의를 다루고 있는 이 책의 다른 부분과 구별된다. 그럼에도 불구하고 대학원생을 위한 연구윤리 교재를 표방하고 있는 책에서 이런 주제를 다루는 까닭은 전문적인 연구윤리에 대한 논의를 이해하는 것만큼, 어쩌면 그보다 더 연구자로서의 일상에서 이와 같은 기본적인 상식을 실천하는 것이 중요한 일이기 때문이다. 윤리란 결국 실천의 문제라 생각한다.

여기서는 이를 위해 먼저 대학원 시절에 어떤 능력을 갖출 수 있어야 한 사람의 연구자로서 내 몫을 다할 수 있으며 다른 연구자들이 믿고 존중할 수 있는 연구자가 될 수 있는지에 대해 논의할 것이다. 대학원생에게 있어 가장 중요한 파트너는 지도교수와 함께 공부하는 연구실 동료이다. 따라서 어떻게 하면 지도교수 및 대학의 동료, 선후배 사이에 서로 신뢰하고 존중하며 협력하는 관계를 유지할 수 있을지 고민해 보려 한다. 신뢰와 존중은 상호적인 개념이다. 모두가 서로 상대방에게서 신뢰와 존중을 받을 수 있는 자격과 태도를 갖추는 것이 물론 우선이겠지만, 때로 이에 미치지 못하는 사람이나 이를 만족시키지 못하는 상황을 만날 가능성이 없지 않다. 이럴 때, 현명하게 대처하는 능력이나 지혜 또한 필요하다. 여기서 정답을 이야기해 줄 수 있는 것은 아니지만 연구하는 사람이 빈번하게 마주칠 수 있는 갈등상황이나 문제상황에 대해 미리 한 번 생각해 보는 것이, 아무런 대비 없이 어려운 상황에 직면하는 것보다 더 나을 것이다. 사전에 이러한 상황을 피하거나 예방할 수 있는 길을 찾을 수도 있는 것이므로. 마지막으로 외부 동료학자들과는 어떠한 방식으로 협력관계를 유지하는 것이 바람직하며 잠재적 갈등이나 어려움을 최대한 줄일 수 있을지 간단하게 살펴보는 것으로 이 장을 마치려 한다.

2. 대학원에서 함양해야 하는 능력과 태도

대학원 이전의 교육이 주로 이전 세대에서 축적한 지식체계를 전수받는 과정이었다면, 대학원 교육은 이를 위해 특정한 학문분야에서 독자적으로 연구를 수행할 수 있는 능력을 키우는 과정이다. 독자적으로 전공분야에서 중요하게 인식될 수 있는 연구주제를 찾아내고 이에 대한 연구를 수행할 수 있도록 계획하고 생산적인 연구를 수행하며 이를 설득력 있게 동료에게 알려 새로운 지식으로 수용될 수 있게 하는 능력을 키우는 것이 대학원 과정의 목표라 할 수 있다. 이 목표를 달성했을 때 박사학위를 얻게 되는 것이고, 따라서 박사학위를 취득했다는 것은 이제 독립하여 독자적인 연구를 수행할 수 있는 능력을 가진 것으로 인정받았다는 것을 뜻한다.

이와 같은 목표를 달성하기 위해 대학원에서 키워야 하는 가장 중요한 능력은 내 스스로 문제를 파악하고 논리적으로 문제를 해결할 수 있는 역량 그리고 다른 사람과 원활하게 소통하는 능력이다. 이와 더불어 대학원 시절은 윤리적인 연구방식과 태도를 익혀야 하는 시기이기도 하다. 이런 능력은 단번에 얻을 수 있는 것이 아니기에 사실 중고등학교 시절 혹은 그 이전부터 이에 대한 교육을 잘 받아야 한다. 그러나 우리 교육체계가 스스로 문제와 해결방안을 탐색하는 것보다는 기존의 지식체계를 전수받는 과정을 중심으로 이루어지기 때문에 대학원에 진학하고 나서 새삼 이런 부분에서 어려움을 겪는 사람들이 적지 않다. 여기서는 대학원에서 반드시 배양해야 하는 능력과 태도를 1) 창의성 2) 의사소통능력 3) 윤리적인 연구태도라는 측면에 중점을 두어 간략하게 논의하고자 한다.

1) 창 의 성

연구에서 가장 중요한 단계 중의 하나는 독창적이고 의미 있는 문제를 찾아내고 이를 타당한 방식으로 해결하는 것이다. 이 과정에 창의성이 요구된다는 사실에는 이론의 여지가 없다. 반면 연구에 필요한 창의성이 무엇이며 이를 어떻게 키울 수 있는가에 대한 물음에는 다양한 답이 제시될 수 있다. 연구하는 학문분야에 따라서도 물론 다를 것이다. 그러나 창의성에 대한 가장 큰 오해는 이것이 몇몇 천재들이 지니는 타고난 능력이라고 생각하는 것이 아닐까 한다.

2012년 여름 청소년과 노벨상수상자들이 함께하는 '아시아 과학 캠프'에서 태국의 한 학생이 창의성은 어떻게 키울 수 있는지 질문하였다. 이에 아버지를 이어 노벨상을 수상한 로저 콘버그(Roger Kornberg)는 성실함이 가져다 준 '뜻밖의 선물(serendipity)'이 바로 창의성이라 답했다(구희령, 2012). 과학연구에서

'serendipity'는 '뜻하지 않은 우연한 발견'을 의미한다. 그러나 어떤 사건이나 정보가 '뜻하지 않게 우연히' 주어지는 경우에 당사자 모두가 이를 자신의 문제에 대한 새로운 발견이나 해석으로 연결시키지는 못한다는 점이 이 단어가 주는 핵심적인 메시지이다. 그러니까 준비된 사람에게만 이와 같은 '우연한 기회'가 '발견'으로 이어진다는 것을 놓치지 말아야 하는 것이다.

이를 준비하는 첫 단계가 바로 자신의 연구분야에 대한 배경지식을 깊고 넓게 확장하는 것이 될 것이다. 여기서 말하는 지식은 단순히 전공분야의 지식에만 국한되지 않는다. 과학자들에게도 기본적인 인문학적 소양은 필수이며 인문사회학자들도 기본적인 과학적 소양을 반드시 갖추어야 할 것이다. 전공분야를 막론하고 해당 분야 또는 연구주제가 갖는 역사적, 철학적, 사회적 함의를 이해하는 것은 대학원 과정의 핵심이다. 그리고 해당 분야의 연구가 수행되었던 배경과 연구방법을 알고 새로운 학문조류에 대한 이해 또한 중요하다. 전공분야를 잘 안다는 것은 단순히 기존에 알려진 사항들을 알고 기억하는 것 이상을 의미한다. 그리고 제시된 자료의 의미와 결과가 기존의 지식체계에 기여하는 바를 분명하게 이해할 수 있어야 한다. 더불어 전공분야 내에서 이미 연구된 내용, 연구가 더 필요한 부분, 그리고 현재 쟁점이 되는 내용은 무엇인지 파악하고 있어야 한다. 이러한 이해를 바탕으로 의미 있고 타당한 후속연구과제를 도출할 수 있는 능력이 형성된다.

이때 전공주제와 직접 관련된 학술지를 부지런히 읽는 것은 물론, 대학원 수업이나 저널클럽, 세미나 등에서 인접한 다양한 분야의 학술논문을 읽고 토론하는 과정은 이러한 능력을 키울 수 있는 중요한 통로가 된다. 그렇다고 무턱대고 많은 문헌을 읽는 것이 중요한 것은 아니다. 다른 연구자들의 논문을 읽거나 연구발표를 들을 때에도 그저 새로운 정보를 얻는 것에만 집중하여 결론을 기억하는 것에 그친다면 창의적인 연구를 수행하는 데 그다지 도움이 되지 않을 것이다. 논문을 읽거나 발표를 들으면서, 이 연구에서 제기한 물음이 무엇인지, 어떤 방식으로 해답을 찾으려 했는지, 그 방법은 적절하고 타당했는지, 연구의 결론을 뒷받침할 수 있는 충분한 근거가 있는지, 논리적 비약이 있거나 잘못 해석한 것은 없는지, 그리고 여전히 남아 있는 문제는 무엇인지, 이 논문으로 인해 파생되는 새로운 문제는 무엇인지를 끊임없이 생각하고 찾아보는 것이 중요하다. 연구계획서나 논문을 직접 작성해 보는 것은 이러한 훈련의 시발점이 될 것이다.

이러한 훈련을 반복해서 함으로써 '우연한 기회'까지도 '학문적 성과'로 연결시킬 수 있는 능력을 키울 수 있게 될 것이다. 선행연구자들이 어떤 연구를 수행했고 어떤 성과를 얻었는지를 잘 알고 있어야만 그 분야에서 중요한 의미가 있다고 인정되는 독창적인 문제를 찾아낼 수 있으며, 이에 대한 합리적이고 타당한 방식으로 답을 얻는 것 또한 해당 분야가 연구되어 온 과정과 방법론을 숙지하고 있는 경우에만 가능하다. 창의적인 연구란 기존에 생각하지 못했던 완전히 새로운 것을 말하기도 하지만, 기존에 사용하던 연구방법론을 새로운 문제를 해결하는 데 적용하거나, 여러 가지 방식을 종합하여 남들이 풀지 못했던 문제를 푼다거나, 기존의 생각을 새로운 시각에서 바라보면서 다른 해석을 하는 것 등도 창의적인 사고라 할 수 있다. 결국 학문연구에 있어 창의성이란 기존의 지식체계와 방법을 서로 융합하고 통합하거나 새로운 관점에서 바라보는 과정 등을 통해 발휘될 수 있는 것이다. 콘버그 박사는 이와 같은 과정을 성실함이란 단어로 요약했다. 무엇을 하든 대강대강 하는 것이 아니라 열정과 끈기를 가지고 연구주제에 골몰하여 최선을 다하며 다양한 접근을 시도해 보는 태도에서 창의성이 발휘될 수 있다는 것이다. 그런 점에서, 창의성이란 '성실함이 주는 뜻밖의 선물'이라 표현한 원로 학자의 답변은 의미심장하다.

2) 의사소통능력

대학원 시절에는 연구를 훌륭하게 수행하는 것 못지않게 이를 효과적으로 전달하는 능력을 키우는 것이 중요하다. 다른 연구자들의 성과를 이해하는 것은 물론, 내 연구성과를 동료에게 이해시키는 것도 원활한 의사소통이 이루어져야 가능하다. 새롭고 독창적인 연구결과를 얻었다 할지라도 이 과정을 정확하고 설득력 있게 기술하지 못한다면 아무 소용없는 일이 되고 만다. 전문가의 의사소통능력은 단순히 자신의 연구를 설명하고 기술하는 것을 넘어 다양한 관점에서 자신의 연구를 바라보고 종합할 수 있는 능력에서 온다. 쉽고 정확한 설명이 어렵다면 연구자 스스로가 자신의 연구를 제대로 이해하고 있는지, 또한 자신의 연구를 이해하는 방식이 매우 편협하여 다른 시각에서 접근할 능력이 없는 것은 아닌지를 점검해 볼 필요가 있다.

연구과정에서 가장 중요한 의사소통수단은 학술대회 발표와 학술논문이다.

이때 가장 중요한 것은 정직하고 정확하게 연구결과를 보고하는 것이며 이를 간결하고 논리적인 방식으로 전달할 수 있어야 한다. 따라서 대학원 시절에 해당 학문분야에서 통용되는 올바른 논문작성법을 익히고 자신이 연구한 내용을 정확하고 간결하게 그리고 설득력 있게 전달할 수 있는 훈련을 충분히 해야 한다. 이는 단순히 말하는 기술, 글 쓰는 기술을 배우는 것을 뜻하지 않는다. 자신의 연구내용과 결과 그리고 그 의미를 잘 전달할 수 있으려면 무엇보다 자신이 수행하고 있는 연구의 의미를 충분히 이해해야 한다.

선행연구 결과를 분석하고 인용할 때에도 지금 내가 수행하는 연구가 지금까지 알려진 지식체계에서 어떤 의미를 갖는지 파악하고 내가 주장하는 바를 뒷받침할 수 있는 근거가 제시되어야 한다. 따라서 설사 다른 논문과 똑같은 선행연구 성과를 인용하더라도 인용하는 맥락은 달라져야 한다. 자신이 수행하는 연구의 의미와 목적, 방향을 정확하게 이해하고 선행연구 결과를 작성하고 있는 논문의 맥락에 가장 적절한 방식으로 인용함으로써 자신이 수행한 연구의 타당성을 뒷받침할 수 있는 것이다. 선행연구를 소개하는 부분에서 다른 논문에 소개된 방식이나 표현을 그대로 옮겨 쓰는 것이 문제가 될까 라는 질문을 간혹 받는다. 기존에 출판된 논문 중에서도 가끔 이런 사례를 볼 수 있기 때문이다. 그러나 연구윤리에 관한 기준은 시대에 따라 달라지고 최근 학술논문의 데이터베이스화 경향과 더불어 중복출판이나 표절에 대한 기준이 조금씩 강화되는 경향을 생각해 볼 때, 전례가 있다는 사실이 그렇게 해도 된다는 것을 항상 의미하지는 않는다는 사실을 알 필요가 있다. 이런 경우라 할지라도 다른 사람의 논문에서 일부를 그대로 옮겨오면 심각한 연구부정행위에 속하는 표절이 된다. 그러나 자신이 전에 발표한 논문의 서론 부분을 일부 그대로 옮겨오는 경우에 이것이 연구부정행위에 속하는가의 문제는 전문가들 사이에서도 여전히 논란거리이다. 중요한 점은 자신이 지금 수행한 연구의 맥락에 가장 적절한 방식으로 설명하는 것이다. 이에 대한 훈련을 충분히 한다면 이러한 논쟁에 신경 쓸 필요 없이 어떤 내용을 서술하든지 자신의 언어로 설명할 수 있게 될 것이다.

또한 학술논문을 작성할 때 인용의 기본 원칙(Lipson, 2004)을 알고 실천하는 동시에 전공분야의 구체적인 인용관행을 충분히 알아 두어야 한다. 학문분야에 따라 학술논문 작성양식이 조금씩 다르며 인용하는 방식 또한 조금씩 다를 수 있다. 전공분야의 논문을 많이 읽으면서 논문작성 양식, 인용관행을 익히는 방법이 가장 효과적인 방법이다. 이와 더불어 자신의 논문에서 인용한 문헌을 모두 읽고 올바르게 인용하고 있는지 확인하는 작업 또한 중요하다. 다른 논문에서 인용한 형태를 재인용하면서 마치 원래의 논문에서 직접 그 자료를 인용하는 것처럼 쓰면 "2차 출처 감추기"에 해당하는 표절행위가 된다. 이는 표절 문제에 앞서 논문작성자의 기본적인 성실성의 문제라 하겠다.

논문작성과 연구수행을 분리하지 않는 것도 좋은 논문을 쓸 수 있는 방법이 된다. 예를 들면 연구를 완전히 마친 다음 책상 앞에 앉아 논문을 쓰기 시작하는 것보다 연구를 수행하면서 연구노트에 관련되는 참고문헌, 연구단계의 의미, 자료에 대한 정리, 잠정적인 결론 등을 꼼꼼하게 기록해 두는 습관을 들인다면 논문쓰기도 쉽고 의도하지 않은 실수에 의한 표절의 위험성도 크게 줄일 수 있을 것이다.

3) 윤리적인 연구태도

지금까지 이야기한대로 대학원에서 학문연구에 필요한 창의성과 의사소통능력을 충분히 함양한다면 이것으로 훌륭한 연구자가 되기에 충분할까? 문제가 이렇게 간단하지는 않아서 연구부정행위를 저지르는 이유로 답을 알고 있다고 믿고는 지름길을 택하려는 의도가 지목되기도 한다(Goodstein, 1991; Macrina 2000). 창의성과 의사소통능력을 충분히 함양한 사람들 중에 오히려 이런 능력을 악용해서 미리 예상한 답으로 허위 논문을 작성하거나 자료를 변조한 사례가 있었던 것이다. 장래가 촉망되던 뛰어난 실험연구자로 인정받았던 마크 스펙터와 대형 연구과제를 이끌며 능력 있는 연구자로 영향력을 행사하던 에릭 푈만의 경우가 잘 알려져 있다(조은희 외, 2011, 92－107). 연구능력이 떨어져서 다른 사람의 연구결과를 베끼거나 반복할 것이라는 일반적인 생각과는 달리 연구자로서 우수한 능력을 지닌 사람들이 윤리적인 연구태도를 갖지 못해 연구부정행위를 저지른 사례를 볼 때, 창의성이나 의사소통능력, 연구분야에 대한 깊고 넓은 지식을 함양하는 것과 더불어 이에 못지않게 윤리적인 연구태도를 함양하는 것이 중요하다는 사실을 알 수 있다.

연구자들이 부정행위를 저지르는 이유는 매우 복합적일 것이다. 앞에서 지적한 지름길을 택하려는 의도 외에도, 연구자 개인의 야망, 이해관계, 고정관념, 개인적 결함, 연구비를 수주하고 유지해야 하는 경제적인 압박, 정치적 또는 연구기관의 영향, 잘못된 교육, 훈련, 관리, 경력에 대한 부담, 무슨 수를 쓰든지 이겨야 한다는 분위기 등이 부정행위를 하는 이유로 흔히 거론된다(Shamoo · Resnik, 2003). 특히 요즈음과 같이 경쟁적인 연구 분위기에서 계획한 대로 결과를 얻지 못하였을 때 부정행위에 대한 유혹을 받을 수 있다. 그러나 이런 유혹의 가능성이 부정행위를 결코 정당화시켜주는 것은 아니다. 당연한 이야기이지만 이럴수록 자칫 눈앞의 상황을 모면하기 위해 적절하지 못한 선택을 하지 않도록 늘 경계하고 노력해야 하는 것이다.

또한 대학원에서 윤리적인 연구태도를 함양한다고 할 때, 이것이 단순히 '부정행위를 하지 않는 것'에 국한된 것이 아니라는 점을 강조하고자 한다. 윤리적 연구태도란 날조, 변조, 표절 등의 심각한 연구부정행위를 하지 않는 것에 그치는 것이 아니라, 보다 포괄적으로 정의될 수 있는 '바람직한 연구수행'을 위해 노력하는 것이다. 바람직하지 못한 연구 또한 폭넓게 이해해야 한다. 날조, 변조, 표절만이 아니라 연구조원으로서 혜택을 받으면서 연구를 성실하게 수행하지 않는 것, 연구노트를 철저하게 기록하지 않는 것, 무지나 부주의에 의한 자료처리의 잘못, 연구대상이나 동료연구원을 존중하지 않는 것 등은 연구부정행위로 규정되지는 않지만 결코 바람직한 연구태도라 볼 수는 없는 것이다. 따라서 연구윤리를 '좋은 연구하기(Good Research Practice)' 나아가서는 '최고의 연구를 수행하기(Best Research Practice)'로 이해하고, 이를 실천하기 위해 노력하는 태도를 함양하는 것이 대학원 시절에 꼭 필요한, 중요한 일이 될 것이다.

3. 지도교수와 대학원생의 역할과 관계

1) 멘토의 필요성

멘토는 오디세우스가 트로이전쟁에 출전하면서 20년 동안 어린 아들의 교육과 보호를 부탁한 사람이다. 이제 멘토는 멘티의 발전과 성숙을 도모하는 사람을 일컫는 보통명사로 쓰인다. 대학원에서 연구지도가 진행되는 체계를 지구상에 마지막 남은 도제제도라고 말하기도 한다. 훌륭한 연구자를 양성하는 과정에는 공식적이고 정형화된 교육과정보다 선배 학자의 학문수행과정을 지켜보고 따라하면서 배우는 것이 여전히 중요한 부분이기 때문이다. 연구를 성공적으로 수행하려면 연구 자체는 물론이고 해당 학문분야의 관행, 연구수행 기준, 윤리적·사회적 책임에 대해서도 충분히 전수받아야 한다. 따라서 대학원 시절에 자기 발전에 도움이 되는 멘토를 찾아 가르침을 받고 이 가르침을 더 발전시켜 나가는 과정은 매우 중요하며 필수적이다.

학문연구에 있어 훌륭한 멘토는 전공분야의 학문을 가르쳐주는 선생님이자, 학생이 전문연구자로 학계에 진출하도록 도와주는 후원자이며 어려움을 나누는 상담자, 시간과 경력을 관리하는 매니저, 나아갈 방향과 방법을 지도하는 코치인 동시에 역할 모델이며 또한 친구이자 동료라 할 수 있다(Tobin, 2004; Bird, 2001). 이와 같은 관계를 평생 지속할 수 있는 사람을 찾는 것이 중요하기는 하지만 멘토의 역할을 반드시 한 사람이 해야 하는 것은 아니다. 한 명의 멘토가 연구활동의 각 단계마다 일어나는 광범위한 요구들을 모두 충족시켜 주기란 어려운 일이다. 개인적인 문제나 전문분야에서 한 가지 이상의 측면에서 최대한 도움을 줄 수 있는 사람을 멘토라 할 수 있다. 자신이 필요로 하는 부분에 가르침을 줄 수 있는 기술과 경험이 풍부한 멘토를 찾되, 모든 지원을 한꺼번에 해 줄 수 있는 한 사람이 아니라 각자 특정한 부분에서 도움을 줄 수 있는 여러 명의 멘토를 찾는 것이 좋은 방법이다. 자신이 겪는 과정이나 겪을 과정을 이미 경험한 선배 가운데 자신의 어려움을 충분히 이해하고 조언할 수 있는 사람이라면 누구든 멘토가 될 수 있다고 생각한다.

멘토는 멘티의 일을 결정짓는 게 아니라, 좋은 기술과 행동을 본보기로 보여주면서 조언해 주고 격려해 주는 사람이다. 대학원생은 멘토로부터 연구자로서 연구수행 기준과 이를 준수할 수 있는 방식을 전수받는다. 연구자로 성장하기 위해 형식과 문서가 아닌 말이나 행동을 통해 전수받아야 할 내용은 다음과 같다. 이것을 완성된 목록이라 볼 수 없으며 여기에는 개인의 경험과 성향, 삶의 목표 등에 따라 더 다양한 내용이 포함될 수 있을 것이다.

ⓐ 바람직한 연구태도와 연구방법 전수
ⓑ 연구 및 학습과정에 대한 점검과 평가, 개선방법이나 연구의 방향에 대한 안내
ⓒ 학술적으로 중요한 문제가 무엇이며 이 가운데 기술적으로 해결할 수 있는 문제는 어떤 것인가를 알아낼 수 있는 학문적 감각 배양

ⓓ 전공분야와 주제를 학문분야 내에서 뿐만 아니라 다양한 맥락에서 연구주제의 사회적, 역사적, 윤리적, 법적 함의를 이해하는 능력 함양
ⓔ 자신이 수행하고 있는 연구와 다른 사람의 연구수준을 비판적으로 평가하는 능력
ⓕ 학문적 의사소통능력과 학술논문이나 연구계획서를 독자적으로 작성할 수 있는 역량 배양
ⓖ 연구공동체, 즉 학술단체의 일원으로 독자적인 위치를 확보할 수 있는 기회 제공
ⓗ 경력관리에 대한 조언
ⓘ 개인적인 어려움과 연구과정의 사소한 갈등이나 좌절을 극복할 수 있는 지혜

2) 지도교수의 역할

대학과 대학원 등의 제도를 통해 상당 부분 정형화된 교육이 이루어지고 있기는 하지만 여전히 학문하는 태도, 방식, 기술, 지식의 전수는 개별적인 연구지도에 상당 부분 의존하고 있다. 앞에서 멘토의 필요성을 강조한 것도 이 때문이다. 그렇다면 지도교수는 나와 어떤 관계일까? 이 물음에 한 가지 답은 없다. 학문분야에 따라서도 지도교수와 대학원생의 관계는 조금씩 달라진다. 앞에서 이야기한 학문적인 멘토의 역할을 모두 해 줄 수 있는 사람을 이상적인 지도교수로 볼 수 있다. 그러나 지도교수 한 사람이 멘토의 역할을 모두 충족시키기란 어려울 수 있다. 앞에서도 대학원 시절에 필요한 멘토를 여러 사람 구할 필요가 있다는 이야기를 하였다. 그럼에도 불구하고 여전히 지도교수는 대학원 시절에 가장 중요한 멘토의 역할을 해 줄 수 있는 사람이어야 한다.

앞에서 언급한 멘토의 역할을 지도교수에게 모두 요구할 수는 없다고 하더라도 지도교수가 반드시 담당해야 할 부분은 있다. 대학원생의 대학원 과정의 학업진도 관리와 연구지도가 지도교수에게 부과된 최소한의 책무일 것이다. 기초실력을 배양하기 위해 수강해야 하는 교과목이 무엇인지 학위취득을 위해 필요한 시험 등의 조건은 언제까지 충족시켜야 하는지 등과 같은 정규적인 과정은 지도교수의 도움을 받을 수도 있고, 때로는 같은 전공을 공부하는 선배나 동료들의 도움이나 행정적인 도움을 통해 해결할 수도 있다. 그러나 진도 관리 중에서도 언제 학위 논문 주제를 정해서 언제까지 초안을 마련하고 또 언제까지 논

문을 완성하여 제출할 것인지, 그리고 논문발표 일정은 언제로 잡을 것인지에 관한 사항은 전적으로 지도교수와의 상의를 통해서만 결정할 수 있는 일이다. 이 과정에서 지도교수는 학생이 좌절하거나 엉뚱한 방향에서 시간을 소비하지 않도록 도와줄 수 있어야 하며, 학생의 능력과 의지에 따라 적절하고 합리적인 계획을 수립하여 함께 달성하도록 노력하고 이끌어 주어야 할 것이다.

연구지도에 대해서는 따로 언급할 필요조차 없는 지도교수의 기본적인 책무이므로 언급하지 않기로 한다. 다만 연구윤리교육에 대해서만 간략하게 논의하고자 한다. 사실 연구지도와 연구윤리교육은 별개의 것이라 볼 수 없다. 윤리적인 연구태도가 바로 좋은 연구를 수행하기 위해 노력하는 것이라 할 때, 연구윤리교육과 연구지도는 같은 맥락에서 연결지어 이해할 필요가 있다. 이렇게까지 연구윤리를 포괄적으로 정의하는 데 동의하지 않더라도, 연구윤리교육은 적어도 올바른 연구지도에 반드시 포함되어야 하는 부분집합이 될 것이다.

연구윤리교육에 대한 설문조사 결과를 보면 지도교수에게서 연구윤리교육을 받은 적이 있다고 대답하는 수치가 그리 높지 않다. 그럴 수밖에 없는 것이 앞에서 말했듯이 연구지도는 상당 부분 말이나 행동 등의 비정형화된 형태로 전수되기 때문이다. 특별히 이렇게 해야 윤리적인 연구라고 말하지 않아도 지도교수가 윤리적인 방식으로 연구를 수행해 나간다면 이를 보고 배우는 학생 또한 윤리적인 연구태도를 키우게 되는 식이다. 심지어 따로 연구윤리강좌나 수업, 세미나 등의 교육이 이루어지는 경우라 하더라도, 이를 대하는 지도교수의 태도에 따라 그 교육의 효과가 달라진다. 이를테면 지도교수가 이와 같은 연구윤리교육을 중요하게 여기고 참석을 독려하는 것만으로 연구윤리에 대한 인식을 새롭게 할 수 있다는 것이다. 반면 지도교수가 지금 연구에 바쁜 대학원생들에게 뭐 이런 것까지 시키는가 하며 연구윤리교육에 대해 부정적인 태도를 보이는 순간 그 학생들은 연구의 윤리적인 측면을 가볍게 여기는 습관을 익힐 위험이 높아질 것이다.

부지불식간에 이루어지는 말과 행동의 전수란 어쩌면 이래서 더욱 무섭고 중요한 것이다. 바람직한 연구태도를 함양하는 것이 중요하다고 생각되는 만큼 연구하는 자세와 방식을 그대로 본받을 만한 연구자를 지도교수로 선택하는 것이 중요하다. 여기서 또한 지도받는 학생의 입장에서 멘토나 지도교수의 말이나 행동을 비판적인 시각에서 바라보며 선별적으로 수용하려는 의지와 안목을 갖는 것도 필요하다. 지도교수와 학생 모두가 진정으로 원하는 것은 지도교수에게서 가르침을 받아 성장하되 언젠가는 지도교수보다 뛰어난 연구자로 성장하는 것이므로 지도교수의 장점을 찾아 잘 배우려는 노력을 해야 할 것이다.

지도교수는 정해지는 것이 아니라 대개는 대학원생이 스스로 선택한다. 따라서 자신에게 적합한 지도교수를 정하는 것이 학문적 그리고 인간적 발전을 위해 무엇보다 중요한 단계임을 알고 신중하게 선택할 필요가 있다. 좋은 지도교수의 덕목은 객관적으로 측정될 수 없고 학생의 성향이나 관심, 가치관, 목표 등에 따라 좋은 지도교수의 품성이나 덕목도 달라질 수 있다. 자신이 관심 있는 분야의 전문성을 가지고 있는지, 연구활동을 활발하게 하고 있는지, 존경할 만한 연구자인지, 학생 지도에 열의가 있는지, 새로운 대학원생을 지도할 만한 여력이 있는지 등을 꼼꼼히 따져볼 필요가 있다. 교수의 학생지도 방식 또한 다양하다. 어떤 지도교수는 학생에게 적극적으로 필요한 정보를 알려 주고 할 일을 지시하는데 반해, 또 어떤 지도교수는 학생이 자율적으로 대학원 생활을 이끌어 나가길 권한다. 이러한 현상은 학생들 사이에서도 비슷하게 나타난다. 칭찬과 격려만 해 주어도 스스로 발전하는 학생이 있는가 하면, 지도교수가가 먼저 나서서 세세한 부분까지 짚어줘야 연구를 진행할 수 있는 학생도 있다. 따라서 지도교수와 학생 사이의 성격이 잘 조율되어야 좋은 지도를 받을 수 있다는 사실을 유념하고 지도교수를 선택해야 할 것이다.

3) 지도교수와 학생의 관계

지도교수를 신중하게 선택한 다음에는 좋은 관계를 맺기 위해 노력해야 한다. 지도교수와 처음으로 면담하는 자리에서 (첫 면담시간은 아니더라도 초기에) 지도교수에게 자신의 관심사와 앞으로의 장·단기계획, 대학원에서 무엇을 이루고 싶은지, 학위를 마친 다음의 계획은 어떤지 등을 분명하게 알린다. 학생이 사전에 지도교수의 여러 면모를 보고 어느 정도 성향을 파악한 다음 선택하였듯이, 지도교수 또한 학생에 대해 잘 알아야 적절한 도움을 줄 수 있을 것이다. 특별히 지도교수가 먼저 말을 꺼내지 않더라도 정기적으로 만나 지도를 받을 수 있도록 약속한다. 대학원 지도교수는 대개 학생지도 외에도 강의와 연구, 학회활동, 위원회 활동, 학과 행정 등의 업무로 늘 시간에 쫓기는 편이다. 그러니 지도교수에게서 피드백이 오기를 그냥 기다리지 않고 조금 적극적으로 시간을 잡고, 질문하고, 도움을 요청하는 태도가 필요하다. 물론 이런 적극성은 해당 학과에서 일반적으로 이루어지는 연구지도의 관행에서 크게 벗어나지 않는 수준이어야 할 것이다.

지도교수와 면담을 하러 갈 때에는 반드시 이야기할 사항을 정리하여 짧은 시간이라도 유용하게 활용할 수 있도록 준비한다. 지난 만남에서의 쟁점이 무엇이었는지, 이에 대해 그동안 어떤 일을 했는지를 간략하게 정리한다. 모든 지도교수는 건망증 환자라 생각해도 무방하다. 지난번에 나눈 이야기를 내가 기억하듯이 교수도 기억할 것이라 기대하지 말고 꼭 다시 이야기하여 점검할 필요가 있다. 지난 면담의 결과를 논의한 다음에는 지금 겪고 있는 어려움이나 문제점, 의견을 듣고 싶은 사항 등에 대해 이야기하도록 한다. 이때 반드시 연구노트와 원자료를 함께 준비해서 같이 원자료를 검토하며 논의하는 것이 중요하다. 특별히 연구노트가 없는 경우라도, 지도교수와 면담할 때 사용하는 노트를 하나 장만해서 지도내용을 기록해 간다면 다음 면담을 준비하거나 학위 논문을 준비하는 데 유용한 자료가 될 것이다.

지도교수는 대학원 교육과정의 핵심이라고 볼 수 있는 연구지도 과정과 연구진도 관리의 열쇠를 쥐고 있다. 그렇기 때문에 만일 지도교수가 여러 가지 이유로 연구지도에 불성실한 경우 학생이 일방적으로 피해를 입을 가능성이 있다. 이를테면, 대학원생이 학위논문연구에 충분할 정도의 의미 있는 주제를 선정하지 못하거나, 연구문제나 해결방법이 너무 어려워 학위 취득기간이 턱없이 길어지거나, 학생의 논문 방향이나 내용이 마음에 들지 않는다고 자신이 원하는 방식으로 고쳐올 때까지 무작정 기다리거나, 연구를 충분히 수행했음에도 논문발표 기한을 미루는 상황이 발생했을 때, 학생은 이를 감수하고 기다리는 것 이외에 달리 좋은 해결책이 없다는 것이다. 여러 대학원에서 개별 대학원생들의 학위논문 지도를 위한 위원들을 선임하여 공동으로 지도하는 방식을 취함으로써 지도교수 한 사람이 성실하게 학생을 지도하지 않아서 학생이 불이익을 받는 일을 줄이려는 견제장치를 두고 있다.

대학원 교육에서 지도교수의 영향력이 절대적인 만큼 지도교수와 학생 사이의 조화가 깨지는 순간에 마주하게 되는 어려움도 상당하다. 갈등양상도 다양한데 지도교수와 학생 사이에 갈등이나 불화가 생기면 학생 뿐만 아니라 지도교수 또한 고통을 겪게 된다. 그러나 지도교수의 어려움을 인정하더라도 약자의 위치에 있다고 볼 수 있는 대학원생의 고통을 헤아리기는 어려울 것이다. 몇 년간 가장 가까이 지내게 되는 사람인만큼 지도교수와의 소소한 갈등은 피할 수 없다. 그러나 갈등의 골이 깊어져서 연구나 일상을 영위하는 데 커다란 피해가 될 정도가 되는 것은 그 원인이 어디에 있는지를 막론하고 반드시 미연에 방지해야 할 일이다. 이는 지도교수가 아닌 그 누구라도 마찬가지일 것이다. 사안에 따라 다르겠지만 대부분의 경우 심각한 갈등도 처음에는 사소한 마찰에서 시작되는 법이니 초기에 서로 터놓고 이야기하면서 서로의 신뢰를 쌓아가는 것이 어쩌면 일반적으로 제시할 수 있는 유일한 방법이 아닐까 한다.

특별히 개인적인 갈등을 겪지 않더라도 공부하는 과정에서 관심분야가 바뀔 수도 있고 또 일부는 논문을 작성하는 과정에서 지도교수와의 관점 차이가 생각보다 커서 지도를 받기가 어려워지는 상황이 생기기도 한다. 어떤 경우든지 대학원생에게 일방적으로 불이익이 돌아가지 않도록 제도적인 보완책을 마련할 할 필요가 있다. 지도교수가 대학원 과정에서 차지하는 역할이 크고 중요한 만큼, 상황에 따라서 학생이 지도교수를 변경하는 것이 지금보다 용이하도록 분위가가 변화될 필요가 있다. 그러나 불행히도 아직 많은 대학이나 학과에서 일단 한 번 정한 지도교수를 바꾸기란 여러 가지 면에서 그리 쉽지만은 않은 것이 현실이다. 그래서 때로 지도교수를 바꾸면 충분히 해결될 상황에서도 학교를 떠나거나 다른 학교로 옮기는 안타까운 사례를 볼 수 있다. 이 문제는 대부분의 대학원에서 학위과정 학생들을 위해 고민해야 할 숙제가 아닌가 한다.

대학원생에게 지도교수는 그 누구보다 큰 영향력을 지닌다는 것을 달리 표현하면 학생은 대학원 시절 가장 많은 것을 지도교수에게서 얻을 수 있다는 말이 된다. 뭔가를 얻으려면 당연히 책무가 뒤따른다. 대학원생이 되었다고 모든 것을 지도교수에게 요구만 할 수는 없는 것이다. 지도교수는 대학원생으로서의 책무를 다하는 학생에게 지도교수의 책무를 다할 의무를 지닌다 하겠다. 무책임한 대학원생들에 대하여 지도교수들이 토로하는 고충들도 다양하다. 연구주제에 대한 배경지식도 없으면서 공부하는 데 투자하는 시간도 너무 짧고, 정독과 숙독이 요구되는 중요한 논문도 건성으로 읽어 이해하는 것보다 오해하는 것이 더 많고, 콕 짚어서 시키는 것 이외에 스스로 생각해서 준비하고 노력하는 부분은 찾아볼 수가 없고, 전후좌우 맥락에 부합하지 않는 주장만을 계속 반복하고, 간단한 글이라도 써오라 하면 비문과 오타가 가득하고, 다른 사람의 이야기는 전혀 듣지 않고, 일상에서도 남을 배려하는 마음이라곤 조금도 없고, 계속 다른 사람에게 피해가 가는 행동을 하면서도 본인은 그걸 알아차리지도 못하고, 알아차린다 해도 개의치 않고, 눈앞에 보이는 자신의 이익에만 골몰할 뿐 다른 사람의 처지나 상황은 아랑곳하지 않고, 항상 누군가가 자신을 위해 희생해 주기만 요구하고, 그러면서도 자신은 모든 것을 잘하고 있는데 다른 사람의 탓으로 일이 꼬인 것이라며 항상 투덜거리는 학생들이 적지 않다. 그렇다면 지도교수들에게 기쁨과 보람을 주는 학생은 어떤 학생일까? 여기서는 개인적인 차이가 두드러지게 나타날 것이나 한 가지 공통분모는 찾을 수 있다. 비록 처음 대학원에 입학할 때에는 아는 것도 적고 할 수 있는 것도 많지 않았지만, 꾸준한 노력으로 매학기, 매해 연구자의 자질을 쑥쑥 키워가는 학생들을 볼 때, 대부분의 교수들이 가장 큰 보람을 느낀다는 사실은 재론할 필요조차 없다.

4) 다양한 연구지도 방식

논문을 발표할 때, 이 연구를 수행하고 논문을 작성하는 데 '충분히' 기여한 사람들의 이름을 기여한 순서대로 저자 목록에 올린다. 국제의학잡지편집인협의회(International Committee of Medical Journal Editors, ICMJE)의 기준에 따르면 (1) 연구의 기획, 자료의 획득 또는 자료의 분석과 해석 등에 상당 부분 기여하고, (2) 원고의 초안을 작성하거나 주요 내용에 대한 결정적인 수정을 하였으며, (3) 출판될 원고를 최종 승인한 사람만이 학술논문의 저자가 될 수 있다(International Committee of Medical Journal Editors, 2007). 연구에 기여하였으나 이 세 가지 자격을 만족하지 못하는 사람은 모두 '감사의 글' 항목에 적어야 한다. 단순한 기술지원, 논문작성, 또는 행정관리, 재정, 재료 등을 지원한 것으로는 저자가 되지 못한다. 이러한 기준에도 불구하고 연구자들이 저자의 결정에 불만을 보이며, 저자 결정과 관련된 분쟁이 늘어나고 있다. 우리나라에서도 예외는 아니어서 많은 사람들이 정작 충분히 기여한 사람은 저자에서 빠지고 기여한 바가 없는 사람들이 목록에 올라간다며 불만을 토로하고 있다(홍상욱 외, 2005).

갑자기 저자자격에 대한 이야기를 꺼낸 까닭은 이와 관련하여 유독 우리나라에서 심각한 윤리적 쟁점으로 부각되었던 문제를 거론하기 위해서이다. 학위논문의 내용을 바탕으로 학술지 논문을 발표할 때 지도교수가 저자로 등재될 수 있는가에 관한 문제가 여러 번 학계는 물론 사회 전체의 쟁점이 되기도 했다. 특수대학원의 석사학위 논문을 학술지에 발표하면서 학위논문 제출자의 이름 없이 지도교수의 이름으로 논문을 발표하여 문제가 제기된 사례가 있었다. 학위논문의 내용을 바탕으로 학술지에 논문을 발표할 때 학위논문 제출자가 제1저자로 지도교수가 교신저자로 등재되어 지도교수가 무임승차한 것이 아닌가라는 문제가 제기된 적도 있었다. 이들 사례는 저자 결정의 문제라기보다 전공분야 또는 지도교수와 학생의 관계에 따른 다양한 연구지도 또는 논문지도 방식의 차이로 바라볼 때 이해하기 쉬워진다.

박사과정의 마지막 단계에 이르면 학위과정의 연구성과를 종합하여 학위 논문을 작성하고 이 논문이 심사위원들에게 일정 수준 이상이라는 인정을 받아 통과되면 학위를 수여하게 된다. 앞에서 박사학위는 독자적으로 해당 분야의 연구를 수행할 능력을 지니고 있다는 증표와 같다는 이야기를 했다. 학위취득을 위한 연구에서 학위논문 작성자는 지도교수, 때로는 논문 심사위원들에게 연구과정은 물론 논문작성 과정에서 크고 작은 도움을 받게 된다. 그러므로 학위논문은 당연히 학위수여자의 이름으로 제출되지만 지도교수의 지도방식이나 기여도에 따라 이는 지도교수와의 공동작품으로 간주할 수도 있다는 것이다.

인문계열 대학원에서 지도교수는 학생에게 연구를 수행해 나가는데 필요한 학문적 기초를 익히도록 안내하고 학위논문연구의 주제를 정하고 연구방법을 정립하는 데 조언해 주는 역할을 주로 한다. 따라서 학위논문을 작성할 때 문제 제기도 자료수집도 그리고 논문작성도 대부분 학생이 담당하고 지도교수는 이 과정에서 단순한 조언이나 첨삭지도를 하는 경우가 일반적이라고 한다. 이렇게 작성한 학위논문의 내용을 학술논문으로 발표한다고 할 때 지도교수에게 저자의 자격이 있다고 보기는 어렵다. 그래서 대부분 인문계열의 경우에는 학위논문을 바탕으로 학술지 논문이 발표되더라도 학위논문 제출자 한 사람만이 저자로 등재되는 것이다.

반면 이공계열 대학원에서 지도교수가 학생의 학위논문을 지도하는 방식은 이런 방식과 사뭇 다르다. 이공계 연구실에서는 대학원생이 대체로 지도교수가 수행하고 있는 연구과제의 연구보조원으로 참여하면서 공동으로 연구를 수행하고, 해당 학생이 주된 역할을 한 내용을 중심으로 학위논문을 작성하게 된다.

이런 경우는 학위취득을 위한 대학원생의 논문연구라 하지만 지도교수와 학생의 공동연구로 보는 것이 더 타당하다. 따라서 학위논문은 대학원생의 이름으로 제출되더라도, 공식적으로 학계에 발표되는 학술논문에서는 학위논문 제출자와 지도교수가 아닌 공동저자로 이름을 나란히 등재하게 되는 것이다. 이때 공동저자의 조건을 모두 만족시키는 학생과 지도교수 가운데 누가 더 많은 기여를 했는가를 따지기란 쉬운 일이 아니다. 어쩌면 불가능할 수도 있다. 요즈음에는 이런 경우 보통 학생이 제1저자 지도교수가 책임저자 또는 교신저자의 몫을 담당하는 것으로 각자의 공로를 인정받는 것이 일반적이다. 그렇지만 물론 해당 연구과정에서 실제 각자가 어떤 역할을 얼마나 수행했는가에 따라 이 관계는 얼마든지 달라질 수 있을 것이다.

때로는 인문계열의 연구지도 과정에서도 지도교수의 역할이 단순한 조언이나 첨삭에 그치지 않는 경우도 있다. 연구의 수행과정이나 논문작성에 지도교수가 결정적인 아이디어를 제공하고 후에 이를 바탕으로 출판되는 학술논문의 작성에도 적극 참여했다면, 공동저자의 자격을 갖기에 충분할 수도 있다. 반대의 경우도 있다. 사회과학이나 자연과학 연구과정에서 대학원생이 특히 석사과정에서는 독자적으로 연구문제를 제기하거나 연구를 수행하기보다 지도교수가 지시하는 방법 그대로 기계적인 자료처리만을 담당하는 경우가 있다. 따라서 학위논문과 동일한 자료를 사용하더라도 완전히 다시 자료를 분석하여 논문을 작성해야 하는 상황이 벌어질 수 있다. 이런 경우 앞에서 이야기한 ICMJE의 기준을 적용할 때, 자료를 수집한 사람의 기여가 논문저자로 충분하지 않을 수도 있는 것이다. 이런 경우 학위논문의 내용을 바탕으로 발표된 학술논문이라 할지라도 새로운 관점을 바탕으로 자료분석과 논문작성을 주도한 제3의 연구자가 제1저자가 되어 제1저자가 학위논문 제출자와 달라질 수도 있다.

여기서 중요한 것은 학생의 입장에서 지도교수나 대학원 또는 자신이 소속된 학계에서 대학원생에게 기대하는 바가 무엇이며, 자신이 어느 정도 역할을 해야 학술논문의 저자가 될 수 있고, 또한 어느 정도 연구를 수행해야 학위논문연구가 완성되었다고 볼 수 있는지, 그리고 무엇보다 중요하게 자신이 학위과정을 통하여 무엇을 얼마나 성취하고자 하는지를 분명하게 알아야 한다는 것이다. 이런 기준을 이해하고 있을 때 자신이 대학원 과정에서 무엇을 어떻게 해야 하는지를 초기부터 잘 파악하고 미리 계획함으로써 훌륭한 연구자로 도약하는 발판을 마련할 수 있을 것이다.

5) 연구윤리 측면에서 지도교수 책임의 한계

지도교수의 연구지도 방법이 연구부정행위 발생빈도에 영향을 준다고 한다(Pascal, 2006). 이에 따르면 연구책임자가 원자료(raw data)를 보지 않고 자료를 요약 정리한 표 또는 그림만 보면서 지도하는 경우, 연구원에게 연구성과에 대하여 심한 압박을 가하거나 논문출간일 또는 연구비 신청시기에 임박해서 느닷없이 결과를 요구하는 경우, 우수하다고 인정되는 대학원생에게 별다른 교육을 하지 않은 채 성과를 요구하거나 큰 기대를 거는 경우 등이 대표적으로 연구부정행위 사례를 높이는 경우로 제시되고 있다. 또한 전반적으로 연구실 분위기가 경쟁적이거나 공동연구를 억압할수록 부정행위가 더 자주 일어나는 반면, 지도교수나 동료연구자들이 적극적으로 생산적인 의견을 제시하고 평가해주는 연구실은 상대적으로 연구부정행위 발생이 적게 나타나고 있다(Anderson · Louis · Earle, 1994). 이 결과는 제대로 된 연구지도가 연구원이나 대학원생들의 윤리적인 연구수행태도를 배양하고 연구부정행위의 위험성을 감소시킨다는 관점과 일치한다.

그렇지만 연구윤리적인 측면에서 지도교수의 책임의 한계는 어디까지일까? 대학원생이나 연구원이 부정행위를 저지르는 경우 지도교수는 어디까지 책임을 져야 마땅한 것일까? 몇 해 전 영국에서 대학원생이 지도교수를 고소한 사건이 있었다. 이 학생은 석사논문에서 다른 문헌을 표절한 것이 발각되어 석사학위를 취소당하고 난 다음에 지도교수가 자신에게 적절한 논문작성법이나 인용, 표절에 대한 교육을 시키지 않아 학위까지 취소당하게 되었다며 지도교수의 태만을 문제 삼았던 것이다. 결국 해프닝으로 끝났지만 지도교수의 책임에 대해 생각하게 하는 사건이었다.

그렇다고 학생이 부정행위를 저지른 경우 지도교수는 책임이 없는 것일까? 대학원생이 부정행위를 저질렀을 때 당사자만이 처벌을 받아 학위를 취소당할 때 지도교수는 어떤 책임을 져야 할까? 2005년 당시 카네기멜론 대학의 심리학과 교수였던 레너 교수는 박사학위 학생에 대한 바람직한 지도방식은 학생의 연구과정을 일일이 감시하고 확인하는 것이 아니라 학생 스스로 독자적인 연구를 진행할 수 있는 환경을 만들어 주는 것이라고 반박하면서, 자신이 연구실에서 자료를 수집하고 정리하고 보관하는 방식에 매우 주의를 기울였으며 합리적이고 체계적인 방식으로 관리하고 있다는 것을 증명해 보임으로써 학생의 부정행위에 대한 지도교수 책임의 문제에 당당하게 대처하였다(조은희 외, 2011, 108－114).

대학원생이 자료를 변조한 탓에 2000년에 발표한 논문을 오랫동안 재현하지 못한 채 연구책임자가 부정행위에 대한 의혹을 받게 되었던 사건이 우리나라에 있었다(조은희 외, 2011, 56－64). 이때 연구책임자이자 지도교수는 부정행위에 대한 의혹을 받은 후인 2008년에 이르러서야 학술지에 논문철회 요청을 하였고, 이에 대해 해당 기관은 지도교수에게 교육과학기술부 연구윤리지침 제4조 제1항의 여섯째 항목인 "과학기술계에서 통상적으로 용인되는 범위를 심각하게 벗어난 행위 등"의 부정행위 항목을 적용하여 거듭된 재현 실패에도 불구하고 후속조치를 취하지 않은 책임을 물은 바 있다.

이들 두 가지 사례를 바탕으로 지도교수 책임의 한계를 정리해 볼 수 있다. 지도교수의 바람직한 연구윤리교육 방식은 부정행위 가능성을 염려하면서 학생들을 하나하나 감시하고 점검하는 것이 아니며, 학생의 잘못에 대해 지도교수에게 무한책임을 지우는 것은 부당한 측면이 있다. 독립적인 연구활동을 격려하되 윤리적이고 바람직한 연구를 수행해 나갈 수 있는 시스템을 제공해 주는 것이 지도교수의 역할이다. 지도교수의 책임은 연구윤리교육을 포함하는 연구지도를 충분히 하고, 바람직한 연구를 스스로 실천함으로써 모범을 보여주는 동시에, 학생들이 이를 실천할 수 있는 환경을 제공하는 것에 있다. 여기에 또 한 가지 덧붙이자면 만일 자신이 지도하고 있는 혹은 지도했던 학생의 연구가 부정직하게 이루어졌다는 사실을 인지한 경우, 이에 대해 신속하고 또 적절하게 대처하는 것 또한 지도교수가 해야 할 일이라 할 것이다.

4. 연구실 동료 및 선후배와의 관계

대체로 같은 교수에게서 함께 지도를 받는 사람들은 연구실을 함께 사용하며 많은 시간을 공유한다. 그러나 연구실이라는 개념은 반드시 연구를 하는 공간이라는 뜻으로만 쓰지는 않는다. 같은 지도교수의 지도를 받거나 함께 연구하는 사람들이라면 실질적으로 서로 연구하는 공간이 다르다 할지라도 같은 연구실 소속이 되는 것이다. 이들은 서로 다른 곳에서 연구활동을 수행하더라도 정기적으로 함께 모여 논문 분석을 하거나 자신들의 연구발표를 하면서 연구진행 과정을 서로 돕고 확인하는 역할을 한다. 많은 사람의 협력을 바탕으로 진행되는 연구활동 과정에서 개별 연구실은 이러한 협력활동의 가장 작은 단위가 된다. 이러한 특성은 특히 이공계열의 연구과정에서 두드러진다.

연구의 객관성을 확보하기 위해서는 의도적으로 혹은 비의도적으로 범할 수 있는 오류를 최대한 경계해야 한다. 그러기 위해서는 우선 연구자 한 사람 한 사람이 윤리적인 연구태도를 지녀야 한다. 그러나 개별 연구자가 윤리적인 연구 수행을 위해 노력하더라도 의도하지 않은 상태에서 실수를 하거나, 개인적인 가치나 편견에 의해 결과가 왜곡되거나 편향된 해석을 내릴 가능성이 있다. 이런 가능성을 점검하고 비판해 줄 수 있는 사람들이 바로 함께 연구하는 동료들이다. 같은 연구실에서 지내는 동료들은 비슷한 주제에 관심을 갖고 인접한 연구를 수행하면서 필요한 정보와 도움을 주고받는 사이로, 지도교수와 더불어 내가 수행하는 연구를 가장 잘 알고 있는 사람이다. 따라서 연구자의 주관에 의해 연구과정이나 결과의 해석에 영향을 받는 것을 가장 가까이서 지적하고 수정해 줄 수 있다. 연구의 진행과정을 잘 이해하고 있는 동료연구자들은 가장 가까운 곳에서 내가 얻은 연구결과를 올바르게 해석하고 있는지, 논리적인 오류나 자기암시에 따른 편향성은 없는지 등에 대해 비판적인 의견을 제공해 줄 수 있다. 이와 같은 동료의 지적을 통해 연구의 문제점을 조기에 발견함으로써 노력과 자원을 불필요하게 낭비하는 것을 크게 줄일 수 있다. 이러한 이유로 늘 동료들과 서로의 연구에 대해 이야기하고, 문제가 발생하면 함께 고민하고, 많은 경우 공동으로 문제를 해결하는 개방된 분위기의 연구실에서 좋은 연구성과가 나타나는 것이다.

또한 연구비를 적절하게 그리고 효율적으로 집행하는 방식, 지도교수나 다른 연구자들과의 관계 등 결코 책에는 없지만 연구를 수행하는 데 반드시 필요한 지혜를 동료들과의 인간관계를 통하여 얻을 수 있다. 같은 연구실의 동료와 선후배들은 연구과정에 있어 다양한 형태로 힘과 도움을 주는 것이 사실이지만 그만큼 대학원 생활을 하는데 어려움을 주는 요인이 되기도 한다. 특히 대학원 시절 몇 년 동안 거의 매일 같은 실험공간에서 함께 생활하는 이공계 연구실에서 이런 선후배와 동료 사이의 갈등이 심하게 나타난다. 때론 이런 갈등이 연구실에서 여러 사람의 연구진행을 심각하게 방해하는 지경까지 이르기도 한다. 그러나 이러한 심각한 갈등 상황도 거슬러 올라가면 사소한 일에서 시작되고 이것이 증폭되면서 발생하는 것이 대부분이다.

연구윤리수업을 하면서 대학원생들에게 연구하는 과정에서 문제가 되었던 경험을 적어보라 하면, 연구실 내부에서의 아이디어 도용에 관련된 사례를 제출하는 학생들을 자주 만난다. 같은 분야를 함께 연구하는 동료 사이에서는 특히 비슷한 시기에 비슷한 생각을 하게 되는 경우가 많다. 연구실 구성원 사이의 세미나 시간 등에 함께 이야기를 나누는 과정에서 여러 동료들이 공동으로 새로운 아이디어를 구상하게 되는 경우도 많다. 이렇게 여러 명이 함께 구체화 시킨 아이디어는 딱히 누구 것이라고 하기 어렵다. 이럴 때에도 많은 경우 각자가 자신이 가장 결정적인 생각을 해냈다고 생각하기 때문에 서로 상대방이 자신의 아이디어를 도용했다며 갈등을 빚게 되는 것이다. 과학의 역사를 보면 서로 다른 두 연구자가 독자적으로 연구하여 동시에 같은 발견을 하는 경우가 드물지 않다. 이중나선의 구조를 발견한 크릭이 박사과정 시절에 브래그 연구소장과 서로 상대방이 자신의 아이디어를 표절했다며 크게 부딪혔는데, 결국 두 사람이 독자적으로 그 아이디어를 낸 걸로 판명된 일도 있다(Watson, 1968). 동시대에 같은 연구를 하는 사람들은 당연히 비슷한 생각을 하기 쉽다는 생각을 하고 한 번 더 상대방의 입장을 헤아린다면 서로 아이디어를 도용당했다고 다투는 일은 상당히 줄어들지 않을까 한다.

우리나라의 연구실에서는 연구실 구성원 사이에서도 지도교수를 정점으로 대학원 입학순서 등을 기준으로 한 수직적인 관계가 형성됨으로써 갈등이 빚어지는 경우가 있다. 대학원생들의 온라인 토론에서도 실험실의 상하관계에서 비롯된 여러 가지 갈등, 나이 어린 선배와 나이든 후배 사이의 존칭어 사용문제 등이 자주 이슈가 되는 것을 볼 수 있었다(연구윤리정보센터, 2011, 247–256). 이공계 실험실에서 지도교수를 도와 실험실을 관리하는 우리나라 고유의 '방장'제도가 빚어내는 갈등도 적지 않았다. 이런 갈등 또한 심각해지기 전에 서로 이야기함으로써 풀어질 수 있다. 연구실 차원에서는 이런 갈등의 원인을 함께 이야기하고 이를 방지하기 위한 방법을 공동으로 모색하면서 뭔가 공동으로 기준을 정해 서로 공유하는 것도 바람직한 방법이다. 이런 갈등이 서로 다른 잣대로 판단하는 것에서 유발되는 것이 많기 때문이다. 또한 이런 과정 속에서 해묵은 갈등이 해소되는 경험을 하는 경우도 있었다. 결국 원활한 의사소통이 가장 좋은 처방이라는 것을 이야기해 주는 또 하나의 사례라 할 수 있다.

5. 협동연구의 윤리

같은 분야를 연구하는 사람들 사이에서 뿐만 아니라 서로 다른 분야 사이에서도 서로의 연구를 융합하여 새로운 돌파구를 마련하고자 하는 작업이 활발하게 진행되고 있다. 개인 사이의 공동연구 뿐만 아니라 국제적인 수준의 협동연구도 점점 늘어나고 있다. 특히 방사가속기나 단층촬영기 등의 고가의 장비를 필요로 하는 실험연구나 임상연구, 천문학 연구처럼 장기간에 걸쳐 많은 인력이 투입되어야 하는 연구에서 협동연구는 필수가 된다. 협동연구를 함으로써 연구의 효율과 완성도를 크게 높일 수 있다. 연구환경도 협동연구를 진행하기 훨씬 더 편리해졌다. 전화, 팩스, 이메일 등 다양해진 의사소통수단과 운송산업, 교통의 발달 등은 멀리 떨어진 학자들이 협력관계를 계속 유지할 수 있는 유용한 수단이다. 연구진행 과정에서 형성된 네트워크는 이후의 연구에 큰 힘이 되기도 하며, 서로 다른 전문분야가 융합되면서 한 단계 도약을 이루어 낼 수도 있다.

그러나 협동연구를 진행하는 과정에서 여러 이해당사자들의 이해관계가 얽혀 곤란한 일을 겪는 일도 많다. 협동연구에서는 시간, 자원, 재료, 자료, 아이디어, 비용 등 연구와 관련된 모든 것을 공유해야 한다. 그리고 연구가 끝나면 여러 가지 방법으로 책임과 공로를 나누게 된다. 그러므로 책임이나 공로를 나누기 싫다면, 아예 협동연구를 시작하지 말아야 할 것이다. 공로나 결과만을 원할 뿐 자신이 보유한 자원이나 아이디어 등을 공유하지 않으려는 사람과는 협동연구를 하지 말아야 한다. 설령 협동연구가 진행 중이더라도, 공동연구자에 대한 불만, 논문발표에 대한 의견불일치, 저자와 공로의 배분문제에서 갈등을 빚어 연구를 망치는 사례가 적지 않다(Wilcox, 1998).

협동연구를 하기 전에는 먼저 어떤 요인들이 협동연구를 어렵게 할 가능성이 있는지 잘 생각해 보아야 한다. 예를 들어 연구의 목적이 서로 다를 때 연구진행과정에서 의견충돌이 잘 일어날 수 있다. 국제적으로 공동연구를 할 경우, 연구자의 언어가 서로 다른 것도 문제가 된다. 같은 언어라 할지라도 의사소통 방식과 관점이 서로 달라 연구결과를 소통하고 공유하는데 문제가 발생하기도 하며, 서로 다른 제도 때문에 어려움을 겪을 수도 있다. 때로는 연구분야가 서로 달라서 오해가 발생하기도 한다. 연구분야마다 갖는 속성 때문에 실험에 걸리는 시간이나 증명기준, 진행속도에 차이가 있다. 연구분야가 서로 다른 경우 사용하는 용어나 연구방법에 대한 이해가 서로 달라서 의사소통이 어려운 경우가 많다. 개인마다 대인관계를 맺는 방식이나 성향, 생각이 다른 것도 문제가 될 수 있다. 자기의 느낌과 의견을 분명하게 바로 말하는 사람이 있는 반면, 이렇게 분명하게 자신의 의사를 표현하는 사람에 대해 불편함을 느끼는 사람도 있다. 새로운 결과가 나올 때마다 그때그때 논문을 내는 사람이 있는 반면, 결과를 하나로 모아 완전한 이야기가 꾸며지는 논문이 되어야 발표할 가치가 있다고 생각하는 사람도 있다. 저자 자격이나 공로도 연구에 많이 기여한 순서로 배분해야 한다고 생각하기도 하지만, 어떤 이는 연구자 모두가 공평하게 나눠야 한다고 주장한다.

이유야 어찌되었던 협동연구가 한창 진행되는 중에 한 쪽 연구자가 그만두게 되면, 그가 관여한 비중에 상관없이 연구 전체에 막대한 피해가 발생한다. 따라서 공동연구자를 결정할 때는 연구능력도 중요하지만 서로 열린 마음으로 의사를 전달할 수 있는지 함께 검토해야 한다. 지침이나 규정이 공동연구에서 일어나는 모든 문제에 적용하는 데는 한계가 있다하더라도 이런 경우에는 공동연구자가 서로에게 기대하는 점을 사전에 분명하게 전달하는 것이 매우 중요하다. 협동연구를 통해 서로 원하는 바가 무엇인지, 무엇을 주고받을 것이며, 누가 무엇을 책임지며, 연구결과를 어떤 방식으로 공유할 것인지 등의 모든 문제에 대해 연구를 결정하기 전에 서로 충분히 생각하고 논의해야 한다. 그리고 서로의 기대를 분명하게 전달하고 가능한 한 이 내용을 문서로 남겨둘 것을 권한다. 특히 공동연구자가 다른 기관에 근무하거나 다른 나라의 연구자인 경우 각 기관이나 나라마다의 차이에도 주의를 기울여야 한다. 관리체계나 비용을 집행하는 방법, 지적재산권을 다루는 규정 등이 다를 수 있으므로 미리 확인해야 한다.[1] 공동연구가 일상적인 연구방식으로 정착되어온 생명, 의학연구가 활발한 미국 국립보건원(National Institutes of Health, NIH)의 옴부즈맨 사무실에서는 수년간

1) 교육과학기술부 훈령 제 225호, 특정연구개발사업 처리 규정 제43조, 연구개발에 따른 결과물의 소유, http://www.mest.go.kr/; 서울대학교 연구계약서 표준양식 제9조 연구결과 등의 귀속, http://cns.snu.ac.kr/kor/research/data_list.asp?id=N08

공동연구를 수행하는 연구자들 사이의 갈등을 상담하고 중재해 온 경험을 바탕으로 다음과 같은 점검표를 제시하고 있다(NIH Office of the Ombudsman, 2012). 참고할 만하다.

〈표 1〉 공동연구를 시작하기 전에 점검할 사항

	공동연구의 목적(Overall Goals)	√
1	공동연구의 과학적 쟁점, 목적, 예상되는 성과는 무엇인가?	□
2	언제 공동연구를 끝마치게 되는가?	□
	누가 무엇을 할 것인가(Who Will Do What?)	
1	각 공동연구원의 역할은 무엇인가?	□
2	중간보고서와 결과보고서는 누가 작성할 것인가?	□
3	연구원과 관련된 결정은 누가 어떻게 내릴 것인가? 누가 어떻게 연구인력을 관리할 것인가?	□
4	누가 어떻게 자료를 관리할 것인가? 자료에 대한 접근은 어떻게 관리할 것인가? 과제가 종료된 다음에 자료의 장기보관과 접근에 대한 관리는 어떻게 할 것인가?	□
	저자 결정과 공로배분(Authorship & Credit)	
1	저자권과 공로배분에 대한 기준은 무엇이며 어떻게 결정되는가?	□
2	일반에게 공표할 때, 초록이나 논문에서 각 공동연구자 소속기관의 기여는 어떻게 인정할 것인가?	□
3	공공발표는 누가 어떻게 할 것인가?	□
4	언론의 질문은 누가 어떻게 처리할 것인가?	□
5	지적재산권과 특허는 언제 어떻게 신청할 것인가?	□
	만일의 사태에 대한 대비와 의사소통(Contingencies & Communicating)	
1	(공동사업단의 모든 해당 연구원이 해당 쟁점을 숙지할 수 있는) 사업단 소속 연구자들 사이의 정기적인 의견교환 통로는 어떻게 마련할 것인가?	□
2	연구가 진행됨에 따라 연구과제의 방향 재조정이 필요한 경우 어떻게 결정을 내릴 것인가?	□
3	새로운 공동연구나 연구결과 파생되는 과제가 생기는 경우 이에 대해서는 어떻게 협의할 것인가?	□
4	사업단의 연구책임자 가운데 한 사람이 다른 연구기관으로 자리를 옮기거나 과제를 중단해야 하는 사태가 발생했다면, 자료, 시료, 연구노트, 저자권, 공로배분 등의 문제는 어떻게 처리할 것인가?	□

6. 맺 음 말

대학원에서 대학원생은 한 사람의 독립적인 연구자로 성장하기 위한 교육을 받는다. 이 교육은 정형화된 강좌나 문헌의 형태로 이루어지는 부분도 있지만, 지도교수나 선배연구자들이 연구하는 방법과 태도를 통해 전수되는 부분이 매우 중요하다. 또한 단순히 연구하는 법을 배우는 것에 그치는 것이 아니라 연구사업의 연구보조원 자격으로 또는 학위논문 과제를 수행하는 과정에 직접 그 분야의 학문연구에 참여하는 연구자로서의 역할도 한다. 경험을 통해 배우게 되는 것이다. 따라서 대학원 과정의 초기에는 특히 한 사람의 연구자로서 책임을 다할 수 있는 능력과 태도를 배양하는 것이 중요한데, 여기서는 창의성, 의사소통능력, 윤리적인 연구태도를 핵심어로 삼아 생각해 보았다.

스스로 이와 같은 능력과 역량을 키우는 노력도 필요하지만 이와 더불어 연구와 관련하여 여러 가지 지혜를 전수하고, 힘들 때 격려해 주며, 연구자로서의 경력계발 등을 도와줄 좋은 멘토를 찾을 수 있다면 연구자로 성장하는 과정에 큰 도움이 된다. 지도교수 이외에도 학과나 학계의 선배 그리고 교수, 연구원들 가운데 여러 사람의 멘토를 찾아 지속적인 관계를 유지하는 것을 권한다. 대학원 과정에서 가장 큰 영향력을 미치는 멘토는 단연 지도교수가 될 것이다. 지도교수에게서 단순히 연구분야의 지식이나 기술, 방법만을 배우는 것이 아니라 연구하는 태도와 연구에 대한 가치관까지 말과 행동과 태도를 통해 학생에게 전해지게 된다. 따라서 대학원 지도교수를 선택할 때 여러 가지 요인을 고려하여 자신에게 적합한 지도교수를 정하는 것이 매우 중요하며, 지도교수와 원활하게 소통하며 내게 필요한 지도를 충분히 받을 수 있도록 스스로 노력하여야 한다.

같은 연구실이나 대학원의 선후배와 동료 또한 대학원 시절에 여러 측면에서 서로 도움을 주고받는 사이다. 함께 공부하고 연구하며, 서로 상대방의 연구에 대한 이야기를 들어주고, 비판과 조언을 아끼지 않는 관계를 유지할 수 있도록 서로 노력해야 할 것이다. 연구자들 사이의 관계에서도 협력과 배려, 원활한 의사소통은 서로 도움이 되는 관계를 유지할 수 있는 바탕이 될 것이다. 어느 누구 하나라도 이와 같은 상식적인 원칙을 지키지 않는다면, 가장 가까이에서 서로 돕고 가르침을 주어야 할 지도교수나 학생, 연구실 동료 등이 연구와 심지어는 일상생활까지도 힘들게 만드는 갈등의 원천이 될 수도 있다. 이러한 갈등은 다른 연구자와의 협동연구에서도 나타날 수 있다.

전문연구자들 사이의 관계이니 서로의 상식을 바탕으로 상대방을 존중하고 배려하는 마음으로 협력한다면 별 문제가 없을 것으로 생각할지 모르지만 현실은 이보다 조금 더 복잡하다. 마감일에 쫓기고 경력에 대한 부담이 가중한 상태에서 이런 상식이 지켜지지 않을 수도 있고, 또 때로는 서로 상식이라고 생각하는 기준이 서로 달라 뒤늦게 갈등이 생기기도 한다. 따라서 연구실 내에서도 그렇고 특히 서로 다른 연구진과 협동연구를 하는 과정에는 연구를 시작하는 단계에서 서로 기대하는 바와 약속한 내용을 문건으로 정리하여 두는 것이 생산적인 연구를 위해 꼭 필요한 사항이다.

♣ 참 / 고 / 사 / 례 ♣

[사례 1] 지도교수님이 학생을 차별하는데, 어떻게 하나?[2)]

연구중심 대학의 박사과정 학생입니다. 저는 새로 들어오는 후배들을 교육하고, 방장으로서 실험실 중간관리자의 역할도 하면서 제 실험도 함께 진행하고 있습니다. 그러나 교수님은 이런 저의 활동에 대해 전혀 관심을 갖거나 보상해 주실 생각을 하지 않으십니다. 제가 많은 시간을 쏟아 열심히 가르친 후배의 연구논문이 발표될 때에도 저를 저자로 넣어주시지 않습니다. 하지만 교수님의 마음에 드는 학생은 연구에 별로 참여하지 않았어도, 국제학회에 자주 가고 연구실에서 발표하는 논문마다 메번 저자로 이름을 올립니다. 이렇게 불공평한 대우를 받으면서, 연구를 계속하기란 쉽지 않습니다. 저는 어떻게 해야 할까요?

김 교수: 이런 일이 발생한 배경에는 두 가지 가능성이 있다고 생각합니다. 하나는 실제로 교수가 매우 편파적으로 실험실 운영을 하고 있을 가능성입니다. 또 하나는 이 학생이 (박사과정 학생으로서 후배들 도와주고 실험실을 챙기느라 일을 많이 하긴 하지만, 정작 자신의 실험은 잘 되지 않는 데 반해 별로 일도 하지 않는 후배는 실험이 잘 진행되기 때문에 생길 수 있는) 자격지심과 피해의식으로 말미암아 좀 과장해서 생각하고 있을 가능성입니다. 전자라고 생각하고 싶지만, 이럴 때는 늘 이 두 가능성이 조금씩 겹쳐서 갈등이 커지게 되죠.

이 교수: 저도 김 교수님 의견 중, 원인분석 부분에 대해서는 전적으로 동감입니다. 연구실이란 곳이 교수와 학생의 소통의 장인데 그런 문제를 논의할 수 없는 곳이라면 구성원 모두에게, 특히 교수에게 더 많이, 책임이 있지 않나 싶습니다.

김 교수: 원인이야 어떻게 되었든 갈등은 해소되어야죠. 그러려면 저는 학생이

---

2) 박사과정 학생의 고민을 전해들은 두 교수가 이메일로 이 사안에 대해 서로 의견을 주고받은 내용이다(연구윤리정보센터, 2011, pp. 331－333).

문제라고 생각하는 내용을 직접 교수에게 문의해서 답변을 청하라고 전하고 싶습니다. 면담을 통해서요. 학생이 무언가 두려워서 교수에게 이것을 말할 수 없다면, 그건 잘못 생각하는 겁니다. 이 글에 나온 얘기는 매우 심각한 문제입니다. 이 문제로 피해를 보는 사람은 학생만이 아닙니다. 교수도 크게 피해를 보게 됩니다. 불만이 쌓인 학생한테 교수와 후배 학생이 하는 일(연구)이 제대로 보이겠습니까? 일이 잘못되면 교수, 학생, 후배, 그리고 실험실원 모두에게 피해가 돌아갈 수 있습니다.

이 교수: 저는 약간 다른 생각을 합니다. 지도교수가 칼자루를 잡고 있는 형편인데, 실험실을 떠나야 하는 상황이 되면 그 학생이 이를 어떻게 헤쳐 나갈 수 있을지 걱정스럽기도 합니다.

김 교수: 이 교수님 말씀도 타당합니다. 제 얘기가 좀 원론적이긴 하지요. 그런데 이 말을 교수에게 꺼내기조차 어렵다면, 또 교수에게 얘기했을 때 불이익을 줄 사람이라면, 학생은 당장 실험실을 떠나야 한다고 생각됩니다. 자발적으로 말이지요. 그간 투자한 시간이 아깝긴 한데, 그동안 실력을 갖추었다면 다른 실험실에 가도 크게 지연되진 않을 것입니다. 제 생각에 지금 이 정도의 불만과 고민을 계속 안고 있는데 그것이 어떻게든 해소가 되지 않으면, 학생은 성공적으로 연구를 수행해 갈 것 같지 않습니다. 또, 좋은 연구지도도 받지 못할 것이 뻔합니다. 제가 학생보고 문제를 해결하라고 한 것은, 이 경우 우리나라 현실에서 다른 교수가 개입하여, 문제를 해결하는 데 도움을 줄 가능성은 거의 없다고 생각하기 때문입니다. 어쨌든, 이 문제는 학생과 교수가 직접 앉아서 면담을 하는 일이 우선이라고 봅니다.

이 교수: 김 교수님이 고민하시는 부분에 대해 저도 전적으로 공감합니다. 해결의 고리를 교수가 잡고 있으니 교수를 잘 뽑는 것이 정말 중요하다는 생각이 듭니다. 지금까지는 논문실적만 보고 뽑았으니…. 다른 나라를 보면 후보자가 얼마나 다른 사람과 협력을 잘하는가를 보고, 거기에 문제가 있으면 아무리 논문이 좋아도 결격사유로 치는 곳도 있다고 들었습니다. 학생의 문제가 잘 해결되길 바랍니다.

[사례 2] 동료연구자에 대한 신뢰와 합리적 회의 사이에서(Broad, 1983; 조은희 외, 2011, 92－99)[3)]

1980년 초 신시내티 대학에서 학사와 석사과정을 마친 마크 스펙터는 지도교수의 추천장을 앞세워 코넬 대학의 박사과정 학생이 되었다. 그는 생화학분야의 권위자인 에프레임 랙커 실험실의 대학원생으로서 빠른 속도로 새로운 실험을 배웠고 다른 사람이 하지 못했던 힘들고 복잡한 실험을 쉽게 성공하여 '황금손'을 가진 천재로 불렸다. 스펙터는 랙커의 실험실에 들어오자마자 여러 종류의 효소를 분리하며 혁혁한 성과를 거두었다. 스펙터의 연구성과는 암 발생 원인을 설명할 수 있는 획기적 이론으로 이어질 가능성이 높아 보였다. 지도교수 랙커는 스펙터의 능력을 전적으로 신뢰하여 스펙터라면 항상 좋은 결과를 얻을 것이라 기대하고 있다는 사실을 숨기지 않았다. 스펙터는 또한 그러한 랙커의 기대에 부응하기 위해 무진 애를 썼다.

당시 암 연구분야의 대가들 가운데 여러 연구자들이 스펙터의 연구성과를 자신의 분야에서 재현하려 시도하였으나 대부분 같은 결과를 얻지 못하였다. 그럼에도 불구하고 이들은 스펙터의 연구를 검증하려는 어려운 길을 선택하기보다 스펙터의 도움을 받아 자신들의 연구진행 속도를 높이는 데 열중했다. 그러나 이런 일이 반복되면서 스펙터가 직접 실험을 해야 성공률이 높은 반면, 다른 사람들은 스펙터와 같은 결과를 잘 얻지 못한다는 경향이 자명해졌다. 그러나 동료연구자들은 이를 스펙터의 실험수행능력이 매우 뛰어나기 때문이라고 생각해 버렸다.

랙커와 같은 건물에 있는 바이러스 학자 볼커 보그트 또한 제자인 페핀스키와 함께 스펙터가 사용한 방법에 따라 몇 차례 실험을 했으나 같은 결과를 얻지 못했다. 그 후 스펙터의 도움을 받아 실험을 되풀이하자 그 실험은 단번에 예상한 대로 결과가 나왔다. 방사선 사진에 해당 효소의 활성을 확인시켜주는 두꺼운 방사능 띠가 나타난 것이었다. 그런데 보그트가 방사선 사진촬영에 쓰였던

---

3) 연구윤리정보센터에서 제작한 플래시애니메이션 『올바른 연구지도』(http://www.youtube.com/watch?v=jJGn00jia1M, 4:02) 역시 스펙터와 랙커의 이야기를 다루고 있으며, 『진실과 결말』(http://www.youtube.com/watch?v=KPHNuXIg3XM, 3:11)에서는 함께 연구하는 동료연구원들이 서로 충분히 소통하기만 해도 상당 부분 연구실에서 벌어질 수 있는 부정행위를 사전에 예방할 수 있다는 사례를 제시하고 있다.

젤을 분석하려 했더니 스펙터가 무척 당황하는 모습을 보였다. 젤은 스펙터의 실험에서 얻을 수 있는 데이터의 핵심자료였다. 그때까지 스펙터는 방사선 사진이라고 불리는 필름만을 지도교수와 동료들에게 보여주었을 뿐, 젤은 본인만 보관해 왔다. 원본 젤을 면밀히 조사한 결과, 보그트는 젤에 나타난 방사성 단백질 띠에 방사성 인이 아닌 방사성 요오드가 포함되어 있다는 것을 알아냈다. 해당 단백질을 표지하려면 방사능을 나타내는 인을 이용해야 하며, 요오드는 이 실험에 쓰일 이유가 전혀 없었다. 원하는 결과가 나온 것처럼 보이도록 누군가가 비슷한 크기의 단백질을 방사성 요오드로 표지하여 시료에 넣어 둔 것이었다.

보그트는 즉시 이를 랙커에게 알렸으나, 랙커는 그 말을 받아들이면서도 스펙터에 대한 믿음을 완전히 버리지는 않았다. 랙커가 스펙터에게 이 사실에 대해 추궁하자, 스펙터는 어떻게 이런 일이 일어났는지 모르겠다고 했다. 랙커는 스펙터에게 4주를 주고 그동안 분리했다고 주장한 모든 효소들을 다시 분리할 것을 요구했고, 이에 스펙터는 겨우 하나의 효소만 조금 분리하는 데 그치고 말았다. 4주 후에 랙커는 결국 스펙터를 실험실에서 추방했다. 1981년 9월 9일 스펙터는 자신의 박사학위 논문을 철회했고, 나중에 밝혀졌지만 스펙터에게는 신시내티 대학의 석사나 학사학위가 아예 없었다.

이 사례는 이 장과 관련하여 많은 시사점을 제공한다. 이 장에서 지도교수와 학생 사이는 물론 동료연구자들의 관계에서 신뢰와 상호존중의 중요성을 강조해 왔다. 그러나 이 사례는 "건강하고 합리적인 의심" 또한 연구의 객관성을 확보하는 데 매우 중요한 요소임을 재확인 시켜준다. 제사를 향한 지도교수 랙커의 무조건적인 신뢰와 기대는 스펙터가 스스로 실패를 인정하고 정상적으로 연구를 반복하며 더디지만 올바른 경로를 밟아갈 기회를 빼앗은 것일지도 모른다. 랙커의 믿음은 일부 동료들이 이상한 점을 느껴 문제를 제기했을 때, 자세히 확인해 보지도 않고 스펙터의 손을 들어주어 문제가 더 커지기 전에 막을 수 있었던 기회 또한 놓치게 된다. 동료 암 연구자들도 여러 사람이 재현에 실패하고 오직 스펙터만이 실험을 성공한다는 경향성을 두고, 스펙터의 천재성이나 빼어난 실험능력만을 생각할 것이 아니라 다른 가능성도 충분히 생각할 수 있어야 했다. 사실 이와 같은 첨단연구분야에서 새로운 연구방법이 개발되었을 때 몇몇 특정한 실험실 환경에서 성공률이 높다가, 이후 많은 연구자들이 이에 익숙해진 다음에야 대부분의 연구실에서 재현가능해지는 일은 그리 드물지 않다. 게다가 암 연구와 같이 특히 경쟁이 치열한 분야에서 이미 권위 있는 학술지에 여러 번 발표된 연구과정을 일일이 반복하며 검증하기란 쉬운 상황이 아니다. 그럼에도 불구하고 조금이라도 의심스러운 부분이 있다면 이를 꼼꼼하게 점검하는 자세가 필요하다. 처음부터 보그트가 스펙터의 진실성을 의심한 것은 아니었다. '왜 우리 연구실에서는 이러한 결과를 얻지 못할까?'에 대한 반성과 점검을 통해 연구가 잘 되지 않는 원인을 확실하게 파악하고자 한 것이었다. 모든 결과에 대한 끝없는 의심과 회의는 연구의 객관성을 높이는 동력이 될 것이다.

참고문헌

구희령 · 신인섭, 2012. 9. 5, “노벨상 수상자와 젊은 과학도의 만남 ‘아시안 사이언스 캠프’”, http://article.joinsmsn.com/news/article/article.asp?total_id=9237262&cloc=olink|article|default(2012. 9. 14. 최종확인).

손화철 · 윤태웅 · 이상욱 · 이인재 · 조은희, 2010, 『이공계 대학원생을 위한 좋은 연구 Q&A』, 연구윤리정보센터.

연구윤리정보센터, 2011, 『좋은 연구 좋은 이야기』, 연구윤리정보센터.

조은희 · 김건수 · 이상욱 · 이준호 · 정인실, 2007, 『실험실 생활 길잡이』, 라이프사이언스.

조은희 · 이상욱 · 윤태웅 · 정영교, 2011, 『좋은 연구 실천하기』, 교육과학기술부 한국연구재단.

홍석영 · 이상욱 · 구영모 · 조은희, 2005, “학술논문 저자자격에 대한 생명과학 연구자들의 인식”, 『의료윤리교육』 8(1), pp. 60－72.

Anderson M. S., Louis K. S. and Earle J., 1994, “Disciplinary and departmental effects on observations of faculty and graduate student misconduct”, Journal of Higher Education 65, pp. 331－350.

Bird S. J., 2001, “Mentors, Advisors, and Supervisors: Their Role in Teaching responsible Research Conduct”, Science and Engineering Ethics 7, pp. 455－468.

Broad W. and Wade, N., 1983, 『Betrayers of the Truth: Fraud and Deceit in the Halls of Science, Simon and Schuster』, Ebury Press(김동광 옮김, 2007, 『진실을 배반한 과학자들』, 미래 M&B, 91－107쪽).

Feibelman P. J., 1994, 『A Ph. D. is Not Enough: A Guide to Survival In Science』, Basic Books(최경호 옮김, 2002, 『박사학위만으로는 부족하다』, 북스힐).

Goodstein D., 1991, Scientific Fraud, American Scholar 60, pp. 505－515.

International Committee of Medical Journal Editors, 2007, "Uniform Require-ments for Manuscripts Submitted to Biomedical Journals: Writing and Editing for Biomedical Publication", http://www.icmje.org.

Lipson C., 2004, 『Doing Honest Work in College: How to Prepare Citations, Avoid Plagiarism, and Achieve Real Academic Success』, The University of Chicago Press, pp. 47－48.

Macrina F. L., 2000, 『Scientific Integrity:An Introductory Text with Cases』, ASM Press.

National Academy of Sciences and National Academy of Engineering, Institute of Medicine, 1997, 『Advisor, Teacher, Role Model, Friend: On Being a Mentor to Students in Science and Engineering』, The National Academies Press.

NIH Office of the Ombudsman, "Questions for Scientific Collaborators", http://www1.od.nih.gov/oir/sourcebook/ethic－conduct/scicollaborators questions.htm(2012. 5. 17. 최종확인)

Pascal C. B., 2006, "Managing data for integrity: Policies and procedures for ensuring the accuracy an quality of the data in the laboratory", Science and Engineering Ethics 12, pp. 23－39.

Philips E. M. and Pugh DS., 2000, 『How to Get a Ph. D: A Handbook for Students and their Supervisors, 3rd ed.』(정경원 옮김, 2005, 『박사학위 길잡이』, 안그라픽스).

Shamoo A. E. and Resnik D. B., 2003, 『Responsible Conduct of Research』, Oxford University Press, pp. 93－112.

Tobin, M. J., 2004, "Mentoring: Seven Roles and Some Specifics", American Journal of Respiratory Critical Care Medicine 170, pp. 114－117.

Watson, J. D., 1968, 『The Double Helix: A Personal Account of the Discovery of the Structure of DNA』, New York: Atheneum(최돈찬 역, 2006, 『이중나선』, 궁리, pp. 73－77).

Wilcox L. J., 1998, "Authorship: the coin of the realm, the source of com-plaints", Journal of the American Medical Association 280, pp. 216－217.

제 3 부

연구결과 발표와 연구윤리

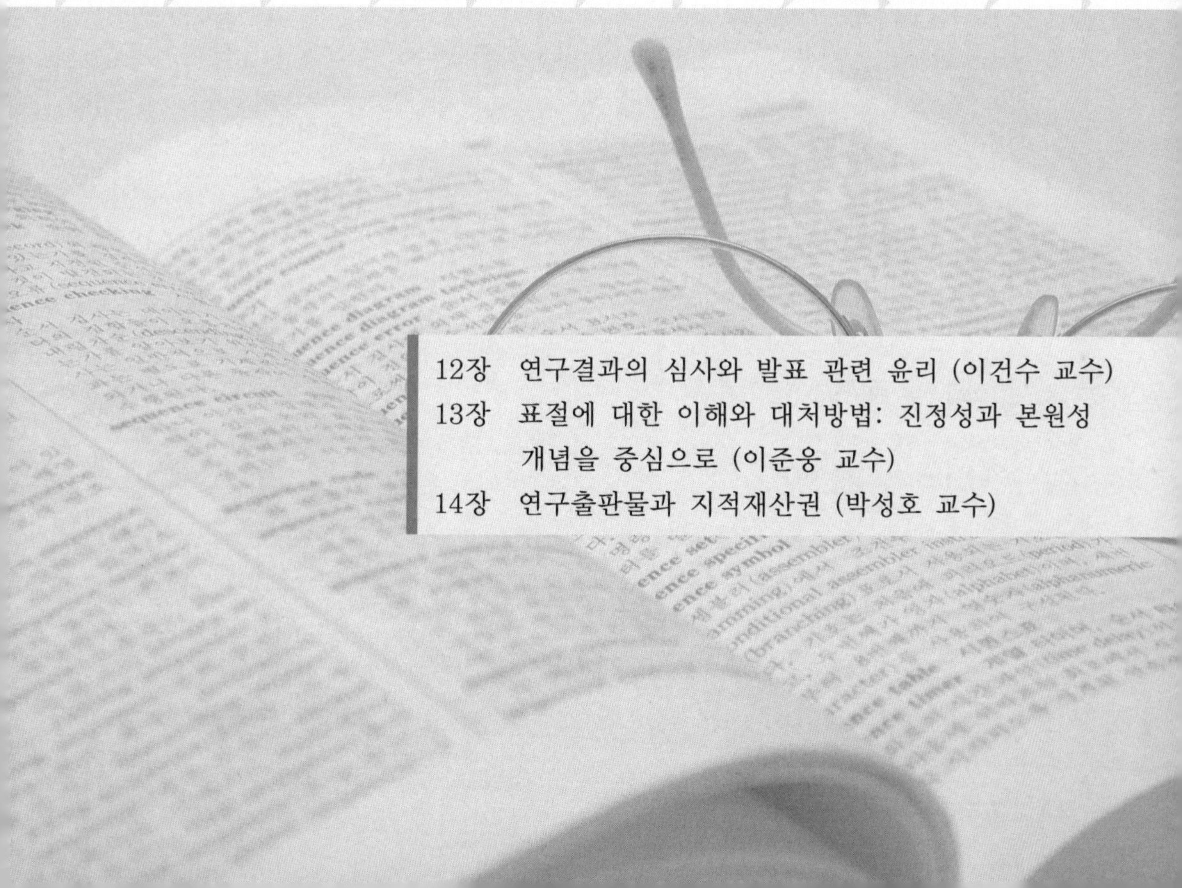

제12장 연구결과의 심사와 발표 관련 윤리

이 건 수
(서울대학교 자연과학대학 생명과학부)

1. 논문을 써야 하는 이유

1) 효과적인 지식의 전파 및 지식의 축적

과학자들은 지식을 효과적으로 전파하기 위해 논문을 쓴다. 논문은 일련의 연구를 제한된 지면에 정리하여 서술해야 하기 때문에 축약적이다. 저자는 본인의 창의적인 주장을 이전에 보고된 논문들과 연계하여 서술한다. 따라서 논문을 작성하는 것은 과학적 지식을 축적해가는 과정이다. 발표된 논문들의 주장은 다양하고 서로 상이할 수 있으며, 중구난방으로 보이기 때문에 일견 과학적 지식이 체계적으로 축적되는 것처럼 보이지 않는다. 하지만 발표된 논문들 가운데 의미 있는 논문만 걸러지면서, 결국 과학적 진실이 규명되어 간다는 경험으로 보아, 논문에 의한 지식축적은 효과적이라고 할 수 있다.

과학자들은 본인의 연구결과를 논문으로 발표한다. 과학자들이 신문을 포함한 대중매체를 통하여 연구결과를 발표하지 않는 이유 가운데 하나는 논문의 경우 발표과정에서 과학적 검증을 거친다는 점이다. 즉, 대부분의 논문은 전문가에 의한 심사(peer review)를 거치며 다듬어지게 된다. 까다로운 심사를 거친 논문은 그만큼 주장에 권위를 인정받는 편이다. 이와 동시에 저자에게는 논문에 대한 법적, 윤리적, 설명적 책임이 부과된다. 따라서 과학자들은 본인의 명예를 걸고 논문을 쓰고, 이에 대한 결과를 책임질 준비가 되어 있다. 따라서 과학적 논문은 높은 도덕기준이 요구되는, 책임소재가 분명한 저술활동이다.

2) 연구자의 평가기준

논문의 또 다른 측면은 논문작성자의 업적을 평가하는 기준이 될 수 있다는 점이다. 과학자들의 이력서(curriculum vitae)에는 지금까지 본인이 발표한 논문들이 열거된다. 논문 목록을 보면 작성자가 그간 어떤 분야에서 무슨 연구를 누구와 했는지를 파악할 수 있다. 이는 과학자를 평가할 수 있는 중요한 자료이다. 이를 근거로 취직하고, 승진하게 된다. 따라서 과학자들은 좋은 논문을 쓰려고 노력한다. 논문이 과학자의 평가에 중요한 기준이 되기 때문에 논문작성 및 심사과정에서 정직하지 못한 행위가 일어날 수 있다. 따라서 논문작성 및 발표과정에서 윤리적인 측면을 숙지하고 이것을 따르는 자세가 과학자들에게 요구된다.

2. 논문작성

1) 논문작성의 시작

논문은 일련의 연구가 일단락되는 시점에서 작성하게 된다. 논문작성을 결정하는데 첫 번째 고려할 사항은 결론의 독창성이다. 연구에서 주장하는 바가 이미 알려진 내용이라면 논문을 작성할 수 없다. 지금까지 알려지지 않았던 사실이나 생각하지 못했던 원리를 찾아내는 것이 연구의 목석이기 때문이다. 두 번째 고려할 사항은 논문의 결론이 관찰 혹은 실험으로 충분히 지지되었는가 하는 점이다. 만일 논문의 결론이 충분히 증명되지 않았다면 그 결론이 아무리 독창적이라고 할지라도 논문 출판에 어려움을 겪게 된다. 많은 실험결과를 통하여 결과를 다방면으로 증명하려는 노력은 중요하다. 하지만 아무리 실험결과가 많이 있어도 논리에 허점이 있으면 논문은 출판될 수 없다. 따라서 수행된 실험이 결론을 얼마만큼 지지하는가를 꼼꼼히 따져보는 것이 중요하다. 즉, 논문이 성공적으로 출판되려면 논문의 완성도가 높아야 한다.

논문의 완성도는 일차적으로 연구자 자신이 판단해야 하기 때문에 논문 작성 시기 결정은 주관적이다. 특히 확보된 연구결과가 결론을 얼마나 효과적으로 지지하는가를 판단할 때는 주관적인 의견이 많이 포함된다. 따라서 논문작성 여부는 참여자들 간의 협의에 의해 결정하는 것이 적절하다. 다수가 참여한 연구도 참여자 모두의 의견을 모아서 논문작성 여부를 판단하는 것이 옳지만, 현실적으로는 주도적으로 연구를 이끌어온 연구자와 지도교수의 의견이 가장 많이 반영된다. 특히 지도교수는 논문을 작성해 본 경험이 많기 때문에 여러 가지 상황을 고려하여 논문작성 여부를 주도적으로 결정하게 된다.

2) 논문의 구성 및 작성

일단 연구자들 가운데 논문작성이 합의되면 일반적으로 한 명이 대표로 초안을 작성한다. 지도교수의 경우 보통은 논문을 여러 번 발표해보았기 때문에 논문작성에 크게 어려움은 없겠지만, 대학원생이 논문을 작성하려면 막막한 기분일 것이다. 아마 유사한 논문, 혹은 실험실에서 발표한 이전 논문들을 참고로 작성해갈 텐데, 논문의 형식을 배운다는 면에서 나쁜 전략은 아니다. 하지만 발표된 논문의 글을 인용하지 않고 복사한다면 이는 표절에 해당된다.

논문은 다양한 언어로 작성될 수 있으나, 국제적 논문집에 수록되려면 영어로 작성되는 것이 보통이다. 논문을 영어로 쓰기 때문에 마음에 있는 얘기를 충분히 서술할 수 없다고 많은 학생들은 답답해한다. 영어를 모국어로 하지 않는 과학자들이 모두 공감하는 바이다. 하지만 논문을 모국어로 쓰더라도 완성도가 높은 논문을 쓰기는 쉽지 않다. 많은 경우 해당 분야에 실력이 부족하기 때문이다. 즉, 저자의 과학적인 실력이 충분치 않으면 완성도 높은 논문을 작성하기 어렵다. 따라서 논문을 많이 읽어서 해당 분야에 충분한 지식을 쌓는 것이 필수적이다. 다음은 논문을 작성하는 일반적인 요령이다(San Francisco Edit, 2003).

ⓐ 우선 논문작성에 필요한 모든 결과와 자료, 참고문헌을 모두 모은다.

ⓑ 제출할 논문집을 미리 선정할 수도 있다.

ⓒ 논문작성을 시작하되 열정적으로 작성해간다. 이 과정에서는 저자가 하고 싶은 내용을 열거해놓는 것이 중요하기 때문에 문법, 글의 완성도 등을 무시하고 써간다.

ⓓ 글 쓰는 속도가 늦어지면 지치고 점점 하기 싫어진다. 따라서 가능한 신속하게 쓴다.

ⓔ 본인 자신의 목소리를 담아 자신의 단어를 사용하여 글을 쓴다. 논문 및

다른 사람들의 의견은 나중에 고려할 수 있다.

ⓕ 초고를 쓸 때는 고치지 않는다. 자꾸 고치다보면 글 쓰는 진도가 나가지 않고, 이와 동시에 생각도 더디게 진전한다.

ⓖ 본인이 하고 싶은 주제, 결론 등을 미리 생각해놓고 이 방향으로 글을 써 간다.

ⓗ 논문 전체를 한 번에 쓰기 보다는 부분으로 나누어 작성해간다.

ⓘ 일단 초고가 완성이 되면 잠시 쉰 후, 제3자의 입장을 견지하면서 초고를 검토해간다.

ⓙ 논문을 여러 번 검토하되 더 이상 개선점이 찾아지지 않을 때까지 검토한다.

ⓚ 간결하고 분명한 문장을 사용함으로써 불필요한 오해를 불러일으키지 않음을 확인한다.

ⓛ 논문이 일관성 있게 작성되어 있는지를 확인한다.

연구분야에 따라 논문의 구성은 다양하다. 가장 일반적인 실험논문은 서론, 재료 및 방법, 결과, 논의를 기본형태로 한다. 각 부분이 포함해야 할 부분은 다음과 같다.

ⓐ **서론**(introduction): 해당 분야의 전문가가 아닌, 일반적인 과학지식을 가진 사람이 논문을 이해할 때 필요한 시항을 서술한다. 또한 본 연구를 수행하게 된 동기를 서술한다.

ⓑ **재료 및 방법**(materials and methods): 연구에 사용된 재료 및 방법을 서술한다. 지면을 아끼기 위해 간략히 서술해야 하지만, 실험방법을 이해할 수 있게 적어야 한다. 특히 사용재료는 정확한 구입처 및 제작방법을 설명해야 하고, 필요하면 재료를 서술한 문헌, 혹은 제작회사를 명시한다.

ⓒ **결과**(results): 실험의 결과를 서술한다. 실험논문의 경우 각 실험의 목적, 사용된 연구방법, 그리고 얻어진 결과를 서술한다. 실험이 여러 개인 경우에도 동일한 요령으로 반복해서 서술해간다. 결과를 설명한 후 필요하면 이로부터 도출된 결론도 간략히 서술할 수 있다.

ⓓ **논의**(discussion): 논문의 결론을 서술한다. 그리고 이 결론의 의미를 설명

한다. 이 과정에서 자연스럽게 이전 논문들의 결과와 비교하게 된다. 한 가지 주의할 것은, 논의에서는 결과를 다시 서술할 필요가 없다는 점이다.

논문을 쓰는 순서는 연구자에 따라 다르다. 하지만 일반적으로 수집된 결과(data)를 정리하는 것으로부터 시작한다. 즉, 논문에 들어갈 그림들을 정리하면서 논문의 논리를 생각해간다. 이 과정을 거치다보면 논리의 허점이나 부족한 점이 부각된다. 아마 추가실험이 필요할 것이다. 그러면 추가실험을 수행한 후 다시 그림을 정리한다. 결과를 예측하고 논문을 쓰기에는 상당한 위험부담이 있으므로 되도록 피한다. 일단 그림(figure)이 완성되면 이를 설명하는 글(figure legends)을 작성한다. 즉, 그림에 나온 결과들을 얻기 위해 수행한 실험을 간단히 언급하고, 그림을 이해할 수 있도록 사용된 기호, 약자, 통계방법 등을 설명한다. 그림설명은 매우 기술적인 서술이므로 간결하면서도 명확하게 구성한다. 그림과 그림설명을 완성하면 일단 논문의 골격은 갖춰진 것이다. 왜냐하면 그림을 배열할 때 각 그림의 주제를 생각했을 것이고, 이에 따라 독자를 설득할 논리가 갖추어지기 때문이다. 결과(results) 항목은 이 그림들을 차례차례 설명해가면 된다. 그렇기 때문에 결과 항목은 상당히 기술적인 글이 된다. 즉, 있는 결과를 객관적으로 묘사해야 하기 때문에 작성자의 의견은 되도록 포함시키지 않는다. 그보다는 독자들이 실험결과를 정확히 이해할 수 있는가에 더 중요성을 두어야 한다. 그림을 설명할 때는 본인의 주장만 하면 설득력이 떨어진다. 즉, 공정한 눈을 가지고 결과의 부정적인 면도 서술해야 한다. 만일 부정적인 면 때문에 주장이 약해지면 추가적인 반복실험이 필요하다. 따라서 결과를 서술하면서 필요한 추가실험을 수행하는 것은 흔한 일이다. 얻어진 추가실험 결과를 포함하여 다시 그림(figure)을 구성하고, 그림을 설명(figure legends)하고, 결과(results)를 작성한다. 이렇게 동일한 작업을 반복하다보면, 논리도 명확해지고 결과도 효과적으로 서술된다.

그림 및 결과가 완성되면 다음은 논의(discussion)를 작성할 순서이다. 논의를 작성하기 위해서는 우선 본 논문으로부터 주장하고 싶은 바를 명확히 해야 한다. 사실 논문이 주장하려는 바는 연구를 시작할 때부터 이미 많은 생각을 해왔을 것이고, 특히 논문을 쓰자고 결정했을 때는 이미 확고한 경우가 많다. 하지만 그 주장을 글로 쓰는 것은 생각만큼 쉽지 않다. 우선 논문이 주장하는 결론을 서술한다. 그리고 이를 지지하는 논문의 결과들을 언급한다. 이때 주의할 점은 결과를 언급하는 것이지 다시 서술해서는 안 된다. 다음에 본인의 주장을 지지하는 논문들을 인용하고, 본인의 주장에 반대되는 논문들도 인용하면서 논리적으로 논문의 결론을 강화시킨다.

서론(introduction)이 어떻게 보면 논문을 작성하는데 가장 창의성이 필요한 부분이다. 즉, 독자들의 수준을 감안하여 일반적인 사항들을 서술해야 하기 때문에 너무 독자의 수준을 낮게 잡으면 서술할 양이 많아지고, 또한 독자의 수준을 너무 높게 잡으면 논문이 어려워진다. 보통은 서론을 가장 나중에 작성하게 되는데, 왜냐하면 논의(discussion) 항목을 적다보면 서론에서 미리 설명해야 할 내용이 떠오르기 때문이다. 또한 서론에서는 본 논문의 연구목적을 이전 연구와 비교하여 서술한다.

논문의 뼈대가 완성되면 다음과 같은 추가적인 사항들도 작성해간다.

ⓐ **표지**(cover): 논문의 제목, 저자, 소속, 줄인 제목(short title), 중심어 그리고 교신저자의 연락처를 표기한다.

ⓑ **초록**(abstract): 논문의 전체를 요약한다. 논문집마다 허용되는 양은 다르나, 보통 10문장 내외를 사용하여 요약한다.

ⓒ **사사**(acknowledgments): 연구 및 논문작성에 기여한 사람들 및 연구비 등을 언급한다.

ⓓ **참고문헌**(reference): 논문에서 인용된 논문들을 작성한다. 양식은 논문집마다 상이하므로 작성시 주의한다.

논문 초고가 완성되면 이를 끊임없이 검토해야 한다. 논문의 글이 충분히 다듬어지지 않으면 내용이 훌륭하더라도 출판하는데 상당한 어려움을 겪게 되므로 성의를 가지고 논문을 검토해가야 한다. 만일 영문으로 논문을 작성하는 경우 전문적인 영문교정을 받으면 도움이 된다. 따라서 검토시간은 어쩌면 초고 작성시간보다 더 오래 걸릴 수도 있다.

3) 논문의 저자 결정

논문저자의 수는 연구분야와 내용에 따라 달라질 수 있다. 인문학분야의 경우, 학문의 특성상 단독저자의 논문이 대부분이다. 이에 반하여 실험연구가 활발한 이학분야는 단독저자 논문이 오히려 드물다. 이는 연구가 분업화되어 있기 때문이다. 실험은 연구장비가 갖추어진 실험실에서 수행되어야 하고, 실험실을 운영하기 위한 연구비가 필요하다. 실험도 여러 사람이 나누어 수행하는 편이 더 효과적일 수가 있다. 이와 더불어 연구결과를 분석하고 논문을 작성하는 것도 분업화될 수 있다. 때로는 한 실험실이 아닌, 다수의 실험실에서 수행된 연구들이 합쳐져서 논문이 발표되는 경우도 빈번하다. 즉, 학문분야에 따라 논문 한 편에 복수의 저자들이 참여할 수 있다.

논문에 기여도를 평가하여 저자를 결정하는 것은 일반적으로는 크게 어려운 일은 아니나, 때로는 공정성이 문제될 수 있다. 왜냐하면 논문에 기여하는 정도를 평가하는데 어느 정도 주관적인 의견이 들어가기 때문이다. 실제로 저자가 공정하게 배분되지 않았음을 불평하는 신고가 연구진실성위원회에 매우 빈번하게 접수된다. 이는 저자를 공정하게 배분하는 것이 얼마나 중요한지를 방증한다.

저자는 아래와 같은 역할로 논문에 참여할 수 있다.

ⓐ 실험의 구상 및 계획
ⓑ 실험의 수행 및 결과 확보
ⓒ 결과 분석
ⓓ 논문작성

또한 논문집에 따라 각 저자가 기여한 바를 명기해놓는 경우도 있다. 〈그림 1〉에 의하면 제일저자(K.K.)는 대부분의 실험을 수행하였고, 교신저자(R.A.R.P.)는 실험을 구상하고 논문을 작성했으며, 공저자들은 명기된 실험을 수행하였다.

논문저자는 연구에 참여한 사람들 간에 합의에 의해 결정된다. 연구가 구상되는 시점부터 참여저자를 결정하는 것이 바람직하다. 많은 경우 연구는 지도교수의 실험실에서 시작되므로 지도교수가 교신저자가 되고, 연구를 주도적으로 수행하는 학생 또는 연구원이 제일저자가 된다. 추가적인 저자도 되도록 미리 결정해가는 것이 좋다. 하지만 참여연구자의 연구가 논문에 얼마나 기여할지 모르는 상황에서 참여저자로 확정하기는 어려울 수 있다. 또한 연구가 진행되면서 참여저자가 계속 늘어날 수도 있고, 때로는 제일저자가 더 이상 연구를 주도적

〈그림 1〉 저자의 역할이 명시되어있는 논문의 예

nature Vol 462|12 November 2009|doi:10.1038/nature08562

LETTERS

Human *DAZL*, *DAZ* and *BOULE* genes modulate primordial germ-cell and haploid gamete formation

Kehkooi Kee[1], Vanessa T. Angeles[1], Martha Flores[1], Ha Nam Nguyen[1] & Renee A. Reijo Pera[1]

The leading cause of infertility in men and women is quantitative and qualitative defects in human germ-cell (oocyte and sperm) development. Yet, it has not been possible to examine the unique developmental genetics of human germ-cell formation and differentiation owing to inaccessibility of germ cells during fetal development. Although several studies have shown that germ cells can be differentiated from mouse and human embryonic stem cells, human germ cells differentiated in these studies generally did not develop beyond the earliest stages[1-8]. Here we used a germ-cell reporter to quantify and isolate primordial germ cells derived from both male and female human embryonic stem cells. By silencing and overexpressing genes that encode germ-cell-specific cytoplasmic RNA-binding proteins (not transcription factors), we modulated human germ-cell formation and developmental progression. We observed that human *DAZL* (deleted in azoospermia-like) functions in primordial germ-cell formation, whereas closely related genes *DAZ* and *BOULE* (also called *BOLL*) promote later stages of meiosis and development of haploid gametes. These results are significant to the generation of gametes for future basic science and potential clinical applications.

Supplementary Information is linked to the online version of the paper at www.nature.com/nature.

Acknowledgements We thank D. Suter for the p2k7 vectors, B. Behr for procurement of clinical samples, C. Nicholas for assistance with SCP3 staining and S. Jiang and P. Lovelace for FACS expertise. K.K. was supported by a California TRDRP postdoctoral fellowship; V.T.A. was supported by an NIH fellowship. This work was supported by the National Institutes of Health (RO1HD047721, U54HD055764 as part of the Specialized Cooperative Centers Program in Reproduction and Infertility Research), the California TRDRP (14RT0159) and the California Institute for Regenerative Medicine (RC1-00137) to R.A.R.P.

Author Contributions K.K. carried out the majority of experiments with assistance with imprint analysis and gene expression analysis by V.T.A., silencing of *BOULE* and *DAZ* by M.F., and 5mC and FISH staining by H.N.N.; K.K. and R.A.R.P. designed experiments and wrote the manuscript.

Author Information Reprints and permissions information is available at www.nature.com/reprints. Correspondence and requests for materials should be addressed to R.A.R.P. (reneer@stanford.edu).

으로 수행할 수 없는 경우도 있다. 이런 다양한 변수가 존재하기 때문에 연구 시작시점에서는 논문의 저자를 확정할 수는 없다. 연구가 진행되고 논문이 만들어지면서 참여저자는 변경될 수 있지만, 이는 저자들 간에 합의를 거쳐야 한다.

논문에 저자가 열거되는 순서도 중요하다. 연구를 주도적으로 수행하였고, 가장 기여를 많이 한 저자가 첫 번째에 위치한다. 그런데 제일저자 논문은 과학자를 평가하는데 중요한 요소로 간주된다. 주도적으로 수행한 연구의 수준으로 연구자의 역량을 평가할 수 있기 때문이다. 만일 복수의 저자들이 우열을 가릴 수 없을 정도로 논문에 중심적 기여를 했다면 이를 논문에 표기할 수 있다. 하지만 제일저자는 그 말 뜻대로 여러 명일 수는 없다.

인문학을 비롯한 문과계열 학문의 경우 복수의 저자에 의해 작성된 논문은 찾아보기 힘들다. 특히 학위논문의 일부가 출판될 경우에도 지도교수가 저자로 포함되는 경우는 극히 제한적이다. 지도교수가 학위논문의 작성에 직접 기여하지 않았기 때문에 저자에 포함되지 않는 것이 당연하다. 만일 지도교수도 논문 작성에 직접 참여했다면 저자에 포함될 수 있을 것이다.

논문에 여러모로 기여한 사람들은 사사(acknowledgments) 혹은 인용(references)의 방법으로도 그 기여를 인정받을 수 있다. 즉, 논문에서 사용된 중요한 실험재료를 공급하거나, 실험을 기술적으로 도와주었거나, 논문을 작성하고 편집하는데 도움을 주었거나, 연구비 관련 도움을 주었다면 이를 사사 혹은 인용할 수 있다.

4) 논문저자의 책임과 의무

과학자들은 본인의 연구내용을 동료과학자들에게 알려서 과학발전에 기여하기를 원하기에 논문을 작성한다. 동시에 논문은 본인의 업적이 된다. 하지만 저자들은 발표한 논문에 대한 책임을 다해야 한다. 저자의 책임은 다음과 같이 분류하여 생각할 수 있다.

ⓐ **법적인 책임**(liability): 논문을 출판하기 위해서는 법적인 과정을 거쳐야 한다. 저자는 논문 출판을 요청하는 서한을 보내고, 이를 승인하는 과정이 필요하다. 또한 논문을 출판하는 과정에서 교정을 보며 오류를 확인해야 하고, 때로는 논문게재료를 납부해야 한다. 즉, 저자들은 출판에 필요한 일련의 법적인 과정의 주체가 되어야 한다. 만일 발표된 논문에 문제가 있다면 이를 수정하거나 삭제하는 법적 과정들도 저자들의 책임이다.

ⓑ **윤리적인 책임**(responsibility): 과학자들은 논문에 발표된 연구가 정직하고 성실하게 수행되었다고 믿는다. 따라서 저자들은 연구를 성실하게 수행하고, 결과를 정직하게 분석하여 보고할 책임이 있다. 연구결과에 의도적인 오류가 포함되어 있다면 이는 연구윤리를 위반한 것이다.

ⓒ **설명 책임**(accountability): 논문이 보고되면 이를 바탕으로 다른 과학자들은 연구를 수행하게 된다. 이때 보고한 결과와 상반된 결과를 얻을 수도 있다. 이를 저자들에게 보고하면 과학자로서 이들에게 설명할 책임을 갖는다. 즉, 논문을 발표한 것으로 끝이 아니고, 발표된 논문에 대한 반응들에 성실하게 대응할 책임을 갖는다. 만일 이 의무를 충실하게 수행하지 않으면 과학적 지식을 쌓아나가는데 큰 지장을 초래할 수 있다.

저자들은 법적, 윤리적, 그리고 설명 책임을 져야 한다. 혹시 본인의 연구가 성실하게 수행되지 않았다면, 이는 윤리적인 책임감이 미흡한 것이다. 결국 논문을 삭제(retract)해야 하므로 법적인 책임까지도 물어야 한다. 의도하지는 않았으나 오류가 포함된 연구논문을 발표했고, 이를 나중에 인지하였다면 설명 책임을 져야 한다. 이를테면 오류가 시정된 연구결과를 보고하면서 이전 연구의 문제점을 지적하는 것도 한 방법이 된다. 이런 자정 노력은 과학적 지식을 쌓아가는데 중요한 원동력이다.

5) 제출할 논문집 결정 및 논문 제출

과학계의 논문집은 놀랍도록 다양하다. 하지만 각 논문집은 표방하는 연구주제와 발표형식에 있어서 나름 특색을 갖추고 있어 자세한 구별이 가능하다. 우선 연구분야에 따라 구별될 수 있다. 특정한 연구분야를 표방하는 논문집은 해당 분야 과학자들에게는 토론의 장으로 활용될 수 있다. 하지만 Nature 혹은 Science와 같이 과학 전 분야를 대상으로 하는 논문집도 있다. 또한 논문의 형식에 따른 구분도 가능한데, 특정 논문집은 종설(review)을 주로 수록하기도 하고 어떤 논문집은 큰 흐름의 연구를 자세히 보고하는 논문(article)을 주로 소개한다. 신선한 연구내용을 신속하게 보고하는 논문(report)을 주로 소개하는 논문집도 있다.

논문집을 구별하는 또 한 가지 방법은 인지도이다. 즉, 자주 인용되는 논문집은 인지도가 높다고 간주할 수 있다. 미국의 출판 관련 회사인 Thompson Reuters는 주요 논문집에 발표된 과학논문들의 인용횟수를 측정한 통계를 지속적으로 확보해가고 있다. 이를 수치화하여 논문을 평가하기 시작한 것이 논문인용지수(journal citation index)이다. 즉, 2011년도 특정 논문집의 논문인용지수가 10이라는 뜻은 그 논문집에 수록된 논문 한 편이 2009년과 2010년 2년 동안 평균 20회 인용되었음을 의미한다. 따라서 논문인용지수가 높은 논문집일수록 인지도가 높은 논문집이라고 평가할 수 있다. 과학자들은 당연히 인지도가 높은 논문집에 발표하기를 선호한다.

논문집을 선택할 때는 연구분야와 논문집의 성격, 그리고 인지도를 고려하여 선정한다. 우선 연구분야가 적합해야 한다. 그렇지 않으면 발표된 논문이 적절한 독자들에게 노출되기 어려울 수 있다. 연구결과를 신속히 발표하기를 원한다면 report 형식으로 논문을 작성하고 이를 받아주는 논문집을 찾아볼 수 있다. 그렇지만 역시 논문집의 인지도가 보통은 가장 중점적으로 고려되어야 할 사항이다. 인지도가 높은 논문집은 두꺼운 독자층이 있고, 나름 수준을 유지하려고 한다. 따라서 높은 완성도를 갖추고 과학적으로 중요한 내용을 보고하는 논문을 선발하려고 한다. 유력한 논문집에 논문이 수록되었다면, 이는 그 논문의 중요성과 완성도를 방증한다고 볼 수 있다. 따라서 과학자들은 좋은 논문집에 논문을 투고하려는 경향이 매우 강하다.

일단 투고할 논문집이 결정되면 해당 논문집에 적합한 형식으로 논문을 편집하게 된다. 논문집에 따른 세부적인 편집지침이 있으므로 이에 맞추어 논문을 편집한다. 이를테면 논문의 길이를 제한하려는 목적으로 수록할 수 있는 그림과 단어의 개수를 제한하는 경우가 있다. 그리고 논문의 순서와 형식도 다양하다. 특히 참고문헌은 논문집마다 특징적으로 표기한다. 논문집의 형식에 맞추어 논문을 재편집하는 작업은 생각만큼 어렵지 않다. 따라서 논문작성 초기부터 논문집 형식에 집착할 필요는 없다. 하지만 제출하기 직전에는 논문이 제대로 편집되었는지를 철저히 확인해야 한다.

3. 논문심사

1) 논문심사 기준

논문집에 투고된 논문은 전문가들에 의해 심사를 하고 그 결과에 따라 출판여부를 판단하게 된다. 전문가들은 나름의 기준을 가지고 논문을 심사하게 된다. 논문을 평가하는 기준을 Halmos(1985)는 다음과 같이 설명하였다.

ⓐ **이것은 사실인가?** 저자가 논문의 실험내용을 의도적으로 변조하였다면 이는 저자의 책임이다. 하지만 때로는 저자가 인지하지 못하는 과정에서도 실험결과가 변조될 수 있다. 또한 연구결과를 잘못 해석할 수도 있다. 이는 실험이 잘못 구상되었거나, 적절한 대조군을 빠뜨렸거나 결과를 잘못 관찰하는 등 여러 가지 경우로 말미암을 수 있다. 따라서 심사자는 논문에서 주장하는 내용이 사실인지를 확인할 필요가 있다. 논문을 자세히

분석해보면 의도적으로 변조된 내용까지도 심사자가 지적해 낼 수 있다.

ⓑ **이것은 새로운가?** 이미 알려진 사실을 반복하여 연구한 논문은 가치가 없다. 논문에서는 새로운 사실, 그리고 더 나아가 새로운 사고체계를 제시해야 한다. 기존의 상식을 획기적으로 뛰어 넘을수록 좋은 논문이라고 할 수 있다. 따라서 대상논문이 기존의 이해에 비해 얼마나 새로운 내용을 포함하고 있는지를 심사자는 판단해야 한다.

ⓒ **이것은 흥미로운가?** 논문의 흥미로움은 주관적인 판단이다. 어쩌면 다양한 과학자들이 있고 서로 흥미를 가진 주제가 다르기 때문에 이 질문은 상대적이다. 또한 논문집에 따라 이 질문에 대한 대답은 달라질 수 있다. 즉, Nature 혹은 Science와 같은 과학전반을 주제로 하는 논문집의 경우, 논문의 주제가 대부분의 과학자들에게 흥미로워야 할 것이다. 하지만, 제한적인 주제를 다루는 논문집의 경우, 해당 분야 과학자들에게 흥미로운 논문이면 출판을 추천할 수 있다.

논문을 평가하는 또 다른 기준을 Lasley(2001)가 제안하였다.

ⓐ **독창성**(Originality): 논문에서 주장하는 바가 독창적인지를 판단해야 한다. 논문에서는 이미 알려진 사실을 반복하는 연구는 의미가 없다. 이전에 알고 있는 지식을 바탕으로 새로운 사실들을 추가하는 과정이 과학적 연구이다. 따라서 독창성은 논문심사에 중요한 판단기준이 된다.

ⓑ **질석 완성도**(Quality): 논문에서 주장하는 바를 효과적으로 증명해야 한다. 저자들이 주장하는 바를 심사자와 독자들이 믿을 수 있도록 논문에 제시되어야 한다. 만일 주장하는 바를 증명하는 관찰이 정확하지 않거나, 오류가 포함된 실험을 수행했다고 하면 아무리 주장하는 내용이 독창적이더라도 독자들은 믿을 수 없다.

ⓒ **양적 완성도**(Quantity): 저자들과 다른 생각을 하는 독자들을 설득하려면 논문의 결론을 가장 효과적으로 지지하는 연구를 수행해야 한다. 때로는 여러 가지 여건의 제약으로 말미암아 결정적인 실험을 수행할 수 없는 경우도 있는데, 이 경우에는 다양한 실험결과들이 결론을 일관성 있게 지지함을 확인해야 한다.

ⓓ 가독성(Readability): 논문을 작성할 때는 다양한 실험들을 간추려서 간략하게 전달해야 한다. 만일 수행된 모든 연구결과들을 나열한다면 논문이 너무 길어져서 출판에 제약이 된다. 따라서 논문은 간략하지만 연구의 내용을 효과적으로 파악할 수 있도록 작성되어야 한다. 특히 주장하는 바를 명확히 하고, 이를 증명하는 관찰과 실험을 정확히 서술하며, 그 결과들을 효과적으로 분석해야 한다. 논문에서 글 솜씨를 뽐낼 필요는 없다. 다만 어법에 맞는 글로 작성해야 한다.

심사자들은 위의 기준에 따라 판단할 수 있고 더 나아가 심사평을 체계적으로 작성할 수 있다. 또한 저자들은 심사자편에서 논문을 검토해보면 논문작성에 도움이 된다. 즉, 작성한 논문을 자체평가함으로써 논문의 완성도를 높일 수 있고, 결국 논문을 쉽게 출판할 수 있게 된다.

2) 동료심사제도(peer review system)

동료심사란 해당 전공분야에 정통한 전문가들에게 논문의 평가를 맡기는 제도이다. 대게는 논문제출자도 해당 분야의 전문가이기 때문에 결국 제출된 논문은 동료들에 의해 평가된다. 언뜻 생각하면 동료들이 과연 논문을 공평하게 심사할 수 있겠는가는 의구심이 들겠지만, '과학사회를 버티고 있는 양대산맥은 동료심사와 과학자의 학문적 성취욕이다(Cain, 1999)'라는 말이 있을 정도로 동료심사는 과학사회에서 매우 중요한 위치를 차지한다.

동료심사는 논문의 내용을 파악하고 중요도를 판단하기에 적절한 제도이다. 하지만 동일한 연구분야에서 일하기 때문에 이해가 상충될 수 있다. 즉, 심사자는 투고된 논문에 있는 생각들을 미리 알게 되고, 이를 본인의 연구와 연계하여, 사심을 가지고 심사할 수 있다. 가까운 동료가 제출한 논문은 쉽게 통과시켜줄 수도 있다. 또한 심사자는 저자의 인지도, 인종, 나이 등으로 선입견을 가지고 논문을 심사할 수 있다. 심사자들은 이러한 동료심사제도의 내재적인 부작용을 최소화해야 한다. 따라서 심사자는 편견이 배제된 중립자세로 철저히, 그리고 건설적으로 평가해야 한다. 다음은 미국화학학회에서 정리한 논문심사 가이드라인이다(America Chemical Society, http://www.pubs.acs.org).

ⓐ 모든 과학자는 논문심사에 일정 부분 참여할 의무를 가진다.
ⓑ 논문원고에 보고된 연구를 판단하기에 부적절하다고 자신이 느낀다면 즉시 편집인에게 원고를 반송해야만 한다.
ⓒ 심사자는 객관적으로 논문을 심사해야 한다. 이때 심사자는 연구의 실험적, 이론적 업적의 질, 해석과 설명의 정도를 엄격한 학문적 기준으로 평가해야 한다. 이와 함께 저자의 지적 독립성을 존중해야 한다.
ⓓ 심사자는 이해관계의 상충에 잘 대응해야 한다.
ⓔ 개인적으로 친밀한 저자의 논문은 심사하지 말아야 한다.
ⓕ 심사자는 논문원고를 기밀문서로 취급해야 한다.
ⓖ 심사자는 자신의 판단근거를 편집자와 저자에게 충분히 설명하고, 그 근거를 제시해야만 한다.
ⓗ 심사자는 논문저자와 관련된 다른 과학자의 연구업적을 잘못 인용하는 것을 지적해야 한다.
ⓘ 심사자는 기일 내로 되도록 신속하게 심사해야 한다.
ⓙ 심사자는 논문이 출판되기까지 논문의 정보, 주장, 해석에 대해 저자의 동의 없이 공개해서는 안 된다.
ⓚ 제출된 논문원고에 대한 심사자로부터의 비평은 정당한 권리로 보장된다. 그러자 저자에 관한 개인적인 비판은 금지한다.

3) 출 판

논눈집에 투고된 논문은 〈그림 2〉의 개괄도에 따라 심사가 진행된다. 즉, 논문집 사무실에서 논문의 접수를 확인해주고 이를 편집자에게 보낸다. 편집자는 적절한 심사자에게 논문을 보내어 심사를 맡긴다. 심사자는 정해진 기간 내에 논문을 심사한 후 그 결과를 심사평과 함께 편집자에게 보고한다. 편집자는 복수의 심사의견에 따라 논문게재 여부를 판정한다. 보통 판정은 출판허용(accept), 개정요구(revision), 출판거절(reject) 가운데 하나를 결정한다. 최근에는 논문의 글만 손보면 되는 일부개정요구(minor revision)와 실험까지 수행해야 하는 전면개정요구(major revision)로 나누어 판단해주기도 한다. 심사자들의 판정과 심사평을 종합하여 편집인은 논문을 최종판단하고, 그 결과를 투고자에게 알려준다. 결과를 받은 투고자는 출판거절의 경우 다른 논문집에 투고하게 된다. 개정요구의

〈그림 2〉 논문심사의 흐름도

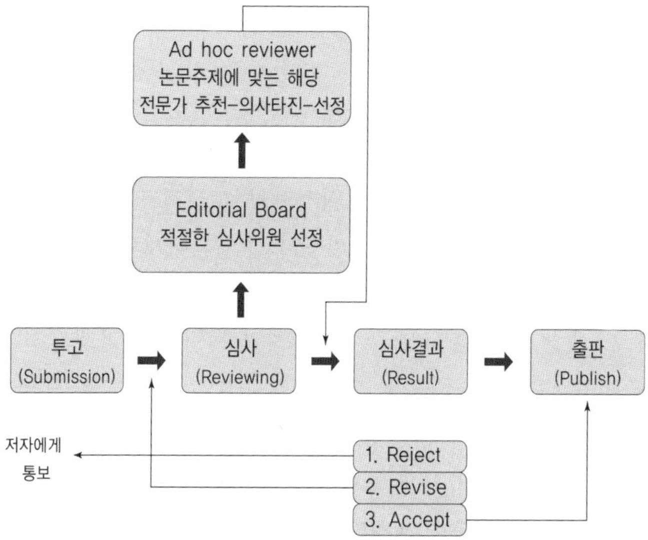

경우 제안된 추가연구를 통하여 논문을 보강한 후 다시 투고하게 된다. 재투고된 논문은 보통은 동일한 심사자에게 재심사를 부탁하게 된다.

과학자들은 대부분 경제적인 대가 없이 논문을 심사한다. 그럼에도 심사를 하는 이유는 과학자에게 부과된 공동의 의무이기 때문이다. 또한 심사를 통하여 과학계의 동향을 이해할 수 있고, 결국 본인의 연구에도 도움이 되기 때문이다. 심사자의 입장에 서 보는 것은 나중에 본인 논문의 완성도를 높이는데 크게 도움이 된다. 논문집 입장에서는 되도록 논문심사를 신속하게 진행시키려고 노력한다. 왜냐하면 심사기간이 짧은 것도 논문집 선정에 있어서 중요한 요소로 작용하기 때문이다.

동료전문가들에 의해 작성된 심사평은 논문의 완성도를 높이는데 크게 도움이 된다. 하지만 심사평을 작성하는 데는 동료전문가들의 많은 시간과 노력이 필요하다. 특히 권위 있는 논문집의 경우 감당할 수 없을 정도의 많은 논문이 투고되기 때문에, 이를 모두 심사하기는 불가능하다. 따라서 Nature, Science와 같은 논문집은 전문편집인들의 자체적인 판정에 의해 일부의 수준 미달의 논문은 심사 없이 출판거부 판정을 내린다. 이 때문에 최근에는 논문을 심사받게 되는 것만으로도 감지덕지 하는 경우도 생긴다.

4. 논문작성시 지켜야 할 윤리규정

1) 불공정한 저자 결정

논문은 과학자들의 업적을 평가하는데 가장 중요한 기준이기 때문에 논문의 저자는 공정하게 결정되어야 한다. 제일저자와 교신저자는 연구를 구상하고 시작할 당시 결정되는 경우가 많지만, 연구가 진행되다보면 여러 변수들 때문에 저자들의 역할이 바뀔 수 있다. 이를테면 주도적으로 연구를 수행하던 과학자가 여러 사정에 의해 그만둘 수도 있고, 두세 개의 독립적인 과제가 하나의 논문으로 묶여서 출판될 수도 있다. 또한 연구의 심층적인 진행을 위해 공저자의 수가 늘어나게 된다. 그럼에도 저자의 결정은 그렇게 어려운 작업은 아니다. 즉, 논문에 기여를 한 과학자는 저자에 포함시켜야 하고, 이중 가장 주도적으로 연구하고 논문을 작성한 과학자가 제일저자 및 교신저자를 맡으면 된다.

논문의 저자는 연구에 참여한 과학자들이 합의하여 결정하는 것이 원칙이기는 하나, 현실적으로는 교신저자가 주도적으로 결정하는 경우가 빈번하다. 이때 저자의 공로배분을 올바르게 하지 않으면 윤리적 문제가 발생한다. 즉, 논문에 직접 기여를 한 과학자가 저자로 참여하지 못하는 경우, 또는 논문에 가장 기여를 많이 한 저자가 제일저자가 되지 못하는 경우가 발생할 수 있다. 그렇지만 가장 윤리적으로 문제가 되는 경우는 논문에 직접적인 기여가 없음에도 불구하고 저자로 포함되는 경우일 것이다. 소위 유령저자는 과학 이외의 요소와 결부되어 있는 경우가 빈번하다. 즉, 취직 혹은 진급을 위해 논문실적이 급히 필요한 동료들을 끼워주는 경우가 있다. 때로는 교신저자와의 이해관계에 의해 엉뚱한 사람이 저자에 포함될 수도 있다. 이럴 경우 대개는 기존의 저자들에게도 나중에 같은 기회를 제공할 수 있음을 암시하며 이해를 바라게 된다. 하지만 과학 이외의 요소를 포함하여 저자를 결정하는 것은 윤리적이지 않다. 즉, 논문에 직접적으로 기여한 과학자들만이 저자로 포함되어야 한다.

2) 논문의 이중제출

논문을 발표하는 과정에서 벌어지는 위법적 상황 중 하나가 논문의 이중제출이다. 즉, 논문을 심사하는 기간이 길기 때문에 동일한 논문을 복수의 논문집에 동시에 투고하는 행위이다. 이는 동일한 논문이 여러 논문집에서 동시에 심사되는 과정부터 혼란을 야기하며, 여러 논문집에서 동시에 게재를 허락받은 경우는 정확한 이유 없이 논문의 게재를 반대해야 하는 등, 매우 복잡하게 된다. 따라서 논문집들은 해당 논문이 다른 논문집에 투고되지 않았음을 확인하는 절차를 반드시 물어본다. 특히 이중제출된 논문이 동일한 심사자에게 보내지면 곧 들통나게 된다. 따라서 이중제출은 절대 하지 말아야 한다.

외국에서 발표된 논문을 국내논문집에 다시 게재하는 경우도 있다. 이는 국내논문집은 외국인들에게 심사를 보내지 않을 것이라는 믿음에서 출발한다. 게재논문의 편수를 늘리고자 하려는 국내논문집의 의도와 논문의 편수를 늘리고자 하는 저자는 의도가 일치하여 이런 관행이 이어져왔다. 하지만 동일한 논문을 두 번 게재하는 것은 분명히 연구윤리에 위배되는 행위이다.

비슷한 주제의 연구를 쪼개어 여러 논문으로 나누어내는 경우도 윤리적으로 문제가 된다. 피자를 만들 때 얇게 썰어지는 살라미(salami)라는 소시지에 빗대어 살라미 논문이라고 일컬어지는 이런 논분은 비록 동일한 연구결과를 사용하지 않더라도 중복게재로 간주한다. 예를 들면, 약물에 대한 세포의 반응을 연구할 때, 유사한 약물에 대한 효과를 동일한 방법으로 관찰한 결과를 약물별로 논문을 만들어 게재하면 살라미 논문이라고 할 수 있다. 독자의 입장으로 보면 유사약물에 대한 효과를 비교, 종합하여 한 개의 논문에 수록했다면 이해가 훨씬 쉽기 때문이다. 살라미 논문의 경우 윤리적인 책임(responsibility)을 묵과했다고 판단할 수 있다.

3) 심사의 편파성

동료심사제도는 연구를 가장 잘 이해하는 전문가들이 논문을 심사한다는 면에서 좋은 제도이기는 하나, 심사자의 이해관계에 얽혀서 편파적으로 심사할 수 있다는 약점을 가지고 있다. 가장 빈번하게 발생할 수 있는 것은 심사자 개인의 이익이 상충하는 경우이다. 즉, 심사할 논문이 경쟁관계에 있는 전문가가 심사하게 되는 경우, 편파적인 판정을 할 수 있다. 때로는 심사할 논문으로부터 결정적인 정보를 얻어서 본인의 실험을 진행시킬 수 있다. 또한 심사자의 연구가 경쟁력을 갖출 수 있을 때까지 심사를 고의적으로 지연시킬 수도 있다. 이런 면들은 심사자의 연구윤리에 어긋난다.

직접적으로 이해가 상충되지 않더라도 저자와의 친밀도가 심사에 영향을 미칠 수 있다. 즉, 저자의 명성, 출신, 영향력 및 개인적 인연 등에 의해 심사의 공정성이 흔들릴 가능성이 있다. 따라서 심사자는 이런 과학외적 요소를 최대한 배재하면서 심사를 해야 한다. 전문가에 의해 진행되는 동료심사제도에서도 부실한 심사는 여전히 발생한다. 즉, 심사자가 논문을 평가할 만한 능력이 없던지, 혹은 시간에 쫓겨서 논문을 완전히 파악하지 못한 채로 심사하면 부실할 수밖에 없다. 부실한 심사는 결국 논문을 제출한 저자들에게 부당한 불이익을 줄 것이고 과학계의 좋은 전통을 이완시킨다. 따라서 논문을 심사할 입장이 되지 않는다면 심사의뢰를 받을 때 거절해야 한다.

심사의 편파성을 줄이려는 노력은 과학계에서 계속되고 있다. 그 방법 중 하나가 심사평을 독자에게 공개하는 것이다. 실제로 일부 논문집에서는 심사자의 동의 하에 심사평을 공개하고 있다. 심사평이 공개되기 때문에 심사자는 조금 더 성의 있고 객관적으로 심사를 하게 된다. 다만 심사자의 신분이 본의 아니게 노출되어 추후에 불이익을 받을 수 있는 등의 부작용은 조심해야 한다.

♣ 참 / 고 / 사 / 례 ♣

[사례 1] 불공정한 저자결정

이현진 박사는 최근 논문을 검색하던 중에 깜작 놀랐다. 박사학위 지도교수가 최근에 외국논문집에 발표한 논문에 본인이 박사학위 과정 동안에 수행했던 연구결과가 포함되어 있기 때문이었다. 하지만 발표된 논문의 저자에는 이박사가 누락되어 있었다. 이박사는 이를 부당하다고 생각되어 연구진실성위원회에 제소하였다.

연구진실성위원회에서는 이박사의 기여가 논문의 저자로 인정되기 충분한지를 판단하였다. 저자로 포함하는 기준은 주관적이기 때문에 공정하게 판단하기가 매우 어렵다. 또한 학문분야에 따른 보편적인 기준도 상이하다. 연구진실성위원회의 조사결과, 발표된 논문에는 이박사가 획득한 결과가 포함되어 있었다. 이박사의 연구분야인 의학에서는 그림 한 개를 구성할 정도의 결과를 기여하면 저자로 인정하는 것이 보편적이기 때문에 이박사가 저자에 포함되는 것이 적절하다고 판단했다. 하지만 저자는 연구자들 간에 합의에 의해 결정되는 사항이고, 설령 상식에 벗어난 기준으로 특정인이 저자에서 제외되었다 하더라도 이는 논문의 내용 자체에는 문제가 없으므로 위원회는 이박사를 저자에 포함시키는 논문변경(erratum) 요청서를 논문집에 제출하라고 권고하였다.

[사례 2] 살라미 논문

설라희 교수는 한약성분의 기능을 연구해왔다. 한약에 다양한 성분을 추출하고 이 성분들을 배양세포에 처리한 후, 세포의 사멸효과를 검정하였다. 한 종류의 한약에서도 수백 가지 이상의 다양한 성분이 포함되어 있으므로, 이를 단일성분으로 추출하지는 못하고, 여러 성분이 섞여있는 분액을 준비했다. 그러나 분액의 종류도 수십 가지나 되었다. 설교수 그룹은 이 분액들을 세포에 처리한 후 사멸효과에 대한 결과를 확보하였다. 그리고 그 결과를 논문으로 발표하였다. 그런데 세포사멸 효과에 대한 결과를 분액당 한 개의 논문으로 발표하였다. 그러다보니 동일한 구조를 가진 논문이 수십 편 발표되었다. 차이점은 사용된 분액의 종류와 이에 따른 세포사멸률이 조금 차이나는 정도였다.

설라희 교수는 전형적인 살라미 논문을 발표하였다. 만일 특정 한약으로부터 유래한 분액들의 효과를 한 논문에 발표했다면 분액 간에 세포사멸 효과를 비교하기가 훨씬 쉬웠을 것이다. 또한 너무 많은 논문을 쓰다 보니 결과들을 정확히 정리하지 못해 연구부정도 관찰되었다. 본 사례는 논문편수를 늘리려는 설박사의 꼼수로 말미암아 과학자의 책임을 다하지 못한 경우이다.

[사례 3] 불공정한 심사

어느 날 스니키 박사에게 논문심사가 의뢰되었다. 그런데 그 논문은 스니키 박사가 현재 수행하고 있는 연구와 매우 유사했다. 더욱이 스니키 박사보다 더 진전된 연구결과를 확보하고 있었다. 스니키 박사는 우선 논문심사를 고의로 지연시켰다. 따라서 보통 3주일 내로 심사결과를 보고해야 하나, 이를 이런 저런 핑계를 대면서 3개월을 끌었다. 그리고 최종적으로 게재불가의 의견을 강력하게 피력하였다. 그 사이 스니키 박사는 본인의 연구를 강력하게 추진하여서 결국 경쟁상대보다 먼저 논문을 출판하게 되었다. 스니키 박사가 제출된 논문을 고의로 지연시켰다는 사실을 뒤늦게 인지한 상대과학자는 이 사실을 스니키 박사의 소속대학의 연구진실성위원회에 제소하였고, 그 결과 스니키 박사는 연구직을 박탈당했다.

논문심사를 고의로 지연시키고, 그 사이 본인의 논문을 완성하여 출판한 스니키 박사는 동료심사제를 악용한 전형적인 예이다. 이해가 상충되는 논문을 심사하면서 그 사이에 이익을 취한 스니키 박사는 분명 잘못했고, 마땅히 법적인 처벌을 받아야 한다. 하지만 스니키 박사와 같은 악의가 없더라도 동료심사 과정에서 미묘한 이해상충은 피할 수 없다. 이런 경우 과학자의 양심을 가지고 이해상충을 최대한 피해야 한다.

◆ 연 / 습 / 문 / 제 ◆

1. 연구참여자들의 공로를 배분해보시오.

   · 통계학자: 연구자료를 바탕으로 표준적인 통계 분석, 시행실험의 계획이나 논문작성에는 기여한 바 없음
   · 연구실장: 연구에 필요한 재정지원, 공간 제공
   · 연구책임자: 연구계획, 논문편집 · 수정
   · 학생 1: 핵심적인 실험을 수행, 논문의 결론이 실제 발견사항을 지나치게 과장하고 있다고 생각
   · 학생 2: 실험키트를 이용하여 ELISA 분석 시행, 이 결과는 논문그림의 일부로 제공됨
   · 테크니션: 연구기간 내내 대부분의 실험을 수행, 연구에 핵심내용이 된 실험을 제안, 논문에서 연구방법 부분의 초안 작성
   · 동료연구자: 연구에 필요한 임상자료 제공

2. 우리와 비슷한 주제를 연구하는 상대 그룹의 논문을 검색하던 중, 우리가 발표했던 이전 논문에 오류가 있다는 문구를 발견하였다. 이 경우 우리는 어떻게 대응해야 할까?

3. 논문작성시 발생될 수 있는 윤리적 문제 가운데 salami paper란 무엇인가?

4. 논문을 심사할 때 고려하지 않는 사항은?
   ① 독창성 ② 문학성
   ③ 질적 완성도 ④ 양적 완성도

5. 다음 중 저자의 책임이 아닌 것은?
   ① 논문게재료 납부 ② 발표될 논문의 교정 확인
   ③ 논문의 홍보 ④ 논문내용에 관한 문의내용 답변

정 답

1. 제1저자: 학생 1
   공저자: 학생 2, 테크니션, 동료연구자
   교신저자: 연구책임자
   사사: 통계학자, 연구실장
   그렇지만 무엇보다도 연구참여자들 간에 민주적인 논의가 선행되어야 함

   [오답]
   통계학자가 저자에 포함될 경우
   학생 1, 학생 2가 저자에서 제외될 경우
   통계학자가 사사되지 않았을 경우

   [고려사항]
   연구실장, 동료연구자의 경우는 모호하므로 정답과 관계없음
   저자들 간에 민주적인 논의가 있어야 함을 적시하면 무조건 정답

2. 논문의 저자는 법적 · 윤리적 책임 뿐만 아니라 설명책임도 져야 한다. 따라서 이전에 발표했던 결과가 과연 오류가 있는지를 확인하는 연구를 수행하고, 이를 논문 혹은 적절한 방법으로 발표하는 것이 책임 있는 저자들의 적절한 대응이다.

3. 거의 비슷한 재료와 연구방법을 사용하여 거의 비슷한 결과를 얻고 이를 분리하여 발표한 논문, 즉 논문의 편수를 늘리기 위한 편법적 출판

4. ②

5. ③

참고문헌

과학기술부, 2007, 『실천연구윤리』, 과학기술부 과학기술혁신본부.

브로드 · 웨이드(William Broad and Nicholas Wade), 2007, 『진실을 배반한 과학자들』, 김동광 역, 미래 M&B.

America Chemical Society, 2011, "Ethical guidelines to publication of chemical research", http://www.pubs.acs.org.

Halmos, P. R., 1985, 『I want to be a mathematician』, New York, Springer-Verlag.

McKarney, L., 2001, "Peer-review techniques for novices, Science. Careers Development", http://sciencecareeres.sciencemag.org.

San Francisco Edit, 2003, "Twelve steps to developing an effective first draft of your manuscript", http://www.sfedit.net/newsletters.htm.

제13장 표절에 대한 이해와 대처방법: 진정성과 본원성 개념을 중심으로*

이 준 웅
(서울대학교 언론정보학과)

1. 문제제기: 세 가지 글쓰기 윤리영역과 표절

교육과 연구영역 밖에서 표절에 대한 논란이 심심치 않게 일어난다. 예를 들어, 공식에 진출하려는 사회명사나 선거에 출마한 정치인에 대해 표절시비가 제기되는 것이 대표적인 사례이다. 학술적 윤리의 문제라고 할 수 있는 표절이 정치적으로 동기화된 인신공격의 수단으로 활용된다. 정치적 맥락에서 표절 시비를 제기하는 이유는 이를 통해서 상대방의 명성과 위신에 흠집을 내기 위한 것으로 보인다. 표절시비를 제기하는 것은 정적의 약점을 들춰서 공격하는 가장 효과적인 방법 중의 하나가 되었다. 그런데 나는 이런 정치적 의도 자체가 표절에 대한 오해에서 출발한다고 본다.

표절이 정치적 전략으로 활용되는 이유는 그것이 일종의 '절도'로 간주되기 때문인 것 같다. 즉, 표절이란 '남의 생각을 훔치는 것' 또는 '남의 창작물을 허락 없이 빌려 쓴 후 갚지 않는 것'과 같으며 따라서 파렴치한 행위라는 것이다. 표절이 진정 남의 것을 훔치고, 무단히 빌리고, 빼앗는 행위라면, 과연 이런 일을 저지른 자를 좋게 볼 수 없겠다. 그런데 시카고 대학 법대교수인 포스너

* 이 글은 2009년 6월 서울대 언론정보학과 대학원 콜로퀴엄(희관홀)에서 처음 발표된 이래로 여러 차례 수정을 거듭해서 완성했습니다. 특히 2009년 가을학기부터 매 학기 서울대학교 연구처 연구윤리특강을 통해 〈표절과 의사소통윤리: 진정성, 본원성, 그리고 타인의 이익 침해의 문제〉라는 제목으로 발표된 바 있습니다. 이 글에 대해 의견을 주신 많은 학생들과 2012년 5월 25일 한국연구재단과 서울대학교 연구처 주최 〈연구윤리 심포지엄〉에서 논평해 주신 토론참여자 여러분께 감사의 말씀을 드립니다.

(Richard Posner, 2007/2008, 36)는 표절을 절도로 보는 통념이 오해라고 지적한 바 있다. 나도 그의 의견에 동의한다. 그리고 한걸음 더 나가, 표절을 인접 개념들과 구분해서 제시하지 못하기에 표절에 대한 부적절한 시비와 논란이 계속된다고 주장하겠다. 그런데 뒤에서 논의하겠지만, 내가 보기에 포스너마저도 표절의 개념을 지나치게 좁게 규정하면서 오해를 더한 혐의가 있다.

표절은 한국의 대학과 연구기관의 윤리영역에서 미묘한 위치에서 처해 있다. 많은 대학과 연구기관의 윤리강령은 표절을 중대한 연구윤리 위반행위로 규정하고 있다. 그러나 놀랍게도 표절 개념을 미리 명확하게 정의하고 그에 따라 표절 여부를 판정할 수 있는 투명한 절차를 제시한 경우를 찾아보기 어렵다. 표절이라 불리는 행위의 윤리적 중요성과 행위의 광범위함에 비하여, 그 개념 규정과 적용 여부에 대한 논의는 놀라울 정도로 빈약하다. 나는 이런 현실 또한 표절에 대한 몇 가지 근본적 오해에서 출발한다고 본다.

그렇다면 과연 표절이란 무엇인가? 그리고 왜 흔히 그것은 훔치거나 무단히 빌리는 행위로 오인되는가? 훔치거나 무단히 빌리는 행위가 아니라면 도대체 그것은 무엇인가? 흔히 언급되는 '자기 표절'은 또한 왜 문제가 되는가? 표절이 대학과 연구기관에서 윤리적으로 문제가 되는 이유는 무엇인가? 표절을 막기 위한 근본적인 방안은 무엇인가?

이 글은 이런 질문들에 답하기 위해 쓰였다. 이를 위해 나는 먼저 글쓰기에 세 가지 글쓰기의 윤리적 원칙을 제시하고, 표절이 이 세 가지 윤리적 원칙이 논의되는 영역과 각각 어떤 관련성을 갖는지 논의하겠다. 일단 저자(글쓰기 저자뿐만 아니라 창작행위를 하는 모든 저자에게 적용된다)가 염려해야 할 세 가지 윤리적 원칙이 있는데, 그것은 각각 (1) 다른 저자의 이익, (2) 독자에 대한 진정성(sincerity), (3) 자신에 대한 본원성(authenticity) 등과 관련된다. 요컨대 저자는 다른 저자의 현재적이거나 잠재적인 이익을 침해하면 안 되며, 예상된 독자를 속이면 안 되고, 자신의 출신과 배경에 충실해야 한다는 것이다. 이 세 원칙은 글쓰기를 의사소통 과정으로 보고 소통행위자가 다른 소통행위자, 수신자, 그리고 자신에 대해 유념해야 할 윤리적 고려사항을 고려해서 개념화한 것이다.

표절과 관련된 이 글의 첫 번째 주장은 표절은 글쓰기의 세 가지 윤리영역 가운데 주로 두 번째, 즉 '독자에 대한 저자의 진정성'과 관련해서 발생하는 데 이를 다른 윤리영역에서 제기되는 문제, 특히 첫 번째 영역에서 제기되는 문제로 간주할 때 오해가 발생한다는 것이다. 글쓰기의 첫 번째 윤리영역에서 제기되는 문제는 '저자들 간의 이익갈등'의 문제이며, 이는 저작권법이 규정하는 타인의 법익 침해의 문제이다. 현실에서 이 문제는 흔히 글쓰기 윤리의 두 번째 영역, 즉 '독자에 대한 저자의 진정성'과 결합해서 발생하지만, 역시 개념적으로 서로 구분되며 따라서 윤리적 함의도 다르다. 이 글의 전반부에서 나는 표절에 대한 대부분의 오해가 이 두 윤리영역에서 제기되는 사안들을 구분하지 못하기에 발생한다는 것을 제시하겠다.

이 글의 또 다른 핵심적인 주장은 표절이 저자의 본원성과 근본적으로 연결되어 있기에 끊임없이 문제가 발생한다는 것이다. 표절을 예방하기 위해 단순히 '남의 글을 훔치면 안 된다'거나 '언제나 솔직하게 인용하면 된다'는 식의 글쓰기 격률을 적용하는 것만으로 충분하지 않은 까닭이 여기에 있다. 스스로 발전하는 저자는, 그리고 스스로 발전하기 위해 글을 쓰는 저자는 자기 자신에 대해 충실해야 한다고 생각하면서 동시에 자신의 한계를 초월하게 된다. 그런데 바로 이런 까닭에 그는 쉽게 표절의 유혹에 굴복하기도 한다. 글쓰기에 이런 사정이 있다는 것을 알면, 표절을 규정하고 예방하기 위한 방법 또한 근본적으로 달라질 수밖에 없다는 것이 나의 생각이다. 또한 이 때문에라도 표절문제가 대학과 연구기관과 같은 학술공동체의 윤리적 문제로 제한될 수 없고, 모든 창작하는 주체의 도덕성 문제로 다루어져야 한다고 본다. 이 글의 후반부는 이런 생각이 갖는 윤리적 함의를 다룬다.

2. 다른 저자의 이익침해와 표절

다른 저자의 이익보호가 글쓰기의 윤리영역에서 제기되는 첫 번째 문제이다. 요컨대 어떤 저자도 다른 저자가 정당하게 주장할 수 있는 현재적이거나 잠재적인 이익을 침해해서는 안 된다. 이 원칙은 윤리적 요구이면서 동시에 법적 책임을 동반한다. 즉, 이는 동시에 저작권법의 문제가 된다. 저작권은 지적 창작물의 창작자에게 귀속되는, 창작물을 사용할 방법을 통제할 수 있는 권리를 의미하는 바, 저작권법에 따라 어떤 저자라도 다른 저자의 권리를 침해해서는 안 된다는 것이다. 표절과 저작권 침해는 현실에서 긴밀하게 연관되지만, 서로 구분된다는 것이 이 절의 요지이다. 이 요지를 분명히 하기 위해 몇 가지 사전 작업이 필요한데, 그 중 하나가 저작권이 보호하려는 권리는 단순히 저자의 이익이라는 오해를 불식하는 일이다. 또한 표절은 저작 인격권 침해의 관점에서 논의되기도 하는데, 저작 인격권 침해 역시 표절에 대한 모든 문제를 포괄하지 않는다는 것을 제시하겠다.

1) 복제와 창의성

저작권과 관련된 수많은 개념들이 있지만, 그 중에서 유념해야 할 핵심개념은 역시 '복제'이다. 원작의 복제 없이 저작권 침해가 이루어 질 수 없기 때문이다. 저자가 다른 저자의 글을 복제함으로써 그 저자의 이익을 침해할 때 저작권 침해가 성립한다. 흥미롭게도 (그리고 사실 알고 보면 타당하게도), 저작권은 창작물에 표현된 '생각 그 자체'의 복제를 금하지 않는다(Holsinger and Dilts, 1994, 584). 다만 어떤 창작물의 표상을 이루는 표현을 보호할 뿐이다. 이른바 '생각과 표현의 이분법(the idea-expression dichotomy)'이란 원칙은 저작권과 관련된 복제가 표현에 대한 것임을 분명히 하기 위해 제시된 것이다(정상조, 2003).

예를 들어, 〈다빈치 코드〉로 유명한 댄 브라운은 그 책의 내용 때문에 저작권 침해로 고소당한 적 있다. 예수와 막달라 마리아가 결혼을 해서 후손을 남겼다는 주제가 사실은 미리 출판된 다른 저작의 내용과 유사하며, 따라서 생각을 복제한 것이며, 그러므로 저작권 침해라는 것이다. 그러나 예수와 막달라 마리아의 결혼을 비롯한 일련의 주제적 내용에 대한 '표현된 내용'을 복제하거나 도용할 수 있을지언정 그 '표현이 표상하는 생각 그 자체'를 복제하거나 훔칠 수는 없는 일이다. '생각을 표상한 것'이 아닌 '생각 그 자체'를 물리적으로 복제할 도리가 없기 때문이다. 미국 법원은 댄 브라운의 〈다빈치 코드〉가 소송을 제기한 작가의 작품과 거의 같은 주제를 다루고 있음을 인정했지만, 다른 저작물의 표현을 복제한 것은 아니라는 점을 확인했으며 결국 원고패소 판결했다(Posner, 2007/2008, 37).[1]

생각이 아닌 표현물이라 할지라도 저작권의 보호를 받지 못하는 저작물이 있다. '단순사실의 복제'가 그러하다(Hoslinger & Dilts, 1994: 583). 예컨대 태양계에

1) 때로 생각과 표현을 구분하기란 쉬운 일이 아니다. 예컨대, 특정한 컴퓨터 언어로 제시된 알고리듬의 경우 생각과 표현은 분리할 수 없을 정도로 융합되어 있기에 표현을 분리해서 따로 보호할 수 없다. 이런 경우 적용하는 판단의 원칙을 결합의 원칙(the merger doctrine)이라 한다.

대한 논문에서 행성의 움직임과 위치에 대한 서술이나 중종반정에 대한 소설에서 이미 알려진 연산군의 행적에 대한 서술은 저작권으로 보호받지 못한다. 왜냐하면 저작물에 대한 권리를 주장하기 위해서는 원저자가 최소한의 창의성을 발휘해서 가치를 투입해야 하는데, 이런 과학적 사실이나 역사적 사실 자체에 대한 표현에는 저자의 창의성이 제한적으로 투입된다고 간주되기 때문이다.[2] 결국 저자가 자신의 창작물에 대해 갖는 권리는 단순한 생산관련성이 아니라 저자의 저작물에 대한 창의적 기여에 기초한 관련성이라고 해석할 수 있다. 요컨대, 저작권이 보호하려는 것은 저자의 모든 행위가 아니라 '창의적 기여 행위'이다.[3]

그러나 저작권의 궁극적 목적이 원작자의 권리를 독점적으로 보호하려는 데 있는 것이 아니라는 데 주의해야 한다. 우리나라 저작권법 제1조는 '문화의 향상 발전'을 명시적 목적으로 제시하고 있으며, 미국의 저작권법 조항인 연방헌법 제1조 제8항 제8호 역시 '과학과 유용한 기술의 발전을 촉진하기 위하여'라는 목적을 제시하고 있다.[4] 저작권법에서 원작자의 권리란 수단이지 목적이 아니다.

흔히 영미법에서 인정되는 재산권으로서의 저작권은 저작권자에게 저작물의

2) 혹은 불가피하게 개입하기 때문이다. 어떤 주제를 서술하면서 불가피하게 포함되는 필수장면(scene a faire)이 있을 수 있는데, 그에 대해 묘사할 때에 창의적 표현이 개입할 여지가 적다. 나치의 행사에 대한 서술에 '하일 히틀러'란 표현이 빠질 수 없으며, 중종반정에 대한 소설에 연산군의 성품에 대한 묘사가 빠지기 어렵다. 이런 필수장면에 대한 표현은 저작권으로 보호받지 못한다. 이 원칙을 '필수장면원칙(the scene a faire doctrine)'이라 한다. 유사한 원칙으로 '사실상 표준원칙(the de facto standards doctrine)'이 있다(정상조, 2004). 이는 원저자의 창작물이 해당 분야의 표준적인 생각이 되어 후발 저자들이 그 표준적 생각을 기반으로 삼지 않고는 새로운 창작물을 만들기 어려운 경우에 적용한다. 사실상 표준원칙과 필수장면원칙은 모두 저작권이 보호되기 위한 전제가 곧 원작물에 대한 원작자의 창의적 기여라는 점을 강조한다.

3) 대법원 제1부 1993.6.8 선고 93다3073.3080 중 "저작권의 보호대상은 아이디어가 아닌 표현에 해당하고 저작자의 독창성이 나타난 개인적인 부분에 한하므로 저작권 침해 여부를 가리기 위하여 두 저작물 사이에 지질적인 유사성이 있는가의 여부를 판단함에 있어서도 표현에 해당하고 독창적인 부분만을 가지고 대비하여야 한다."

4) 저작권법 제1조는 "저작자의 권리와 이에 인접하는 권리를 보호하고 저작물의 공정한 이용을 도모함으로써 문화의 향상발전에 이바지함을 목적"으로 함을 밝히고 있다. 미국 연방헌법 제1조의 해당 조문은 "The Congress shall have Power To promote the Progress of Science and useful Arts, by securing for limited Times to Authors and Inventors the exclusive Right to their respective Writings and Discoveries"라고 명시하고 있다.

공표, 양도, 판매 등에 대한 독점적 권한을 부여함으로써, 잠재적 작가들이 더 많은 저작물을 생산하기 위한 동기를 유발하고 따라서 더 많은 창작을 유도한다는 취지로 설정되어 있다. 저작권자의 권리를 보함으로써 궁극적으로 지식의 생산과 학습을 촉진할 수 있다는 것이다. 이를 저자 인센티브 논지라 부른다. 이와 약간 다른 경제학적 논지도 있다. 제한된 기간 동안 저작권자에 대한 독점적 이익을 보장함으로써 저작물 시장 전체적으로 보았을 때 생산과 유통이 더욱 효과적이고 효율적으로 이루어질 수 있다는 것이다. 이 주장은 '모든 잠재적 권리자의 이익'과 '무임승차자의 효율적 배제'를 통한 정보시장의 작동을 활성화할 수 있다는 요지를 담고 있다(Netanel, 1999). 저자 인센티브 논지와 경제학적 논지는 내용은 서로 다르지만 한 가지 공통된 함의를 갖고 있다. 저작권을 보호함으로써 기대할 수 있는 별도의 목적이 있다는 것이다. 저작권자의 권리를 보호함으로써 더 많은 창작이 유도되는지, 또는 저작권이 철저하게 보호되는 시장이 그렇지 않은 체계보다 더 효율적이고 효과적인지는 경험적으로 검증해야 할 문제이다. 그렇지만 요점은 그 논지가 무엇이든 간에 저작권자의 이익을 보호하기 위한 법적 장치는 수단일 뿐 목적이 아니라는 것이다. 저작권법은 저자의 이익 보호보다 더 많은 것을, 그리고 더 중요한 것을 다룬다. 바로 이 마지막 논점이 표절과 관련해서 중요한 함의를 갖는다. 저작권이 보호하려는 '더 중요한 이익'이 무엇인지 살펴보자.

2) 면책의 범위

저작권이 보호하는 이익을 이해하기 위해 '저작권 면책의 범위'를 검토할 필요가 있다. 모든 종류의 원고, 뉴스레터, 컴퓨터 프로그램 등 창작물은 70년간 저작권에 의해 보호받는다. 그러나 저작권이 주장된 저작물이라 해도 다음과 같은 경우에는 '공정한 이용(fair use)'또는 '공정이용'으로 간주되어 저작권 침해에 대한 염려 없이 저작물을 활용할 수 있다. 우리나라 저작권 상생협의체가 제안한 〈공정이용가이드라인〉에 따르면 다음과 같은 경우에 공정이용이 인정된다.[5)]

5) 공정이용과 관련된 조항은 우리나라 저작권법에도 규정되어 있다. 저작권법 제2관 지적재산권의 제한 중 제22조부터 제35조까지 저작권이 제한되는 조건을 제시하고 있으며, 특별히 제35조의3에 '저작물의 공정한 이용' 조항에서는 명시적으로 "통상적인 이용방법과 충돌하지 아니하고 저작자의 정당한 이익을 부당하게 해치지 아니하는 경우에는 보도, 비평, 교육, 연구 등을 위하여 저작물을 사용할 수 있다"는 조건을 제시하고 있다.

ⓐ 국가기관의 법령, 판결 등 공공저작물과 재판절차, 입법 및 행정목적의 이용
ⓑ 교육목적의 교과용 도서의 게재, 학교 등 교육기관에서의 이용
ⓒ 사실의 전달에 불과한 시사보도의 이용
ⓓ 공표된 저작물을 보도, 비평, 교육, 연구 등을 위해 인용
ⓔ 영리를 목적으로 하지 않는 공연 및 방송
ⓕ 사적 이용을 위한 복제
ⓖ 도서관에서 저작물의 이용
ⓗ 시각장애인을 위한 저작물 이용 등

공정이용 목록을 보면, 창작자의 재산권과 인격권이 유보되는 상황이 많으며 그 대상도 많다는 것을 알 수 있다. 저작권은 공익을 목적으로 하는 경우 유보되며, 사회적 약자를 위한 저작물의 이용도 용인한다. 저작권법은 저자의 이익 보호가 전부가 아니라는 것이다. 공정이용에 따라 저자의 이익이 제한되는 경우는 특히 (1) 이용의 목적과 성격(특히 상업적인지 아니면 비상업적인 교육적 목적인지), (2) 저작물의 본성, (3) 이용의 정도, (4) 이용에 따른 저작물의 가치와 잠재적 시장에 미치는 영향에 따라 저작물의 이용이 위법이 되기도 하고 그렇지 않기도 하다. 공정이용에 따른 저작권 침해의 면책은 일반적으로 비상업적인 공익적인 목적으로, 이미 공표된 뉴스 등 사실에 대한 저작물을 활용하는 경우, 이용하는 내용의 양과 실체성이 제한되고, 공정이용을 통해서 저작물의 잠재적 가치가 심각하게 훼손되지 않는 경우 등이 된다(Hoslinger & Dilts, 1994, 586).

공정이용은 표절과 관련해서 흥미로운 문제를 제기한다. 어떤 저자가 공정이용에 의거하여 다른 저자의 저작물을 활용한 경우, 저작권 침해는 아니지만 표절이 될 수 있기 때문이다. 예를 들어, 학술적 목적이나 교육을 목적으로 비상업적인 방식으로 타인의 저작물을 부분적으로 복제해서 사용하는 경우, 공정이용에 따라 원저작자의 권리 침해에 대해서는 면책이 될 가능성이 높다. 그러나 이렇게 저작권 침해가 면책되는 조건이라고 할지라도 표절의 문제는 그대로 남는 경우가 있다. 공정이용이라고 할지라도 예정된 독자 또는 청중에게 이용한 저작물이 자신의 것이 아니라는 것을 명확하게 밝히지 않는다면 역시 표절이 된다. 요컨대, 표절의 판단 여부는 저작권법상의 공정이용을 규정하는 기준과도

다르다. 극단적인 예를 들자면, 사적 계약을 통해서 원저작권자의 저작권을 완전히 양도받은 이가 자신의 이름으로 해당 원고를 출판했을 경우 저작권 침해는 일어나지 않겠지만, 얼마든지 표절이 될 수 있다.

3) 저작권 침해와 표절의 차별성

저작권은 저자가 저작물을 산출하는 순간 자동 발생한다. 이는 저작물의 복제, 공연, 방송 등을 통해서 얻는 이익을 통제할 수 있는 재산권으로서의 권리를 주요 내용으로 삼는다. 그런데 대륙법의 영향을 동시에 받는 우리나라에서는 재산권으로서의 저작권뿐만 아니라 저작물의 공표권, 성명표시권, 동일성 유지권 등을 포괄하는 저작인격권도 인정하고 있다.[6] 즉, 저작권자는 자신의 창작물에 대해 자신의 것임을 확인하고, 자신의 이름을 명시하고, 저작물의 상태를 유지할 수 있는 권리를 갖는다.

저작권이 저작인격권을 포함하기 때문에 때로 저작권 침해는 사실상 표절과 같은 현상을 지칭하는 것처럼 보인다. 즉, 어떤 저자가 다른 저자의 원고를 무단히 베껴서 출판하면 표절이자 동시에 저작인격권 침해가 된다. 재산권으로서의 저작권과 더불어 저작인격권 개념이 확대되면서 표절의 문제는 점차 저작권법의 범의 내로 포섭되어 가는 경향을 보인다는 논평도 제기된 바 있다(이일호, 김기홍, 2009). 그러나 저작인격권 침해와 표절은 하나의 행위에 동시에 나타날 수 있겠지만, 역시 개념적으로 서로 구분된다는 것이 나의 생각이다. 저작권 침해는 원저작자의 이익 취해에 대한 문제이지만, 표절은 주로 예상된 독자의 저자에 대한 기대를 배반하는 문제이기 때문이다. 전자에서 위반된 규범은 '타인의 권리를 침해하지 말 것'이라는 법적이며 윤리적인 명제이지만, 후자에서 위반된 규범은 '예상된 독자의 저자에 대한 기대를 배반하지 말 것'이라는 도덕적이며 윤리적인 명제이다. 요컨대 저작권 침해와 표절은 적용되는 윤리영역이 다

---

6) 나라마다 저작인격권에 대한 규정이 다르다. 독일에서 저작인격권은 일반적 인격권과 긴밀히 연관되어 논의되지만, 실은 일반 인격권과 구분되는 '저작자가 자신의 창조물을 보호할 수 있는 권리' 정도로 해석된다고 한다. 그러나 프랑스의 경우 저작인격권은 "구체화된 인격권"의 대접을 받는다. 따라서 프랑스에서 저작권이란 저자가 자신의 정신의 체화물, 즉 분신에 대한 권리인 인격권으로서 기능한다. 영미법의 전통에서는 저작권은 '침해받을 수 있는' 재산권으로 규정된다. 따라서 영미에서 저작인격권에 해당하는 '도덕적 권리(moral right)'란 재산권이 아닌 인격권으로서 그에 대한 침해는 권리의 침해가 아니라 '법적 의무의 위반(breach of statutory duty)'로 이해된다(이일호, 김기홍, 2009).

르기에 구분된다.[7] 따라서 저작권 침해라고 해서 저절로 표절이 되는 것도 아니고, 또한 저작권 침해가 아니라고 해서 표절이 안 되는 것도 아니다. 다만 현실에서 실제 저작권의 침해나 표절이 이루어질 경우, 이 두 가지 문제가 동시에 제기되기에 관련 있는 것처럼 보일 뿐이다.

3. 표절의 개념과 판정의 원칙

이 절에서는 표절을 '진정성 위반'으로 정의해서 제시하고, 그 정의에 따라 표절을 판정하는 4가지 원칙을 도출해서 제시하겠다. 나는 '자기 표절'이란 개념이 불가능하다고 믿는데, 그 이유를 제시함으로써 표절 개념을 더욱 명료하게 만들 수 있다고 보기에 여기에서 그 요점을 제시하려 한다. '풀어쓰기(paraphrasing)'는 표절과 관련해서 가장 오해를 사는 개념 중 하나이다. 모든 작가들이 '풀어쓰기를 하더라도 표절이다'는 주장을 제시하고 있다. 여기에서는 왜 그러한지, 그리고 그것이 함의하는 바는 무엇인지 논의하겠다. 이런 논의들이 모두 표절의 판정을 위한 주요 원칙을 도출하는 데 도움을 준다.

1) 진정한 소통

진정성(sincerity)은 어떤 이가 다른 이에게 자신이 믿는 바를 말하는 것을 의미한다. 요컨대 내가 말하는 바가 내 믿음을 충실히 반영하면 진정한 발언이 된다. 진정성은 소통을 전제로 성립하는 개념이며, 따라서 둘 이상의 소통적 상호작용 참여자의 행위에 적용되는 개념이다. 즉, 상대가 없으면 성립하지 않는 개념이 진정성이다.[8]

---

7) 남형두(2009)는 저작권 침해는 재산권 침해와 경제적 이익을 중심으로 파악되지만, 표절은 사회적 규범의 차원에서 규정된 윤리에 따라 피표절자의 저술이 보호되는 결과가 초래되는 것이라고 규정하면서 이 둘을 구분한다. 저작권 침해는 주로 재산권에 대한 문제이고 (물론 인격권 침해도 포함하지만), 표절은 윤리적 문제라는 것이다. 이는 어느 정도 저작권과 표절의 관련성과 차이성을 드러내지만 모호한 점을 남긴다. 가령 그는 저작권 침해와 표절 간의 관계가 마치 상표권과 부정경쟁방지법의 관계와 같다고 하는데, 이런 비유는 저작권 침해와 표절이 무엇을 위반하는 것이며, 무엇을 위한 것이기에 구분되는지 모호하게 만든다. 그의 논지에 따르면 저작권 보호와 표절방지는 같은 목적을 다른 방법으로, 즉 법과 윤리로 실현하는 것처럼 보인다.

8) 그렇다면 '스스로 속이지 말자' 또는 '자신에 대해 진정해야 한다'는 명제는 어떻게 가능한가? 이런 표현은 일인칭 반성을 대화적 소통으로 전환해서 이해하려는 일종의 은유라고 할

일반적으로 진정성은 소통하는 자의 신념과 표현의 동일성에 적용되지만, 정체성의 동일성에도 적용될 수 있다. 예를 들어, 어떤 이가 말을 하고 있지만 사실은 어떤 빙의된 존재의 생각을 옮기는 경우를 생각해 볼 수 있다. 혹은 복화술을 통한 꼭두각시의 발언인 경우나 타인의 협박에 의해 원하지 않는 말을 하는 경우가 있다. 또는 인터넷 토론방 같은 익명적 상황에서 자신이 아닌 다른 사람을 사칭해서 글을 쓰는 경우도 생각해 볼 수 있다. 이는 모두 '정체성의 동일성 위반'이라고 할 수 있는데, 이 역시 넓은 의미의 진정성 위반이다. 뒤에서 자세히 논의하겠지만, 소통하는 자의 동일성이 유지되어야 한다는 요구는 동시에 본원성(authenticity)이란 개념과 얽혀서 복잡한 사정을 만들어 낸다. 그러나 소통하는 자의 동일성 위반은 일차적으로 상대방에 대해 자신의 발언의 충실성을 유지하지 못하는 것이기에 역시 진정성 위반이라고 할 수 있다.

흥미롭게도 진정성이란 실제 소통 상황에서 진정 이루어지는지 알기 어렵지만 (즉 소통하는 주체가 과연 진심을 말하는지 별도로 확인하지 않는 한 그렇다고 말하기 어렵지만) 동시에 명백한 위반이 드러나지 않는 한 유지되는 것으로 간주된다. 즉, 다른 별도의 신호가 없는 상황에서 의사소통에 참여하는 자들은 일단 상대방이 그 자신의 생각에 충실하게, 즉 진심으로 소통할 것이라고 기대한다. 그리고 이런 기대를 저버리지 않는 한 '진정한 소통'으로 간주된다. 이렇게 보면, 진정성이란 명백한 위반이 드러나지 않는 한 유지되고 있다고 가정되는 것으로서, 모든 일상적 소통에나 적용되는 기본 전제와 같은 것이다.

따라서 진정하지 않은 소통이란 엄밀히게 밀하자면 진정할 것이란 기대가 어겨진 소통이다. 누구나 상대방이 진정할 것을 기대한다. 그리고 이런 기대가 충족되지 않았음을 깨닫는 순간 놀라게 되며 심하면 배신감을 느끼게 된다. 그러나 이런 이유로 상대방을 얼마나 비난할 수 있는지, 그리고 상대방에 대해 어떤 책임을 물을 수 있는지는 분명하지 않다. 나는 진정성에 대한 기대가 실은 그라이스(Grice, 1975)가 규정한, 소통행위에 가정된 '협동의 원리(cooperative principle)'와 같은 방식으로 작동한다고 생각한다. 어떤 소통의 행위라도 일차적으로 그 소통에 참여하는 자들의 소통목적에 합당한 말을 할 것으로 기대되는

수 있다. 흔히 개인의 다짐, 성찰, 의무 등에 적용가능하다. 다짐을 예로 들면, '다짐하는 자아'와 '그 다짐을 확인하는 또 다른 자아' 간의 대화적 소통이란 은유를 사용해서 '자신에게 거짓으로 다짐하지 말자'고 표현할 수 있겠다. 요컨대 '스스로 속이지 말자'는 명제는 분리된 자아간 소통이 가능하다는 전제를 도입해야만 가능하다.

데, 이런 원리에 따르는 가장 기본적인 격률(maxim)이 바로 '거짓이라고 믿는 바를 말하지 말라', 즉 진정하게 말하라는 것이다. 이런 격률은 모든 소통행위에 가정되는 기본적인 전제가 된다. 그런데 실제 소통행위에서 이 격률은 얼마든지 위반될 수 있으며 또한 현실적으로 그러하다. 그리고 바로 그 위반을 통해서 반어법, 유머, 거짓말 등과 같은 의미산출이 가능하다. 진정성에 대한 기대, 그리고 그에 대한 위반도 마찬가지다. 요컨대, 진정성에 대한 기대란 도덕이나 윤리적 명령에 따른 것이라기보다 모든 소통이 합목적적으로 작동하기 위해 요청되는 기본 가정이다.

진정하지 않은 상대는 분명 도덕적 비난의 대상이 된다. 진정하지 않은 자는 믿지 못할 사람, 즉 나쁜 사람이 된다. 표절을 일종의 '진정성 기대를 충족하지 않는 행위'라고 본다면, 표절 역시 도덕적 비난거리가 된다. 즉, 모든 도덕적 주체에게 요구되는 기본적인 기대에 대한 위반이기에 도덕적 일탈(moral trans-gression)에 속하게 된다. 그리고 일반적으로 도덕적 일탈은 윤리적 위반(ethical breach)의 필요조건이며, 표절은 그 자체로 학술공동체의 윤리적 위반이기 때문에 학술공동체는 이를 심각한 문제로 여긴다. 그러나 진정성에 대한 기대가 충족되지 않았다고 해서 무슨 엄청난 해악이 바로 초래되는 것은 아니다. 사실 글쓰기와 관련해서 해악이라고 부를 만한 것은 흔히 다른 문제로, 다른 방식으로 발생한다. 진정성 기대를 충족하지 않은 자는 일반적으로 기대되는 바를 지키지 않는 자로서 '함부로 믿기 어려운 사람'으로 판명된다. 따라서 그는 대학이나 연구기관, 문인공동체 등에서 '진정하지 않은 자'로서 오명을 얻게 될 것이다. 어떤 이는 표절을 범한 대가로 단지 '나쁜 사람이 되는 것'이나 '오명을 갖는 것'만으로는 충분하지 않다고 보고, 보다 가혹한 처벌을 주장한다. 그러나 이 세상에서 도덕적으로 나쁘다고 간주되는 것보다 더 나쁜 일이 있을까.

2) 표절의 정의

표절이란 한 저자가 다른 저자의 생각이나 표현을 가져다 씀으로써 독자가 다른 저자의 내용을 그의 것으로 오인할 수 있도록 유도하는 글쓰기로 정의할 수 있다. 이렇게 보면 표절은 타인의 창작물을 훔치기 때문에, 즉 창작물에 대한 저자의 권리를 침해하기 때문에 문제가 되는 것이 아니다. 앞서 말했듯이 이 문제는 저작권 위반을 통한 지적 재산권 침해에 속한다. 표절은 예정된 독자가 기대하는 바를 어기는 저자의 행위이다. 진정성 개념을 적용시켜 말하자면, '저자가 글 쓴 바가 다른 누구의 생각이 아닌 바로 저자의 생각을 표현한 것이라는 기대'를 충족하지 않는 글쓰기를 의미한다.

표절이 가능하기 위해서 요청되는 독자의 기대에 대해 검토할 필요가 있다. 먼저 '독자'에 대해 생각해 보자. 표절에 고려해야 할 독자는 실제 독자가 아니라 '예상된 독자'이다. 즉, 사실은 아무도 읽지 않은 논문이나 시라고 할지라도 표절이 될 수 있다. 저자가 그 자신이 아닌 다른 이를 겨냥해서 글을 쓰는 순간 '예상된 독자'에 대한 진정성 유지가 도덕적으로 요구되며, 이 요구가 글 쓰는 순간 충족되지 않는다면 표절이 된다. 그렇다면 '기대'란 어떤 기대인가? 바로 '다른 누구의 생각이 아닌 바로 그 저자 자신의 생각을 반영할 것이라는 기대'이다. 즉, 저자 생각의 고유함이 기대되는 내용의 본질이다. 그리고 '모든 저자는 자신의 고유한 생각을 표현해야 한다'는 기대는 저자의 독창성에 대한 기대를 의미한다.

결국 표절을 문제 삼는 사회란 저술의 고유함을 가치 있게 여기는 사회이며, 저자는 모름지기 독창적이어야 한다고 요구하는 사회이다. 고유함과 독창성을 요구하지 않는 사회에서 표절 자체가 문제될 일이 없다. 마찬가지로 예상된 독자들이 저술의 고유함을 요구하지 않거나 그럴 수 없는 조건에서라면 표절이 문제되지 않는다. 예컨대 교재의 저술에서 해당 분야의 이론을 정리해서 제시하는 경우, 법원의 판결문을 작성할 때 변호사의 주장을 언급하는 경우 등에 대해서는 표절이 문제되지 않는다. 교과서나 판결문의 내용이 '저자 자신이 고유한 생각을 표현할 것'이라고 누구도 기대하지 않기 때문이다(Posner, 2007/2008, 45; cf. Gibaldi, 2003, 66). 패러디의 경우에도 표절이 적용되지 않는다. 패러디란 원작의 내용을 원용해서 새로운 의미를 담아내는 것이 본질인데, 패러디를 의도한 저자의 의도가 성공하기 위해서라도 원작자가 별도로 있다는 사실이 인정되면서 동시에 패러디 저자의 의도가 드러나야 한다. 즉, 패러디는 패러디 저자의 고유한 생각이 더해지는 경우이기에 표절이라 보기 어렵게 된다.

포스너(Richard Posner, 2007/2008, 55−56)는 표절을 '비합의적 사기성 복제(nonconsensual fraudulent copying)'라고 정의하고, (1) 독자가 복제한 내용을 저자의 독창적인 창작물로 오인하도록 유도하고, 동시에 (2) 이를 통해서 원저자에게 피해를 주는 경우 표절이라고 규정한다. 포스너의 정의는 일단 표절이 일종의 절도가 아니라 기만이라는 점을 분명하게 했다는 점에 공적이 있다. 그러나 내가 보기에 그가 제시한 두 번째 표절의 조건은 과도한 것이다. 원저자에게 피해를 입히는 것을 표절의 필수적 구성요건으로 삼을 필요가 없기 때문이다.

포스너를 따르면, 원저자에게 피해를 주지 않는 경우에는 표절이 아니게 된다. 이렇게 되면, 예컨대, 어떤 학생이 위키피디아 등과 같은 사이트의 내용을 다운받아 보고서를 꾸며서 제출하는 행위가 표절이 아니라는 납득하기 어려운 결론으로 이어진다. 포스너는 이런 사례가 일종의 '학문적 사기'일 뿐 표절은 아니라고 주장했다(Posner, 2007/2008, 56). 이 경우 원저자를 규정하기 어렵고, 규정할 수 있더라도 그에 대한 피해 여부가 불분명하기 때문이라고 했다. 포스너의 관점에서 보면, 모든 '자기 표절'은 원저자에게 피해를 주지 않으므로 표절이라고 할 수 없다.

나는 포스너의 견해가 과도하다고 생각한다. 포스너가 제시한 첫 번째 조건을 충족하면 두 번째 조건을 충족하지 않더라도, 즉 원저자에게 피해를 주지 않더라도 표절이 된다고 본다. 표절은 근대 이후 작가들, 특히 낭만주의 시대 작가들이 추구한 저술의 고유함 그리고 저자의 독창성이란 개념을 배경으로 성립한다. 근대 이후 저자들은 다른 누구의 목소리가 아닌 자신만의 목소리를 제시할 것을 요구받는다는 것을 인식하고 있는데, 이런 기대를 명백히 충족하지 못하는 경우라면 그 결과 누가 피해를 입든 관계없이 표절이 된다는 것이다.

예컨대, 교수가 학생이 제출한 보고서를 활용해서 논문을 작성한 경우, 그 학생을 인용하지 않거나, 인정하지 않거나, 또는 공저자로 간주하지 않으면 표절이다. 학생이 그 교수를 존경해서 자신의 보고서가 교수의 논문에 활용될 것을 영광으로 알고 기꺼이 자신의 보고서를 교수에게 가져다 바쳤다고 할지라도 표절이 된다. 왜냐하면 이 경우 교수는 예상된 독자에게 그 작품의 진정한 저자가 학생이 아닌 자신이라고 오인하도록 유도함으로써 기대되는 진정성을 위반했기 때문이다. 심지어 원저자에게 피해가 없고 영광이 돌아가더라도, 예상된 독자가 갖는 진정성 기대를 충족시키지 못했다면 표절로 보아야 한다. 이런 해석이 표절에 대한 상식적 반응과도 조응한다. 다시 강조하지만, 표절의 요점은 저자와 원저자의 관계에 있는 것이 아니라 저자와 독자의 관계에 있다. 글 쓰는 순간에 '이 글은 글의 저자로 밝혀진 바로 그 자의 고유한 생각을 담은 것이며, 그것은 다른 누구의 것도 아니라는 기대'를 갖는 주체인 예상된 독자가 구성된다. 이 독자의 기대를 배반하면서 글을 쓰는 순간 표절이 성립한다.

3) 이른바 '자기 표절'의 문제

'자기 표절'이란 표현이 사용되어 논란이 된다. 이 표현을 검토함으로써 표절의 문제를 더욱 분명하게 제시할 수 있기에 여기에서 검토할 필요가 있다. 흔히 자기 표절이란 한 저자가 어떤 시점에 독창적으로 저술한 내용을 이후 다른 시점에서 다시 활용하는 경우를 의미한다. 그런데 이런 행위가 왜 문제가 되는지 자명하지 않다. 이른바 '자기 표절'이 개념적으로 가능하기 위해서는 '모든 저자의 저술행위는 항상 고유해야 한다'는 전제가 필요하다. 그래야 이 전제가 위반할 때 표절로 문제 삼을 수 있다. 그러나 나는 이 전제는 누구도 수용하기 어려운 거의 불가능한 전제라고 본다. 왜냐하면 독창성은 분명 칭찬받아야 할 미덕이지만, 모든 저자가 '항상' 실현할 수 있는 미덕은 아니기 때문이다. 할 수 없는 것을 해야 한다고 주장할 수 없다.

근대 낭만주의 이후의 저자들은 '다른 어떤 것으로도 환원 불가능하고 누구의 것으로도 대체 불가능한 개성'을 추구했으며, 이런 저자의 개성이 발현된 작품의 고유함을 추구해 왔다. 낭만주의 이후 이른바 '작가공동체'는 독창적인 저자에 대해 존경을 보내며 명성을 부여했다. 독창성(originality)은 창조성(creativity)과 개념적으로 구분되지만, 서로 관련된다. 일단 창조적이지 않으면 독창적일 수 없다. 창조성, 즉 '없는 것을 있는 것으로 만드는 능력'은 인간과 신에 부여된 권능으로서 그것을 보는 이들의 존경과 경탄의 대상이 되는 최고의 덕성 중의 하나이다. 한 저자가 지속적으로 창조적일 경우 존경과 경탄의 대상이 된다. 그러나 창조적인 저자가 독창적이지 않다면 어떻게 되는가?

독창성을 '남과 다른 행위를 할 수 있는 능력'이라고 정의하면, 그 개념 자체는 이해하기 쉽다. 그러나 독창적 행위를 현실에서 보고 확인하기는 어려운 일이며, 특히 한 개인의 특정 행위가 독창적인지 판단하기는 매우 어렵다. 일단 '남과 다른 것을 산출하는 능력'이 발휘되었는지 확인하기 위해서는 '얼마나 달라야 진정 다른 것인지' 먼저 규정할 수 있어야 한다. 그러나 얼마나 많은 다른 사람의 행위를 알고 있어야 '다른 사람과 다르다'고 판단할 수 있을까? 또한 과연 문제의 행위가 다른 사람의 행위와 얼마나 달라야 '진정 다르다'고 말할 수 있을까?

진짜 심각한 질문은 과연 독창성이 한 작가의 전 생애를 통해서 항상 실현될 수 있는 미덕이라고 기대할 수 있느냐는 것이다. 나는 그럴 수 없을 것이라 생각한다. 즉, 어떤 저자가 일생의 어느 시점에 창의적이어서 고유한 기여를 함으로써 존경과 경탄의 대상이 될 수 있을 것이라고 본다. 그러나 언제나 창의적이지 못했다고 해서, 즉 '과거의 자신으로부터 독창적이지 못했다고 해서' 그런 이유로 비난받아야 하는지 모르겠다. 결정적으로 나는 '독창성의 저술문화'가 염려하고 보호하려는 대상은 '고유한 기여를 하는 창작물을 생산하는 창의적 개인'이지 '특정한 시점의 창작행위' 자체가 아니라고 본다. 즉, 어떤 개인이 창의적일 수 있고, 그래서 한 개인이 창의적이면 좋으며, 따라서 그런 개인과 그의 능력을 칭찬하는 것이지, 어떤 개인의 특정시점과 장소에서의 창작행위 자체가 항상 독창적이어야 함을 요구할 수 없다.[9] 왜냐하면 이는 명백히 과도한 요구이기 때문이다. 이 요구를 완전히 실현하기 위해서라면 모든 저자는 항상 새로운 것을 써야 하거나, 아니면 단 하나의 작품만 쓰는 편이 낳다. 독창성과 관련된 이 요점을 이해하면 이른바 '자기 표절'과 관련된 많은 오해를 쉽게 풀 수 있다.

흔히 하나의 논문을 이 학술지와 저 학술지에 동시에 게재하는 경우 또는 한 논문의 내용을 다른 논문에서 활용하는 경우 등을 일러 '자기 표절'이라 부른다. 자신을 표절하는 것은 개념적으로 불가능하므로, 나는 이를 '이중게재'와 '무리한 활용'으로 다룰 것을 제안한다. '이중게재'와 '무리한 활용'로 규정하더라도 윤리적으로 얼마든지 규제할 수 있으며, 표절과 구분되기에 오히려 더욱 명확하게 규정할 수 있다. 이중게재는 학술지 편집위원회가 결정할 문제이다. 무리한 활용은 출판 및 논문 작성의 성과를 기반으로 연구자를 평가하는 데 혼란을 유발하는 일이다. 그러나 그렇다고 할지언정 이중게재나 무리한 활용이 독자에 대한 저자의 진정성 기대의 배반, 즉 표절이 되는 것은 아니다.

물론 무리한 활용을 통해서 연구업적을 부풀리고, 이를 통해 자신의 능력을 과대평가 받았다면 이는 학술공동체 내에서 비난 받을 만한 일이 된다. 또한 이

---

9) 독창적 표현이 곧 고유한 기여의 내용이 되는 예술분야에 이 문제를 적용해 보면 자명한 답변을 얻을 수 있다. 끌로드 모네의 그림들이 서로 유사하다고 해서 모네를 '자기 표절' 작가로 비난하지는 않는다. 드뷔시의 피아노 작품이 갖는 고유함이란 그의 모든 피아노 작품이 제각기 독창적이라는 데 있다기보다 드뷔시의 작품이 다른 작곡가의 작품과 구분되는 독창성을 갖는다는 데 있다.

를 통해서 그렇게 평가 받지 않았으면 불가능했을 승진이나 보상을 받은 경우에는 분명 부당하게 이득을 취한 것이라고 할 수 있으며, 따라서 원인 무효 사유가 된다. 그리고 이는 당연히 학술공동체의 규범에 근거해서 규제할 만한 일이다. 그러나 역시 '표절'이라서 비난 받을 일은 아닌 것이다.

4) '풀어쓰기도 표절이다'

표절과 관련한 가장 흔한 오해는 다른 저작의 표현을 복제하면 표절이지만, 해당 표현을 풀어쓰기(paraphrasing) 또는 표현만 바꿔서 옮기는 것은 표절이 아니라는 생각이다. 포스너(Posner, 2007/2008)가 그의 저서에서 예시한 하버드 대학의 비스와나탄 사례를 보면, 표절은 다른 이의 표현을 '있는 그대로 복제'하지 않아도 성립한다는 것을 알 수 있다. 내용이 사실상 같은데 표현만 바꾸어 쓰더라도 내용의 전체적인 요지와 구성이 다른 저자의 요지와 구성과 같으면 표절이 된다. 타인의 저술에 대한 표절이 아닌 내용상에 있어서 얼마나 독창적인지가 관건이 된다. 이와 관련해서 가장 많이 인용되는 사례인 비스와나탄 소설의 도입부를 보자.

> 프리실라는 나와 동갑이었으며 두 블록 떨어져 살았다. 그것만으로도 그녀는 내 인생의 첫 15년 동안 가장 친한 친구가 되기에 충분했다. 우리는 영재를 위한 놀이반에서 함께 주판에 빠져들면서 유대감을 갖게 되었다. 하지만 이는 프리실라가 고등학생이 되면서 안경을 벗고 연달아 남자친구를 사귀기 시작하기 전의 일이다. (Priscilla was my age and lived two blocks away. For the first fifteen years of my life, those were the only qualifications I needed in a best friend. We had first bonded over our mutual fascination with the abacus in a playgroup for gifted kids. But that was before freshman year, when Priscilla's glasses came off, and the first in a long string of boyfriends got on.)

비스와나탄은 처음에는 표절 사실을 강력하게 부인했으며, 나중에는 원작을 '무의식적으로 내면화했다'고 변명했다. 결국 그의 소설은 맥카퍼티의 2001년 소설을 표절한 것으로 판정받았다(Posner, 2007/2008, 28). 그리고 출판사는 비스와나탄과 맺은 모든 계약을 취소했다. 다음은 맥카퍼티의 원작 소설이다. 비스와나탄이 맥카퍼티의 문장을 그대로 복제한 것은 아니지만 원본의 내용과 유사한 내용을 제외한다면 해당 소설에서 독창성의 차원에서 보았을 때 별로 남는 것이 없다.

> 브리짓 동갑이고 바로 길 건너에 살았다. 이것으로 그녀는 내 인생의 첫 12년간 가장 친한 친구가 되기에 충분했다. 그러나 이는 브리짓이 교정기를 벗고 남자친구인 벅을 사귀게 되고, 나도 중학교 우등반에서 호프를 만나기 전의 일이었다. (Bridget is my age and lives across the street. For the first twelve years of my life, these qualifications were all I needed in a best fried. But that was before Bridget's braces came off and her boyfriend Burke got on, before Hope and I met in our seventh-grade honors classes.)

연구윤리에 대한 일반적 지침을 제시한 지발디(Gibaldi, 2003, 71)와 립슨(Lipson, 2004/2008, 77) 역시 다른 이의 문장이나 논변의 전개를 풀어쓰는 것도 표절임을 명백히 한 바 있다. 따로 인용을 통해서 출처를 밝히지 않는 한, 모든 글은 저자의 고유한 생각을 표현한 것으로 간주된다. 남의 저작의 내용을 옮길 경우, 비록 그 내용을 문장 그대로 옮기는 것이 아닐지라도 원저자의 내용을 부당하게 자기 것으로 주장하는 셈이 되기에 표절이 된다.

풀어쓰거나 바꿔서 쓰면 표절이 아니라는 오해는 역시 '표현의 복제'만 범하지 않으면 표절시비를 피할 수 있다는 잘못된 생각에 기초한 것이다. 저작권 침해의 판단기준이 되는 '표현의 복제' 여부를 독자에 대한 진정성 위반 여부와 착각한 것이다. 다시 강조하지만 표현의 단순복제가 아니더라도 독자가 기대하는 저작물의 고유성에 대한 기대가 배반될 경우 표절이다. 따라서 '생각의 복제'란 문제는 저작권 침해의 구성요소가 될 수 없더라도, 표절과 관련해서는 문제가 된다.

풀어쓰기(paraphrasing)도 표절이라는 것을 알게 되면, 표절과 관련해서 흔히 제기되는 '어떻게 그리고 얼마나 복제해야 표절인가?'라는 질문은 요점을 잃은 질문임을 알 수 있다. 내용적으로 저자가 원작자의 생각을 인용 없이 옮겨다 쓴 것이 명백한 상황이라면 '얼마나' 그리고 '어떻게' 옮겨다 썼는지는 상관 없이 표절이 된다. 표현의 복제 여부를 문제 삼는 저작권 침해를 판정하기 위해서는

'어떻게 그리고 얼마나 복제했나'가 별도의 고려사항이 되지만 표절의 경우에는 이 문제는 적용되지 않는 것이다.

5) 표절의 판정

언론 등을 통해서 공개된 표절 사례를 보면 따로 전문적인 판정을 내릴 필요도 없이 명확하게 표절인 경우가 있다. 예를 들어, 도저히 우연의 일치라고 볼 수 없이 많은 분량의 글을 인용 없이 베껴온 경우, 다른 여러 저자의 글을 짜깁기해서 하나의 글을 만들어 발표한 경우, 다른 연구자가 발굴한 역사적 자료나 다른 연구자의 실험결과를 인용 없이 가져다 쓰는 경우 등이다. 그러나 실은 표절 여부가 명백한 경우는 전체 표절 사례의 일부분에 불과하다. 실제 범해진 표절이 모두 드러나는 것도 아니며, 드러난다 하더라도 표절로 명확하게 규정하기 어려운 경우가 많다. 심지어 원작자의 고발이 있거나 표절 검색 프로그램을 이용해서 적발된 경우에도 표절 여부를 확인하기 어렵다.

앞서 논의한 바를 정리하면, 표절판정에 적용해야 할 기준을 제시하면, 첫 번째 원칙은 역시 '진정성 기대의 충족' 원칙이다. 즉, 저작물의 내용이 그 저작물에 명시된 저자의 고유한 생각을 표현한 것이며 그것은 다른 누구의 생각이 아니라는 독자의 기대를 충족하는 한 표절의혹에서 벗어날 수 있다. 첫 번째 원칙에서 도출된 보조원칙으로 표절을 표절이 아닌 다른 도덕적 일탈(내용의 위조, 비인도적 가치의 주장 등)이나, 윤리적 위반(이중게재, 중복활용, 무임승차, 연구성과에 대한 부당한 점유 등), 그리고 법적 위반(저작권 침해, 명예훼손 등) 등과 개념적으로 구분하여 봐야 한다는 것이 있다. 둘째, '풀어쓰기(paraphrasing)'에 대한 논의에서 제시한 결론으로서, 표절은 표현의 복제 여부를 따지는 것이 아니라 저자의 독창성에 근거한 내용의 고유함을 따진다는 점도 중요한 원칙이다.

그러나 실제 표절시비에 걸린 사례를 보면, 이런 원칙들을 적용하더라도 판단하기 애매한 경우가 많다. 예를 들어, 교육과학기술부가 지정한 〈연구윤리정보센터〉의 홈페이지에 게시된 종합자료실 자료 중, 표절의 경계(http://www.cre.or.kr/article/multimedia/1383087)란 게시물이 있다. 이 게시물은 한국연구재단이 제작한 것으로서, 다음 4가지 사례를 표절 여부를 판단하기 어렵다고 제시하고 있다.

ⓐ 다른 연구자의 논문에서 초록의 도입부, 결과, 토론 등에서 문장을 일부 옮겨 온 경우이다. 저자는 일부 문구를 사용한 것은 인정했지만, 내용과 결과는 다르기 때문에 표절이 아니라고 주장한다.

ⓑ 다른 연구자의 서론의 일부 문장을 그대로 옮겨 온 경우이다. 저자는 서론 일부를 그대로 썼다는 것을 인정했지만, 그것은 '일반적인 사항'에 불과한 것이라 변명한다.

ⓒ 다른 연구자의 논문에서 대부분 문장을 옮겨 온 것이 확인되었지만, 저자가 선행연구의 방법론을 모델로 연구를 진행했을 뿐 연구대상과 연구결과는 다르다고 주장하는 경우이다. 저자는 동일한 표현을 쓴 것을 인정하지만 그것은 일반적 설명에 속하는 것이라 표절이 아니라고 주장한다.

ⓓ 표절 검색 프로그램에서 표절판정을 받을 정도로 같은 내용을 담고 있지만, 저자는 핵심어, 연구대상, 연구방법이 거의 같을 뿐 실험결과는 다르다고 주장하는 경우이다. 저자는 또한 일부 표현이 다른 저작물과 유사한 이유로 그 표현 자체가 논문작성에서 관행적으로 사용되는 표현이기 때문이라고 주장한다.

위의 4가지 사례가 담고 있는 문제를 분석적으로 정리해 보면 ⓐ '같은 표현, 다른 내용' 주장, ⓑ '같은 표현, 일반적 내용' 주장, ⓒ '같은 표현, 일반적 방법론' 주장, ⓓ는 위의 ⓐ와 ⓑ를 복합적으로 적용하는 경우이다. 즉, '같은 표현, 다른 내용'과 '같은 표현, 일반적 내용' 주장을 동시에 하는 경우이다. 따라서 이는 별도의 주장은 아니다. 일단 4가지 사례들은 모두 저자의 글이 다른 저자의 글의 표현과 같다는 것을 일부 인정하지만, 표절은 아니라고 주장한다는 점에서 공통된다. 흥미롭게도, 위의 주장 모두 표절판정에 '표현의 복제 여부'가 결정적 기준이 되지 못한다는 원칙을 이용해서 변명에 활용하고 있다. 앞서 보았듯이, 표절판정의 2번째 원칙은 '표절은 표현의 복제 여부를 따지는 것이 아니라 저자의 독창성에 근거한 내용의 고유함을 따짐'을 제시하는데, 이 원칙을 활용해서 '표현의 복제를 했지만 표절은 아니다'고 주장하고 있다는 것이다. 세 주장을 하나씩 검토해 보자.

ⓐ **같은 표현, 다른 내용:** 일부 글의 표현은 다른 글과 같지만, 전체적으로

보았을 때 다른 내용이므로 표절이 아니라는 주장이다. 나는 이 주장을 설득력 있게 제시할 수 있다면, 누구든 표절시비에서 벗어날 수 있다고 본다. 왜냐하면 표절이 문제 삼는 가치란 잠재적 독자에 대해 '이 글은 저자의 고유한 생각을 담고 있을 뿐, 다른 이의 생각을 담고 있는 것이 아니다'라는 기대를 충족시키는 것이라고 할 때, '표현이 담고 있는 생각이 다르다'는 주장이 입증되면 역시 표절이라고 볼 수 없기 때문이다. '표현은 같지만, 내용은 다른' 경우란 생각보다 자주 발생한다. 예컨대, 하나의 상투적이거나 관용적인 표현을 다른 맥락에서 사용함으로써 다른 의미를 전달하는 것이 얼마든지 가능하다. 그러나 이 조건이 표절시비를 벗어나기 위한 구실이 되지 않는 경우가 있다. 다음 두 조건이 그러하다.

첫째, 시적 표현과 같이 표현 그 자체가 내용인 경우에 대해서는 '같은 표현, 다른 내용'이라는 주장을 적용하기 어렵다. 고유한 표현이 중요하다고 인정되는 인문학의 경우에는 '같은 표현, 다른 내용'이란 주장을 수용하기 어려운 경우가 많을 것이라고 예상할 수 있다. 반면 고유한 표현을 크게 문제 삼지 않는 이공계에서는 이 주장이 통하는 경우가 더 잦을 것이다. 둘째, 그의 의도, 맥락, 효과 등을 모두 감안하더라도 '같은 표현'의 양이 너무 많다면, 내용적으로 다르다고 주장하기 어려워진다. 특히 이 조건은 개별적인 표절판정에서 중요한 역할을 수행한다. 표절 여부를 판정함에 있어서, 저자가 '표현은 같지만, 내용이 다르다'고 주장하더라도, 같은 표현의 양이 많아질수록 그 주장이 유지될 가능성이 적어진다.

ⓑ **같은 표현, 일반적 내용:** 이 주장 역시 설득력 있게 제시할 수 있다. 상식에 가까운 역사적 사실에 대해 언급하는 경우 누구도 표절이라고 말하지 않는다. 또한 해당 분야에 알려진 주장도 마찬가지다. 예를 들어, 언론학이나 커뮤니케이션학 분야의 어떤 저자가 '미디어는 메시지다'라는 표현을 인용 없이 제시했다고 해서, 그 저자가 맥클루언(McLuhan)의 〈미디어의 이해〉란 저작을 표절했다고 말하지 않는다. 왜냐하면 '미디어는 메시지다'는 표현은 언론학과 커뮤니케이션학의 초심자는 누구나 알고 있는 명제이기 때문에, 어떤 저자도 이 표현을 사용하면서 자기 자신의 고유한 생각인 것처럼 포장하기 어렵기 때문이다. 요컨대, 표절이 될 수 없는 표현이 있다. '너 자신을 알라', '그래도 지구는

돌고 있다', '신은 죽었다' 등이 여기에 해당한다. 마찬가지로, 정치학자가 '공산주의라는 유령이 떠돌고 있다'고 쓰거나 방법론 논문에서 '반증가능성' 개념을 인용 없이 사용한다고 해서, 마르크스와 포퍼를 표절했다고 말하기 어렵다.

'일반적 내용'에 대한 판단은 영역별로 규정된다. 한 분야에서 일반적으로 알려진 내용이 다른 분야에서는 그렇지 않는 경우가 있다. 이 경우 학문의 경계를 넘나들면서 인용 없이 표현을 사용하는 경우 표절의 의혹을 살 가능성이 높아진다. 예를 들어, 앞서 말했듯이 언론학분야에서 '미디어는 메시지다'는 표현을 인용문 없이 사용하는 것은 표절이 될 수 없지만, 컴퓨터 공학분야의 연구자가 다른 동료연구자들에게 매체의 중요성에 대해 주장하면서 이 표현을 인용 없이 사용한다면 표절이라고 간주될 확률이 높아질 것이다.

ⓒ 같은 표현, 일반적 방법론: 방법론은 이론적 성과보다 더 기초적인 지식체계로 간주되며, 따라서 개인이 개발한 방법론이라 할지라도 학술공동체의 공동자산으로 여겨지는 경우가 많다. 누구도 미분법을 사용하면서, 뉴턴을 인용하지 않는다. 누구도 실험방법론을 사용하면서 흄을 인용하지 않는다. 분과 학문에 있어서도 연구방법 중에는 해당 분야의 패러다임 수준의 공유자산으로 간주되는 내용들이 많다. 따라서 서로 다른 연구자들이 같은 방법론을 사용해서 독창적인 논문을 쓰는 일은 사실 흔히 발생하는 일이다.

그런데 과학이 발전하면서 연구방법론도 새롭게 개발된다. 어떤 창의적 연구자의 독자적으로 방법론을 개발함으로써 학문에 고유한 방식으로 기여할 수 있다. 고유한 기여를 하는 방법론이란 안정적이며 타당한 방식으로 지식을 산출하는 데 기여하는 방법론이라고 해야겠지만, (즉 방법론의 타당성이 중요하지, 독창성이 요점이 아닌 것 같다) 방법론의 미덕이 무엇이든 고유한 방법론이 새롭게 개발될 수 있는 것이다. 이때 다른 연구자가 개발한 새로운 방법론을 사용하면서 인용하지 않음으로써, 바로 그 방법론의 개발자인 것처럼 보일 가능성이 있다면 표절의 경계에 다가선 것이다. 진지한 연구자라면 이론의 개발만큼이나 연구방법론의 개발도 중요하며, 방법론이 고유한 학술적 기여로 인정받는다는 사실을 잘 알고 있다. 이를 알면서, 다른 연구자의 고유한 방법론을 인용 없이 이용함으로써 자신의 생각인 것처럼 제시한다면 표절이 된다.

위의 세 주장을 검토하면서 자연스럽게 두 개의 추가적인 표절판정 기준을 도출할 수 있다. 첫째, 표절 여부는 해당 분야의 전문가의 판단에 맡겨야 한다. 표절판정은 일반적 원칙을 구체적 사례에 적용하는 일이다. 이를 위해서는 해당 분야의 일반적 지식이 무엇인지 잘 알고 있으며, 동시에 해당 분야에서 고유한 학술적 가치의 창조라고 간주될 만한 내용이 무엇인지 잘 알고 있는 지식이 필요하다. 따라서 해당 분야 전문가의 판단을 요청하는 것이 바람직하다. 나는 또한 소위 전문가의 안목도 중요하다고 믿는다. 제기된 표절시비를 연구자 간 경쟁이나 질투의 관점에서 보지 않고, 해당 분야의 학문의 발전이란 관점에서 평가할 수 있는 안목을 지닌 현명한 전문가 집단의 판단이 필요하다.

둘째, 표절판정은 학문분야별로 이루어져야 한다. 표절판정을 위해서는 표절시비의 대상이 되는 글의 내용적 고유함, 표현의 일반성, 방법론의 일반성 등을 판정하기 위한 배경적 지식을 요구되는데, 이런 지식은 학문분야 또는 글쓰기분야별로 결정될 수밖에 없다. 예컨대, 한 분야에서 일반적으로 수용되는 내용이 다른 분야에서는 그렇지 않을 수 있다. 또한 한 분야에서는 일반적인 방법론이 다른 분야에 적용되어 새로운 방법론적 기여를 산출할 수 있다. 따라서 표절 여부에 대한 결정은 분과 학문분야 또는 글쓰기분야별로 제기되고, 조사되고, 판단이 이루어져야 한다.

4. 표절을 극복하기 위한 방법

표절을 정의하고 규정하는 일은 어렵지만, 뜻밖에 표절을 피하는 방법은 간단하다. 인용하면 된다. 이 절에서는 표절과 인용의 관계에 대해 논의하겠다. 그런데 이렇게 간단히 피할 수 있는 표절이 현실에서 계속 반복되어 발생하는 이유는 무엇인가? 나는 이 문제가 저자의 본원성(authenticity)과 관련되어 있다고 믿는다. 그리고 표절을 저자의 본원성과 연관시켜 보아야 반복되어 발생하는 진정한 원인에 다가설 수 있다고 믿는다. 그리고 본원성 개념을 적용해 보았을 때, 특별히 문제가 되는 사안이 '학생의 표절'이다. 이에 대한 논의를 통해서 학술공동체가 표절에 대처하는 일반적 자세를 도출해 보겠다.

1) 표절을 극복하는 법: 정당한 인용

표절을 미워해서 모든 모방을 적대시해서는 곤란하다. 어떤 연구자라도 다른 연구자의 저술로부터 배우지 않을 도리가 없다. 어떤 작가라도 다른 작가의 글에서 영향 받지 않을 도리가 없다. 그리고 이런 학습과 영향력의 과정에 '생각의 모방'이 없을 수 없다. 한 작가가 다른 작가의 생각을 모방하여 배우는 일은 의식적이든 무의식적이든 불가피하다. 사실을 말하자면, 습작단계에서 근면하고 정확하게 다른 위대한 작가의 작품을 모방해 본 경험이 없는 작가는 창의적 작가로 성장하기 어렵다. 또한 많은 예술과 학술분야에서는 심지어 적절한 수준의 모방능력을 과시하시 않고는 훌륭함을 증명할 수 없다. 예컨대, 예술에서 창작기법의 습득과 과학에서 방법론의 활용은 흔히 모방과 창조적 수용의 경계를 넘나든다.

모든 모방을 적대시하는 일은 일종의 문화적 편향이며, 심지어 과도한 편향이어서 편파적이라고 할만하다. 나는 이른바 '창조적 모방'이라고 볼만한 행위가 있으며, 그것은 좋은 것이며 따라서 장려해야 한다고 생각한다. 이런 관점에서 보면, 저자의 목표는 다른 위대한 작가의 생각을 배우고 활용하되, 표절이라고 지탄받을 만한 정도로 무리하게 베껴내지 않는 것이 된다. 얼핏 '모방하되 표절하면 안 된다'라는 격률은 모순적으로 들리며, 성취하기 어려운 과제처럼 들린다. 그러나 사실 학술적 글쓰기에서 이는 전혀 어렵지 않다. 정당하게 인용하면서 글을 쓰면 된다. 이렇게 보면, 표절을 예방하기 위해 소극적으로 표절을 피할 것을 주문하는 것이 능사가 아니다. 적극적으로 정당하게 인용하면서 글쓰기 할 것을 권장해야 한다.

표절예방의 요점은 '정당하게 인용하면 아무리 모방하거나 복제해도 표절이 아니다'는 사실을 분명히 인식하는 데 있다. 특히 배우는 학생들에게 표절이 염려스러우면 그때마다 원저자를 찾아서 인용하면 된다는 점을 강조할 필요가 있다. 실로 정당한 인용을 통해서 다른 저자의 생각을 활용하면서 그 출처를 밝히는 일은 연구자의 미덕에 속하지 그 반대가 아니다. 너무 인용이 많은 나머지 저자 자신의 고유한 생각을 드러내지 못하는 경우가 있는데, 이럴 경우에는 반대로 문제가 된다. 나름 독창성을 주장할 수 있는 여지가 줄기 때문이다.

정당한 인용은 '표절예방'의 차원에만 바람직한 일이 아니다. 인용이란 본디 저자가 다른 저자와 관련성을 드러냄으로써 자신의 저자성(authorship)을 구성하는 중요한 장치이다. 저자는 인용을 통해서 자신이 어떤 연구전통에서 어떤 저자들의 성과를 중요하게 간주하고 있는지 평가하며, 또한 자신이 어떤 연구전통에 속하는지 자인하게 된다. 인용은 저자가 원저자에게 존경을 표시하는 일이며, 때로 저자 자신의 학습성과를 과시하는 일이 되기도 한다. 자신의 고유한 기여를 분명하게 하기 위해서라도 기존연구에 대한 검토를 통해서 무엇이 오래된 생각이고, 무엇이 새로운 생각이며, 자신은 어떻게 새로운 생각을 하게 되었는지 제시할 필요가 있다. 인용은 이를 위한 장치인 것이다. 연구전통을 계승하면서 동시에 창의적이기 위해서 인용의 목적, 전략, 방식 등에 정통할 필요가 있다. 그리고 인용을 잘 하다 보면 표절에 대해 따로 염려할 일이 없다. 결국 표절예방을 위한 교육이란 곧 어떻게 잘 인용할 것인가에 대한 교육이 되어야 한다. 특히 학생들에게 표절을 범하면 어떤 처벌이 뒤따르는지 위협할 것이 아니라, 정당하게 체계적으로 인용함으로써 '창조적 모방'을 거쳐서 '독창적 저술'로 나아갈 수 있다고 격려해야 한다.

2) 본원성의 역설

본원성(authenticity)이란 자신의 본성, 배경, 그리고 정체성에 대해 충실함을 의미한다(Taylor, 1991). 이를 글쓰기에 적용시키면, 본원적인 글쓰기란 자신의 본성의 모든 강점과 약점, 그리고 출신과 배경의 좋음과 나쁨을 드러내고, 반성하며, 극복하는 글쓰기라고 하겠다. 본원적이지 않은 글은 의혹을 자아낸다. 예를 들어, 어떤 저자가 자신의 집합적 정체성을 집요하게 감추거나, 그에 대한 성찰을 담고 있지 않거나, 그것을 극복한 글쓰기를 보여주지 않는다면 우리는 그 이유가 무엇인지 알고 싶어진다.

모든 글은 저자의 존재를 강력하게 함축한다. 글이란 내용을 전달하는 동시에 저자에 대한 정보와 추론의 근거를 전달한다. 예를 들어, 독자는 어떤 글을 접하면서 누구의 글인지 알고 싶어 하는데, 누가 왜 이런 글을 썼는지에 대한 추론이 그의 내용을 이해하는 데 도움을 주기도 하거니와 저자와 글의 관계에 대한 새로운 생각을 낳기도 한다. 저자에 대한 추론은 독서의 중요한 구성부분이다. 이는 심지어 익명의 저작이나 작자 미상의 저작을 읽을 때에도 적용된다.

본원성은 개념적으로 진정성과 연관된다. 본원성은 진정성의 원천으로 작용하는 것처럼 보인다. 예컨대, 자신의 본성과 배경을 무시하고 거부하는 작가로부터 어떤 진정한 것을 기대하기 어렵다. 생각해 보면, 비본원적 글쓰기를 하면서 진정함을 주장하는 것은 우습다. 이는 마치 내가 아닌 다른 사람이 되어 성실하게 사는 것과 같다.

비본원적인 글쓰기가 있다. 어떤 이는 자신의 본성과 배경을 드러내는 것이 아니라 숨기기 위해 글을 쓴다. 또는 자신에 대한 반성이나 성찰이 아닌 변명과 부정을 위한 글쓰기가 있다. 앞서 나는 본원적이지 않으면 진정해도 소용없다고 지적했다. 비본원적인 글쓰기는 위선적인 글쓰기가 되기 쉽다. 저자가 자신의 본성과 배경을 숨기거나, 자신이 보여주고 싶은 것만을 제시하거나, 아니면 자신의 본성과 배경을 배신하는 글이 되기 때문이다. 그러나 학술공동체를 비롯한 이른바 글쓰기 공동체가 이런 글쓰기를 문제 삼을 수 있는지는 모르겠다. 본원성이란 개인의 인정, 결단, 선택과 관련된 것인데, 개인이 본원적 자아를 인정하지 않는다고 해서 글쓰기 공동체가 비윤리적이라고 시비를 제기할 수 없기 때문이다.

표절은 비본원적 글쓰기에서 비롯된다. 자신의 능력을 과대 포장하고 싶은 저자, 모르면서 아는 체하고 싶은 저자, 그리고 그저 자기 자신의 현재 상태가 부끄러운 저자가 표절작가가 되는 경향이 있다. 본원적이지 않으며 진정하지도 않으면 심각해진다. 자신이 쓰고 싶은 것 또는 써야 할 것을 쓰지 못하고, 남이 바라는 것을 쓰는 경우가 있는데, 이는 표절은 아니라고 할지라도 상당히 염려스러운 글쓰기다. 이런 글쓰기는 자신을 속이는 일이며, 소외시키는 일이다.

여기에서 한 가지 고려해야 할 점이 있다. 그것은 개인의 변화와 발전이다. 글쓰기에 적용해서 말하자면, 개인의 글쓰기 능력과 스타일은 변화하고 또한 발전하는데 그 과정에서 비본원적인 것처럼 보이는 단계를 거친다. 요컨대, 저자는 성장의 한 단계에서 자신의 본성과 배경으로부터 벗어나려 한다. 인간의 정신은 스스로 처한 상황에서 탈주하려는 경향이 있다. 이는 반성하는 성향을 지닌 저자에게 자주 일어나는 일이며, 생각해 보면 이는 정신의 본성인지도 모른다. 이런 탈주의 본능은 비본원적 경험을 만들어 낼지언정, 자아를 확장하는 도정을 겪으며 풍부한 정신으로 돌아온다. 변화 속에서 자신을 새롭게 만들며, 스스로 처한 환경을 극복하고 자신을 초월해서 발전하는 계기를 만들어 낸다. 완성된 본원성이란 반성적 자아의 자신에 대한 인정이라고 할 수 있다. 즉, 자신의 본성, 배경, 정체성에 충실하지 않은 단계를 거친 정신이 그 배반의 경험을 스스로의 새로운 출신, 배경, 본성의 일부로 만들어 본원적이 되기도 한다는 것이다.

나는 대부분의 저자가 이런 과정을 거쳐서 훌륭해 진다고 믿는다. 저자는 다른 저자에 대해 강하게 끌리어 그 자신의 본성, 배경, 정체성을 잃고 그를 배우고자 하는 경험 속에서 자신을 발전시킨다. 생각해 보면, 모든 학습은 어느 정도 이런 방식으로 이루어진다. 예술에서 기예를 익히거나 글쓰기의 스타일을 익히는 과정이 특히 그러하다. 이미 학습을 마친 저자의 경우에도 새롭게 변화와 발전을 추구하는 경우 이렇게 된다. 이렇게 보면, 진정 본원성을 실현하는 저자란 다른 이를 배우다가 그 자신의 고유함을 깨닫게 된 저자를 의미한다는 것을 알 수 있다. 요컨대, 그는 자신으로부터 탈주하고, 새로운 것을 배운 뒤, 다시 그 본원적 근거로 돌아온 저자이다. 완성된 본원성이란 회복된 본원성인 것이다.

이렇게 본원성을 이해한다면, 표절에 대해 다시 생각해 볼 수밖에 없다. 어떤 저자든 처음부터 끝까지 자신에 충실해서는 변화와 발전이 없다. 표절은 성장하는 저자 또는 변화하는 저자가 자신이 아닌 다른 어떤 것이 되려는 가운데 빚어지는 무리한 행위인 것이다. 국회의원이 되고 싶은 운동선수, 세계적인 학자처럼 보이고 싶은 대학원생, 유능한 작가가 되고 싶은 무명의 작가가 표절의 유혹에 빠지게 된다. 그리고 이 유혹은 모든 변화와 발전을 추구하는 저자에게도 같은 방식으로 제시된다. 표절은 끊임없이 이루어지는 까닭이 여기에 있다. 그것은 안정된 자의 일탈이 아니라 안정된 정상이 되기 위한 과정에서 빚어지는 오도된 노력이다.

3) 학생의 표절

본원적 저자에 대한 검토를 통해서 학생의 표절에 대해 다시 생각해 볼 필요가 있다. 고유한 생각을 제시할 수 있는 독창적 저술 주체로 인정받는 본격 저자의 경우 언제나 독자에 대해 진정해야 할 것을 요구받으므로 그가 표절을 범하는 경우 윤리적 책임을 면하기 어렵다. 전문적 저자가 아닌 경우에라도 스스로 독창적인 저자임을 주장하고 나섰다면 자신이 범한 표절에 대해 책임을 져야 한다. 그런데 만약 전문적인 저자로서의 능력이 없음을 스스로 인정하는, 또는 스스로 능력을 갖추었다고 주장함에도 불구하고 사실상 그렇다고 보기 어려운, 이른바 훈련 중에 있는 저자의 표절은 어떻게 되는가?[10)]

독창적 능력을 기대할 수 없다고 해서 저자의 진정성에 대한 기대가 없어지는 것은 아니다. 따라서 이 역시 표절이 아니라고는 말할 수 없다. 그러나 독창성을 기대할 수 없는 저자에게 저작성에 대한 진정성을 요구하는 것은 흔히 덧없는 일이 된다. 비유하건데 이는 무능해서 의사면허를 줄 수 없는 자에게 의사의 윤리를 지킬 것을 요구하는 것과 같다. 독창적이지 못하면 진정해봐야 소용없는 것이 되고 만다. 따라서 이른바 훈련 중인 저자의 표절, 즉 학생의 표절 역시 표절이지만, 그에 어떻게 대응할 지 생각해 봐야 한다.

나는 학생의 표절은 교육의 대상이 되어야지 윤리적 제재의 대상이 되어선 안 된다고 믿는다. 학생의 표절은 지적되고, 확인되고, 교정되어야 할 일이라는 것이다. 좋은 선생이라면 자신의 학생이 배우지 못해 무지한 자로 남는 것에 대해 일말의 책임감을 느끼듯이, 학생이 표절이 뭔지 몰라서 표절저자가 되는 것에 대해 스스로 책임감을 느끼게 될 것이나. 그리고 애초에 무지한 자에게 진정해야 한다고 가르쳐 봐야 흔히 덧없는 결과만 초래된다는 점을 알고 있는 선생이라면, 표절교육도 중요하다는 것을 알겠지만 역시 글쓰기 교육에 먼저 전념할 것이다. 따라서 교육적 견지에서 보면, 학생이 모르고 범한 표절은 제재의 대상이 되기 어렵다. 물론 모르고 표절을 범하는 것이 아니라, 알면서 의도적으로 일차적 독자인 선생을 속이기 위해서 표절할 수도 있다. 나아가 알면서 세상을 속이겠다고 표절할 수도 있다. 이는 기만적 표절이며 당연히 윤리적 제재의 대상이 된다.

5. 표절에 대한 이해

이 글에서 나는 표절을 독자에 대한 진정성 위반으로 개념화해서 제시하고, 이렇게 이해했을 때 표절의 본질을 더 잘 이해할 수 있고 특히 다른 윤리적 문

10) 윤리적 책임의 부여과 관련해서 '훈련 중인 저자'를 명확하게 구분할 필요가 생긴다. 나는 박사논문 완성 이전 단계의 학생을 '훈련 중인 저자'로 규정할 것을 제안한다. 이는 대학을 포함한 학술세계의 일반적 관행에 부합하는 것이기도 하다. 박사학위란 독립적인 연구를 수행할 수 있는 능력을 입증한 경우에 부여되는 것이므로, 박사학위를 포함한 이후의 저작의 충실성에 대해서 윤리적 책임이 요구된다는 것이다.

제들과 구분해서 대처할 수 있다는 논지를 제시했다. 글의 요지를 정리하면 다음과 같다.

첫째, 표절은 다른 저자와의 관계로 규정되는 것이 아니라 예상된 독자의 기대와 관련해서 규정되는 것이 옳다. 표절은 요컨대 다른 저자의 내용을 가져다 씀으로써 독자가 다른 저자의 내용을 그의 것으로 오해할 수 있도록 유도하는 글쓰기이다. 여기에서 오해는 예상된 독자가 창작물을 접하면서 갖게 되는 기대, 즉 그 내용이 다름 아닌 저자 자신의 생각을 담은 것이라는 기대를 위반하면서 발생한다. 이렇게 보면, 표절은 원작자의 저작물의 표현의 복제 여부를 따지는 저작권과 다른 것이며, 또한 사실상 같은 대상을 지칭하는 것처럼 보이는 저작인격권의 침해와도 개념적으로 구분된다.

둘째, 표절과 관련된 가장 흔한 오해는 '풀어쓰기'를 하면 표절이 아니라는 잘못된 생각이다. 표절은 표현의 복제 여부를 따지는 것이 아니라 내용의 고유함을 따지기 때문에 풀어쓰기와 관계없이 성립할 수 있다. 따라서 표절과 관련해서 흔히 제기되는 '어떻게 그리고 얼마나 복제해야 표절인가'라는 질문은 요점을 잃은 질문이 된다. 내용적으로 저자가 원작자의 생각을 인용 없이 옮겨다 쓴 것이 명백한 상황이라면 '얼마나' 그리고 '어떻게' 옮겨다 썼는지는 문제가 되지 않는다.

셋째, 표절판정은 해당 분야의 전문가의 판단에 맡겨야 한다. 표절은 일반적 원칙을 구체적 사례에 적용하는 판단인데, 이런 판단에는 해당 분야의 일반적 지식이 무엇인지 잘 알고 있으며, 동시에 해당 분야에서 고유한 학술적 가치의 창조라고 간주할 수 있는 내용이 무엇인지 확인할 수 있는 능력이 전제된다. 표절 여부를 가리는 데 필요한 지식은 학문분야 또는 글쓰기분야별로 고유한 지적 전통을 배경으로 성립한다. 따라서 분야별 전문가의 판단을 요청하는 것이 바람직하다.

넷째, 표절은 비본원적인 글쓰기라고도 규정할 수 있다. 표절은 자신의 본성, 배경, 정체성을 배반하는 글쓰기이기도 하다. 그러나 이를 자신의 능력을 과대포장하고 싶은 저자, 모르면서 아는 체하고 싶은 저자, 그리고 그저 자기 자신의 현재 상태가 부끄러운 저자들의 비윤리적 행위라고만 치부할 수 없는 까닭이 있다. 대부분의 저자는 다른 저자로부터 직간접적으로 배우는 과정에서 자신의 고유함을 저버리고 어떤 다른 주체로 성장하려 하는데, 바로 이런 변화의 과정에서 과정적으로 비본원적인 상태에 빠지기 때문이다. 이 요점은 학생의 표절에 대서 새로운 접근이 필요하다는 이 글의 주장과 긴밀히 연관된다.

다섯째, 학생의 표절은 교육적 견지에서 다루어져야 한다. 흔히 학생은 고유한 생각을 제시할 수 있는 독창적 저술 주체로 간주되지 않는다. 따라서 학생의 저작에서 창의적인 새로운 내용을 기대하기 어렵다. 물론 독창성이 없는 저자라 할지라도 진정성에 대한 기대가 면제되는 것은 아니므로 학생의 표절도 성립하며 또한 윤리적 위반으로 규정된다. 그러나 학생의 표절에 대해서 무조건적으로 윤리적 제재를 가하는 일이 능사가 아니다. 교육적 견지에서 창의적 글쓰기와 인용하는 글쓰기를 가르치는 것이 더욱 중요하다. 글쓰기 문화를 활성화시킴으로써 더 많은 창의적 저자를 길러내기 위해서는 학생의 표절에 대해 관용적이고 교육적인 접근이 필요하다.

이 글에서 나는 표절을 글쓰기에서 발견되는 다른 윤리적 위반들, 즉 내용의 위조, 이중게재, 중복활용, 저작권 침해 등과 개념적으로 구분할 수 있으며, 또한 그렇게 해야 표절을 분명하게 이해할 수 있다고 주장했다. 마지막으로 표절과 격이 다른 학술적 윤리위반이 있다는 점을 논의하면서 글을 맺으려 한다. 이 요점 역시 표절은 다른 학술적 윤리위반행위와 다르며, 따라서 그에 대한 대처방법도 달라야 한다는 것을 함축한다.

학술공동체에서 표절보다 훨씬 심각한 윤리적 위반으로 위조(fabrication)가 있다. 연구방법 및 절차에 대한 보고의 위조, 실험결과의 위조, 분석결과의 위조 등은 심각한 학문적 성실성 위반이다. 위조는 단순히 독자의 기대를 저버리거나, 속이는 문제에 머물지 않는다. 이는 해당 분야의 학술적 규범과 규칙을 위반함으로써 진실함과 진정함의 추구를 가로막으며, 결국 그런 가치에 기반한 학문제도 자체에 해악을 끼친다. 요컨대 학술의 윤리적 위반 중에도 경중이 있다. 위조와 같은 문제는 표절과는 비교가 안 되는 심각한 중요한 학술적 위반인 것이다. 따라서 학생들의 윤리적 위반에 대해 관용적인 대학에서조차 위조에 관한한 관대할 수 없다.

◆ 연 / 습 / 문 / 제 ◆

1. 다음 표절에 대한 주장 중에서 옳은 것을 모두 고르세요.
   ① 표절은 일종의 절도이다.
   ② 원저작자가 자유롭게 이용하도록 허가한 내용을 가져다 쓰면 표절이 아니다.
   ③ 초등학생이 백과사전을 참조해서 방학숙제를 했으면 표절이다.
   ④ 다른 저자의 내용을 표현을 완전히 변경해서 쓰더라도 인용이 없으면 표절이다.

2. 다음 개념들의 연구윤리 관련 함의를 간략하게 기술하세요.
   (1) 풀어쓰기(paraphrase)
   (2) 자기 표절

3. 표절의 판정과 관련해서 다음 사례는 어떤 문제점이 있다고 말할 수 있습니까?

> 〈독도일보〉는 서울대학교 자연과학대학 화학과의 연구진실성에 대한 제보를 받고 화학과 교수들의 출판된 논문의 표절여부를 검증에 착수했다. 학술논문의 중복성 여부를 확인할 수 있는 소프트웨어를 이용해서 모든 출판된 논문을 검토한 결과 2개 이상의 논문에서 10개 이상의 연속적 단어가 중복사용되었음을 확인했다. 〈독도일보〉는 이 결과에 근거해서 표절이 의심된다고 보도했다.

정 답
1. ④ 2. (1) 표현을 바꾸어 풀어쓰면 원저자의 내용을 가져다 쓰더라도 표절이 아니라는 생각은 오해다. 저작권침해와 달리 표절은 표현의 복제뿐만 아니라 생각의 활용도 포함한다. (2) 자기 표절이란 흔히 저자가 자신의 표현물의 일부를 인용 없이 재사용하는 것을 의미한다. 그러나 이의 연구윤리적 함의는 모호하다. 확인 가능한 연구윤리 위반개념은 '중복게재를 통한 연구업적 부풀리기'나 '자료의 무리한 활용' 등이 있다. 3. 표절판정에 적용하는 원칙으로는 (1) 독자의 저자에 대한 진정성 기대의 위반여부를 살펴야 한다와 (2) 표현의 복제가 아닌 생각의 독창성의 위반도 표절이 된다는 것이 있으며, 덧붙여 (3) 해당 분야 전문가들의 판단이 필요하다는 것과 (4) 학문별로 표절의 판정의 기준이 다를 수 있다는 원칙들을 포함한다. 위의 사례는 명백히 (3)원칙에 위배되며, 덧붙여 (1)과 (2)의 원칙적용 여부도 모호하다.

참고문헌

남형두, 2009, “표절과 저작권침해”, 『창작과 권리』 54, pp. 32－68.

이일호 · 김기홍, 2009, “역사적 관점에서 본 표절과 저작권”, 『법학연구』 19(1), pp. 309－344.

정상조, 2003, “창작과 표절의 구별기준”, 『서울대학교 법학』 44(1), pp. 107－140.

Gibaldi, J., 2003, *MLA handbook for writers of research papers* 6th ed., New York: The Modern Language Association of America.

Grice, H. P., 1975, “Logic and conversation” in Cole, P. and J. L. Morgan (eds.), *Speech acts*, New York: Academic Press, pp. 41－58.

Holsinger, R. L. and J. P. Dilts, 1994, *Media law* 3rd ed., New York: McGraw-Hill.

Huff, A. S., 1999, *Writing for scholarly publication*, Thousand Oaks: Sage.

Lipson, C., 2004, *Doing honest work in college: How to prepare citations, avoid plagiarism and achieve real academic successes*(김형주 · 이정아 역, 2008, 『정직한 글쓰기』, 서울: 멘토르).

McCafferty, M. F., 2001, *Sloppy firsts*, Broadway.

Netanel, N. W., 1999, “Copyright and democratic civil society”, *Yale Law Journal* 106(2), pp. 283－398.

Posner, R., 2006, The little book of plagiarism(정해룡 역, 2007, 『표절의 문화와 글쓰기의 윤리』, 부산: 산지니).

Strunk Jr. W. and E. B. White, 1979, *The elements of style* 3rd ed., New York: MacMillan.

Talyor, C., 1991, *The ethics of authenticity*, Cambridge: Harvard University Press.

The Sociology Writing Group, 1994, *A guide to writing sociology papers* 3rd ed., New York: St. Martin's.

Viswanathan, K., 2006, *How Ophal Mehta got kissed, got wild and got a life,* Little Brown.

제14장 연구출판물과 지적재산권

박 성 호
(한양대학교 법학전문대학원)

1. 처 음 에

학술활동의 성과는 연구출판물로 표현된다. 그러한 학술성과의 대표적인 예가 논문 출판이다. 연구출판물로서의 논문에 관한 지적재산권 관련 법률문제 중 가장 중요한 것은 논문 등 연구출판물의 저작자가 누구인가 하는 저작권법상의 문제이다. 해당 논문에 학술적 기여를 한 바가 없음에도 학계에서의 우월적 지위를 활용하여 논문의 저작자로 인정되는 경우가 있을 수 있기 때문이다. 또한 어느 학자(또는 연구자)가 집필한 논문에 대해 저작자가 누구인지를 둘러싸고 그 학자와 그가 재직 중인 대학 당국 간에 법률적 마찰이 발생하는 경우도 있다. 대학측이 연구비를 제공하였을 뿐 아니라 해당 논문의 작성방향을 기획하고 필요한 시설 등을 제공하였으므로 대학이나 그 소속연구소가 논문의 저작자로 인정되어야 한다는 주장이 제기될 수도 있기 때문이다. 이는 '업무상 저작물의 저작자'의 인정과 관련된 저작권법 제9조의 적용문제로 귀결된다. 또한 해당 학자(또는 연구자)가 논문의 저작자로 인정되는 경우라도 그 논문을 출판한 학술지측에서 논문 출판에 앞서 그 학자에게 논문에 대한 저작재산권의 양도 또는 그 이용허락을 요구하는 경우가 흔히 발생한다. 학회 등이 취하는 이러한 저작권 정책이 향후 우리 학술연구 환경에 어떠한 영향을 미치게 될지에 관해서도 생각해 볼 필요가 있다. 이 글에서는 이러한 몇 가지 논점들을 중심으로 지적재산권 문제에 대한 논의를 전개하고자 한다.

2. 논문의 저작자와 저작권법

1) 논문이란 무엇인가?

논문이란 무엇인가? 오늘날 우리가 자명한 것으로서 전제하고 있는 논문의 개념부터 먼저 살펴볼 필요가 있다. 오늘날과 같이 서론, 연구방법, 결과 그리고 고찰의 체계화된 논문형식을 빌려 출판된 것은 불과 100년 전의 일로 그 역사는 그다지 길지 않다(김형순, 2010, 12).

서양 근대 학문의 역사를 보면, 우리가 흔히 인문학이라 부르는 근대 학문은 14~15세기 텍스트 자체로부터 시작되었다. 수많은 인문주의자들이 고대 문헌을 찾아 수도원의 도서관이나 몰락한 귀족의 개인 장서고 등지에서 필사본들을 발굴했고, 그것을 바탕으로 주석을 달기 시작했다. 이들이 선도한 학문적 영향으로 학교가 세워지고 학술모임이 창설되어 학회의 형태로 발전되었다(파이퍼, 2011: 11). 17세기에 들어서면 자연과학분야에서도 이러한 학회가 출현하기 시작하여 마침내 피렌체의 '치멘토 학사원(Accademia del Cimento, 1657)', 런던의 '왕립협회(Royal Society of London for Improving Natural Knowledge, 1660)',[1] 파리의 '아카데미 데 시앙즈(Académie des Sciences, 1666)' 같은 단체들이 잇따라 생겨났다. 특히 런던의 왕립협회는 1665년 세계 최초의 과학학술지인 '철학회보(Philosophical Transactions)'를 창간하였는데, 서명날인된 기고를 장려하여 그 명예에 이끌린 학자들이 해외에서도 연구보고서를 보내왔다. 이 회보의 편집자들은 기고된 보고서에 날짜를 적어 업적의 선취권 분쟁을 갈음할 수 있도록 하였다. 이에 반해 피렌체의 치멘토 학사원이 펴낸 학술지에서는 기고된 보고서를 익명으로 함으로써 종교적 박해로부터 기고자들을 보호하려고 했다. 그 때문에 기고자들은 사회에 공헌함과 동시에 자기 자신의 명성을 획득하고자 하는 동기를 저버리게 되었다(아이젠슈타인, 2008, 251－252).

오늘날까지도 발행되는 '왕립협회'의 학술지인 '철학회보'를 좀 더 소개하면, 이 학술지는 협회가 승인한 형식에 따라 보고서를 작성해 줄 것을 요구하였다. 협회의 규칙에는 "모든 실험 보고서에는 (…) 어떤 서문이나 변명, 수사적인 장

---

1) 영국 제임스 2세가 자연과학을 진흥시키라는 취지의 칙임장을 수여한 1662년을 런던 왕립협회의 설립 연도로 보기도 한다.

식도 없이 사실만이 있는 그대로 기술되어야 한다"고 기재되어 있었다. 또한 협회는 보고서 내용의 객관성을 실험을 통해 입증하는 경우 그 형식을 회원들만이 아는 공식적인 술어로 표준화하였고, 그 내용이 객관적으로 검증되었다는 다수(多數)에 의한 증언절차도 표준화된 서술법에 따라 수행하였다. '철학회보'에는 게재된 보고서가 언제 협회에 도착했는지를 나타내는 날짜가 명기되어 있는 것을 알 수 있는데, 이는 보고서의 저자에게 그 날짜에 선취권(Priority)이 발생하였다는 것을 의미한다. 이리하여 공적으로 통용되는 선취권 인정의 규칙이 '철학회보'의 창간과 함께 형성되었다. 현재는 이러한 규칙이 완전히 정착되어 어느 학술지를 보더라도 논문을 접수한 날짜가 게재되어 있음을 확인할 수 있다. 이와 같이 상세한 통제규칙들과 함께 오늘날과 같은 과학논문이 태어난 것이다.[2)]

학자의 입장에서 보자면, "당시의 급속한 과학발전의 추세 때문에 자신의 독창적인 연구결과를 종래와 같이 방대한 저술의 형태로 발표하려고 했다가는 다른 사람들에게 선취권을 빼앗길 우려가 없지 않았다. 이에 따라 보다 간편하고 신속한 발표수단으로 학회의 간행물에 간략한 보고서를 게재하는 방식을 즐겨 택하게 되면서, 이것이 연구발표의 일반적인 형식으로 자리 잡게 된 것이다. 이러한 과정을 거쳐 내용의 '독창성'과 이를 입증하기 위한 '간명한 서술체제'를 그 본질로 삼는 근대적인 논문의 개념이 형성되기에 이르렀다."[3)]

오늘날 논문의 종류는 크게 세 가지, 학위논문, 보고서 그리고 연구논문으로 구분할 수 있다. 논문은 목적, 분량, 논문의 구독대상자 그리고 논문작성 보조자에 따라 각각 다르다(김형순, Op. cit., 18).

2) 누가 논문의 저작자인가?

(1) 저작권법에서 정의하는 저작자

저작권법 제2조 제2호는 "저작자는 저작물을 창작한 자를 말한다"고 규정하

2) 런던 왕립협회의 성립 및 '철학회보'의 창간 경위 등에 관해서는 다음의 문헌들을 참조. 버크(2006, p. 78), 버크 · 오른슈타인(1998, pp. 223-226), 이성규(1987, pp. 69-80), 고야마(1991, pp. 64-67).

3) 박재성, "논문작성법 특강"(http://www.musictheory21.com/style-manual/pdf/handout.pdf) 2011. 4. 20. 방문.

고 있다. 따라서 '저작자=저작물의 창작자'라는 것이 구체적으로 무엇을 의미하는지를 검토해 볼 필요가 있다. 요컨대, 저작권법상 '저작물'과 '창작'이 각각 의미하는 바를 살펴보아야 할 것이다.

먼저 저작권법 제2조 제1호는 '저작물'이란 "인간의 사상 또는 감정을 표현한 창작물을 말한다"고 정의하고 있다. 여기서 '인간의 사상 또는 감정'이란 인간의 지적 · 정신적 활동으로 볼 수 있는 것을 말한다. '표현'이란 인간의 사상 또는 감정을 언어, 문자, 음, 색채 등의 형식을 이용하여 구체적으로 표현한다는 의미이다. 따라서 아이디어나 생각에 머물러 있는 경우에는 아직 표현을 한 것이 아니기 때문에 저작물로 성립되지 않는다. 또 '창작(성)'이란 "완전한 의미의 독창성을 말하는 것은 아니며 단지 어떠한 작품이 남의 것을 단순히 모방한 것이 아니고 저작자 자신의 독자적인 사상 또는 감정의 표현을 담고 있음을 의미"[4] 하는 것이다. 따라서 창작성이란 자신의 저작물에 저작자 나름대로의 정신적 노력의 소산으로서의 특성이 부여되어 있으면 족하다(정상조, 2004, 225). 그러한 점에서 '저작물'이란 어떤 사람이 자신의 지적 활동의 성과(成果)를 남의 것을 베끼지 않고 언어나 문자 등으로 구체화하여 표현한 것을 말하고, 특히 '창작(성)'이란 남의 것을 모방하지 않고 저작자의 독자적인 사상 또는 감정을 표현한 것을 일컫는다.

요컨대, 저작권법에서 말하는 '저작자'라 함은 타인의 것을 모방하지 않고 독자적으로 이루어낸 지적 활동의 성과를 표현하는 사람이라고 정의할 수 있을 것이다.

(2) 학계 또는 학회지에 정의하는 저작자

누가 논문의 저작자인지를 학회의 차원에서는 어떻게 이해하고 있을까? 이에 관해서는 의학분야인 '국제의학논문편집인위원회(The International Committee of Medical Journal Editors, ICMJE)'에서 확립되어 있는 것을 하나의 모델로 소개하고자 한다. 그 이유는 이 ICMJE의 학회지에 대한 질적 관리의 요구가 학술분야 가운데에서도 가장 엄격한 것으로 정평이 나있고, 게다가 이 분야의 연구자에 대해서는 법적으로 전문가 책임을 지도록 하는 질서가 확립되어 있기 때문이다(名和小太郎, 2002, 118-119).

4) 대법원 2005. 1. 27. 선고 2002도965 판결; 대법원 1995. 11. 14. 선고 94도2238 판결 등.

이 ICMJE가 작성한 통일규정(1979년 처음 제정, 2010년 개정)[5]에서는 논문에서 '저작자의 지위(authorship)'를 인정받기 위해서 저작자(authors)는 반드시 다음의 세 가지 기준을 모두 갖추어야 한다고 설명한다. (1) 연구의 구상과 디자인, 데이터의 획득, 또는 데이터의 분석과 해석에 실질적으로 기여한 경우, (2) 논문의 초고를 작성하거나 중요한 지적 내용에 대해 그 논문을 비판적으로(critically) 교정(revising)을 한 경우, (3) 출판될 판본을 최종적으로 확인(approval)한 경우이다. 미국 하버드 대학도 이 기준을 사용하고 있으며, 《Science》 학술지의 경우도 1985년부터 ICMJE 기준을 준수하고 있다(김형순, Op. cit., 126－127). 그 밖에도 약 4백 개의 학술지가 이 기준에 동의하였고, 《New England Journal of Medicine》과 《Lancet》도 이에 따르고 있다고 한다(名和小太郎, 2002, 119).

그리고 위 규정에 따르면, 논문의 저작자가 될 수 없는 사람은 연구데이터를 제공하거나 연구데이터를 수집한 사람, 기금을 획득한 사람, 연구 그룹을 전반적으로 감수(監修, general supervision)한 사람이다. 또 위 규정에 따르면 기술적 도움만을 주었거나 논문의 서술을 보조한 사람도 저작자로 인정될 수 없다. 이들은 감사의 글(acknowledgements)에 기술되어야 한다고 한다.[6]

요컨대, 이 ICMJE 규정에 따른 저작자로 인정되기 위해서는 위 (1)(2)(3) 기준을 모두 충족하여야 한다. 이와 같이 학회지에서 정의하는 저작자의 개념은, 타인의 것을 모방하지 않고 독자적으로 이루어낸 지적 활동의 성과를 표현하는 사람을 저작자로 정의하는 저작권법상의 개념과도 부합하는 것이라고 할 수 있다.

(3) 저작권법상 저작자의 지위 결정이 문제되는 경우[7]

가. 창작의 동인(動因)을 제공한 자

저작자는 저작물의 창작자일 것을 요한다. 그러므로 순수하게 발상을 하였거나 제안을 한 것에 지나지 않는 자는 창작적 기여를 한 것이 아니기 때문에 저작자가 아니다. 따라서 소설가나 화가에게 힌트나 테마를 제공하는 등 창작에

---

5) Uniform Requirements for Manuscripts Submitted to Biomedical Journals: Writing and Editing for Biomedical Publication, Updated April 2010. (www.icmje.org) 2011. 4. 20. 방문.

6) Uniform Requirements for Manuscripts Submitted to Biomedical Journals: Writing and Editing for Biomedical Publication, Updated April 2010.

7) 이 부분은 정상조 편(2007)에서 박성호가 작성한 부분(pp. 30－31)을 인용(각주는 생략)하면서 ICMJE 규정내용을 보충하여 정리한 것이다.

동인(動因)을 제공한 데 불과한 자는 저작자라고 할 수 없다. 또한 자료를 제공하였거나 조언을 한 것에 불과한 자도 창작에 관여한 것이 아니므로 저작자가 될 수 없다.

ICMJE 규정이 데이터를 수집 또는 제공한 자는 저작자의 지위를 인정받을 수 없다고 규정한 것도 같은 취지라고 이해된다.

나. 창작의 보조자

창작의 보조자는 창작적 기여를 행한 것이 아니므로 저작자가 아니다. 요컨대 저작자의 조수(助手)와 같이 저작물을 작성할 때 저작자의 지휘·감독 하에 그의 손발이 되어 작업에 종사한 자는 저작자의 창작활동을 돕는 데 불과하고 스스로의 창의성을 발휘하여 저술 등의 활동을 한 자가 아니므로 저작자가 될 수 없다.

ICMJE 규정에 따르더라도 논문의 저술을 보조하였거나 기술적 도움만을 준 사람은 저작자가 될 수 없다고 기술하고 있다.

다. 감수자(監修者)·교열자(校閱者)

감수자나 교열자가 단지 이름만 빌려준 것에 지나지 않는 때에는 저작자가 될 수 없지만, 저작물의 내용에까지 기여한 경우에는 공동저작자가 되는 경우도 있을 것이다. 이것은 구체적인 사실관계 여하에 좌우되는 문제이다. 가령, 원고(原稿)의 내용에 어느 정도 관여한다고 하더라도 단순히 오기(誤記)를 지적·정정하거나 그 밖에 중요하다고 생각되는 부뷰에 대해 조언을 히는 정도로는 서작행위를 한 것이 되지 않는다. 그러나 감수자나 교열자가 스스로 내용을 검토하고 상당 부분에 걸쳐 보정·가필을 한 경우에는 저작에 상당하는 행위가 있었다고 볼 수 있다. 이러한 경우에는 감수자나 교열자는 저작자와 함께 공동저작자가 될 수 있을 것이다.

ICMJE 규정에서 전반적인 감수(general supervision)를 한 자는 저작자로 인정될 수 없다고 기술한 것은, 논문의 내용에까지 실질적으로 기여하지 않은 자의 경우를 상정(想定)한 것으로 이해된다.

3) 학위논문의 저작자와 지도교수의 관계

(1) 쟁 점

학위논문의 저작자는 그 논문을 대학(원)에 제출하여 학위를 취득한 자이다. 문제는 학위논문의 주요 내용에 대하여 학위취득자와 지도교수가 공동저작자로서 학회지에 투고하는 경우에 생긴다. 심지어 지도교수가 학위논문의 주요 내용에 대해 단독저작자로서 학술지에 투고하는 경우까지 발생한다. 특히 후자의 경우는 나중에 살펴볼 대필저작자의 문제와도 관련이 있는 논점이기 때문에 좀 더 세밀한 검토가 요구된다.

(2) 학위취득자와 지도교수가 공동저작자로 발표하는 경우

가. 학위논문의 주요 내용을 학위취득 후에 공동연구하여 수정·보완한 다음 발표하는 경우

학위논문의 집필자가 학위를 취득한 후 학위논문의 주요 내용에 관하여 지도교수와 학위취득자가 공동연구에 착수하여 그 내용을 수정·보완한 경우가 생겼다고 가정해 보자. 이러한 경우에는 저작권법에서 규정하는 공동저작자로 인정될 수 있는 사안에 해당한다면 얼마든지 공동으로 연구한 부분을 학회지에 투고하여 공동저작자로서의 지위를 부여받을 수 있을 것이다. 저작권법상 공동저작자로 인정되기 위한 요건을 설명하면 다음과 같다.

즉, (1) 창작적 기여, (2) 공동관계, (3) 개별적 이용의 불가능이라는 세 가지 요건이다. 먼저 (1) '창작적 기여'라는 요건이 성립하려면, 첫째, 하나의 저작물을 작성함에 있어서 2인 이상이 관여하여야 한다. 둘째, 2인 이상이 하나의 저작물을 작성함에 있어서 '창작적으로' 기여하지 않으면 안 된다. 창작적 기여라고 하기 위해서는 실제로 창작행위를 하는 것이 필요하다. 따라서 기획안을 제시하거나 조언을 한 경우 또는 문장의 최종 확인만을 한 것에 지나지 않는 경우처럼 단지 보조적으로 관여함에 지나지 않는 자는 공동저작자가 아니다.[8][9] 그

---

8) 결국 이것은 조언을 하는 등 협조한 행위가 '창작행위'라고 말할 수 있을 정도로 관여한 것인지 여부를 결정하는 사실인정의 문제로 귀착하게 될 것이다. 따라서 창작행위라고 말할 수 있는 정도가 아닌 한 '보조적 관여'에 지나지 않는다고 평가되어 공동저작자로 인정되지 않을 것이다.

9) 대법원 2009. 12. 10. 선고 2007도7181 판결. 이 판결은 "2인 이상이 저작물의 작성에 관여한

러한 기획안이나 조언이 없었다면 저작물이 창작되는 일이 없었을 것이라고 하더라도 마찬가지이다. (2) '공동관계'의 요건이란 2인 이상이 하나의 저작물을 작성함에 있어서 '공동으로' 관여하지 않으면 안 된다는 의미이다. 저작물의 작성에 공동으로 관여한다고 할 때, 반드시 상호 간에 공동창작의 의사관계가 있을 것을 필요로 하는가를 둘러싸고 찬반 견해의 대립이 있을 수 있다. 하지만 이러한 견해의 대립은 접근하는 방향이 다를 뿐 그 차이가 크지 않아 그 논의의 실익이 많지 않아 보인다. 즉, 공동창작의 의사가 필요하다는 견해도 하나의 저작물 중에 각 저작자의 기여분이 혼연일체가 되어 존재하는 경우에는 그러한 저작물의 존재형태 자체로부터 공동의사의 존재가 추인(推認)될 수 있다고 하므로 반드시 공동창작의 의사가 필요한 것은 아니라는 견해와 결론에 있어서는 큰 차이가 없는 것으로 보이기 때문이다. (3) '개별적 이용의 불가능' 요건이란, 공동저작물이 성립하려면 각자의 기여부분을 분리하여 개별적으로 이용할 수 없는 경우이어야 한다는 의미이다. 따라서 2인이 한 장의 종이에 함께 그림을 그린 경우 각자의 기여부분을 분리하여 개별적으로 이용할 수 없으므로 이 요건을 갖춘 것이 된다. 이와 달리 한 사람이 작곡을 하고 다른 사람이 작사를 하여 1곡의 노래를 완성한 경우는 작사, 작곡 부분을 분리하여 개별적으로 이용할 수 있으므로 공동저작물이 아니라 결합저작물에 해당하게 된다.

저작권법상의 공동저작물로 성립하게 되면 저작권법의 규정에 따라 다음과 같은 효과가 발생한다. 첫째, 공동저작물의 저작인격권과 저작재산권의 행사는 원칙적으로 공동저작자 전원의 합의에 의하여 행사하여야 한다(제15조, 제48조). 또한 다른 저작재산권자의 동의가 없으면 그 지분을 양도하거나 질권의 목적으로 할 수 없다(제48조). 다만, 저작권침해 정지청구권에 대해서는 개개의 공동저작자가 다른 공동저작자의 동의가 없더라도 단독으로 행사할 수 있으며, 손해배상청구권에 대해서도 공동저작자가 자신의 지분 비율에 따라 단독으로 손해배상청구를 할 수 있다(제129조). 둘째, 보호기간에 관한 효과이다. 공동저작물에 대한 보호기간은 공동저작자 중 최후 사망자의 사망 후 70년간 존속한다(제39조

경우 그 중에서 창작적인 표현형식 자체에 기여한 자만이 그 저작물의 저작자가 되는 것이고, 창작적인 표현형식에 기여하지 아니한 자는 비록 저작물의 작성과정에서 아이디어나 소재 또는 필요한 자료를 제공하는 등의 관여를 하였다고 하더라도 그 저작물의 저작자가 되는 것은 아니며, 설사 저작자로 인정되는 자와 공동저작자로 표시할 것을 합의하였다고 하더라도 달리 볼 것이 아니다"고 하였다.

제2항).[10] 요컨대, 권리행사에는 번거로움이 따르는 단점이 있지만, 저작재산권의 보호기간은 단독저작물에 비해서 길어질 수 있다는 장점이 있다.

나. 학위논문의 주요 내용을 그대로 발표하는 경우

학위취득자의 논문 중 주요 내용을 그대로 학회지에 발표하면서 지도교수가 학위취득자와 공동저작자로 이름을 표기하는 경우이다. 이 경우는 학위논문의 주요 내용을 학회지에 발표하면서 지도교수가 단독저작자로 이름을 표기하는 경우와 마찬가지의 문제점이 내포되어 있다. 참고로 이에 관한 우리나라 하급심 재판례 하나를 소개한다.[11]

이 판결은 지도교수가 학위취득자의 박사학위 논문의 주요 내용을 거의 그대로 전재하면서 공동저작자로 표기하여 학술지에 발표한 사안에 관한 것이다. 해당 교수는 이러한 사안을 주요 징계사유로 하여 학교법인으로부터 해임처분을 당하자 학교법인을 상대로 해임처분무효확인 및 교원소청심사위원회를 상대로 재심결정취소소송을 제기하였다.[12] 그 중 재심결정취소송에 대해 서울행정법원은 교수의 청구를 기각하고 해임처분을 유지한 재심결정이 정당하다고 판시하면서 다음과 같이 그 이유를 밝혔다. “박사학위 논문을 학술지에 발표함에 있어 논문 지도교수와 공동명의로 발표하는 관행이 있어 왔다 하더라도(…) 그러한 행위를 묵인하는 대학사회의 잘못된 관행이 만연되어 있으면 있을수록 이를 바로 잡아야 할 공익상의 목적은 더욱 크다”고 하였다.

특히 위 판결은 그 이유에서 “원고는 ○○○와 ◎◎◎의 지도교수로서 그들의 연구과정 및 박사학위 논문작성 과정에서 지도교수로서의 지도의 범위를 넘는 실질적인 기여를 하였으므로 제1 · 4 저작물은 원고와 ○○○, ◎◎◎의 공동창작물이라고 주장한다. 그러나 학문분야의 특성상 지도교수의 지도의 내용과 정도에 어느 정도의 차이가 있음을 감안한다 하더라도 위 인정사실에서 보이는

10) 참고로 2013. 7. 2.부터 저작자 사후 70년(종전 50년)으로 저작재산권의 보호기간이 연장되었다.

11) 서울행정법원 2004. 8. 12. 선고 2003구합6498 판결.

12) 이 사안에서 지도교수(원고)는 학교법인으로부터 해임처분을 당하자 학교법인을 상대로 민사소송절차인 해임처분무효확인소송을 진행하였다. 한편, 위 무효확인소송과는 별도로 원고는 ‘교원지위 향상을 위한 특별법’에 따라 교육인적자원부 내에 설치된 교원소청심사위원회에 재심청구를 하였는 바, 위 위원회가 재심청구를 기각하는 결정을 하자 원고는 이를 행정소송의 대상이 되는 원처분으로 하여 행정소송을 제기한 결과가 위 서울행정법원 판결이다.

○○○, ◎◎◎의 박사학위 논문에 대한 원고의 기여 정도는 학위과정에 있는 학생들에 대한 연구 및 논문작성에 관한 통상적인 지도의 범위를 벗어나지 않는 것이라고 봄이 상당하고, 달리 원고의 주장사실을 인정하기에 충분한 자료가 없다. 더구나 원고의 주장과 같이 원고가 학위과정에 있는 학생들에 대한 연구 및 논문지도 과정에서 주도적인 역할을 하거나 단순한 지도 이상의 역할을 하여 실질적으로 공동연구의 수준에 이르렀다면(밑줄은 인용자, 이하 같다) 학문적 성숙도가 보다 높은 원고와 그렇지 못한 ○○○, ◎◎◎의 관계에 비추어 볼 때 그와 같은 과정에서 작성된 학위논문은 ○○○, ◎◎◎의 논문이라기보다는 원고 본인의 저작물이라고 보아야 할 것인데, 그렇다면 ○○○, ◎◎◎가 원고의 연구성과를 자신의 박사학위 논문에 기록하여 학위를 취득하였다는 결과가 되어 그 학위의 가치에 대한 진정성을 의심할 수밖에 없을 뿐만 아니라 원고가 ○○○, ◎◎◎의 논문지도교수 또는 논문심사위원장으로서의 역할을 제대로 수행하지 못하였다는 또 다른 비난을 불러일으킬 수 있다는 점에서도 원고의 주장을 받아들이기 어렵다. 또한 학술지의 논문심사가 엄격한 관계로 논문게재율이 낮아 학위취득자들이 통상 지도교수와 공동명의로 발표하는 것이 관례화되었다거나, 지도교수를 예우하는 차원에서 학위논문을 학술지에 수정하여 게재하는 경우 지도교수를 공동저자로 기재하는 관행이 있다는 원고가 주장하는 학계의 사정은 가사 그러한 관행이 있다 하더라도 이는 학계의 왜곡된 현상일 뿐만 아니라 그런 학계의 사정으로 인하여 ○○○, ◎◎◎의 박사학위 취득을 위한 연구가 당연히 지도교수인 원고의 연구가 된다고 할 수는 없으므로 결국 제1·4 저작물은 원고의 정당한 연구업적물이라 할 수 없다"고 판시하였다.[13]

결국 지도교수가 학위취득자와 공동저작자로 명의를 표기하여 학위취득 논문을 학술지에 발표하는 것은 실제 논문을 저술한 저작자가 아님에도 논문의 저작자로 표기하였다는 점에서 저작권법에 위반되는 표절 사례라고 평가할 수 있다.[14]

---

13) 이 사안에서 원고(지도교수)는 학교법인을 상대로 제기한 민사소송(해임처분무효확인)에서 징계사유는 존재하지만 징계양정의 적정성과 관련하여 징계재량권을 일탈 · 남용한 위법이 있다는 이유로 승소로 확정되었다(대법원 2005. 7. 14. 선고 2005다14854 판결). 이에 따라 민사소송과 별도로 진행 중인 위 행정법원 판결에 대한 항소심에서는 재심결정의 취소를 구할 소의 이익이 없어 부적법 각하할 것이지만 그 청구가 적법한 것을 전제로 원고의 청구를 기각한 제1심(행정법원) 판결은 부당하므로 취소한다고 판결하였다(서울고법 2006. 10. 11. 선고 2004누18292 판결). 이에 대해 원고(지도교수)는 학교법인이 계속 복직을 거부하고 있으므로 이 사건 소를 유지할 이익이 있다는 이유로 항소심 판결에 불복하여 상고하였으나 대법원은 심리불속행으로 상고기각하여 확정되었다(대법원 2007. 2. 8. 선고 2006두16823 판결).

14) 이에 관한 상세한 내용은 남형두(2008, pp. 162－168)를 참조.

(3) 지도교수가 단독 저작자로 발표하는 경우

앞서 살펴본 것처럼 지도교수가 별도의 추가적인 공동연구를 진행한 사실이 없음에도 학위논문에 대하여 학위취득자와 공동저작자로 표시하고 학회지에 논문을 발표한 경우 저작권법을 위반하는 표절 사례에 해당한다고 한다면, 지도교수가 제자의 학위논문을 자신의 단독논문으로 발표하는 경우는 더 이상 논의할 필요조차 없을 것이다. 당연히 저작권법을 위반한 불법행위에 해당할 것이기 때문이다.

4) 논문의 대필(代筆) 또는 대작(代作)의 경우 저작자 문제[15)]

학생이 작성한 저작물을 지도교수의 명의로 공표한 경우, 교수가 저작자로 될 수 있는지 여부가 문제된다. 사제관계에 기하여 지도교수의 지휘 · 감독 아래 학생이 교수의 저술행위를 보조하는 경우는 별론으로 하고[16)] 학생 자신이 저술행위를 한 때에는 대작 내지 대필의 문제로서 검토하지 않으면 안 된다. 대작 또는 대필이란 타인을 위해 저작물을 작성하고 그 공표도 타인명의로 하는 것으로서, 그 밑바닥에는 저작명의인과 저작자 사이에 대작행위에 대한 합의가 있다고 볼 수 있다. 이 합의를 중시한다면 저작명의인이 저작자로 되는 것이겠지만, 본래 저작자 아닌 자가 계약에 따라 저작자의 지위를 취득하는 것 자체가 법감정에 반하는 것이다.

반면에, 저작권법 제8조는 일단 저작자명의로 표시된 자를 저작자로 추정하는 취지의 규정을 두고 있다. 이 규정에 의하면 만일 학생이 저작한 논문에 저작자로 표시된 지도교수가 존재한다고 가정할 경우 그 교수는 그 논문의 저작자로 볼 수 있게 될 것이지만, 이 규정은 어디까지나 저작자로 추정하는 것에 지나지 않는 것이므로 이 추정을 번복시킬 방법은 남아 있다. 일단 대필하여 타인의 명의로 공표하는 것을 승낙한 본래의 저작자도 시간이 경과함에 따라 심경에 변화를 일으켜 자기가 진실한 저작자라는 취지의 주장을 하게 되는 경우가 있을 수 있다. 이러한 경우 본래의 저작자는 자기가 저작자라는 사실을 성공

15) 이 부분은, 박성호(1991, pp. 327-328)를 인용(각주는 생략)하면서 관련 국내 재판례를 보충한 것이다.

16) 이에 관해서는, 이 논문 2. 2). (3). 나. 참조.

적으로 입증한다면 저작자의 지위를 회복할 수 있게 된다.

이와 관련하여 석사학위 논문의 대작에 관한 대법원 판결이 있다.[17] 사안은 석사논문을 작성함에 있어서 자료의 수집과 정리, 분석을 타인에게 의존한 경우 논문의 작성자가 아니라고 본 사건이다(남형두, Op. cit., 114－115). 이 사안에서 대법원은 단순히 통계처리와 분석, 또는 외국자료의 번역과 타자만을 타인에게 의뢰한 것이 아니라 전체 논문의 초안작성을 의뢰하고, 그에 따라 작성된 논문의 내용에 약간의 수정만을 가하여 제출하였음이 인정된다고 판시한 다음, 그럼에도 이와 달리 업무방해죄에 대하여 무죄를 선고한 원심판결을 파기하였다. 대법원 판결이유를 보면 "일반적으로 석사학위 논문 정도의 학술적 저작물을 작성함에 있어서는 논문작성 과정에서 타인으로부터 외국서적의 번역이나 자료의 통계처리 등 단순하고 기술적인 조력을 받는 것은 허용된다고 보아야 할 것이나, 그 작성자로서는 학위논문의 작성을 통하여 논문의 체제나 분류방법 등 논문작성 방법을 배우고, 지도교수가 중점적으로 지도하여 정립한 논문의 틀에 따라 필요한 문헌이나 자료를 수집하여 분석, 정리한 다음 이를 논문의 내용으로 완성하는 것이 가장 중요한 일이라 할 것이므로, 비록 논문작성자가 지도교수의 지도에 따라 논문의 제목, 주제, 목차 등을 직접 작성하였다고 하더라도 자료를 분석, 정리하여 논문의 내용을 완성하는 일의 대부분을 타인에게 의존하였다면 그 논문은 논문작성자가 주체적으로 작성한 논문이 아니라 타인에 의하여 대작된 것이라고 보아야 한다"고 판시하였다.

3. 대학에서의 연구활동과 '업무상 저작물의 저작자' 인정문제

1) 문제의 소재

오늘날 대학에서도 교수나 연구자의 발명과 관련하여 대학측으로부터 특정 연구과제를 지정받고 연구비와 시설을 제공받아서 연구개발을 수행한 경우 그 특허에 관한 권리를 대학법인 등의 기관에 귀속시키는 원칙을 채택하는 경우가 많다(정상조 · 박준석, 2011, 144－145). 그 밖에 대학의 명칭이나 로고 등을 상표권을 비롯한 지적재산법으로 보호하기 위하여 지적재산의 권리화 및 그 조직적 활용을 촉진하는 경우도 일반적이다(정상조, 2005, 1). 그런데 저작권과 관련해서

17) 대법원 1996. 7. 30. 선고 94도2708 판결.

는 컴퓨터 프로그램과 같은 기능적 저작물에 대해서는 특허의 경우와 마찬가지로 취급하는 경향이 있지만, 연구보고서나 논문과 같은 학술적 저작물에 대해서는 그다지 논의가 이루어지지 않고 있다. 지금까지 논의가 이루어지지 않았던 이유에는 여러 가지가 있을 수 있겠지만, 다음과 같은 상황들이 고려되었기 때문일 것이다. 첫째, 논문과 같은 학술적 저작물의 권리귀속을 둘러싼 문제는 학문의 자유와 밀접한 관계를 가지기 때문에 단지 경제적 이익의 분배라는 측면에서만 바라볼 것이 아니라는 점이 고려되었을 것이다. 둘째, 오늘날 대학 내에서 창작되는 저작물에는 여러 가지 유형이 있어서 학술적 저작물과 같이 학문의 자유, 교육·연구의 자유의 보장이 강하게 요구되는 저작물이 있는 반면에, 법인 등 기관에 의한 조직적 관리가 보다 강하게 요구되는 저작물도 있어서 일률적 규율이 곤란하였다는 점도 고려되었을 것이다(作花文雄, 2011, 34-35). 그러한 점에서 대학 내 연구자에 의해 이루어지는 연구활동과 관련하여 저술된 연구출판물에 대해 대학법인 등 기관에게 저작자의 지위를 인정할 필요가 있는지 어부에 관한 문제는 신중하게 접근하여 검토할 필요가 있다.

앞서도 언급한 것처럼, 저작권법 제2조 제2호는 저작자란 "저작물을 창작한 자를 말한다"고 정의하고 제10조 제2항은 "저작권은 저작물을 창작한 때로부터 발생하며 어떠한 절차나 형식의 이행을 필요로 하지 아니한다"고 규정한다. 이와 같이 저작자는 저작물을 창작한 자이고 저작자에게는 저작권이 원시적으로 취득되는 것을 이른바 '창작자원칙(Schöpferprinzip)'이라고 한다.[18] 문제는 오늘날 대학 내에서 교수 등을 비롯한 여러 연구자들 간에, 또는 대학에 소속된 교수 등 연구자들과 외부 연구기관에 소속된 연구원들 간에 다양한 연구활동이 이루어지고 그 성과를 연구출판물로 발표하고 있다는 점이다. 따라서 구체적인 창작실태를 살펴볼 때, 누가 창작행위자인지를 결정하는 것은 쉬운 일이 아니다. 그러한 점에서 '창작자원칙'의 예외에 해당하는 저작권법 제9조의 '업무상 저작물의 저작자' 규정이 대학에서의 연구활동과 관련해서도 적용 가능한 것인지에 관해서 검토할 실익(實益)이 있다.

---

18) '창작자원칙'이란 창작행위는 자연인만(nur natürliche Personen)이 할 수 있으며 당해 저작물을 실제로 창작한 자연인만이 저작권을 원시적으로 취득한다는 저작권법상의 일반원리를 말한다. Helmut Haberstumpf, Handbuch des Urheberrechts, Luchterhand, 1996, S.68 f.

2) 저작권법 제9조에 의한 '업무상 저작물의 저작자'

(1) 서

연구자가 저술한 논문의 저작자는 해당 연구자이고, 그 연구자에게 저작물(논문)에 대한 저작재산권과 저작인격권이 발생하는 것이 원칙이다. 이것을 '창작자원칙'이라 부른다는 것은 이미 언급한 바와 같다. 그런데 이러한 원칙의 예외가 '업무상 저작물의 저작자'에 관해 규정한 저작권법 제9조이다. 따라서 어느 연구논문에 대해 저작권법 제9조가 적용된다고 가정하면, 그 논문을 집필한 연구자가 저작자로 인정되는 것이 아니라 그 연구원이 소속된 법인(연구기관)이 해당 연구논문의 저작자로 인정되는 예외적인 상황이 생길 수 있다. 그렇게 되면 논문을 실제로 작성한 연구원은 그 논문에 대해 아무런 권리도 가지지 못하는 결과가 발생한다.

저작권법 제2조 제31호는 '업무상 저작물(아래 (1)(2)(3) 요건)'을 정의하고 있고, 저작권법 제9조는 '업무상 저작물의 저작자'에 해당하기 위한 요건(아래 (4)(5) 요건)에 관해 규정하므로 양 법조문을 결합하여 이를 요건별로 분석하면, 다음과 같다. 즉, 법인 등 단체가 저작물의 저작자로 의제(擬制)되기 위해서는, (1) 법인 등 사용자(使用者)가 저작물의 작성에 관하여 기획(企劃)할 것, (2) 저작물이 법인 등의 업무에 종사하는 자(가령, 연구원)에 의하여 작성될 것, (3) 업무상 작성하는 저작물일 것, (4) 저작물이 법인 등(가령, 연구기관)의 명의로 공표될 것, (5) 저작물의 작성 당시 계약 또는 근무규칙 등에 다른 정함이 없을 것 등의 각 요건을 모두 갖추어야 한다.[19)]

(2) 법인 등 사업자가 저작물의 저작자로 의제(擬制)되기 위한 요건[20)]

가. 법인·단체 그 밖의 사용자가 저작물의 작성에 관하여 기획할 것

여기서 말하는 사용자에는 개인으로서의 사용자도 포함되므로 법인이 아닌 개인회사의 형태로 연구기관이 운영되는 경우에는 사업자등록증에 대표자로 기재된 자가 연구논문의 저작자가 될 수 있다. 물론 대학을 비롯한 공공단체가 운

19) 이러한 요건은 저작권법 제2조 제31호 및 제9조를 결합하여 이를 몇 가지 요건으로 분류한 것이다.

20) 이 부분은 정상조 편(2007)에서 박성호가 작성한 부분(p. 281 이하)을 이 논문의 논의 상황에 맞추어 일부 내용을 수정하여 정리한 것이다.

영하는 학술기관의 경우는 법인인 경우가 많겠지만, 민간 연구단체 중에는 법인이 아니라 대표자 개인명의의 회사인 경우도 있을 것이다.

한편, 여기서 말하는 기획이란 법인 등 사용자가 아이디어를 제시해 방침을 세울 뿐만 아니라 저작물 작성행위 전체를 지휘·감독하는 것을 말한다. 즉, 저작물 작성에 관한 피용자 등의 능력에 비추어 법인 등이 저작물 작성의 방법과 수단을 통제할 수 있는 지위에 있고, 현실적으로 그러한 통제가 이루어진 것을 의미하며, 필요에 따라서는 저작물 작성과정에 수정이나 보완 등을 요구하는 경우에 성립될 것이다. 따라서 기획이란 저작물을 작성하고자 할 때에 저작물 작성의 전 단계(前段階)에 나타나 있을 필요가 있다. 사용자가 법인인 경우에는 피용자에 대해 지휘·감독의 권한을 가지는 상사(上司, 담당부서의 책임자)의 기획이 있었을 때에 법인의 기획이 있었다고 볼 것이다.

나. 저작물이 법인 등의 업무에 종사하는 자에 의하여 작성될 것

법인 등 사용자와 업무에 종사하는 자와의 사이에는 고용관계가 존재하지 않으면 안 된다. 여기서 고용관계란 지휘·감독관계가 있는 것을 가리킨다. 법률적으로 이러한 관계는 민법상의 고용계약[21]이나 노동관계법상의 근로계약 또는 공법상의 근무계약에 기하여 발생하게 된다. 나아가 고용계약이 없더라도 실질적으로 지휘·감독에 복종하는 지위에 놓여있다면 저작권법 제9조에서 말하는 '업무에 종사하는 자'라고 할 수 있을 것이다. 따라서 이 요건과 관련하여 대학교수나 연구기관에 소속된 연구원이 '업무에 종사하는 자'에 해당하는 것은 분명하다.

다. 업무상 작성하는 저작물일 것

이 요건과 관련해서는 피용자가 해당 저작물을 작성하는 것이 업무범위에 속하는 것이어야 한다. 여기서 말하는 '업무'란 직접 명령받은 것 뿐만 아니라 '고용의 과정'에서 통상적으로 업무로서 기대되는 것을 포함한다. 예컨대, 상품광고를 담당하는 카피라이터(copywriter)가 광고문안을 작성하는 것은 자기의 업무에 해당한다. 문제는 대학교수가 강의자료를 작성하거나 연구논문을 발표하는 것 등도 대학의 업무범위에 해당한다고 볼 수 있을 것인가 하는 점이다.

또한, 업무의 범위에 속하는가 속하지 않는가 하는 것도 근무시간이나 근무공간에 좌우되는 문제가 아니다. 예컨대, 저작물의 작성이 근무시간 외에 또는

---

21) 우리나라 민법 제655조.

근무장소 밖에서 이루어진 경우에도 그 작성이 저작물의 성질·내용 등에 비추어 업무범위에 속하는 경우가 있을 것이다. 이에 반하여, 저작물의 성질과 내용 여하에 따라서는 근무시간 중에 근무장소 안에서 작성된 것이라도 업무상 저작물이 아닐 수도 있을 것이다.

라. 저작물이 법인 등 사용자의 명의로 공표될 것

이 요건은 작성된 저작물이 법인 등 사업자의 명의로 공표되는 것을 뜻한다. 법인 등 사업자의 명의로 업무상 저작물이 공표되는 경우 당해 저작물에 대해 책임을 지는 것은 물론이고 그 사회적 평가를 부담해야 한다는 점에서, 법인 등 사업자에게 저작자로서의 지위를 인정하는 것을 보충적으로 정당화시키는 기능을 하게 된다. 다만, 저작권법 제9조 단서(但書)는 기능적 저작물인 컴퓨터 프로그램 저작물에 대해서는 이 요건이 필요하지 않다고 규정하고 있다.

마. 계약 또는 근무규칙 등에 다른 정함이 없을 것

전술한 모든 요건들을 모두 갖춘 업무상 저작물에 대해서도 계약이나 근무규칙 등에서 피용자를 저작자로 한다는 취지의 정함이 있는 경우에는 저작권법 제9조의 적용은 없게 된다. 여기서 '계약'이라 함은 일반적인 고용계약이나 혹은 저작물의 작성에 따른 특별계약 등을 말하는 것이며, '근무규칙'이란 법인 등 단체 내부의 취업규정이나 근무규정 등을 말하는 것이다. '다른 정함'이라 함은 일반적으로 피용자를 업무상 작성한 저작물의 저작자라고 명시하는 경우를 말한다. 그러나 이와 같이 적극적으로 명시하지 않더라도 법인 등 사용자의 저작물이 아니라는 취지를 정하고 있다면, 원칙으로 돌아가 당해 저작물을 실제로 창작한 피용자가 저작자가 되므로, 여기서 말하는 '다른 정함'에 해당된다.

3) 대학교수가 집필한 논문 등에 대한 저작권법 제9조의 적용 여부

(1) 저작권법 제9조의 적용가능성

대학교수가 교육목적으로 작성하는 강의안이나 연구성과로서 집필하는 논문의 경우, 이러한 저작물에 대해서 저작권법 제9조의 적용이 가능할 것인지 여부가 문제된다. 특히 그 적용가능성이 문제가 되는 요건들은 앞서 살펴본 여러 요건들 중에서 '업무상 저작물'의 성립과 관련한 (1) 법인·단체 그 밖의 사용자가 저작물의 작성에 관하여 기획할 것, (2) 저작물이 법인 등의 업무에 종사하는 자에 의하여 작성될 것, (3) 업무상 작성하는 저작물일 것 등의 요건들이다.

(2) 저작권법 제9조와 관련된 구체적 쟁점 검토

전술한 여러 요건들 가운데 그 적용에 문제가 되는 요건들을 개별적으로 검토하면, 우선 (1) '법인 · 단체 그 밖의 사용자가 저작물의 작성에 관하여 기획할 것'이란 요건을 들 수 있다. 대학이라는 학문적 조직에 있어서는 사회일반의 법인이나 단체 등의 경우와는 달리 교수 등 연구자가 논문 등을 집필하는 데에 대학 당국이 조직적으로 개입하여 그 논문 등의 작성을 기획한다거나 하는 경우 등은 좀처럼 상정하기 어려울 것이다. 다시 말해 사회일반의 법인 등에 있어서는 사업활동의 목적으로 인하여 법인 등 사용자의 '기획'이라는 요건이 추인(推認)될 수 있는 여지가 있으나 대학과 같은 학술조직의 특성상 극히 예외적인 경우를 제외하고는 대학조직에 의한 '기획'요건이 추인된다고 보기는 어렵다. 또 (2) '저작물이 법인 등의 업무에 종사하는 자에 의하여 작성될 것'과 관련하여 교수 등 연구자가 '법인 등의 업무에 종사하는 자'에 해당하는 것은 분명하다. 하지만 (3) '업무상 작성하는 저작물일 것'이란 요건과 관련하여, 교수 등 연구자에게 헌법상 보장되는 학문의 자유라는 관점을 고려할 때에, 교수가 작성하는 강의안이나 학술논문의 발표행위가 법인인 대학 당국에 의해 조직적으로 관리되는 업무범위에 속하는 것이라고 보기는 어렵다. 오히려 교수의 강의안 작성이나 연구행위는 그 테마, 연구방법의 선택이 연구자의 자주성에 맡겨져 있기 때문에 지휘명령에 따른 업무내용의 결정방식과는 크게 다르다. 더구나 (4) '저작물이 법인 등 사용자의 명의로 공표될 것'이란 요건에 대해서는 거의 대부분의 경우 대학교수 명의로 논문이 공표된다는 점을 감안한다면, 이 요건 역시 마찬가지로 적용가능성이 없다고 할 것이다.

그러한 점에서 대학교수가 작성한 논문에 대해 저작권법 제9조가 적용되기 위하여 (1) 법인 · 단체 그 밖의 사용자가 저작물의 작성에 관하여 기획할 것, (2) 저작물이 법인 등의 업무에 종사하는 자에 의하여 작성될 것, (3) 업무상 작성하는 저작물일 것, (4) 저작물이 법인 등 사용자의 명의로 공표될 것 등의 모든 요건이 충족되는 경우는 극히 예외적인 경우에 한정될 것이다. 가령, 대학조직에 의한 조직적 관리가 강하게 요구되는 학술연구의 예로는 대학조직이 외부 연구기관과 공동으로 연구를 기획하고 대학구성원인 교수들에게 집필부분을 배정하면서 연구기금을 제공하는 등의 특별한 사정이 존재하는 경우 등을 들 수 있을 것이다.[22)]

(3) 미국 저작권법상 '교사의 예외(teacher exception)' 법리

이와 관련하여 우리 저작권법상의 '업무상 저작물의 저작자'를 인정하는 조항과 동일한 취지의 것으로 미국 저작권법상 규정되어 있는 것이 '고용저작물(works made for hire)'에 관한 조항인데, 이것과 함께 전개되어온 것이 '고용저작물'에 대한 이른바 '교사(敎師)의 예외' 법리이다.[23)]

대학교수의 강의안을 둘러싼 대학 당국과 교수들 간의 저작권 귀속분쟁에 대하여 미국의 1909년 저작권법 아래에서의 판례를 살펴보면, 먼저 William 사건을 들 수 있다. 이 사건에서 법원은 대학 당국이 아니라 교수에게 강의안에 대한 보통법상의 저작권(the common law copyright)이 귀속된다[24)]고 하며 그 근거로 대학교수의 강의안은 독자적인 것이고 대학 당국이 교수의 강의내용을 이루는 사상의 표현방식을 지시·규율할 수 없다는 것을 들고 있다.[25)] 또 강의안을

22) 이에 해당하는 일본 재판례로는 키타미(北見) 공업대학 공동연구보고서 사건이 있다. 이 사건은 피고 Y(국립대학법인 키타미 공업대학)가 키타미 시(市)와 그 인근 하천의 환경보전대책협의회로부터 의뢰를 받아 환경조사에 관한 공동연구를 실시하고, 그 연구성과로서 연구보고서를 키타미(北見) 공업대학 명의로 작성하여 키타미(北見) 시와 그 환경보전대책협의회에 배포하였는데, 이에 대해 당해 공동연구 참가자인 피고 Y 소속교수인 원고 X가 자신의 저작재산권(복제권) 및 저작인격권(동일성유지권)을 침해하였다고 주장하면서 위 연구보고서의 발행·배포의 금지 등을 청구하였다. 도쿄시재 2010년 2월 28일 판결은 본건 각 보고시는 피고 Y의 업무상 저작물로서 피고 Y가 그 저작자로 인정되고 업무종사자인 원고 X에게는 저작재산권 및 저작인격권이 인정되지 않는다는 이유로 원고 X의 청구를 기각하였다. 또한 지재고재(知財高裁) 2010년 8월 4일 판결에서도 일본 저작권법 제15조(우리 저작권법 제9조와 거의 동일한 취지의 규정임)에서 규정하는 각 요건의 충족 여부를 검토한 다음 본건 보고서는 피고 Y의 발의(發意) －우리 저작권법상 용어로는 기획(企劃)－ 에 의해 원고 X 등이 업무종사자로서 작성한 업무상 저작물이므로 피고 Y가 그 저작자로 인정된다고 판시하여 원고 X의 항소를 기각하였다(作花文雄, Op. cit., p. 44).

23) 이에 관한 부분은 정상조 편(2007)에서 박성호가 작성한 부분(pp. 305－306)을 참조.

24) 대학교수에게 자기저작물의 저작권이 귀속된다는 보통법상의 법리는 고래(古來)로부터 많은 지지를 받아왔다. 엘든 경에 따르면, 윌리엄 블랙스톤에게는 그의 법률 강의에 대한 저작권이 귀속되고 있었다고 하는데, 이 선례(先例)에 입각하여 엘든 경은 의학강의에 대하여 저작권을 주장하고 있던 원고(原告)에게 이를 인용하는 판결을 내렸다(Abernethy v. Hutchinson, 3 L. J. 209, 214~15(Ch.) (1825)). 이러한 영국의 보통법상 저작권에 대한 판례법 전통은 미국에 계수되었다.

25) William v. Weisser, 78 Cal. Rptr. 542 (Cal. App. 1969).

기초로 작성된 서적에 대한 저작권 역시 교수에게 귀속한다고 한다.[26] 이러한 William 사건의 결론이 타당한 것은 만일 교수의 강의안 작성이 업무범위에 속하고 대학 당국에 강의안에 대한 저작권이 귀속된다고 하면 소망스럽지 못한 결론이 초래될지도 모른다고 한다. 가령, 어느 교수가 전적으로 새로운 일련의 강의내용을 구상할 필요성 때문에 다른 대학으로 옮겨 연구하고 저술하는 것을 방해하게 된다는 것이다.[27] 이러한 William 사건의 결론은 고등학교나 초등학교 교사들에게도 마찬가지로 적용된다고 한다.[28] 그러나 대학 당국이 고용자라는 단순한 사실로부터 반드시 저작권이 피용자에게 유보된다는 결론이 도출되는 것은 아니라고 한다. 따라서 피용자가 대학의 행정직이거나 교수 이외의 직에서 업무를 수행하는 경우 대학의 업무 중 작성된 어문저작물은 일반적으로 대학당국에 속하게 된다고 한다.[29]

미국의 1976년 저작권법에서도 학술적 저작물(academic writings)이 고용저작물로서 그 저작자인 교수(또는 교사)가 근무하는 대학(또는 학교)에 귀속하는가의 여부를 둘러싼 사건이 있었다. 즉, 연방제7고등법원은 Weinstein v. University of Illinois[30] 및 Hays v. Sony Corp. of America[31] 사건에서 이 문제를 취급하였다. 양 사건에서 법원은 1976년 저작권법에서도 학술적 저작물에 대한 저작권이 교수에게 귀속된다는 전통은 존중되고 있다고 판시하였다.[32]

---

26) C. O. Sherrill v. L. C. Grieves, 57 Wash. L. Rep. 286, 20 C. O. Bull. 675 (1929).

27) M. B. Nimmer · D. Nimmer, *Nimmer on Copyright*, Vol. I., Matthew Bender, 1987, §5.03[B] pp. 5-15 N. 31.

28) Ibid.

29) Manasa v. University of Miami, 320 So. 2d 467 (Fla. App. 1975). 동 사건의 요지는, 대학 사무국의 직원이 작성한 자금조달기획서(funding proposal)는 대학에 그 저작권이 귀속된다는 것이다.

30) 811 F. 2d 1091 (7th Cir. 1987).

31) 847 F. 2d 412 (7th Cir. 1988).

32) 참고로 미 연방대법원의 Community for Creative Non-Violence v. Reid, 490 U.S. 730 (1989) 판결 이후에는 '교사의 예외'를 인정함이 없이 개별 사안별로 판단되고 있다고 주장하는 견해가 있다. 이러한 견해는 특히 콜로라도 주에 소재한 일부 대학에서 교수의 강의안이나 연구프로젝트 논문의 저작권 귀속을 둘러싸고 벌어진 사건들에 대해 미 연방 제10고등법원 관할 하의 연방지법이 내린 판결들 – 전자 Vanderhurst v. Colorado Mountain College District (D.Colo. 1998); 후자 University of Colorado Foundation, Inc. v. American Cyanamid Co. (D.Colo. 1995) – 을 그 근거로 드는 경우가 많다. 그러나 미 연방 제7고등법원의 Posner 판사는 미 연방의회가 1976년 저작권법 제정시에 1909년 저작권법 아래에서 형성 · 발전되어온 '교사의 특례'를 폐기하지 않았을 뿐 아니라 대학의 본질이라 할 수 있는

우리나라 저작권법의 해석론이나 법원의 재판례(裁判例)에 있어서는 미국의 '교사의 예외'에 관한 법리가 존재하지 않는다. 미국 저작권법의 '고용저작물'은 당사자 간에 서명한 문서에 의하여 달리 합의하지 않는 한 법인 등 사용자가 저작자로 인정된다. 이에 반하여 우리나라 저작권법 제2조 제31호의 해석상으로는 교수 등의 강의안이나 논문을 '업무상 저작물'이라고 보기 어려운 경우가 많을 뿐 아니라,[33] 설령 '업무상 저작물'에 해당하는 경우라도 저작권법 제9조에 의해 법인 등 사용자가 저작자로 인정되기 위해서는 '저작물이 법인 등 사용자의 명의로 공표될 것'과 '계약 또는 근무규칙 등에 다른 정함이 없을 것'의 두 가지 별도 요건이 요구되기 때문일 것이다.[34]

4) 관련 문제: 논문에 대한 저작재산권의 양도 등을 요구하는 학회의 저작권 정책의 문제

학술논문에 대해 저작권법 제9조의 '업무상 저작물의 저작자' 규정이 적용되지 않는 경우에도 별도의 문제가 대두된다. 그것은 다름 아닌 논문의 저작자인 교수 등 연구자로부터 저작재산권만을 양도받고자 하는 시도이다. 이러한 저작재산권의 양도 사례가 지속적으로 증가하고 있다는 데에 학술연구자들은 유의할 필요가 있다.

최근 각 학술지는 저작자로부터 원고 투고를 받을 때에 저작권의 양도 동의서(copyright (transfer) form, copyright transfer agreement)를 받는 경우가 많이 발생한다(김형순, Op. cit., 158). 외부 연구기관으로부터 용역을 받아 작성하여 제출하는 연구보고서의 경우도 마찬가지이다. 거의 대부분 저작재산권의 이전을 연구자에게 요구하고 있다. 교수 등 연구자의 입장에서도 자신이 작성한 논문이나 연구보고서의 저작자로 자신의 이름이 표시되어 자신이 해당 학술논문의 저작자로 인정되어 또 그 논문이 자신의 학문적 업적으로는 평가되는 한, 설령 학회나 외부 연구기관에게 자신의 논문에 대한 저작재산권이 모두 양도되더라도

학문의 자유를 고려할 때 '교사의 특례'는 여전히 유효한 것이라고 설명한다. Landes와 Ponsner의 글(2003, pp. 272－273)을 참조.

33) 이에 관해서는 이 논문 3. 3). (2) 참조.

34) 위 두 가지 요건 중 특히 중요한 것은 '저작물이 법인 등 사용자의 명의로 공표될 것'의 요건이다. 이것은 미국 저작권법에서는 요구하지 않는 요건이기 때문이다. 이에 비해 '계약 또는 근무규칙 등에 다른 정함이 없을 것'의 요건은 미국 저작권법의 요건인 '당사자 간에 서명한 문서에 의해 달리 합의하지 않을 것'이라는 요건과 그 취지가 거의 유사한 것이다.

신경 쓰지 않는다는 입장을 취하는 경우가 대부분이다. 이와 같이 연구자들이 자신의 논문에 대한 저작재산권에 무신경한 자세를 보이는 것은 인문사회과학 분야보다 이공계분야의 학자들의 경우에 보다 현저한 것 같다.[35] 그러나 학회 등이 취하는 이러한 저작권 정책(copyright policy)이 결과적으로는 학술정보의 공유자원화를 방해하고 학술정보의 사유화를 강화하는데 이용됨으로써[36] 학문 연구 환경을 더욱 열악하게 만들 가능성이 있다는 데에 유의할 필요가 있다. 다음에 소개하는 상황은 미국의 경우이지만 우리나라의 상황도 시간적 격차는 있을지언정 마찬가지이다. 현재 우리나라는 학술정보 내지 공공정보의 자유화(민영화)라는 미명 아래 미국의 전철을 그대로 밟고 있는 중이다.

> "1980년대에 그동안 정부가 직접 하던 출판사업의 상당 부분이 민영화되었다. 이와 더불어 많은 학술협회들도 연회비와 수입을 보장받겠다는 일념에 학술지 발간을 민간 출판사에 넘겼고 지식공유자원의 사유화 현상에 박차가 가해졌다. 그 결과 학술지 가격은 천문학적으로 뛰게 되는데 출판재벌들은 논문의 일부만 구입하는 것을 금지시키고 패키지 구입을 강요하는 등 여러 가지 횡포와 비싼 라이선스 적용으로 정보에 대한 국민들의 접속권을 제한하거나 폐쇄시켜 버렸다. 유감스럽게도 학술지의 가격이 하늘 높은 줄 모르고 뛰자 기존 도서관 예산으로는 학술지 구입을 감당할 수 없게 되었고, 도서관의 학술연구자료실은 텅텅 비게 되었다. 도서관들은 학술지 가격 상승으로 생겨난 빈 공간을 도서관 상호 간 도서대여 방식으로 상쇄하려는 노력을 펼쳤다. 그런데 그나마 이러한 노력도 후에 라이선스 제한이라는 또 다른 법적 조처가 도입됨에 따라 아예 불가능하게 되었다."(크라니치, 2010, 148－149)

> "1990년대 초 학술지 발간 출판사들 사이에서는 대규모 인수합병 전쟁이 벌어지고 극소수 국제 출판기업들만 이 전쟁에서 살아남게 되는데, 이들 재벌출판사들은 〈핵물리학 Nuclear Physics〉, 〈뇌연구 Brain Research〉, 〈테트라헤드론 레

35) 저작재산권을 둘러싼 '두 문화' 간의 차이에 대한 일본학계의 유사한 상황을 언급한 것으로 名和小太郎(Op. cit., pp. 130－131) 참조.

36) 김형순(Op. cit., p. 159)은 "연구자 또는 연구실 홈페이지에 목록과 함께 연구업적을 포함한 논문을 파일로 올려 놓는 경우가 많다. 이때에는 저자가 출판사에 제출한 Word나 Latex 형태의 파일은 괜찮지만, 출판사의 형식대로 편집이 이미 완료된 것(출판사 로고가 인쇄된 형식)을 웹상에 올리는 것은 안 된다"고 설명한다.

터스 Tetrahedron Letters〉(유기화학 분야의 유명한 국제저널)와 같은 학술지의 연간 구독비로 무려 2만 달러씩이나 요구했다. 40%씩이나 수익을 남기는 학술지 출판사의 장삿속 때문에, 안 그래도 빠듯한 대학의 교육예산은 더 빠듯해지게 되었다. 버그스트롬 & 버그스트(Bergstrom and Bergst)는 이 영리를 추구하는 출판사들이 부과하는 가격은 비영리 출판사가 부과하는 가격과 큰 차이가 나는데 동일한 분야의 학술지의 경우 비영리 출판사보다 페이지당 가격을 여섯 배나 더 많이 받는다는 연구결과를 제시했다. 학술지 출판이 민간 재벌출판사들에게 넘어가자 대학들이 연구비용을 지원한 연구의 출판권을 영리를 추구하는 민간 출판사들에게 무료로 넘긴 후, 그 연구내용이 실린 학술지를 대학도서관이 천문학적인 비용을 지불하고 다시 사오는 말도 안 되는 상황이 벌어졌다. 1986년 이래 소비자물가는 64% 상승한 데 반해 학술지 가격은 무려 220%나 폭등해 흔히 연구도서관이라 불리던 대학도서관들은 재원 부족으로 그동안 정기구독하던 학술지 수를 줄이는 조처를 취하게 된다. 여기데 대학도서관 예산까지 삭감되어 해외출간물이라든가 연구가치는 있지만 사람들의 관심이 적은 서적은 아예 구입대상에서 제외되었다. 그 결과 주로 대학도서관에 출판물을 판매하던 각 대학출판사들도 수입이 크게 감소하는 현상에 직면했다."(크라니치, Op. cit., 149－150)

4. 마 치 며

연구 출판물을 둘러싼 지적재산권에 관한 문제 상황은 지금까지 이 글에서 개괄적으로 언급한 사항들 이외에도 실로 여러 방면에 다양한 쟁점과 문제점들이 제기될 수 있을 것이다. 특히 연구자들이 논문집필이나 연구보고서 작성 등 다양한 학술연구활동을 전개하는 가운데에 직면할 수 있는 지적재산권 관련 법률문제들은 해당 연구활동 자체에 장애를 초래할 정도로 심각한 악영향을 끼칠 수도 있을 것이다. 그러한 점에서 이 글에서 상식적으로 언급한 몇 가지 쟁점을 기본으로 하면서, 이와는 별개로 개개의 연구자들이 공통으로 직면할 수 있는 구체적 문제 상황들을 선별·정리한 다음, 그러한 문제 상황을 일정 정도 타개할 수 있도록, 가령 〈Q&A〉 방식의 사례 문답을 마련할 필요성도 있다는 점을 제기하고자 한다.

◆ 연 / 습 / 문 / 제 ◆

1. 저작권법에 의해 "논문"의 "저작자"로서 보호받을 수 있는 사람은 누구인가?
   ① 논문을 작성하는 데에 필요한 모티브나 아이디어를 제공한 사람
   ② 논문의 저술을 보조하거나 기술적인 도움을 준 사람
   ③ 논문에 필요한 연구데이터를 제공하거나 연구데이터를 수집한 사람
   ④ 논문을 구상·설계하여 초고를 작성하고 출판될 판본을 최종 확인한 사람
   ⑤ 논문의 단순한 오기를 지적하여 정정하게 한 사람

2. 저작권법의 목적 중 하나는 "저작물"을 창작한 "저작자"를 보호하는 것이므로 "논문"의 "저자"도 저작권법에 의해 보호를 받을 수 있다. "논문"의 "저자"에 관한 다음 설명 중 틀린 것을 고르시오.
   ① 논문의 저자에게는 소위 "저자권(著者權, authorship)"이라는 것이 인정되는데, 이러한 저자권(著者權)은 저작권법이 저작물의 저작자에게 부여하는 "저작권(著作權, copyright 또는 author's right)"과는 다른 것이다.
   ② "논문의 저자(著者)"는 저작권법이 규정하는 "저작물의 저작자(著作者)"에 상응하는 용어이다. 이와 마찬가지로 "저자권(著者權)"도 "저작권(著作權)"에 상응하는 용어이다.
   ③ 연구자가 논문을 완성하면 그 연구자에게는 저작권법에 의해 "저작재산권"과 "저작인격권"이 부여되는데, 두 권리를 통틀어 저작권이라 하고 이때의 연구자를 저작자라 부른다.
   ④ 논문에 대한 저작권 중 저작재산권은 타인에게 양도할 수 있는데, 저작재산권은 논문을 복제하거나 전송하는 등 경제적으로 이용하는 권리이기 때문이다.
   ⑤ 논문에 대한 저작권 중 저작인격권은 타인에게 양도할 수 없는데, 저

작인격권은 논문에 연구자의 성명을 표시하는 등 인격적이고 윤리적인 성격의 권리이기 때문이다. 소위 "저자권(著者權, authorship)"은 저작권 중 저작인격권이라는 측면을 강조한 용어이다.

3. 저작권법이 보호하는 논문의 "저작자"가 될 수는 없더라도 논문의 "후기나 감사의 글(acknowledgements)"에 기술될 수 있는 사람은 누구인가? 해당하는 사람을 모두 고르시오.
① 연구데이터를 제공한 사람
② 연구데이터를 수집한 사람
③ 연구기금을 획득한 사람
④ 연구그룹을 전반적으로 감수(general supervision)한 사람
⑤ 논문의 저술을 보조하거나 기술적 도움을 준 사람

4. 학생이 작성한 논문을 지도교수의 명의로 공표하는 경우가 있는데, 이때 교수가 해당 논문의 저작자가 될 수 있는가?

5. 학위취득 논문의 전부 또는 그 일부를 학회지에 별개의 논문으로 발표하는 경우 학위취득자와 지도교수가 공동저작자로 이름을 표기할 수 있는가?

정 답
1. ④ 2. ① 3. ①②③④⑤ 모두 4. 이 경우는 구체적 사실관계에 따라 결론이 달라진다. 만일 지도교수가 실제로 논문 저술행위를 하고 학생은 그 교수의 지휘・감독을 받아 교수의 저술

행위를 보조하여 원고(原稿)를 정리하는 글쓰기(wording) 작업을 한 것에 불과하다면 당연히 교수가 논문의 저작자가 된다. 그러나 만일 학생 자신이 논문 전체를 직접 작성하였고 교수는 논문에 관한 아이디어나 의견을 제시한 것에 불과하다면 교수가 그 논문의 저작자가 될 수 없다. 이때는 학생이 교수를 위해서 논문을 대필(代筆)하거나 대작(大作)한 것이 된다. 그런데 만일 교수가 아이디어나 의견을 제시하는 차원을 넘어 논문의 저술에 실질적으로 기여한 것이 인정된다면, 저작권법이 규정하는 공동저작자로 인정될 수 있는 요건((1) 창작적 기여, (2) 공동관계, (3) 개별적 이용의 불가능)에 부합하는 경우 교수는 학생과 함께 해당 논문의 공동저작자가 될 수는 있을 것이다.

5. 이 경우도 구체적 사실관계에 따라 결론이 달라진다. 학위논문의 작성자가 학위를 취득한 후 학위논문의 주요 내용에 관하여 지도교수와 공동연구에 착수하여 학위논문의 내용을 수정·보완하거나 발전시킨 경우가 생겼다고 가정해 보자. 만일 이러한 경우에 저작권법이 규정하는 공동저작자로 인정될 수 있는 요건((1) 창작적 기여, (2) 공동관계, (3) 개별적 이용의 불가능)에 부합한다면, 두 사람이 공동으로 연구한 부분을 학회지에 투고하여 공동저작자로서 발표할 수 있을 것이다.

문제는 학위취득자의 논문 중 주요 내용을 그대로 학회지에 발표하면서 학위취득자와 지도교수가 공동저작자로 이름을 표기하는 경우이다. 이 경우는 지도교수가 학위취득 논문의 저작자가 아님에도 이를 학술지에 발표하면서 논문의 공동저작자로 표기하였다는 점에서 저작권법에 위반되는 표절 사례라고 평가할 수 있다.

참고로 지도교수가 학위취득자의 박사학위 논문의 주요 내용을 거의 그대로 전재(轉載)하면서 학술지에 공동저작자로 표기한 사안에서, 이것을 주요 징계사유로 삼아 해당 지도교수를 학교법인이 해임처분한 것과 관련하여, 우리나라 법원은 교수의 해임처분을 유지한 재심결정이 정당하다고 판단하고 교수의 청구를 기각하는 판결을 하였다(서울행정법원 2004. 8. 12. 선고 2003구합6498 판결). 위 법원 판결의 주요 내용을 소개하면 다음과 같다. "원고(지도교수–필자주)가 학위과정에 있는 학생들에 대한 연구 및 논문지도 과정에서 주도적인 역할을 하거나 단순한 지도 이상의 역할을 하여 실질적으로 공동연구의 수준에 이르렀다면 학문적 성숙도가 높은 원고와 그렇지 못한 ○○○, ☆☆☆의 관계에 비추어 볼 때 (…중략…) 학위논문은 ○○○, ☆☆☆의 논문이라기보다는 원고 본인의 저작물이라고 보아야 할 것인데, 그렇다면 ○○○, ☆☆☆가 원고의 연구성과를 자신의 박사학위 논문에 기록하여 학위를 취득하였다는 결과가 되어 그 학위의 가치에 대한 진정성을 의심할 수밖에 없을 뿐만 아니라 원고가 ○○○, ☆☆☆의 논문지도교수 또는 논문심사위원장으로서의 역할을 제대로 수행하지 못하였다는 또 다른 비판을 불러일으킬 수 있다. (…중략…) 또한 학술지의 논문심사가 엄격한 관계로 논문게재율이 낮아 학위취득자들이 통상 지도교수와 공동명의로 발표하는 것이 관례화되었다거나, 지도교수를 예우하는 차원에서 학위논문을 학술지에 수정하여 게재하는 경우 지도교수를 공동저자로 기재하는 관행이 있다는 원고가 주장하는 학계의 사정은 (…중략…) 학계의 왜곡된 현상일 뿐만 아니라 그런 학계의 사정으로 인하여 ○○○, ☆☆☆의 박사학위 취득을 위한 연구가 당연히 지도교수인 원고의 연구가 된다고 할 수는 없다.”

참고문헌

고야마(小山慶太), 1991, 『과학자는 왜 선취권을 노리는가』, 손영수 · 성영곤 역, 전파과학사.

김형순, 2010, 『영어과학논문 100% 쉽게 쓰기』, 서울대학교출판문화원.

남형두, 2008, 『표절문제 해결방안에 관한 연구(II) - 표절사례 연구-』, 저작권위원회.

박성호, 1991, "업무상 작성한 저작물의 저작권 귀속", 『변호사』 21.

버크(Peter Burke), 2006, 『지식 - 그 탄생과 유통에 대한 모든 지식』, 박광식 역, 현실문화연구.

버크 · 오른슈타인(James Burke and Robert Ornstein), 1998, 『도끼장이의 선물』, 이무열 역, 세종서적.

아이젠슈타인(Elizabeth L. Eisenstein), 2008, 『근대 유럽의 인쇄 미디어 혁명』 새개정판, 전영표 역, 커뮤니케이션북스.

이성규, 1987, "런던왕립학회의 기원에 관하여", 『한국과학사학회지』 9(1).

정상조, 2004, 『지적재산권법』, 홍문사.

_____, 2005, 『대학의 명칭 및 로고의 사용』, 서울대학교 법학연구소 기술과법센터.

정상조 편, 2007, 『저작권법 주해』, 박영사.

정상조 · 박준석, 2011, 『지적재산권법』 제2판, 홍문사.

크라니치(Nancy Kranich), 2010, "지식 인클로저에 맞서 지식의 공유화를 추진하자", 오스트롬(Elinor Ostrom) 편, 『지식의 공유: 폐쇄성을 넘어 '자원으로서의 지식'을 나누다』, 김민주 · 송희령 역, 타임북스.

파이퍼(Rudolf Pfeiffer), 2011, 『인문정신의 역사』, 정기문 역, 도서출판 길.

Landes W. M. and R. A. Posner, 2003, *The Economic Structure of Intellectual Property Law*, London: Harvard University Press.

作花文雄, 2011, "研究教育者の創作活動と權利の歸屬",『コピライト』.

名和小太郎, 2002,『學術情報と知的所有權ーオーサシップの市場化と電子化』, 東京大學出版會.

제 4 부

연구윤리교육과 행정

제15장 연구윤리교육과 행정*

조 진 호
(서울대학교 연구처 연구윤리팀장)

1. 연구윤리교육

1) 연구윤리교육의 목적 및 내용

연구윤리교육의 목적은 좋은 연구를 할 수 있도록 연구자에게 올바른 방향을 알려주는 것이라 할 수 있다. 일반적으로 과거의 연구윤리교육은 대부분 지도교수나 연구실 선후배 관계에서 비공식적으로 이루어졌다. 그러나 줄기세포 사건 이후 연구윤리 문제가 사회적 문제로 대두됨에 따라 연구윤리위반을 방지하는 차원에서 연구윤리교육의 중요성이 커져가고 있으며, 점차 공식적인 형태로 교육이 이루어지고 있다.

연구윤리교육은 일반적으로 연구진실성, 생명윤리(인간대상윤리, 동물대상윤리)의 큰 두 주제로 구성되어 있으며, 이 두 주제에 대한 세부적인 내용으로 교육내용을 구성하고 있다. 연구윤리에 대한 교육내용을 제시한 것으로는 가장 대표적인 것이 2007년 교육부에서 발표한 '연구윤리 확보를 위한 권고문'[1])이며 그 내용은 다음과 같다.

---

* 연구윤리교육과 행정은 학술적인 내용보다는 연구윤리교육 및 행정에 대한 다양한 사례 소개를 주요 내용으로 함.

1) 연구윤리 확보를 위한 권고문은 2007년 당시 교육인적자원부에서 구성ㆍ운영 중이던 연구윤리확립추진위원회에서 확정 발표한 것이다.

ⓐ 연구윤리의 배경
ⓑ 연구의 계획, 수행, 결과발표의 윤리원칙
ⓒ 연구부정행위의 정의, 유형, 제보 및 처리절차
ⓓ 실험실 윤리, 공동연구윤리
ⓔ 데이터의 정리·보관, 인용방법
ⓕ 인간대상 및 동물대상 연구윤리
ⓖ 연구결과의 심사윤리 및 출판윤리
ⓗ 연구자의 사회적 책임
ⓘ 다양한 이해관계의 충돌과 그 관리
ⓙ 지적 재산권의 보호

서울대학교 연구윤리지침 제8장에서도 유사한 내용(연구자의 책임과 의무, 연구발표에 있어서의 진실성, 연구자료의 관리, 이해상충, 인간대상연구의 윤리, 동물대상 연구의 윤리, 연구의 안전관리, 연구윤리교육)으로 연구윤리교육 과정을 제시하고 있는데, 다만 서울대학교 연구윤리지침에서는 이러한 내용을 기본으로 하여 전공분야별 특수성을 고려하도록 하고 있다.

연구윤리 교과서로 많이 쓰이는 Macrina의 책(2005)[2]의 구성도 상기된 내용과 유사하며, 미국 ORI(Office of Research Integrity)에서 출간한 Introduction to the Responsible Conduct of Research(Steneck, 2007)[3]도 유사한 구성으로 되어 있다.

연구윤리수업의 내용은 이론적인 배경에 대한 학습 및 이에 대한 실질적인 사례를 토론하는 것으로 구성되는 것이 일반적이다.

2) 교육방법

연구윤리교육은 다양한 방법을 이용하여 이루어지고 있다. 연구윤리교육이 특정 계층이 아니라 모든 연구자를 대상으로 하는 만큼 일정 형태의 오프라인 교육으로는 연구자의 요구를 만족할 수는 없다고 생각된다.

---

2) Scientific Integrity, Francis L. Macrina.

3) 본 책자의 파일은 http://ori.hhs.gov/images/ddblock/rcrintro.pdf에서 받을 수 있다(2013. 6. 24. 최종확인).

따라서, 다양한 형태의 온라인 교육과 오프라인 교육이 이루어지고 있는데 온라인 교육의 경우 기관에서 자체적으로 구축한 경우도 있고(KAIST, 연세대학교 등), 전문적인 교육업체에서 구축한 경우(CITI)도 있다. 일반적으로 온라인 교육의 형태는 다양한 주제에 대해 교육을 실시한 후 이에 대해 평가를 하여 특정 점수를 넘는 경우에만 이수증을 제공하는 형태로 운영되고 있는 것이 일반적이다.

오프라인 교육은 정규수업으로 편성되어 운영되는 정규강좌와 비정기적으로 운영되는 비정규강좌로 나뉠 수 있으며, 비정규강좌에는 심포지엄, 워크숍, 런천 세미나 등이 있다. 정규강좌는 학생 수업에 많이 활용되며, 상기한 다양한 연구윤리교육 내용들을 한 학기에 걸쳐서 교육을 받고 평가를 통하여 수업 이수를 확인하게 된다. 이에 반하여 비정규강좌의 경우에는 연구윤리에 관한 하나의 일관된 주제를 가지고 심도 깊은 논의를 주로하며 주로 교수나 관련 연구자를 대상으로 교육을 하는 경우에 많이 활용되고 있다.

(1) 외국 사례[4]

미국의 경우 ORI에서 책임 있는 연구수행(Responsible Conduct of Research, RCR)에 대해 다음과 같은 교육주제를 제시하고 있으며, ORI 홈페이지에 미국 내 각 대학·기관에서 만든 다양한 교육자료를 제공하고 있다.[5]

ⓐ 데이터 관리
ⓑ 이해갈등
ⓒ 인간대상연구
ⓓ 동물대상연구
ⓔ 연구부정행위
ⓕ 지도교수와의 관계
ⓖ 출판윤리 및 저자권
ⓗ 동료심사
ⓘ 협동연구

4) 외국 사례의 경우 2007년에 교육인적자원부·한국학술진흥재단에서 출간한 '외국대학의 연구윤리 확립활동 사례'와 관련 대학 홈페이지를 참고하였다.

5) http://ori.hhs.gov/ 사이트 메뉴 중 RCR Resource 참고(2013. 6. 24. 최종확인).

각 대학에서는 ORI에서 제시한 교육주제에 따라 정규강좌나 온라인 교육으로 연구윤리교육을 진행하며, RCR 교육을 이수할 경우 교육과정에 따라 성적을 부여하거나 이수증을 발급하고 있는데 이러한 이수사항은 미국 국립보건원(NIH)이나 국가과학재단(NSF)에서 연구비 신청시 필수사항으로 지정하고 있다. RCR 교육은 학부생, 대학원생, 연구자 및 대학행정담당자 등 대학구성원 모두를 대상으로 하고 있다.

미국의 스탠포드 대학[6]은 의생명윤리센터와 공과대학에서 RCR 교육을 제공하고 있다. 이중 의생명윤리센터에서 제공하는 강좌(MED 225)를 살펴보면[7] 이 강좌는 미국 국립보건원에서 연구비를 받는 박사 후 연구원이나 대학원생의 경우 필수로 들어야 하는 강좌이다. 일반실험연구자와 임상연구자 각각에 대해 주제가 다른 2개의 강좌로 구성되는데 일반실험연구자용의 교육내용은 '저자권리와 발명자권리(Authorship and inventorship), 데이터 진실성 및 정보(Data integrity and information), 이해상충(Conflicts of interest), 기본 규제사항(Regulatory basics), 인간대상연구(Human subjects research), 인체시료(Human biological materials), 사회적 책임(Societal responsibility)'이며, 임상연구자를 위한 교육내용은 '임상연구 대 임상관리(Clinical research versus clinical care), 피험자 보호(Protecting human subjects), 임상연구에서의 이해상충(Conflicts of interest in clinical research), 연구결과와 부수적인 발견에 대한 논의(Returning research results and incidental find-ings), 인체시료와 인체시료은행(Human biological materials and biobanking), 지역사회동의와 모집(Community consent and recruitment), 위약 대 표준치료 등 활성조절군 사용에 대한 윤리적 문제(Ethical issues in placebo versus active control trials)'로 구성되어 향후 연구자로써 본인이 소속된 연구환경에서 접할 수 있는 윤리적 문제에 대해 논의할 수 있도록 되어 있다.

미국 하버드 대학 문리대[8]에서도 연 2회 RCR 교육을 제공하여 국립보건원(NIH)과 국가과학재단(NSF)이 요구하는 RCR 교육 이수 조건을 충족하도록 하고 있다. 하버드의 RCR 교육은 오서십과 출판윤리, 지도교수와 학생(연구원)의 관계, 이해상충, 데이터 관리, 인간과 동물대상연구 등과 같은 내용을 주제로 8시

---

6) http://doresearch.stanford.edu/training/responsible-conduct-research(2013. 6. 24. 최종확인).
7) http://bioethics.stanford.edu/education/rcr/(2013. 6. 24. 최종확인).
8) http://www.fas.harvard.edu/~research/policy/rcr.html(2013. 6. 24. 최종확인).

간짜리 교육으로 구성되며, 모든 강의에 참석하고 토론에 참석하여 주어진 과제를 완수한 경우에 이수증을 부여한다.

보스턴 대학교는 국립보건원(NIH)의 지원을 받는 의대생들의 경우 필수적으로 연구윤리강좌를 수강하도록 되어 있다. 1년에 2회 4시간짜리 수업으로 개설되는데 2년간 총 4회의 과정을 마치면 수료증이 발급된다. 담당교수들의 경우 수업 전에 교수들끼리 사전모임의 형태로 자체 교육을 실시하며, 강의를 담당하는 교수에게는 봉사점수를 부여하여 승진점수에 반영한다고 한다.[9)]

보스턴칼리지의 경우에는 연구행정담당자를 위한 교육도 운영하고 있다.[10)] 연구산업의 진실성 증진에 있어서 연구행정담당자의 역할이 중요하기에 개설된 본 과정은 이해상충, 재정관리, 지도교수와 학생(연구원)의 관계, 협동연구, data 관리의 5개 과정으로 구성되어 있으며, 각각의 과정은 강의와 연구행정 중 경험하게 되는 case study 그리고 평가 및 관련 자료들로 구성되어 있다.

오프라인 교육 이외에도 온라인 교육도 많이 활용하고 있는데 가장 많이 활용하고 있는 프로그램이 CITI 프로그램(www.citiprogram.org)으로 연구윤리에 대한 교육을 제공하는 유료 사이트이다. CITI는 한국어로도 번역되어 현재는 '인간대상 연구윤리'에 대한 교육과정을 제공하고 있다. 구성은 학습과 이에 대한 퀴즈로 되어 있어 일정점수 이상 획득할 경우 이수증을 온라인에서 출력하도록 되어 있으며, 기본과정(Basic course), 심화과정(Advanced one), GCP과정, 보수교육과정(Refresher one/two)과 같은 과정으로 구성되어 있다.

(2) 국내 사례

현재까지 국내에서는 연구윤리교육 이수사항을 연구비 수주 등에 있어서 필수적으로 요구하고 있지는 않다. 다만 한국연구재단에서 지원하는 연구윤리활동 지원사업에서는 연구윤리교육을 이수한 연구원이 참여할 경우 가산점을 주고 있으며, 2013년에 시행된 '생명윤리 및 안전에 관한 법률' 개정법에 따라 기관생명윤리위원회에 교육기능이 부여되기 때문에 연구윤리에 대한 교육이 강화될 가능성이 있다고 생각된다.

국내에서 시행되고 있는 연구윤리교육도 정규강좌와 비정규강좌 등 기관의

---

9) 외국 대학의 연구윤리 확립활동 사례(교육인적자원부 · 한국학술진흥재단, 2007).

10) http://www.bc.edu/research/rcradmin/의 내용을 번역 · 요약(2013. 6. 24. 최종확인).

사정에 따라 다양한 형식으로 이루어지고 있으며 몇 가지 사례를 소개한다.

서울대학교에서는 정규강좌와 비정규강좌로 연구윤리교육을 실시하고 있다.

정규강좌로 2008년 1학기부터 대학원생과 학부생을 위한 교과목을 개설하고 있으며 대학원 과목은 일반선택과목으로 학부생 과목은 교양과목으로 개설되어 있다.

이중 대학원 과목은 일부 단과대학 및 학과에서 필수이수과목으로 정하고 있는데 〈표 1〉의 교육내용을 기본으로 하여 단과대학별 특성에 맞춰서 교육과정을 구성하고 있다. 즉, 의과대학 임상연구자를 위한 연구윤리 과정은 인간대상 연구윤리에 대한 내용에 초점을 맞춰서 이에 대한 내용을 강화하여 교육을 진행하고 있다.

비정규강좌로는 학교 차원에서 학내 모든 연구자를 위하여 다양한 주제의 연구윤리 심포지엄을 개최하여 연구윤리에 대한 인식을 고취하고자 노력하고 있으며, 개별 연구윤리위원회에서도 각 윤리위원회의 특성을 살린 워크숍을 개최하여 학내 연구자에게 심화된 연구윤리내용을 교육하고 있다.

〈표 1〉 서울대학교 연구윤리교과 강의내용

자연계열(의치약학 및 수의학 포함)	인문사회계열 및 공학계열
연구윤리 소개	연구윤리 소개
연구데이터 관리	연구데이터 관리
이해충돌(Conflict of Interest)의 관리	이해충돌(Conflict of Interest)의 관리
내학원 연구생활 및 협동연구윤리	대학원 연구생활 및 협동연구윤리
연구결과의 심사와 발표 관련 윤리	연구결과의 심사와 발표 관련 윤리
연구부정행위	연구부정행위
표절 방지 및 지적 재산권 보호	표절 방지
동물실험윤리	지적 재산권 보호
인간대상 연구윤리 주요 주제	인간대상 연구윤리 주요 주제
인간행동 연구윤리	인간행동 연구윤리
인체시료 및 유전자 연구윤리	개인정보 보호
취약한 피험자 연구윤리	취약한 피험자 연구윤리
국내 연구윤리 현황과 제도	국내 연구윤리 현황과 제도

카이스트[11]와 연세대[12]는 온라인 교육을 실시하고 있다. 이중 학부생 및 대학원생 모두에게 이수를 요구하고 있는 카이스트의 교육내용을 중점적으로 소개하도록 하겠다.

카이스트의 연구윤리 온라인 교육은 윤리와 안전에 관한 내용으로 학부생과 대학원생 모두가 의무적으로 이수해야 하는 1학점 과목이다. 학부생과 대학원생에게 제공되는 교육내용은 다른데 학부생은 연구윤리, 실험실 안전, 성폭력 및 성희롱, 리더십으로 구성된 과정을 이수해야 하며, 대학원생은 연구윤리, 실험실 안전, 리더십으로 구성된 과정을 이수해야 한다. 각 과정은 강의 외에 비디오 클립, 만화 등도 제공하여 과정 내용에 대한 이해를 높이고 있으며, 각 개별 과정의 내용을 이수한 후에는 시험을 거쳐 80점 이상을 맞았을 경우에만 과정을 이수한 것으로 하고 있다. 이수시기는 학부생은 졸업 전까지 이수해야 하며, 대학원생은 입학 첫 학기에 이수해야 하는 것으로 되어 있다.

KAIST의 유리 및 안전에 관한 온라인 교육 중 연구윤리 개별 과정의 내용은 〈표 2〉와 같다.

〈표 2〉 KAIST 온라인 연구윤리 과정 내용

I	Introduction to Responsible Conduct of Research
	Responsible Conduct of Research
II	Introduction to Research Misconduct
	Research Misconduct
III	Introduction to Data Acquisition and Management
	Data Acquisition and Management
IV	Introduction to Responsible Authorship
	Responsible Authorship: Requirement and Order
V	Introduction to Peer Review
	Peer Review
VI	Introduction to Mentoring
	Mentoring
VII	Introduction to Conflicts of Interest
	Conflicts of Interest and Commitment
VIII	Introduction to Collaborative Relationships
	Collaborative Relationships

11) 카이스트의 내용은 http://eethics.kaist.ac.kr/의 내용을 요약 정리(2013. 6. 24. 최종확인).
12) http://underwood8.yonsei.ac.kr:8080/YsEthic/main(2013. 6. 24. 최종확인).

런천 세미나도 참여자의 참석을 유도하는 교육방법의 하나로 많이 활용되고 있다. 서울대학교병원 의생명연구원에서는 월 1회 점심시간에 점심을 제공하는 임상연구윤리교육을 실시하여 임상연구자들이 알아야 하는 내용을 실제 사례 위주로 교육하고 있다.[13]

또한 연구개발인력교육원(KIRD)에서도 대상별 다양한 형태의 연구윤리교육을 실시하고 있으며, 연구윤리정보센터(www.cre.or.kr)를 운영하여 연구윤리에 대한 다양한 교육자료 및 정보를 제공하고 있다.

2. 연구윤리 행정 및 실제

연구윤리 행정은 일반적으로 연구윤리위원회의 행정지원업무를 지칭한다. 연구윤리위원회 업무의 대부분이 연구계획서에 대한 심의업무이기 때문에 연구윤리 행정은 해당 연구윤리위원회가 심의하는 연구계획의 적합성에 대해 분석이나 평가가 가능한 전문가(예를 들어 동물실험윤리위원회의 경우 수의사)가 맡는 경우가 많다.

1) 행정조직의 구성 및 기능

미국 대학에 있어서 연구윤리 행정조직은 별도의 기구로 존재하는 경우가 많다.[14] 대부분이 연구부총장(혹은 연구처장) 산하의 기구로 되어 있는데, 연구법준수과(research compliance office)로 지칭되는 행정기구는 연구와 관련된 법들을 연구자가 지킬 수 있도록 하는 역할을 한다. 미국 대학들은 연구법준수관리(research compliance officer)를 새롭게 임용하는 추세이며 2007년 기준으로 85%의 대학들이 연구법준수관리를 임명하였다고 한다.

연구윤리에 대한 다양한 내용이 법률로 규제됨에 따라 현재는 연구행정에 있어서 법준수(compliance)의 개념이 점차 강해지고 있다. 법준수가 윤리와 다른 점은 법준수는 RCR의 모든 내용을 규제하는 것으로 대상은 연구기관마다 다를 수 있으나 주요 부분은 인간대상연구, 동물대상연구 및 이해상충 등이다. 또한

13) http://hrpp.snuh.org/edurule/eduapp/_/eduguide/eduList.do(2013. 6. 24. 최종확인).
14) 미국의 사례는 대부분 '외국대학의 연구윤리 확립활동 사례'를 참고(교육인적자원부 · 한국학술진흥재단, Op. cit., pp. 59-64).

법준수에는 연구에 있어서 감사, 평가, 규제, 정책 마련 등이 포함된다.[15] 일반적으로 생물안전분야는 연구윤리에는 포함되지 않으나 법준수에는 포함된다고 한다.[16]

미국 대학의 연구윤리 행정은 법준수에 중점을 두어서 이루어지고 있기에 대부분의 대학에서 그 형태가 유사하다. 그 중 보스턴 컬리지를 예로 들면 보스턴 컬리지는 2002년 개별 운영되던 연구 관련 위원회를 연구법준수와 지적 재산권 관리 부서로 통합하면서 RCIPM(Office for Research Compliance and Intellectual Property Management)을 설치하였으며, 그 기능은 다음과 같다.[17]

ⓐ 연구 관련 위원회들의 행정지원
ⓑ 책임있는 연구수행교육(RCR)
ⓒ 연구준수 감독
ⓓ 정책개발
ⓔ 정보센터

〈그림 1〉 보스턴칼리지의 연구윤리 지원 행정 조직도

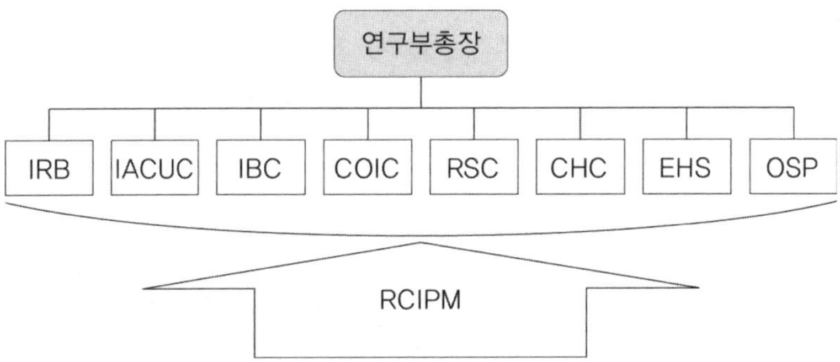

자료: 『외국대학의 연구윤리 확립활동 사례』, 교육인적자원부 · 학술진흥재단, Op. cit.[18]

15) 2008년 1월 서울대 연구처에서 Yale 대학을 방문하여 면담한 내용이다.
16) 2008년 1월 서울대 연구처에서 Princeton 대학을 방문하여 면담한 내용이다.
17) 외국대학의 연구윤리 확립활동 사례(교육인적자원부 · 한국학술진흥재단, 2007).
18) 〈표 3〉의 조직도는 해당 저서의 〈표 2-1〉을 변형한 것이다. 다음은 명칭의 약어 해설이다.
IRB(Institutional Review Board)
IACUC(Institutional Animal Care and Use Committee)
IBC(Institutional Biosafety Committee)
COIC(Conflict of Interest Committee)

국내에서도 '생명윤리 및 안전에 관한 법률' 등 연구윤리에 관한 법률이 제・개정되고 있어 연구윤리 행정업무의 중요성이 증대되고 있으나 현재까지는 국내기관에서 연구윤리 업무만을 전담하고 있는 행정조직은 거의 없는 것으로 파악된다. 주로 연구처 혹은 산학협력단 직원들이 겸직의 형태로 연구윤리위원회 지원업무를 하고 있는데, 국내기관 중에서는 서울대학교가 유일하게 2006년부터 연구윤리 업무만을 전담하는 직원을 채용하여 연구윤리위원회 업무를 지원하고 있으며 2012년 9월에는 별도의 조직으로 연구처 산하에 연구윤리팀을 신설・운영하고 있다.

서울대학교 연구윤리팀은 그동안 연구처 연구지원과 소속으로 연구윤리 업무를 수행하던 전문인력들을 별도의 팀으로 분리하여 전문적이고 독립적으로 업무를 추진하도록 하기 위하여 설치되었으며, 이를 통하여 연구윤리위원회의 독립성을 보장하고 행정지원을 강화함으로써 위원회의 활동이 보다 공정하고 엄격하게 이루어 질 수 있도록 하였다. 또한 연구자에 대한 연구윤리교육을 강화하여 서울대학교에서 생산되는 연구의 질적 향상을 도모함과 동시에 최근에 재・개정되어 강화되고 있는 연구윤리 관련 법률을 연구자들이 준수할 수 있도록 하였다.

서울대학교의 연구윤리팀의 구조는 〈그림 2〉와 같으며 총장 직속으로 4개의 연구윤리위원회가 존재하고, 이를 지원하는 행정팀인 연구윤리팀은 연구처 산하에 설치되어 있는 형태이다.

서울대학교 연구윤리팀이 별도의 행정조직으로 설치됨에 따라 그동안 행하여 오던 위원회 지원업무와 더불어 정책 수립 , 연구감시 및 교육과 같은 연구윤리 전반에 대한 지원 역할을 담당하여 미국 대학의 연구법준수과와 같은 역할을 하게 되었다. 연구윤리팀의 자세한 기능은 다음과 같다.[19)]

ⓐ 연구윤리에 관한 기본계획 수립

ⓑ 연구진실성위원회, 생명윤리심의위원회, 동물실험윤리위원회, 생물안전위

RSC(Radiation Safety Committee)

CHC(Chemical Hygiene Committee)

EHS(Office of Environmental Health and Safety)

OSP(Office for Sponsored Programs)

19) 서울대학교 직제 및 사무분장에 관한 규정(서울대학교 규칙 제1883호) 제20조 제2항에 근거한다.

〈그림 2〉 서울대학교 연구윤리 지원 행정 조직도

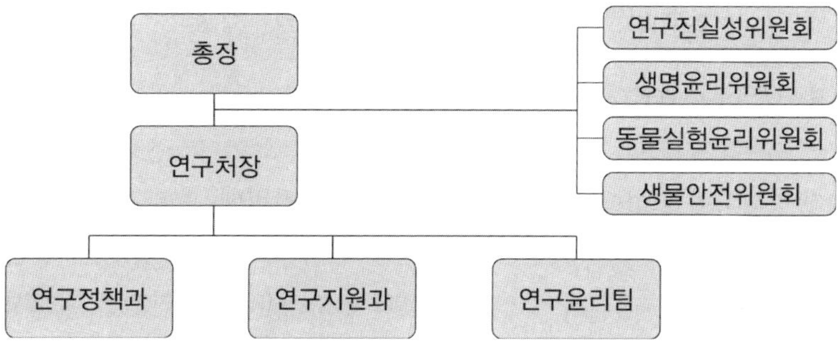

원회 등 연구윤리 관련 위원회 운영

ⓒ 상기 연구윤리위원회에서 승인한 연구의 진행과정 및 결과에 대한 조사·감독

ⓓ 연구윤리 위반사항 조사업무 지원

ⓔ 연구윤리교육

2) 행정의 실제 사례(서울대)

연구윤리 행정업무는 학내에서 수행되는 연구에 대한 관련 연구윤리위원회에서의 사전심의 업무지원과 이러한 연구들이 수행되는 과정에서 나타날 수 있는 연구윤리 위반에 대한 조사지원 업무 등으로 구성된다. 여기에서는 서울대학교 연구윤리팀에서 수행하는 업무를 위주로 연구윤리 행정의 실제적인 면을 살펴보고자 한다.

(1) 연구계획 심의지원

서울대학교 연구윤리팀에서 지원하는 연구계획을 심의하는 연구윤리위원회는 '기관생명윤리위원회(Institutional Review Board, IRB), 동물실험윤리위원회(Institutional Animal Care and Use Committee, IACUC), 생물안전위원회(Institutional Biosafety Committee, IBC)로 모두 총장 직속으로 운영되는 심의기구이다.

세 연구윤리위원회에서 수행되는 심의의 과정은 크게 '연구계획서 접수→행정간사의 검토→사전심의→위원회 논의 및 승인 여부 결정→연구자 통보'

로 구성되는데, 각각의 단계에 있어서 각 위원회별 특성이 반영된다. 이것을 위원회별로 그 기능과 업무를 위주로 살펴보면 다음과 같다.

가. 기관생명윤리위원회(Institutional Review Board)

가) 근 거

기관생명윤리위원회(이하 IRB)는 '생명윤리 및 안전에 관한 법률(이하 생명윤리법)'에 근거하여 설치된 위원회로 인간을 대상으로 하는 연구에 대한 윤리적·과학적 타당성을 심의하여 연구에 있어서 생명윤리 및 안전을 확보하고 피험자의 권리 보호 및 안전을 보장하기 위해 설치된 기구이다. 개정된 '생명윤리법'이 2013년 2월에 전면시행됨에 따라 인간대상연구를 수행하는 모든 기관에서는 IRB를 의무적으로 설치하여야 하며 인간대상연구를 수행하는 모든 연구자는 IRB에 연구계획에 대해 심의 받아야 한다.[20]

나) 기 능

개정된 생명윤리법 제10조 3항에 기술된 IRB의 기능은 다음과 같다.

ⓐ 연구계획 및 연구대상자 보호 등에 관한 사항의 심의
ⓑ 해당 기관에서 수행 중인 연구의 진행과정 및 결과에 대한 조사·감독
ⓒ 그 밖에 생명윤리 및 안전을 위한 다음 각 목의 활동
- 해당 기관의 연구자 및 종사자 교육
- 취약한 연구대상자 등의 보호 대책 수립
- 연구자를 위한 윤리지침 마련

이중 '연구계획 및 연구대상자 보호 등에 관한 사항의 심의'에서 제시하는 심의사항은 다음과 같다.

ⓐ 연구계획서의 윤리적·과학적 타당성
ⓑ 연구대상자 등으로부터 적법한 절차에 따라 동의를 받았는지 여부
ⓒ 연구대상자 등의 안전에 관한 사항
ⓓ 연구대상자 등의 개인정보 보호 대책

20) 생명윤리 및 안전에 관한 법률 제10조 및 제15조.

ⓔ 그 밖에 기관에서의 생명윤리 및 안전에 관한 사항

법령에 의하여 규제되는 사항 이외에도 인간을 대상으로 하는 연구자라면 IRB 심의를 받아야 하는데 그 이유는 다음과 같다.[21)]

ⓐ 국제적으로 사람을 대상으로 하는 연구에 대하여 적용되는 연구윤리원칙 중 하나임
ⓑ IRB 심의를 받음으로써 연구가 헬싱키 선언이나 벨몬트 리포트와 같은 국제적 수준의 연구윤리에 맞게 수행된다는 것을 인정받게 됨
ⓒ 대부분의 외국학술지들이 인간대상연구에 대한 논문을 제출할 때 IRB 심의를 통과했음을 명시하도록 의무화하고 있음

다) 심의절차[22)]

서울대학교 IRB의 심의대상을 크게 분류하면 다음과 같다.

ⓐ 인간을 대상으로 수행하는 연구
ⓑ 인체시료를 이용하여 수행하는 연구
ⓒ 개인의 사적정보를 이용하는 연구

이를 구체적으로 살펴보면, 사람을 대상으로 수행하는 모든 실험연구, 설문조사(연구목적의 여론조사 포함), 관찰연구, 인터뷰, 인체에서 연구자가 직접 채취한 조직이나 혈액을 이용하거나 외부에서 얻어진 조직이나 혈액을 이용한 연구, 이미 기수집된 개인의 사적정보를 이용하는 연구 등이 IRB의 심의대상이 된다. 이때 외부에서 얻어진 인체조직이나 개인의 사적정보를 이용한 연구의 경우 위원회에서는 심의시 이러한 인체조직이나 정보를 수집한 기관의 IRB 승인서를 확인함으로써 타 기관에서 행하여진 인간을 대상으로 수행된 연구가 윤리적으로 수행되었는지 여부를 확인하고 있다.

IRB의 심의는 사전심의로 연구자는 연구를 개시하기 전에 심의를 신청하여

21) 서울대학교 생명윤리심의위원회 홍보리플렛(2007).
22) 심의절차에 대한 내용은 서울대학교에서 저자가 발표한 연구윤리 특강자료를 바탕으로 하였다.

야 하는데, 최소한 피험자 모집 이전에는 IRB에 심의를 신청하여 승인을 받은 다음에 IRB에서 승인한 동의서 및 모집문건 등을 사용하여 연구를 시작하여야 한다.

서울대 IRB의 심의절차는 〈그림 3〉과 같다.

〈그림 3〉 서울대 IRB 심의절차

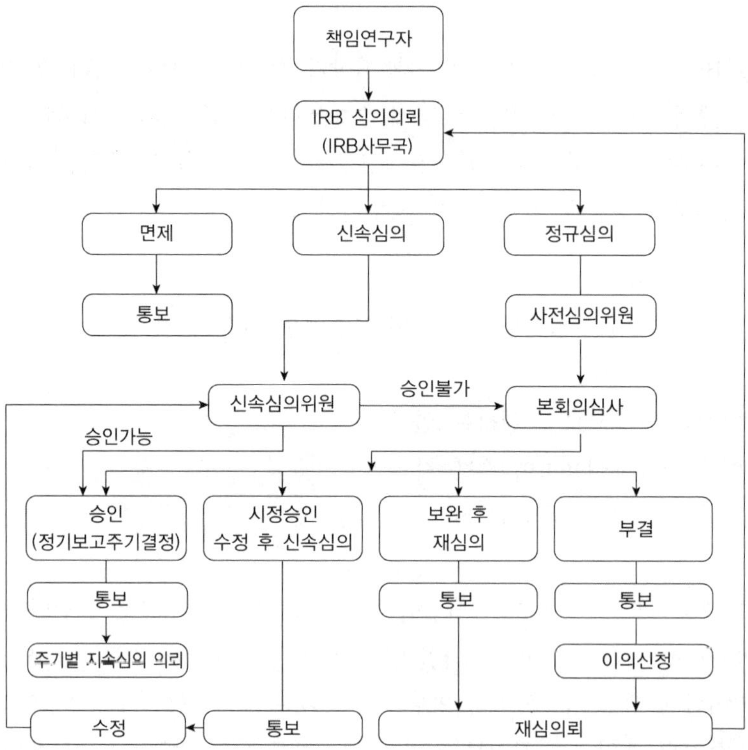

심의신청시 필요한 서류로는 '심의의뢰서, 심의용 연구계획서, 동의서 양식(혹은 동의(서) 면제 사유서), 모집문건, 연구책임자 경력(연구윤리교육 및 관련 경력 기재), 증례기록서(연구결과정리양식), 연구비내역서(연구비 수주용 연구계획서) 및 지도교수 서약서(연구책임자가 대학원생인 경우) 등'이며, 그 외 연구계획에 따라 추가로 요구되어지는 서류들이 있다.

심의종류는 피험자에게 주어지는 위험도에 따라 정규심의(Full board review), 신속심의(Expedited review) 그리고 심의면제(Exemption)로 구분될 수 있으며, 각각의 심의종류는 위원회에서 판단하도록 되어 있다. 따라서 심의면제인 경우에도 연구자는 IRB에 심의신청을 하여야 하며, 면제 여부도 마찬가지로 위원회에서 결정하게 된다.

위원회에서 승인받은 연구계획은 연구가 끝날 때까지 다양한 종류의 심의를 받아야 한다.

ⓐ **중간보고**: 위원회에서는 연구계획을 승인할 때 그 위험도에 따라 정기보고 주기를 정하여 연구자에게 알려 주는데 이 정기보고 주기에 따라 연구자는 위원회에 연구진행 상황을 보고하여야 한다.

ⓑ **지속심의**: 다년도 연구의 경우 승인유효기간(1년)이 종료되기 전 위원회에 다음 연도에 대한 연구계획을 제출하여 승인 받은 후 연구를 계속 진행하여야 한다. 위원회에서는 연구자가 제출한 과년도 연구계획과 사용한 각종 서류 및 차년도 연구계획을 심의하여 연구의 지속 여부를 결정한다.

ⓒ **연구계획변경신청**: 연구를 진행하는 중에 연구계획에 대한 변경사항이 발생할 경우 연구자는 이를 위원회에 보고하여 승인받은 후 연구를 진행하여야 한다.

ⓓ **종료보고**: 승인유효기간 내에 피험자에 대한 모든 연구가 종료되었다면 연구자는 위원회에 연구계획 종료보고를 하여야 한다. 연구종료가 승인된 후에는 연구자는 동일한 승인번호로 연구를 진행할 수 없으므로 비록 동일한 내용의 연구를 진행한다고 하여도 연구자는 위원회에 새롭게 심의를 신청하여 승인받은 후 연구를 진행하여야 한다.

상기한 심의종류 이외에도 연구자는 연구를 진행하면서 부작용이나 연구계획에 대한 변동-위반발생시 이에 대한 보고도 반드시 위원회에 하여야 한다.

법적으로 작년까지 IRB에는 승인한 연구계획에 대한 조사감독의 권한이 없었으나 금년 2월에 생명윤리법 개정법이 전면시행됨에 따라 이에 대한 업무도 실시할 예정이다.

나. 동물실험윤리위원회(Institutional Animal Care and Use Committee)[23]

가) 근 거

동물실험윤리위원회(이하 IACUC)는 '동물보호법'과 '실험동물에 관한 법률'에 근거를 두어 동물실험의 윤리성, 안전성 및 신뢰성 등을 확보하고 동물실험에 사용되는 실험동물의 보호 및 그 윤리적 취급을 도모하기 위하여 설치된 위원회로 동물보호법에 근거하여 동물실험을 하는 모든 사람은 IACUC의 심의를 받아야 한다.

나) 기 능

IACUC의 기능은 서울대학교 IACUC 규정 제5조에 근거하여 다음과 같다.

ⓐ 동물실험계획의 윤리적·과학적 타당성의 심의 및 승인
ⓑ 실험동물의 생산·도입·관리·실험·이용과 사후처리의 적절성 여부
ⓒ 동물실험의 관련자 및 종사자의 교육훈련 등에 대한 확인 및 평가
ⓓ 동물실험시설의 운용실태의 확인 및 평가

상기한 바와 같이 IACUC의 기능에는 연구계획서의 심의 및 승인 이외에, 동물실험시설에 관한 점검기능이 있어서 서울대학교 IACUC에서는 연간 1~2회의 동물실험시설 점검을 통하여 실질적으로 동물실험이 윤리적으로 수행되고 있는지 여부를 확인하고 있다.

IACUC에서 연구계획서를 심의할 때 중점적으로 고려하는 사항은 IACUC 규정 제8조에 근거하면 다음과 같다.

ⓐ 동물의 복지 고려 여부
ⓑ 동물의 고통 및 불안최소화를 위한 방법 또는 대체방법의 적절성
ⓒ 동물사용의 이유와 대상동물의 종 및 수의 적절성
ⓓ 안락사 방법의 적절성
ⓔ 불필요하거나 동물의 상태를 악화시킬 수 있는 작업의 유무

---

23) 동물실험윤리위원회와 관련된 내용은 서울대 동물실험윤리위원회 이지민 행정간사가 연구윤리수업에 발표한 자료를 바탕으로 작성되었다.

ⓕ 무균적 수술진행 및 수술 전 · 후 관리에 대한 수의학적 기법의 활용 여부
ⓖ 동물에 적합하며 연구자의 안전을 고려한 실험시설의 구비 여부
ⓗ 유해물질을 이용한 동물실험의 적정성에 관한 사항
ⓘ 기타 동물실험의 윤리성과 과학성에 관련한 사항

이중 제2항과 제3항에 기재된 '동물의 고통 및 불안최소화를 위한 방법(Refinement)', '대체방법의 적절성(Replacement), 수의 적절성(Reduction)'은 동물보호법 제23조(동물실험의원칙)에도 포함된 사항으로 동물실험원칙인 3R을 의미한다.

다) 심　　의

IACUC의 심의대상은 동물보호법 시행령 제2조 제1호에 근거하여 포유류, 조류와 파충류 · 양서류 · 어류 중 동물보호법에 의하여 농림수산식품부장관이 정하는 동물이 포함된다.

서울대학교 IACUC의 심의절차는 〈그림 4〉와 같다.

〈그림 4〉 서울대 IACUC 심의절차

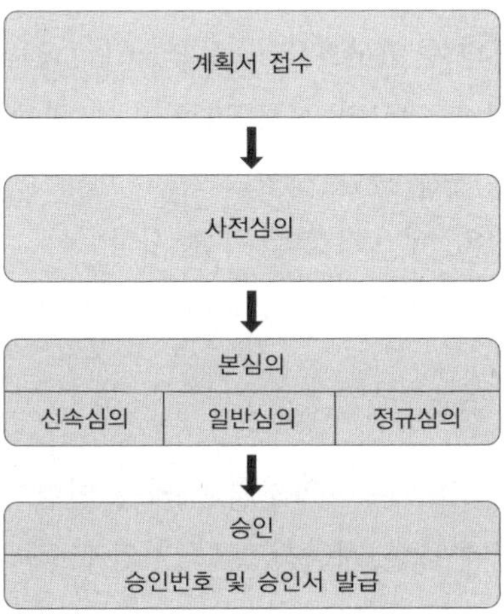

사전심의는 행정간사인 전문위원이 검토하며, 사전심의에 따라 본심의의 종류가 결정된다. 본심의는 연구내용에 따라 신속심의, 일반심의, 정규심의로 나

뉜다.

일반적으로 신속심의는 실험적 기법이 확립된 비교적 간단한 실험인 설치류를 이용한 간단한 실습, 미생물 모니터링 등이 대상이 되고, 일반심의는 전문위원의 판단범위를 벗어난 실험 및 구체적인 심사가 필요한 연구계획을 대상으로 하며, 정규심의는 새로운 동물실험방법이나 연구자와 동물에 심각한 윤리적 및 물리적 위해가 있는 동물실험계획이 대상이 된다.

다. 생물안전위원회(Institutional Biosafety Committee)[24)]

가) 근 거

생물안전위원회(이하 IBC)는 '유전자변형생물체(이하 LMO/Living Modified Micro-organism)의 국가간 이동 등에 관한 법률(이하 LMO 법)'과 '생명공학육성법'을 바탕으로 기관 내에서 수행하는 생물자원연구에 대한 위해성 여부 및 과학적 타당성을 평가하여 생물자원연구가 안전하고 효율적으로 실시되도록 설치한 위원회이다.

나) 기 능

IBC의 기능은 서울대학교 생물안전위원회 규정에 근거하면 다음과 같다.

ⓐ 기관 내에서 수행되는 연구, 실험, 시험 또는 교육에서의 생물자원연구의 위해성 및 과학적 타당성의 심사 및 승인에 관한 사항
ⓑ 생물안전교육·훈련에 관한 사항
ⓒ 생물안전관리규정의 제·개정에 관한 사항
ⓓ 생물안전등급-3 실험시설의 운영실태 평가에 관한 사항

다) 업 무

IBC에 대한 행정지원 업무는 심의지원 이외에 법령에 근거하여 연구자가 준수하여야 하는 정부기관에 대한 시설신고·허가와 LMO의 수입업무 대행을 포함한다.

먼저 생물자원(LMO 및 병원체)을 이용한 연구계획의 심의절차에 대해 알아

---

24) 생물안전위원회와 관련된 내용은 서울대 생물안전위원회 김효현 행정간사가 연구윤리수업에 발표한 자료를 바탕으로 작성되었다.

보면 미생물위험군에 따라 생물자원을 이용하는 연구는 각각의 생물안전등급(Biosafety level)을 갖게 되는데[25] 이에 따라 위원회에 심의신청 절차가 달라지게 된다.

심의신청 전 연구자는 위해성 평가를 통하여 생물학적 위험요소로부터 발생할 수 있는 생물위해를 평가하고 이를 바탕으로 다음과 같은 종류의 심의신청을 하게 된다.

ⓐ 기관 신고 실험: 제1위험군의 생물체를 숙주-벡터계 및 DNA 공여체로 이용하는 실험은 위원회에 신고를 한 후 연구를 진행하여야 한다.

ⓑ 기관 승인 실험: 다음의 경우에는 IBC에 심의를 신청하여 승인받은 후 연구를 진행하여야 한다.

- 제2위험군 이상의 생물체를 숙주-벡터계 또는 DNA 공여체로 이용하는 실험
- 대량배양(10L 이상)을 포함하는 실험
- 척추동물에 대하여 몸무게 1kg당 50% 치사독소량(LD50)이 0.1~100ug 이하인 단백성 독소를 생산할 수 있는 유전자를 이용하는 실험

ⓒ 국가 승인 실험: 제3위험군 이상의 위해가능성이 큰 시험연구용 LMO 개발·실험의 경우 기관 IBC의 심의 후 관련 정부기관의 심의를 받아 연구를 진행하여야 한다.

연구자는 LMO를 개발함에 있어 본인이 연구에 사용하는 미생물위험도에 따라 사용하고 있는 연구시설을 국가기관에 신고 또는 허가받아야 하는데 이에 대한 업무도 IBC에서 수행하게 된다. 생물안전 1, 2등급의 시설인 경우 미래창조과학부에 신고를 하여야 하고, 생물안전 3, 4등급의 시설인 경우 관련 국가 기관(인체 위해시설인 경우는 질병관리본부)에 시설허가를 받아야 한다.[26] 이중 시설신고시 필요한 서류에는 '신고서, 연구시설의 설계도서 또는 그 사본, 연구시설의 범위와 그 소유 또는 사용에 관한 권리를 증명하는 서류, 위해방지

25) 미생물위험군 및 생물안전등급에 대한 자세한 사항은 제9장 생물안전 참고.

26) 'LMO의 국가간 이동 등에 관한 법률'에 근거하여 신고를 하지 않고 연구시설을 설치 운영한 자는 2년 이하의 징역 또는 3천만원 이하의 벌금에 처하게 된다.

시설의 기본도서 또는 그 사본, 1 · 2 등급 연구시설 설치운영 점검결과서 등' 이 있다.

과거 연구자들 간에 친분을 이용하여 외국의 연구자로부터 유전자변형생물체를 국내에 수입하는 경우가 많았으나 2008년 LMO법이 시행되면서 이러한 경우 관련 기관에 수입신고 또는 승인을 받도록 되었다.27) 시험연구용 LMO를 수입하는 경우에는 미래창조과학부 장관에게 신고를 하여야 하고, 인체위해한 LMO28)를 수입하는 경우에는 보건복지부 장관에게 수입승인을 받아야 한다. 수입신고시 제출하여야 하는 서류에는 '수입신고서, 시험연구개요서, MTA 혹은 연구자의 서신(번역본 포함), 운반계획서, 안전관리방안과 전문인력 설비 현황, LMO의 명칭 특성 및 용도가 기재된 서류'가 있다.

(2) 연구윤리 위반 의혹 조사 지원29)

기관 내 연구자에 대한 연구윤리 위반 의혹에 대한 조사는 서울대학교의 경우 '연구진실성위원회(이하, 진실성위원회, Committee on Research Integrity, CRI)'에서 수행하고 있다. 서울대 진실성위원회는 2005년 줄기세포 사건을 겪은 서울대가 연구부정행위를 예방하고 만일 이러한 일이 발생할 경우 이를 처리하기 위하여 국내 처음으로 2006년 6월에 설치한 위원회이다. 2006년에 설치된 이후 서울대 진실성위원회에서는 2006년 수의대 졸업생 학위논문 사건, 2007년 복제늑대 사건, 2009년 공대 교원 사건 및 2012년 수의대 및 약대 교원 사건 등 다양한 사건을 처리하여 왔다.

총장 직속 위원회인 서울대 진실성위원회는 총 9명의 위원으로 구성되어 있는데 연구처장과 교무처장이 당연직으로 포함되어 조사결과에 대한 조치가 원활하게 진행되도록 하고 있다. 설치 초기에는 부총장이 위원장을 맡았으나 위원회의 중립성과 독립성을 추구하기 위하여 2008년 이후에는 위원 중 호선으로 위원장을 선출하고 있다.

---

27) 'LMO의 국가간 이동 등에 관한 법률'에 근거하여 수입신고를 하지 않은 자는 2년 이하의 징역 또는 3천만원 이하의 벌금에 처하게 된다.

28) 종명까지 명시되어 있지 않고 인체병원성 여부가 밝혀지지 않은 미생물을 이용하여 얻어진 LMO, 척추동물에 대하여 몸무게 1kg 당 50% 치사독소량이 100ng 미만인 단백성 독소를 생산할 능력을 가진 LMO, 의도적으로 도입된 약제내성 유전자를 가진 LMO, 국민보건상 국가관리가 필요한 병원성미생물을 이용해 얻어진 LMO이다.

29) 연구윤리 위반조사에 대한 내용은 서울대학교 연구진실성위원회의 규정에 근거하여 기술한다.

진실성위원회의 조사대상은 학내에서 연구를 수행하는 자와 인건비를 지원받는 자로 한정하고 있으며,[30] 다음의 사항에 대한 심의 · 의결기능을 가지고 있다.

ⓐ 예비조사 및 본조사 수행에 관한 사항
ⓑ 본조사위원회의 조사결과의 승인에 관한 사항
ⓒ 재심의 요청의 처리에 관한 사항
ⓓ 교내 제보자 보호를 위한 조치에 관한 사항
ⓔ 교내 연구 부정 혹은 부적절행위의 예방을 위한 각종 조치에 관한 사항

진실성위원회의 조사절차는 일반적으로 '제보접수 → 예비조사 → 본조사 → 판정 및 결과조치'로 구성된다.

제보는 서면, 구술, 전자우편 등 다양한 형태로 접수받으며 실명을 원칙으로 하고 있으나 만일 의혹내용에 대한 충분한 증빙자료가 포함이 된다면 익명제보도 접수하고 있다. 제보접수 후 제보의 진실성을 판단하여 제보가 진실하다고 판단되면 예비조사위원회를 구성하게 된다.

일반적으로 예비조사위원회는 학내 3인 이내의 위원으로 구성되며, 한 달 이내에 조사를 마치게 된다. 예비조사위원회에서는 본조사의 시행 여부를 결정하게 되는데, 만일 예비조사를 통하여 '부정행위 발생이 명백히 증명되는 경우', '연구윤리 위반 의혹을 받는 자가 사실을 인정하는 경우' 그리고 '제보가 진실에 어긋날 경우'에는 본조사를 진행하지 않고 예비조사로 마무리 하게 된다.

예비조사를 통하여 본조사의 필요성이 제기되고 위원회에서 이를 승인한 경우 본조사위원회를 구성하게 된다. 본조사는 7인 이상의 위원으로 구성되며 해당 분야 전문가 4인 이상과 조사의 객관성을 보장할 수 있는 외부인사 2인 이상을 포함하도록 되어 있다.[31] 본조사는 최대 6개월 이내에 마무리되며, 조사내용에는 관련 자료 수집, 관련자 면담 등이 포함된다. 만일 조사기간 중 관련자에 의한 연구기록이나 증거의 상실, 파손, 은닉 또는 변조 등이 이루어질 가능

30) 학부생의 경우 일반적으로 본위원회의 조사대상이 아니나 만일 학부생이라 하더라도 인건비를 지원받은 경우라면 조사대상이 될 수 있다.

31) 교과부 훈령 제260호 '연구윤리 확보를 위한 지침' 제18조에는 본조사위원회 구성을 5인 이상으로 하고 있으며, 이때 전문가 30% 이상과 외부위원 50% 이상으로 규정하고 있다.

성이 있으면 이를 방지하기 위하여 진실성위원회에서는 연구시설 폐쇄, 출입제한 등의 조치를 할 수 있는 권한이 있다.

본조사위원회에서 조사가 마무리되면 다음의 내용 등을 포함하는 조사결과 보고서를 작성한 후 이를 진실성위원회에 제출하게 된다.

ⓐ 조사위원의 이름과 직명
ⓑ 제보의 내용
ⓒ 예비조사의 결과
ⓓ 부정행위 사실 여부와 (해당되는 경우) 그 유형, 정도 및 피조사자의 역할
ⓔ (해당되는 경우) 증거물 목록 및 면담요지서

진실성위원회에서는 제출된 본조사결과 보고서를 바탕으로 최종 판정을 하게 된다. 판정은 관련 규정 및 지침에 의거하여 부정행위의 종류 및 정도를 결정하는 것이며 최종 판정 후 이를 피조사자와 제보자에게 통지하게 된다. 만일 이러한 결정에 제보자 혹은 피조사자가 불복한 경우에는 결정통지 후 한 달 이내에 위원회에 재심의를 요청할 수 있다. 재심의까지의 과정이 완료된 후 위원회에서는 그 결과를 총장께 보고하고 징계 및 이에 상당한 제재조치를 건의하는데[32] 이에 상당한 제재조치에는 '연구비 지원기관에 대한 통지,[33] 연구비 지급 중단, 연구비 신청의 제한, 학위논문 지도 및 심사의 제한, 논문 철회 요구 및 학생의 경우에는 학위논문 취소' 등이 있을 수 있으며, 만일 제보가 진실하지 않았다고 판정하게 되며, 이에 대해서도 총장에게 징계를 건의할 수 있다.

이러한 내용을 요약한 서울대학교 연구진실성위원회의 조사절차는 〈그림 5〉와 같다.[34]

---

32) 서울대학교 연구진실성위원회 규정 제13조 제2항에 근거하여 부적절행위로 판정난 경우에는 징계 또는 이에 상당한 제재조치를 반드시 건의해야 하는 것은 아니다.

33) 국가과학기술위원회 규칙 제2호 '연구윤리 확보 및 부정행위 방지에 관한 규칙' 제20조, 제21조에 근거하여 연구기관의 장은 조사 후 그 결과를 중앙행정기관의 장(연구비 수주기관의 장)에게 보고하여야 하고, 중앙행정기관의 장은 이를 바탕으로 판단하여 후속조치를 취할 수 있다.

34) 연구진실성위원회 조사절차는 서울대학교 연구진실성위원회 규정 개정에 따라 변경될 수 있다.

〈그림 5〉 서울대 연구진실성위원회 조사절차

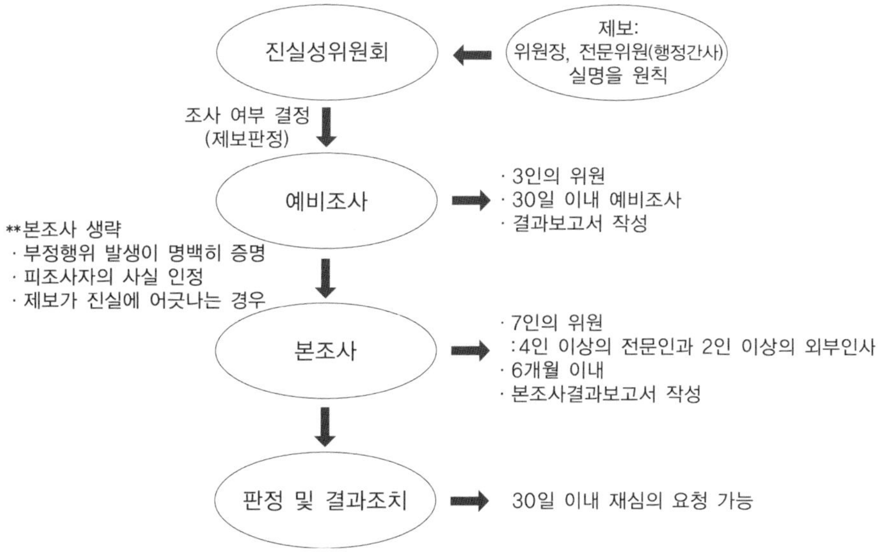

(3) 연구윤리위원회 간의 관계

현재 연구는 하나의 연구분야에서만 이루어지고 있지 않기에 연구윤리위원회의 운영 역시 개별적으로 이루어지는 것이 아니라 서로 간에 유기적인 관계 속에서 운영되게 된다. 예를 들어 인간조직을 이용하여 동물실험을 하는 경우에는 IRB와 IACUC의 심의를 받아야 하며, 유전자변형동물을 생산하고자 하는 경우에는 IACUC와 IBC의 심의를 받아야 한다.

또한 서울대학교의 경우에는 연구진실성위원회 규정 제2조 제2항 마호에 연구대상의 권익을 침해하는 행위를 연구부적절행위로 규정하여 연구자로 하여금 IRB, IACUC의 심의를 받도록 하고 승인된 내용에 따라 연구를 진행하도록 하고 있으며 이에 따라 상기 두 위원회에서도 연구자들이 윤리적인 측면에 맞추어 연구를 진행하도록 하고 있다.

◆ 연 / 습 / 문 / 제 ◆

1. 다음의 연구윤리위원회의 역할을 기술하시오.
   (1) 연구진실성위원회
   (2) 생명윤리위원회(IRB)
   (3) 동물실험윤리위원회(IACUC)
   (4) 생물안전위원회(IBC)

2. 다음 각 위원회의 설명에 대해 맞는 것은?
   ① 생명윤리위원회는 연구종료 후 해당 연구가 윤리적으로 수행되었는지를 검토하는 위원회이다.
   ② 동물실험윤리위원회의 심의대상은 포유류만 해당된다.
   ③ 연구진실성위원회는 기관의 연구부정행위 예방 및 조사를 위하여 설치된 위원회이다.
   ④ 생물안전위원회는 '감염병 예방 및 관리에 관한 법률'에 근거를 두고 설치되었다.

3. 다음의 연구를 수행하는 데 있어서 연구자인 이모 교수는 어떤 과정에서 어떠한 연구윤리위원회의 심의를 받아야 하는지 기술하시오.

S 대학교 이모 교수는 성체 줄기세포를 이용하여 치매 치료 효과를 보는 연구를 하고 있다. 이를 위하여 이모 교수는 M 제대혈 은행으로부터 제대혈을 공급받아 제대혈로부터 중간엽 줄기세포를 분리하였고, 줄기세포의 효과를 알아보기 위하여 알츠하이머 유전자를 조작한 치매쥐를 제작한 후 중간엽 줄기세포를 투여할 계획이다.

정 답

1. (1) 연구부정행위 예방 및 사안발생시 조사를 통한 연구부정행위 여부 판정
   (2) 기관 내에서 수행하는 인간을 대상으로 하는 연구에 대한 과학적 · 윤리적 타당성 심의
   (3) 기관 내에서 수행하는 동물실험의 윤리성, · 안전성 및 신뢰성 등 심의
   (4) 기관 내에서 수행하는 생물자원연구에 대한 위해성 여부 및 과학적 타당성 심의

2. ③

3. 제대혈에서 중간엽 줄기 세포 분리: IRB
   치매 유전자 조작 치매쥐 제작: IBC 및 IACUC
   치매쥐에 중간엽 줄기 세포 투여: IACUC

참고문헌

교육인적자원부 · 한국학술진흥재단, 2007, 『외국대학의 연구윤리 확립활동 사례』, 교육인적자원부.

부 록 1

세계의 주요 가이드라인

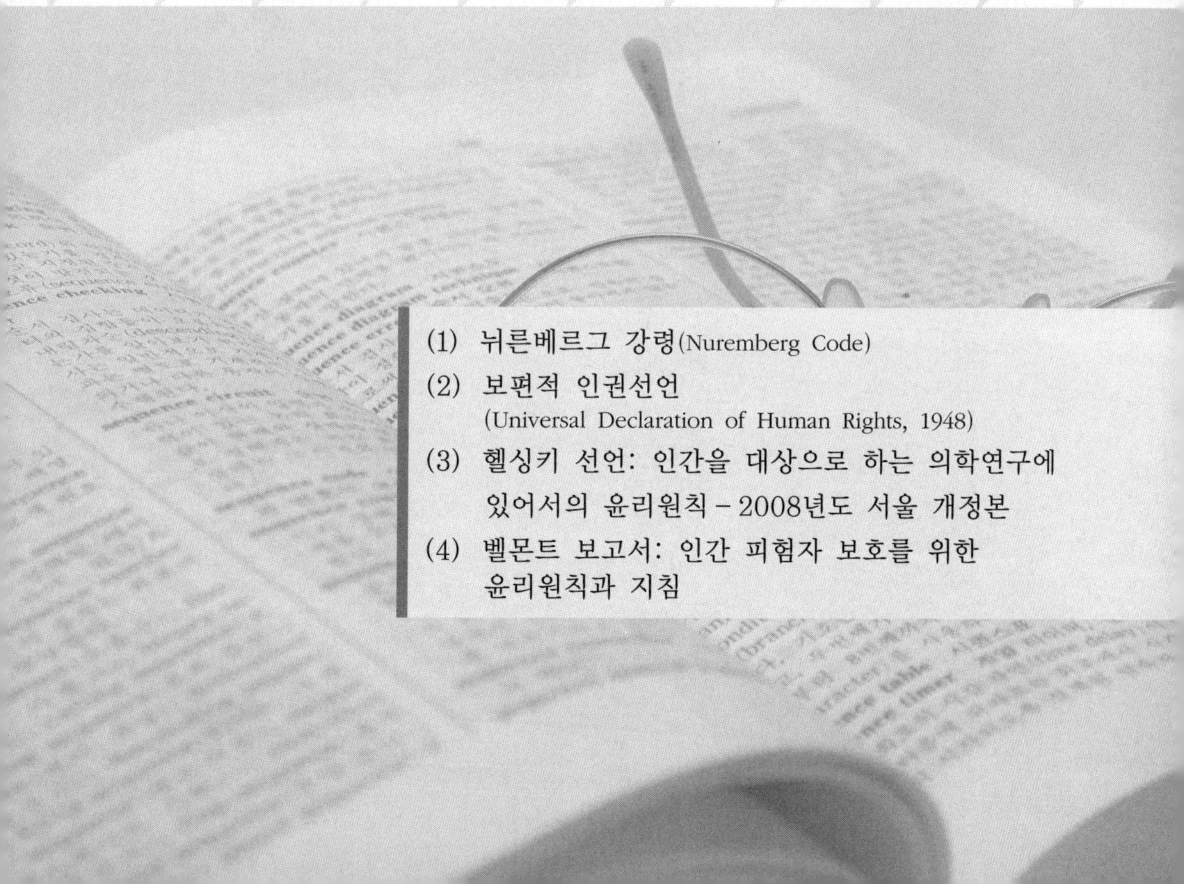

(1) 뉘른베르그 강령(Nuremberg Code)
(2) 보편적 인권선언
(Universal Declaration of Human Rights, 1948)
(3) 헬싱키 선언: 인간을 대상으로 하는 의학연구에 있어서의 윤리원칙 – 2008년도 서울 개정본
(4) 벨몬트 보고서: 인간 피험자 보호를 위한 윤리원칙과 지침

(1) 뉘른베르그 강령(Nuremberg Code)*

1. 인체실험 대상자의 자발적 동의는 절대적으로 필수적이다.

   이것은 실험대상자가 동의를 할 수 있는 법적 능력이 있어야 한다는 의미이며, 어떠한 폭력, 사기, 속임, 협박, 술책의 요소가 개입되지 않고, 배후의 압박이나 강제가 존재하지 않는 가운데 스스로 자유롭게 선택할 수 있는 권한이 주어진 상태이어야 하며, 이해와 분명한 지식에 근거한 결정을 할 수 있도록 충분한 지식과 주관적 요소들에 대한 이해를 제공하여야 한다는 의미이다. 후자를 충족시키기 위해서는 실험대상자가 내린 긍정적인 결정을 받아들이기 전, 그에게 실험의 성격, 기간, 목적, 실험방법 및 수단, 예상되는 불편 및 위험, 실험에 참가함으로써 올 수 있는 건강 혹은 개인에게 올 영향에 대하여 알려야 한다.

   동의의 질(quality)을 보장하기 위한 의무와 책임은 실험을 시작하고 지도하며 참여하는 개개인에게 있다. 이것은 타인에게 법적인 책임을 지지 않고서는 위임할 수 없는 개인적 의무이자 책임이다.

2. 연구는 사회의 선을 위하여 다른 방법이나 수단으로는 얻을 수 없는 가치 있는 결과를 낼만한 것이어야 하며, 무작위로 행해지거나 불필요한 연구이어서는 안 된다.

3. 연구는 동물실험 결과와 질병의 자연경과 혹은 연구 중인 여러 가지 문제에 대한 지식에 근거를 두고 계획되어야 하며, 예상되는 실험결과가 실험수행을 정당화할 수 있어야 한다.

4. 연구는 불필요한 모든 신체적, 정신적 고통과 상해를 피하도록 수행되어야 한다.

---

* 번역자료는 한국의료윤리교육학회지 『의료 · 윤리 · 교육』의 2002년 5권 1호에 게재된 김옥주의 '뉘른베르그 강령과 인체실험의 윤리'에 실린 것이다.

5. 사망이나 불구를 초래할 것이라고 예견할 만한 이유가 있는 실험의 경우에는 의료진 자신도 피험자로 참여하는 경우를 제외하고는 시행되어서는 안 된다.

6. 실험에서 무릅써야 할 위험의 정도가 그 실험으로 해결 될 수 있는 문제의 인도주의적 중요성보다 커서는 안 된다.

7. 손상과 장애, 사망 등 매우 적은 가능성까지를 대비해서 피험자를 보호하기 위한 적절한 준비와 적합한 설비를 갖추어야 한다.

8. 실험은 과학적으로 자격을 갖춘 사람만이 수행하여야 한다. 실험에 관련되어 있거나 실험을 직접 수행하는 사람은 실험의 모든 단계에 있어서 최고의 기술과 주의를 기울여야 한다.

9. 실험을 하는 도중에 피험자는 육체적 · 정신적 한계에 도달해 더 이상 실험을 못하겠다는 생각이 들 경우 실험을 끝낼 자유를 가진다.

10. 실험과정에서, 실험을 주관하는 과학자는 자신에게 요청된 성실성, 우수한 기술과 주의 깊은 판단에 비추어, 실험을 계속할 경우 피험자에게 손상이나 불구, 또는 사망을 초래할 수 있다고 믿을 만한 이유가 있으면 어떤 단계에서든지 실험을 중단할 준비가 되어 있어야 한다.

(2) 보편적 인권선언(Universal Declaration of Human Rights, 1948)*

인류 가족 모든 구성원의 고유한 존엄성과 평등하고 양도할 수 없는 권리를 인정하는 것이 세계의 자유, 정의, 평화의 기초가 됨을 인정하며,

인권에 대한 무시와 경멸은 인류의 양심을 짓밟는 야만적 행위로 귀결되었고, 인류가 언론의 자유, 신념의 자유, 공포와 궁핍으로부터의 자유를 향유하는 세계의 도래가 일반인의 지고한 열망으로 천명되었으며,

사람들이 폭정과 억압에 대항하는 마지막 수단으로서 반란에 호소하도록 강요받지 않으려면, 인권이 법에 의한 지배에 의하여 보호되어야 함이 필수적이며,

국가 간의 친선관계의 발전을 촉진시키는 것이 긴요하며,

국제연합의 여러 국민들은 그 헌장에서 기본적 인권과, 인간의 존엄과 가치, 남녀의 동등한 권리에 대한 신념을 재확인하였고, 더욱 폭넓은 자유 속에서 사회적 진보와 생활수준의 개선을 촉진할 것을 다짐하였으며,

회원국들은 국제연합과 협력하여 인권과 기본적 자유에 대한 보편적 존중과 준수의 증진을 달성할 것을 서약하였으며,

이들 권리와 자유에 대한 공통의 이해가 이러한 서약의 이행을 위하여 가장 중요하므로,

따라서 이제 국제연합 총회는 모든 개인과 사회의 각 기관은 세계인권선언을 항상 마음속에 간직한 채, 교육과 학업을 통하여 이러한 권리와 자유에 대한 존중을 신장시키기 위하여 노력하고, 점진적인 국내적 및 국제적 조치를 통하여 회원국 국민 및 회원국 관할하의 영토의 국민들 양자 모두에게 권리와 자유의 보편적이고 효과적인 인정과 준수를 보장하기 위하여 힘쓰도록, 모든 국민들과 국가에 대한 공통의 기준으로서 본 세계인권선언을 선포한다.

---

* 1948. 12. 10. 국제연합 총회에서 채택.

제1조 모든 사람은 태어날 때부터 자유롭고, 존엄성과 권리에 있어서 평등하다. 사람은 이성과 양심을 부여받았으며 서로에게 형제의 정신으로 대하여야 한다.

제2조 모든 사람은 인종, 피부색, 성, 언어, 종교, 정치적 또는 그 밖의 견해, 민족적 또는 사회적 출신, 재산, 출생, 기타의 지위 등에 따른 어떠한 종류의 구별도 없이, 이 선언에 제시된 모든 권리와 자유를 누릴 자격이 있다.

나아가 개인이 속한 나라나 영역이 독립국이든 신탁통치지역이든, 비자치지역이든 또는 그 밖의 다른 주권상의 제한을 받고 있는 지역이든, 그 나라나 영역의 정치적, 사법적, 국제적 지위를 근거로 차별이 행하여져서는 아니 된다.

제3조 모든 사람은 생명권과 신체의 자유와 안전을 누릴 권리가 있다.

제4조 어느 누구도 노예나 예속상태에 놓이지 아니한다. 모든 형태의 노예제도 및 노예매매는 금지된다.

제5조 어느 누구도 고문이나, 잔혹하거나, 비인도적이거나, 모욕적인 취급 또는 형벌을 받지 아니한다.

제6조 모든 사람은 어디에서나 법 앞에 인간으로서 인정받을 권리를 가진다.

제7조 모든 사람은 법 앞에 평등하고, 어떠한 차별도 없이 법의 평등한 보호를 받을 권리를 가진다. 모든 사람은 이 선언을 위반하는 어떠한 차별에 대하여도, 또한 어떠한 차별의 선동에 대하여도 평등한 보호를 받을 권리를 가진다.

제8조 모든 사람은 헌법 또는 법률이 부여하는 기본권을 침해하는 행위에 대하여 담당 국가법원에 의하여 효과적인 구제를 받을 권리를 가진다.

제9조 어느 누구도 자의적인 체포, 구금 또는 추방을 당하지 아니한다.

제10조 모든 사람은 자신의 권리와 의무, 그리고 자신에 대한 형사상의 혐의를 결정함에 있어서, 독립적이고 편견 없는 법정에서 공정하고도 공개적인 심문을 전적으로 평등하게 받을 권리를 가진다.

제11조 1. 형사 범죄로 소추당한 모든 사람은 자신의 변호를 위하여 필요한 모든 장치를 갖춘 공개된 재판에서 법률에 따라 유죄로 입증될 때까지 무죄로 추정받을 권리를 가진다.

2. 어느 누구도 행위 당시의 국내법 또는 국제법상으로 범죄를 구성하지 아니하는 작위 또는 부작위를 이유로 유죄로 판결되지 아니한다. 또한 범죄가 행하여진 때에 적용될 수 있는 형벌보다 무거운 형벌이 부과되지 아니한다.

제12조 어느 누구도 자신의 사생활, 가정, 주거 또는 통신에 대하여 자의적인 간섭을 받지 않으며, 자신의 명예와 신용에 대하여 공격을 받지 아니한다. 모든 사람

은 그러한 간섭과 공격에 대하여 법률의 보호를 받을 권리를 가진다.

제13조 1. 모든 사람은 각국의 영역 내에서 이전과 거주의 자유에 관한 권리를 가진다.

2. 모든 사람은 자국을 포함한 어떤 나라로부터도 출국할 권리가 있으며, 또한 자국으로 돌아올 권리를 가진다.

제14조 1. 모든 사람은 박해를 피하여 타국에서 피난처를 구하고 비호를 향유할 권리를 가진다.

2. 이 권리는 비정치적인 범죄 또는 국제연합의 목적과 원칙에 반하는 행위만으로 인하여 제기된 소추의 경우에는 활용될 수 없다.

제15조 1. 모든 사람은 국적을 가질 권리를 가진다.

2. 어느 누구도 자의적으로 자신의 국적을 박탈당하거나 그의 국적을 바꿀 권리를 부인당하지 아니한다.

제16조 1. 성년에 이른 남녀는 인종, 국적 또는 종교에 따른 어떠한 제한도 받지 않고 혼인하여 가정을 이룰 권리를 가진다. 이들은 혼인 기간 중 및 그 해소 시 혼인에 관하여 동등한 권리를 가진다.

2. 결혼은 양당사자의 자유롭고도 완전한 합의에 의해서만 성립된다.

3. 가정은 사회의 자연적이며 기초적인 구성단위이며, 사회와 국가의 보호를 받을 권리를 가진다.

제17조 1. 모든 사람은 단독으로는 물론 타인과 공동으로 자신의 재산을 소유할 권리를 가진다.

2. 어느 누구도 자신의 재산을 자의적으로 박탈당하지 아니한다.

제18조 모든 사람은 사상, 양심 및 종교의 자유에 대한 권리를 가진다. 이러한 권리는 자신의 종교 또는 신념을 바꿀 자유와 선교, 행사, 예배, 의식에 있어서 단독으로 또는 다른 사람과 공동으로, 공적으로 또는 사적으로 자신의 종교나 신념을 표명하는 자유를 포함한다.

제19조 모든 사람은 의견과 표현의 자유에 관한 권리를 가진다. 이 권리는 간섭받지 않고 의견을 가질 자유와 모든 매체를 통하여 국경에 관계없이 정보와 사상을 추구하고, 접수하고, 전달하는 자유를 포함한다.

제20조 1. 모든 사람은 평화적 집회와 결사의 자유에 관한 권리를 가진다.

2. 어느 누구도 어떤 결사에 소속될 것을 강요받지 아니한다.

제21조 1. 모든 사람은 직접 또는 자유롭게 선출된 대표를 통하여 자국의 통치에

참여할 권리를 가진다.

2. 모든 사람은 자국의 공무에 취임할 동등한 권리를 가진다.

3. 국민의 의사는 정부의 권위의 기초가 된다. 이 의사는 보통 및 평등 선거권에 의거하며, 또한 비밀투표 또는 이와 동등한 자유로운 투표 절차에 따라 실시되는 정기적이고 진정한 선거를 통하여 표현된다.

제22조 모든 사람은 사회의 일원으로서 사회보장제도에 관한 권리를 가지며, 국가적 노력과 국제적 협력을 통하여 그리고 각국의 조직과 자원에 따라 자신의 존엄성과 인격의 자유로운 발전을 위하여 불가결한 경제적, 사회적 및 문화적 권리의 실현에 관한 권리를 가진다.

제23조 1. 모든 사람은 근로의 권리, 자유로운 직업 선택권, 공정하고 유리한 근로조건에 관한 권리 및 실업으로부터 보호받을 권리를 가진다.

2. 모든 사람은 어떠한 차별도 받지 않고 동등한 노동에 대하여 동등한 보수를 받을 권리를 가진다.

3. 모든 근로자는 자신과 가족에게 인간적 존엄에 합당한 생활을 보장하여 주며, 필요할 경우 다른 사회적 보호의 수단에 의하여 보완되는, 정당하고 유리한 보수를 받을 권리를 가진다.

4. 모든 사람은 자신의 이익을 보호하기 위하여 노동조합을 결성하고, 가입할 권리를 가진다.

제24조 모든 사람은 근로시간의 합리적 제한과 정기적인 유급휴일을 포함한 휴식과 여가에 관한 권리를 가진다.

제25조 1. 모든 사람은 식량, 의복, 주택, 의료, 필수적인 사회역무를 포함하여 자신과 가족의 건강과 안녕에 적합한 생활수준을 누릴 권리를 가지며, 실업, 질병, 불구, 배우자와의 사별, 노령, 그 밖의 자신이 통제할 수 없는 상황에서의 다른 생계 결핍의 경우에 사회보장을 누릴 권리를 가진다.

2. 모자는 특별한 보살핌과 도움을 받을 권리를 가진다. 모든 어린이는 부모의 혼인 여부에 관계없이 동등한 사회적 보호를 향유한다.

제26조 1. 모든 사람은 교육을 받을 권리를 가진다. 교육은 최소한 초등기초단계에서는 무상이어야 한다. 초등교육은 의무적이어야 한다. 기술교육과 직업교육은 일반적으로 이용할 수 있어야 하며, 고등교육도 능력에 따라 모든 사람에게 평등하게 개방되어야 한다.

2. 교육은 인격의 완전한 발전과 인권 및 기본적 자유에 대한 존중의 강

화를 목표로 하여야 한다. 교육은 모든 국가들과 인종적 또는 종교적 집단 간에 있어서 이해, 관용 및 친선을 증진시키고 평화를 유지하기 위한 국제연합의 활동을 촉진시켜야 한다.

3. 부모는 자녀에게 제공되는 교육의 종류를 선택함에 있어서 우선권을 가진다.

제27조 1. 모든 사람은 공동체의 문화생활에 자유롭게 참여하고, 예술을 감상하며, 과학의 진보와 그 혜택을 향유할 권리를 가진다.

2. 모든 사람은 자신이 창조한 모든 과학적, 문학적, 예술적 창작물에서 생기는 정신적, 물질적 이익을 보호받을 권리를 가진다.

제28조 모든 사람은 이 선언에 제시된 권리와 자유가 완전히 실현될 수 있는 사회적 및 국제적 질서에 대한 권리를 가진다.

제29조 1. 모든 사람은 그 안에서만 자신의 인격을 자유롭고 완전하게 발전시킬 수 있는 공동체에 대하여 의무를 부담한다.

2. 모든 사람은 자신의 권리와 자유를 행사함에 있어서, 타인의 권리와 자유에 대한 적절한 인정과 존중을 보장하고, 민주사회에서의 도덕심, 공공질서, 일반의 복지를 위하여 정당한 필요를 충족시키기 위한 목적에서만 법률에 규정된 제한을 받는다.

3. 이러한 권리와 자유는 어떤 경우에도 국제연합의 목적과 원칙에 반하여 행사될 수 없다.

제30조 이 선언의 그 어떠한 조항도 특정 국가, 집단 또는 개인이 이 선언에 규정된 어떠한 권리와 자유를 파괴할 목적의 활동에 종사하거나, 또는 그와 같은 행위를 행할 어떠한 권리도 가지는 것으로 해석되지 아니한다.

(3) 헬싱키 선언: 인간을 대상으로 하는 의학연구에 있어서의 윤리원칙

– 2008년도 서울 개정본 *

A. 머리말

1. 세계의사회는 헬싱키 선언을 통하여 개인을 식별할 수 있는 인체유래물이나 자료를 이용한 연구를 포함한 인간대상 의학연구 윤리원칙을 제안하고 발전시켰다. 이 선언은 전체 내용을 포괄적으로 이해하여야 하며, 각 조항은 관련된 다른 조항을 고려하여 적용하여야 한다.

2. 이 선언의 적용범위는 일차적으로 의사이지만, 인간대상 의학연구에 참여하는 다른 연구자도 이 원칙을 따르기를 권장한다.

3. 의사의 의무는 의학연구와 관련된 사람을 포함하여 환자의 건강을 증진시키고 지키는 것이다. 의사는 지식과 양심에 따라 이 의무를 다하여야 한다.

4. 세계의사회 〈제네바 선언〉은 "환자의 건강에 가장 큰 관심을 두어야 한다."는 말로 의사의 의무를 촉구하고 있으며 〈의료윤리에 관한 국제 강령〉은 "의사는 환자에게 최선책을 고려하여 진료에 임하여야 한다."고 선언하고 있다.

5. 의학의 발전은 궁극적으로 인간 대상 의학연구에 기반을 둔다. 충분히 의학연구가 이루어지지 못한 집단에게도 적절한 연구 참여기회를 제공하여야 한다.

---

* Journal of Korean Medical Association, 2010 September, 53(9), pp. 739–742에서 인용하였다. 세계의사회 헬싱키 선언 서울 개정본은 제6차 개정본으로 2008년 10월에 서울에서 개최된 세계의사회 제59회 총회에서 발표되었으며, 상기 인용된 번역은 이화여자대학교 생명의료법연구소에 의해 작성되었다.

6. 인간대상 의학연구에서 연구피험자 개인의 복지는 다른 모든 이익보다 우선한다.

7. 인간대상 의학연구의 주목적은 질병의 원인, 발생, 과정, 경과를 이해하고, 예방법, 진단절차, 치료법을 향상시키는데 있다. 현재 최선으로 여겨지는 시술이라고 하여도 안전성, 효과, 효능, 유용성, 질에 대한 지속적인 연구로 재평가하여야 한다.

8. 의료시술과 의학연구에서 대부분의 시술은 여러 위험과 부담을 수반한다.

9. 의학연구는 모든 피험자를 존중하며, 그들의 건강과 권리를 보호하는 윤리기준을 따라야 한다. 일부 연구대상집단은 특히 취약하여 특별한 보호가 필요하다. 여기에는 스스로 동의하거나 거부할 수 없는 사람과 강요나 부당한 영향을 받을 수 있는 사람을 포함한다.

10. 의사는 인간대상 의학연구에 대한 자국의 윤리적·법적 요구 및 규제사항과 더불어 국제적 규범과 기준을 고려하여야 한다. 그러나 어떠한 국가 차원 또는 국제 수준의 윤리적·법적 요구 및 규제사항을 이유로 이 선언에서 연구 피험자 보호를 위하여 정한 사항을 축소하거나 배제하지 말아야 한다.

B. 의학연구원칙

11. 의사는 연구 피험자의 생명, 건강, 존엄성, 정직성, 자기결정권, 사생활, 개인정보 비밀을 보호하여야 한다.

12. 인간대상 의학연구는 공인된 과학적 원칙에 따라야 한다. 또한 과학문헌과 관련된 정보를 통한 풍부한 지식이 바탕이 되어야 하며, 적절한 실험실적과 가능한 경우 동물실험 결과가 근거가 되어야 한다. 실험동물의 복지를 존중하여야 한다.

13. 환경에 해를 끼칠지도 모르는 의학연구를 수행할 때는 신중하여야 한다.

14. 연구계획서에 인간대상 의학연구의 설계와 수행과정이 명백히 문서로 남아야 한다. 연구계획서는 관련된 윤리적 고려사항을 포함해야 하고, 본 선언의 원칙이 어떻게 반영되고 있는지 명시하여야 한다. 연구계획서에는 재원, 의뢰자, 소속기관, 기타 잠재적 이해관계, 피험자에게 동기부여, 연구참여로 인해 해를 입을 경우 피험자에게 제공하는 치료 및 보상규정에 관한 정보가 포함되어야 한다. 이 연구를 통하여 피험자가 효능이 확인된 시술이나, 기타 적절한 치료나 혜택을 연구종료 후에 받을 수 있도록 적절한 조치를 기술하여야 한다.

15. 연구계획서는 심의, 조언, 지도, 승인 등을 위하여 연구시작보다 앞서 연구윤리위원회에 제출되어야 한다. 위원회는 연구자와 의뢰자 및 기타 부당한 영향으로부터 벗어나 독립적으로 운영되어야 한다. 위원회는 관련 국제규범과 기준 뿐만 아니라 연구가 수행되는 나라의 법과 규제사항을 고려하여야 한다. 하지만 이런 사항으로 말미암아 이 선언에서 피험자보호를 위하여 정한 사항을 축소, 배제하도록 허용하지 않아야 한다. 위원회는 진행 중인 연구를 조사할 권리가 있다. 연구자는 조사정보, 특히 심각한 이상반응 사례를 보고할 의무가 있다. 위원회의 심의나 승인 없이 연구계획서를 변경해서는 안 된다.

16. 인간대상 의학연구는 적절한 과학적 훈련을 받은 유자격자만이 수행할 수 있다. 환자나 건강한 자원자에 대한 연구는 적절한 자격을 갖춘 의사나 기타 의료인의 감독 아래 실시하여야 한다. 연구 피험자에 대한 보호책임은 항상 의사나 의료인에게 있으며, 비록 피험자가 동의하였다 하더라도 결코 피험자에게 있는 것이 아니다.

17. 불우하거나 취약한 인구집단이나 지역사회를 대상으로 하는 의학연구는 이 집단이나 지역사회의 건강요구사항 및 우선순위에 부응하는 경우, 또한 연구결과로 피험자가 혜택을 받을 수 있는 경우에 한하여 시행할 수 있다.

18. 모든 인간대상 의학연구의 수행에 앞서, 연구대상이 되는 개인과 지역사회에게 예견할 수 있는 위험 및 부담은 이들과 더불어 그 연구로 영향을 받는 다른 개인이나 지역사회에게 예견할 수 있는 이익과 신중하게 비교·평가하여야 한다.

19. 모든 임상시험은 첫 피험자를 모집하기 전에 누구나 볼 수 있는 임상시험 데이터베이스에 등록되어야 한다.

20. 의사는 그 위험성을 적절히 검토하여 충분히 관리할 수 있다고 확신할 때에만 임상시험에 착수하여야 한다. 잠재적 이익보다 위험이 더 크다고 판단하거나, 긍정적이고 유익한 결과로 최종 결론 내릴 때는 즉시 연구를 중단하여야 한다.

21. 인간대상 의학연구는 그 중요성이 피험자가 받을 위험과 부담보다 월등할 때에만 수행하여야 한다.

22. 의사결정능력이 있는 개인이 의학연구에 참여할 때는 반드시 자원하여야 한다. 가족구성원이나 지역사회 지도자와 상의할 수도 있으나, 이 경우도 의사결정능력이 있는 개인이 스스로 동의하지 않는다면 그를 연구 피험자로 등록할 수 없다.

23. 연구 피험자의 사생활과 개인정보의 기밀을 보호하고 연구에 따른 육체적·정신적 사회적 통합(integrity)에 대한 영향을 최소화하기 위하여 주의하여야 한다.

24. 의사결정능력이 있는 피험자대상 의학연구에서는 연구의 목적, 방법, 재원의 출처, 이해상충, 연구자의 소속기관, 예견되는 이익과 잠재적 위험, 연구가 초래할 수 있는 불편과 기타 측면들에 관하여 피험자에게 적절히 알려주어야 한다. 또한 잠재적 피험자에게는 언제든지 불이익 없이 연구참여를 거부하거나 참여 동의를 철회할 권리가 있음을 알려야 한다. 잠재적 피험

자 개개인이 필요로 하는 구체적인 정보와 그 정보를 전달하는 방법에 각별히 주의하여야 한다. 잠재적 피험자가 정보를 이해하였다고 확신한 후 의사나 적절한 자격을 갖춘 사람이 피험자로부터 자유롭게 부여된 충분한 정보에 의한 동의를 되도록 서면으로 받아야 한다. 동의를 서면으로 받을 수 없다면 비서면 동의를 증인 입회 하에 공식적인 문서로 만들어야 한다.

25. 개인식별이 가능한 인체유래물이나 자료를 이용한 의학연구의 경우, 의사는 통상적으로 수집, 분석, 보관 및 재사용에 관한 동의를 구하여야 한다. 연구에서 동의를 획득하는 것이 불가능하거나 비현실적인 상황, 또는 동의를 구하는 것이 연구의 타당성을 위협하는 상황이 있을 수 있다. 이런 상황에서는 연구윤리위원회가 검토하여 승인한 후에만 연구를 수행할 수 있다.

26. 연구참여에 대해 충분한 정보에 의한 동의를 구할 때, 의사는 잠재적 피험자가 자신과 의존적인 관계에 있지 않은지 혹은 그 피험자가 강압 하에 동의하는 것은 아닌지 특히 주의하여야 한다. 이런 상황에서는 완전히 독립적인 위치에 있는 적절한 자격을 갖춘 사람이 동의를 구하여야 한다.

27. 잠재적 피험자가 의사결정능력이 없는 경우, 의사는 법정대리인으로부터 동의를 구하여야 한다. 의사결정능력이 없는 개인들은 그들이 속한 집단의 건강을 증진시키려고 의도된 경우, 의사결정능력이 있는 사람으로는 대신 수행이 불가능한 경우, 그리고 단지 최소한의 위험과 최소한의 부담만을 초래하는 경우가 아니라면 자신이 혜택을 받을 가능성이 없는 연구에서 제외되어야 한다.

28. 의사결정능력이 없다고 간주하는 잠재적 피험자라도 연구참여 결정을 찬성할 수 있다면 의사는 법정대리인의 동의와 더불어 피험자 본인의 찬성도 구하여야 한다. 잠재적 피험자의 반대의사를 존중하여야 한다.

29. 육체적으로나 정신적으로 동의를 할 수 없는 피험자, 예를 들면 의식이 없는 환자를 대상으로 하는 연구는 동의를 할 수 없게 하는 육체적이거나 정

신적인 상황이 그 연구집단의 필연적 특성일 때만 수행할 수 있다. 이런 상황에서 의사는 법정대리인으로부터 동의를 구하여야 한다. 법정대리인과 접촉할 수 없지만 연구를 지체해선 안 된다면, 동의를 할 수 없는 상태에 있는 피험자를 대상으로 하는 구체적인 이유가 연구계획서에 명시되어 있고, 연구윤리위원회가 그 연구를 승인한 경우에만 동의 없이도 연구를 수행할 수 있다. 그리고 연구에 계속 참여한다는 동의를 피험자나 법정대리인으로부터 가능한 한 빨리 받아야 한다.

30. 저자, 편집인, 발행인 모두에게 연구결과의 출판에 대한 윤리적 책임이 있다. 저자는 인간대상연구의 결과를 공개할 의무를 지니며, 원고의 완성도와 정확성에 책임진다. 저자는 출판윤리지침을 준수하여야 한다. 긍정적 결과만이 아니라, 부정적이고 아직 결론을 내리지 못하는 결과도 출판하거나 공개하여야 한다. 출판물에는 재원의 출처, 소속 기관 및 이해관계에 대해서 밝혀야 한다. 이 선언의 원칙을 준수하지 않은 원고는 게재를 거절하여야 한다.

C. 치료를 겸한 의학연구에 관한 부가원칙

31. 의사가 의학연구와 진료를 결합시킬 수 있는 경우는 연구가 지닌 예방・진단・치료상의 잠재적 가치에 의해서 정당화되는 범위 내에서이며, 또한 피험자인 환자가 연구참여로 인해 건강상 유해한 영향을 받지 않는다고 의사가 믿을만한 타당한 이유가 있을 때이다.

32. 새로운 시술의 이익과 위험, 부담, 효과는 현재 입증된 가장 좋은 시술의 이익과 위험, 부담, 효과와 비교해서 검증하여야 한다. 단, 위약을 사용하거나 아무런 치료를 하지 않는 것은 현재 입증된 시술이 존재하지 않는 연구에서 수용될 수 있다. 또는 설득력 있고 과학적으로 타당한 방법론적 이유로 인해서 치료의 효능과 안전성을 결정하기 위하여 위약 사용이 필요하고, 위약을 받거나 아무런 치료를 받지 않는 환자에게 심각하거나 비가역적인

해악의 어떤 위험도 없을 때 수용할 수 있다. 이런 선택을 남용하지 않도록 매우 주의하여야 한다.

33. 연구를 마칠 때, 연구에 참여한 환자는 연구결과에 대해 알권리, 연구로부터 유발된 혜택을 공유할 권리, 예를 들면 연구에서 유익하다고 확인한 시술이나 기타 적절한 진료나 혜택을 받을 권리를 갖는다.

34. 의사는 환자에게 진료 중 어떤 부분이 연구와 관계되는지 충분히 알려주어야 한다. 환자가 연구참여를 거부하거나, 참여 결정을 철회하여도 환자와 의사관계를 저해하면 안 된다.

35. 환자의 치료에서 입증된 치료법이 없거나 효과적이지 않은 경우, 의사는 검증되지 않은 시술이 환자의 생명을 구하고 건강을 증진시키고 고통을 경감시키는데 도움이 된다고 판단할 경우, 전문가의 조언을 구한 후 환자나 법정대리인으로부터 동의를 받아 이 시술을 사용할 수 있다. 가능하다면 이 시술은 안전성과 효능이 평가되도록 설계되어 연구의 대상이 되어야 한다. 모든 경우에 있어서 새 정보는 기록으로 남겨야 하고, 적절하다면 공개하여야 한다.

(4) 벨몬트 보고서: 인간 피험자 보호를 위한 윤리원칙과 지침*

인간 피험자 대상 연구의 윤리적 원칙과 지침

과학연구는 상당한 사회적 이득을 제공한다. 하지만 과학연구는 몇 가지 골치 아픈 윤리적 문제들 또한 제기해 왔다. 특히 제2차 세계대전 동안 생의학연구를 위해 인간 피험자들을 학대했었다는 사실이 알려지자 사람들은 이런 문제에 관심을 가지게 되었다. 뉘른베르그 전범 재판과정에서 수용소 죄수들을 대상으로 생의학실험을 실시하였던 의사와 과학자들을 재판하기 위한 일단의 기준으로 뉘른베르그 강령이 만들어졌다. 이 강령은 인간 피험자를 대상으로 하는 연구가 윤리적으로 수행되는 것을 보장하기 위한 차후의 여러 강령[1]의 원형이 되었다.

이 강령들은 연구자나 감독자들이 실무에서 참조할 수 있는 일단의 전반적 또는 세부적인 규칙들로 이루어져 있다. 그런 규칙들이 복잡한 실제 상황을 다루기에 부적절한 경우가 종종 있다. 즉 그 규칙들은 때때로 서로 충돌하며 종종 해석이나 적용이 곤란하다. 더 광범위한 윤리적 원칙이 있어야 그것을 기초로 특정 규칙들이 근거를 가지게 되고, 비판받고, 해석될 수 있을 것이다.

이 보고서에서는 인간 피험자를 대상으로 하는 연구와 관련된 세 가지 원칙, 또는 일반적인 처방적 성격의 판단들(prescriptive judgments)이 무엇인지를 밝힌다. 다른 원칙들도 관련이 있을 수 있다. 하지만, 이 세 가지 원칙은 매우 포괄적이며 과학자, 피험자, 감독자, 또는 관심 있는 일반 시민들이 인간 피험자 연구에 내재한 윤리적인 이슈들을 이해할 수 있도록 돕는 수준으로 평이하게 서술하였다. 특정한 윤리적

* 생명윤리 제1권 제1호(창간호): 13－21, 2000년 5월에 게재된 번역본이다.

1) 1945년 이래 많은 기관이 의학연구에 있어 인체실험의 적절하고 책임 있는 수행을 위한 다양한 지침을 채택하였다. 가장 잘 알려진 지침은 1947년의 뉘른베르그 헌장, 1964년의 헬싱키 선언(1975년 개정)과 1971년의 미국 정부 지침(1974년에 미국 연방 법률로 인정)이다. 사회, 행동학 연구의 수행을 위한 보건, 교육, 복지분야의 지침도 채택되었는데, 이 가운데 가장 널리 알려진 것은 1973년 미국 심리학회의 것이다.

문제를 해결하는 데 이 원칙들이 논란의 여지없이 항상 적용될 수 있는 것은 아니다. 이 보고서의 목적은 인간 피험자를 대상으로 하는 연구에서 발생하는 윤리적 문제를 해결하는 데 지침으로 삼을 수 있는 한 가지 분석 틀을 제공하는 것이다.

이 보고서는 시술과 연구의 구별, 세 가지 원칙에 대한 논의, 그리고 이 원칙들의 적용에 관한 언급으로 구성되어 있다.

A. 시술과 연구의 경계

인간 피험자의 보호를 위해 어떤 점들을 검토해야 하는지를 알기 위해서는 생의학적·행동학적 연구와 이미 확립된 요법의 시술 행위를 구별하는 것이 중요하다. 이 두 가지는 종종 동시에 행해지기 때문에(치료법의 평가를 위해 계획된 연구에서처럼), 그리고 "연구"가 무엇인지 주의 깊게 정의되지 않으면 표준적 시술로부터 상당히 거리가 먼 것들도 종종 "실험적"이라고 불리기 때문에 그 경계가 모호해진다.

대부분의 사람들에게 "시술"이라는 용어는 성공에 대해 합당한 기대 수준을 가진 개별 환자의 복지를 증진시키기 위해서만 계획된 의학적 개입을 의미한다. 의학적, 또는 행동학적 시술의 목적은 진단, 예방적 치료, 또는 특정한 개인에 대한 치료를 제공하는 것이다.[2] 이와 대조적으로 "연구"라는 용어는 가설을 시험하고, 결론을 이끌어내는 등 일반화된 지식(예컨대 이론, 원리, 그리고 관계에 관한 진술로 표현된다)을 발전시키거나 그에 기여하게끔 계획된 행동을 가리킨다. 연구는 대개 목적과 그 목적에 도달하기 위한 일련의 절차들을 제시하는 프로토콜의 형식으로 기술된다.

어떤 임상의사의 행위가 표준적이거나 용인되는 시술법으로부터 상당히 동떨어져 있을 경우 그 새로운 방법 자체는 연구에 해당되지 않는다. 어떤 시술절차가 새롭고 검증되지 않았으며 색다르다는 의미에서 "실험적"이라 해도 그것이 자동적으로 연

2) 시술은 보통 특정 개인의 복지 증진만을 목적으로 고안된 의학적 개입을 뜻하지만, 간혹 타인의 복지 증진을 위해 한 개인에게 의학적 개입이 행해지든지 (헌혈, 피부이식, 장기이식의 경우) 또는 하나의 의학적 개입이 특정 개인의 복지 증진과 동시에 타인에게 이득을 제공하는 두 가지 목적을 가질 수도 있다(접종을 받는 당사자와 사회 일반을 동시에 보호하는 예방접종의 경우). 어떤 형태의 시술이 의학적 개입의 적용을 받는 개인에게 즉각적인 이득 이외의 요소를 갖는다는 사실이 연구와 시술 사이의 일반적 경계를 혼동하게 해서는 안 된다. 어떤 의료시술이 타인에게 이득을 주는 경우에조차도 그것은 특정 개인이나 집단의 복지를 증진하기 위해 고안된 의학적 개입인 것이다. 따라서 그것은 시술이며 연구로 여겨질 필요가 없다.

사회적 실험과 관련된 문제는 생의학적, 행동학적 연구와는 상당히 다르기 때문에 본 위원회는 이 시점에서 그런 연구와 관련된 어떤 정책도 결정하지 않기로 한다. 그 대신 그런 문제는 본 위원회의 후속 기구에서 다루어져야 한다고 생각한다.

구의 범주 안에 들어가는 것은 아니다. 이런 종류의 철저히 새로운 시술은 그것이 안전하고 효과적인지를 검증 받기 위해서 초기 단계부터 공식적인 연구의 대상이 되어야 한다. 그러므로 전에 없던 방법이 공식적인 연구 프로젝트에 통합되기 위해서는 의료시술위원회(medical practice committees) 등이 필요성을 주장할 책임이 있다.

어떤 요법의 안전성과 효율성을 평가할 목적으로 연구가 계획되었을 때는 연구와 시술이 동시에 이루어진다. 이로 인해 그 행동이 검토를 요구하는지 아닌지를 혼동할 필요는 없다. 어떤 활동에 연구의 요소가 조금이라도 포함되어 있다면 인간 피험자의 보호를 위해서 그 활동은 검토대상이 되어야 한다는 것이 일반적인 규칙이다.

B. 기본적 윤리원칙들

"기본적 윤리원칙"이라는 표현은 여러 가지 특정 윤리적 처방을 정당화하는 기초이자 인간 행동을 평가하기 위한 일반적 판단 기준을 가리킨다. 우리 문화 전통 속에서 일반적으로 받아들여지는 원칙들 가운데 특히, 다음 세 가지 기본 원칙이 인간 피험자를 포함하는 연구윤리와 관련이 깊다. 인간 존중의 원칙, 선행의 원칙, 그리고 정의의 원칙이 그것이다.

1. 인간 존중

인간 존중은 최소 두 가지의 윤리적 신념을 하나로 묶는다. 첫째 인간은 자율적 존재로 취급되어야 하며, 둘째 자율능력이 부족한 인간은 보호를 받을 권리가 있다는 것이다. 그러므로 인간 존중의 원칙은 두 가지 서로 다른 도덕적 요구로 분리된다. 그 하나는 자율성 인정에 대한 요구이고 다른 하나는 자율성이 부족한 인간에 대한 보호의 요구이다.

자율적인 인간은 자의적으로 자신의 목적을 숙고할 능력 그리고 그 방향으로 행동할 능력이 있는 개인이다. 자율성 존중이란 자율적인 인간의 숙고된 의견과 선택을 그들의 행동이 다른 이들에게 명백한 피해를 주지 않는 한 방해하지 않고 존중하는 것이다. 불가피한 이유가 없는 데도 도덕행위자의 숙고된 판단을 무시하거나, 그 숙고된 판단에 따라 행위할 자유를 부인하거나, 숙고된 판단을 내리는 데 필요한 정보를 감추는 것은 자율적 도덕행위자를 존중하지 않는 것이다.

하지만, 모든 인간이 자기결정능력을 가지고 있는 것은 아니다. 자기결정능력은 성장과 더불어 증대되며 어떤 사람들은 질병, 정신이상, 또는 자유가 심하게 제한되는 상황 등으로 인해 이 능력의 전체 또는 일부분을 상실한다. 미성년자와 무능력자

(the incapacitated)에 대한 존중은 그들이 성장해 가는 동안, 또는 그들이 장애를 가지고 있는 동안 그들을 보호할 것을 요청한다.

어떤 사람들은 그들에게 해를 줄지도 모르는 행위들로부터 그들을 배제시키는 정도로까지 광범위한 보호를 필요로 한다. 다른 이들은 그들이 나쁜 결과의 위험을 인식하는 가운데 자유롭게 행동할 수 있음을 보장하는 것 외에 별다른 보호를 필요로 하지 않는다. 제공되는 보호의 수준은 예상되는 위험과 이득의 정도에 달려 있다. 누군가가 자율성을 결여하고 있다는 판단은 주기적으로 재평가되어야 하며 상황에 따라 다양할 것이다.

인간 피험자와 관련이 있는 대부분의 연구에서 인간 존중은 그 피험자가 충분한 정보를 가지고 자발적으로 연구에 참여하기를 요구한다. 그러나 어떤 상황에서 이 원칙의 적용은 그리 분명하지 않다. 피험자로서 죄수의 참여는 교육적인 예를 제공한다. 한편으로는 인간 존중의 원칙이 죄수도 연구에 자발적으로 참여할 수 있는 기회를 박탈당해서는 안 된다는 것을 요구하는 것처럼 보인다. 다른 한편으로는 수감생활 속에서 그들이 그렇지 않았다면 자원하지 않았을 연구에 참여하도록 미묘한 압력을 받거나 부당한 영향을 받을 수도 있다. 그렇다면 인간 존중의 원칙은 죄수가 보호받아야 함을 요구한다. 죄수로 하여금 "자원"하게 할 것이냐, 또는 "보호"할 것이냐 하는 문제는 딜레마이다. 대부분의 곤란한 사례에서 인간 존중은 종종 그 원칙 자체에 의해 요구되는 대립하는 주장들 사이의 균형을 잡아가는 일이다.

2. 선 행

사람들을 윤리적으로 대우하는 방식에는 그들의 결정을 존중하고 위험으로부터 보호하는 것 외에도 그들의 복지를 보증하려고 노력하는 방식이 있다. 이때 후자의 대접방식은 선행원칙의 범주에 포함된다. "선행(beneficence)"이라는 용어는 엄격한 의무를 넘어서는 친절, 또는 자선을 의미하는 것으로 종종 이해된다. 이 보고서에서는 선행이란 그보다는 좀 더 강한 의미로서, 하나의 의무로 이해된다. 이런 의미의 선행에 대한 일반적인 규칙을 다음 두 가지의 상호보완적인 표현으로 정식화할 수 있다. ① 해를 입히지 말 것, ② 가능한 한 이익을 극대화하고 가능한 한 해악을 극소화할 것.

"해를 입히지 말라"라는 히포크라테스의 격률(格率)은 오랫동안 의료윤리의 기본적인 원칙이었다. 클로드 베르나르는 이를 연구의 영역까지 확장시켜, 타인에게 이득이 되는지 여부를 불문하고 누구에게든 해를 입히지 말라고 말했다. 그러나 해를 입히지 않기 위해서라도 무엇이 해악인지 알아야 한다. 그리고 이런 정보를 얻는 과정에서 사람들은 해악의 위험에 노출되기 마련이다. 더욱이 히포크라테스 선서는 의사들에게 "최선의 판단에 따라" 환자들에게 이득을 줄 것을 요구한다. 사실상 무엇이 이득이 될 것인가를 알기 위해서 사람들을 위험에 노출시켜야 하는 경우도 있다. 이런 정언적 명령이 제기하는 문제는 위험에도 불구하고 특정한 이득을 추구하는 것이 정당화될 수 있는 경우와 위험 때문에 이득을 포기해야만 하는 경우를 결정해야 한다는 것이다.

선행의 의무는 개별 연구자와 사회 일반 모두에게 영향을 미치는데, 왜냐하면 선행의 의무가 특정 연구 프로젝트는 물론 연구행위 전반에까지 확장되기 때문이다. 특정 프로젝트의 경우 연구자와 그 기관의 종사자들은 그 연구로부터 생길지도 모르는 해악을 최소화하는 한편 이득을 극대화하기 위해 사전에 숙고해야만 한다. 일반적인 과학연구의 경우 사회구성원들은 장기적인 관점에서 지식의 발전, 새로운 의학적, 심리치료적, 사회적 과정의 발달로부터 야기될 수 있는 이득과 위험을 인식해야만 한다.

선행의 원칙은 종종 인간 피험자와 관련된 연구의 여러 영역에서 잘 정의된 정당화의 역할을 한다. 어린이 대상의 연구에서 한 예를 발견할 수 있다. 어린이 질환을 치료하는 효과적인 방법과 건강증진법의 개발은 설령 개별적 연구대상이 이득의 수혜자가 아니라 하더라도 어린이 대상 연구를 정당화하는 데 도움이 되는 이득이다. 연구를 통해서 이전에 일반적으로 활용되었던 시술법을 자세히 조사함으로써 그 시술법의 적용에 기인하는 위험을 피할 수도 있다. 그러나 선행의 원칙의 역할은 언제나 그리 분명한 것은 아니다. 예컨대 관련 어린이에게 직접적인 이득이 즉각적으로 기대되지 않으면서 최소한의 위험 이상의 것이 예상되는 경우 어려운 윤리적 문제는 그대로 남는다. 어떤 이들은 그런 연구가 용인되어서는 안 된다고 주장해 온 반면에, 다른 이들은 만약 그런 연구를 제한한다면 미래의 어린이들에게 큰 이득을 가져올 장래성 있는 수많은 연구가 배제될 것이라는 점을 지적해 왔다. 다른 어려운 문제들과 마찬가지로 여기서도 다시 한 번 선행의 원칙에 근거한 서로 다른 주장은 충돌을 일으키고 어려운 선택을 강요한다.

3. 정 의

누가 연구에서 생기는 이득을 누리고 누가 그 부담을 감당해야 하는가? 이것은 "분배의 공정성", 또는 "합당한 응분"이라는 의미에서, 정의의 문제이다. 자격이 있는 사람에게 어떤 이득이 정당한 이유 없이 부인되거나 또는 어떤 부담이 부당하게 지워질 때 불의가 발생한다. 정의의 원칙을 이해하는 또 다른 방법은 동등한 것은 동등하게 취급해야 한다는 것이다. 그러나 이 진술은 해설을 필요로 한다. 누가 동등하고 누가 그렇지 않은가? 불균등한 분배를 정당화하려면 무엇을 고려해야 하는가? 거의 모든 주석가는 경험, 나이, 결핍, 의사결정능력, 공적, 그리고 지위에 근거한 분배가 특정 목적을 위한 차별적인 대우를 정당화하는 기준을 실제로 구성하는 경우가 가끔 존재한다는 점을 인정한다. 그렇다면 사람들이 어떤 점에서 동등하게 취급받아야 하는지를 설명해야 할 필요가 있겠다. 부담과 이득의 공정한 분배를 위해 널리 받아들여지는 몇 가지 정식(定式)이 있다. 각 정식은 부담과 이득을 분배할 때 기초로 삼아야 할 관련 속성에 관해 언급하고 있다. 이러한 정식들은 ① 각 사람들에게 똑같은 몫을, ② 각자의 개별적인 필요에 따라, ③ 각 개인의 노력에 따라, ④ 각자의 사회적 기여도에 따라, ⑤ 각자의 공적에 따라 분배하라는 것이다.

정의의 문제는 오랫동안 처벌, 과세, 그리고 정치적 대의(代議)제도와 같은 사회적 실천과 관련을 가져 왔다. 얼마 전까지만 해도 이런 문제들은 과학연구와는 대개 관련이 없었다. 하지만 그런 문제들은 인간 피험자를 포함하는 연구의 윤리적 측면을 조금만 성찰해 보더라도 그 징조를 금방 발견할 수 있다. 예컨대 19세기와 20세기에 연구 피험자로서의 부담은 주로 가난한 병동 환자들의 몫이었으며 반면 연구에 따른 의학적 진보의 이득은 대개 부유한 환자들에게 돌아갔다. 다음으로, 나찌 수용소 수용자들에 대한 착취는 특히 극악한 불공정의 예로 비난을 받았다. 미국에서는 1940년대에 터스키기 매독연구가 치료받지 않을 경우 그 병의 진행과징을 연구하기 위해 결코 이 병이 그들에게만 국한된 문제가 아니었음에도 불구하고 시골의 가난한 흑인 남성들을 이용하였다. 연구의 계속적인 수행을 이유로 이 피험자들에게는 효과적인 치료가 제대로 제공되지 않았는데, 그러한 치료방법이 일반에 널리 보급된 이후에도 그러했다.

이런 역사적인 배경에 비추어 본다면 정의라는 개념이 인간 피험자 연구와 어떻게 관련되는지 알 수 있다. 예컨대 연구대상의 선정이 특정 계층(생활보호대상자, 소수민족과 특정 인종, 또는 시설수용자 등)이 연구주제와 직접적으로 관련이 있기 때문이 아니라, 그들이 단지 시간이 많고 처지가 어려우며 조종하기 쉽다는 이유로 체계적으로 선택된 것은 아닌지의 여부를 세밀히 검토하여야 한다. 끝으로, 공공기금의 지원을 받는 연구가 치료기술이나 장치의 개발을 목적으로 할 때에는 그것들을 활용할 여유가 있는 사람에게만 편익이 되어서는 결코 안 되며, 그 연구결과의 적용을 받는 수혜자가 될 가능성이 없는 집단에서 그런 연구의 피험자를 부당하게 뽑아서는 안 된다는 것을 정의는 요구한다.

C. 적 용

일반적 원칙들을 연구수행 과정에 적용하려면 다음 사항들을 고려해야 한다. 충분한 정보에 근거한 동의, 위험/이득 평가, 그리고 연구대상의 선정이 그것들이다.

1. 충분한 정보에 근거한 동의(informed consent)

인간 존중은 피험자가 그들의 능력 범위 내에서 자신들에게 일어날, 또는 일어나서는 안 될 것들을 선택할 기회를 가져야 함을 요구한다. 이러한 기회는 충분한 정보에 근거한 동의를 위한 적절한 기준이 만족될 때에만 제공된다고 할 수 있다.

충분한 정보에 근거한 동의의 중요성은 의문의 여지가 없지만, 그 동의의 본성과 가능성에 대해서는 많은 논쟁이 있다. 그럼에도 불구하고 동의절차가 다음 세 요소를 포함해야 한다는 점은 널리 인정된다. 즉 정보, 숙지, 그리고 자발성이 그것들이다.

정보(information): 대부분의 연구지침은 피험자에게 충분한 정보를 제공했음을 확인할 의도에서 정보 공개에 관한 구체적인 항목을 가지고 있다. 이 항목들은 일반적으로 다음을 포함한다. 연구절차, 목적, 위험과 예상되는 이득, 대안 시술(치료법의 경우), 그리고 피험자에게 질문의 기회를 주며 언제라도 연구참여를 그만둘 수 있음을 알리는 내용이다. 피험자들의 선정방법과 연구 책임자 등의 추가 항목도 있다.

그러나 단순히 항목을 열거하는 것만으로는 어떤 종류의 정보가 얼마나 제공되어야 하는지 판단하기 위한 기준이 무엇인가에 대한 질문에 답할 수 없다. 의료시술에서 종종 사용되는 표준, 즉 시술자가 현장에서 보통 제공하는 정보 정도로는 부족하다. 왜냐하면, 연구에 있어서 공통된 이해(common understanding)란 도무지 존재하지 않기 때문이다. 현재 의료사고를 다루는 법률분야에서 유행하는 또 다른 기준은 시술자로 하여금 합리적인 개인이라면 자신이 받는 치료에 관한 결정을 내리기 위해 알고 싶어 할 그런 정보를 모두 제공하도록 요구한다. 이것 역시 불충분한데, 왜냐하면 본질적으로 자원자인 피험자는 필요한 진료를 위해 의사의 손에 내맡겨진 환자들보다 그들이 감수해야 하는 위험에 대해 훨씬 더 많이 알고 싶어 할 것이기 때문이다. "합리적 자원자"라는 기준이 제시될 수도 있을 것이다. 이때 정보의 범위와 성격은 다음과 같은 것이 되어야 한다. 즉 그 시술이 자신의 치료를 위해 필요한 것이 아니며 그 시술을 완전히 이해하지도 못하고 있다는 사실을 알면서도 한 개인은 지식 발전에 동참할 지 여부에 관해 결정을 내릴 수 있다. 자신들에 대한 직접적인 이득이 예상될 때조차도 피험자는 위험의 범위와 참여의 자발적인 성격을 명확하게 이해하여야 한다.

연구와 관련된 어떤 측면을 피험자에게 알리는 것이 연구의 유효성을 손상시킬 가능성이 있을 때 동의와 관련된 특별한 문제가 발생한다. 많은 경우, 피험자들에게 연구가 종료될 때까지 어떤 측면이 공개될 수 없는 연구에 그들이 참여하도록 권유받고 있음을 알리는 것으로 충분하다. 불완전한 공개와 관련된 모든 경우의 연구들이 정당화되려면 다음의 조건들을 만족시켜야만 한다. ① 연구의 목적을 달성하기 위해 불완전한 공개가 진정으로 필요하다. ② 최소한도 이상의 위험 가운데 피험자에게 공개되지 않은 것이 없다. ③ 필요할 경우 실험에 참여했던 사람들을 대상으로 설문(debriefing)을 실시하거나 연구결과를 그들에게 알리기 위한 적절한 계획이 있다. 위험에 관한 정보는 피험자의 협조를 이끌어낼 목적으로 유보되어서는 안 되며 연구와 관련된 직접적인 질문에 대해서는 진실하게 답해야 한다. 공개가 연구를 망치거나 못쓰게 만들 수 있는 경우와 공개가 단지 연구자에게 불편을 끼치는 정도의 경우를 분명하게 구별하도록 주의를 기울여야 한다.

숙지(comprehension): 정보가 전달되는 방식과 맥락은 정보 자체만큼이나 중요하다. 예를 들어 산만하고 급하게 정보를 제시하여 숙고할 시간을 빼앗거나 질문할 기회를 줄인다면 이 모두는 충분한 정보에 근거한 선택을 할 수 있는 피험자의 능력에 부정적인 영향을 준다.

피험사의 이해능력은 지력, 합리성, 성숙 정도, 언어의 작용이기 때문에 피험자의 능력에 따라 정보제공 방식을 조절하는 것이 필수적이다. 연구자는 피험자가 그 정보를 숙지하였음을 확인할 책임이 있다. 위험에 관한 정보를 피험자가 완전하고 충분하게 숙지하였는지를 확인할 의무는 언제나 존재하며 위험이 심각할수록 그 의무는 증가한다. 경우에 따라서는 숙지 정도를 구두, 또는 서면으로 시험하는 편이 적절할 수 있다.

미성년자나 정신질환자와 같이 숙지의 기능이 상당히 제한을 받을 때는 특별한 주의가 필요하다. 판단능력이 부족한 각 계층의 피험자(영아와 어린이, 정신질환자, 말기 환자나 혼수상태 환자 등)는 그 사람들이 바라는 조건으로 고려되어야 한다. 그러나 이런 사람들에게조차도 인간 존중의 정신에 기초하여 그들의 능력 한도 내에서 연구에 참여할지의 여부를 선택할 수 있는 기회가 주어져야 한다. 그런 피험자들의 참여 거부의사는 다른 방법으로는 제공할 수 없는 치료를 그 연구가 제공하지 않는 한 존중받아야 한다. 인간 존중은 또한 피험자를 해악으로부터 보호하기 위하여 제3자의 허가를 받도록 노력할 것을 요구한다. 이리하여 그런 피험자들은 자신들의 소망을 인정받음에 의해서 아울러 그들을 해악으로부터 보호할 제3자를 활용함에 의해서 존중받는다.

선택받은 제3자는 능력이 부족한 피험자의 상황을 가장 잘 이해할 수 있고 그 사람의 최선의 이익을 위해 행동하는 사람이어야만 한다. 피험자를 대변하여 행동할 것을 위임받은 사람은 그 행동이 피험자의 최선의 이익에 부합한다고 여겨지는 경우 그 피험자의 연구참여를 중단시킬 수 있게끔 연구의 진행상황을 관찰할 기회를 얻어야만 한다.

자발성(voluntariness): 연구에 참여하기로 한 동의는 오직 자발적으로 응했을 때만 효력을 가진다. 충분한 정보에 근거한 동의에 있어서 이 요소는 강압과 부적절한 영향이 없어야 한다는 조건을 요구한다. 강제는 어떤 한 사람이 다른 사람을 순종시킬 목적으로 다른 사람에게 의도적으로 명백한 위협을 가할 때 발생한다. 대조적으로, 부적절한 영향은 다른 사람을 순종시킬 목적으로 지나치거나, 부당하거나, 부적절하거나, 또는 어울리지 않는 보상이나 대가를 제공할 경우에 발생한다. 또 피험자가 특히 취약할 경우에는 통상적으로 받아들여지는 유인책도 부적절한 영향이 될 수 있다.

정당화될 수 없는 압력은 대개 권위나 명령권을 가진 사람이 −특히 특별한 처벌이 가능할 경우에− 피험자에게 일련의 행위를 재촉할 때 발생한다. 하지만 그런 영향요인은 연속적으로 존재하므로, 어디까지가 정당화될 수 있는 설득이며 어디부터가 부적절한 압력인지 정확히 서술하기는 불가능하다. 그러나 가까운 친척의 영향력을 통제함으로써 또는 연구참여를 통하지 않고는 받을 수 없는 의료서비스를 철회하겠다고 압력을 가함으로써 개인의 선택을 조종하는 행위 등은 부적절한 영향에 포함될 것이다.

2. 위험과 이득의 평가

위험과 이득을 평가하기 위해서는 어떤 경우 연구에서 얻고자 하는 것과 동일한 이득을 얻을 수 있는 대안을 포함하여 관련 자료를 주의 깊게 제시해야 한다. 그러므로 이 평가는 제안된 연구에 관한 체계적이고 포괄적인 정보를 모을 기회와 책임을 동시에 나타낸다. 연구자에게는 이것은 제안된 연구가 적절히 고안되었는지를 검사하는 수단이다. 이것은 심사위원들이 피험자에게 가해질 위험이 정당화될 수 있는지 여부를 결정하는 방법이다. 장래의 피험자에게 그 평가는 참여 여부를 결정하는 데 도움이 될 것이다.

이득과 위험의 성격과 전망: 어떤 한 연구가 정당화되려면 위험/이득 평가가 긍정적이어야 한다는 요구는 선행의 원칙과 긴밀한 관계가 있다. 이는 충분한 정보에 근거한 동의를 얻어야만 한다는 도덕적 요구가 주로 인간 존중의 원칙으로부터 도출되는 것과 마찬가지이다. "위험"이라는 용어는 해악이 일어날 가능성을 의미한다. 그렇지만 "작은 위험", 또는 "고위험"이라는 표현이 사용될 때면 그것들은 대개 (종종 모호하게) 그 해악을 경험할 가능성(확률)과 예상되는 위험의 강도(크기)를 가리킨다.

연구의 맥락에서 "이득"이라는 용어는 건강, 또는 복지와 긍정적으로 관련되는 무언가를 의미한다. "위험"과는 달리 "이득"은 확률을 나타내는 용어가 아니다. 위험은 이득의 확률과 대비되며, 이득은 해악의 위험보다는 해악과 대비된다. 그러므로 이른바 위험/이득 평가는 가능한 해악의 확률 및 규모와 예상되는 이득에 관한 것이다. 여러 종류의 해악과 이득이 설명될 필요가 있다. 예컨대 심리적, 신체적, 법적, 사회적, 경제적 해악과 그에 상응하는 이득이 있다. 연구 피험자에 대한 가장 흔한 유형의 해악은 심리적이거나 신체적인 고통, 또는 부상이지만 다른 가능한 종류의 것들도 결코 간과되어서는 안 된다.

연구에 따르는 위험과 이득은 개별 피험자와 그들의 가족, 그리고 사회 전반(또는 사회 내의 특정 대상 집단)에 영향을 미칠 수 있다. 이전의 강령과 미국 연방 규정은 피험자의 이득과 지식이라는 형태로 사회에 미치는 예상 이득의 총합이 피험자에게 부과되는 위험보다 더 커야만 함을 요구하고 있다. 이 서로 다른 요소들 간의 균형을 잡기 위해서 연구 피험자에게 영향을 주는 위험과 이득은 보통 특별한 비중을 지닌다. 반면, 어떤 경우 피험자를 제외한 타인들의 이익은 그 피험자의 권리가 보호받는 한 그 자체로 연구와 관련된 위험을 정당화하기에 충분하다. 그러므로 선행은 우리가 해악의 위험으로부터 피험자를 보호할 것 뿐만 아니라 연구로부터 얻을 수 있을지 모르는 중요한 이득의 손실에 대해서도 염려해야 함을 요구한다.

위험과 이득의 체계적인 평가: 이득과 위험은 "적절한 비율(favorable ratio)"로 "균형을 이루어야" 한다고 일반적으로 말한다. 이 용어의 은유적 성격은 정확한 판단을 내리는 것의 어려움에 대해 우리의 주의를 환기시킨다. 연구계획서를 자세히 검토하는 데 수량적 방법론만이 사용되는 경우는 드물다. 그러나 위험과 이득에 대한 체계적이고 비자의적인 분석이라는 개념은 가능한 한 시도되어야만 한다. 이러한 이상(ideal)에 따라 연구의 정당화 가능성에 대한 결정을 내리는 사람들은 그 연구의 모든 측면에 관한 정보를 축적하고 평가하는 데 철저해야 하며, 그 대안을 체계적으로 고려할 것을 요구받는다. 이러한 절차는 연구 평가를 더욱 엄격하고 정밀하게 만드는 한편, 심사위원회 위원들과 연구자들 사이에 오해, 잘못된 정보, 그리고 상충하는 판단 등으로 인한 의사소통의 어려움을 감소시킨다. 그러므로 우선 연구전제의 타당성에 대한 결정이 있어야 하며, 그 다음으로 위험의 본성, 확률 및 크기가 가능한 한 명확하게 구별되어야만 한다. 특히 작거나 미미한 위험 따위의 모호한 범주를 사용하는 외에 다른 대안이 없을 때에는 위험을 확인하는 방법이 명시되어야 한다. 해악 또는 이득의 확률에 관해 연구자가 제시하는 추정치가 합당한 수준인지 여부 또한 이미 알려진 사실 또는 기존의 연구에 비추어 결정되어야 한다.

끝으로, 연구의 정당화 가능성을 평가할 때 최소한 다음의 고려사항들을 반영해야 한다. ① 인간 피험자에 대한 잔인하거나 비인간적인 취급은 결코 도덕적으로 정당화될 수 없다. ② 연구의 목적을 달성하는 데 꼭 필요한 수준 이내에서 위험을 최소화하여야만 한다. 인간 피험자의 사용이 사실상 꼭 필요한지 여부가 결정되어야 한다. 아마도 위험을 전적으로 제거할 수는 없겠지만 대안을 주의 깊게 살펴보면 위험을 줄일 수 있는 경우가 종종 있다. ③ 심각한 장애와 같은 중대한 위험과 관련된 연구의 경우에 심사위원회는 그 위험을 정당화하는 데 특별한 주의를 지속적으로 기울여야 한다. (대개 피험자가 이득을 얻게 될 가능성－또는 어떤 드문 경우에는 자발적인 참여 의사가 명백히 나타나 있는가－에 주의를 기울여야 한다.) ④ 취약한 집단을 대상으로 하는 연구의 경우 그들이 참여하는 것이 적절하다는 점이 증명되어야만 한다. 판단을 위해 다양한 변수들이 고려되어야 하는데, 여기에는 위험의 성격과 정도, 특정 참여 집단의 상태, 그리고 예상되는 이득의 성격과 정도 등이 포함된다. ⑤ 관련된 위험과 이득은 충분한 정보에 근거한 동의과정에서 사용된 문서와 절차에 빠짐없이 열거되어야만 한다.

3. 피험자 선정

인간 존중의 원칙이 동의라는 요구사항으로 그리고 선행의 원칙이 위험/이득 평가라는 요구사항으로 표현되듯이, 정의의 원칙은 연구대상의 선정이 공정한 절차를 거쳐야 하고 그 결과가 공정해야 한다는 도덕적 요구사항을 제기한다.

정의는 사회적 차원과 개인적 차원의 두 차원에서 피험자의 선정과 관련이 있다. 개인적 정의는 연구자가 피험자 선정에 있어서 공정성을 보일 것을 요구할 것이다. 따라서 그들은 자신이 선호하는 몇몇 환자만을 대상으로 잠재적인 이득이 예상되는 연구를 행해서는 안 되며, "탐탁지 않은" 이들만을 골라서 위험한 연구를 행해서도 안 된다. 사회적 정의는 어떤 피험자 계층이 특정 종류의 연구에 참여해야만 하고 어떤 피험자 계층은 특정한 연구에 참여해서는 안 된다는 식의 구분을 지을 때 그 계층구성원의 부담능력과 이미 부담을 진 사람들이 추가적인 부담을 지는 것이 적절한가 여부를 근거로 할 것을 요구한다. 그러므로 피험자 집단의 선정에서 선호도가 있다(예컨대 성인보다는 어린이)든지 어떤 잠재적인 피험자 집단(예컨대 정신병원 수용 환자나 죄수)은 특정한 조건 하에서만 피험자가 될 수 있다는 점은 사회정의의 문제로 간주될 수 있다.

설령 연구자가 개별 피험자를 공정하게 선정하여 연구진행 과정에서 공정하게 대우했다 하더라도 피험자 선정과정에서 부정의(injustice)가 발생할 수 있다. 그러므로 부정의는 사회 내 제도화된 사회적, 인종적, 성적, 문화적 편견으로부터 유래하는 것이다. 그러므로 설령 개별 연구자가 그들의 연구대상을 공정하게 대우한다 하더라도, 그리고 설령 임상시험심사위원회(IRB)가 특정 기관에서 피험자들을 공정하게 선발하기 위해 노력한다 할지라도 그럼에도 불구하고 부정의한 사회적 패턴은 연구의 이득과 부담의 전반적인 분배에서 나타날 수 있다. 비록 개별 연구자나 연구기관이 사회 안에서 팽배한 그런 문제를 해결할 수 없긴 하겠지만 그들은 연구 피험자의 선정과정에서 분배적 정의를 고려할 수 있다.

특히 시설에 수용된 특정 인구집단은 그들의 질병과 환경 탓에 이미 여러 가지 면에서 부담을 안고 있다. 위험만 있고 치료적 요소가 없는 연구의 경우에는 그 연구가 그 집단의 특정 조건이나 상태와 직접적으로 관련이 있는 경우를 빼고는 그 집단보다 부담을 덜 지고 있는 집단의 구성원들이 그 위험을 우선적으로 감수해야만 한다. 또한 공공연구기금이 공공보건기금과 같은 방향으로 흘러가는 경우가 흔하다는 사실에도 불구하고, 공공보건체제에 의존하는 사람들이 연구 대상자로 선호되는 연구에서 그 혜택이 그들보다 사정이 더 나은 사람들에게 돌아가기 쉽다면 그 연구는 불공정한 것으로 보인다.

각별히 불공정한 한 가지 예는 취약한 피험자를 연구에 참여시킬 때 발생한다. 소수 인종, 빈민, 중환자, 그리고 시설수용인과 같은 특정 집단은 연구가 수행되는 환경에서 손쉽게 이용될 수 있다는 이유로 연구 피험자로서 끊임없이 선호될 수 있다. 그들의 의존적인 지위와 그들이 자유동의능력이 종종 제한되어 있다는 점을 고려한다면 단지 행정적인 편의를 이유로, 또는 그들의 질병이나 사회경제적 조건으로 인해 조종하기 쉽다는 이유로 그들을 연구에 참여시키려는 위험으로부터 그들을 보호해야만 한다.

부 록 2

국내의 관련법

(1) 생명윤리 및 안전에 관한 법률

(2) 동물보호법

(3) 개인정보 보호법

(4) 학술진흥법

(5) 서울대학교 연구윤리지침

(1) 생명윤리 및 안전에 관한 법률

생명윤리 및 안전에 관한 법률

[시행 2013.2.2] [법률 제11250호, 2012.2.1, 전부개정]

제1장 총칙

제1조(목적) 이 법은 인간과 인체유래물 등을 연구하거나, 배아나 유전자 등을 취급할 때 인간의 존엄과 가치를 침해하거나 인체에 위해(危害)를 끼치는 것을 방지함으로써 생명윤리 및 안전을 확보하고 국민의 건강과 삶의 질 향상에 이바지함을 목적으로 한다.

제2조(정의) 이 법에서 사용하는 용어의 뜻은 다음과 같다.

1. "인간대상연구"란 사람을 대상으로 물리적으로 개입하거나 의사소통, 대인 접촉 등의 상호작용을 통하여 수행하는 연구 또는 개인을 식별할 수 있는 정보를 이용하는 연구로서 보건복지부령으로 정하는 연구를 말한다.
2. "연구대상자"란 인간대상연구의 대상이 되는 사람을 말한다.
3. "배아"(胚芽)란 인간의 수정란 및 수정된 때부터 발생학적(發生學的)으로 모든 기관(器官)이 형성되기 전까지의 분열된 세포군(細胞群)을 말한다.
4. "잔여배아"란 체외수정(體外受精)으로 생성된 배아 중 임신의 목적으로 이용하고 남은 배아를 말한다.
5. "잔여난자"란 체외수정에 이용하고 남은 인간의 난자를 말한다.
6. "체세포핵이식행위"란 핵이 제거된 인간의 난자에 인간의 체세포 핵을 이식하는 것을 말한다.
7. "단성생식행위"란 인간의 난자가 수정 과정 없이 세포분열하여 발생하도록 하는 것을 말한다.
8. "체세포복제배아"(體細胞複製胚芽)란 체세포핵이식행위에 의하여 생성된 세포군을 말한다.
9. "단성생식배아"(單性生殖胚芽)란 단성생식행위에 의하여 생성된 세포군을 말한다.
10. "배아줄기세포주"(Embryonic stem cell lines)란 배아, 체세포복제배아, 단성생식배아 등으로부터 유래한 것으로서, 배양 가능한 조건에서 지속적으로 증식(增殖)할 수 있고 다양한 세포로 분화(分化)할 수 있는 세포주(細胞株)를 말한다.
11. "인체유래물"(人體由來物)이란 인체로부터 수집하거나 채취한 조직・세포・혈액・체액

등 인체 구성물 또는 이들로부터 분리된 혈청, 혈장, 염색체, DNA(Deoxyribonucleic acid), RNA(Ribonucleic acid), 단백질 등을 말한다.

12. "인체유래물연구"란 인체유래물을 직접 조사 · 분석하는 연구를 말한다.
13. "인체유래물은행"이란 인체유래물 또는 유전정보와 그에 관련된 역학정보(疫學情報), 임상정보 등을 수집 · 보존하여 이를 직접 이용하거나 타인에게 제공하는 기관을 말한다.
14. "유전정보"란 인체유래물을 분석하여 얻은 개인의 유전적 특징에 관한 정보를 말한다.
15. "유전자검사"란 인체유래물로부터 유전정보를 얻는 행위로서 개인의 식별 또는 질병의 예방 · 진단 · 치료 등을 위하여 하는 검사를 말한다.
16. "유전자치료"란 질병의 예방 또는 치료를 목적으로 유전적 변이를 일으키는 일련의 행위를 말한다.
17. "개인식별정보"란 연구대상자와 배아 · 난자 · 정자 또는 인체유래물의 기증자(이하 "연구대상자등"이라 한다)의 성명 · 주민등록번호 등 개인을 식별할 수 있는 정보를 말한다.
18. "개인정보"란 개인식별정보, 유전정보 또는 건강에 관한 정보 등 개인에 관한 정보를 말한다.
19. "익명화"(匿名化)란 개인식별정보를 영구적으로 삭제하거나, 개인식별정보의 전부 또는 일부를 해당 기관의 고유식별기호로 대체하는 것을 말한다.

제3조(기본 원칙) ① 이 법에서 규율하는 행위들은 인간의 존엄과 가치를 침해하는 방식으로 하여서는 아니 되며, 연구대상자등의 인권과 복지는 우선적으로 고려되어야 한다.

② 연구대상자등의 자율성은 존중되어야 하며, 연구대상자등의 자발적인 동의는 충분한 정보에 근거하여야 한다.

③ 연구대상자등의 사생활은 보호되어야 하며, 사생활을 침해할 수 있는 개인정보는 당사자가 동의하거나 법률에 특별한 규정이 있는 경우를 제외하고는 비밀로서 보호되어야 한다.

④ 연구대상자등의 안전은 충분히 고려되어야 하며, 위험은 최소화되어야 한다.

⑤ 취약한 환경에 있는 개인이나 집단은 특별히 보호되어야 한다.

⑥ 생명윤리와 안전을 확보하기 위하여 필요한 국제 협력을 모색하여야 하고, 보편적인 국제기준을 수용하기 위하여 노력하여야 한다.

제4조(적용 범위) ① 생명윤리 및 안전에 관하여는 다른 법률에 특별한 규정이 있는 경우를 제외하고는 이 법에 따른다.

② 생명윤리 및 안전에 관한 내용을 담은 다른 법률을 제정하거나 개정할 경우에는 이 법에 부합하도록 하여야 한다.

제5조(국가와 지방자치단체의 책무) ① 국가와 지방자치단체는 생명윤리 및 안전에 관한 문제에 효율적으로 대처할 수 있도록 필요한 시책을 마련하여야 한다.

② 국가와 지방자치단체는 생명윤리 및 안전 관련 연구와 활동에 대한 행정적 · 재정적 지원방안을 마련하여야 한다.

③ 국가와 지방자치단체는 각급 교육기관 등에서 생명윤리 및 안전에 대한 교육을 할 수 있도록 하여야 하고, 교육 프로그램을 개발하는 등 교육 여건이 조성되도록 지원하여야 한다.

제6조(생명윤리정책연구센터의 지정) ① 보건복지부장관은 생명윤리정책에 관한 전문적인 조

사, 연구 및 교육 등을 실시하기 위하여 해당 업무를 수행할 능력이 있다고 인정하는 기관·단체 또는 시설을 생명윤리정책연구센터로 지정할 수 있다.

② 제1항에 따른 생명윤리정책연구센터의 지정 및 운영 등에 필요한 사항은 보건복지부령으로 정한다.

제2장 국가생명윤리심의위원회 및 기관생명윤리위원회 등

제1절 국가생명윤리심의위원회

제7조(국가생명윤리심의위원회의 설치 및 기능) ① 생명윤리 및 안전에 관한 다음 각 호의 사항을 심의하기 위하여 대통령 소속으로 국가생명윤리심의위원회(이하 “국가위원회”라 한다)를 둔다.

1. 국가의 생명윤리 및 안전에 관한 기본 정책의 수립에 관한 사항
2. 제12조제1항제3호에 따른 공용기관생명윤리위원회의 업무에 관한 사항
3. 제15조제2항에 따른 인간대상연구의 심의 면제에 관한 사항
4. 제19조제3항에 따른 기록·보관 및 정보 공개에 관한 사항
5. 제29조제1항제3호에 따른 잔여배아를 이용할 수 있는 연구에 관한 사항
6. 제31조제2항에 따른 연구의 종류·대상 및 범위에 관한 사항
7. 제35조제1항제3호에 따른 배아줄기세포주를 이용할 수 있는 연구에 관한 사항
8. 제36조제2항에 따른 인체유래물연구의 심의 면제에 관한 사항
9. 제50조제1항에 따른 유전자검사의 제한에 관한 사항
10. 그 밖에 생명윤리 및 안전에 관하여 사회적으로 심각한 영향을 미칠 수 있다고 판단하여 국가위원회의 위원장이 회의에 부치는 사항

② 국가위원회의 위원장은 제1항제1호부터 제9호까지의 규정에 해당하는 사항으로서 재적위원 3분의 1 이상의 위원이 발의한 사항에 관하여는 국가위원회의 회의에 부쳐야 한다.

제8조(국가위원회의 구성) ① 국가위원회는 위원장 1명, 부위원장 1명을 포함한 15명 이상 19명 이하의 위원으로 구성한다.

② 위원장은 위원 중에서 대통령이 임명하거나 위촉하고, 부위원장은 위원 중에서 호선(互選)한다.

③ 국가위원회의 위원은 다음 각 호의 사람이 된다.

1. 교육과학기술부장관, 법무부장관, 지식경제부장관, 보건복지부장관, 여성가족부장관
2. 생명과학·의과학(醫科學)·사회과학 등의 연구 분야에 대한 전문지식과 경험이 풍부한 사람 중에서 대통령이 위촉하는 7명 이내의 사람
3. 종교계·윤리학계·법조계·시민단체(「비영리민간단체 지원법」 제2조에 따른 비영리민간단체를 말한다) 또는 여성계를 대표하는 사람 중에서 대통령이 위촉하는 7명 이내의 사람

④ 제3항제2호 및 제3호에 따른 위원의 임기는 3년으로 하되, 연임할 수 있다. 다만, 위원의 자리가 비게 된 경우에 새로 위촉된 위원의 임기는 전임자 임기의 남은 기간으로 한다.

⑤ 국가위원회에 간사위원 2명을 두되, 간사위원은 교육과학기술부장관과 보건복지부장관

으로 하며, 수석 간사위원은 보건복지부장관으로 한다.

제9조(국가위원회의 운영) ① 국가위원회의 효율적인 운영을 위하여 국가위원회에 분야별 전문위원회를 둘 수 있다.

② 국가위원회의 사무는 수석 간사위원이 처리한다.

③ 국가위원회의 회의 등 활동은 독립적이어야 하고, 공개를 원칙으로 한다.

④ 국가위원회는 필요한 경우에 관련 당사자의 출석, 의견 진술 및 자료 제출 등을 요구할 수 있다. 이 경우 해당 요구를 받은 자는 타당한 사유가 없으면 요구에 따라야 한다.

⑤ 이 법에서 정한 사항 외에 국가위원회 및 전문위원회의 구성·운영, 그 밖에 필요한 사항은 대통령령으로 정한다.

제2절 기관생명윤리위원회

제10조(기관생명윤리위원회의 설치 및 기능) ① 생명윤리 및 안전을 확보하기 위하여 다음 각 호의 기관은 기관생명윤리위원회(이하 "기관위원회"라 한다)를 설치하여야 한다.

1. 인간대상연구를 수행하는 자(이하 "인간대상연구자"라 한다)가 소속된 교육·연구 기관 또는 병원 등
2. 인체유래물연구를 수행하는 자(이하 "인체유래물연구자"라 한다)가 소속된 교육·연구 기관 또는 병원 등
3. 제22조제1항에 따라 지정된 배아생성의료기관
4. 제29조제2항에 따라 등록한 배아연구기관
5. 제31조제3항에 따라 등록한 체세포복제배아등의 연구기관
6. 제41조제1항에 따라 보건복지부장관의 허가를 받은 인체유래물은행
7. 그 밖에 생명윤리 및 안전에 관하여 사회적으로 심각한 영향을 미칠 수 있는 기관으로서 보건복지부령으로 정하는 기관

② 제1항에도 불구하고 보건복지부령으로 정하는 바에 따라 다른 기관의 기관위원회 또는 제12조제1항에 따른 공용기관생명윤리위원회와 제3항 및 제11조제4항에서 정한 기관위원회 업무의 수행을 위탁하기로 협약을 맺은 기관은 기관위원회를 설치한 것으로 본다.

③ 기관위원회는 다음 각 호의 업무를 수행한다.

1. 다음 각 목에 해당하는 사항의 심의
   가. 연구계획서의 윤리적·과학적 타당성
   나. 연구대상자등으로부터 적법한 절차에 따라 동의를 받았는지 여부
   다. 연구대상자등의 안전에 관한 사항
   라. 연구대상자등의 개인정보 보호 대책
   마. 그 밖에 기관에서의 생명윤리 및 안전에 관한 사항
2. 해당 기관에서 수행 중인 연구의 진행과정 및 결과에 대한 조사·감독
3. 그 밖에 생명윤리 및 안전을 위한 다음 각 목의 활동
   가. 해당 기관의 연구자 및 종사자 교육
   나. 취약한 연구대상자등의 보호 대책 수립

다. 연구자를 위한 윤리지침 마련

④ 제1항에 따라 기관위원회를 설치한 기관은 보건복지부장관에게 그 기관위원회를 등록하여야 한다.

⑤ 제3항 및 제4항에 따른 기관위원회의 기능 및 등록 등에 필요한 사항은 보건복지부령으로 정한다.

제11조(기관위원회의 구성 및 운영 등) ① 기관위원회는 위원장 1명을 포함하여 5명 이상의 위원으로 구성하되, 하나의 성(性)으로만 구성할 수 없으며, 사회적·윤리적 타당성을 평가할 수 있는 경험과 지식을 갖춘 사람 1명 이상과 그 기관에 종사하지 아니하는 사람 1명 이상이 포함되어야 한다.

② 기관위원회의 위원은 제10조제1항 각 호의 기관의 장이 위촉하며, 위원장은 위원 중에서 호선한다.

③ 기관위원회의 심의대상인 연구·개발 또는 이용에 관여하는 위원은 해당 연구·개발 또는 이용과 관련된 심의에 참여하여서는 아니 된다.

④ 제10조제1항 각 호의 기관의 장은 해당 기관에서 수행하는 연구 등에서 생명윤리 또는 안전에 중대한 위해가 발생하거나 발생할 우려가 있는 경우에는 지체 없이 기관위원회를 소집하여 이를 심의하도록 하고, 그 결과를 보건복지부장관에게 보고하여야 한다.

⑤ 제10조제1항 각 호의 기관의 장은 기관위원회가 독립성을 유지할 수 있도록 하여야 하며, 행정적·재정적 지원을 하여야 한다.

⑥ 제10조제1항에 따라 둘 이상의 기관위원회를 설치한 기관은 보건복지부령으로 정하는 바에 따라 해당 기관위원회를 통합하여 운영할 수 있다.

⑦ 제1항부터 제6항까지에서 규정한 사항 외에 기관위원회의 구성 및 운영에 필요한 사항은 보건복지부령으로 정한다.

제12조(공용기관생명윤리위원회의 지정 및 기관위원회의 공동 운영) ① 보건복지부장관은 다음 각 호의 업무를 하게 하기 위하여 제10조제1항에 따라 설치된 기관위원회 중에서 기관 또는 연구자가 공동으로 이용할 수 있는 공용기관생명윤리위원회(이하 "공용위원회"라 한다)를 지정할 수 있다.

1. 제10조제2항에 따라 공용위원회와 협약을 맺은 기관이 위탁한 업무
2. 교육·연구 기관 또는 병원 등에 소속되지 아니한 인간대상연구자 또는 인체유래물연구자가 신청한 업무
3. 그 밖에 국가위원회의 심의를 거쳐 보건복지부령으로 정하는 업무

② 둘 이상의 기관이 공동으로 수행하는 연구로서 각각의 기관위원회에서 해당 연구를 심의하는 것이 적절하지 아니하는 경우에 수행 기관은 각각의 소관 기관위원회 중 하나의 기관위원회를 선정하여 해당 연구를 심의하게 할 수 있다.

③ 제1항 및 제2항에 따른 공용위원회의 지정, 기능, 운영 및 기관위원회의 공동 운영 등에 필요한 사항은 보건복지부령으로 정한다.

제13조(기관위원회의 지원 등) ① 보건복지부장관은 기관위원회의 운영을 적절하게 감독·지원하기 위하여 다음 각 호의 업무를 수행한다.

1. 기관위원회의 조사
2. 기관위원회 위원의 교육
3. 그 밖에 기관위원회의 감독 및 지원에 필요한 업무로서 보건복지부령으로 정하는 업무

② 기관위원회의 조사 및 교육 지원 등에 필요한 사항은 보건복지부령으로 정한다.

제14조(기관위원회의 평가 및 인증) ① 보건복지부장관은 기관위원회의 구성 및 운영실적 등을 정기적으로 평가하여 인증할 수 있다.

② 보건복지부장관은 제1항에 따라 인증을 받은 기관위원회의 인증 결과를 인터넷 홈페이지 등에 공표할 수 있다.

③ 중앙행정기관의 장은 제1항에 따른 인증 결과에 따라 그 기관에 예산 지원 및 국가 연구비 지원 제한 등의 조치를 할 수 있다.

④ 보건복지부장관은 제1항에 따라 인증을 받은 기관위원회가 다음 각 호의 어느 하나에 해당하면 그 인증을 취소할 수 있다. 다만, 제1호에 해당하는 경우에는 그 인증을 취소하여야 한다.

1. 거짓이나 부정한 방법으로 인증을 받은 경우
2. 기관위원회의 구성 및 운영에 중요한 변동사항이 발생하여 제5항에 따른 인증기준에 맞지 아니하는 경우

⑤ 제1항에 따른 인증의 기준 및 유효기간 등에 관하여 필요한 사항은 대통령령으로 정한다.

제3장 인간대상연구 및 연구대상자 보호

제15조(인간대상연구의 심의) ① 인간대상연구를 하려는 자는 인간대상연구를 하기 전에 연구계획서를 작성하여 기관위원회의 심의를 받아야 한다.

② 제1항에도 불구하고 연구대상자 및 공공에 미치는 위험이 미미한 경우로서 국가위원회의 심의를 거쳐 보건복지부령으로 정한 기준에 맞는 연구는 기관위원회의 심의를 면제할 수 있다.

제16조(인간대상연구의 동의) ① 인간대상연구자는 인간대상연구를 하기 전에 연구대상자로부터 다음 각 호의 사항이 포함된 서면동의(전자문서를 포함한다. 이하 같다)를 받아야 한다.

1. 인간대상연구의 목적
2. 연구대상자의 참여 기간, 절차 및 방법
3. 연구대상자에게 예상되는 위험 및 이득
4. 개인정보 보호에 관한 사항
5. 연구 참여에 따른 손실에 대한 보상
6. 개인정보 제공에 관한 사항
7. 동의의 철회에 관한 사항
8. 그 밖에 기관위원회가 필요하다고 인정하는 사항

② 제1항에도 불구하고 동의 능력이 없거나 불완전한 사람으로서 보건복지부령으로 정하는 연구대상자가 참여하는 연구의 경우에는 다음 각 호에서 정한 대리인의 서면동의를 받아야 한다. 이 경우 대리인의 동의는 연구대상자의 의사에 어긋나서는 아니 된다.

1. 법정대리인
2. 법정대리인이 없는 경우 배우자, 직계존속, 직계비속의 순으로 하되, 직계존속 또는 직계비속이 여러 사람일 경우 협의하여 정하고, 협의가 되지 아니하면 연장자가 대리인이 된다.

③ 제1항에도 불구하고 다음 각 호의 요건을 모두 갖춘 경우에는 기관위원회의 승인을 받아 연구대상자의 서면동의를 면제할 수 있다. 이 경우 제2항에 따른 대리인의 서면동의는 면제하지 아니한다.

1. 연구대상자의 동의를 받는 것이 연구 진행과정에서 현실적으로 불가능하거나 연구의 타당성에 심각한 영향을 미친다고 판단되는 경우
2. 연구대상자의 동의 거부를 추정할 만한 사유가 없고, 동의를 면제하여도 연구대상자에게 미치는 위험이 극히 낮은 경우

④ 인간대상연구자는 제1항 및 제2항에 따른 서면동의를 받기 전에 동의권자에게 제1항 각 호의 사항에 대하여 충분히 설명하여야 한다.

제17조(연구대상자에 대한 안전대책) ① 인간대상연구자는 사전에 연구 및 연구환경이 연구대상자에게 미칠 신체적 · 정신적 영향을 평가하고 안전대책을 마련하여야 하며, 수행 중인 연구가 개인 및 사회에 중대한 해악(害惡)을 초래할 가능성이 있을 때에는 이를 즉시 소속 기관의 장에게 보고하고 적절한 조치를 하여야 한다.

② 인간대상연구자는 질병의 진단이나 치료, 예방과 관련된 연구에서 연구대상자에게 의학적으로 필요한 치료를 지연하거나 진단 및 예방의 기회를 박탈하여서는 아니 된다.

제18조(개인정보의 제공) ① 인간대상연구자는 제16조제1항에 따라 연구대상자로부터 개인정보를 제공하는 것에 대하여 서면동의를 받은 경우에는 기관위원회의 심의를 거쳐 개인정보를 제3자에게 제공할 수 있다.

② 인간대상연구자가 제1항에 따라 개인정보를 제3자에게 제공하는 경우에는 익명화하여야 한다. 다만, 연구대상자가 개인식별정보를 포함하는 것에 동의한 경우에는 그러하지 아니하다.

제19조(기록의 유지와 정보의 공개) ① 인간대상연구자는 인간대상연구와 관련한 사항을 기록 · 보관하여야 한다.

② 연구대상자는 자신에 관한 정보의 공개를 청구할 수 있으며, 그 청구를 받은 인간대상연구자는 특별한 사유가 없으면 정보를 공개하여야 한다.

③ 제1항 및 제2항에 따른 기록 · 보관 및 정보 공개에 관한 구체적인 사항은 국가위원회의 심의를 거쳐 보건복지부령으로 정한다.

제4장 배아 등의 생성과 연구

제1절 인간 존엄과 정체성 보호

제20조(인간복제의 금지) ① 누구든지 체세포복제배아 및 단성생식배아(이하 "체세포복제배아등"이라 한다)를 인간 또는 동물의 자궁에 착상시켜서는 아니 되며, 착상된 상태를 유지하거나 출산하여서는 아니 된다.

② 누구든지 제1항에 따른 행위를 유인하거나 알선하여서는 아니 된다.

제21조(이종 간의 착상 등의 금지) ① 누구든지 인간의 배아를 동물의 자궁에 착상시키거나 동물의 배아를 인간의 자궁에 착상시키는 행위를 하여서는 아니 된다.

② 누구든지 다음 각 호의 행위를 하여서는 아니 된다.

1. 인간의 난자를 동물의 정자로 수정시키거나 동물의 난자를 인간의 정자로 수정시키는 행위. 다만, 의학적으로 인간의 정자의 활동성을 시험하기 위한 경우는 제외한다.
2. 핵이 제거된 인간의 난자에 동물의 체세포 핵을 이식하거나 핵이 제거된 동물의 난자에 인간의 체세포 핵을 이식하는 행위
3. 인간의 배아와 동물의 배아를 융합하는 행위
4. 다른 유전정보를 가진 인간의 배아를 융합하는 행위

③ 누구든지 제2항 각 호의 어느 하나에 해당하는 행위로부터 생성된 것을 인간 또는 동물의 자궁에 착상시키는 행위를 하여서는 아니 된다.

제2절 배아생성의료기관

제22조(배아생성의료기관의 지정 등) ① 체외수정을 위하여 난자 또는 정자를 채취·보존하거나 이를 수정시켜 배아를 생성하려는 의료기관은 보건복지부장관으로부터 배아생성의료기관으로 지정받아야 한다.

② 배아생성의료기관으로 지정받으려는 의료기관은 보건복지부령으로 정하는 시설 및 인력 등을 갖추어야 한다.

③ 배아생성의료기관의 지정 기준 및 절차 등에 관하여 필요한 사항은 보건복지부령으로 정한다.

④ 제1항에 따라 지정을 받은 배아생성의료기관(이하 "배아생성의료기관"이라 한다)이 보건복지부령으로 정하는 중요한 사항을 변경할 경우에는 보건복지부장관에게 그 변경사항을 신고하여야 한다.

⑤ 배아생성의료기관의 장은 휴업하거나 폐업하는 경우에는 보건복지부령으로 정하는 바에 따라 보건복지부장관에게 신고하여야 한다.

⑥ 배아생성의료기관의 장은 휴업하거나 폐업할 때에 보건복지부령으로 정하는 바에 따라 보관 중인 배아, 생식세포 및 관련 서류를 질병관리본부 또는 다른 배아생성의료기관으로 이관하여야 한다.

제23조(배아의 생성에 관한 준수사항) ① 누구든지 임신 외의 목적으로 배아를 생성하여서는 아니 된다.

② 누구든지 배아를 생성할 때 다음 각 호의 어느 하나에 해당하는 행위를 하여서는 아니 된다.

1. 특정의 성을 선택할 목적으로 난자와 정자를 선별하여 수정시키는 행위
2. 사망한 사람의 난자 또는 정자로 수정하는 행위
3. 미성년자의 난자 또는 정자로 수정하는 행위. 다만, 혼인한 미성년자가 그 자녀를 얻기 위하여 수정하는 경우는 제외한다.

③ 누구든지 금전, 재산상의 이익 또는 그 밖의 반대급부(反對給付)를 조건으로 배아나 난

자 또는 정자를 제공 또는 이용하거나 이를 유인하거나 알선하여서는 아니 된다.

제24조(배아의 생성 등에 관한 동의) ① 배아생성의료기관은 배아를 생성하기 위하여 난자 또는 정자를 채취할 때에는 다음 각 호의 사항에 대하여 난자 기증자, 정자 기증자, 체외수정 시술대상자 및 해당 기증자·시술대상자의 배우자가 있는 경우 그 배우자(이하 "동의권자"라 한다)의 서면동의를 받아야 한다. 다만, 장애인의 경우는 그 특성에 맞게 동의를 구하여야 한다.

1. 배아생성의 목적에 관한 사항
2. 배아·난자·정자의 보존기간 및 그 밖에 보존에 관한 사항
3. 배아·난자·정자의 폐기에 관한 사항
4. 잔여배아 및 잔여난자를 연구 목적으로 이용하는 것에 관한 사항
5. 동의의 변경 및 철회에 관한 사항
6. 동의권자의 권리 및 정보 보호, 그 밖에 보건복지부령으로 정하는 사항

② 배아생성의료기관은 제1항에 따른 서면동의를 받기 전에 동의권자에게 제1항 각 호의 사항에 대하여 충분히 설명하여야 한다.

③ 제1항에 따른 서면동의를 위한 동의서의 서식 및 보관 등에 필요한 사항은 보건복지부령으로 정한다.

제25조(배아의 보존 및 폐기) ① 배아의 보존기간은 5년으로 한다. 다만, 동의권자가 보존기간을 5년 미만으로 정한 경우에는 이를 보존기간으로 한다.

② 제1항에도 불구하고 항암치료 등 보건복지부령으로 정하는 경우에는 동의권자가 보존기간을 5년 이상으로 정할 수 있다.

③ 배아생성의료기관은 제1항 또는 제2항에 따른 보존기간이 끝난 배아 중 제29조에 따른 연구의 목적으로 이용하지 아니할 배아는 폐기하여야 한다.

④ 배아생성의료기관은 배아의 폐기에 관한 사항을 기록·보관하여야 한다.

⑤ 제3항 및 제4항에 따른 배아의 폐기 절차 및 방법, 배아의 폐기에 관한 사항의 기록·보관에 필요한 사항은 보건복지부령으로 정한다.

제26조(잔여배아 및 잔여난자의 제공) ① 배아생성의료기관은 연구에 필요한 잔여배아를 제30조제1항에 따라 배아연구계획서의 승인을 받은 배아연구기관에 제공하거나 잔여난자를 제31조제4항에 따라 체세포복제배아등 연구계획서의 승인을 받은 체세포복제배아등의 연구기관에 제공하는 경우에는 무상으로 하여야 한다. 다만, 배아생성의료기관은 잔여배아 및 잔여난자의 보존 및 제공에 든 경비의 경우에는 보건복지부령으로 정하는 바에 따라 제공받는 연구기관에 대하여 경비지급을 요구할 수 있다.

② 제1항에 따른 잔여배아 및 잔여난자의 제공 절차, 경비의 산출, 그 밖에 필요한 사항은 보건복지부령으로 정한다.

③ 배아생성의료기관은 잔여배아 및 잔여난자의 보존 및 제공 등에 관한 사항을 보건복지부령으로 정하는 바에 따라 보건복지부장관에게 보고하여야 한다.

제27조(난자 기증자의 보호 등) ① 배아생성의료기관은 보건복지부령으로 정하는 바에 따라 난자를 채취하기 전에 난자 기증자에 대하여 건강검진을 하여야 한다.

② 배아생성의료기관은 보건복지부령으로 정하는 건강 기준에 미치지 못하는 사람으로부터 난자를 채취하여서는 아니 된다.

③ 배아생성의료기관은 동일한 난자 기증자로부터 대통령령으로 정하는 빈도 이상으로 난자를 채취하여서는 아니 된다.

④ 배아생성의료기관은 난자 기증에 필요한 시술 및 회복에 걸리는 시간에 따른 보상금 및 교통비 등 보건복지부령으로 정하는 항목에 관하여 보건복지부령으로 정하는 금액을 난자 기증자에게 지급할 수 있다.

제28조(배아생성의료기관의 준수사항) 배아생성의료기관은 다음 각 호의 사항을 준수하여야 한다.

1. 제24조에 따른 동의서에 적힌 내용대로 배아·난자 및 정자를 취급할 것
2. 보건복지부령으로 정하는 바에 따라 잔여배아 및 잔여난자의 보존·취급 및 폐기 등의 관리를 철저히 할 것
3. 그 밖에 생명윤리 및 안전의 확보를 위하여 필요하다고 인정하여 보건복지부령으로 정하는 사항

제3절 잔여배아 연구 등

제29조(잔여배아 연구) ① 제25조에 따른 배아의 보존기간이 지난 잔여배아는 발생학적으로 원시선(原始線)이 나타나기 전까지만 체외에서 다음 각 호의 연구 목적으로 이용할 수 있다.

1. 난임치료법 및 피임기술의 개발을 위한 연구
2. 근이영양증(筋異營養症), 그 밖에 대통령령으로 정하는 희귀·난치병의 치료를 위한 연구
3. 그 밖에 국가위원회의 심의를 거쳐 대통령령으로 정하는 연구

② 제1항에 따라 잔여배아를 연구하려는 자는 보건복지부령으로 정하는 시설·인력 등을 갖추고 보건복지부장관에게 배아연구기관으로 등록하여야 한다.

③ 제2항에 따라 등록한 배아연구기관(이하 "배아연구기관"이라 한다)이 보건복지부령으로 정하는 중요한 사항을 변경하거나 폐업할 경우에는 보건복지부장관에게 신고하여야 한다.

제30조(배아연구계획서의 승인) ① 배아연구기관은 잔여배아의 연구를 하려면 미리 보건복지부장관에게 배아연구계획서를 제출하여 승인을 받아야 한다. 배아연구계획서의 내용 중 대통령령으로 정하는 중요한 사항을 변경하는 경우에도 또한 같다.

② 제1항에 따른 배아연구계획서에는 기관위원회의 심의 결과에 관한 서류가 첨부되어야 한다.

③ 보건복지부장관은 다른 중앙행정기관의 장이 연구비를 지원하는 배아연구기관으로부터 배아연구계획서를 제출받았을 때에는 승인 여부를 결정하기 전에 그 중앙행정기관의 장과 협의하여야 한다.

④ 배아연구계획서의 승인 기준 및 절차, 제출서류, 그 밖에 필요한 사항은 보건복지부령으로 정한다.

제31조(체세포복제배아등의 연구) ① 누구든지 제29조제1항제2호에 따른 희귀·난치병의 치료를 위한 연구 목적 외에는 체세포핵이식행위 또는 단성생식행위를 하여서는 아니 된다.

② 제1항에 따른 연구의 종류·대상 및 범위는 국가위원회의 심의를 거쳐 대통령령으로 정한다.

③ 체세포복제배아등을 생성하거나 연구하려는 자는 보건복지부령으로 정하는 시설 및 인력 등을 갖추고 보건복지부장관에게 등록하여야 한다.

④ 제3항에 따라 등록한 기관(이하 "체세포복제배아등의 연구기관"이라 한다)은 체세포복제배아등을 생성하거나 연구하려면 보건복지부령으로 정하는 바에 따라 미리 보건복지부장관에게 연구계획서(이하 "체세포복제배아등 연구계획서"라 한다)를 제출하여 승인을 받아야 한다.

⑤ 체세포복제배아등 연구계획서의 승인에 관하여는 제30조를 준용한다. 이 경우 "잔여배아"는 "체세포복제배아등"으로, "배아연구계획서"는 "체세포복제배아등 연구계획서"로 각각 본다.

제32조(배아연구기관 등의 준수사항) ① 배아연구기관 및 체세포복제배아등의 연구기관은 해당 기관에서 수행하는 연구로 인하여 생명윤리 또는 안전에 중대한 위해가 발생하거나 발생할 우려가 있는 경우에는 연구 중단 등 적절한 조치를 하여야 한다.

② 배아연구기관 및 체세포복제배아등의 연구기관이 잔여배아 및 잔여난자를 제공받은 후 이를 연구의 목적으로 이용하지 아니하려는 경우에는 제25조제3항부터 제5항까지의 규정을 준용한다. 이 경우 "배아"는 "잔여배아 및 잔여난자"로 본다.

③ 배아연구기관이 잔여배아를 관리하는 경우 및 체세포복제배아등의 연구기관이 산여닌자, 체세포복제배아등을 관리하는 경우에는 제28조를 준용한다.

제4절 배아줄기세포주

제33조(배아줄기세포주의 등록) ① 배아줄기세포주를 수립하거나 수입한 자는 그 배아줄기세포주를 제34조에 따라 제공하거나 제35조에 따라 이용하기 전에 보건복지부령으로 정하는 바에 따라 그 배아줄기세포주를 보건복지부장관에게 등록하여야 한다.

② 보건복지부장관은 배아줄기세포주의 등록을 신청한 자가 다른 중앙행정기관의 장으로부터 과학적 검증을 받은 경우에는 제1항에 따른 등록을 하는 데에 그 검증자료를 활용하여야 한다.

③ 보건복지부장관은 제1항에 따라 배아줄기세포주를 등록한 자에게 배아줄기세포주의 검증 등에 든 비용의 전부 또는 일부를 지원할 수 있다.

제34조(배아줄기세포주의 제공) ① 배아줄기세포주를 수립한 자가 그 배아줄기세포주를 타인에게 제공하려면 보건복지부령으로 정하는 바에 따라 기관위원회의 심의를 거쳐야 한다.

② 제1항에 따라 배아줄기세포주를 제공한 자는 보건복지부령으로 정하는 바에 따라 보건복지부장관에게 배아줄기세포주의 제공현황을 보고하여야 한다.

③ 제1항에 따라 배아줄기세포주를 제공하는 경우에는 무상으로 하여야 한다. 다만, 배아줄기세포주를 제공하는 자는 배아줄기세포주의 보존 및 제공에 든 경비의 경우에는 보건복지부령으로 정하는 바에 따라 이를 제공받는 자에 대하여 경비지급을 요구할 수 있다.

④ 제1항부터 제3항까지의 규정에 따른 배아줄기세포주의 제공 및 보고, 경비의 산출 방법

등에 관하여 필요한 사항은 보건복지부령으로 정한다.

제35조(배아줄기세포주의 이용) ① 제33조제1항에 따라 등록된 배아줄기세포주는 체외에서 다음 각 호의 연구 목적으로만 이용할 수 있다.

1. 질병의 진단·예방 또는 치료를 위한 연구
2. 줄기세포의 특성 및 분화에 관한 기초연구
3. 그 밖에 국가위원회의 심의를 거쳐 대통령령으로 정하는 연구

② 제1항에 따라 배아줄기세포주를 이용하려는 자는 해당 연구계획서에 대하여 보건복지부령으로 정하는 바에 따라 기관위원회의 심의를 거쳐 해당 기관의 장의 승인을 받아야 한다. 승인을 받은 연구계획서의 내용 중 대통령령으로 정하는 중요한 사항을 변경하는 경우에도 또한 같다.

③ 제2항에 따라 승인 또는 변경승인을 받은 자는 보건복지부령으로 정하는 바에 따라 그 사실을 보건복지부장관에게 보고하여야 한다.

④ 제2항에 따라 승인을 받은 자는 배아줄기세포주를 제공한 자에게 제공받은 배아줄기세포주의 이용계획서를 작성하여 제출하여야 한다.

⑤ 제2항에 따라 연구를 승인한 기관의 장은 연구를 하는 자가 연구계획에 적합하게 연구를 하도록 감독하여야 한다.

제5장 인체유래물연구 및 인체유래물은행

제1절 인체유래물연구

제36조(인체유래물연구의 심의) ① 인체유래물연구를 하려는 자는 인체유래물연구를 하기 전에 연구계획서에 대하여 기관위원회의 심의를 받아야 한다.

② 제1항에도 불구하고 인체유래물 기증자 및 공공에 미치는 위험이 미미한 경우로서 국가위원회의 심의를 거쳐 보건복지부령으로 정한 기준에 맞는 연구는 기관위원회의 심의를 면제할 수 있다.

제37조(인체유래물연구의 동의) ① 인체유래물연구자는 인체유래물연구를 하기 전에 인체유래물 기증자로부터 다음 각 호의 사항이 포함된 서면동의를 받아야 한다.

1. 인체유래물연구의 목적
2. 개인정보의 보호 및 처리에 관한 사항
3. 인체유래물의 보존 및 폐기 등에 관한 사항
4. 인체유래물과 그로부터 얻은 유전정보(이하 "인체유래물등"이라 한다)의 제공에 관한 사항
5. 동의의 철회, 동의 철회 시 인체유래물등의 처리, 인체유래물 기증자의 권리, 연구 목적의 변경, 그 밖에 보건복지부령으로 정하는 사항

② 제1항에도 불구하고 인체유래물연구자가 아닌 인체유래물 채취자로부터 인체유래물을 제공받아 연구를 하는 인체유래물연구자의 경우에 그 인체유래물 채취자가 인체유래물 기증자로부터 제1항 각 호의 사항이 포함된 서면동의를 받았을 때에는 제1항에 따른 서면동의를 받은 것으로 본다.

③ 인체유래물연구의 서면동의 면제에 관하여는 제16조제3항을 준용한다. 이 경우 "연구대

상자"는 "인체유래물 기증자"로 본다.

④ 인체유래물연구자는 제1항에 따른 서면동의를 받기 전에 인체유래물 기증자에게 제1항 각 호의 사항에 대하여 충분히 설명하여야 한다.

⑤ 제1항에 따른 서면동의를 위한 동의서의 서식 등에 관하여 필요한 사항은 보건복지부령으로 정한다.

第38조(인체유래물등의 제공) ① 인체유래물연구자는 제37조제1항에 따라 인체유래물 기증자로부터 인체유래물등을 제공하는 것에 대하여 서면동의를 받은 경우에는 기관위원회의 심의를 거쳐 인체유래물등을 인체유래물은행이나 다른 연구자에게 제공할 수 있다.

② 인체유래물연구자가 제1항에 따라 인체유래물등을 다른 연구자에게 제공하는 경우에는 익명화하여야 한다. 다만, 인체유래물 기증자가 개인식별정보를 포함하는 것에 동의한 경우에는 그러하지 아니하다.

③ 제1항에 따라 인체유래물등을 제공할 경우 무상으로 하여야 한다. 다만, 인체유래물연구자가 소속된 기관은 인체유래물등의 보존 및 제공에 든 경비의 경우에는 보건복지부령으로 정하는 바에 따라 인체유래물등을 제공받아 연구하는 자에게 경비지급을 요구할 수 있다.

④ 인체유래물연구자는 제1항에 따라 인체유래물등을 제공하거나 제공받았을 때에는 보건복지부령으로 정하는 바에 따라 인체유래물등의 제공에 관한 기록을 작성·보관하여야 한다.

⑤ 인체유래물등의 제공 방법 및 절차, 경비의 산출, 그 밖에 필요한 사항은 보건복지부령으로 정한다.

第39조(인체유래물등의 보존 및 폐기) ① 인체유래물연구자는 동의서에 정한 기간이 지난 인체유래물등을 폐기하여야 한다. 다만, 인체유래물등을 보존하는 중에 인체유래물 기증자가 보존기간의 변경이나 폐기를 요청하는 경우에는 요청에 따라야 한다.

② 인체유래물연구자는 제1항에 따른 인체유래물등의 폐기에 관한 사항을 보건복지부령으로 정하는 바에 따라 기록·보관하여야 한다.

③ 인체유래물연구자가 부득이한 사정으로 인하여 인체유래물등을 보존할 수 없는 경우에는 기관위원회의 심의를 거쳐 인체유래물등을 처리하거나 이관하여야 한다.

④ 인체유래물등의 보존, 폐기, 처리 또는 이관 등에 필요한 사항은 보건복지부령으로 정한다.

第40조(인체유래물연구자의 준수사항) 인체유래물연구자의 인체유래물 기증자에 대한 안전대책 및 기록의 유지와 정보 공개에 관하여는 제17조 및 제19조를 각각 준용한다. 이 경우 "인간대상연구"는 "인체유래물연구"로, "연구대상자"는 "인체유래물 기증자"로 각각 본다.

제2절 인체유래물은행

第41조(인체유래물은행의 허가 및 신고) ① 인체유래물은행을 개설하려는 자는 대통령령으로 정하는 바에 따라 보건복지부장관의 허가를 받아야 한다. 다만, 국가기관이 직접 인체유래물은행을 개설하고자 하는 경우는 제외한다.

② 제1항에도 불구하고 다른 법령에 따라 중앙행정기관의 장으로부터 연구비 지원의 승인을 받아 인체유래물은행을 개설하려는 경우에는 그 중앙행정기관의 장으로부터 연구비 지

원의 승인을 받은 후 보건복지부장관에게 신고하면 제1항에 따른 허가를 받은 것으로 본다. 이 경우 그 중앙행정기관의 장은 미리 보건복지부장관과 협의하여야 한다.

③ 제1항 및 제2항에 따라 개설된 인체유래물은행이 대통령령으로 정하는 중요한 사항을 변경하거나 휴업 또는 폐업하려는 경우에는 보건복지부장관에게 신고하여야 한다.

④ 인체유래물은행의 시설 · 장비 기준 및 허가 · 신고 절차, 그 밖에 필요한 사항은 대통령령으로 정한다.

제42조(인체유래물 채취 시의 동의) ① 인체유래물은행은 인체유래물연구에 쓰일 인체유래물을 직접 채취하거나 채취를 의뢰할 때에는 인체유래물을 채취하기 전에 인체유래물 기증자로부터 다음 각 호의 사항이 포함된 서면동의를 받아야 한다.

1. 인체유래물연구의 목적(인체유래물은행이 인체유래물연구를 직접 수행하는 경우만 해당한다)
2. 개인정보의 보호 및 처리에 관한 사항
3. 인체유래물등이 제공되는 연구자 및 기관의 범위에 관한 사항
4. 인체유래물등의 보존, 관리 및 폐기에 관한 사항
5. 동의의 철회, 동의의 철회 시 인체유래물등의 처리, 인체유래물 기증자의 권리나 그 밖에 보건복지부령으로 정하는 사항

② 인체유래물은행은 제1항에 따른 서면동의를 받기 전에 인체유래물 기증자에게 제1항 각 호의 사항에 대하여 충분히 설명하여야 한다.

③ 제1항에 따른 서면동의를 위한 동의서의 서식 등에 관하여 필요한 사항은 보건복지부령으로 정한다.

제43조(인체유래물등의 제공) ① 인체유래물은행의 장은 인체유래물등을 제공받으려는 자로부터 이용계획서를 제출받아 그 내용을 검토하여 제공 여부를 결정하여야 한다.

② 인체유래물은행의 장은 인체유래물등을 타인에게 제공하는 경우에는 익명화하여야 한다. 다만, 인체유래물 기증자가 개인식별정보를 포함하는 것에 동의한 경우에는 그러하지 아니하다.

③ 인체유래물은행의 장은 인체유래물등을 타인에게 제공하는 경우에는 무상으로 하여야 한다. 다만, 인체유래물등의 보존 및 제공에 든 경비를 보건복지부령으로 정하는 바에 따라 인체유래물등을 제공받는 자에게 요구할 수 있다.

④ 기관위원회는 인체유래물등의 제공에 필요한 지침을 마련하고, 지침에 따라 적정하게 제공되고 있는지 정기적으로 심의하여야 한다.

⑤ 인체유래물등 이용계획서의 기재내용 · 제출절차, 제공에 필요한 지침, 기관위원회의 심의, 그 밖에 인체유래물등의 제공 및 관리에 필요한 사항은 보건복지부령으로 정한다.

제44조(인체유래물은행의 준수사항) ① 인체유래물은행의 장 또는 그 종사자는 보존 중인 인체유래물등을 타당한 사유 없이 사용, 폐기, 손상하여서는 아니 된다.

② 인체유래물은행이 제38조제1항 및 제53조제1항에 따라 인체유래물등을 제공받은 경우에는 익명화하여야 한다.

③ 인체유래물은행의 인체유래물등의 보존 및 폐기에 관하여는 제39조를 준용한다.

④ 인체유래물은행의 장은 보건복지부령으로 정하는 바에 따라 인체유래물등의 익명화 방안이 포함된 개인정보 보호 지침을 마련하고, 개인정보 관리 및 보안을 담당하는 책임자를 지정하여야 한다.

제45조(인체유래물은행에 대한 지원) 국가나 지방자치단체는 예산의 범위에서 인체유래물은행의 운영에 필요한 비용을 지원할 수 있다.

제6장 유전자치료 및 검사 등

제46조(유전정보에 의한 차별 금지 등) ① 누구든지 유전정보를 이유로 교육·고용·승진·보험 등 사회활동에서 다른 사람을 차별하여서는 아니 된다.

② 다른 법률에 특별한 규정이 있는 경우를 제외하고는 누구든지 타인에게 유전자검사를 받도록 강요하거나 유전자검사의 결과를 제출하도록 강요하여서는 아니 된다.

③ 의료기관은「의료법」제21조제2항에 따라 환자 외의 자에게 제공하는 의무기록 및 진료기록 등에 유전정보를 포함시켜서는 아니 된다. 다만, 해당 환자와 동일한 질병의 진단 및 치료를 목적으로 다른 의료기관의 요청이 있고 개인정보 보호에 관한 조치를 한 경우에는 그러하지 아니하다.

제47조(유전자치료) ① 유전자치료에 관한 연구는 다음 각 호의 모두에 해당하는 경우에만 할 수 있다. 다만, 보건복지부장관이 정하는 질병의 예방이나 치료를 위하여 필요하다고 인정하는 경우에는 그러하지 아니하다.

1. 유전질환, 암, 후천성면역결핍증, 그 밖에 생명을 위협하거나 심각한 장애를 불러일으키는 질병의 치료를 위한 연구
2. 현재 이용 가능한 치료법이 없거나 유전자치료의 효과가 다른 치료법과 비교하여 현저히 우수할 것으로 예측되는 치료를 위한 연구

② 유전자치료는 배아, 난자, 정자 및 태아에 대하여 시행하여서는 아니 된다.

제48조(유전자치료기관) ① 유전자치료를 하고자 하는 의료기관은 보건복지부장관에게 신고하여야 한다. 대통령령으로 정하는 중요한 사항을 변경하는 경우에도 또한 같다.

② 제1항에 따라 보건복지부장관에게 신고한 의료기관(이하 "유전자치료기관"이라 한다)은 유전자치료를 하고자 하는 환자에 대하여 다음 각 호의 사항에 관하여 미리 설명한 후 서면 동의를 받아야 한다.

1. 치료의 목적
2. 예측되는 치료 결과 및 그 부작용
3. 그 밖에 보건복지부령으로 정하는 사항

③ 유전자치료기관의 신고 요건 및 절차, 동의서의 서식, 그 밖에 필요한 사항은 보건복지부령으로 정한다.

제49조(유전자검사기관) ① 유전자검사를 하려는 자는 유전자검사항목에 따라 보건복지부령으로 정하는 시설 및 인력 등을 갖추고 보건복지부장관에게 신고하여야 한다. 다만, 국가기관이 유전자검사를 하는 경우에는 그러하지 아니하다.

② 제1항에 따라 신고한 사항 중 대통령령으로 정하는 중요한 사항을 변경하는 경우에도

신고하여야 한다.

③ 보건복지부장관은 제1항에 따라 신고한 유전자검사기관(이하 "유전자검사기관"이라 한다)으로 하여금 보건복지부령으로 정하는 바에 따라 유전자검사의 정확도 평가를 받게 할 수 있고, 그 결과를 공개할 수 있다.

④ 유전자검사기관은 유전자검사의 업무를 휴업하거나 폐업하려는 경우에는 보건복지부령으로 정하는 바에 따라 보건복지부장관에게 신고하여야 한다.

⑤ 보건복지부장관은 유전자검사기관이 「부가가치세법」 제5조에 따라 관할 세무서장에게 폐업신고를 하거나 관할 세무서장이 사업자등록을 말소한 경우에는 신고 사항을 직권으로 말소할 수 있다.

제50조(유전자검사의 제한 등) ① 유전자검사기관은 과학적 증명이 불확실하여 검사대상자를 오도(誤導)할 우려가 있는 신체 외관이나 성격에 관한 유전자검사 또는 그 밖에 국가위원회의 심의를 거쳐 대통령령으로 정하는 유전자검사를 하여서는 아니 된다.

② 유전자검사기관은 근이영양증이나 그 밖에 대통령령으로 정하는 유전질환을 진단하기 위한 목적으로만 배아 또는 태아를 대상으로 유전자검사를 할 수 있다.

③ 의료기관이 아닌 유전자검사기관에서는 질병의 예방, 진단 및 치료와 관련한 유전자검사를 할 수 없다. 다만, 의료기관의 의뢰를 받아 유전자검사를 하는 경우에는 그러하지 아니하다.

④ 유전자검사기관은 유전자검사에 관하여 거짓표시 또는 과대광고를 하여서는 아니 된다. 이 경우 거짓표시 또는 과대광고의 판정 기준 및 절차, 그 밖에 필요한 사항은 보건복지부령으로 정한다.

제51조(유전자검사의 동의) ① 유전자검사기관이 유전자검사에 쓰일 검사대상물을 직접 채취하거나 채취를 의뢰할 때에는 검사대상물을 채취하기 전에 검사대상자로부터 다음 각 호의 사항에 대하여 서면동의를 받아야 한다. 다만, 장애인의 경우는 그 특성에 맞게 동의를 구하여야 한다.

1. 유전자검사의 목적
2. 검사대상물의 관리에 관한 사항
3. 동의의 철회, 검사대상자의 권리 및 정보보호, 그 밖에 보건복지부령으로 정하는 사항

② 유전자검사기관이 검사대상물을 인체유래물연구자나 인체유래물은행에 제공하기 위하여는 검사대상자로부터 다음 각 호의 사항이 포함된 서면동의를 제1항에 따른 동의와 별도로 받아야 한다.

1. 개인정보의 보호 및 처리에 대한 사항
2. 검사대상물의 보존, 관리 및 폐기에 관한 사항
3. 검사대상물의 제공에 관한 사항
4. 동의의 철회, 동의 철회 시 검사대상물의 처리, 검사대상자의 권리, 그 밖에 보건복지부령으로 정하는 사항

③ 유전자검사기관 외의 자가 검사대상물을 채취하여 유전자검사기관에 유전자검사를 의뢰하는 경우에는 제1항에 따라 검사대상자로부터 서면동의를 받아 첨부하여야 하며, 보건복지부령으로 정하는 바에 따라 개인정보를 보호하기 위한 조치를 하여야 한다.

④ 검사대상자가 동의 능력이 없거나 불완전한 경우의 대리인 동의에 관하여는 제16조제2항을 준용한다. 이 경우 “연구대상자”는 “검사대상자”로, “연구”는 “검사”로 각각 본다.

⑤ 다음 각 호의 어느 하나에 해당하는 경우에는 동의 없이 유전자검사를 할 수 있다.

1. 시체 또는 의식불명인 사람이 누구인지 식별하여야 할 긴급한 필요가 있거나 특별한 사유가 있는 경우
2. 다른 법률에 규정이 있는 경우

⑥ 제1항부터 제4항까지의 규정에 따라 서면동의를 받고자 하는 자는 미리 검사대상자 또는 법정대리인에게 유전자검사의 목적과 방법, 예측되는 유전자검사의 결과와 의미 등에 대하여 충분히 설명하여야 한다.

⑦ 유전자검사의 동의 방식, 동의 면제 사항, 그 밖에 필요한 사항은 보건복지부령으로 정한다.

第52조(기록 보관 및 정보의 공개) ① 유전자검사기관은 다음 각 호의 서류를 보건복지부령으로 정하는 바에 따라 기록·보관하여야 한다.

1. 제51조에 따른 동의서
2. 유전자검사 결과
3. 제53조제2항에 따른 검사대상물의 제공에 관한 기록

② 유전자검사기관은 검사대상자나 그의 법정대리인이 제1항에 따른 기록의 열람 또는 사본의 발급을 요청하는 경우에는 그 요청에 따라야 한다.

③ 제2항에 따른 기록의 열람 또는 사본의 발급에 관한 신청 절차 및 서식 등에 관하여 필요한 사항은 보건복지부령으로 정한다.

第53조(검사대상물의 제공과 폐기 등) ① 유전자검사기관은 제51조제2항에 따라 검사대상자로부터 검사대상물의 제공에 대한 서면동의를 받은 경우에는 인체유래물연구자나 인체유래물은행에 검사대상물을 제공할 수 있다.

② 제1항에 따른 검사대상물의 제공에 관하여는 제38조제2항부터 제5항까지의 규정을 준용한다. 이 경우 “인체유래물등”은 “검사대상물”로, “인체유래물 기증자”는 “검사대상자”로 각각 본다.

③ 유전자검사기관은 제1항에 따라 검사대상물을 제공하는 경우 외에는 검사대상물을 유전자검사 결과 획득 후 즉시 폐기하여야 한다.

④ 유전자검사기관은 검사대상물의 폐기에 관한 사항을 기록·보관하여야 한다.

⑤ 유전자검사기관은 휴업 또는 폐업이나 그 밖에 부득이한 사정으로 인하여 검사대상물을 보존할 수 없는 경우에는 보건복지부령으로 정하는 바에 따라 검사대상물을 처리하거나 이관하여야 한다.

⑥ 검사대상물의 폐기, 폐기에 관한 기록·보관 및 검사대상물의 처리 또는 이관에 필요한 사항은 보건복지부령으로 정한다.

제7장 감독

제54조(보고와 조사) ① 보건복지부장관은 생명윤리 및 안전의 확보와 관련하여 필요하다고 인정할 때에는 제10조제1항 각 호의 기관과 유전자검사기관(이하 "감독대상기관"이라 한다) 및 그 종사자에 대하여 보건복지부령으로 정하는 바에 따라 이 법의 시행에 필요한 보고 또는 자료의 제출을 명할 수 있고, 생명윤리 또는 안전에 중대한 위해가 발생하거나 발생할 우려가 있을 때에는 그 연구 및 연구 성과 이용의 중단을 명하거나 그 밖에 필요한 조치를 할 수 있다.

② 보건복지부장관은 이 법에서 정하고 있는 사항의 이행 또는 위반 여부의 확인을 위하여 필요하다고 인정할 때에는 관계 공무원으로 하여금 감독대상기관 또는 그 사무소 등에 출입하여 그 시설 또는 장비, 관계 장부나 서류, 그 밖의 물건을 검사하게 하거나 관계인에게 질문하게 할 수 있으며, 시험에 필요한 시료(試料)를 최소분량으로 수거하게 할 수 있다. 이 경우 관계 공무원은 그 권한을 표시하는 증표를 지니고 이를 관계인에게 보여주어야 한다.

③ 감독대상기관 또는 그 종사자는 제1항 및 제2항에 따른 명령·검사·질문 등에 대하여 타당한 사유가 없으면 응하여야 한다.

제55조(폐기 및 개선 명령) ① 보건복지부장관은 감독대상기관 또는 그 종사자와 제33조부터 제35조까지의 규정에 따라 배아줄기세포주를 등록·제공 또는 이용한 자에게 다음 각 호의 대상물을 폐기할 것을 명할 수 있다. 이 경우 폐기의 절차 및 방법에 관하여는 제25조제5항, 제39조제4항, 제53조제6항을 각각 준용한다.

1. 제22조제1항부터 제3항까지, 제23조, 제24조제1항, 제25조제3항(제32조제2항에서 준용하는 경우를 포함한다), 제26조제1항, 제27조제1항부터 제3항까지, 제29조제1항·제2항, 제30조제1항부터 제3항까지, 제31조제1항·제3항·제4항, 제33조제1항, 제34조제1항·제3항, 제35조제2항을 위반하여 채취·생성·보존·연구 또는 제공된 배아·체세포복제배아등·배아줄기세포주 또는 난자
2. 제39조제1항, 제41조제1항, 제43조제2항, 제49조제1항, 제50조제1항부터 제3항까지, 제51조제1항·제2항·제4항, 제53조제1항부터 제3항까지의 규정을 위반하여 채취·보존 또는 제공된 검사대상물 및 인체유래물

② 보건복지부장관은 감독대상기관의 시설·인력 등이 제22조제2항, 제29조제2항, 제31조제3항 또는 제41조제4항에서 정하는 기준 등에 맞지 아니하여 연구·채취·보존 또는 배아의 생성 등을 하는 경우에 생명윤리나 안전에 중대한 위해가 발생하거나 발생할 우려가 있다고 인정할 때에는 감독대상기관에 대하여 그 시설의 개선을 명하거나 그 시설의 전부 또는 일부의 사용을 금지할 것을 명할 수 있다.

제56조(등록 등의 취소와 업무의 정지) ① 보건복지부장관은 감독대상기관이 다음 각 호의 어느 하나에 해당할 때에는 그 지정·등록 또는 허가를 취소하거나 1년 이내의 기간을 정하여 그 업무의 전부 또는 일부의 정지를 명할 수 있다.

1. 제10조제1항(같은 항 제1호 및 제2호에 해당하는 기관의 경우는 제외한다), 제20조, 제21조, 제22조제1항부터 제3항까지, 제23조, 제24조제1항·제2항, 제25조제3항·제4항

(제32조제2항에서 준용하는 경우를 포함한다), 제26조제1항 · 제3항, 제27조제1항부터 제3항까지, 제28조(제32조제3항에서 준용하는 경우를 포함한다), 제29조제2항, 제30조제1항, 제31조제1항, 제32조제1항, 제43조제2항, 제44조제1항, 제48조제1항 후단, 제48조제2항, 제50조, 제51조제1항부터 제4항까지, 제52조제1항 · 제2항 및 제53조제2항부터 제5항까지의 규정을 위반하였을 때

2. 제54조제1항 및 제55조에 따른 명령을 이행하지 아니하였을 때
3. 제54조제2항에 따른 검사 · 질문 · 수거에 응하지 아니하였을 때

② 제1항에 따른 행정처분의 세부 기준은 그 위반행위의 유형과 위반 정도 등을 고려하여 보건복지부령으로 정한다.

제57조(청문) 보건복지부장관은 제56조에 따라 기관의 지정 · 등록 또는 허가를 취소하려는 경우에는 청문을 하여야 한다.

제58조(과징금) ① 보건복지부장관은 감독대상기관이 다음 각 호의 어느 하나에 해당하여 업무정지처분을 하여야 할 경우로서 그 업무정지가 해당 사업의 이용자에게 심한 불편을 주거나 그 밖에 공익을 해칠 우려가 있을 때에는 대통령령으로 정하는 바에 따라 그 업무정지처분을 갈음하여 2억원 이하의 과징금을 부과할 수 있다.

1. 제22조제1항부터 제3항까지, 제24조제1항 · 제2항, 제25조제3항 · 제4항(제32조제2항에서 준용하는 경우를 포함한다) 및 제27조제1항부터 제3항까지의 규정을 위반하였을 때
2. 제28조(제32조제3항에서 준용하는 경우를 포함한다) 및 제32조제1항에 따른 준수사항을 위반하였을 때
3. 제54조제1항 및 제55조에 따른 명령을 이행하지 아니하였을 때
4. 제54조제2항에 따른 검사 · 질문 · 수거에 응하지 아니하였을 때

② 제1항에 따라 과징금을 부과하는 위반행위의 종류와 위반 정도 등에 따른 과징금의 금액이나 그 밖에 필요한 사항은 보건복지부령으로 정한다.

③ 보건복지부장관은 제1항에 따른 과징금을 내야 할 자가 납부기한까지 내지 아니하였을 때에는 국세 체납처분의 예에 따라 징수한다.

제59조(수수료) 보건복지부장관은 이 법의 규정에 따라 지정 · 허가 · 등록 · 승인을 받으려 하거나 신고를 하는 자 또는 그 내용을 변경하려는 자로 하여금 보건복지부령으로 정하는 바에 따라 수수료를 내게 할 수 있다.

제8장 보칙

제60조(국고 보조) 보건복지부장관은 이 법에 따른 생명윤리 및 안전의 확보에 이바지할 수 있는 연구사업 및 교육을 육성 · 지원하기 위하여 대통령령으로 정하는 바에 따라 해당 단체 · 기관 또는 종사자에게 필요한 비용의 전부 또는 일부를 지원할 수 있다.

제61조(위임 및 위탁 등) ① 보건복지부장관은 이 법에 따른 권한의 일부를 대통령령으로 정하는 바에 따라 소속 기관의 장에게 위임할 수 있다.

② 보건복지부장관은 대통령령으로 정하는 바에 따라 다음 각 호의 어느 하나에 해당하는 업무의 일부를 관계 전문기관 또는 단체에 위탁할 수 있다.

1. 제13조제1항제2호에 따른 기관위원회 위원의 교육에 관한 업무
2. 제14조에 따른 기관위원회의 평가 · 인증에 관한 업무
3. 제49조제3항에 따른 유전자검사의 정확도 평가에 관한 업무

③ 보건복지부장관은 제2항에 따라 관계 전문기관 또는 단체에 업무를 위탁한 경우에는 필요한 예산을 보조할 수 있다.

④ 제2항에 따른 관계 전문기관 또는 단체에 대한 예산 보조, 보조금 환수(還收), 지원 금지 등에 필요한 사항은 대통령령으로 정한다.

제62조(벌칙 적용 시의 공무원 의제) 보건복지부장관이 제61조에 따라 위탁한 업무에 종사하는 기관, 단체의 임직원은 「형법」 제129조부터 제132조까지의 규정을 적용할 때에는 공무원으로 본다.

제63조(비밀 누설 등의 금지) 감독대상기관 또는 그 종사자나 업무에 종사하였던 사람은 직무상 알게 된 개인정보 등의 비밀을 누설하거나 도용하여서는 아니 된다.

제9장 벌칙

제64조(벌칙) ① 제20조제1항을 위반하여 체세포복제배아등을 자궁에 착상시키거나 착상된 상태를 유지하거나 출산한 사람은 10년 이하의 징역에 처한다.

② 제1항의 경우 미수범도 처벌한다.

제65조(벌칙) ① 제21조제1항을 위반하여 인간의 배아를 동물의 자궁에 착상시키거나 동물의 배아를 인간의 자궁에 착상시킨 사람 또는 같은 조 제3항을 위반하여 같은 조 제2항 각 호의 어느 하나에 해당하는 행위로부터 생성된 것을 인간 또는 동물의 자궁에 착상시킨 사람은 5년 이하의 징역에 처한다.

② 제1항의 경우 미수범도 처벌한다.

제66조(벌칙) ① 다음 각 호의 어느 하나에 해당하는 사람은 3년 이하의 징역에 처한다.

1. 제20조제2항을 위반하여 체세포복제배아등을 자궁에 착상시키거나 착상된 상태를 유지 또는 출산하도록 유인하거나 알선한 사람
2. 제21조제2항 각 호의 어느 하나에 해당하는 행위를 한 사람
3. 제23조제1항을 위반하여 임신 외의 목적으로 배아를 생성한 사람
4. 제23조제3항을 위반하여 금전, 재산상의 이익 또는 그 밖의 반대급부를 조건으로 배아나 난자 또는 정자를 제공 또는 이용하거나 이를 유인하거나 알선한 사람
5. 제31조제1항을 위반하여 희귀 · 난치병의 치료를 위한 연구 목적 외의 용도로 체세포핵이식행위 또는 단성생식행위를 한 사람
6. 제63조를 위반하여 비밀을 누설하거나 도용한 사람

② 제29조제1항을 위반하여 잔여배아를 이용한 자는 3년 이하의 징역 또는 5천만원 이하의 벌금에 처한다.

③ 제1항제1호 및 제2호의 경우 미수범도 처벌한다.

제67조(벌칙) ① 다음 각 호의 어느 하나에 해당하는 자는 2년 이하의 징역 또는 3천만원 이하의 벌금에 처한다.

1. 배아를 생성할 때 제23조제2항 각 호의 어느 하나에 해당하는 행위를 한 자
2. 제24조제1항을 위반하여 서면동의 없이 난자 또는 정자를 채취한 자
3. 제27조제1항을 위반하여 난자 기증자에 대하여 건강검진을 하지 아니한 자 또는 같은 조 제2항이나 제3항을 위반하여 난자를 채취한 자
4. 제46조제1항부터 제3항까지의 규정을 위반하여 유전정보를 이유로 다른 사람을 차별한 자, 유전자검사를 받도록 강요하거나 유전자검사 결과를 제출하도록 강요한 자 또는 환자 외의 자에게 제공하는 기록 등에 유전정보를 포함시킨 자
5. 제47조제1항 또는 제2항을 위반하여 유전자치료에 관한 연구를 하거나 유전자치료를 시행한 자
6. 제50조제1항부터 제3항까지의 규정을 위반하여 유전자검사를 한 자
7. 제55조에 따른 폐기명령 또는 개선명령을 이행하지 아니한 자

② 제22조제6항을 위반하여 배아, 생식세포를 이관하지 아니한 자는 2년 이하의 징역 또는 1천만원 이하의 벌금에 처한다.

제68조(벌칙) 다음 각 호의 어느 하나에 해당하는 자는 1년 이하의 징역 또는 2천만원 이하의 벌금에 처한다.

1. 제22조제1항부터 제3항까지의 규정을 위반하여 배아생성의료기관으로 지정받지 아니하고 인간의 난자 또는 정자를 채취·보존하거나 이를 수정시켜 배아를 생성한 자
2. 제25조제3항(제32조제2항에서 준용하는 경우를 포함한다)을 위반하여 배아를 폐기하지 아니한 자
3. 제26조제1항을 위반하여 유상(有償)으로 잔여배아 및 잔여난자를 제공한 자
4. 제26조제3항을 위반하여 보건복지부장관에게 보고하지 아니한 자
5. 제29조제2항을 위반하여 배아연구기관으로 등록하지 아니하고 잔여배아를 연구한 자
6. 제30조제1항을 위반하여(제31조제5항에서 준용하는 경우를 포함한다) 배아연구계획서의 승인을 받지 아니하고 배아연구를 한 자
7. 제31조제3항을 위반하여 보건복지부장관에게 등록하지 아니하고 체세포복제배아등을 생성하거나 연구한 자
8. 제41조제1항을 위반하여 허가를 받지 아니하고 인체유래물은행을 개설한 자
9. 제42조제1항을 위반하여 서면동의 없이 인체유래물을 직접 채취하거나 채취를 의뢰한 자
10. 제50조제4항을 위반하여 유전자검사에 관하여 거짓표시 또는 과대광고를 한 자
11. 제51조제1항·제2항·제4항을 위반하여 유전자검사에 관한 서면동의를 받지 아니하고 검사대상물을 채취한 자 또는 같은 조 제3항을 위반하여 서면동의서를 첨부하지 아니하거나 개인정보를 보호하기 위한 조치를 하지 아니하고 유전자검사를 의뢰한 자

제69조(양벌규정) ① 법인의 대표자나 법인 또는 개인의 대리인, 사용인, 그 밖의 종업원이 그 법인 또는 개인의 업무에 관하여 제64조부터 제66조까지의 어느 하나에 해당하는 위반행위를 하면 그 행위자를 벌하는 외에 그 법인 또는 개인을 5천만원 이하의 벌금에 처한다. 다만, 법인 또는 개인이 그 위반행위를 방지하기 위하여 해당 업무에 관하여 상당한 주의와 감독을 게을리하지 아니한 경우에는 그러하지 아니하다.

② 법인의 대표자나 법인 또는 개인의 대리인, 사용인, 그 밖의 종업원이 그 법인 또는 개인의 업무에 관하여 제67조 또는 제68조의 위반행위를 하면 그 행위자를 벌하는 외에 그 법인 또는 개인에게도 해당 조문의 벌금형을 과(科)한다. 다만, 법인 또는 개인이 그 위반행위를 방지하기 위하여 해당 업무에 관하여 상당한 주의와 감독을 게을리하지 아니한 경우에는 그러하지 아니하다.

제70조(과태료) ① 다음 각 호의 어느 하나에 해당하는 자에게는 500만원 이하의 과태료를 부과한다.

1. 제10조제1항을 위반하여 기관위원회를 설치하지 아니한 자
2. 제33조제1항을 위반하여 등록하지 아니하고 해당 배아줄기세포주를 제공하거나 이용한 자
3. 제35조제1항을 위반하여 배아줄기세포주를 이용한 자
4. 제38조제2항을 위반하여 인체유래물등을 익명화하지 아니하고 다른 연구자에게 제공한 자
5. 제39조제1항 본문 또는 제3항(제44조제3항에서 준용하는 경우를 포함한다)에 따라 인체유래물을 폐기, 처리하거나 이관하지 아니한 자
6. 제41조제2항에 따른 신고를 하지 아니한 자
7. 제44조제4항을 위반하여 인체유래물등의 익명화 방안이 포함된 개인정보 보호 지침을 마련하지 아니하거나 개인정보 관리 및 보안을 담당하는 책임자를 두지 아니한 자
8. 제48조제1항을 위반하여 신고하지 아니하고 유전자치료를 한 자
9. 제49조제1항 본문에 따른 신고를 하지 아니한 자
10. 제54조제3항을 위반하여 보건복지부장관의 명령·검사·질문 등에 대하여 타당한 사유 없이 응하지 아니한 감독대상기관 또는 그 종사자

② 다음 각 호의 어느 하나에 해당하는 자에게는 300만원 이하의 과태료를 부과한다.

1. 제22조제4항 또는 제5항, 제29조제3항을 위반하여 보건복지부장관에게 신고하지 아니한 자
2. 제22조제6항을 위반하여 관련 서류를 이관하지 아니한 자

③ 다음 각 호의 어느 하나에 해당하는 자에게는 200만원 이하의 과태료를 부과한다.

1. 제10조제4항을 위반하여 보건복지부장관에게 등록하지 아니한 자
2. 제11조제4항을 위반하여 보건복지부장관에게 보고하지 아니한 자
3. 제34조제3항을 위반하여 유상으로 배아줄기세포주를 제공한 자
4. 제38조제3항을 위반하여 유상으로 인체유래물등을 제공한 자
5. 제41조제3항에 따른 신고를 하지 아니한 자
6. 제49조제2항 또는 제4항에 따른 신고를 하지 아니한 자

④ 제1항부터 제3항까지에 따른 과태료는 대통령령으로 정하는 바에 따라 보건복지부장관이 부과·징수한다.

부칙〈제11250호, 2012.2.1〉

제1조(시행일) 이 법은 공포 후 1년이 경과한 날부터 시행한다.

제2조(인체유래물연구의 동의에 관한 경과조치) 이 법 시행 전에 유전자연구 외의 인체유래물연구에서 이미 사용되고 있는 인체유래물에 대하여는 제37조제1항에 따른 서면동의 없이

계속 연구에 사용할 수 있다. 다만, 이를 타인에게 제공할 경우에는 그러하지 아니하다.

제3조(인체유래물은행의 허가에 관한 경과조치) 이 법 시행 전에 종전의 규정에 따라 허가를 받은 유전자은행은 이 법에 따라 허가를 받은 인체유래물은행으로 본다.

제4조(행정처분에 관한 경과조치) 이 법 시행 전의 위반행위에 대한 행정처분(과징금 부과처분을 포함한다)에 관하여는 종전의 규정에 따른다.

제5조(과태료에 관한 경과조치) 이 법 시행 전의 행위에 대하여 과태료를 적용할 때에는 종전의 규정에 따른다.

제6조(다른 법률의 개정) ① 6 · 25 전사자유해의 발굴 등에 관한 법률 일부를 다음과 같이 개정한다.

제11조제2항 중 "「생명윤리 및 안전에 관한 법률」 제29조"를 "「생명윤리 및 안전에 관한 법률」 제52조"로 한다.

② 첨단의료복합단지 지정 및 지원에 관한 특별법 일부를 다음과 같이 개정한다.

제25조제3항 중 "「생명윤리 및 안전에 관한 법률」 제9조"를 "「생명윤리 및 안전에 관한 법률」 제10조"로, "기관생명윤리심의위원회"를 "기관생명윤리위원회"로 하고, 같은 조 제4항 중 "기관생명윤리심의위원회"를 "기관생명윤리위원회"로 한다.

제7조(다른 법령과의 관계) 이 법 시행 당시 다른 법령에서 종전의 「생명윤리 및 안전에 관한 법률」의 규정을 인용하고 있는 경우에 이 법 중 그에 해당하는 규정이 있으면 종전의 규정을 갈음하여 이 법의 해당 규정을 인용한 것으로 본다.

(2) 동물보호법

동물보호법

[시행 2012.2.5] [법률 제10995호, 2011.8.4, 전부개정]

제1장 총칙

제1조(목적) 이 법은 동물에 대한 학대행위의 방지 등 동물을 적정하게 보호·관리하기 위하여 필요한 사항을 규정함으로써 동물의 생명보호, 안전 보장 및 복지 증진을 꾀하고, 동물의 생명 존중 등 국민의 정서를 함양하는 데에 이바지함을 목적으로 한다.

제2조(정의) 이 법에서 사용하는 용어의 뜻은 다음과 같다.

1. "동물"이란 소·말·돼지·개·고양이·토끼·닭·오리·산양·면양(綿羊)·사슴·여우·밍크 등 척추동물로서 대통령령으로 정하는 동물을 말한다.
2. "등록대상동물"이란 질병의 관리, 공중위생상의 위해 방지 등을 위하여 등록이 필요하다고 인정하여 대통령령으로 정하는 동물을 말한다.
3. "소유자등"이란 동물의 소유자와 소유자를 위하여 동물의 사육·관리 또는 보호에 종사하는 사람을 말한다.
4. "동물실험"이란 「실험동물에 관한 법률」 제2조제1호에 따른 동물실험을 말한다.
5. "동물실험시행기관"이란 동물실험을 실시하는 법인·단체 또는 기관으로서 대통령령으로 정하는 법인·단체 또는 기관을 말한다.

제3조(동물보호의 기본원칙) 누구든지 동물을 사육·관리 또는 보호할 때에는 다음 각 호의 원칙이 준수되도록 노력하여야 한다.

1. 동물이 본래의 습성과 신체의 원형을 유지하면서 정상적으로 살 수 있도록 할 것
2. 동물이 갈증 및 굶주림을 겪거나 영양이 결핍되지 아니하도록 할 것
3. 동물이 정상적인 행동을 표현할 수 있고 불편함을 겪지 아니하도록 할 것
4. 동물이 고통·상해 및 질병으로부터 자유롭도록 할 것
5. 동물이 공포와 스트레스를 받지 아니하도록 할 것

제4조(국가지방자치단체 및 국민의 책무) ① 국가는 동물의 적정한 보호·관리를 위하여 5년마다 다음 각 호의 사항이 포함된 동물복지종합계획을 수립·시행하여야 하며, 지방자치단체는 국가의 계획에 적극 협조하여야 한다.

1. 동물학대 방지와 동물복지에 관한 기본방침
2. 유실·유기동물 및 피학대 동물의 관리에 관한 사항

3. 동물실험시행기관 및 제25조의 동물실험윤리위원회의 운영 등에 관한 사항
4. 동물학대 방지, 동물복지 및 동물실험윤리 등의 교육・홍보에 관한 사항
5. 동물복지 축산의 확대와 동물복지축산농장 지원에 관한 사항
6. 그 밖에 동물학대 방지와 동물복지에 필요한 사항

② 특별시장・광역시장・도지사 및 특별자치도지사・특별자치시장(이하 "시・도지사"라 한다)은 제1항에 따른 종합계획에 따라 5년마다 특별시・광역시・도・특별자치도・특별자치시(이하 "시・도"라 한다) 단위의 동물복지계획을 수립하여야 하고, 이를 농림수산식품부장관에게 통보하여야 한다.

③ 국가와 지방자치단체는 대통령령으로 정하는 민간단체에 동물보호운동이나 그 밖에 이와 관련된 활동을 권장하거나 필요한 지원을 할 수 있다.

④ 모든 국민은 동물을 보호하기 위한 국가와 지방자치단체의 시책에 적극 협조하는 등 동물의 보호를 위하여 노력하여야 한다.

[시행일: 2012.7.1] 제4조제2항의 개정규정 중 특별자치시 및 특별자치시장에 관한 부분

제5조(동물복지위원회) ① 농림수산식품부장관의 다음 각 호의 자문에 응하도록 하기 위하여 농림수산식품부에 동물복지위원회를 둔다.

1. 제4조에 따른 종합계획의 수립・시행에 관한 사항
2. 제28조에 따른 동물실험윤리위원회의 구성 등에 대한 지도・감독에 관한 사항
3. 제29조에 따른 동물복지축산농장의 인증과 동물복지축산정책에 관한 사항
4. 그 밖에 동물의 학대방지・구조 및 보호 등 동물복지에 관한 사항

② 동물복지위원회는 위원장 1명을 포함하여 10명 이내의 위원으로 구성한다.

③ 위원은 다음 각 호에 해당하는 사람 중에서 농림수산식품부장관이 위촉하며, 위원장은 위원 중에서 호선한다.

1. 수의사로서 동물보호 및 동물복지에 대한 학식과 경험이 풍부한 사람
2. 동물복지정책에 관한 학식과 경험이 풍부한 자로서 제4조제3항에 해당하는 민간단체의 추천을 받은 사람
3. 그 밖에 동물복지정책에 관한 전문지식을 가진 사람으로서 농림수산식품부령으로 정하는 자격기준에 맞는 사람

④ 그 밖에 동물복지위원회의 구성・운영 등에 관한 사항은 대통령령으로 정한다.

제6조(다른 법률과의 관계) 동물의 보호 및 이용・관리 등에 대하여 다른 법률에 특별한 규정이 있는 경우를 제외하고는 이 법에서 정하는 바에 따른다.

제2장 동물의 보호 및 관리

제7조(적정한 사육・관리) ① 소유자등은 동물에게 적합한 사료와 물을 공급하고, 운동・휴식 및 수면이 보장되도록 노력하여야 한다.

② 소유자등은 동물이 질병에 걸리거나 부상당한 경우에는 신속하게 치료하거나 그 밖에 필요한 조치를 하도록 노력하여야 한다.

③ 소유자등은 동물을 관리하거나 다른 장소로 옮긴 경우에는 그 동물이 새로운 환경에 적

응하는 데에 필요한 조치를 하도록 노력하여야 한다.

④ 제1항부터 제3항까지에서 규정한 사항 외에 동물의 적절한 사육·관리 방법 등에 관한 사항은 농림수산식품부령으로 정한다.

제8조(동물학대 등의 금지) ① 누구든지 동물에 대하여 다음 각 호의 행위를 하여서는 아니 된다.

1. 목을 매다는 등의 잔인한 방법으로 죽이는 행위
2. 노상 등 공개된 장소에서 죽이거나 같은 종류의 다른 동물이 보는 앞에서 죽이는 행위
3. 그 밖에 수의학적 처치의 필요, 동물로 인한 사람의 생명·신체·재산의 피해 등 농림수산식품부령으로 정하는 정당한 사유 없이 죽이는 행위

② 누구든지 동물에 대하여 다음 각 호의 학대행위를 하여서는 아니 된다.

1. 도구·약물을 사용하여 상해를 입히는 행위. 다만, 질병의 예방이나 치료 등 농림수산식품부령으로 정하는 경우는 제외한다.
2. 살아 있는 상태에서 동물의 신체를 손상하거나 체액을 채취하거나 체액을 채취하기 위한 장치를 설치하는 행위. 다만, 질병의 치료 및 동물실험 등 농림수산식품부령으로 정하는 경우는 제외한다.
3. 도박·광고·오락·유흥 등의 목적으로 동물에게 상해를 입히는 행위. 다만, 민속경기 등 농림수산식품부령으로 정하는 경우는 제외한다.
4. 그 밖에 수의학적 처치의 필요, 동물로 인한 사람의 생명·신체·재산의 피해 등 농림수산식품부령으로 정하는 정당한 사유 없이 상해를 입히는 행위

③ 누구든지 제14조제1항제1호 및 제2호에 해당하는 동물에 대하여 다음 각 호의 행위를 하여서는 아니 된다.

1. 포획하여 판매하거나 죽이는 행위
2. 제14조제1항에 따른 보호조치의 대상이 되는 동물임을 알면서 알선·구매하는 행위

④ 소유자등은 동물을 유기(遺棄)하여서는 아니 된다.

제9조(동물의 운송) ① 동물을 운송하는 자 중 농림수산식품부령으로 정하는 자는 다음 각 호의 사항을 준수하도록 노력하여야 한다.

1. 운송 중인 동물에게 적합한 사료와 물을 공급하고, 급격한 출발·제동 등으로 충격과 상해를 입지 아니하도록 할 것
2. 동물을 운송하는 차량은 동물이 운송 중에 상해를 입지 아니하고, 급격한 체온 변화, 호흡곤란 등으로 인한 고통을 최소화할 수 있는 구조로 되어 있을 것
3. 병든 동물, 어린 동물 또는 임신 중이거나 젖먹이가 딸린 동물을 운송할 때에는 함께 운송 중인 다른 동물에 의하여 상해를 입지 아니하도록 칸막이의 설치 등 필요한 조치를 할 것
4. 동물 운송 차량에 동물을 싣고 내릴 때 그 동물이 충격과 상해를 입지 아니하도록 주의할 것
5. 운송을 위하여 전기(電氣) 몰이도구를 사용하지 아니할 것

② 농림수산식품부장관은 제1항제2호에 따른 동물 운송 차량의 구조 및 설비기준을 정하고

이에 맞는 차량을 사용하도록 권장할 수 있다.

③ 농림수산식품부장관은 제1항과 제2항에서 규정한 사항 외에 동물 운송에 관하여 필요한 사항을 정하여 권장할 수 있다.

제10조(동물의 도살방법) ① 「축산물위생관리법」 또는 「가축전염병예방법」에 따라 동물을 죽이는 경우에는 가스법 · 전살법(電殺法) 등 농림수산식품부령으로 정하는 방법을 이용하여 고통을 최소화하여야 한다.

② 제1항의 경우 외에도 동물을 불가피하게 죽여야 하는 경우에는 고통을 최소화할 수 있는 방법에 따라야 한다.

제11조(동물의 수술) 거세, 뿔 없애기, 꼬리 자르기 등 동물에 대한 외과적 수술을 하는 사람은 수의학적 방법에 따라야 한다.

제12조(등록대상동물의 등록 등) ① 등록대상동물의 소유자는 동물의 보호와 유실 · 유기방지 등을 위하여 시장 · 군수 · 구청장(자치구의 구청장을 말한다. 이하 같다) · 특별자치시장(이하 "시장 · 군수 · 구청장"이라 한다)에게 등록대상동물을 등록하여야 한다. 다만, 농림수산식품부령으로 정하는 바에 따라 시 · 도의 조례로 정하는 지역은 제외한다.

② 제1항에 따라 등록된 등록대상동물의 소유자는 농림수산식품부령으로 정하는 사항이 변경된 경우에는 변경 사유 발생일부터 30일 이내에 시장 · 군수 · 구청장에게 신고하여야 한다.

③ 제1항에 따른 등록대상동물의 소유권을 이전받은 자 중 제1항에 따른 등록을 실시하는 지역에 거주하는 자는 그 사실을 소유권을 이전받은 날부터 30일 이내에 자신의 주소지를 관할하는 시장 · 군수 · 구청장에게 신고하여야 한다.

④ 시장 · 군수 · 구청장은 농림수산식품부령으로 정하는 자로 하여금 제1항부터 제3항까지의 규정에 따른 업무를 대행하게 할 수 있다. 이 경우 그에 따른 수수료를 지급할 수 있다.

⑤ 등록대상동물의 등록 사항 및 방법 · 절차, 변경신고 절차 등에 관한 사항은 농림수산식품부령으로 정하며, 그 밖에 등록에 필요한 사항은 시 · 도의 조례로 정한다.

[시행일: 2012.7.1] 12조제1항의 개정규정 중 특별자치시 및 특별자치시장에 관한 부분

[시행일: 2013.1.1] 제12조(시장 · 군수 · 구청장과 관련된 부분은 제외한다)

제13조(등록대상동물의 관리 등) ① 소유자등은 등록대상동물을 기르는 곳에서 벗어나게 하는 경우에는 소유자등의 연락처 등 농림수산식품부령으로 정하는 사항을 표시한 인식표를 등록대상동물에게 부착하여야 한다.

② 소유자등은 등록대상동물을 동반하고 외출할 때에는 농림수산식품부령으로 정하는 바에 따라 목줄 등 안전조치를 하여야 하며, 배설물(소변의 경우에는 평상 · 의자 등 사람이 눕거나 앉을 수 있는 기구 위의 것으로 한정한다)이 생겼을 때에는 즉시 수거하여야 한다.

③ 시 · 도지사는 등록대상동물의 유실 · 유기 또는 공중위생상의 위해 방지를 위하여 필요할 때에는 시 · 도의 조례로 정하는 바에 따라 소유자등으로 하여금 등록대상동물에 대하여 예방접종을 하게 하거나 특정 지역 또는 장소에서의 사육 또는 출입을 제한하게 하는 등 필요한 조치를 할 수 있다.

제14조(동물의 구조·보호) ① 시 · 도지사는 다음 각 호의 어느 하나에 해당하는 동물을 발견한 때에는 그 동물을 구조하여 제7조에 따라 치료 · 보호에 필요한 조치(이하 "보호조치"라

한다)를 하여야 하며, 제2호 및 제3호에 해당하는 동물은 학대 재발 방지를 위하여 학대행위자로부터 격리하여야 한다. 다만, 제1호에 해당하는 동물 중 농림수산식품부령으로 정하는 동물은 구조·보호조치의 대상에서 제외한다.

1. 도로·공원 등의 공공장소에서 소유자등이 없이 배회하거나 종이상자 등에 담겨져 내버려진 동물(이하 "유실·유기동물"이라 한다)
2. 제8조제2항에 따른 학대를 받은 동물(이하 "피학대 동물"이라 한다) 중 소유자를 알 수 없는 동물
3. 소유자로부터 제8조제2항에 따른 학대를 받아 적정하게 치료·보호받을 수 없다고 판단되는 동물

② 시·도지사가 제1항제3호에 따른 동물을 보호할 때에는 농림수산식품부령으로 정하는 바에 따라 기간을 정하여 해당 동물에 대한 보호조치를 하여야 한다.

제15조(동물보호센터의 설치·지정 등) ① 시·도지사는 제14조에 따른 동물의 구조·보호조치 등을 위하여 농림수산식품부령으로 정하는 기준에 맞는 동물보호센터를 설치·운영할 수 있다.

② 농림수산식품부장관은 제1항에 따라 시·도지사가 설치·운영하는 동물보호센터의 설치·운영에 드는 비용의 전부 또는 일부를 지원할 수 있다.

③ 시·도지사는 농림수산식품부령으로 정하는 기준에 맞는 기관이나 단체를 동물보호센터로 지정하여 제14조에 따른 동물의 구조·보호조치 등을 하게 할 수 있다.

④ 제3항에 따른 동물보호센터로 지정받으려는 자는 농림수산식품부령으로 정하는 바에 따라 시·도지사에게 신청하여야 한다.

⑤ 시·도지사는 제3항에 따른 동물보호센터에 동물의 구조·보호조치 등에 드는 비용(이하 "보호비용"이라 한다)의 전부 또는 일부를 지원할 수 있으며, 보호비용의 지급절차와 그 밖에 필요한 사항은 농림수산식품부령으로 정한다.

⑥ 시·도지사는 제3항에 따라 지정된 동물보호센터가 다음 각 호의 어느 하나에 해당하는 경우에는 그 지정을 취소할 수 있다. 다만 제1호에 해당하는 경우에는 지정을 취소하여야 한다.

1. 거짓이나 그 밖의 부정한 방법으로 지정을 받은 경우
2. 제3항에 따른 지정기준에 맞지 아니하게 된 경우
3. 제5항에 따른 보호비용을 거짓으로 청구한 경우
4. 제8조제1항부터 제3항까지의 규정을 위반한 경우
5. 제22조를 위반한 경우
6. 제39조제1항제3호의 시정명령을 위반한 경우
7. 특별한 사유 없이 유실·유기동물 및 피학대 동물에 대한 보호조치를 3회 이상 거부한 경우

⑦ 시·도지사는 제6항에 따라 지정이 취소된 기관이나 단체를 지정이 취소된 날부터 1년 이내에는 다시 동물보호센터로 지정하여서는 아니 된다.

⑧ 동물보호센터 운영의 공정성과 투명성을 확보하기 위하여 농림수산식품부령으로 정하는

일정규모 이상의 동물보호센터는 농림수산식품부령으로 정하는 바에 따라 운영위원회를 구성·운영하여야 한다.

⑨ 제1항 및 제3항에 따른 동물보호센터의 준수사항 등에 관한 사항은 농림수산식품부령으로 정하고, 지정절차 및 보호조치의 구체적인 내용 등 그 밖에 필요한 사항은 시·도의 조례로 정한다.

제16조(신고 등) ① 누구든지 다음 각 호의 어느 하나에 해당하는 동물을 발견한 때에는 동물보호센터나 지방자치단체의 장에게 신고할 수 있다.

1. 제8조에 따른 학대를 받는 동물
2. 유실·유기동물

② 다음 각 호의 어느 하나에 해당하는 자가 그 직무상 제1항에 따른 동물을 발견한 때에는 지체 없이 동물보호센터나 지방자치단체의 장에게 신고하여야 한다.

1. 제4조제3항에 따른 민간단체의 임원 및 회원
2. 제15조제3항에 따라 동물보호센터로 지정된 기관이나 단체의 장 및 그 종사자
3. 제25조제1항에 따라 동물실험윤리위원회를 설치한 동물실험시행기관의 장 및 그 종사자
4. 제27조제2항에 따른 동물실험윤리위원회의 위원
5. 제29조제1항에 따라 동물복지축산농장으로 인증을 받은 자
6. 제33조제1항에 따라 영업등록을 하거나 제34조제1항에 따라 영업신고를 한 자 및 그 종사자
7. 수의사, 동물병원의 장 및 그 종사자

③ 신고인의 신분은 보장되어야 하며 그 의사에 반하여 신원이 노출되어서는 아니 된다.

제17조(공고) 시·도지사는 제14조제1항제1호 및 제2호에 따른 동물을 보호하고 있는 경우에는 소유자등이 보호조치 사실을 알 수 있도록 대통령령으로 정하는 바에 따라 지체 없이 7일 이상 그 사실을 공고하여야 한다.

제18조(동물의 반환 등) ① 시·도지사는 다음 각 호의 어느 하나에 해당하는 사유가 발생한 경우에는 제14조에 해당하는 동물을 그 동물의 소유자에게 반환하여야 한다.

1. 제14조제1항제1호 및 제2호에 해당하는 동물이 보호조치 중에 있고, 소유자가 그 동물에 대하여 반환을 요구하는 경우
2. 제14조제2항에 따른 보호기간이 지난 후, 보호조치 중인 제14조제1항제3호의 동물에 대하여 소유자가 제19조제2항에 따라 보호비용을 부담하고 반환을 요구하는 경우

② 시·도지사는 제1항제2호에 해당하는 동물의 반환과 관련하여 동물의 소유자에게 보호기간, 보호비용 납부기한 및 면제 등에 관한 사항을 알려야 한다.

제19조(보호비용의 부담) ① 시·도지사는 제14조제1항제1호 및 제2호에 해당하는 동물의 보호비용을 소유자 또는 제21조제1항에 따라 분양을 받는 자에게 청구할 수 있다.

② 제14조제1항제3호에 해당하는 동물의 보호비용은 농림수산식품부령으로 정하는 바에 따라 납부기한까지 그 동물의 소유자가 내야 한다. 이 경우 시·도지사는 동물의 소유자가 제20조제2호에 따라 그 동물의 소유권을 포기한 경우에는 보호비용의 전부 또는 일부를 면제할 수 있다.

③ 제1항 및 제2항에 따른 보호비용의 징수에 관한 사항은 대통령령으로 정하고, 보호비용의 산정 기준에 관한 사항은 농림수산식품부령으로 정하는 범위에서 해당 시·도의 조례로 정한다.

제20조(동물의 소유권 취득) 시·도가 동물의 소유권을 취득할 수 있는 경우는 다음 각 호와 같다.

1. 「유실물법」 제12조 및 「민법」 제253조에도 불구하고 제17조에 따라 공고한 날부터 10일이 지나도 동물의 소유자등을 알 수 없는 경우
2. 제14조제1항제3호에 해당하는 동물의 소유자가 그 동물의 소유권을 포기한 경우
3. 제14조제1항제3호에 해당하는 동물의 소유자가 제19조제2항에 따른 보호비용의 납부기한이 종료된 날부터 10일이 지나도 보호비용을 납부하지 아니한 경우

제21조(동물의 분양·기증) ① 시·도지사는 제20조에 따라 소유권을 취득한 동물이 적정하게 사육·관리될 수 있도록 시·도의 조례로 정하는 바에 따라 동물원, 동물을 애호하는 자(시·도의 조례로 정하는 자격요건을 갖춘 자로 한정한다)나 대통령령으로 정하는 민간단체 등에 기증하거나 분양할 수 있다.

② 시·도지사는 제20조에 따라 소유권을 취득한 동물에 대하여는 제1항에 따라 분양될 수 있도록 공고할 수 있다.

③ 제1항에 따른 기증·분양의 요건 및 절차 등 그 밖에 필요한 사항은 시·도의 조례로 정한다.

제22조(동물의 인도적인 처리 등) ① 제15조제1항에 따른 동물보호센터의 장 및 운영자는 제14조제1항에 따라 보호조치 중인 동물에게 질병 등 농림수산식품부령으로 정하는 사유가 있는 경우에는 농림수산식품부장관이 정하는 바에 따라 인도적인 방법으로 처리하여야 한다.

② 제1항에 따른 인도적인 방법에 따른 처리는 수의사에 의하여 시행되어야 한다.

③ 동물보호센터의 장은 제1항에 따라 동물의 사체가 발생한 경우 「폐기물관리법」에 따라 처리하여야 한다.

제3장 동물실험

제23조(동물실험의 원칙) ① 동물실험은 인류의 복지 증진과 동물 생명의 존엄성을 고려하여 실시하여야 한다.

② 동물실험을 하려는 경우에는 이를 대체할 수 있는 방법을 우선적으로 고려하여야 한다.

③ 동물실험은 실험에 사용하는 동물(이하 "실험동물"이라 한다)의 윤리적 취급과 과학적 사용에 관한 지식과 경험을 보유한 자가 시행하여야 하며 필요한 최소한의 동물을 사용하여야 한다.

④ 실험동물의 고통이 수반되는 실험은 감각능력이 낮은 동물을 사용하고 진통·진정·마취제의 사용 등 수의학적 방법에 따라 고통을 덜어주기 위한 적절한 조치를 하여야 한다.

⑤ 동물실험을 한 자는 그 실험이 끝난 후 지체 없이 해당 동물을 검사하여야 하며, 검사 결과 해당 동물이 회복될 수 없거나 지속적으로 고통을 받으며 살아야 할 것으로 인정되는 경우에는 가능하면 빨리 고통을 주지 아니하는 방법으로 처리하여야 한다.

⑥ 제1항부터 제5항까지에서 규정한 사항 외에 동물실험의 원칙에 관하여 필요한 사항은 농림수산식품부장관이 정하여 고시한다.

제24조(동물실험의 금지 등) 누구든지 다음 각 호의 동물실험을 하여서는 아니 된다. 다만, 해당 동물종(種)의 건강, 질병관리연구 등 농림수산식품부령으로 정하는 불가피한 사유로 농림수산식품부령으로 정하는 바에 따라 승인을 받은 경우에는 그러하지 아니하다.

1. 유실·유기동물(보호조치 중인 동물을 포함한다)을 대상으로 하는 실험
2. 「장애인복지법」 제40조에 따른 장애인 보조견 등 사람이나 국가를 위하여 사역(使役)하고 있거나 사역한 동물로서 대통령령으로 정하는 동물을 대상으로 하는 실험

제25조(동물실험윤리위원회의 설치 등) ① 동물실험시행기관의 장은 실험동물의 보호와 윤리적인 취급을 위하여 제27조에 따라 동물실험윤리위원회(이하 "윤리위원회"라 한다)를 설치·운영하여야 한다. 다만, 동물실험시행기관에 「실험동물에 관한 법률」 제7조에 따른 실험동물운영위원회가 설치되어 있고, 그 위원회의 구성이 제27조제2항부터 제4항까지에 규정된 요건을 충족할 경우에는 해당 위원회를 윤리위원회로 본다.

② 농림수산식품부령으로 정하는 일정 기준 이하의 동물실험시행기관은 다른 동물실험시행기관과 공동으로 농림수산식품부령으로 정하는 바에 따라 윤리위원회를 설치·운영할 수 있다.

③ 동물실험시행기관의 장은 동물실험을 하려면 윤리위원회의 심의를 거쳐야 한다.

제26조(윤리위원회의 기능 등) ① 윤리위원회는 다음 각 호의 기능을 수행한다.

1. 동물실험에 대한 심의
2. 동물실험이 제23조의 원칙에 맞게 시행되도록 지도·감독
3. 동물실험시행기관의 장에게 실험동물의 보호와 윤리적인 취급을 위하여 필요한 조치 요구

② 윤리위원회의 심의대상인 동물실험에 관여하고 있는 위원은 해당 동물실험에 관한 심의에 참여하여서는 아니 된다.

③ 윤리위원회의 위원은 그 직무를 수행하면서 알게 된 비밀을 누설하거나 도용하여서는 아니 된다.

④ 제1항에 따른 지도·감독의 방법과 그 밖에 윤리위원회의 운영 등에 관한 사항은 대통령령으로 정한다.

제27조(윤리위원회의 구성) ① 윤리위원회는 위원장 1명을 포함하여 3명 이상 15명 이하의 위원으로 구성한다.

② 위원은 다음 각 호에 해당하는 사람 중에서 동물실험시행기관의 장이 위촉하며, 위원장은 위원 중에서 호선(互選)한다. 다만, 제25조제2항에 따라 구성된 윤리위원회의 위원은 해당 동물실험시행기관의 장들이 공동으로 위촉한다.

1. 수의사로서 농림수산식품부령으로 정하는 자격기준에 맞는 사람
2. 제4조제3항에 따른 민간단체가 추천하는 동물보호에 관한 학식과 경험이 풍부한 사람으로서 농림수산식품부령으로 정하는 자격기준에 맞는 사람
3. 그 밖에 실험동물의 보호와 윤리적인 취급을 도모하기 위하여 필요한 사람으로서 농림수산식품부령으로 정하는 사람

③ 윤리위원회에는 제2항제1호 및 제2호에 해당하는 위원을 각각 1명 이상 포함하여야 한다.
④ 윤리위원회를 구성하는 위원의 3분의 1 이상은 해당 동물실험시행기관과 이해관계가 없는 사람이어야 한다.
⑤ 위원의 임기는 2년으로 한다.
⑥ 그 밖에 윤리위원회의 구성 및 이해관계의 범위 등에 관한 사항은 농림수산식품부령으로 정한다.

제28조(윤리위원회의 구성 등에 대한 지도·감독) ① 농림수산식품부 장관은 제25조제1항 및 제2항에 따라 윤리위원회를 설치한 동물실험시행기관의 장에게 제26조 및 제27조에 따른 윤리위원회의 구성 · 운영 등에 관하여 지도 · 감독을 할 수 있다.
② 농림수산식품부장관은 윤리위원회가 제26조 및 제27조에 따라 구성 · 운영되지 아니할 때에는 해당 동물실험시행기관의 장에게 대통령령으로 정하는 바에 따라 기간을 정하여 해당 윤리위원회의 구성 · 운영 등에 대한 개선명령을 할 수 있다.

제4장 동물복지축산농장의 인증

제29조(동물복지축산농장의 인증) ① 농림수산식품부장관은 동물복지 증진에 이바지하기 위하여 「축산물위생관리법」 제2조제1호에 따른 가축으로서 농림수산식품부령으로 정하는 동물이 본래의 습성 등을 유지하면서 정상적으로 살 수 있도록 관리하는 축산농장을 동물복지축산농장으로 인증할 수 있다.
② 제1항에 따라 인증을 받으려는 자는 농림수산식품부령으로 정하는 바에 따라 농림수산식품부장관에게 신청하여야 한다.
③ 농림수산식품부장관은 동물복지축산농장으로 인증된 축산농장에 대하여 다음 각 호의 지원을 할 수 있다.
1. 동물의 보호 및 복지 증진을 위하여 축사시설 개선에 필요한 비용
2. 동물복지축산농장의 환경개선 및 경영에 관한 지도 · 상담 및 교육

④ 농림수산식품부장관은 동물복지축산농장으로 인증을 받은 자가 거짓이나 그 밖의 부정한 방법으로 인증을 받은 경우 그 인증을 취소하여야 하고, 제7항에 따른 인증기준에 맞지 아니하게 된 경우 그 인증을 취소할 수 있다.
⑤ 제4항에 따라 인증이 취소된 자(법인인 경우에는 그 대표자를 포함한다)는 그 인증이 취소된 날부터 1년 이내에는 제1항에 따른 동물복지축산농장 인증을 신청할 수 없다.
⑥ 농림수산식품부장관, 시 · 도지사, 시장 · 군수 · 구청장, 「축산자조금의 조성 및 운용에 관한 법률」 제2조제3호에 따른 축산단체, 제4조제3항에 따른 민간단체는 동물복지축산농장의 운영사례를 교육 · 홍보에 적극 활용하여야 한다.
⑦ 제1항부터 제6항까지에서 규정한 사항 외에 동물복지축산농장의 인증 기준 · 절차 및 인증농장의 표시 등에 관한 사항은 농림수산식품부령으로 정한다.

제30조(부정행위의 금지) 누구든지 다음 각 호에 해당하는 행위를 하여서는 아니 된다.
1. 거짓이나 그 밖의 부정한 방법으로 동물복지축산농장 인증을 받은 행위
2. 제29조에 따른 인증을 받지 아니한 축산농장을 동물복지축산농장으로 표시하는 행위

제31조(인증의 승계) ① 다음 각 호의 어느 하나에 해당하는 자는 동물복지축산농장 인증을 받은 자의 지위를 승계한다.

1. 동물복지축산농장 인증을 받은 사람이 사망한 경우 그 농장을 계속하여 운영하려는 상속인
2. 동물복지축산농장 인증을 받은 사람이 그 사업을 양도한 경우 그 양수인
3. 동물복지축산농장 인증을 받은 법인이 합병한 경우 합병 후 존속하는 법인이나 합병으로 설립되는 법인

② 제1항에 따라 동물복지축산농장 인증을 받은 자의 지위를 승계한 자는 30일 이내에 농림수산식품부장관에게 신고하여야 하다.

③ 제2항에 따른 신고에 필요한 사항은 농림수산식품부령으로 정한다.

제5장 영업

제32조(영업의 종류 및 시설기준 등) ① 농림수산식품부령으로 정하는 개·고양이·토끼 등 동물과 관련된 다음 각 호의 영업을 하려는 자는 농림수산식품부령으로 정하는 기준에 맞는 시설과 인력을 갖추어야 한다.

1. 동물장묘업(動物葬墓業)
2. 동물판매업
3. 동물수입업
4. 동물생산업

② 제1항 각 호에 따른 영업의 세부 범위는 농림수산식품부령으로 정한다.

제33조(영업의 등록) ① 제32조제1항제1호부터 제3호까지의 규정에 따른 영업을 하려는 자는 농림수산식품부령으로 정하는 바에 따라 시장·군수·구청장에게 등록하여야 한다.

② 제1항에 따라 등록을 한 자는 농림수산식품부령으로 정하는 사항을 변경하거나 폐업·휴업 또는 그 영업을 재개하려는 경우에는 미리 농림수산식품부령으로 정하는 바에 따라 시장·군수·구청장에게 신고를 하여야 한다.

③ 다음 각 호의 어느 하나에 해당하는 경우에는 제1항에 따른 등록을 할 수 없다. 다만, 제5호는 제32조제1항제1호에 따른 영업에만 적용한다.

1. 등록을 하려는 자(법인인 경우에는 임원을 포함한다. 이하 이 조에서 같다)가 미성년자, 한정치산자 또는 금치산자인 경우
2. 제32조제1항 각 호 외의 부분에 따른 시설 및 인력의 기준에 맞지 아니한 경우
3. 제38조제1항에 따라 등록이 취소된 후 1년이 지나지 아니한 자(법인인 경우에는 그 대표자를 포함한다)가 취소된 업종과 같은 업종을 등록하려는 경우
4. 등록을 하려는 자가 이 법을 위반하여 벌금형 이상의 형을 선고받고 그 형이 확정된 날부터 1년이 지나지 아니한 경우
5. 「장사 등에 관한 법률」 제17조에 해당하는 지역에 동물장묘시설을 설치하려는 경우

제34조(영업의 신고) ① 제32조제1항제4호에 규정된 영업을 하려는 자는 농림수산식품부령으로 정하는 바에 따라 시장·군수·구청장에게 신고하여야 한다.

② 제1항에 따라 신고를 한 자가 농림수산식품부령으로 정하는 사항을 변경하거나 폐업·

휴업 또는 그 영업을 재개하려면 미리 농림수산식품부령으로 정하는 바에 따라 시장·군수·구청장에게 신고를 하여야 한다.

③ 다음 각 호의 어느 하나에 해당하는 경우에는 제1항에 따른 신고를 할 수 없다.

1. 신고를 하려는 자(법인인 경우에는 임원을 포함한다. 이하 이 조에서 같다)가 미성년자, 한정치산자 또는 금치산자인 경우
2. 제32조제1항 각 호 외의 부분에 따른 시설과 인력을 갖추지 아니한 경우
3. 제37조제1항에 따른 교육을 받지 아니한 경우

제35조(영업의 승계) ① 제33조제1항에 따라 영업등록을 하거나 제34조제1항에 따라 영업신고를 한 자(이하 "영업자"라 한다)가 그 영업을 양도하거나 사망하였을 때 또는 법인의 합병이 있을 때에는 그 양수인·상속인 또는 합병 후 존속하는 법인이나 합병으로 설립되는 법인(이하 "양수인등"이라 한다)은 그 영업자의 지위를 승계한다.

② 다음 각 호의 어느 하나에 해당하는 절차에 따라 영업시설의 전부를 인수한 자는 그 영업자의 지위를 승계한다.

1. 「민사집행법」에 따른 경매
2. 「채무자 회생 및 파산에 관한 법률」에 따른 환가(換價)
3. 「국세징수법」·「관세법」 또는 「지방세법」에 따른 압류재산의 매각
4. 제1호부터 제3호까지의 규정 중 어느 하나에 준하는 절차

③ 제1항 또는 제2항에 따라 영업자의 지위를 승계한 자는 승계한 날부터 30일 이내에 농림수산식품부령으로 정하는 바에 따라 시장·군수·구청장에게 신고하여야 한다.

④ 제1항 및 제2항에 따른 승계에 관하여는 제33조제3항 및 제34조제3항을 준용하되, 제33조제3항 중 "등록"은 "신고"로 본다. 다만, 상속인이 제33조제3항제1호 또는 제34조제3항제1호에 해당하는 경우에는 상속을 받은 날부터 3개월 동안은 그러하지 아니하다.

제36조(영업자 등의 준수사항) 영업자(법인인 경우에는 그 대표자를 포함한다)와 그 종사자는 다음 각 호에 관하여 농림수산식품부령으로 정하는 사항을 지켜야 한다.

1. 동물의 사육·관리에 관한 사항
2. 동물의 판매가능 월령, 건강상태 등 판매에 관한 사항
3. 동물 사체의 적정한 처리에 관한 사항
4. 영업시설 운영기준에 관한 사항
5. 영업 종사자의 교육에 관한 사항
6. 그 밖에 동물의 보호와 공중위생상의 위해 방지를 위하여 필요한 사항

제37조(교육) ① 제32조제1항제2호부터 제4호까지의 규정에 해당하는 영업을 하려는 자와 제38조에 따른 영업정지 처분을 받은 영업자는 동물의 보호 및 공중위생상의 위해 방지 등에 관한 교육을 받아야 한다.

② 제1항에 따라 교육을 받아야 하는 영업자로서 교육을 받지 아니한 영업자는 그 영업을 하여서는 아니 된다.

③ 제1항에 따라 교육을 받아야 하는 영업자가 영업에 직접 종사하지 아니하거나 두 곳 이상의 장소에서 영업을 하는 경우에는 종사자 중에서 책임자를 지정하여 영업자 대신 교육

을 받게 할 수 있다.

④ 제1항에 따른 교육의 실시기관, 교육 내용 및 방법 등에 관한 사항은 농림수산식품부령으로 정한다.

제38조(등록취소 등) ① 시장·군수·구청장은 영업자가 다음 각 호의 어느 하나에 해당할 경우에는 농림수산식품부령으로 정하는 바에 따라 그 등록을 취소하거나 6개월 이내의 기간을 정하여 그 영업의 전부 또는 일부의 정지를 명할 수 있다. 다만, 제1호에 해당하는 경우에는 등록을 취소하여야 한다.

1. 거짓이나 그 밖의 부정한 방법으로 등록을 한 것이 판명된 경우
2. 제8조제1항부터 제3항까지의 규정을 위반하여 동물에 대한 학대행위 등을 한 경우
3. 등록 또는 신고한 날부터 1년이 지나도 영업을 시작하지 아니한 경우
4. 제32조제1항 각 호 외의 부분에 따른 기준에 미치지 못하게 된 경우
5. 제33조제2항 및 제34조제2항에 따라 신고를 하지 아니한 경우
6. 제36조에 따른 준수사항을 지키지 아니한 경우

② 제1항에 따른 처분의 효과는 그 처분기간이 만료된 날부터 1년간 양수인등에게 승계되며, 처분의 절차가 진행 중일 때에는 양수인등에 대하여 처분의 절차를 행할 수 있다. 다만, 양수인등이 양수·상속 또는 합병 시에 그 처분 또는 위반사실을 알지 못하였음을 증명하는 경우에는 그러하지 아니하다.

제6장 보칙

제39조(출입·검사 등) ① 농림수산식품부장관, 시·도지사 또는 시장·군수·구청장은 동물의 보호 및 공중위생상의 위해 방지 등을 위하여 필요하면 동물의 소유자등에 대하여 다음 각 호의 조치를 할 수 있다.

1. 동물 현황 및 관리실태 등 필요한 자료제출의 요구
2. 동물이 있는 장소에 대한 출입·검사
3. 동물에 대한 위해 방지 조치의 이행 등 농림수산식품부령으로 정하는 시정명령

② 농림수산식품부장관, 시·도지사 또는 시장·군수·구청장은 동물보호 등과 관련하여 필요하면 영업자나 다음 각 호의 어느 하나에 해당하는 자에게 필요한 보고를 하도록 명하거나 자료를 제출하게 할 수 있으며, 관계 공무원으로 하여금 해당 시설 등에 출입하여 운영실태를 조사하게 하거나 관계 서류를 검사하게 할 수 있다.

1. 제15조제1항 및 제3항에 따른 동물보호센터의 장
2. 제25조제1항 및 제2항에 따라 윤리위원회를 설치한 동물실험시행기관의 장
3. 제29조제1항에 따라 동물복지축산농장으로 인증받은 자

③ 농림수산식품부장관, 시·도지사 또는 시장·군수·구청장이 제1항제2호 및 제2항에 따른 출입·검사를 할 때에는 출입·검사 시작 7일 전까지 대상자에게 다음 각 호의 사항이 포함된 출입·검사 계획을 통지하여야 한다. 다만, 출입·검사 계획을 미리 통지할 경우 그 목적을 달성할 수 없다고 인정하는 경우에는 출입·검사를 착수할 때에 통지할 수 있다.

1. 출입·검사 목적

2. 출입 · 검사 기간 및 장소
3. 관계 공무원의 성명과 직위
4. 출입 · 검사의 범위 및 내용
5. 제출할 자료

제40조(동물보호감시원) ① 농림수산식품부장관(대통령령으로 정하는 소속 기관의 장을 포함한다), 시 · 도지사 및 시장 · 군수 · 구청장은 동물의 학대 방지 등 동물보호에 관한 사무를 처리하기 위하여 소속 공무원 중에서 동물보호감시원을 지정하여야 한다.

② 제1항에 따른 동물보호감시원(이하 "동물보호감시원"이라 한다)의 자격, 임명, 직무 범위 등에 관한 사항은 대통령령으로 정한다.

③ 동물보호감시원이 제2항에 따른 직무를 수행할 때에는 농림수산식품부령으로 정하는 증표를 지니고 이를 관계인에게 보여주어야 한다.

④ 누구든지 동물의 특성에 따른 출산, 질병 치료 등 부득이한 사유가 없으면 제2항에 따른 동물보호감시원의 직무 수행을 거부 · 방해 또는 기피하여서는 아니 된다.

제41조(동물보호명예감시원) ① 농림수산식품부장관, 시 · 도지사 및 시장 · 군수 · 구청장은 동물의 학대 방지 등 동물보호를 위한 지도 · 계몽 등을 위하여 동물보호명예감시원을 위촉할 수 있다.

② 제1항에 따른 동물보호명예감시원(이하 "명예감시원"이라 한다)의 자격, 위촉, 해촉, 직무, 활동 범위와 수당의 지급 등에 관한 사항은 대통령령으로 정한다.

③ 명예감시원은 제2항에 따른 직무를 수행할 때에는 부정한 행위를 하거나 권한을 남용하여서는 아니 된다.

④ 명예감시원이 그 직무를 수행하는 경우에는 신분을 표시하는 증표를 지니고 이를 관계인에게 보여주어야 한다.

제42조(수수료) 다음 각 호의 어느 하나에 해당하는 자는 농림수산식품부령으로 정하는 바에 따라 수수료를 내야 한다. 다만, 제1호에 해당하는 자에 대하여는 시 · 도의 조례로 정하는 바에 따라 수수료를 감면할 수 있다.

1. 제12조제1항에 따라 등록대상동물을 등록하려는 자
2. 제29조제1항에 따라 동물복지축산농장 인증을 받으려는 자
3. 제33조 및 제34조에 따라 영업의 등록 · 신고 또는 변경신고를 하려는 자

제43조(청문) 농림수산식품부장관, 시 · 도지사 또는 시장 · 군수 · 구청장은 다음 각 호의 어느 하나에 해당하는 처분을 하려면 청문을 하여야 한다.

1. 제15조제6항에 따른 동물보호센터의 지정 취소
2. 제29조제4항에 따른 동물복지축산농장의 인증 취소
3. 제38조제1항에 따른 영업등록의 취소

제44조(권한의 위임) 농림수산식품부장관은 대통령령으로 정하는 바에 따라 이 법에 따른 권한의 일부를 소속 기관의 장 또는 시 · 도지사에게 위임할 수 있다.

제45조(실태조사 및 정보의 공개) ① 농림수산식품부장관은 다음 각 호의 정보와 자료를 수집 · 조사 · 분석하고 그 결과를 해마다 정기적으로 공표하여야 한다.

1. 제4조제1항의 동물복지종합계획 수립을 위한 동물보호 및 동물복지 실태에 관한 사항
2. 제12조에 따른 등록대상동물의 등록에 관한 사항
3. 제14조부터 제22조까지의 규정에 따른 동물보호센터와 유실 · 유기동물 등의 치료 · 보호 등에 관한 사항
4. 제25조부터 제28조까지의 규정에 따른 윤리위원회의 운영 및 동물실험 실태, 지도 · 감독 등에 관한 사항
5. 제29조에 따른 동물복지축산농장 인증현황 등에 관한 사항
6. 제33조 및 제34조에 따른 영업의 등록 · 신고와 운영실태에 관한 사항
7. 그 밖에 동물보호 및 동물복지 실태와 관련된 사항

② 농림수산식품부장관은 제1항에 따른 업무를 효율적으로 추진하기 위하여 실태조사를 실시할 수 있으며, 실태조사를 위하여 필요한 경우 관계 중앙행정기관의 장, 지방자치단체의 장, 공공기관(「공공기관의 운영에 관한 법률」 제4조에 따른 공공기관을 말한다. 이하 같다)의 장, 관련 기관 및 단체, 동물의 소유자등에게 필요한 자료 및 정보의 제공을 요청할 수 있다. 이 경우 자료 및 정보의 제공을 요청받은 자는 정당한 사유가 없는 한 자료 및 정보를 제공하여야 한다.

③ 제2항에 따른 실태조사(현장조사를 포함한다)의 범위, 방법, 그 밖에 필요한 사항은 대통령령으로 정한다.

④ 시 · 도지사, 시장 · 군수 · 구청장 또는 동물실험시행기관의 장은 제1항제1호부터 제4호까지 및 제6호의 실적을 다음 해 1월 31일까지 농림수산식품부장관(대통령령으로 정하는 그 소속 기관의 장을 포함한다)에게 보고하여야 한다.

제7장 벌칙

제46조(벌칙) ① 제8조제1항부터 제3항까지의 규정을 위반한 자는 1년 이하의 징역 또는 1천만원 이하의 벌금에 처한다.

② 다음 각 호의 어느 하나에 해당하는 자는 500만원 이하의 벌금에 처한다.

1. 제26조제3항을 위반하여 비밀을 누설하거나 도용한 윤리위원회의 위원
2. 제30조제1호를 위반하여 거짓이나 그 밖의 부정한 방법으로 동물복지축산농장 인증을 받은 자
3. 제30조제2호를 위반하여 인증을 받지 아니한 농장을 동물복지축산농장으로 표시한 자

③ 다음 각 호의 어느 하나에 해당하는 자는 100만원 이하의 벌금에 처한다.

1. 제33조에 따른 등록 및 신고 또는 제34조에 따른 신고를 하지 아니하고 영업을 한 자
2. 거짓이나 그 밖의 부정한 방법으로 제33조에 따른 등록 및 신고 또는 제34조에 따른 신고를 한 자
3. 제38조에 따른 영업정지기간에 영업을 한 영업자

④ 제24조를 위반하여 동물실험을 한 자는 50만원 이하의 벌금에 처한다.

제47조(과태료) ① 다음 각 호의 어느 하나에 해당하는 자에게는 100만원 이하의 과태료를 부과한다.

1. 제8조제4항을 위반하여 동물을 유기한 소유자등
2. 제12조제1항을 위반하여 등록대상동물을 등록하지 아니한 소유자
3. 제25조제3항을 위반하여 윤리위원회의 심의를 거치지 아니하고 동물실험을 한 동물실험 시행기관의 장
4. 제28조제2항을 위반하여 개선명령을 이행하지 아니한 동물실험시행기관의 장
5. 제31조제2항을 위반하여 동물복지축산농장 인증을 받은 자의 지위를 승계하고 그 사실을 신고하지 아니한 자
6. 제35조제3항을 위반하여 영업자의 지위를 승계하고 그 사실을 신고하지 아니한 자
7. 제37조제2항을 위반하여 교육을 받지 아니하고 영업을 한 영업자
8. 제39조제1항제1호에 따른 자료제출 요구에 응하지 아니하거나 거짓 자료를 제출한 동물의 소유자등
9. 제39조제1항제2호에 따른 출입·검사를 거부·방해 또는 기피한 동물의 소유자등
10. 제39조제1항제3호에 따른 시정명령을 이행하지 아니한 동물의 소유자등
11. 제39조제2항에 따른 보고·자료제출을 하지 아니하거나 거짓으로 보고·자료제출을 한 자 또는 같은 항에 따른 출입·조사를 거부·방해·기피한 자
12. 제40조제4항을 위반하여 동물보호감시원의 직무 수행을 거부·방해 또는 기피한 자

② 다음 각 호의 어느 하나에 해당하는 자에게는 50만원 이하의 과태료를 부과한다.

1. 제12조제2항을 위반하여 변경신고를 하지 아니한 소유자
2. 제12조제3항을 위반하여 변경신고를 하지 아니한 소유권을 이전받은 자
3. 제13조제1항을 위반하여 인식표를 부착하지 아니한 소유자등
4. 제13조제2항을 위반하여 안전조치를 하지 아니하거나 배설물을 수거하지 아니한 소유자등

③ 제1항 및 제2항에 따른 과태료는 대통령령으로 정하는 바에 따라 농림수산식품부장관, 시·도지사 또는 시장·군수·구청장이 부과·징수한다.

부칙〈제10995호, 2011.8.4〉

제1조(시행일) 이 법은 공포 후 6개월이 경과한 날부터 시행한다. 다만, 제4조제2항 및 제12조제1항의 개정규정 중 특별자치시 및 특별자치시장에 관한 부분은 2012년 7월 1일부터 시행하고, 제12조(시장·군수·구청장과 관련된 부분은 제외한다), 제42조제1호, 제45조제1항제2호, 제47조제1항제2호 및 같은 조 제2항제1호·제2호의 개정규정은 2013년 1월 1일부터 시행한다.

제2조(일반적 경과조치) ① 이 법 시행 당시 종전의 규정에 따라 행정기관이 한 행위나 행정기관에 대하여 한 행위는 이 법에 따른 행정기관의 행위 또는 행정기관에 대한 행위로 본다.

제3조(동물보호센터에 관한 경과조치) 이 법 시행 당시 종전의 규정에 따른 보호시설은 제15조제1항의 개정규정에 따른 동물보호센터로, 종전의 규정에 따른 위탁보호시설은 제15조제3항의 개정규정에 따른 동물보호센터로 지정된 것으로 본다.

제4조(유기동물 공고에 관한 경과조치) 이 법 시행 당시 종전의 규정에 따라 유기동물을 공고한 경우에는 제17조의 개정규정에 따라 공고된 것으로 본다.

제5조(윤리위원회 구성에 관한 경과조치) 이 법 시행 당시 종전의 규정에 따른 윤리위원회는 제25조의 개정규정에 따른 윤리위원회로 보며, 이 법 시행 당시 종전의 규정에 따라 위촉된 위원은 이 법 시행일에 위촉된 것으로 본다.

제6조(영업의 등록에 관한 경과조치) 이 법 시행 당시 종전의 규정에 따라 동물생산업을 등록한 자는 제34조제1항의 개정규정에 따라 동물생산업을 신고한 자로 본다.

제7조(벌칙 및 과태료에 관한 경과조치) 이 법 시행 전의 행위에 대하여 벌칙이나 과태료 규정을 적용할 때에는 종전의 규정에 따른다.

제8조(다른 법률과의 관계) 이 법 시행 당시 다른 법령에서 종전의 「동물보호법」의 규정을 인용한 경우 이 법 가운데 그에 해당하는 규정이 있으면 종전의 규정을 갈음하여 이 법의 해당 규정을 인용한 것으로 본다.

(3) 개인정보 보호법

개인정보 보호법

[시행 2011.9.30] [법률 제10465호, 2011. 3.29, 제정]

제1장 총칙

제1조(목적) 이 법은 개인정보의 수집·유출·오용·남용으로부터 사생활의 비밀 등을 보호함으로써 국민의 권리와 이익을 증진하고, 나아가 개인의 존엄과 가치를 구현하기 위하여 개인정보 처리에 관한 사항을 규정함을 목적으로 한다.

[시행일: 2011.9.30]

제2조(정의) 이 법에서 사용하는 용어의 뜻은 다음과 같다.

1. "개인정보"란 살아 있는 개인에 관한 정보로서 성명, 주민등록번호 및 영상 등을 통하여 개인을 알아볼 수 있는 정보(해당 정보만으로는 특정 개인을 알아볼 수 없더라도 다른 정보와 쉽게 결합하여 알아볼 수 있는 것을 포함한다)를 말한다.
2. "처리"란 개인정보의 수집, 생성, 기록, 저장, 보유, 가공, 편집, 검색, 출력, 정정(訂正), 복구, 이용, 제공, 공개, 파기(破棄), 그 밖에 이와 유사한 행위를 말한다.
3. "정보주체"란 처리되는 정보에 의하여 알아볼 수 있는 사람으로서 그 정보의 주체가 되는 사람을 말한다.
4. "개인정보파일"이란 개인정보를 쉽게 검색할 수 있도록 일정한 규칙에 따라 체계적으로 배열하거나 구성한 개인정보의 집합물(集合物)을 말한다.
5. "개인정보처리자"란 업무를 목적으로 개인정보파일을 운용하기 위하여 스스로 또는 다른 사람을 통하여 개인정보를 처리하는 공공기관, 법인, 단체 및 개인 등을 말한다.
6. "공공기관"이란 다음 각 목의 기관을 말한다.
   가. 국회, 법원, 헌법재판소, 중앙선거관리위원회의 행정사무를 처리하는 기관, 중앙행정기관(대통령 소속 기관과 국무총리 소속 기관을 포함한다) 및 그 소속 기관, 지방자치단체
   나. 그 밖의 국가기관 및 공공단체 중 대통령령으로 정하는 기관
7. "영상정보처리기기"란 일정한 공간에 지속적으로 설치되어 사람 또는 사물의 영상 등을 촬영하거나 이를 유·무선망을 통하여 전송하는 장치로서 대통령령으로 정하는 장치를 말한다.

[시행일: 2011.9.30]

제3조(개인정보 보호 원칙) ① 개인정보처리자는 개인정보의 처리 목적을 명확하게 하여야 하고 그 목적에 필요한 범위에서 최소한의 개인정보만을 적법하고 정당하게 수집하여야 한다.
② 개인정보처리자는 개인정보의 처리 목적에 필요한 범위에서 적합하게 개인정보를 처리하여야 하며, 그 목적 외의 용도로 활용하여서는 아니 된다.
③ 개인정보처리자는 개인정보의 처리 목적에 필요한 범위에서 개인정보의 정확성, 완전성 및 최신성이 보장되도록 하여야 한다.
④ 개인정보처리자는 개인정보의 처리 방법 및 종류 등에 따라 정보주체의 권리가 침해받을 가능성과 그 위험 정도를 고려하여 개인정보를 안전하게 관리하여야 한다.
⑤ 개인정보처리자는 개인정보 처리방침 등 개인정보의 처리에 관한 사항을 공개하여야 하며, 열람청구권 등 정보주체의 권리를 보장하여야 한다.
⑥ 개인정보처리자는 정보주체의 사생활 침해를 최소화하는 방법으로 개인정보를 처리하여야 한다.
⑦ 개인정보처리자는 개인정보의 익명처리가 가능한 경우에는 익명에 의하여 처리될 수 있도록 하여야 한다.
⑧ 개인정보처리자는 이 법 및 관계 법령에서 규정하고 있는 책임과 의무를 준수하고 실천함으로써 정보주체의 신뢰를 얻기 위하여 노력하여야 한다.
[시행일: 2011.9.30] 제3조

제4조(정보주체의 권리) 정보주체는 자신의 개인정보 처리와 관련하여 다음 각 호의 권리를 가진다.
1. 개인정보의 처리에 관한 정보를 제공받을 권리
2. 개인정보의 처리에 관한 동의 여부, 동의 범위 등을 선택하고 결정할 권리
3. 개인정보의 처리 여부를 확인하고 개인정보에 대하여 열람(사본의 발급을 포함한다. 이하 같다)을 요구할 권리
4. 개인정보의 처리 정지, 정정·삭제 및 파기를 요구할 권리
5. 개인정보의 처리로 인하여 발생한 피해를 신속하고 공정한 절차에 따라 구제받을 권리

[시행일: 2011.9.30]

제5조(국가 등의 책무) ① 국가와 지방자치단체는 개인정보의 목적 외 수집, 오용·남용 및 무분별한 감시·추적 등에 따른 폐해를 방지하여 인간의 존엄과 개인의 사생활 보호를 도모하기 위한 시책을 강구하여야 한다.
② 국가와 지방자치단체는 제4조에 따른 정보주체의 권리를 보호하기 위하여 법령의 개선 등 필요한 시책을 마련하여야 한다.
③ 국가와 지방자치단체는 개인정보의 처리에 관한 불합리한 사회적 관행을 개선하기 위하여 개인정보처리자의 자율적인 개인정보 보호활동을 존중하고 촉진·지원하여야 한다.
④ 국가와 지방자치단체는 개인정보의 처리에 관한 법령 또는 조례를 제정하거나 개정하는 경우에는 이 법의 목적에 부합되도록 하여야 한다.
[시행일: 2011.9.30]

제6조(다른 법률과의 관계) 개인정보 보호에 관하여는 「정보통신망 이용촉진 및 정보보호 등

에 관한 법률」, 「신용정보의 이용 및 보호에 관한 법률」 등 다른 법률에 특별한 규정이 있는 경우를 제외하고는 이 법에서 정하는 바에 따른다.
[시행일: 2011.9.30]

제2장 개인정보 보호정책의 수립 등

제7조(개인정보 보호위원회) ① 개인정보 보호에 관한 사항을 심의·의결하기 위하여 대통령 소속으로 개인정보 보호위원회(이하 "보호위원회"라 한다)를 둔다. 보호위원회는 그 권한에 속하는 업무를 독립하여 수행한다.
② 보호위원회는 위원장 1명, 상임위원 1명을 포함한 15명 이내의 위원으로 구성하되, 상임위원은 정무직 공무원으로 임명한다.
③ 위원장은 위원 중에서 공무원이 아닌 사람으로 대통령이 위촉한다.
④ 위원은 다음 각 호의 어느 하나에 해당하는 사람을 대통령이 임명하거나 위촉한다. 이 경우 위원 중 5명은 국회가 선출하는 자를, 5명은 대법원장이 지명하는 자를 각각 임명하거나 위촉한다.
1. 개인정보 보호와 관련된 시민사회단체 또는 소비자단체로부터 추천을 받은 사람
2. 개인정보처리자로 구성된 사업자단체로부터 추천을 받은 사람
3. 그 밖에 개인정보에 관한 학식과 경험이 풍부한 사람
⑤ 위원장과 위원의 임기는 3년으로 하되, 1차에 한하여 연임할 수 있다.
⑥ 보호위원회의 회의는 위원장이 필요하다고 인정하거나 재적위원 4분의 1 이상의 요구가 있는 경우에 위원장이 소집한다.
⑦ 보호위원회는 재적위원 과반수의 출석과 출석위원 과반수의 찬성으로 의결한다.
⑧ 보호위원회의 사무를 지원하기 위하여 보호위원회에 사무국을 둔다.
⑨ 제1항부터 제8항까지에서 규정한 사항 외에 보호위원회의 조직과 운영에 필요한 사항은 대통령령으로 정한다.
[시행일: 2011.9.30]

제8조(보호위원회의 기능 등) ① 보호위원회는 다음 각 호의 사항을 심의·의결한다.
1. 제9조에 따른 기본계획 및 제10조에 따른 시행계획
2. 개인정보 보호와 관련된 정책, 제도 및 법령의 개선에 관한 사항
3. 개인정보의 처리에 관한 공공기관 간의 의견조정에 관한 사항
4. 개인정보 보호에 관한 법령의 해석·운용에 관한 사항
5. 제18조제2항제5호에 따른 개인정보의 이용·제공에 관한 사항
6. 제33조제3항에 따른 영향평가 결과에 관한 사항
7. 제61조제1항에 따른 의견제시에 관한 사항
8. 제64조제4항에 따른 조치의 권고에 관한 사항
9. 제66조에 따른 처리 결과의 공표에 관한 사항
10. 제67조제1항에 따른 연차보고서의 작성·제출에 관한 사항
11. 개인정보 보호와 관련하여 대통령, 보호위원회의 위원장 또는 위원 2명 이상이 회의에

부치는 사항

12. 그 밖에 이 법 또는 다른 법령에 따라 보호위원회가 심의ㆍ의결하는 사항

② 보호위원회는 제1항 각 호의 사항을 심의ㆍ의결하기 위하여 필요하면 관계 공무원, 개인정보 보호에 관한 전문 지식이 있는 사람이나 시민사회단체 및 관련 사업자로부터 의견을 들을 수 있고, 관계 기관 등에 대하여 자료 등의 제출을 요구할 수 있다.

[시행일: 2011.9.30]

제9조(기본계획) ① 개인정보의 보호와 정보주체의 권익 보장을 위하여 행정안전부장관은 3년마다 개인정보 보호 기본계획(이하 "기본계획"이라 한다)을 관계 중앙행정기관의 장과 협의 하에 작성하여 보호위원회에 제출하고, 보호위원회의 심의ㆍ의결을 거쳐 시행하여야 한다.

② 기본계획에는 다음 각 호의 사항이 포함되어야 한다.

1. 개인정보 보호의 기본목표와 추진방향
2. 개인정보 보호와 관련된 제도 및 법령의 개선
3. 개인정보 침해 방지를 위한 대책
4. 개인정보 보호 자율규제의 활성화
5. 개인정보 보호 교육ㆍ홍보의 활성화
6. 개인정보 보호를 위한 전문인력의 양성
7. 그 밖에 개인정보 보호를 위하여 필요한 사항

③ 국회, 법원, 헌법재판소, 중앙선거관리위원회는 해당 기관(그 소속 기관을 포함한다)의 개인정보 보호를 위한 기본계획을 수립ㆍ시행할 수 있다.

[시행일: 2011.9.30]

제10조(시행계획) ① 중앙행정기관의 장은 기본계획에 따라 매년 개인정보 보호를 위한 시행계획을 작성하여 보호위원회에 제출하고, 보호위원회의 심의ㆍ의결을 거쳐 시행하여야 한다.

② 시행계획의 수립ㆍ시행에 필요한 사항은 대통령령으로 정한다.

[시행일: 2011.9.30]

제11조(자료제출 요구 등) ① 행정안전부장관은 기본계획을 효율적으로 수립ㆍ추진하기 위하여 개인정보처리자, 관계 중앙행정기관의 장, 지방자치단체의 장 및 관계 단체 등에 개인정보처리자의 법규 준수 현황과 개인정보 관리 실태 등에 관한 자료의 제출이나 의견의 진술 등을 요구할 수 있다.

② 중앙행정기관의 장은 시행계획을 효율적으로 수립ㆍ추진하기 위하여 소관 분야의 개인정보처리자에게 제1항에 따른 자료제출 등을 요구할 수 있다.

③ 제1항 및 제2항에 따른 자료제출 등을 요구받은 자는 특별한 사정이 없으면 이에 따라야 한다.

④ 제1항 및 제2항에 따른 자료제출 등의 범위와 방법 등 필요한 사항은 대통령령으로 정한다.

[시행일: 2011.9.30]

제12조(개인정보 보호지침) ① 행정안전부장관은 개인정보의 처리에 관한 기준, 개인정보 침해의 유형 및 예방조치 등에 관한 표준 개인정보 보호지침(이하 "표준지침"이라 한다)을 정

하여 개인정보처리자에게 그 준수를 권장할 수 있다.

② 중앙행정기관의 장은 표준지침에 따라 소관 분야의 개인정보 처리와 관련한 개인정보 보호지침을 정하여 개인정보처리자에게 그 준수를 권장할 수 있다.

③ 국회, 법원, 헌법재판소 및 중앙선거관리위원회는 해당 기관(그 소속 기관을 포함한다)의 개인정보 보호지침을 정하여 시행할 수 있다.

[시행일: 2011.9.30]

제13조(자율규제의 촉진 및 지원) 행정안전부장관은 개인정보처리자의 자율적인 개인정보 보호활동을 촉진하고 지원하기 위하여 다음 각 호의 필요한 시책을 마련하여야 한다.

1. 개인정보 보호에 관한 교육·홍보
2. 개인정보 보호와 관련된 기관·단체의 육성 및 지원
3. 개인정보 보호 인증마크의 도입·시행 지원
4. 개인정보처리자의 자율적인 규약의 제정·시행 지원
5. 그 밖에 개인정보처리자의 자율적 개인정보 보호활동을 지원하기 위하여 필요한 사항

[시행일: 2011.9.30]

제14조(국제협력) ① 정부는 국제적 환경에서의 개인정보 보호 수준을 향상시키기 위하여 필요한 시책을 마련하여야 한다.

② 정부는 개인정보 국외 이전으로 인하여 정보주체의 권리가 침해되지 아니하도록 관련 시책을 마련하여야 한다.

[시행일: 2011.9.30]

제3장 개인정보의 처리

제1절 개인정보의 수집, 이용, 제공 등

제15조(개인정보의 수집·이용) ① 개인정보처리자는 다음 각 호의 어느 하나에 해당하는 경우에는 개인정보를 수집할 수 있으며 그 수집 목적의 범위에서 이용할 수 있다.

1. 정보주체의 동의를 받은 경우
2. 법률에 특별한 규정이 있거나 법령상 의무를 준수하기 위하여 불가피한 경우
3. 공공기관이 법령 등에서 정하는 소관 업무의 수행을 위하여 불가피한 경우
4. 정보주체와의 계약의 체결 및 이행을 위하여 불가피하게 필요한 경우
5. 정보주체 또는 그 법정대리인이 의사표시를 할 수 없는 상태에 있거나 주소불명 등으로 사전 동의를 받을 수 없는 경우로서 명백히 정보주체 또는 제3자의 급박한 생명, 신체, 재산의 이익을 위하여 필요하다고 인정되는 경우
6. 개인정보처리자의 정당한 이익을 달성하기 위하여 필요한 경우로서 명백하게 정보주체의 권리보다 우선하는 경우. 이 경우 개인정보처리자의 정당한 이익과 상당한 관련이 있고 합리적인 범위를 초과하지 아니하는 경우에 한한다.

② 개인정보처리자는 제1항제1호에 따른 동의를 받을 때에는 다음 각 호의 사항을 정보주체에게 알려야 한다. 다음 각 호의 어느 하나의 사항을 변경하는 경우에도 이를 알리고 동의를 받아야 한다.

1. 개인정보의 수집 · 이용 목적
2. 수집하려는 개인정보의 항목
3. 개인정보의 보유 및 이용 기간
4. 동의를 거부할 권리가 있다는 사실 및 동의 거부에 따른 불이익이 있는 경우에는 그 불이익의 내용

[시행일: 2011.9.30]

第16條(개인정보의 수집 제한) ① 개인정보처리자는 제15조제1항 각 호의 어느 하나에 해당하여 개인정보를 수집하는 경우에는 그 목적에 필요한 최소한의 개인정보를 수집하여야 한다. 이 경우 최소한의 개인정보 수집이라는 입증책임은 개인정보처리자가 부담한다.

② 개인정보처리자는 정보주체가 필요한 최소한의 정보 외의 개인정보 수집에 동의하지 아니한다는 이유로 정보주체에게 재화 또는 서비스의 제공을 거부하여서는 아니 된다.

[시행일: 2011.9.30]

第17條(개인정보의 제공) ① 개인정보처리자는 다음 각 호의 어느 하나에 해당되는 경우에는 정보주체의 개인정보를 제3자에게 제공(공유를 포함한다. 이하 같다)할 수 있다.

1. 정보주체의 동의를 받은 경우
2. 제15조제1항제2호 · 제3호 및 제5호에 따라 개인정보를 수집한 목적 범위에서 개인정보를 제공하는 경우

② 개인정보처리자는 제1항제1호에 따른 동의를 받을 때에는 다음 각 호의 사항을 정보주체에게 알려야 한다. 다음 각 호의 어느 하나의 사항을 변경하는 경우에도 이를 알리고 동의를 받아야 한다.

1. 개인정보를 제공받는 자
2. 개인정보를 제공받는 자의 개인정보 이용 목적
3. 제공하는 개인정보의 항목
4. 개인정보를 제공받는 자의 개인정보 보유 및 이용 기간
5. 동의를 거부할 권리가 있다는 사실 및 동의 거부에 따른 불이익이 있는 경우에는 그 불이익의 내용

③ 개인정보처리자가 개인정보를 국외의 제3자에게 제공할 때에는 제2항 각 호에 따른 사항을 정보주체에게 알리고 동의를 받아야 하며, 이 법을 위반하는 내용으로 개인정보의 국외 이전에 관한 계약을 체결하여서는 아니 된다.

[시행일: 2011.9.30]

第18條(개인정보의 이용·제공 제한) ① 개인정보처리자는 개인정보를 제15조제1항에 따른 범위를 초과하여 이용하거나 제17조제1항 및 제3항에 따른 범위를 초과하여 제3자에게 제공하여서는 아니 된다.

② 제1항에도 불구하고 개인정보처리자는 다음 각 호의 어느 하나에 해당하는 경우에는 정보주체 또는 제3자의 이익을 부당하게 침해할 우려가 있을 때를 제외하고는 개인정보를 목적 외의 용도로 이용하거나 이를 제3자에게 제공할 수 있다. 다만, 제5호부터 제9호까지의 경우는 공공기관의 경우로 한정한다.

1. 정보주체로부터 별도의 동의를 받은 경우
2. 다른 법률에 특별한 규정이 있는 경우
3. 정보주체 또는 그 법정대리인이 의사표시를 할 수 없는 상태에 있거나 주소불명 등으로 사전 동의를 받을 수 없는 경우로서 명백히 정보주체 또는 제3자의 급박한 생명, 신체, 재산의 이익을 위하여 필요하다고 인정되는 경우
4. 통계작성 및 학술연구 등의 목적을 위하여 필요한 경우로서 특정 개인을 알아볼 수 없는 형태로 개인정보를 제공하는 경우
5. 개인정보를 목적 외의 용도로 이용하거나 이를 제3자에게 제공하지 아니하면 다른 법률에서 정하는 소관 업무를 수행할 수 없는 경우로서 보호위원회의 심의·의결을 거친 경우
6. 조약, 그 밖의 국제협정의 이행을 위하여 외국정부 또는 국제기구에 제공하기 위하여 필요한 경우
7. 범죄의 수사와 공소의 제기 및 유지를 위하여 필요한 경우
8. 법원의 재판업무 수행을 위하여 필요한 경우
9. 형(刑) 및 감호, 보호처분의 집행을 위하여 필요한 경우

③ 개인정보처리자는 제2항제1호에 따른 동의를 받을 때에는 다음 각 호의 사항을 정보주체에게 알려야 한다. 다음 각 호의 어느 하나의 사항을 변경하는 경우에도 이를 알리고 동의를 받아야 한다.

1. 개인정보를 제공받는 자
2. 개인정보의 이용 목적(제공 시에는 제공받는 자의 이용 목적을 말한다)
3. 이용 또는 제공하는 개인정보의 항목
4. 개인정보의 보유 및 이용 기간(제공 시에는 제공받는 자의 보유 및 이용 기간을 말한다)
5. 동의를 거부할 권리가 있다는 사실 및 동의 거부에 따른 불이익이 있는 경우에는 그 불이익의 내용

④ 공공기관은 제2항제2호부터 제6호까지, 제8호 및 제9호에 따라 개인정보를 목적 외의 용도로 이용하거나 이를 제3자에게 제공하는 경우에는 그 이용 또는 제공의 법적 근거, 목적 및 범위 등에 관하여 필요한 사항을 행정안전부령으로 정하는 바에 따라 관보 또는 인터넷 홈페이지 등에 게재하여야 한다.

⑤ 개인정보처리자는 제2항 각 호의 어느 하나의 경우에 해당하여 개인정보를 목적 외의 용도로 제3자에게 제공하는 경우에는 개인정보를 제공받는 자에게 이용 목적, 이용 방법, 그 밖에 필요한 사항에 대하여 제한을 하거나, 개인정보의 안전성 확보를 위하여 필요한 조치를 마련하도록 요청하여야 한다. 이 경우 요청을 받은 자는 개인정보의 안전성 확보를 위하여 필요한 조치를 하여야 한다.

[시행일: 2011.9.30]

제19조(개인정보를 제공받은 자의 이용·제공 제한) 개인정보처리자로부터 개인정보를 제공받은 자는 다음 각 호의 어느 하나에 해당하는 경우를 제외하고는 개인정보를 제공받은 목적 외의 용도로 이용하거나 이를 제3자에게 제공하여서는 아니 된다.

1. 정보주체로부터 별도의 동의를 받은 경우

2. 다른 법률에 특별한 규정이 있는 경우

[시행일: 2011.9.30]

제20조(정보주체 이외로부터 수집한 개인정보의 수집 출처 등 고지) ① 개인정보처리자가 정보주체 이외로부터 수집한 개인정보를 처리하는 때에는 정보주체의 요구가 있으면 즉시 다음 각 호의 모든 사항을 정보주체에게 알려야 한다.

1. 개인정보의 수집 출처
2. 개인정보의 처리 목적
3. 제37조에 따른 개인정보 처리의 정지를 요구할 권리가 있다는 사실

② 제1항은 다음 각 호의 어느 하나에 해당하는 경우에는 적용하지 아니한다. 다만, 이 법에 따른 정보주체의 권리보다 명백히 우선하는 경우에 한한다.

1. 고지를 요구하는 대상이 되는 개인정보가 제32조제2항 각 호의 어느 하나에 해당하는 개인정보파일에 포함되어 있는 경우
2. 고지로 인하여 다른 사람의 생명·신체를 해할 우려가 있거나 다른 사람의 재산과 그 밖의 이익을 부당하게 침해할 우려가 있는 경우

[시행일: 2011.9.30]

제21조(개인정보의 파기) ① 개인정보처리자는 보유기간의 경과, 개인정보의 처리 목적 달성 등 그 개인정보가 불필요하게 되었을 때에는 지체 없이 그 개인정보를 파기하여야 한다. 다만, 다른 법령에 따라 보존하여야 하는 경우에는 그러하지 아니하다.

② 개인정보처리자가 제1항에 따라 개인정보를 파기할 때에는 복구 또는 재생되지 아니하도록 조치하여야 한다.

③ 개인정보처리자가 제1항 단서에 따라 개인정보를 파기하지 아니하고 보존하여야 하는 경우에는 해당 개인정보 또는 개인정보파일을 다른 개인정보와 분리하여서 저장·관리하여야 한다.

④ 개인정보의 파기방법 및 절차 등에 필요한 사항은 대통령령으로 정한다.

[시행일: 2011.9.30]

제22조(동의를 받는 방법) ① 개인정보처리자는 이 법에 따른 개인정보의 처리에 대하여 정보주체(제5항에 따른 법정대리인을 포함한다. 이하 이 조에서 같다)의 동의를 받을 때에는 각각의 동의 사항을 구분하여 정보주체가 이를 명확하게 인지할 수 있도록 알리고 각각 동의를 받아야 한다.

② 개인정보처리자는 제15조제1항제1호, 제17조제1항제1호, 제23조제1호 및 제24조제1항제1호에 따라 개인정보의 처리에 대하여 정보주체의 동의를 받을 때에는 정보주체와의 계약 체결 등을 위하여 정보주체의 동의 없이 처리할 수 있는 개인정보와 정보주체의 동의가 필요한 개인정보를 구분하여야 한다. 이 경우 동의 없이 처리할 수 있는 개인정보라는 입증책임은 개인정보처리자가 부담한다.

③ 개인정보처리자는 정보주체에게 재화나 서비스를 홍보하거나 판매를 권유하기 위하여 개인정보의 처리에 대한 동의를 받으려는 때에는 정보주체가 이를 명확하게 인지할 수 있도록 알리고 동의를 받아야 한다.

④ 개인정보처리자는 정보주체가 제2항에 따라 선택적으로 동의할 수 있는 사항을 동의하지 아니하거나 제3항 및 제18조제2항제1호에 따른 동의를 하지 아니한다는 이유로 정보주체에게 재화 또는 서비스의 제공을 거부하여서는 아니 된다.

⑤ 개인정보처리자는 만 14세 미만 아동의 개인정보를 처리하기 위하여 이 법에 따른 동의를 받아야 할 때에는 그 법정대리인의 동의를 받아야 한다. 이 경우 법정대리인의 동의를 받기 위하여 필요한 최소한의 정보는 법정대리인의 동의 없이 해당 아동으로부터 직접 수집할 수 있다.

⑥ 제1항부터 제5항까지에서 규정한 사항 외에 정보주체의 동의를 받는 세부적인 방법 및 제5항에 따른 최소한의 정보의 내용에 관하여 필요한 사항은 개인정보의 수집매체 등을 고려하여 대통령령으로 정한다.

[시행일: 2011.9.30]

제2절 개인정보의 처리 제한

제23조(민감정보의 처리 제한) 개인정보처리자는 사상 · 신념, 노동조합 · 정당의 가입 · 탈퇴, 정치적 견해, 건강, 성생활 등에 관한 정보, 그 밖에 정보주체의 사생활을 현저히 침해할 우려가 있는 개인정보로서 대통령령으로 정하는 정보(이하 "민감정보"라 한다)를 처리하여서는 아니 된다. 다만, 다음 각 호의 어느 하나에 해당하는 경우에는 그러하지 아니하다.

1. 정보주체에게 제15조제2항 각 호 또는 제17조제2항 각 호의 사항을 알리고 다른 개인정보의 처리에 대한 동의와 별도로 동의를 받은 경우
2. 법령에서 민감정보의 처리를 요구하거나 허용하는 경우

[시행일: 2011.9.30]

제24조(고유식별정보의 처리 제한) ① 개인정보처리자는 다음 각 호의 경우를 제외하고는 법령에 따라 개인을 고유하게 구별하기 위하여 부여된 식별정보로서 대통령령으로 정하는 정보(이하 "고유식별정보"라 한다)를 처리할 수 없다.

1. 정보주체에게 제15조제2항 각 호 또는 제17조제2항 각 호의 사항을 알리고 다른 개인정보의 처리에 대한 동의와 별도로 동의를 받은 경우
2. 법령에서 구체적으로 고유식별정보의 처리를 요구하거나 허용하는 경우

② 대통령령으로 정하는 기준에 해당하는 개인정보처리자는 정보주체가 인터넷 홈페이지를 통하여 회원으로 가입할 경우 주민등록번호를 사용하지 아니하고도 회원으로 가입할 수 있는 방법을 제공하여야 한다.

③ 개인정보처리자가 제1항 각 호에 따라 고유식별정보를 처리하는 경우에는 그 고유식별정보가 분실 · 도난 · 유출 · 변조 또는 훼손되지 아니하도록 대통령령으로 정하는 바에 따라 암호화 등 안전성 확보에 필요한 조치를 하여야 한다.

④ 행정안전부장관은 제2항에 따른 방법의 제공을 지원하기 위하여 관계 법령의 정비, 계획의 수립, 필요한 시설 및 시스템의 구축 등 제반 조치를 마련할 수 있다.

[시행일: 2012.3.30]

제25조(영상정보처리기기의 설치·운영 제한) ① 누구든지 다음 각 호의 경우를 제외하고는

공개된 장소에 영상정보처리기기를 설치·운영하여서는 아니 된다.
1. 법령에서 구체적으로 허용하고 있는 경우
2. 범죄의 예방 및 수사를 위하여 필요한 경우
3. 시설안전 및 화재 예방을 위하여 필요한 경우
4. 교통단속을 위하여 필요한 경우
5. 교통정보의 수집·분석 및 제공을 위하여 필요한 경우

② 누구든지 불특정 다수가 이용하는 목욕실, 화장실, 발한실(發汗室), 탈의실 등 개인의 사생활을 현저히 침해할 우려가 있는 장소의 내부를 볼 수 있도록 영상정보처리기기를 설치·운영하여서는 아니 된다. 다만, 교도소, 정신보건 시설 등 법령에 근거하여 사람을 구금하거나 보호하는 시설로서 대통령령으로 정하는 시설에 대하여는 그러하지 아니하다.

③ 제1항 각 호에 따라 영상정보처리기기를 설치·운영하려는 공공기관의 장과 제2항 단서에 따라 영상정보처리기기를 설치·운영하려는 자는 공청회·설명회의 개최 등 대통령령으로 정하는 절차를 거쳐 관계 전문가 및 이해관계인의 의견을 수렴하여야 한다.

④ 제1항 각 호에 따라 영상정보처리기기를 설치·운영하는 자(이하 "영상정보처리기기운영자"라 한다)는 정보주체가 쉽게 인식할 수 있도록 대통령령으로 정하는 바에 따라 안내판 설치 등 필요한 조치를 하여야 한다. 다만, 대통령령으로 정하는 시설에 대하여는 그러하지 아니하다.

⑤ 영상정보처리기기운영자는 영상정보처리기기의 설치 목적과 다른 목적으로 영상정보처리기기를 임의로 조작하거나 다른 곳을 비춰서는 아니 되며, 녹음기능은 사용할 수 없다.

⑥ 영상정보처리기기운영자는 개인정보가 분실·도난·유출·변조 또는 훼손되지 아니하도록 제29조에 따라 안전성 확보에 필요한 조치를 하여야 한다.

⑦ 영상정보처리기기운영자는 대통령령으로 정하는 바에 따라 영상정보처리기기 운영·관리 방침을 마련하여야 한다. 이 경우 제30조에 따른 개인정보 처리방침을 정하지 아니할 수 있다.

⑧ 영상정보처리기기운영자는 영상정보처리기기의 설치·운영에 관한 사무를 위탁할 수 있다. 다만, 공공기관이 영상정보처리기기 설치·운영에 관한 사무를 위탁하는 경우에는 대통령령으로 정하는 절차 및 요건에 따라야 한다.

[시행일: 2011.9.30]

第26條(업무위탁에 따른 개인정보의 처리 제한) ① 개인정보처리자가 제3자에게 개인정보의 처리 업무를 위탁하는 경우에는 다음 각 호의 내용이 포함된 문서에 의하여야 한다.
1. 위탁업무 수행 목적 외 개인정보의 처리 금지에 관한 사항
2. 개인정보의 기술적·관리적 보호조치에 관한 사항
3. 그 밖에 개인정보의 안전한 관리를 위하여 대통령령으로 정한 사항

② 제1항에 따라 개인정보의 처리 업무를 위탁하는 개인정보처리자(이하 "위탁자"라 한다)는 위탁하는 업무의 내용과 개인정보 처리 업무를 위탁받아 처리하는 자(이하 "수탁자"라 한다)를 정보주체가 언제든지 쉽게 확인할 수 있도록 대통령령으로 정하는 방법에 따라 공개하여야 한다.

③ 위탁자가 재화 또는 서비스를 홍보하거나 판매를 권유하는 업무를 위탁하는 경우에는 대통령령으로 정하는 방법에 따라 위탁하는 업무의 내용과 수탁자를 정보주체에게 알려야 한다. 위탁하는 업무의 내용이나 수탁자가 변경된 경우에도 또한 같다.

④ 위탁자는 업무 위탁으로 인하여 정보주체의 개인정보가 분실·도난·유출·변조 또는 훼손되지 아니하도록 수탁자를 교육하고, 처리 현황 점검 등 대통령령으로 정하는 바에 따라 수탁자가 개인정보를 안전하게 처리하는지를 감독하여야 한다.

⑤ 수탁자는 개인정보처리자로부터 위탁받은 해당 업무 범위를 초과하여 개인정보를 이용하거나 제3자에게 제공하여서는 아니 된다.

⑥ 수탁자가 위탁받은 업무와 관련하여 개인정보를 처리하는 과정에서 이 법을 위반하여 발생한 손해배상책임에 대하여는 수탁자를 개인정보처리자의 소속 직원으로 본다.

⑦ 수탁자에 관하여는 제15조부터 제25조까지, 제27조부터 제31조까지, 제33조부터 제38조까지 및 제59조를 준용한다.

[시행일: 2011.9.30]

제27조(영업양도 등에 따른 개인정보의 이전 제한) ① 개인정보처리자는 영업의 전부 또는 일부의 양도·합병 등으로 개인정보를 다른 사람에게 이전하는 경우에는 미리 다음 각 호의 사항을 대통령령으로 정하는 방법에 따라 해당 정보주체에게 알려야 한다.

1. 개인정보를 이전하려는 사실
2. 개인정보를 이전받는 자(이하 "영업양수자등"이라 한다)의 성명(법인의 경우에는 법인의 명칭을 말한다), 주소, 전화번호 및 그 밖의 연락처
3. 정보주체가 개인정보의 이전을 원하지 아니하는 경우 조치할 수 있는 방법 및 절차

② 영업양수자등은 개인정보를 이전받았을 때에는 지체 없이 그 사실을 대통령령으로 정하는 방법에 따라 정보주체에게 알려야 한다. 다만, 개인정보처리자가 제1항에 따라 그 이전 사실을 이미 알린 경우에는 그러하지 아니하다.

③ 영업양수자등은 영업의 양도·합병 등으로 개인정보를 이전받은 경우에는 이전 당시의 본래 목적으로만 개인정보를 이용하거나 제3자에게 제공할 수 있다. 이 경우 영업양수자등은 개인정보처리자로 본다.

[시행일: 2011.9.30]

제28조(개인정보취급자에 대한 감독) ① 개인정보처리자는 개인정보를 처리함에 있어서 개인정보가 안전하게 관리될 수 있도록 임직원, 파견근로자, 시간제근로자 등 개인정보처리자의 지휘·감독을 받아 개인정보를 처리하는 자(이하 "개인정보취급자"라 한다)에 대하여 적절한 관리·감독을 행하여야 한다.

② 개인정보처리자는 개인정보의 적정한 취급을 보장하기 위하여 개인정보취급자에게 정기적으로 필요한 교육을 실시하여야 한다.

[시행일: 2011.9.30]

제4장 개인정보의 안전한 관리

제29조(안전조치의무) 개인정보처리자는 개인정보가 분실·도난·유출·변조 또는 훼손되지 아니하도록 내부 관리계획 수립, 접속기록 보관 등 대통령령으로 정하는 바에 따라 안전성 확보에 필요한 기술적·관리적 및 물리적 조치를 하여야 한다.

[시행일: 2011.9.30]

제30조(개인정보 처리방침의 수립 및 공개) ① 개인정보처리자는 다음 각 호의 사항이 포함된 개인정보의 처리 방침(이하 "개인정보 처리방침"이라 한다)을 정하여야 한다. 이 경우 공공기관은 제32조에 따라 등록대상이 되는 개인정보파일에 대하여 개인정보 처리방침을 정한다.

1. 개인정보의 처리 목적
2. 개인정보의 처리 및 보유 기간
3. 개인정보의 제3자 제공에 관한 사항(해당되는 경우에만 정한다)
4. 개인정보처리의 위탁에 관한 사항(해당되는 경우에만 정한다)
5. 정보주체의 권리·의무 및 그 행사방법에 관한 사항
6. 그 밖에 개인정보의 처리에 관하여 대통령령으로 정한 사항

② 개인정보처리자가 개인정보 처리방침을 수립하거나 변경하는 경우에는 정보주체가 쉽게 확인할 수 있도록 대통령령으로 정하는 방법에 따라 공개하여야 한다.

③ 개인정보 처리방침의 내용과 개인정보처리자와 정보주체 간에 체결한 계약의 내용이 다른 경우에는 정보주체에게 유리한 것을 적용한다.

④ 행정안전부장관은 개인정보 처리방침의 작성지침을 정하여 개인정보처리자에게 그 준수를 권장할 수 있다.

[시행일: 2011.9.30]

제31조(개인정보 보호책임자의 지정) ① 개인정보처리자는 개인정보의 처리에 관한 업무를 총괄해서 책임질 개인정보 보호책임자를 지정하여야 한다.

② 개인정보 보호책임자는 다음 각 호의 업무를 수행한다.

1. 개인정보 보호 계획의 수립 및 시행
2. 개인정보 처리 실태 및 관행의 정기적인 조사 및 개선
3. 개인정보 처리와 관련한 불만의 처리 및 피해 구제
4. 개인정보 유출 및 오용·남용 방지를 위한 내부통제시스템의 구축
5. 개인정보 보호 교육 계획의 수립 및 시행
6. 개인정보파일의 보호 및 관리·감독
7. 그 밖에 개인정보의 적절한 처리를 위하여 대통령령으로 정한 업무

③ 개인정보 보호책임자는 제2항 각 호의 업무를 수행함에 있어서 필요한 경우 개인정보의 처리 현황, 처리 체계 등에 대하여 수시로 조사하거나 관계 당사자로부터 보고를 받을 수 있다.

④ 개인정보 보호책임자는 개인정보 보호와 관련하여 이 법 및 다른 관계 법령의 위반 사실을 알게 된 경우에는 즉시 개선조치를 하여야 하며, 필요하면 소속 기관 또는 단체의 장에

게 개선조치를 보고하여야 한다.

⑤ 개인정보처리자는 개인정보 보호책임자가 제2항 각 호의 업무를 수행함에 있어서 정당한 이유 없이 불이익을 주거나 받게 하여서는 아니 된다.

⑥ 개인정보 보호책임자의 지정요건, 업무, 자격요건, 그 밖에 필요한 사항은 대통령령으로 정한다.

[시행일: 2011.9.30]

제32조(개인정보파일의 등록 및 공개) ① 공공기관의 장이 개인정보파일을 운용하는 경우에는 다음 각 호의 사항을 행정안전부장관에게 등록하여야 한다. 등록한 사항이 변경된 경우에도 또한 같다.

1. 개인정보파일의 명칭
2. 개인정보파일의 운영 근거 및 목적
3. 개인정보파일에 기록되는 개인정보의 항목
4. 개인정보의 처리방법
5. 개인정보의 보유기간
6. 개인정보를 통상적 또는 반복적으로 제공하는 경우에는 그 제공받는 자
7. 그 밖에 대통령령으로 정하는 사항

② 다음 각 호의 어느 하나에 해당하는 개인정보파일에 대하여는 제1항을 적용하지 아니한다.

1. 국가 안전, 외교상 비밀, 그 밖에 국가의 중대한 이익에 관한 사항을 기록한 개인정보파일
2. 범죄의 수사, 공소의 제기 및 유지, 형 및 감호의 집행, 교정처분, 보호처분, 보안관찰처분과 출입국관리에 관한 사항을 기록한 개인정보파일
3. 「조세범처벌법」에 따른 범칙행위 조사 및 「관세법」에 따른 범칙행위 조사에 관한 사항을 기록한 개인정보파일
4. 공공기관의 내부적 업무처리만을 위하여 사용되는 개인정보파일
5. 다른 법령에 따라 비밀로 분류된 개인정보파일

③ 행정안전부장관은 필요하면 제1항에 따른 개인정보파일의 등록사항과 그 내용을 검토하여 해당 공공기관의 장에게 개선을 권고할 수 있다.

④ 행정안전부장관은 제1항에 따른 개인정보파일의 등록 현황을 누구든지 쉽게 열람할 수 있도록 공개하여야 한다.

⑤ 제1항에 따른 등록과 제4항에 따른 공개의 방법, 범위 및 절차에 관하여 필요한 사항은 대통령령으로 정한다.

⑥ 국회, 법원, 헌법재판소, 중앙선거관리위원회(그 소속 기관을 포함한다)의 개인정보파일 등록 및 공개에 관하여는 국회규칙, 대법원규칙, 헌법재판소규칙 및 중앙선거관리위원회규칙으로 정한다.

[시행일: 2011.9.30]

제33조(개인정보 영향평가) ① 공공기관의 장은 대통령령으로 정하는 기준에 해당하는 개인정보파일의 운용으로 인하여 정보주체의 개인정보 침해가 우려되는 경우에는 그 위험요인의 분석과 개선 사항 도출을 위한 평가(이하 "영향평가"라 한다)를 하고 그 결과를 행정안

전부장관에게 제출하여야 한다. 이 경우 공공기관의 장은 영향평가를 행정안전부장관이 지정하는 기관(이하 "평가기관"이라 한다) 중에서 의뢰하여야 한다.

② 영향평가를 하는 경우에는 다음 각 호의 사항을 고려하여야 한다.

1. 처리하는 개인정보의 수
2. 개인정보의 제3자 제공 여부
3. 정보주체의 권리를 해할 가능성 및 그 위험 정도
4. 그 밖에 대통령령으로 정한 사항

③ 행정안전부장관은 제1항에 따라 제출받은 영향평가 결과에 대하여 보호위원회의 심의·의결을 거쳐 의견을 제시할 수 있다.

④ 공공기관의 장은 제1항에 따라 영향평가를 한 개인정보파일을 제32조제1항에 따라 등록할 때에는 영향평가 결과를 함께 첨부하여야 한다.

⑤ 행정안전부장관은 영향평가의 활성화를 위하여 관계 전문가의 육성, 영향평가 기준의 개발·보급 등 필요한 조치를 마련하여야 한다.

⑥ 제1항에 따른 평가기관의 지정기준 및 지정취소, 평가기준, 영향평가의 방법·절차 등에 관하여 필요한 사항은 대통령령으로 정한다.

⑦ 국회, 법원, 헌법재판소, 중앙선거관리위원회(그 소속 기관을 포함한다)의 영향평가에 관한 사항은 국회규칙, 대법원규칙, 헌법재판소규칙 및 중앙선거관리위원회규칙으로 정하는 바에 따른다.

⑧ 공공기관 외의 개인정보처리자는 개인정보파일 운용으로 인하여 정보주체의 개인정보 침해가 우려되는 경우에는 영향평가를 하기 위하여 적극 노력하여야 한다.

[시행일: 2011.9.30]

제34조(개인정보 유출 통지 등) ① 개인정보처리자는 개인정보가 유출되었음을 알게 되었을 때에는 지체 없이 해당 정보주체에게 다음 각 호의 사실을 알려야 한다.

1. 유출된 개인정보의 항목
2. 유출된 시점과 그 경위
3. 유출로 인하여 발생할 수 있는 피해를 최소화하기 위하여 정보주체가 할 수 있는 방법 등에 관한 정보
4. 개인정보처리자의 대응조치 및 피해 구제절차
5. 정보주체에게 피해가 발생한 경우 신고 등을 접수할 수 있는 담당부서 및 연락처

② 개인정보처리자는 개인정보가 유출된 경우 그 피해를 최소화하기 위한 대책을 마련하고 필요한 조치를 하여야 한다.

③ 개인정보처리자는 대통령령으로 정한 규모 이상의 개인정보가 유출된 경우에는 제1항에 따른 통지 및 제2항에 따른 조치 결과를 지체 없이 행정안전부장관 또는 대통령령으로 정하는 전문기관에 신고하여야 한다. 이 경우 행정안전부장관 또는 대통령령으로 정하는 전문기관은 피해 확산방지, 피해 복구 등을 위한 기술을 지원할 수 있다.

④ 제1항에 따른 통지의 시기, 방법 및 절차 등에 관하여 필요한 사항은 대통령령으로 정한다.

[시행일: 2011.9.30]

제5장 정보주체의 권리 보장

제35조(개인정보의 열람) ① 정보주체는 개인정보처리자가 처리하는 자신의 개인정보에 대한 열람을 해당 개인정보처리자에게 요구할 수 있다.

② 제1항에도 불구하고 정보주체가 자신의 개인정보에 대한 열람을 공공기관에 요구하고자 할 때에는 공공기관에 직접 열람을 요구하거나 대통령령으로 정하는 바에 따라 행정안전부장관을 통하여 열람을 요구할 수 있다.

③ 개인정보처리자는 제1항 및 제2항에 따른 열람을 요구받았을 때에는 대통령령으로 정하는 기간 내에 정보주체가 해당 개인정보를 열람할 수 있도록 하여야 한다. 이 경우 해당 기간 내에 열람할 수 없는 정당한 사유가 있을 때에는 정보주체에게 그 사유를 알리고 열람을 연기할 수 있으며, 그 사유가 소멸하면 지체 없이 열람하게 하여야 한다.

④ 개인정보처리자는 다음 각 호의 어느 하나에 해당하는 경우에는 정보주체에게 그 사유를 알리고 열람을 제한하거나 거절할 수 있다.

1. 법률에 따라 열람이 금지되거나 제한되는 경우
2. 다른 사람의 생명·신체를 해할 우려가 있거나 다른 사람의 재산과 그 밖의 이익을 부당하게 침해할 우려가 있는 경우
3. 공공기관이 다음 각 목의 어느 하나에 해당하는 업무를 수행할 때 중대한 지장을 초래하는 경우
   가. 조세의 부과·징수 또는 환급에 관한 업무
   나. 「초·중등교육법」 및 「고등교육법」에 따른 각급 학교, 「평생교육법」에 따른 평생교육시설, 그 밖의 다른 법률에 따라 설치된 고등교육기관에서의 성적 평가 또는 입학자 선발에 관한 업무
   다. 학력·기능 및 채용에 관한 시험, 자격 심사에 관한 업무
   라. 보상금·급부금 산정 등에 대하여 진행 중인 평가 또는 판단에 관한 업무
   마. 다른 법률에 따라 진행 중인 감사 및 조사에 관한 업무

⑤ 제1항부터 제4항까지의 규정에 따른 열람 요구, 열람 제한, 통지 등의 방법 및 절차에 관하여 필요한 사항은 대통령령으로 정한다.

[시행일: 2011.9.30]

제36조(개인정보의 정정·삭제) ① 제35조에 따라 자신의 개인정보를 열람한 정보주체는 개인정보처리자에게 그 개인정보의 정정 또는 삭제를 요구할 수 있다. 다만, 다른 법령에서 그 개인정보가 수집 대상으로 명시되어 있는 경우에는 그 삭제를 요구할 수 없다.

② 개인정보처리자는 제1항에 따른 정보주체의 요구를 받았을 때에는 개인정보의 정정 또는 삭제에 관하여 다른 법령에 특별한 절차가 규정되어 있는 경우를 제외하고는 지체 없이 그 개인정보를 조사하여 정보주체의 요구에 따라 정정·삭제 등 필요한 조치를 한 후 그 결과를 정보주체에게 알려야 한다.

③ 개인정보처리자가 제2항에 따라 개인정보를 삭제할 때에는 복구 또는 재생되지 아니하도록 조치하여야 한다.

④ 개인정보처리자는 정보주체의 요구가 제1항 단서에 해당될 때에는 지체 없이 그 내용을 정보주체에게 알려야 한다.

⑤ 개인정보처리자는 제2항에 따른 조사를 할 때 필요하면 해당 정보주체에게 정정·삭제 요구사항의 확인에 필요한 증거자료를 제출하게 할 수 있다.

⑥ 제1항·제2항 및 제4항에 따른 정정 또는 삭제 요구, 통지 방법 및 절차 등에 필요한 사항은 대통령령으로 정한다.

[시행일: 2011.9.30]

第37조(개인정보의 처리정지 등) ① 정보주체는 개인정보처리자에 대하여 자신의 개인정보 처리의 정지를 요구할 수 있다. 이 경우 공공기관에 대하여는 제32조에 따라 등록 대상이 되는 개인정보파일 중 자신의 개인정보에 대한 처리의 정지를 요구할 수 있다.

② 개인정보처리자는 제1항에 따른 요구를 받았을 때에는 지체 없이 정보주체의 요구에 따라 개인정보 처리의 전부를 정지하거나 일부를 정지하여야 한다. 다만, 다음 각 호의 어느 하나에 해당하는 경우에는 정보주체의 처리정지 요구를 거절할 수 있다.

1. 법률에 특별한 규정이 있거나 법령상 의무를 준수하기 위하여 불가피한 경우
2. 다른 사람의 생명·신체를 해할 우려가 있거나 다른 사람의 재산과 그 밖의 이익을 부당하게 침해할 우려가 있는 경우
3. 공공기관이 개인정보를 처리하지 아니하면 다른 법률에서 정하는 소관 업무를 수행할 수 없는 경우
4. 개인정보를 처리하지 아니하면 정보주체와 약정한 서비스를 제공하지 못하는 등 계약의 이행이 곤란한 경우로서 정보주체가 그 계약의 해지 의사를 명확하게 밝히지 아니한 경우

③ 개인정보처리자는 제2항 단서에 따라 처리정지 요구를 거절하였을 때에는 정보주체에게 지체 없이 그 사유를 알려야 한다.

④ 개인정보처리자는 정보주체의 요구에 따라 처리가 정지된 개인정보에 대하여 지체 없이 해당 개인정보의 파기 등 필요한 조치를 하여야 한다.

⑤ 제1항부터 제3항까지의 규정에 따른 처리정지의 요구, 처리정지의 거절, 통지 등의 방법 및 절차에 필요한 사항은 대통령령으로 정한다.

[시행일: 2011.9.30]

第38조(권리행사의 방법 및 절차) ① 정보주체는 제35조에 따른 열람, 제36조에 따른 정정·삭제, 제37조에 따른 처리정지 등의 요구(이하 "열람등요구"라 한다)를 문서 등 대통령령으로 정하는 방법·절차에 따라 대리인에게 하게 할 수 있다.

② 만 14세 미만 아동의 법정대리인은 개인정보처리자에게 그 아동의 개인정보 열람등요구를 할 수 있다.

③ 개인정보처리자는 열람등요구를 하는 자에게 대통령령으로 정하는 바에 따라 수수료와 우송료(사본의 우송을 청구하는 경우에 한한다)를 청구할 수 있다.

④ 개인정보처리자는 정보주체가 열람등요구를 할 수 있는 구체적인 방법과 절차를 마련하고, 이를 정보주체가 알 수 있도록 공개하여야 한다.

⑤ 개인정보처리자는 정보주체가 열람등요구에 대한 거절 등 조치에 대하여 불복이 있는

경우 이의를 제기할 수 있도록 필요한 절차를 마련하고 안내하여야 한다.

[시행일: 2011.9.30]

제39조(손해배상책임) ① 정보주체는 개인정보처리자가 이 법을 위반한 행위로 손해를 입으면 개인정보처리자에게 손해배상을 청구할 수 있다. 이 경우 그 개인정보처리자는 고의 또는 과실이 없음을 입증하지 아니하면 책임을 면할 수 없다.

② 개인정보처리자가 이 법에 따른 의무를 준수하고 상당한 주의와 감독을 게을리하지 아니한 경우에는 개인정보의 분실·도난·유출·변조 또는 훼손으로 인한 손해배상책임을 감경받을 수 있다.

[시행일: 2011.9.30]

제6장 개인정보 분쟁조정위원회

제40조(설치 및 구성) ① 개인정보에 관한 분쟁의 조정(調停)을 위하여 개인정보 분쟁조정위원회(이하 "분쟁조정위원회"라 한다)를 둔다.

② 분쟁조정위원회는 위원장 1명을 포함한 20명 이내의 위원으로 구성하며, 그 중 1명은 상임위원으로 한다.

③ 위원은 다음 각 호의 어느 하나에 해당하는 사람 중에서 행정안전부장관이 임명하거나 위촉한다.

1. 개인정보 보호업무를 관장하는 중앙행정기관의 고위공무원단에 속하는 공무원 또는 이에 상당하는 공공부문 및 관련 단체의 직에 재직하고 있거나 재직하였던 사람으로서 개인정보 보호업무의 경험이 있는 사람
2. 대학이나 공인된 연구기관에서 부교수 이상 또는 이에 상당하는 직에 재직하고 있거나 재직하였던 사람
3. 판사·검사 또는 변호사로 재직하고 있거나 재직하였던 사람
4. 개인정보 보호와 관련된 시민사회단체 또는 소비자단체로부터 추천을 받은 사람
5. 개인정보처리자로 구성된 사업자단체의 임원으로 재직하고 있거나 재직하였던 사람

④ 위원장은 위원 중에서 공무원이 아닌 사람으로 행정안전부장관이 임명한다.

⑤ 위원장과 위원의 임기는 2년으로 하되, 1차에 한하여 연임할 수 있다. 다만, 제3항제1호에 따라 임명된 공무원인 위원은 그 직에 재직하는 동안 재임한다.

⑥ 분쟁조정위원회는 분쟁조정 업무를 효율적으로 수행하기 위하여 필요하면 대통령령으로 정하는 바에 따라 조정사건의 분야별로 5명 이내의 위원으로 구성되는 조정부를 둘 수 있다. 이 경우 조정부가 분쟁조정위원회에서 위임받아 의결한 사항은 분쟁조정위원회에서 의결한 것으로 본다.

⑦ 분쟁조정위원회 또는 조정부는 재적위원 과반수의 출석으로 개의하며 출석위원 과반수의 찬성으로 의결한다.

⑧ 행정안전부장관은 분쟁조정위원회 사무국 운영 등 업무를 지원하기 위하여 대통령령으로 정하는 바에 따라 전문기관을 지정할 수 있다.

⑨ 이 법에서 정한 사항 외에 분쟁조정위원회 운영에 필요한 사항은 대통령령으로 정한다.

[시행일: 2011.9.30]

제41조(위원의 신분보장) 위원은 자격정지 이상의 형을 선고받거나 심신상의 장애로 직무를 수행할 수 없는 경우를 제외하고는 그의 의사에 반하여 면직되거나 해촉되지 아니한다.

[시행일: 2011.9.30]

제42조(위원의 제척·기피·회피) ① 분쟁조정위원회의 위원은 다음 각 호의 어느 하나에 해당하는 경우에는 제43조제1항에 따라 분쟁조정위원회에 신청된 분쟁조정사건(이하 이 조에서 "사건"이라 한다)의 심의 · 의결에서 제척(除斥)된다.

1. 위원 또는 그 배우자나 배우자였던 자가 그 사건의 당사자가 되거나 그 사건에 관하여 공동의 권리자 또는 의무자의 관계에 있는 경우
2. 위원이 그 사건의 당사자와 친족이거나 친족이었던 경우
3. 위원이 그 사건에 관하여 증언, 감정, 법률자문을 한 경우
4. 위원이 그 사건에 관하여 당사자의 대리인으로서 관여하거나 관여하였던 경우

② 당사자는 위원에게 공정한 심의 · 의결을 기대하기 어려운 사정이 있으면 위원장에게 기피신청을 할 수 있다. 이 경우 위원장은 기피신청에 대하여 분쟁조정위원회의 의결을 거치지 아니하고 결정한다.

③ 위원이 제1항 또는 제2항의 사유에 해당하는 경우에는 스스로 그 사건의 심의 · 의결에서 회피할 수 있다.

[시행일: 2011.9.30]

제43조(조정의 신청 등) ① 개인정보와 관련한 분쟁의 조정을 원하는 자는 분쟁조정위원회에 분쟁조정을 신청할 수 있다.

② 분쟁조정위원회는 당사자 일방으로부터 분쟁조정 신청을 받았을 때에는 그 신청내용을 상대방에게 알려야 한다.

③ 공공기관이 제2항에 따른 분쟁조정의 통지를 받은 경우에는 특별한 사유가 없으면 분쟁조정에 응하여야 한다.

[시행일: 2011.9.30]

제44조(처리기간) ① 분쟁조정위원회는 제43조제1항에 따른 분쟁조정 신청을 받은 날부터 60일 이내에 이를 심사하여 조정안을 작성하여야 한다. 다만, 부득이한 사정이 있는 경우에는 분쟁조정위원회의 의결로 처리기간을 연장할 수 있다.

② 분쟁조정위원회는 제1항 단서에 따라 처리기간을 연장한 경우에는 기간연장의 사유와 그 밖의 기간연장에 관한 사항을 신청인에게 알려야 한다.

[시행일: 2011.9.30] 제44조

제45조(자료의 요청 등) ① 분쟁조정위원회는 제43조제1항에 따라 분쟁조정 신청을 받았을 때에는 해당 분쟁의 조정을 위하여 필요한 자료를 분쟁당사자에게 요청할 수 있다. 이 경우 분쟁당사자는 정당한 사유가 없으면 요청에 따라야 한다.

② 분쟁조정위원회는 필요하다고 인정하면 분쟁당사자나 참고인을 위원회에 출석하도록 하여 그 의견을 들을 수 있다.

[시행일: 2011.9.30]

제46조(조정 전 합의 권고) 분쟁조정위원회는 제43조제1항에 따라 분쟁조정 신청을 받았을 때에는 당사자에게 그 내용을 제시하고 조정 전 합의를 권고할 수 있다.

[시행일: 2011.9.30]

제47조(분쟁의 조정) ① 분쟁조정위원회는 다음 각 호의 어느 하나의 사항을 포함하여 조정안을 작성할 수 있다.

1. 조사 대상 침해행위의 중지
2. 원상회복, 손해배상, 그 밖에 필요한 구제조치
3. 같거나 비슷한 침해의 재발을 방지하기 위하여 필요한 조치

② 분쟁조정위원회는 제1항에 따라 조정안을 작성하면 지체 없이 각 당사자에게 제시하여야 한다.

③ 제1항에 따라 조정안을 제시받은 당사자가 제시받은 날부터 15일 이내에 수락 여부를 알리지 아니하면 조정을 거부한 것으로 본다.

④ 당사자가 조정내용을 수락한 경우 분쟁조정위원회는 조정서를 작성하고, 분쟁조정위원회의 위원장과 각 당사자가 기명날인하여야 한다.

⑤ 제4항에 따른 조정의 내용은 재판상 화해와 동일한 효력을 갖는다.

[시행일: 2011.9.30]

제48조(조정의 거부 및 중지) ① 분쟁조정위원회는 분쟁의 성질상 분쟁조정위원회에서 조정하는 것이 적합하지 아니하다고 인정하거나 부정한 목적으로 조정이 신청되었다고 인정하는 경우에는 그 조정을 거부할 수 있다. 이 경우 조정거부의 사유 등을 신청인에게 알려야 한다.

② 분쟁조정위원회는 신청된 조정사건에 대한 처리절차를 진행하던 중에 한 쪽 당사자가 소를 제기하면 그 조정의 처리를 중지하고 이를 당사자에게 알려야 한다.

[시행일: 2011.9.30]

제49조(집단분쟁조정) ① 국가 및 지방자치단체, 개인정보 보호단체 및 기관, 정보주체, 개인정보처리자는 정보주체의 피해 또는 권리침해가 다수의 정보주체에게 같거나 비슷한 유형으로 발생하는 경우로서 대통령령으로 정하는 사건에 대하여는 분쟁조정위원회에 일괄적인 분쟁조정(이하 "집단분쟁조정"이라 한다)을 의뢰 또는 신청할 수 있다.

② 제1항에 따라 집단분쟁조정을 의뢰받거나 신청받은 분쟁조정위원회는 그 의결로써 제3항부터 제7항까지의 규정에 따른 집단분쟁조정의 절차를 개시할 수 있다. 이 경우 분쟁조정위원회는 대통령령으로 정하는 기간 동안 그 절차의 개시를 공고하여야 한다.

③ 분쟁조정위원회는 집단분쟁조정의 당사자가 아닌 정보주체 또는 개인정보처리자로부터 그 분쟁조정의 당사자에 추가로 포함될 수 있도록 하는 신청을 받을 수 있다.

④ 분쟁조정위원회는 그 의결로써 제1항 및 제3항에 따른 집단분쟁조정의 당사자 중에서 공동의 이익을 대표하기에 가장 적합한 1인 또는 수인을 대표당사자로 선임할 수 있다.

⑤ 분쟁조정위원회는 개인정보처리자가 분쟁조정위원회의 집단분쟁조정의 내용을 수락한 경우에는 집단분쟁조정의 당사자가 아닌 자로서 피해를 입은 정보주체에 대한 보상계획서를 작성하여 분쟁조정위원회에 제출하도록 권고할 수 있다.

⑥ 제48조제2항에도 불구하고 분쟁조정위원회는 집단분쟁조정의 당사자인 다수의 정보주체 중 일부의 정보주체가 법원에 소를 제기한 경우에는 그 절차를 중지하지 아니하고, 소를 제기한 일부의 정보주체를 그 절차에서 제외한다.

⑦ 집단분쟁조정의 기간은 제2항에 따른 공고가 종료된 날의 다음 날부터 60일 이내로 한다. 다만, 부득이한 사정이 있는 경우에는 분쟁조정위원회의 의결로 처리기간을 연장할 수 있다.

⑧ 집단분쟁조정의 절차 등에 관하여 필요한 사항은 대통령령으로 정한다.

[시행일: 2011.9.30]

제50조(조정절차 등) ① 제43조부터 제49조까지의 규정에서 정한 것 외에 분쟁의 조정방법, 조정절차 및 조정업무의 처리 등에 필요한 사항은 대통령령으로 정한다.

② 분쟁조정위원회의 운영 및 분쟁조정 절차에 관하여 이 법에서 규정하지 아니한 사항에 대하여는 「민사조정법」을 준용한다.

[시행일: 2011.9.30]

제7장 개인정보 단체소송

제51조(단체소송의 대상 등) 다음 각 호의 어느 하나에 해당하는 단체는 개인정보처리자가 제49조에 따른 집단분쟁조정을 거부하거나 집단분쟁조정의 결과를 수락하지 아니한 경우에는 법원에 권리침해 행위의 금지·중지를 구하는 소송(이하 "단체소송"이라 한다)을 제기할 수 있다.

1. 「소비자기본법」 제29조에 따라 공정거래위원회에 등록한 소비자단체로서 다음 각 목의 요건을 모두 갖춘 단체
   가. 정관에 따라 상시적으로 정보주체의 권익증진을 주된 목적으로 하는 단체일 것
   나. 단체의 정회원수가 1천명 이상일 것
   다. 「소비자기본법」 제29조에 따른 등록 후 3년이 경과하였을 것
2. 「비영리민간단체 지원법」 제2조에 따른 비영리민간단체로서 다음 각 목의 요건을 모두 갖춘 단체
   가. 법률상 또는 사실상 동일한 침해를 입은 100명 이상의 정보주체로부터 단체소송의 제기를 요청받을 것
   나. 정관에 개인정보 보호를 단체의 목적으로 명시한 후 최근 3년 이상 이를 위한 활동실적이 있을 것
   다. 단체의 상시 구성원수가 5천명 이상일 것
   라. 중앙행정기관에 등록되어 있을 것

[시행일: 2011.9.30]

제52조(전속관할) ① 단체소송의 소는 피고의 주된 사무소 또는 영업소가 있는 곳, 주된 사무소나 영업소가 없는 경우에는 주된 업무담당자의 주소가 있는 곳의 지방법원 본원 합의부의 관할에 전속한다.

② 제1항을 외국사업자에 적용하는 경우 대한민국에 있는 이들의 주된 사무소·영업소 또

는 업무담당자의 주소에 따라 정한다.
[시행일: 2011.9.30]

제53조(소송대리인의 선임) 단체소송의 원고는 변호사를 소송대리인으로 선임하여야 한다.
[시행일: 2011.9.30]

제54조(소송허가신청) ① 단체소송을 제기하는 단체는 소장과 함께 다음 각 호의 사항을 기재한 소송허가신청서를 법원에 제출하여야 한다.

1. 원고 및 그 소송대리인
2. 피고
3. 정보주체의 침해된 권리의 내용

② 제1항에 따른 소송허가신청서에는 다음 각 호의 자료를 첨부하여야 한다.

1. 소제기단체가 제51조 각 호의 어느 하나에 해당하는 요건을 갖추고 있음을 소명하는 자료
2. 개인정보처리자가 조정을 거부하였거나 조정결과를 수락하지 아니하였음을 증명하는 서류

[시행일: 2011.9.30]

제55조(소송허가요건 등) ① 법원은 다음 각 호의 요건을 모두 갖춘 경우에 한하여 결정으로 단체소송을 허가한다.

1. 개인정보처리자가 분쟁조정위원회의 조정을 거부하거나 조정결과를 수락하지 아니하였을 것
2. 제54조에 따른 소송허가신청서의 기재사항에 흠결이 없을 것

② 단체소송을 허가하거나 불허가하는 결정에 대하여는 즉시항고할 수 있다.
[시행일: 2011.9.30]

제56조(확정판결의 효력) 원고의 청구를 기각하는 판결이 확정된 경우 이와 동일한 사안에 관하여는 제51조에 따른 다른 단체는 단체소송을 제기할 수 없다. 다만, 다음 각 호의 어느 하나에 해당하는 경우에는 그러하지 아니하다.

1. 판결이 확정된 후 그 사안과 관련하여 국가·지방자치단체 또는 국가·지방자치단체가 설립한 기관에 의하여 새로운 증거가 나타난 경우
2. 기각판결이 원고의 고의로 인한 것임이 밝혀진 경우

[시행일: 2011.9.30]

제57조(「민사소송법」의 적용 등) ① 단체소송에 관하여 이 법에 특별한 규정이 없는 경우에는 「민사소송법」을 적용한다.
② 제55조에 따른 단체소송의 허가결정이 있는 경우에는 「민사집행법」 제4편에 따른 보전처분을 할 수 있다.
③ 단체소송의 절차에 관하여 필요한 사항은 대법원규칙으로 정한다.
[시행일: 2011.9.30]

제8장 보칙

제58조(적용의 일부 제외) ① 다음 각 호의 어느 하나에 해당하는 개인정보에 관하여는 제3장부터 제7장까지를 적용하지 아니한다.

1. 공공기관이 처리하는 개인정보 중 「통계법」에 따라 수집되는 개인정보
2. 국가안전보장과 관련된 정보 분석을 목적으로 수집 또는 제공 요청되는 개인정보
3. 공중위생 등 공공의 안전과 안녕을 위하여 긴급히 필요한 경우로서 일시적으로 처리되는 개인정보
4. 언론, 종교단체, 정당이 각각 취재·보도, 선교, 선거 입후보자 추천 등 고유 목적을 달성하기 위하여 수집·이용하는 개인정보

② 제25조제1항 각 호에 따라 공개된 장소에 영상정보처리기기를 설치·운영하여 처리되는 개인정보에 대하여는 제15조, 제22조, 제27조제1항·제2항, 제34조 및 제37조를 적용하지 아니한다.

③ 개인정보처리자가 동창회, 동호회 등 친목 도모를 위한 단체를 운영하기 위하여 개인정보를 처리하는 경우에는 제15조, 제30조 및 제31조를 적용하지 아니한다.

④ 개인정보처리자는 제1항 각 호에 따라 개인정보를 처리하는 경우에도 그 목적을 위하여 필요한 범위에서 최소한의 기간에 최소한의 개인정보만을 처리하여야 하며, 개인정보의 안전한 관리를 위하여 필요한 기술적·관리적 및 물리적 보호조치, 개인정보의 처리에 관한 고충처리, 그 밖에 개인정보의 적절한 처리를 위하여 필요한 조치를 마련하여야 한다.

[시행일: 2011.9.30]

제59조(금지행위) 개인정보를 처리하거나 처리하였던 자는 다음 각 호의 어느 하나에 해당하는 행위를 하여서는 아니 된다.

1. 거짓이나 그 밖의 부정한 수단이나 방법으로 개인정보를 취득하거나 처리에 관한 동의를 받는 행위
2. 업무상 알게 된 개인정보를 누설하거나 권한 없이 다른 사람이 이용하도록 제공하는 행위
3. 정당한 권한 없이 또는 허용된 권한을 초과하여 다른 사람의 개인정보를 훼손, 멸실, 변경, 위조 또는 유출하는 행위

[시행일: 2011.9.30]

제60조(비밀유지 등) 다음 각 호의 업무에 종사하거나 종사하였던 자는 직무상 알게 된 비밀을 다른 사람에게 누설하거나 직무상 목적 외의 용도로 이용하여서는 아니 된다. 다만, 다른 법률에 특별한 규정이 있는 경우에는 그러하지 아니하다.

1. 제8조에 따른 보호위원회의 업무
2. 제33조에 따른 영향평가 업무
3. 제40조에 따른 분쟁조정위원회의 분쟁조정 업무

[시행일: 2011.9.30]

제61조(의견제시 및 개선권고) ① 행정안전부장관은 개인정보 보호에 영향을 미치는 내용이 포함된 법령이나 조례에 대하여 필요하다고 인정하면 보호위원회의 심의·의결을 거쳐 관계 기관에 의견을 제시할 수 있다.

② 행정안전부장관은 개인정보 보호를 위하여 필요하다고 인정하면 개인정보처리자에게 개인정보 처리 실태의 개선을 권고할 수 있다. 이 경우 권고를 받은 개인정보처리자는 이를 이행하기 위하여 성실하게 노력하여야 하며, 그 조치 결과를 행정안전부장관에게 알려야

한다.

③ 관계 중앙행정기관의 장은 개인정보 보호를 위하여 필요하다고 인정하면 소관 법률에 따라 개인정보처리자에게 개인정보 처리 실태의 개선을 권고할 수 있다. 이 경우 권고를 받은 개인정보처리자는 이를 이행하기 위하여 성실하게 노력하여야 하며, 그 조치 결과를 관계 중앙행정기관의 장에게 알려야 한다.

④ 중앙행정기관, 지방자치단체, 국회, 법원, 헌법재판소, 중앙선거관리위원회는 그 소속 기관 및 소관 공공기관에 대하여 개인정보 보호에 관한 의견을 제시하거나 지도·점검을 할 수 있다.

[시행일: 2011.9.30]

第62조(침해 사실의 신고 등) ① 개인정보처리자가 개인정보를 처리할 때 개인정보에 관한 권리 또는 이익을 침해받은 사람은 행정안전부장관에게 그 침해 사실을 신고할 수 있다.

② 행정안전부장관은 제1항에 따른 신고의 접수·처리 등에 관한 업무를 효율적으로 수행하기 위하여 대통령령으로 정하는 바에 따라 전문기관을 지정할 수 있다. 이 경우 전문기관은 개인정보침해 신고센터(이하 "신고센터"라 한다)를 설치·운영하여야 한다.

③ 신고센터는 다음 각 호의 업무를 수행한다.

1. 개인정보 처리와 관련한 신고의 접수·상담
2. 사실의 조사·확인 및 관계자의 의견 청취
3. 제1호 및 제2호에 따른 업무에 딸린 업무

④ 행정안전부장관은 제3항제2호의 사실 조사·확인 등의 업무를 효율적으로 하기 위하여 필요하면 「국가공무원법」 제32조의4에 따라 소속 공무원을 제2항에 따른 전문기관에 파견할 수 있다.

[시행일: 2011.9.30]

第63조(자료제출 요구 및 검사) ① 행정안전부장관은 다음 각 호의 어느 하나에 해당하는 경우에는 개인정보처리자에게 관계 물품·서류 등 자료를 제출하게 할 수 있다.

1. 이 법을 위반하는 사항을 발견하거나 혐의가 있음을 알게 된 경우
2. 이 법 위반에 대한 신고를 받거나 민원이 접수된 경우
3. 그 밖에 정보주체의 개인정보 보호를 위하여 필요한 경우로서 대통령령으로 정하는 경우

② 행정안전부장관은 개인정보처리자가 제1항에 따른 자료를 제출하지 아니하거나 이 법을 위반한 사실이 있다고 인정되면 소속 공무원으로 하여금 개인정보처리자의 사무소나 사업장에 출입하여 업무 상황, 장부 또는 서류 등을 검사하게 할 수 있다. 이 경우 검사를 하는 공무원은 그 권한을 나타내는 증표를 지니고 이를 관계인에게 내보여야 한다.

③ 관계 중앙행정기관의 장은 소관 법률에 따라 개인정보처리자에게 제1항에 따른 자료제출을 요구하거나 제2항에 따른 검사를 할 수 있다.

④ 행정안전부장관과 관계 중앙행정기관의 장은 개인정보처리자로부터 제출받거나 수집한 서류·자료 등을 이 법에 따른 경우를 제외하고는 제3자에게 제공하거나 일반에게 공개하여서는 아니 된다.

⑤ 행정안전부장관과 관계 중앙행정기관의 장은 정보통신망을 통하여 자료의 제출 등을 받

은 경우나 수집한 자료 등을 전자화한 경우에는 개인정보·영업비밀 등이 유출되지 아니하도록 제도적·기술적 보완조치를 하여야 한다.

[시행일: 2011.9.30]

제64조(시정조치 등) ① 행정안전부장관은 개인정보가 침해되었다고 판단할 상당한 근거가 있고 이를 방치할 경우 회복하기 어려운 피해가 발생할 우려가 있다고 인정되면 이 법을 위반한 자(중앙행정기관, 지방자치단체, 국회, 법원, 헌법재판소, 중앙선거관리위원회는 제외한다)에 대하여 다음 각 호에 해당하는 조치를 명할 수 있다.

1. 개인정보 침해행위의 중지
2. 개인정보 처리의 일시적인 정지
3. 그 밖에 개인정보의 보호 및 침해 방지를 위하여 필요한 조치

② 관계 중앙행정기관의 장은 개인정보가 침해되었다고 판단할 상당한 근거가 있고 이를 방치할 경우 회복하기 어려운 피해가 발생할 우려가 있다고 인정되면 소관 법률에 따라 개인정보처리자에 대하여 제1항 각 호에 해당하는 조치를 명할 수 있다.

③ 지방자치단체, 국회, 법원, 헌법재판소, 중앙선거관리위원회는 그 소속 기관 및 소관 공공기관이 이 법을 위반하였을 때에는 제1항 각 호에 해당하는 조치를 명할 수 있다.

④ 보호위원회는 중앙행정기관, 지방자치단체, 국회, 법원, 헌법재판소, 중앙선거관리위원회가 이 법을 위반하였을 때에는 해당 기관의 장에게 제1항 각 호에 해당하는 조치를 하도록 권고할 수 있다. 이 경우 권고를 받은 기관은 특별한 사유가 없으면 이를 존중하여야 한다.

[시행일: 2011.9.30]

제65조(고발 및 징계권고) ① 행정안전부장관은 개인정보처리자에게 이 법 등 개인정보 보호와 관련된 법규의 위반에 따른 범죄혐의가 있다고 인정될 만한 상당한 이유가 있을 때에는 관할 수사기관에 그 내용을 고발할 수 있다.

② 행정안전부장관은 이 법 등 개인정보 보호와 관련된 법규의 위반행위가 있다고 인정될 만한 상당한 이유가 있을 때에는 책임이 있는 자를 징계할 것을 그 소속 기관·단체 등의 장에게 권고할 수 있다. 이 경우 권고를 받은 사람은 이를 존중하여야 하며 그 결과를 행정안전부장관에게 통보하여야 한다.

③ 관계 중앙행정기관의 장은 소관 법률에 따라 개인정보처리자에 대하여 제1항에 따른 고발을 하거나 소속 기관·단체 등의 장에게 제2항에 따른 징계권고를 할 수 있다. 이 경우 제2항에 따른 권고를 받은 사람은 이를 존중하여야 하며 그 결과를 관계 중앙행정기관의 장에게 통보하여야 한다.

[시행일: 2011.9.30]

제66조(결과의 공표) ① 행정안전부장관은 제61조에 따른 개선권고, 제64조에 따른 시정조치 명령, 제65조에 따른 고발 또는 징계권고 및 제75조에 따른 과태료 부과의 내용 및 결과에 대하여 보호위원회의 심의·의결을 거쳐 공표할 수 있다.

② 관계 중앙행정기관의 장은 소관 법률에 따라 제1항에 따른 공표를 할 수 있다.

③ 제1항 및 제2항에 따른 공표의 방법, 기준 및 절차 등은 대통령령으로 정한다.

[시행일: 2011.9.30]

제67조(연차보고) ① 보호위원회는 관계 기관 등으로부터 필요한 자료를 제출받아 매년 개인정보 보호시책의 수립 및 시행에 관한 보고서를 작성하여 정기국회 개회 전까지 국회에 제출(정보통신망에 의한 제출을 포함한다)하여야 한다.

② 제1항에 따른 보고서에는 다음 각 호의 내용이 포함되어야 한다.

1. 정보주체의 권리침해 및 그 구제현황
2. 개인정보 처리에 관한 실태조사 등의 결과
3. 개인정보 보호시책의 추진현황 및 실적
4. 개인정보 관련 해외의 입법 및 정책 동향
5. 그 밖에 개인정보 보호시책에 관하여 공개 또는 보고하여야 할 사항

[시행일: 2011.9.30]

제68조(권한의 위임·위탁) ① 이 법에 따른 행정안전부장관 또는 관계 중앙행정기관의 장의 권한은 그 일부를 대통령령으로 정하는 바에 따라 특별시장, 광역시장, 도지사, 특별자치도지사 또는 대통령령으로 정하는 전문기관에 위임하거나 위탁할 수 있다.

② 제1항에 따라 행정안전부장관 또는 관계 중앙행정기관의 장의 권한을 위임 또는 위탁받은 기관은 위임 또는 위탁받은 업무의 처리 결과를 행정안전부장관 또는 관계 중앙행정기관의 장에게 통보하여야 한다.

③ 행정안전부장관은 제1항에 따른 전문기관에 권한의 일부를 위임하거나 위탁하는 경우 해당 전문기관의 업무 수행을 위하여 필요한 경비를 출연할 수 있다

[시행일: 2011.9.30]

제69조(벌칙 적용 시의 공무원 의제) 행정안전부장관 또는 관계 중앙행정기관의 장의 권한을 위탁한 업무에 종사하는 관계 기관의 임직원은 「형법」 제129조부터 제132조까지의 규정을 적용할 때에는 공무원으로 본다.

[시행일: 2011.9.30]

제9장 벌칙

제70조(벌칙) 공공기관의 개인정보 처리업무를 방해할 목적으로 공공기관에서 처리하고 있는 개인정보를 변경하거나 말소하여 공공기관의 업무 수행의 중단 · 마비 등 심각한 지장을 초래한 자는 10년 이하의 징역 또는 1억원 이하의 벌금에 처한다.

[시행일: 2011.9.30]

제71조(벌칙) 다음 각 호의 어느 하나에 해당하는 자는 5년 이하의 징역 또는 5천만원 이하의 벌금에 처한다.

1. 제17조제1항제2호에 해당하지 아니함에도 같은 항 제1호를 위반하여 정보주체의 동의를 받지 아니하고 개인정보를 제3자에게 제공한 자 및 그 사정을 알고 개인정보를 제공받은 자
2. 제18조제1항 · 제2항, 제19조, 제26조제5항 또는 제27조제3항을 위반하여 개인정보를 이용하거나 제3자에게 제공한 자 및 그 사정을 알면서도 영리 또는 부정한 목적으로 개인정보를 제공받은 자

3. 제23조를 위반하여 민감정보를 처리한 자
4. 제24조제1항을 위반하여 고유식별정보를 처리한 자
5. 제59조제2호를 위반하여 업무상 알게 된 개인정보를 누설하거나 권한 없이 다른 사람이 이용하도록 제공한 자 및 그 사정을 알면서도 영리 또는 부정한 목적으로 개인정보를 제공받은 자
6. 제59조제3호를 위반하여 다른 사람의 개인정보를 훼손, 멸실, 변경, 위조 또는 유출한 자

[시행일: 2011.9.30]

第72조(벌칙) 다음 각 호의 어느 하나에 해당하는 자는 3년 이하의 징역 또는 3천만원 이하의 벌금에 처한다.

1. 제25조제5항을 위반하여 영상정보처리기기의 설치 목적과 다른 목적으로 영상정보처리기기를 임의로 조작하거나 다른 곳을 비추는 자 또는 녹음기능을 사용한 자
2. 제59조제1호를 위반하여 거짓이나 그 밖의 부정한 수단이나 방법으로 개인정보를 취득하거나 개인정보 처리에 관한 동의를 받는 행위를 한 자 및 그 사정을 알면서도 영리 또는 부정한 목적으로 개인정보를 제공받은 자
3. 제60조를 위반하여 직무상 알게 된 비밀을 누설하거나 직무상 목적 외에 이용한 자

[시행일: 2011.9.30]

第73조(벌칙) 다음 각 호의 어느 하나에 해당하는 자는 2년 이하의 징역 또는 1천만원 이하의 벌금에 처한다.

1. 제24조제3항, 제25조제6항 또는 제29조를 위반하여 안전성 확보에 필요한 조치를 하지 아니하여 개인정보를 분실·도난·유출·변조 또는 훼손당한 자
2. 제36조제2항을 위반하여 정정·삭제 등 필요한 조치를 하지 아니하고 개인정보를 계속 이용하거나 이를 제3자에게 제공한 자
3. 제37조제2항을 위반하여 개인정보의 처리를 정지하지 아니하고 계속 이용하거나 제3자에게 제공한 자

[시행일: 2011.9.30]

第74조(양벌규정) ① 법인의 대표자나 법인 또는 개인의 대리인, 사용인, 그 밖의 종업원이 그 법인 또는 개인의 업무에 관하여 제70조에 해당하는 위반행위를 하면 그 행위자를 벌하는 외에 그 법인 또는 개인을 7천만원 이하의 벌금에 처한다. 다만, 법인 또는 개인이 그 위반행위를 방지하기 위하여 해당 업무에 관하여 상당한 주의와 감독을 게을리하지 아니한 경우에는 그러하지 아니하다.

② 법인의 대표자나 법인 또는 개인의 대리인, 사용인, 그 밖의 종업원이 그 법인 또는 개인의 업무에 관하여 제71조부터 제73조까지의 어느 하나에 해당하는 위반행위를 하면 그 행위자를 벌하는 외에 그 법인 또는 개인에게도 해당 조문의 벌금형을 과(科)한다. 다만, 법인 또는 개인이 그 위반행위를 방지하기 위하여 해당 업무에 관하여 상당한 주의와 감독을 게을리하지 아니한 경우에는 그러하지 아니하다.

[시행일: 2011.9.30]

第75조(과태료) ① 다음 각 호의 어느 하나에 해당하는 자에게는 5천만원 이하의 과태료를

부과한다.

1. 제15조제1항을 위반하여 개인정보를 수집한 자
2. 제22조제5항을 위반하여 법정대리인의 동의를 받지 아니한 자
3. 제25조제2항을 위반하여 영상정보처리기기를 설치·운영한 자

② 다음 각 호의 어느 하나에 해당하는 자에게는 3천만원 이하의 과태료를 부과한다.

1. 제15조제2항, 제17조제2항, 제18조제3항 또는 제26조제3항을 위반하여 정보주체에게 알려야 할 사항을 알리지 아니한 자
2. 제16조제2항 또는 제22조제4항을 위반하여 재화 또는 서비스의 제공을 거부한 자
3. 제20조제1항을 위반하여 정보주체에게 같은 항 각 호의 사실을 알리지 아니한 자
4. 제21조제1항을 위반하여 개인정보를 파기하지 아니한 자
5. 제24조제2항을 위반하여 정보주체가 주민등록번호를 사용하지 아니할 수 있는 방법을 제공하지 아니한 자
6. 제24조제3항, 제25조제6항 또는 제29조를 위반하여 안전성 확보에 필요한 조치를 하지 아니한 자
7. 제25조제1항을 위반하여 영상정보처리기기를 설치·운영한 자
8. 제34조제1항을 위반하여 정보주체에게 같은 항 각 호의 사실을 알리지 아니한 자
9. 제34조제3항을 위반하여 조치 결과를 신고하지 아니한 자
10. 제35조제3항을 위반하여 열람을 제한하거나 거절한 자
11. 제36조제2항을 위반하여 정정·삭제 등 필요한 조치를 하지 아니한 자
12. 제37조제4항을 위반하여 처리가 정지된 개인정보에 대하여 파기 등 필요한 조치를 하지 아니한 자
13. 제64조제1항에 따른 시정명령에 따르지 아니한 자

③ 다음 각 호의 어느 하나에 해당하는 자에게는 1천만원 이하의 과태료를 부과한다.

1. 제21조제3항을 위반하여 개인정보를 분리하여 저장·관리하지 아니한 자
2. 제22조제1항부터 제3항까지의 규정을 위반하여 동의를 받은 자
3. 제25조제4항을 위반하여 안내판 설치 등 필요한 조치를 하지 아니한 자
4. 제26조제1항을 위반하여 업무 위탁 시 같은 항 각 호의 내용이 포함된 문서에 의하지 아니한 자
5. 제26조제2항을 위반하여 위탁하는 업무의 내용과 수탁자를 공개하지 아니한 자
6. 제27조제1항 또는 제2항을 위반하여 정보주체에게 개인정보의 이전 사실을 알리지 아니한 자
7. 제30조제1항 또는 제2항을 위반하여 개인정보 처리방침을 정하지 아니하거나 이를 공개하지 아니한 자
8. 제31조제1항을 위반하여 개인정보 보호책임자를 지정하지 아니한 자
9. 제35조제3항·제4항, 제36조제2항·제4항 또는 제37조제3항을 위반하여 정보주체에게 알려야 할 사항을 알리지 아니한 자
10. 제63조제1항에 따른 관계 물품·서류 등 자료를 제출하지 아니하거나 거짓으로 제출한 자

11. 제63조제2항에 따른 출입 · 검사를 거부 · 방해 또는 기피한 자

④ 제1항부터 제3항까지의 규정에 따른 과태료는 대통령령으로 정하는 바에 따라 행정안전부장관과 관계 중앙행정기관의 장이 부과 · 징수한다. 이 경우 관계 중앙행정기관의 장은 소관 분야의 개인정보처리자에게 과태료를 부과 · 징수한다.

[시행일: 2012.3.30]

부칙〈제10465호, 2011.3.29〉

제1조(시행일) 이 법은 공포 후 6개월이 경과한 날부터 시행한다. 다만, 제24조제2항 및 제75조제2항제5호는 공포 후 1년이 경과한 날부터 시행한다.

제2조(다른 법률의 폐지) 공공기관의 개인정보보호에 관한 법률은 폐지한다.

제3조(개인정보분쟁조정위원회에 관한 경과조치) 이 법 시행 당시 종전의 「정보통신망 이용촉진 및 정보보호 등에 관한 법률」에 따른 개인정보분쟁조정위원회의 행위나 개인정보분쟁조정위원회에 대한 행위는 그에 해당하는 이 법에 따른 개인정보 분쟁조정위원회의 행위나 개인정보 분쟁조정위원회에 대한 행위로 본다.

제4조(처리 중인 개인정보에 관한 경과조치) 이 법 시행 전에 다른 법령에 따라 적법하게 처리된 개인정보는 이 법에 따라 처리된 것으로 본다.

제5조(벌칙의 적용에 관한 경과조치) ① 이 법 시행 전에 종전의 「공공기관의 개인정보보호에 관한 법률」을 위반한 행위에 대하여 벌칙을 적용할 때에는 종전의 「공공기관의 개인정보보호에 관한 법률」에 따른다.

② 이 법 시행 전에 종전의 「정보통신망 이용촉진 및 정보보호 등에 관한 법률」을 위반한 행위에 대하여 벌칙을 적용할 때에는 종전의 「정보통신망 이용촉진 및 정보보호 등에 관한 법률」에 따른다.

제6조(다른 법률의 개정) ① 6 · 25 전사자유해의 발굴 등에 관한 법률 일부를 다음과 같이 개정한다.

제14조제1항제2호 중 "「공공기관의 개인정보보호에 관한 법률」 제2조제2호"를 "「개인정보 보호법」 제2조제1호"로 한다.

② 공직자윤리법 일부를 다음과 같이 개정한다.

제6조제6항 및 제9항 중 "「공공기관의 개인정보보호에 관한 법률」 제10조"를 각각 "「개인정보 보호법」 제18조"로 한다.

③ 국가공무원법 일부를 다음과 같이 개정한다.

제19조의3제3항 중 "「공공기관의 개인정보보호에 관한 법률」 제2조제1호"를 "「개인정보 보호법」 제2조제6호"로 하고, 같은 조 제4항 중 "「공공기관의 개인정보보호에 관한 법률」"을 "「개인정보 보호법」"으로 한다.

④ 발명진흥법 일부를 다음과 같이 개정한다.

제20조의2제1항 중 "「공공기관의 개인정보보호에 관한 법률」"을 "「개인정보 보호법」"으로 한다.

⑤ 신용정보의 이용 및 보호에 관한 법률 일부를 다음과 같이 개정한다.

제23조제2항제2호를 다음과 같이 한다.
2. 「개인정보 보호법」
⑥ 아동복지법 일부를 다음과 같이 개정한다.
제9조의2제3항 중 "「공공기관의 개인정보보호에 관한 법률」"을 "「개인정보 보호법」"으로 한다.
⑦ 법률 제10333호 암관리법 전부개정법률 일부를 다음과 같이 개정한다.
제14조제1항 후단 중 "「공공기관의 개인정보보호에 관한 법률」 제3조제2항"을 "「개인정보 보호법」 제58조제1항"으로 한다.
제49조 중 "「공공기관의 개인정보보호에 관한 법률」 제10조제3항"을 "「개인정보 보호법」 제18조제2항"으로 한다.
⑧ 장애인차별금지 및 권리구제 등에 관한 법률 일부를 다음과 같이 개정한다.
제3조제8호다목 중 "「공공기관의 개인정보보호에 관한 법률」 제2조제2호"를 "「개인정보 보호법」 제2조제1호"로 한다.
제22조제2항 중 "「공공기관의 개인정보보호에 관한 법률」"을 "「개인정보 보호법」"으로 한다.
⑨ 전자서명법 일부를 다음과 같이 개정한다.
제24조제2항을 삭제한다.
⑩ 전자정부법 일부를 다음과 같이 개정한다.
제21조제2항 중 "「공공기관의 개인정보보호에 관한 법률」 제2조제2호"를 "「개인정보 보호법」 제2조제1호"로 한다.
제39조제4항 중 "「공공기관의 개인정보보호에 관한 법률」 제5조"를 "「개인정보 보호법」 제32조"로, "같은 법 제20조제1항에 따른 공공기관개인정보보호심의위원회의 심의를 거쳐"를 "「개인정보 보호법」 제7조에 따른 개인정보 보호위원회의 심의?의결을 거쳐"로 한다.
제42조제1항 중 "「공공기관의 개인정보보호에 관한 법률」 제2조제8호"를 "「개인정보 보호법」 제2조제3호"로, "「공공기관의 개인정보보호에 관한 법률」 제10조제3항제1호 및 같은 조 제5항은"을 "「개인정보 보호법」 제18조제2항제1호 및 제19조제1호는"으로 한다.
⑪ 정보통신망 이용촉진 및 정보보호 등에 관한 법률 일부를 다음과 같이 개정한다.
제4장제4절(제33조, 제33조의2, 제34조부터 제40조까지), 제66조제1호 및 제67조를 각각 삭제한다.
제4조제1항 · 제3항, 제64조의2제3항 후단, 제65조제1항 및 제69조 중 "행정안전부장관, 지식경제부장관 또는 방송통신위원회"를 각각 "지식경제부장관 또는 방송통신위원회"로 한다.
제64조제1항 각 호 외의 부분 · 제3항 · 제4항 전단 · 제5항 전단 · 제6항 · 제9항 · 제10항, 제64조의2제1항 · 제2항 · 제3항 각 호 외의 부분 전단, 제65조제3항, 제76조제1항제12호 및 제4항부터 제6항까지 중 "행정안전부장관 또는 방송통신위원회"를 각각 "방송통신위원회"로 한다.
⑫ 채권의 공정한 추심에 관한 법률 일부를 다음과 같이 개정한다.
제2조제5호 중 "「공공기관의 개인정보보호에 관한 법률」 제2조제2호"를 "「개인정보 보호법」 제2조제1호"로 한다.

⑬ 출입국관리법 일부를 다음과 같이 개정한다.

제12조의2제6항 및 제38조제3항 중 “「공공기관의 개인정보보호에 관한 법률」”을 각각 “「개인정보 보호법」”으로 한다.

⑭ 한국장학재단 설립 등에 관한 법률 일부를 다음과 같이 개정한다.

제50조제3항 중 “「공공기관의 개인정보보호에 관한 법률」”을 “「개인정보 보호법」”으로 한다.

제7조(다른 법령과의 관계) 이 법 시행 당시 다른 법령에서 종전의 「공공기관의 개인정보보호에 관한 법률」 또는 그 규정을 인용하고 있는 경우 이 법 중 그에 해당하는 규정이 있을 때에는 종전의 규정을 갈음하여 이 법 또는 이 법의 해당 규정을 인용한 것으로 본다.

(4) 학술진흥법

학술진흥법

[시행 2012.1.22] [법률 제10877호, 2011.7.21, 전부개정]

제1조(목적) 이 법은 학술진흥에 필요한 사항을 정하여 학술과 관련된 다양한 활동을 지원·관리하고 학술 기반을 강화하며 학문의 균형적인 발전을 유도하고 새로운 지식 창출에 이바지함을 목적으로 한다.

제2조(정의) 이 법에서 사용하는 용어의 뜻은 다음과 같다.

1. "학술"이란 학문의 이론과 방법을 탐구하여 지식을 생산·발전시키고, 그 생산·발전된 지식을 발표하며 전달하는 학문의 모든 분야 및 과정을 말한다.
2. "대학"이란 다음 각 목의 어느 하나에 해당하는 기관을 말한다.
   가. 「고등교육법」 제2조 각 호에 따른 학교, 이와 같은 수준 이상의 학교로서 다른 법령에 따라 설치된 학교 및 그 부설연구소
   나. 「평생교육법」 제31조제4항에 따라 전문대학 졸업자와 같은 수준의 학력·학위가 인정되는 평생교육시설
   다. 그 밖에 다른 법률에 따라 법인으로 설치된 대학병원 또는 대학치과병원 및 그 부설연구소
3. "연구기관"이란 다음 각 목의 어느 하나에 해당하는 기관을 말한다.
   가. 국공립 연구기관
   나. 「정부출연연구기관 등의 설립·운영 및 육성에 관한 법률」 또는 「과학기술분야 정부출연연구기관 등의 설립·운영 및 육성에 관한 법률」에 따라 설립된 연구기관
   다. 「특정연구기관 육성법」 제2조에 따른 연구기관 또는 그 밖의 특별법에 따라 설립된 연구기관
   라. 그 밖에 연구 인력·시설 등이 대통령령으로 정하는 기준에 해당하는 연구기관
4. "학술단체"란 다음 각 목의 어느 하나에 해당하는 법인 또는 단체를 말한다.
   가. 「공익법인의 설립·운영에 관한 법률」 또는 「민법」에 따라 설립된 법인 중 학술활동을 목적으로 하는 법인
   나. 「비영리민간단체 지원법」에 따라 등록된 단체 중 학술활동을 목적으로 하는 단체
   다. 그 밖에 학술활동을 목적으로 하는 비영리단체 중 교육과학기술부장관이 이 법에 따라 추진하는 사업의 지원 대상으로 인정한 단체
5. "연구자"란 다음 각 목의 어느 하나에 해당하는 사람을 말한다.

가. 「고등교육법」 제14조제2항에 따른 교원 및 같은 법 제17조에 따른 겸임교원
나. 「평생교육법」 제31조에 따른 학교형태의 평생교육시설 교원, 같은 법 제32조에 따른 사내대학(社內大學)형태의 평생교육시설 교원 및 같은 법 제33조에 따른 원격대학형태의 평생교육시설 교원
다. 제2호가목 및 다목의 부설연구소 및 제3호의 연구기관에 소속된 연구원
라. 「대한민국학술원법」 제13조 및 「대한민국예술원법」 제12조에 따라 학술활동 또는 예술창작활동의 지원을 받는 과학자 및 예술가
마. 국내외의 대학·연구기관에 소속되어 연수 중인 박사학위를 소지한 사람
바. 대학·연구기관에 상응하는 외국의 대학·연구기관에 소속된 교원 및 연구원
사. 그 밖에 교육과학기술부장관이 이 법에 따라 추진하는 사업의 지원 대상으로 특별히 인정한 사람

제3조(정부의 책무) 정부는 학술수준을 향상시키고 건전한 학술풍토를 조성하며, 학술활동의 성과가 적극적으로 활용될 수 있도록 다양한 정책을 추진하고 지원하여야 한다.

제4조(학술진흥정책의 수립 등) 교육과학기술부장관은 학술진흥을 위하여 다음 각 호의 사항에 관한 정부의 정책을 수립하고, 이에 수반되는 업무를 수행하며 조정·관리한다.

1. 학술진흥을 위한 정책의 기본방향
2. 학술진흥을 위한 투자 및 재원 확보
3. 학술진흥을 위한 연구자 지원
4. 학술진흥을 위한 학술활동 지원
5. 학술진흥을 위한 학술 교류 및 협력 촉진
6. 학술진흥을 위한 기반 구축 및 관리
7. 학술진흥을 위한 제도와 법령의 개선
8. 그 밖에 학술진흥을 위한 환경 조성

제5조(학술지원사업의 추진 등) ① 교육과학기술부장관은 제4조에 따른 정책 및 업무를 수행하기 위하여 학술진흥을 위한 사업을 개발하고 추진한다.

② 교육과학기술부장관은 제1항에 따른 사업을 효과적으로 추진하기 위하여 다음 각 호의 기관 또는 단체에 그 사업의 전부 또는 일부를 위탁하고 그에 필요한 비용을 출연금(出捐金)으로 지급할 수 있다.

1. 제2조제2호부터 제4호까지의 기관 또는 단체
2. 「대한민국학술원법」에 따라 설치된 대한민국학술원
3. 「한국고전번역원법」에 따라 설치된 한국고전번역원
4. 「한국교육학술정보원법」에 따라 설치된 한국교육학술정보원
5. 「한국연구재단법」에 따라 설치된 한국연구재단
6. 「한국학중앙연구원 육성법」에 따른 한국학중앙연구원
7. 「한국대학교육협의회법」에 따라 설치된 한국대학교육협의회
8. 「한국전문대학교육협의회법」에 따라 설치된 한국전문대학교육협의회

③ 제1항에 따른 학술지원사업의 추진과 제2항에 따른 출연금 지급에 필요한 사항은 대통

령령으로 정한다.

제6조(학술지원 대상자의 선정 등) ① 교육과학기술부장관은 제5조제1항에 따른 학술지원사업을 추진하기 위하여 대학 · 연구기관 · 학술단체(이하 "대학등"이라 한다) 또는 연구자 중 학술지원 대상자를 선정하여 학술활동을 수행하게 할 수 있다.

② 교육과학기술부장관은 제1항에 따른 학술지원 대상자에게 학술활동을 수행하기 위한 학술지원 사업비(이하 "사업비"라 한다)를 지원하고, 필요한 경우 협약을 체결할 수 있다.

③ 제1항에 따라 학술지원 대상자로 결정된 연구자 또는 대학등은 학술활동을 성실히 수행하여야 하고, 그 결과를 교육과학기술부장관에게 보고하여야 한다. 이 경우 교육과학기술부장관은 연구자 또는 대학등으로부터 보고받은 결과를 평가하고, 그 평가 결과를 추후 학술지원 대상자 선정에 참고할 수 있다.

④ 제1항에 따른 학술지원 대상자의 선정, 제2항에 따른 사업비의 지원, 협약의 체결 및 제3항에 따른 결과의 보고 · 평가에 필요한 사항은 대통령령으로 정한다.

제7조(학문후속세대의 육성) 교육과학기술부장관은 대학생, 대학원생, 관련 기술 및 지식을 가진 사람 또는 산업체 근무자 등이 연구자의 학술활동에 적극 참여하고 활용될 수 있도록 노력하며, 우수 연구자로 성장할 수 있도록 지원하고 필요한 조치를 하여야 한다.

제8조(학술 교류와 협력활동) ① 교육과학기술부장관은 국내외 연구자, 대학등 및 국제기구 상호간 다양한 학술 교류와 협력활동을 촉진하고 장려하여야 한다.

② 교육과학기술부장관은 제1항에 따른 학술 교류와 협력활동을 위한 계획 또는 정책 수립 시 외국정부, 외국의 대학등 및 국제기구와의 학술 교류와 협력활동에 필요한 사항은 관계 중앙행정기관의 장과 협의한다.

③ 제1항에 따른 학술 교류와 협력활동의 촉진에 필요한 사항은 대통령령으로 정한다.

제9조(학술단체활동의 육성) ① 교육과학기술부장관은 학술대회 개최 및 학술지 발간 지원, 우수 학술지 발굴 · 육성을 위한 학술지 평가 등을 통하여 학술단체활동을 촉진하고 장려하여야 한다.

② 교육과학기술부장관은 제1항에 따른 학술단체활동을 촉진하고 장려하기 위하여 학술단체의 활동과 관련된 정보를 수집 · 관리할 수 있다.

제10조(연구기자재 등의 확충) ① 교육과학기술부장관은 대학등이 학술활동에 필요한 각종 연구기자재 및 연구시설 등을 확충할 수 있도록 지원할 수 있으며, 그 연구기자재 및 연구시설이 적극 활용되도록 노력하여야 한다.

② 대학등은 연구기자재와 연구시설 등을 연구자 또는 대학등이 활용할 수 있도록 적극 협조하여야 한다.

제11조(학술자원관리기관의 육성) ① 교육과학기술부장관은 대학등에 설치 · 운영되는 자료실과 도서관 등의 학술자원관리기관을 육성하기 위하여 학술자료의 축적 · 활용 및 서비스 개선 등을 지원할 수 있으며, 그 학술자원관리기관이 적극 활용되도록 노력하여야 한다.

② 대학등은 다른 대학등에 소속된 연구자 및 대학생 · 대학원생 등이 학술자원관리기관의 자료를 활용할 수 있도록 적극 협조하여야 한다.

제12조(학술표준분류체계의 확립) ① 교육과학기술부장관은 학술 관련 인력, 정보, 사업 등을

효율적으로 관리할 수 있도록 관계 중앙행정기관의 장과 협의하여 학술표준분류체계를 세우고 학술표준분류표를 작성할 수 있다.

② 정부는 제1항에 따른 학술표준분류표를 널리 활용하도록 노력하여야 한다.

③ 교육과학기술부장관은 학문 분야별 전담기관을 지정하여 학술표준분류표를 지속적으로 보완하고 발전시키도록 하고, 그 운영에 필요한 경비를 지원할 수 있다.

④ 제1항에 따른 학술표준분류표의 작성, 제3항에 따른 전담기관의 지정과 지정취소에 필요한 사항은 대통령령으로 정한다.

제13조(학술실태조사) ① 교육과학기술부장관은 학술진흥을 위한 정책을 수립·추진하기 위하여 각 분야별 학술 수준 및 동향, 연구자 현황, 학술지 현황, 대학등의 기관별 연구 성과와 사업비 실적, 사업비 관리 현황 등 학술활동에 관한 실태조사 및 분석(이하 "학술실태조사"라 한다)을 할 수 있다.

② 교육과학기술부장관은 학술실태조사를 위하여 필요하다고 인정하면 관계 행정기관, 지방자치단체, 공공단체 및 대학등의 관련 기관에 필요한 자료 제출을 요청할 수 있다.

③ 교육과학기술부장관은 학술실태조사의 결과를 관계 행정기관, 지방자치단체, 공공단체 및 대학등에 배포하여 학술활동 또는 관련 업무의 수행에 활용할 수 있도록 한다.

제14조(학술정보의 축적 등) ① 교육과학기술부장관은 학술 관련 자료를 효율적으로 관리하기 위하여 연구자 정보 및 업적, 연구 성과 및 평가, 학술실태조사 자료 등의 학술정보를 축적·관리할 수 있다.

② 교육과학기술부장관은 제1항에 따라 축적된 학술정보를 공유하여 연구자 및 대학등의 학술활동과 관련 업무에 활용될 수 있도록 정보시스템을 구축하여 운영할 수 있다.

③ 교육과학기술부장관은 제1항에 따른 학술정보의 체계적인 축적·관리 및 효과적인 유통·활용을 위하여 전문관리기관 및 협력기관을 지정하고 예산의 범위에서 그 운영에 필요한 경비를 지원할 수 있다.

④ 교육과학기술부장관은 학술정보의 활용을 활성화하기 위하여 관계 행정기관, 지방자치단체, 공공단체 및 대학등에 필요한 자료 제출을 요청할 수 있다.

⑤ 제3항에 따른 전문관리기관 및 협력기관의 지정과 지정취소에 필요한 사항은 대통령령으로 정한다.

제15조(연구윤리의 확보) ① 교육과학기술부장관은 학술진흥을 방해하는 연구자의 연구부정행위를 방지하고 건전한 학술연구의 기풍이 조성될 수 있도록 연구윤리 확보를 위한 지침(이하 "연구윤리지침"이라 한다)을 마련하는 등 연구윤리 확보를 위한 시책을 세우고 추진하여야 한다.

② 교육과학기술부장관은 제1항의 연구윤리 확보를 위한 시책을 효율적으로 추진하기 위하여 대학등의 활동에 필요한 경비의 일부 또는 전부를 지원할 수 있다.

③ 교육과학기술부장관으로부터 사업비의 지원을 받은 대학등은 연구윤리지침에 따라 연구부정행위의 방지 및 검증을 위한 자체 연구윤리규정을 마련하여 시행하는 등 필요한 조치를 하여야 한다.

④ 제1항에 따른 연구윤리지침의 작성, 제2항에 따른 정부의 지원 및 제3항에 따른 대학등

의 조치에 필요한 사항은 대통령령으로 정한다.

제16조(학술 성과의 활용) 교육과학기술부장관은 연구 결과에 대한 지식재산권의 취득 등 학술 성과를 효율적으로 활용할 수 있도록 관리 및 지원을 하여야 한다.

제17조(사업비의 사용 및 관리) ① 연구자와 대학등의 장은 지원받은 사업비를 지원 목적 및 용도에 맞게 사용하여야 하며, 대학등의 장은 사업비를 별도의 계정을 설정하여 관리하여야 한다.

② 대학등의 장은 지원받은 모든 사업비의 관리를 전담하는 부서를 지정하거나 설치하고, 그 운영에 필요한 조치를 하여야 한다.

③ 제2항에 따른 사업비의 관리에 필요한 사항은 대통령령으로 정한다.

제18조(사업비에 대한 조사) ① 교육과학기술부장관은 사업비를 지원받은 연구자 및 대학등이 법령을 위반하였다고 의심할 만한 사유가 있으면 업무 처리상황을 보고하게 하거나 자료의 제출요구 등 필요한 조사를 할 수 있다. 이 경우 「공인회계사법」에 따른 공인회계사 또는 회계법인에 의뢰하여 관련 서류를 검토하게 할 수 있다.

② 제1항에 따른 조사를 실시할 때에는 조사의 일시, 이유 및 내용 등을 포함한 조사계획을 조사 대상자에게 알려야 한다. 다만, 사전 통지를 하면 증거 인멸 등으로 조사의 목적을 달성할 수 없다고 인정하는 경우에는 그러하지 아니한다.

제19조(사업비의 지급 중지 등) ① 교육과학기술부장관은 사업비를 지원받은 연구자 및 대학등이 다음 각 호의 어느 하나에 해당하는 경우에는 사업비 지급을 중지하고 지급한 사업비를 환수하여야 한다.

1. 거짓이나 그 밖의 부정한 행위로 사업비를 받은 경우
2. 정당한 사유 없이 연구의 수행을 포기한 경우

② 교육과학기술부장관은 사업비를 지원받은 연구자 및 대학등이 다음 각 호의 어느 하나에 해당하는 경우에는 사업비 지급을 중지하거나 이미 지급한 사업비의 전부 또는 일부를 환수할 수 있다.

1. 사업비를 용도 외에 사용한 경우
2. 제6조제2항에 따른 협약을 위반한 경우
3. 제6조제3항에 따른 결과보고를 하지 아니한 경우

③ 제1항 및 제2항에 따라 사업비를 환수할 때에는 국세 징수의 절차에 준하여 징수한다.

제20조(학술지원 대상자 선정 제외) ① 교육과학기술부장관은 연구자나 대학등이 제19조제1항 각 호 또는 제2항 각 호의 어느 하나에 해당하여 사업비 지급이 중지되거나 지급한 사업비의 전부 또는 일부가 환수된 경우에는 대통령령으로 정하는 바에 따라 1년 이상 5년 이하의 범위에서 제6조제1항에 따른 학술지원 대상자 선정에서 제외하여야 한다.

② 교육과학기술부장관은 제1항에 따라 학술지원 대상자 선정을 제한하는 경우에는 그 제한을 한 날부터 15일 이내에 연구자 및 연구자가 소속된 대학등의 장과 관계 중앙행정기관의 장에게 그 제한 사실 및 사유를 통보하여야 한다.

제21조(이의신청) ① 이 법에 따른 처분에 이의가 있는 자는 그 처분을 받은 날부터 30일 이내에 대통령령으로 정하는 바에 따라 교육과학기술부장관에게 이의신청을 할 수 있다.

② 제1항에 따른 이의신청을 받은 교육과학기술부장관은 30일 이내에 이의신청에 대하여 결정하고 신청인에게 지체 없이 그 결과를 통보하여야 한다.

제22조(시상) 정부는 학술활동에 관한 업적이 탁월하거나 학술진흥에 기여한 공로가 뚜렷한 자에게 상(賞)을 줄 수 있다.

제23조(과태료) ① 다음 각 호의 어느 하나에 해당하는 자에게는 1천만원 이하의 과태료를 부과한다.

1. 제18조제1항에 따른 보고를 거부 또는 기피하거나 거짓으로 보고한 경우
2. 제18조제1항에 따른 자료 제출을 거부 또는 기피하거나 거짓 자료를 제출한 경우
3. 제18조제1항에 따른 조사를 거부·방해 또는 기피한 경우

② 제1항에 따른 과태료는 교육과학기술부장관이 부과·징수한다.

부칙〈제10877호, 2011.7.21〉

제1조(시행일) 이 법은 공포 후 6개월이 경과한 날부터 시행한다.

제2조(경과조치) 이 법 시행 당시 종전의 「학술진흥 및 학자금대출 신용보증 등에 관한 법률」 제12조의2에 따라 출연금을 받은 기관 또는 단체는 이 법에 따라 출연금을 받은 것으로 본다.

제3조(다른 법령과의 관계) 이 법 시행 당시 다른 법령에서 종전의 「학술진흥 및 학자금대출 신용보증 등에 관한 법률」 또는 그 규정을 인용하고 있는 경우 이 법 중 그에 해당하는 규정이 있으면 종전의 규정을 갈음하여 이 법 또는 이 법의 해당 규정을 인용한 것으로 본다.

(5) 서울대학교 연구윤리지침

서울대학교 연구윤리지침

제정 2008. 6. 24
개정 2010. 7. 16

전문

서울대학교는 우수한 인재를 양성하는 고등교육기관임과 동시에 교직원, 연구원, 대학원생 등의 연구자들로 구성된 한국의 선도적 연구기관이다. 선도적 연구기관을 구성하는 서울대학교의 연구진은 학문의 발전을 통하여 한국 사회의 발전 뿐 아니라 인류공영에 이바지하는 모범을 보여야 하는 중대한 책무를 지닌다.

연구자들의 지적 호기심은 탐구를 향한 원동력이며, 호기심으로 유발된 탐구는 우호적 환경을 통하여 꾸준히 지원될 때에 비로소 창의적 결과로 태어날 수 있다. 학문의 자유는 연구의 모든 과정에 생명을 불어넣는다. 사회적 통념, 편견, 관습은 때로 새로운 탐구 영역에 대한 호기심을 마비시킬 수 있으며, 때로 유발된 호기심이 창의적 연구결과로 이어지는 것에 대한 장애가 될 수 있다. 따라서 창의적 연구를 통하여 사회 발전에 기여할 것이 기대되는 서울대학교의 연구자에게는 유형, 무형의 구속이 없이 연구할 자유가 보장되어야 한다.

그러나 모든 자유에는 책임이 따른다는 명제가 진리임을 잊어서는 아니 된다. 연구행위는 사회적 행위이므로 그 사회에 통용되는 규범으로부터 자유로울 수 없다. 더 나아가 한국의 선도적 연구기관인 서울대학교의 연구진은 연구행위를 통하여 사회적 규범을 따르는 모범을 보일 책임이 있다. 아울러 서울대학교의 연구는 한국이라는 지역 사회를 넘어 국제 사회의 주목을 받고 있다. 따라서 서울대학교의 연구물은 국제적 규범에 부응하여야 하며, 서울대학교 연구의 윤리성은 연구자 개인, 그의 소속 기관인 서울대학교와 더불어 국가의 신뢰도에도 영향을 줄 수 있는 폭넓은 함의를 갖는다.

세계는 변화하고 있으며, 지난 반세기 동안 한국 사회는 더 빠른 속도로 변화하였다. 다가오는 지식기반 사회에서 국가의 학문과 기술 수준은 국가 능력의 중요한 척도로 여겨지고 있으며, 대학은 이러한 지식 경쟁의 중심에 서 있다. 대학과 연구자 개인은 사회로부터 부단한 연구 경쟁과 연구능력의 평가를 요구받고 있다. 또한 점차 확대되는 과학기술의 사회적 경제적 파급효과는 연구결과물을 둘러싼 첨예한 이해관계를 야기하기도 한다. 환경의 변화는 연구와 관련된 새로운 행위규범을 요구한다. 본 연구윤리 지침은 서울대학교의 구성원들이 변화하는 환경 속에서 새로이 대두되는 사회적 요청에 미래지향적으로 부응하기 위한 초석으로 마련되었다.

제1장 연구자의 책임과 의무

제1조 (학문의 자유와 사회적 책임)

서울대학교의 연구자는 연구를 수행함에 있어서 학문의 자유에 기초하여 창의적 연구를 할 수 있는 권리를 가짐과 동시에 연구가 장기적으로 인류문화사회에 영향을 미침을 깊이 인식한다.

제2조 (지도자로서의 책임)

① 교수는 연구원 및 학생들의 연구가 창의적으로 이루어지도록 성실히 지도하여야 한다.

② 교수는 연구원 및 학생들이 연구수행과정에서 준수해야 할 본 연구윤리지침을 포함한 윤리기준을 숙지시켜야 한다.

③ 교수는 연구원 및 학생들에게 공정하게 저자자격을 부여하고 자원을 배분하며 그들을 정당하게 대우하여야 한다.

④ 교수는 박사후연구원 등 학문후속세대가 독립된 연구자로 성장할 수 있도록 지원하여야 한다.

제3조 (연구비 지원을 받을 때의 책임)

① 연구자는 연구를 위해 재정지원을 일부 또는 전부 지원받았을 때에는 이를 적절하게 밝혀야 하고, 재원을 투명하게 관리하여야 한다.

② 연구비를 지원받을 경우, 학문의 진실성과 자유를 제한받지 않도록 해야 한다.

③ 연구용역의 결과 혹은 연구용역과정에서 얻은 자료를 근거로 학술논문을 작성할 경우에는 연구비를 지원받은 사실을 명시함을 원칙으로 한다.

제4조 (연구경력의 표현 시 지켜야 할 책임)

① 자신의 교육경력이나 연구경력을 과장, 왜곡, 허위기재를 하지 않아야 한다.

② 연구비 지원 등 개인의 이익을 취하기 위해, 자신에게 불리한 연구경력을 고의로 축소하거나 누락해서는 아니 된다.

제2장 연구발표에 있어서의 진실성

제5조 (원칙)

연구자는 연구결과를 발표함에 있어 다음 각 호의 사항들을 준수함으로써 학문적 진실성을 최대한 유지하여야 한다.

1. 자신의 연구결과를 보고·발표할 때 정확하고 진실하게 서술하여야 한다.
2. 연구결과가 발표된 이후에 본 연구윤리지침 위반 사항을 발견한 경우에는 지체 없이 연구결과의 전부 또는 일부를 철회하여야 한다.
3. 연구결과를 대중매체에 과장하여 공개하여서는 아니 된다.

제6조 (연구자료의 기록 및 연구결과의 도출)

연구자는 정확하고 검증된 연구자료에 의거하여 연구를 수행하고 진실에 부합하는 연구결과를 도출하여 발표하여야 하며, 다음 각 호의 행위를 하여서는 아니 된다.

1. 제3장 제14조의 규정에 의한 연구데이터 또는 연구자료를 허위로 만들거나 기록 또는 보고하는 행위
2. 연구데이터를 임의로 변경·추가·누락함으로써 연구자료를 조작하는 행위
3. 연구자료를 과장, 축소 또는 왜곡하여 해석함으로써 진실하지 아니한 연구결과를 도출하는 행위

제7조 (타인의 연구성과 사용)

① 연구자는 연구문헌·연구계획서를 작성함에 있어 원칙적으로 자신의 연구 아이디어 또는 자신의 연구 데이터에 기초하여 자신의 문장으로 표현하여야 한다.

② 연구자는 연구문헌·연구계획서를 작성함에 있어 이미 발표(연구계획서, 학술지게재 심사용 논문 등과 같이 출간되지 아니한 경우도 포함한다)되거나 출간된 타인의 연구성과를 그대로 또는 다른 형태로 변형하여 자신의 연구성과인 것처럼 사용하여서는 아니 된다.

③ 연구자는 연구문헌·연구계획서를 작성함에 있어 자신의 연구의 독자성을 해하지 않는 범위 내에서 타인의 연구 아이디어, 연구 데이터 및 문장을 부분적으로 사용할 수 있다. 다만, 이 경우에는 정확한 출처표시 또는 인용표시를 하여야 하고, 다음 각 호의 행위를 하여서는 아니 된다.

1. 타인의 연구 아이디어 및 연구 데이터의 전부 또는 일부를 서술방식을 달리하여 마치 자신의 연구성과인 것처럼 표현하는 행위
2. 타인의 저술 문장을 마치 자신의 문장인 것처럼 사용하는 행위(타인의 연속된 2개 이상의 문장을 인용표시 없이 그대로 사용한 경우에는 이에 해당하는 것으로 추정하고 전공분야의 특성과 해당 학계의 의견을 고려하여 최종적으로 판정한다.)
3. 단어의 첨삭, 동의어 대체 등의 변형을 통하여 타인의 저술을 발췌하고 조합하여 마치 자신의 연구성과인 것처럼 사용하는 행위(다만, 발췌·조합에 있어 소재의 선택 또는 배열에 창작성이 인정되고 정확한 출처표시 또는 인용표시가 되어 있는 경우는 제외한다)

④ 정확한 출처표시 또는 인용표시를 한 경우에도 연구의 독자성을 해할 정도로 타인의 연구성과 또는 그 재구성에 의존하여서는 아니 된다. 다만, 리뷰논문(review article)과 같이 학계의 연구동향을 소개, 정리 또는 평가하는 경우는 제외한다.

⑤ 제2항 및 제3항의 규정에도 불구하고, 연구자는 이미 발표된 타인의 연구 성과가 이미 교과서, 그에 준하는 서적, 또는 공개적으로 출간된 데이터 파일에 게재되어 일반적 지식으로 통용되는 경우에는 그 연구성과의 전부 또는 일부를 출처표시 및 인용표시 없이 사용할 수 있다.

제8조 (자신의 연구성과 사용)

① 연구자는 연구문헌을 작성함에 있어 원칙적으로 자신의 연구 아이디어, 연구데이터 및 문장을 사용하여야 하고, 이전에 발표한 적이 없는 연구 결과물을 담아야 한다.

② 연구자는 연구문헌을 작성함에 있어 당해 연구의 독자성을 해하지 않는 범위 내에서 이미 게재·출간된 자신의 연구 결과물을 부분적으로 사용할 수 있다. 다만, 연구데이터는 정확한 출처 표시와 함께 사용하여야 하며, 당해 연구에서 처음 발표하는 것처럼 제시해서는

아니 된다. 과거에 작성한 논문에서 최소한 한 단락 이상, 또는 5개 이상의 문장을 연속적으로 재사용하는 경우에는 정확한 출처와 인용 표시를 하여야 한다.

③ 연구자는 이미 발표된 자신의 연구성과가 이미 교과서 또는 공개적으로 출간된 데이터 파일에 게재되어 일반적 지식으로 통용되는 경우에는 그 연구성과의 전부 또는 일부를 출처표시 및 인용표시 없이 사용할 수 있다.

제9조 (중복게재·출간의 제한)

① 연구자는 이미 게재·출간된 자신의 논문이나 저서의 전부 또는 일부를 정확한 출처표시 및 인용표시 없이 동일 언어 또는 다른 언어로 중복하여 게재·출간하여서는 아니 된다. 연구 데이터나 문장이 일부 다르더라도 전체적으로 동일성이 인정되는 경우에도 또한 같다.

② 제1항의 규정에도 불구하고, 연구자는 다음 각 호의 어느 하나의 경우에 해당하는 게재·출간을 할 수 있다. 다만, 제1호부터 제6호까지의 경우에는 정확한 출처표시 또는 인용표시를 하는 것을 원칙으로 한다. 다만, 전공 분야의 특성과 해당 학계의 의견을 고려하여 예외를 인정할 수 있다.

1. 학위논문의 전부 또는 일부를 별개의 논문 또는 저서로 게재·출간하는 경우
2. 연구용역 보고서의 전부 또는 일부를 논문 또는 저서로 게재·출간하는 경우
3. 이미 게재된 논문들을 모아 저서로 출간하는 경우
4. 동일한 논문이나 저서의 전부 또는 일부를 동일 또는 다른 언어로 게재·출간하면서 해당 저작권자의 동의를 얻은 경우
5. 학술지에 짧은 서간논문(letter, brief communication 등)을 게재한 후 이를 긴 논문으로 바꾸어 게재·출간하거나, 연구 데이터, 해석 또는 자세한 연구수행과정의 정보 등을 추가하여 게재·출간하는 경우
6. 이미 게재·출간된 논문 및 저서의 전부 또는 일부가 저자의 승인 하에 다른 편저자에 의해 선택, 편집되어 선집(anthology)의 형태로 출간되거나, 학술지의 특집호에 게재되는 경우
7. 이미 게재·출간된 논문 또는 저서의 내용 전부 또는 일부를 교양서, 대중잡지 등 비학술용(非學術用) 출판물에 쉽게 풀어 써서 게재·출간하는 경우
8. 그 밖에 위 각 호에 준하는 게재·출간으로서 학문적 진실성에 위반되지 아니하는 경우

③ 이미 발표된 연구결과를 지식재산권으로 등록하는 것은 제1항 및 제2항의 규정과 관계없이 허용된다.

제10조 (저자 표시)

① 연구자는 공동연구를 수행할 때 연구자들의 역할과 상호관계를 분명히 하고 그에 따른 책임을 다해야 한다.

② 연구자는 연구의 계획, 개념정립, 수행, 결과분석 및 연구결과의 작성에 현저하게 기여한 연구자들을 반드시 저자 또는 발표자로 표시하여야 한다.

③ 연구결과를 발표할 때 저자 또는 발표자의 표시 순서는 참여한 연구자들의 합의에 따라 결정하되, 연구의 기여도 및 해당 전공분야의 특성과 합리적 관행에 따라 공정하게 정해져야 한다.

④ 연구결과 발표자의 소속은 실험 및 집필 등 연구를 수행할 당시의 소속으로 표시하여야 한다. 다만, 해당 전공분야에 이와 다른 관행이 통용되는 경우에는 그에 따를 수 있다.

⑤ 연구의 계획, 수행, 개념정립, 결과분석 및 연구결과의 작성에 기여한 바가 없는 사람을 감사의 표시 또는 예우 등의 이유로 저자 또는 발표자로 포함시켜서는 아니 된다.

⑥ 연구책임자 또는 교수는 소속 연구원 또는 지도학생에 대하여 기여도에 부합하지 아니하는 저자 자격 또는 순서를 요구하여서는 아니 된다.

제11조 (연구부정행위)

고의 또는 연구상 중대한 과실(연구자로서의 통상의 주의의무를 현저히 위반한 경우를 의미한다)로 연구의 제안·수행·보고·발표 등 전 과정에서 다음 각 호의 어느 하나에 해당하는 행위를 한 연구자는 연구부정행위의 책임을 진다.

1. 제6조 제1항을 위반하여 연구데이터 또는 연구자료를 허위로 만들거나 기록 또는 보고하는 행위
2. 제6조 제2항을 위반하여 연구데이터를 임의로 변경·추가·누락함으로써 연구자료를 조작하는 행위
3. 제7조 제2항 또는 제3항을 위반하여 타인의 연구성과, 연구아이디어, 연구데이터 및 문장을 마치 자신의 것처럼 사용하는 행위

제12조 (연구부적절행위)

① 연구상 중대하지 아니 한 과실로 인하여 연구의 제안·수행·보고·발표 등 전 과정에서 제11조 각 호의 어느 하나의 행위를 한 연구자는 연구부적절행위의 책임을 진다.

② 고의 또는 중대한 연구상 과실로 다음 각 호의 어느 하나의 행위를 한 연구자는 연구부적절행위의 책임을 진다.

1. 제6조 제3호를 위반하여 연구데이터를 과장, 축소 또는 왜곡하여 해석함으로써 진실하지 아니한 연구결과를 도출하는 행위
2. 제7조 제3항을 위반하여 타인의 연구 아이디어, 연구 데이터 및 문장을 정확한 출처표시 또는 인용표시 없이 사용하는 행위로서 제11조 제3호에 해당하지 않는 경우
3. 제7조 제4항을 위반하여 연구의 독자성을 해할 정도로 타인의 아이디어, 연구 데이터 및 문장에 의존하는 행위(출처표시 또는 인용표시 여부를 불문한다)
4. 제8조 제1항을 위반하여 이미 게재·출간된 자신의 연구 아이디어, 연구 데이터 및 문장을 마치 당해 연구에서 처음 발표하는 것처럼 사용하는 행위
5. 제8조 제2항을 위반하여 연구의 독자성을 해할 정도로 이미 게재·출간된 자신의 연구 아이디어, 연구 데이터 및 문장에 의존하는 행위(출처표시 또는 인용표시 여부를 불문한다)
6. 제9조를 위반하여 이미 게재·출간된 자신의 논문·저서·보고서의 전부 또는 일부를 정확한 출처표시 및 인용표시 없이 동일 언어 또는 다른 언어로 중복하여 게재·출간하는 행위
7. 제10조 제2항 또는 제5항에 위반하여 연구에 직접적으로 기여한 바가 없는 자를 공저자에 포함시키거나 직접적으로 기여한 자를 공저자에서 고의적으로 배제하는 행위
8. 제11조에서 규정하는 연구부정행위를 묵인, 방조 또는 은폐하는 행위

제13조 (연구부정행위 및 연구부적절행위의 판정)

제11조 및 제12조의 규정에 의한 연구부정행위와 연구부적절행위의 해당 여부 및 위반의 정도는 전공 분야의 특성과 해당 학계의 의견을 고려하여 판정한다.

제3장 연구자료의 관리

제14조 (원칙)

연구데이터(실험의 재료 · 과정 · 결과, 관찰 · 현장조사 · 설문조사의 결과 등 원자료를 의미한다) 및 연구자료(연구데이터 및 이를 처리한 이차자료를 의미한다)는 다른 연구자가 동일한 조건 하에서 동일한 결과를 재현할 수 있도록 이하에서 정하는 바에 따라 명확히 기록하여야 한다. 다만, 전공분야의 특성에 따라 예외가 인정될 수 있다.

제15조 (연구데이터의 기록)

① 연구데이터는 연구의 독자성(originality)을 증명하고 연구결과에 대하여 법적 보호를 받을 수 있는 근거이므로, 연구노트에 정확히 기록하여야 한다.

② 연구노트는 연구실에서 발생한 모든 정보의 집합체로서, 연구자 자신 뿐 아니라 연구실 내의 지식의 전수와 후속 연구를 위한 중요한 도구이므로, 다음 각 호의 지침에 따라 정확하게 작성하여야 한다.

1. 연구데이터의 보존을 위하여 제본된 노트에 내구성 있는 필기구를 사용하여 서면으로 작성함을 원칙으로 한다. 연구 특성에 따라 전자문서 형태로 작성할 수 있다. 이러한 경우에는 서면연구노트에 준하는 기록인증기능을 갖추어야 한다.
2. 연구데이터는 연구일자, 일련번호와 함께 기록하여 위조 및 변조를 방지하고, 기록된 내용을 수정할 때에는 원래 기록을 식별할 수 있도록 수정 표시를 하여야 한다. 실험기기의 출력물 등 노트에 기재할 수 없는 연구데이터는 노트에 붙이거나 별도의 장소에 안전하게 보관하고, 보관 장소를 연구노트에 기록하여야 한다.

제16조 (연구자료 및 연구노트의 보관)

① 연구책임자는 연구자료 및 연구노트를 보관 · 관리할 책임을 진다.

② 연구노트는 서울대학교의 소유에 속한다.

③ 연구자료는 학계의 검증에 필요하다고 예상되는 기간(최소한 5년) 동안 보관하여야 한다.

④ 보안이 필요한 연구자료는 일반인이 접근할 수 없는 장소에 보관하고, 컴퓨터 파일인 경우에는 접근 암호를 설정하여야 한다.

⑤ 연구자료 또는 연구데이터를 고의로 변조하거나 파괴하는 자는 제2장 제7조의 규정과 동일한 연구부정행위의 책임을 진다.

제4장 이해상충

제17조 (원칙)

연구의 계획, 자료수집, 분석, 해석, 출판, 결과이용 등과 관련하여 연구자에게 제18조에 규정된 이해상충이 발생하거나 발생할 가능성이 있는 경우에는 연구의 공정성과 연구대상자의 안전 및 학문연구에 대한 사회적 신뢰가 손상될 수 있으므로, 연구자는 제19조에 규정하는 바에 따라 이해상충을 관리하여야 한다.

제18조 (이해상충의 내용)

이해상충은 다음 각 호의 어느 하나의 사유로 인하여 공정한 전문가적 판단 또는 연구 수행에 부정적인 영향을 미칠 수 있는 경우를 의미한다.

1. 금전적 이해상충 : 연구와 관련된 연구자의 금전적 이익으로 인하여 유발되는 경우
2. 인간관계적 이해상충 : 개인적인 친분이나 소속 기관의 영향, 또는 개인적인 갈등이나 연구 경쟁 등 사적인 인간관계로 인하여 유발되는 경우
3. 지적인 이해상충 : 특정한 연구 종류나 분야에 관한 종교적 신념이나 세계관적 내지 도덕적 소신 또는 이론적 확신으로 인하여 유발되는 경우
4. 역할충돌에 의한 이해상충 : 교육, 봉사, 외부활동 등 소속 기관의 구성원으로서의 역할이 연구 활동과 충돌함으로써 유발되는 경우
5. 기타의 이해상충 : 그밖에 제1호에서 제4호까지에 준하는 사유로 인하여 유발되는 경우

제19조 (이해상충의 관리)

① 연구자는 연구와 관련하여 이해상충이 발생할 현실적인 또는 잠재적인 가능성이 있는 경우에는 이를 모두 공개하여 투명성과 책임성을 확보하고, 연구에 부정적인 영향을 미치지 아니하도록 최선의 노력을 하여야 한다.

② 연구자는 연구계획서에 연구비 지원내역, 후원자, 소속 기관, 그밖에 제18조에 규정된 이해상충의 가능성이 있는 사유들을 명시하여야 하고, 연구결과를 발표할 때에도 학술지에 이를 밝혀야 한다. 필요한 경우에는 연구대상자들에게도 이를 알려야 한다.

③ 이해상충의 정도가 중대하여 연구에 부정적인 영향이 현실적으로 발생할 우려가 있는 경우에는 연구자는 지체 없이 연구를 중지하거나, 연구를 계속할 때에는 당해 이해상충으로부터 독립된 전문가집단으로부터 연구의 공정성에 관하여 감독을 의뢰하여야 한다. 연구책임자는 이해상충이 있는 공동 연구자로 인하여 연구의 공정성이 손상되지 아니하도록 특정 연구단계에서의 배제 등 적절한 조치를 하여야 한다.

제5장 인간 대상 연구의 윤리

제20조 (원칙)

① 인간을 대상으로 하는 연구(임상시험, 의생명과학, 행동과학 등을 포함한다)의 연구자는 연구대상자의 인권과 건강 및 복지를 최대한 존중하여야 한다.

② 연구대상자에게 연구의 목적 및 절차, 예상되는 위험 등에 대하여 충분히 설명한 후 연구대상자의 자발적인 동의를 얻어야 한다. 다만, 서울대학교 생명윤리심의위원회 등 공인된 기구의 사전 허가를 받은 경우에는 예외로 할 수 있다.

③ 연구대상자에게 미치는 위험을 최소화하여야 하고, 연구대상자의 건강과 복지를 중대하게 침해하는 연구를 수행해서는 아니 된다.

④ 취약한 계층에 속하는 연구대상자는 동의과정이나 위험 등과 관련하여 특별히 배려하여야 한다.

⑤ 연구대상자의 사생활의 비밀을 보장하고 개인정보를 보호하여야 한다.

제21조 (생명윤리심의위원회의 심의)

① 인간 대상 연구는 서울대학교 생명윤리심의위원회에 연구계획서를 제출하여 승인을 받은 후 시작하여야 한다.

② 서울대학교 소속 교원, 직원 및 학생을 대상으로 하는 연구의 경우에도 제1항의 규정과 같다.

③ 서울대학교 생명윤리심의위원회는 적절한 절차에 따라 독립적으로 심의하고 연구과정을 감독하여야 한다.

제22조 (관계법령의 준수)

그 밖의 사항에 관하여는「생명윤리 및 안전에 관한 법률」등 관계 법령을 준수하여야 한다.

제6장 동물 대상 연구의 윤리

제23조 (원칙)

동물을 대상으로 하는 연구자는 실험동물의 건강과 복지를 존중하여야 하고, 다음 각 호의 원칙들을 준수하여 과학적이고 윤리적으로 수행해야 한다.

1. 대체원칙 : 非동물모형을 사용하거나 가급적 하등동물을 사용한다.
2. 축소원칙 : 실험동물의 개체수를 줄이는 다양한 방법을 활용한다.
3. 개량원칙 : 동물의 고통 및 불안을 제거하거나 최소화한다.

제24조 (동물실험윤리위원회의 승인)

동물대상 연구는 서울대학교 동물실험윤리위원회에 연구계획서를 제출하여 승인을 받은 후 시작하여야 한다.

제25조 (동물대상 연구의 종료)

동물대상 연구를 종료한 때는 다음 각 호의 사항들을 준수하여야 한다.

1. 실험이 종료된 동물은 인도적인 방법으로 안락사 시켜야 한다.
2. 실험동물의 사체는 각 실험동물시설의 장이 정하는 바에 따라 보관하고,「폐기물관리법」에 의한 감염성폐기물 처리기준에 따라 처리하여야 한다.

제26조 (관계법령의 준수)

그 밖의 사항에 관하여는「동물보호법」과「실험동물에 관한 법률」및 서울대학교의 관계 규정을 준수하여야 한다.

제7장 연구의 안전관리

제27조 (연구실 안전관리)

① 연구책임자는 연구실사고 예방계획을 수립하고 연구원들에게 안전에 관한 정보를 제공하며 안전교육 이수를 독려하는 등 연구실 안전관리를 위하여 최선의 노력을 하여야 한다. 안전사고가 발생한 경우 지체 없이 이를 학교 당국에 신고하고 관련 대책을 마련하여야 한다.

② 연구원들은 연구실 안전을 도모하기 위하여 관계법령, 기준 및 서울대학교의 연구실 안

전관리에 관한 규정을 준수하여야하며, 안전교육을 성실히 이수하여야 한다.

③ 서울대학교는 연구자들이 연구실 안전 관리에 최선을 다할 수 있도록 교육 기회의 제공 등 지원을 하여야 한다.

第28조 (생물안전관리)

① 생물자원(유전자변형생물체 및 미생물, 프리온 등 병원체를 함유하고 있을 것으로 예상되거나 혹은 병원체로 알려진 감염성 물질을 의미한다)을 이용하는 연구는 서울대학교 생물안전위원회에 연구계획서를 제출하여 승인을 받은 후 시작하여야 한다.

② 생물자원을 이용하는 연구자는 관계법령에 따라 사전에 해당 연구시설을 서울대학교 환경안전원을 통하여 관계 정부기관에 신고하거나 또는 허가를 받아야 한다.

③ 유전자 변형생물체를 수입하고자 하는 연구자는 사전에 서울대학교 생물안전위원회를 통하여 관계 정부기관에 신고하여야 한다.

④ 그 밖의 사항에 관하여는 「유전자변형생물체의 국가간 이동 등에 관한 법률」 등 관계법령을 준수하여야 한다.

第29조 (방사선 및 화학물질에 대한 안전관리)

① 방사성물질, 방사성물질 내장기기, 방사선 발생장치 등을 구매・사용・폐기하는 경우에는 관계법령에 따라 사전에 서울대학교 환경안전원을 통하여 관계 정부기관에 신고하거나 허가를 받아야 한다.

② 방사선을 취급하는 연구자는 방사선장해 방어를 위하여 서울대학교 방사선안전관리규정 등 관계 규정을 준수하여야 한다.

③ 화학물질 안전관리에 관해서는 「소방법」, 「유해화학물질관리법」 등 관계법령을 준수하여야 한다.

④ 인화성물질은 원칙적으로 옥내 저장소에 보관하되, 실험실에는 실험에 필요한 최소한의 양을 둔다. 실험실에 보관되어 있는 모든 화학물질은 특성에 맞게 분류・저장하여야 한다.

第8장 연구윤리 교육

第30조 (서울대학교의 책무)

① 서울대학교는 소속 연구자들의 연구윤리의식 함양을 위하여 다양한 방법으로 연구윤리를 교육하여야 한다.

② 서울대학교는 연구윤리 교육을 위하여 연구윤리 강사진의 확보, 연구윤리 교육 자료의 개발 등 지원 방안을 마련하여야 한다.

第31조 (연구자의 책무)

① 모든 연구자는 연구윤리 지침의 내용을 숙지하고 이를 준수하여야 한다.

② 모든 연구자는 서울대학교에서 제공하는 연구윤리교육에 적극적으로 참여하여야 하고, 연구책임자는 소속 연구원 및 학생으로 하여금 이에 참여하도록 지도하여야 한다.

第32조 (연구윤리교육의 내용)

연구윤리교육은 본 연구윤리지침을 기본으로 하되, 전공분야별 특수성을 고려하고, 구체적 사례와 방법을 포함하여야 한다.

부칙

제1조(시행일) 이 지침은 공포한 날로부터 시행한다.

제2조(적용범위) 이 지침 시행이전에 발표된 연구 결과물에 대해서는 당시 학계 등의 연구윤리 지침 및 기준을 적용한다.

찾 아 보 기

[ㅈ]

[ㅎ]

집필진 약력

김 도 균

서울대학교 법학전문대학원 교수

서울대학교 법과대학 법학사, 서울대학교 대학원 법학과 법학석사, 독일 Christian-Albrechts-Universitat zu Kiel 법학박사, 저서 〈권리의 문법〉(2008)

김 미 경

서울대학교 의과대학 법의학교실 교수

1987년 서울대학교 의대 졸업, 1994년 서울대학교 대학원 의학박사, 1994/1997~2002년 삼성서울병원 병리전문의 및 성균관대학교 의대 부교수, 2005년 University of Washington School of Law, J.D., 2005~2007년 Stanford University School of Law, CLB Fellow, 2008~2011년 KAIST 기술경영전문대학원 부교수, 2011년~현재 서울대학교 의대 교수

김 옥 주

서울대학교 의과대학 인문의학교실 부교수

서울대학교에서 1989년에 의과대학을 졸업하고 1992년 과학사 협동과정에서 석사를, 미국 미네소타대학교에서 1998년 의사학(醫史學) 전공으로 박사학위를 받았다. 2001년까지 하버드대학교에서 박사후연구원으로 활동했고 2003~2004년까지 미국 Western IRB에서 생명윤리와 연구윤리 연수를 받았다. 2004년에 서울대학교 의과대학 인문의학교실(구 '의사학 교실')의 조교수로, 2008년부터 부교수로 재직 중이다. 현대 보건의료사와 의학사, 생명의료윤리가 주된 연구분야이다.

박 성 호

한양대학교 법학전문대학원 교수

1984년 한양대학교 법과대학 졸업, 1985년 사법연수원 15기 수료, 1988~2004년 변호사, 서울대학교 법학박사, 2004년~현재 한양대학교 법과대학/법학전문대학원 교수, 저서 〈저작권법의 이론과 현실〉(현암사, 2006), 〈캐릭터 상품화의 법적 보호〉(현암사, 2006), 〈문화산업법〉(한양대출판부, 2012), 공저서 〈저작권법 주해〉(박영사, 2007) 외 5권 등

박 재 학

서울대학교 수의과대학 실험동물의학교실 교수

1982년 서울대학교 수의대 졸업, 1993년 홋카이도대학교 비교병리학 박사, 1994년~현재 서울대학교 수의과대학 실험동물의학교실 교수, 2000년 UC Davis 객원연구원, 2003~2009년 서울대학교 실험동물자원관리원장, 2005~2009년 서울대학교 동물실험윤리위원장, 2010년 Univ of guelph, 한국동물실험대체법학회장, 한국실험동물수의사협회장, 한국실험동물학회장 역임

박 중 신

서울대학교 의과대학 산부인과학교실 교수

1989년 서울대학교 의과대학 졸업, 1994년 서울대학교 대학원 의학박사, 1994년 서울대학교병원 산부인과 전문의 취득, 1998년~현재 서울대학교 의과대학 산부인과학교실 조교수, 부교수, 교수, 2012년~현재 서울대학교 병원 교육연구부장

서 이 종

서울대학교 사회학과 교수

서울대학교에서 학부와 대학원을 졸업하고 독일 베를린자유대학교에서 과학기술사회학으로 박사학위를 받았다. 현재 서울대학교 사회학과 교수와 자연과학대학 과학사/철학 협동과정 겸임교수로 재직 중이며 미국 WIRB에서 연수를 받았으며 현재 서울대학교 생명윤리위원회 위원, 삼성서울병원 임상시험심사위원회 위원, 대한임상시험심사기구협의회(KAIRB)의 학술위원과 교육위원으로 활동 중이다. 관련 저서로는 〈과학사회논쟁과 한국사회〉(2005), 〈사회과학/행동과학 인간대상연구의 윤리적 심의를 위한 표준지침〉(2012)이 있고 논문으로는 "막스 베버의 사회학과 비인간들" (2011), "Dr. Hwang Scandal From the Viewpoint of Politics of Science" (2009), "미국 터스키기 매독연구의 생명윤리 논란과 그 영향" (2009) 등이 있다.

석 승 혁

서울대학교 의과대학 미생물학교실 조교수

1994~1998년 서울대학교 수의과대학 학사, 2001~2007년 서울대학교 수의과대학 박사, 2007년 서울대학교 약학대학 박사 후 연수, 2008~2009년 서울대학교 병원 임상교수, 2010년~현재 서울대학교 의과대학 미생물학교실 조교수

이 건 수

서울대학교 자연과학대학 생명과학부 교수

1978~1982년 서울대학교 동물학과 학사, 1982~1984년 서울대학교 동물학과 석사, 1987~1992년 텍사스주립대학교 의과대학 박사, 1993~1997년 컬럼비아대학교 박사 후 연수, 1998년~현재 서울대학교 분자생물학과, 생명과학부 교수

이 준 웅

서울대학교 언론정보학과 교수

정치 커뮤니케이션 전공, 저서 〈말과 권력〉(2011)

전 주 홍

서울대학교 의과대학 생리학교실 부교수

2002년 서울대학교 의과대학 박사 생화학전공, 현재 서울대학교 의과대학 생리학교실 부교수, 서울대학교 의과대학 의과학과 및 인체환경경계생물학연구소 겸임교수

조 은 희

조선대학교 생물교육과 교수

일리노이대학교 미생물학과(Dept of Microbiology, Univ of Illinois at Urbana-Champaign) 졸업, Ph.D., 연구윤리정보센터 센터장 역임, 저서(공저) 〈과학 윤리 특강〉, 〈실험실 생활 길잡이〉, 〈과학의 발전과 윤리적 고민〉 등

조 진 호

서울대학교 연구처 전문위원

1997년 서울대학교 미생물학과 졸업, 2003년 서울대학교 의과대학 생화학전공 박사학위 취득, 2006년~현재 서울대학교 연구처 전문위원

홍 성 욱

서울대학교 생명과학부 교수, 과학사 및 과학철학 협동과정 전공주임

1984년에 서울대학교 물리학과를 졸업하고, 1986년 과학사 및 과학철학 협동과정에서 석사, 1994년 박사학위를 취득했다. 이후 토론토대학교에서 조교수와 부교수를 거친 뒤에 2003년에 귀국해서 서울대학교 자연과학대학 생명과학부 교수로 재직하면서 과학사 및 과학철학 협동과정에서 강의와 연구를 수행하고 있다. 최근에는 "과학자의 창의성과 리더십", "과학과 예술", "한국의 과학 논쟁"에 대해서 연구를 하고 있다.

학문후속세대를 위한 연구윤리

초판인쇄 2013년 8월 15일
초판발행 2013년 8월 20일

편저자 서이종
펴낸이 안종만

편 집 우석진 · 김효선
기획/마케팅 송연정
표지디자인 김지은
제 작 우인도 · 고철민

펴낸곳 (주) 박영사
서울특별시 종로구 평동 13-31번지
등록 1959. 3. 11. 제300-1959-1호(倫)
전 화 02)733-6771
f a x 02)736-4818
e-mail pys@pybook.co.kr
homepage www.pybook.co.kr
ISBN 979-11-303-0005-4 93300

정 가 25,000원